首届长江大保护司法论坛文集

覃文萍　主编

法律出版社
LAW PRESS·CHINA
北京

图书在版编目(CIP)数据

首届长江大保护司法论坛文集 / 覃文萍主编. -- 北京 : 法律出版社, 2023(2023.3 重印)
ISBN 978 - 7 - 5197 - 7592 - 6

Ⅰ. ①首… Ⅱ. ①覃… Ⅲ. ①长江流域－环境保护法－中国－文集 Ⅳ. ①D922.682.4 - 53

中国国家版本馆 CIP 数据核字(2023)第 028953 号

首届长江大保护司法论坛文集
SHOUJIE CHANGJIANG DA BAOHU SIFA LUNTAN WENJI

覃文萍 主编

策划编辑 邢艳萍
责任编辑 邢艳萍
装帧设计 汪奇峰

出版发行 法律出版社
编辑统筹 法律应用出版分社
责任校对 朱海波
责任印制 刘晓伟
经　　销 新华书店

开本 787 毫米×1092 毫米 1/16
印张 36.75 **字数** 620 千
版本 2023 年 3 月第 1 版
印次 2023 年 3 月第 2 次印刷
印刷 固安华明印业有限公司

地址:北京市丰台区莲花池西里 7 号(100073)
网址:www.lawpress.com.cn
投稿邮箱:info@lawpress.com.cn
举报盗版邮箱:jbwq@lawpress.com.cn

销售电话:010 - 83938349
客服电话:010 - 83938350
咨询电话:010 - 63939796

书号:ISBN 978 - 7 - 5197 - 7592 - 6
定价:128.00 元

凡购买本社图书,如有印装错误,我社负责退换。电话:010 - 83938349

前　言

长江大保护，是习近平总书记高度关注的“国之大者”。党的十八大以来，习近平总书记亲自部署推动长江生态环境保护和长江经济带高质量发展，提出“共抓大保护”的时代课题，党的二十大报告进一步提出要建设“人与自然和谐共生”的中国式现代化。2021 年 3 月实施的《长江保护法》，首次把习近平总书记关于长江大保护的重要指示和党中央重大决策部署以法律形式确定下来，让长江司法保护工作成为国家意志和全社会的共同责任，推动长江大保护进入法治化新阶段。如何依法保护和修复长江生态环境、推动长江经济带高质量发展，成为长江流域法治共同体的重大课题。

司法机关作为法治建设的生力军，服务和推动长江大保护工作，既是义不容辞的职责，更是无上光荣的使命。近年来，湖北省三级人民法院认真贯彻习近平总书记关于长江大保护的一系列重要指示精神，按照最高人民法院关于“用最严格制度最严密法治保护长江流域生态环境”的要求，落实中共湖北省委关于“坚决扛牢长江大保护政治责任”的要求，在长江大保护中充分发挥职能作用，扎实推进环境资源审判专门化，着力构建长江大保护新格局，为保“一江清水向东流”、护“一库净水往北送”作出了应有的司法贡献。为进一步贯彻习近平生态文明思想，认真研究解决《长江保护法》实施中的各种理论和实践问题，为长江经济带高质量发展提供更加有力的司法服务和司法保障，湖北省高级人民法院联合长江海商法学会、武汉大学法学院、华中科技大学法学院、中南财经政法大学法学院、人民法院环境资源审判理论研究（武汉大学）基地举办了首届“长江大保护司法论坛”，并联系中国法学会环境资源法学研究会提供学术指导，希望打造一个立足长江流域、面向全国、走向世界的常态化、国际化交流平台，形成一种以法学理论界和司法实务界为主、团结法治共同体各方力量、吸引全社会广泛参与的良好调研生态，为长江大保护这一重大课题持续贡献法学智慧与理论力量。

首届长江大保护司法论坛开幕式上，全国人大常委会副委员长、民革中央主席万鄂湘发来书面讲话，对论坛的举办给予充分肯定，最高人民法院党组书记、院长周强通过视频出席会议致辞并作出重要指示。全国人大宪法和法律委员会副主任委员江必新，全国政协常委、社会和法制委员会驻会副主任、中国法学会环境资源法学研究会会长吕忠梅，武汉大学法学院教授、中国法学会环境资源法学研究会原会长、武汉大学环境法研究所原所长蔡守秋等各方领导和专家学者发表主旨演讲。本次论坛共收到400余篇学术论文，来自理论界和实务部门的48位领导和专家学者参与了三个分论坛的研讨。与会专家学者围绕长江大保护的司法体制机制、司法协作和法律适用等议题，针对长江司法保护工作的重点、堵点、难点问题展开讨论，涌现出一批具有深刻思想内涵、较高理论水平和决策参考价值的研究成果。出席论坛的专家学者们经过认真研究、反复磋商，就加强长江司法保护及其理论研究问题达成长江司法保护武汉共识，这既是首届长江大保护司法论坛的重要制度性成果，也是法治共同体誓用法治力量守护美丽长江的郑重宣言和庄严承诺。

为推动论坛成果转化，发挥优秀研究成果的辅助决策作用，我们将论坛的领导致辞、主旨演讲、优秀论文结集出版，形成首届长江大保护司法论坛文集，希望为相关司法实务部门的同志提供参考，为理论界进一步深化对长江司法保护问题的研究提供更多的资料，也希望进一步促进实务部门与教育科研单位之间、法学学科之间、院校之间的交流合作。同时，我们也希望得到社会各界的更多关注，吸引更多的有识之士共同关注长江司法保护的理论和实践问题研究，为举办第二届长江大保护司法论坛创造更好的条件。

最后，衷心向鼓励、支持和帮助论坛成功举办的有关部门和领导致敬！向参加首届论坛的各位专家学者致敬！向关心支持长江司法保护以及研究解决相关理论和实践问题的社会各界致敬！我们将持续强化长江大保护的政治自觉、思想自觉和行动自觉，进一步做好长江司法保护工作，深入推动长江司法保护理论和实践问题的调查研究，为长江大保护作出法治共同体应有的更大贡献。

2022年12月

目录

附件

1. 我国流域环境司法保护的转型与重构*

秦天宝**

内容摘要:流域具有系统性、复杂关联性以及动态性等特点,以此为参照视角,流域环境司法保护应当体现系统整体性、有机协同性以及动态适应性的要求。我国流域司法保护可实现环境司法专门化向流域司法专门化的逻辑转型,并针对流域司法体制、运行机制、行为方式等方面实践探索中出现的协同性与一体化不足、能动性与联动性边界不清、预防性缺位与修复性不足等问题,分别重构整体性全流域环境司法体制、体系协同性流域环境司法运行机制以及动态回应性流域环境司法行为方式。

关键词:流域　生态系统管理　环境司法　环境治理　司法体制　制度重构

近年来,习近平总书记对长江、黄河等大江大河先后提出了“共抓大保护、不搞大开发”“共同抓好大保护、协同推进大治理”等流域生态保护的要求。2019 年 12 月 23 日,第十三届全国人大第十五次会议首次审议《长江保护法(草案)》,一些学者、官员和人大代表还提出要制定“黄河保护法”。[1] 对大江大河大湖等实行全流域系统管理成为环境保护和环境治理的最新发展动向之

---

* 原文发表于《东方法学》2021 年第 2 期,本次转载已经获得《东方法学》编辑部的授权。本文系国家社会科学基金重大项目“整体系统观下生物多样性保护的法律规制研究”(项目批准号:19ZDA162)和教育部人文社会科学研究专项课题“建立以国家公园为主体的自然保护地体系的路径选择和法治保障”(项目批准号:18JF128)的阶段性成果。

** 秦天宝,法学博士,武汉大学环境法研究所教授、博士生导师,人民法院环境资源司法理论研究(武汉大学)基地主任。

〔1〕 参见徐哲:《积极探索黄河生态司法保护机制》,载《人民法治》2019 年第 23 期;王金南:《黄河流域潜在风险突出,建议制定〈黄河保护法〉》,载新浪财经,https://finance. sina. com. cn/roll/2019 - 03 - 14/doc-ihsxncvh2423429. shtml;等等。

一。最高人民法院先后发布了《关于全面加强长江流域生态文明建设与绿色发展司法保障的意见》《关于为黄河流域生态保护和高质量发展提供司法服务与保障的意见》等文件。各地也开展了一些相关的司法实践,例如,江西省先后设立了赣江流域、抚河流域环境资源法庭[1],河南省成立了黄河流域(孟州段)生态环境保护巡回法庭、黄河流域焦作生态环境司法保护基地[2],从审判组织、管辖模式、工作机制、制度保障等方面对流域司法保护进行了有益的探索。这一趋势对环境法治各环节都提出了新的要求,其中对环境司法[3]也产生了重要影响。

一、流域环境司法保护的理念变革

(一)流域特征与流域生态系统管理的内涵

生态系统管理是以生态系统整体性维持与社会可持续性发展为目标所实施的一种适应性管理理念及方法。[4] 流域是“一个水系的干流和支流所流过的整个地区”,是具有系统性、复杂关联性、动态性等特点的有机巨系统,它与生态系统管理原则和方法所强调的整体性、协同性、适应性等内涵高度契合,[5] 生态系统管理在流域这一特定时空领域的适用就形成了流域生态系统管理。

首先,流域具有系统性,流域生态系统管理强调整体性。流域以水为基础和纽带,组成人与“山水林田湖草”的生命共同体,是各种自然因素与利益关系交织的综合体,相应地,流域生态系统管理强调整体性。流域涉及多元立体利

---

〔1〕 参见《赣江流域环境资源法庭成立》,载新法治报,http://jxfzb.jxnews.com.cn/system/2019/12/24/018700939.shtml;《江西抚河流域环境资源法庭挂牌成立》,载人民网,http://jx.people.com.cn/n2/2020/0529/c190260-34050988.html。

〔2〕 参见《焦作法院打响黄河流域生态司法保护第一枪》,载焦作市中级人民法院网 2020 年 4 月 1 日,http://jzzy.hncourt.gov.cn/public/detail.php? id=14076。

〔3〕 学理上司法有广义、中义、狭义等不同定义,本文所称的司法是指审判、检察机关行使审判权、检察权的体制、机制和活动。

〔4〕 See James K. Agee and Darryll R. Johnson, *Ecosystem Management for Parks and Wilderness*, University of Washington Press, 1988, p. 6-12; Overbay J. C., *Ecosystem Management*, *in Proceedings of the National Workshop*: *Taking an Ecological approach to management*, USDA Forest Service, p. 27-30(1992).

〔5〕 关于生态系统管理原则和方法的特点可参见赵士洞、汪业勖:《生态系统管理的基本问题》,载《生态学杂志》1997 年第 4 期;李茂:《生态系统管理原则》,载《国土资源情报》2003 年第 2 期;李笑春等:《生态系统管理研究综述》,载《内蒙古大学学报(哲学社会科学版)》2009 年第 4 期;Georgios E. Pavlikakis and Vassilios A. Tsihrintzis, *Ecosystem Management*: *a Review of a New Concept and Methodology*, Water Resource Management 14, p. 257-283(2000)。

益关系，包括自然、经济、地理、社会等多层面和水、生物、大气、土壤等多要素，具有功能的复合性。流域生态系统管理的目标是实现流域内生态、经济、社会等各子系统的协调、可持续发展，流域生态系统管理的对象是流域内与水面、水体、水底、水岸有关的各种利益关系，运用综合方法实施全流域系统管理不仅包括自然生态系统的和谐，还包括人类社会系统的协调；不仅包括水管理治理系统，还包括水治理之外的其他政策领域。[1] 这些利益关系是围绕着资源利用与生态保护所产生的，总体上分别代表了经济效益最大化与生态环境损害最小化两种不同的价值追求和思维方式，需要从整体上进行协调平衡。

其次，流域具有复杂关联性，流域生态系统管理强调协同性的司法体制和运行体制，克服地方化、部门化司法体制和运行机制的弊端。流域各要素是相互联系、共同作用的复杂有机体，因此，流域生态系统管理强调协同性。构成流域的各要素、各单元不是孤立的、静止的，也不是一种机械式的组合，而是通过物质交换和能量流动形成极强的关联性。流域不是单一要素或者独立单元，而是诸要素、多主体、强关联的功能复合体，这种特性要求克服分割式、碎片化的单一要素管理模式，形成协调有序、运转一体的管理机制，发挥协同效应。

最后，流域具有动态性，流域生态系统管理强调预防与修复等管理过程的适应性。流域不是静止的实体，而是随着时空变化的动态过程，流域生态系统管理强调根据不同对象确定预防为先还是修复为要的目标，制定对策、实施预防或修复等具体措施，进行效果评估并调整相应策略。流域生态系统是多种生态环境要素构成的有机复杂巨系统，由于反馈机理和富集效应的存在，流域生态系统十分敏感，单一生态环境要素的变化就可能引发全流域的系统性风险，这就要求流域生态管理一方面确立"预防为主"目标，贯彻风险预防理念，避免系统性风险的发生和扩散，而一旦发生风险或者不利变化，要及时改变策略，迅速采取修复措施或者立即保障、支持相关主体采取有效生态修复措施。

（二）流域环境司法保护理念的要求

流域生态系统管理所强调的整体性、协同性和适应性，对流域环境司法保

[1] Rasio Ridho Sani, Eko Prasojo and Andreo Wahyudi Atmoko, *A Rich Picture of the Problem and Value Chain of Integrated Ciliwung Watershed Ecosystems Management and Restoration*, Development and Society 36, p. 428(2017).

护的理念提出了重要要求。

首先,流域环境司法保护要体现系统完整性理念。流域是一个完整巨系统,涉及生态、经济、社会等子系统和相关联的各要素,流域生态系统管理是一种“全流域完整性管理”,强调管理目标的整体性。而不同的管理目标背后却有不同的利益诉求,司法是利益关系的调整器。流域环境司法保护虽然以保护流域生态系统为主要目标,但不能顾此失彼,要“从生态系统整体性和流域系统性着眼,统筹山水林田湖草等生态要素”,体现对流域内经济、社会等多元利益的综合平衡和整体调整。不能因为偏好流域自然资源的经济功能就忽视甚至有损生态、社会功能,反之亦然。当前强调生态文明建设,流域的生态服务功能受到重视,但也不能因此就排斥其合理的经济社会功能。

其次,流域环境司法保护要体现有机协同性理念。流域生态系统管理强调管理方法的协同性,即为实现同一个目标而配合协调各种手段并通过相互反馈和共同作用而产生集聚和整体效应。这一理念对于流域环境司法保护同样适用,由于流域内各要素、各成分之间通过复杂的相互关联、相互作用而产生协同效应,针对单一要素或成分的司法手段无法满足协同保护的要求,流域环境司法各种措施及其所形成的运行机制乃至受其影响的周边行政措施需要相互协调配合、共同作用于保护流域环境的目标。

最后,流域环境司法保护要体现动态适应性理念。由于流域是一个具有时空性的概念,流域生态系统管理强调管理过程的适应性、反馈性,这种理念反映在流域环境司法中同样有效。虽然司法具有一定程度的滞后性,但流域环境司法不仅是一种静态的结果,更是一种动态的过程,需要根据流域各子系统和整体的变化适时调整预防或修复措施。

二、我国流域环境司法保护的逻辑转型

流域环境司法是环境司法与流域司法融合的产物。流域司法与环境司法是两个既有密切联系又有一定区别的概念。环境司法是以解决环境问题为目标、调整各类生态环境保护利益关系的司法活动之总称。流域司法既要保护流域这一特殊环境系统的整体性及维系各要素之间的有机联系,也要协调流域内的各种利益关系。环境司法更加突出司法保护生态环境的功能,而流域司法比

环境司法更加强调诸要素之间功能和利益的整体性、系统性,更加强调调整流域内经济、环境、社会等不同功能的复合性。就此而言,流域环境司法一方面是环境司法在流域中的具体体现,另一方面也超越了传统环境司法仅关注生态环境保护的定位。环境司法专门化体现了我国当前环境司法保护制度建构的基本逻辑。环境司法专门化是司法理念与制度对于环境问题特殊性的一种反映。

法律活动的专门化包括人员专门化、机构专门化和机构运作专门化三个方面。〔1〕 司法专门化包括三层含义:一是某类案件集中于专业人员进行审理;二是司法机构的专门化;三是司法机构独立行使职权。〔2〕 环境司法专门化强调机构、机制、程序、理论和团队的专门化,〔3〕这亦是最高人民法院的官方表述。〔4〕 环境司法流域化是广义上环境司法专门化的一种特定形式,即流域司法专门化。或者更确切地说,前者是后者的一种进化形态,从文义解释的角度,流域化比专门化更能体现流域环境司法的特点。"专门化"并非环境司法独享,从文义解释的角度,任何具有独特性、可自成一家的司法活动都可以冠以"专门化"的称呼,如金融司法专门化、知识产权专门化、海事司法专门化(我国已有金融法院、知识产权法院、海事法院等专门法院)。"流域化"体现了环境司法的特殊性和专业性,这与其他专业范围的专门司法活动可明显区分。流域具有独特的、专门的特点,为流域司法奠定了必要性基础,而环境司法专门化的经验和趋势为流域司法专门化提供了可行性。流域内多元、多层次利益诉求的关联与冲突、利益关系的对冲与调整及其产生的利益识别与衡量构成流域司法的内生动力和必然要求。环境司法流域化应当是司法体制、运行机制、行为方式等回应流域特点的必然要求,在人员、组织机构、运作机制等方面实现的专门化。流域司法专门化在环境司法专门化的基础上实现以下三个逻辑转变:

首先,从跨区划司法管辖转向全流域司法管辖。环境司法专门化在司法机构设置和管辖方面强调遵循自然生态规律,克服行政化、地方化带来的弊端,设

〔1〕 参见苏力:《法律活动专门化的法律社会学思考》,载《中国社会科学》1994 年第 6 期。

〔2〕 参见吕忠梅等:《环境司法专门化:现状调查与制度重构》,法律出版社 2017 年版,第 5 ~ 7 页。

〔3〕 参见张忠民:《环境司法专门化发展的实证检视:以环境审判机构和环境审判机制为中心》,载《中国法学》2016 年第 6 期。

〔4〕 参见戴建志、邱哲丽:《首届全国法院环境资源审判工作会议召开,着力构建"五位一体"专门化审判机制》,载《人民司法》2015 年第 22 期。

立跨行政区划的司法机构,实行集中管辖。但从目前的司法实践来看,这种跨区划司法管辖的基础仍然是传统的行政区划,即使少数法院以生态系统作为管辖划分的依据并成立相应的专门法庭,[1]也只不过是在管辖方面将数个行政区划内的相关案件集中由一个行政区划内的司法机构进行管辖,属于现行按行政区划司法管辖制度的微调;流域司法强调完全打破行政区划的限制,体现整体性理念,按照流域生态系统的分布状况和形成状态实行全流域统一管辖,这就需要冲破现行区域司法体制束缚,设置全新的流域司法体制。

其次,从司法协作转向司法协同。协作是与分工对应的概念,其原意是指将一项工作分解成具体任务,单项任务之间排列组合共同完成工作;协同是协同作用或协同效应的简称,强调开放系统中大量子系统之间的相互作用产生整体效应并实现对原系统的超越,是一种质的变化。[2] 环境司法专门化在具体运行机制方面强调面对环境问题的严重性和复杂性,司法要充分发挥能动性,并建立司法机关之间的协作以及行政与司法之间的联动。但是,这种司法能动仍然处于就案论案或就事论事的阶段,司法协作与司法联动仍限于具体司法机关与行政机关之间点对点的范围。为实现流域内生态、经济、社会等各子系统及其要素间的协调与可持续发展,流域环境司法强调在目标一致的前提下,体现协同理念,流域内司法与行政全要素、全过程的协调配合以产生聚合作用和增幅效应。

最后,从静态司法转向动态回应型司法。根据法治的要求,环境司法专门化的构成要素及成果最终要形成环境专门化的司法规则,但是静态的规则形态无法复制动态的变化过程。因此,在具体的行为方式上,司法机关应秉持合理的能动性,按照流域中不同要素和子系统的变化适时调整预防、修复等救济方式,并加强监督评估机制体系化建设,及时进行反馈,构建动态回应型司法。

---

〔1〕 例如,江西九江永修县人民法院成立鄱阳湖环境资源法庭,管辖九江市辖区内9个区、县的涉鄱阳湖环境资源案件,如果要管辖九江市辖区以外的涉鄱阳湖案件,需要江西省高级人民法院指定管辖。参见《鄱阳湖环境资源法庭成立》,载人民网,http://env.people.com.cn/n1/2019/0319/c1010-30982267.html。

〔2〕 参见潘开灵:《从协作、协调到协同的管理发展》,第四届中国管理科学与工程论坛会议论文,2006年9月于沈阳。

三、我国流域环境司法保护的探索与不足

(一)流域环境司法保护的实践探索

1. 流域环境司法体制的探索

一是对专门化流域司法机构设置的探索。一些地方根据流域系统性、整体性等特点探索根据流域而不是地域设置司法机关。例如,江苏省以流域等生态系统或生态功能区设立了7个环境资源法庭;〔1〕福建省莆田市中级人民法院设立木兰溪流域司法保护巡回审判点。〔2〕

二是归口审理模式的探索。归口审理模式是部分或全部融合民事、刑事、行政审判的一种司法模式,它追求一种"综合性、立体化的司法保护",〔3〕在环境资源审判中发挥了重要作用。根据《中国环境资源审判2017—2018》的统计数据,截至2018年年底,有15个高级人民法院实行环境资源审判"二合一"或"三合一"归口审理模式。

三是集中管辖的探索。集中管辖与归口审理模式往往形成配套机制,共同发挥作用。《中国环境资源审判2017—2018》介绍,河南、福建、湖南、四川等地人民法院探索以流域等生态系统或生态功能区为单位集中管辖环境资源案件。青海、湖南等地还专门出台相关文件,例如,青海省高级人民法院制定《关于环境资源案件跨行政区域集中管辖实施意见(试行)》、湖南省高级人民法院制定《关于湖南省湘江、洞庭湖等7个环境资源专门法庭所在法院跨区域集中管辖部分环境资源一审案件的规定(试行)》等。

四是一体化生态检察方式的探索。重庆市人民检察院第二分院及其辖区基层人民检察院分别成立"生态检察工作领导小组""长江生态检察官办公室""公益诉讼办案指挥中心",组成10个"长江生态检察官办案团队"。〔4〕这种一体化检察方式有利于优化检察资源和职权配置,提高司法效能。

---

〔1〕 参见江苏省高级人民法院《关于设立环境资源法庭并跨区域管辖环境资源案件的通知》(苏高法〔2019〕16号)。

〔2〕 参见《莆田市法院设立木兰溪流域司法保护巡回审判点》,载东南网,http://pt.fjsen.com/xw/2018-10/27/content_21615262.htm。

〔3〕 陈海嵩:《环境司法"三审合一"的检视与完善》,载《中州学刊》2016年第4期。

〔4〕 参见《长江生态检察官守护一江碧水两岸青山》,载正义网,https://news.jcrb.com/jxsw/201812/t20181217_1943340.html。

2. 流域环境司法运行机制的探索

首先,构建司法协作机制。最高人民法院出台《关于全面加强长江流域生态文明建设与绿色发展司法保障的意见》。长江经济带 11 +1 省市高级人民法院签署了环资审判协作框架协议、《淮河流域(河南段)11 个市检察院战略协作机制工作规则(试行)》、《四川省六市检察机关〈关于开展沱江流域水系保护司法协作的意见〉(试行)》等文件,这些文件对构建流域内司法机关在信息共享、执行联动、联席会议、案件通报、异地调查取证等方面的协作机制进行了规定。

其次,构建行政与司法衔接机制。最高人民检察院与公安部联合出台了《环境保护行政执法与刑事司法衔接工作办法》,一些地方也发布了相应的实施办法。例如,辽宁省环境保护厅、省高级人民法院、人民检察院、公安厅联合制定了《辽宁省环境保护行政执法与刑事司法衔接工作实施办法》,其中对案件移送、协助调查、快速处理、跨区域案件办理等作出了较为详细的规定,这些规定同样适用于流域生态环境案件中行政与司法联动。

再次,构建统一司法行为标准和尺度的机制。司法机关通过发布典型案例、司法政策、司法解释等方式来加强流域司法行为尺度和标准的统一,特别是案例的筛选、发布、检索适用已经形成一套相对稳定的运行机制,如最高人民法院发布人民法院环境资源审判保障长江经济带高质量发展典型案例、最高人民检察院发布服务长江经济带发展典型案例。

最后,构建能动司法机制。主要有两种形式:一是针对某一类带有共性的问题提出实用性较强的司法建议,如重庆市涪陵区人民法院就重庆长江三峡龙河流域湿地自然保护区违法采砂等问题向水务部门发出司法建议;二是针对流域的同一类问题或对象制作和发布关于现状分析、意见建议的白皮书,如湖北省高级人民法院发布的《湖北长江生态环境资源司法保护白皮书》。

3. 流域环境司法行为方式的探索

首先,生态修复方式多元化。实践中,司法机关大胆超越传统民事责任的范围,以追求修复实效为导向,对造成环境污染或生态破坏的责任人适用"补种复绿""增殖放流""劳务代偿"等责任承担方式。

其次,探索异地修复、替代履行、第三方监督、执行回访等具体执行方式创新。这些强调实效的社会化具体执行方式与传统私人间的民事执行方式存在明显区别,是执行方式的重要创新。

再次,探索建立生态环境司法保护、修复基地。例如,昆山市人民法院联合千灯镇人民政府、市环境保护局,在千灯镇吴淞江沿线建立生态环境司法实践保护基地。[1] 淮安市人民检察院、江苏省洪泽湖渔政监督支队联合在洪泽湖古堰渔文化生态保护区设立环境资源司法修复基地。[2]

最后,开展流域司法保护专项行动。司法机关在特定时间和空间集中资源开展的专项行动,不仅追求法律效果也为实现宣传、震慑、教育等社会效果。例如,四川省泸州市人民检察院与贵州省遵义市人民检察院于 2018 年 11 月至 2019 年 6 月联合开展的"打击赤水河流域破坏环境资源违法犯罪专项监督活动"。

(二)我国流域环境司法的问题与不足

1. 整体性与协同性不足

虽然一些地方针对流域系统性、整体性的特征对设置流域性司法机构、建构协同性、一体化的流域司法保护机制进行了有益探索,但与流域作为有机整体的系统性相比,仍然存在很大差距。

首先,集中管辖、归口审理等仍然受行政区划和审判层级的限制,分散司法、区块司法的色彩明显,无法有效协调流域与区域、全局与属地的利益关系,未设置综合性专门流域司法机关。例如,江苏探索的设立的长江流域环境资源第一、第二法庭等几家跨区域环境资源法庭仍然设置在特定的基层人民法院之内,而且集中管辖的范围局限在一定范围之内。[3]

其次,流域内的司法协作主要停留于纸面文件,缺乏长效的实施、评估、监督机制。对于办理跨区域案件的信息共享、线索移送、调查取证、司法鉴定、异地执行等问题,没有明确的责任主体、配合义务、协作方式等,并存在主体范围

---

〔1〕 参见《昆山法院在苏州率先建立生态环境司法实践保护基地》,载《江苏经济报》2018 年 6 月 5 日,第 A01 版。

〔2〕 参见《江苏淮安:成立环境资源司法修复基地》,载最高人民检察院网,https://www.spp.gov.cn/dfjcdt/201710/t20171011_202261.shtml。

〔3〕 参见《江苏省高级人民法院关于设立环境资源法庭并跨区域管辖环境资源案件的通知》(苏高法〔2019〕16 号)。

狭窄、形式化、生态属性不足等问题。[1]

最后,根据流域特点实施的司法创新手段缺乏规范基础,本土因素的制约性强,是否能长期存在并及时上升为相应制度存疑。例如,前述的实施“一体化生态检察”的重庆市人民检察院二分院辖区 9 个区、县中,长江干流直接流经其中 5 个,其余 4 个也全部位于长江支流水域,正是由于有这样独特的地理环境和基于长江上游三峡库区生态保护的特殊重要性,该院采取了上下级检察院之间“办案一体化和协作经常化”的尝试。[2] 在其他地方实行类似方式可能会面临基础和必要性弱化的问题,况且,上下级检察机关办案一体化是否会间接影响审级制度的功能也是需要注意的问题。

2. 能动性和联动性的边界不清

首先,行政与司法联动、检察权与审判权联动可能存在“行政代替司法”“权力合谋”的风险。在流域司法保护的实践中,过于强调检察、审判机关与行政机关强化相互配合、沟通协作,容易产生“未审先定”、片面追求结果而忽视甚至损害个人、企业合法权益的风险。

其次,司法社会化治理的能动方式可能产生“司法权行政化”的后果,专项行动可能演变为新的“运动式环境治理”,不符合法治的要求。

再次,强调检察权的能动作用,注重发挥检察机关的法律监督职能,公民、社会组织的参与度相对不足,不能有效体现环境保护的公众参与原则。当前,我国环境民事公益诉讼制度虽然确立了社会组织与检察机关提起的“双轨制”,但在实践中司法实践中,检察机关提起的环境民事公益诉讼数量大大超过了社会组织提起的同类案件数量,而且检察机关还是提起环境行政公益诉讼的唯一主体,这一方面有利于发挥检察监督职能,但另一方面也限制了司法活动中公众参与原则的作用空间,不能有效体现公共利益公众保护的理念。

最后,公益诉讼诉前程序的功能发挥不足,诉前程序、审前程序与审理程序的关系定位不清。在环境行政公益诉讼中,诉前程序是一项独立于诉讼程序的重要程序设计和制度创新,具有提高诉讼效率、避免司法资源浪费、优化诉权结

---

〔1〕 参见吴勇:《我国流域环境司法协作的意蕴、发展与机制完善》,载《湖南师范大学社会科学学报》2020年第2期。

〔2〕 参见《“长江生态检察官”守护库区绿水青山》,载重庆长安网,https://pacq.gov.cn/tsxw/2018/1130/84128.html。

构等功能,但在司法实践中出现了管辖交叉,督促程序缺失,操作不规范,制度衔接性差,审查标准严苛、僵化等问题,[1]这些问题的发生与诉前程序、审前程序与审理程序之间关系定位不清有重要关系,由于缺乏理论上深入探究所达成的共识和实践中的统一尺度,这些程序无法完全实现预期功能。

3. 预防性缺位与修复性不足

首先,公益诉讼以救济型为主,预防型诉讼条文几乎成为"冷冻条款",未能体现预防为主原则,难以发挥公益诉讼的全部制度功能。预防为主是环境法基本原则之一,基于环境一旦受损就无法完全恢复的认知,预防优于救济是环境司法的重要理念。最高人民法院《关于审理环境民事公益诉讼案件适用法律若干问题的解释》第 1 条、第 18 条以及最高人民法院《关于审理海洋自然资源与生态环境损害赔偿纠纷案件若干问题的规定》第 12 条第 2 款原则性地规定了生态环境保护方面的预防性诉讼制度,但在司法实践中相应的案件数量极少,特别是流域相关的预防性诉讼案件至今未见 1 起,相关条文被束之高阁,无法发挥作用。

其次,生态修复以补种复绿、增殖放流等单项功能性修复或者禁令、限制令为主,未能体现流域内生态功能系统性修复以及经济、社会关系整体性恢复的要求。与一般的土壤、森林、湿地等单系统、有限环境要素的修复方式不同,流域是一个有机巨系统,其功能修复不仅是单一或有限环境要素功能的修复,而且是整个流域生态系统功能的修复。甚至不仅是单系统生态功能的修复,还是生态、经济、社会诸系统、多单元的同时修复和整体修复,因此必须综合运用多种手段进行修复。

再次,为流域司法提供必要保障的配套制度尚不健全,流域保护和修复基金的设立、修复责任保险、执行回访、社会化履行、替代修复等规则缺乏统一操作规范。

最后,流域生态环境损害赔偿诉讼的功能未能有效发挥,诉前磋商程序中公众参与和社会监督不足。根据《生态环境损害赔偿制度改革方案》第 3 条第 1 项的规定,"依法追究生态环境损害赔偿责任"的三种情形主要是较大或者严

---

[1] 参见张锋:《检察环境公益诉讼之诉前程序研究》,载《政治与法律》2018 年第 11 期;刘超:《环境行政公益诉讼诉前程序省思》,载《法学》2018 年第 1 期。

重影响生态环境的环境污染或生态破坏事件。一般而言,流域的环境污染或者生态破坏在影响范围、程度、后果等方面显然符合以上要求,在流域司法保护中生态环境损害赔偿制度应当发挥“环境有价、损害担责”的重要作用,但现实是流域性的生态环境损害赔偿案件数量极少,其诉讼功能未得到充分发挥。目前,在与流域有关的生态环境损害赔偿案件的磋商程序中,缺乏对公众参与和社会监督的明确、强制性规定,也是导致制度功能不能有效发挥的重要原因之一。

四、我国流域环境司法保护的制度重构

(一)重构整体性全流域环境司法体制

流域司法体制与区域司法体制差异明显,前者是基于自然地理系统,后者是基于行政区域划分。流域环境司法强调整体性与全流域,相应流域司法体制的建立需要从以下几个方面着手:

首先,行政辖区与司法辖区适度分离,司法辖区与流域功能区适度重合。党的十八届三中全会提出,“探索建立与行政区划适当分离的司法管辖制度”。党的十八届四中全会进一步提出,“探索设立跨行政区划的人民法院和人民检察院”。这些会议精神为流域司法体制提供了政策依据。跨行政区划司法机构的设立绝不仅仅是某一司法机构集中管辖几个行政辖区案件这样形式上的改变,还应当建立司法辖区的概念和划分标准,特别是根据流域的自然、经济、社会特性设置对应功能的流域司法机构,在体制上奠定流域司法保护协同性和一体化的基础。当然,“适度”不是“绝对”,也不是“完全”,不是推倒重来或者另起炉灶,而是在现行司法机构设置模式的基础上通过管辖权的重新排列组合和司法资源的整合对应流域生态系统的整体性特点,实现司法管辖权与流域功能区,特别是核心功能区的匹配。

其次,以海事、铁路等专门法院、检察院等为基础探索在重要流域设置综合性流域司法机构,建立专门人员队伍。例如,目前我国已经设立了长江水利委员会、长江航务管理局、长江海事局等流域管理机构。相应地,可以研究设立长江流域专门法院、检察院等司法机关,并建立最高司法机关的派出机构、与省同

级的流域司法机构、市区级流域司法机构三个层级的组织体系。[1]

最后,流域内跨行政区划案件实行集中管辖和归口审理,不限于环境资源类案件。流域是环境、经济、社会有机联系的巨系统,流域案件的集中管辖不能限制在某一方面、某一类型。根据流域管理的重点,将三线一单、河长制、生态补偿、节水与水资源配置和调度、流域资源开发利用、河湖空间管制、涉水资源保护和管控等作为重点受案范围。将成熟的流域司法保护经验和做法及时上升为司法解释等规范性文件,制定和完善流域司法诉讼规则。及时总结流域司法典型案例中的适用规则和成熟的流域司法保护经验,制定司法解释,细化具体操作规程。

(二)重构体系协同性流域环境司法运行机制

流域司法运行机制的构建需要根据流域系统性的特征,从针对单一问题、单一对象的功能性措施融合为协同性的机制,从具体行为协同与规则协同、横向协同与纵向协同、内部协同与外部协同、责任方式协同等方面全方位完善司法协同体系。具体而言有以下几点:

首先,在具体行为协同的基础上进一步强化规则协同。一方面,加强在信息共享、执行联动、联席会议等具体行为方面的事前、事中和事后全过程协同;另一方面,完善流域司法行为协同的长效机制,通过司法解释等形式将具体行为协同的成熟经验上升为规则,并对流域内不同司法管辖区所制定发布的同类工作规范、指导意见等及时进行清理,消除冲突和矛盾,逐渐形成规则协同的体系,对运行效果引入第三方评估。

其次,加强横向协同与纵向协同的整体性。在横向协同方面,流域内同级不同法院之间、地方法院与专门法院之间刑事、民事、行政等法律责任适用标准要趋于统一。在管辖问题上要避免出现“争管辖”或者“推管辖”两种现象,这就需要流域内不同层级的法院之间的纵向协同,除制定统一的法律适用标准之外,还要充分利用现有中、高层级人民法院对辖区内相关案件的指定管辖、提级管辖等制度安排,保障法律适用标准的统一,特别是对水资源利用、水环境保护等重点领域案例的收集、整理、定期发布和强制检索要从不定期的工作任务转

〔1〕 参见张建伟:《关于中国设立流域保护检察院的基本构想——以司法管辖制度改革为背景》,载《中国检察官》2019 年第 8 期。

变为稳定的制度化安排,并相应地将发布权上收,扩大典型案例在流域内的强制检索和适用。

再次,内部协同与外部协同并重。除完善司法机关内部的协同机制之外,不同司法机关之间,司法机关与立法、行政机关之间的外部协同机制建设也应当并行,特别是在构建和完善流域司法保护的配套保障制度方面要加强协同,在流域环境保护基金中纳入司法鉴定、诉讼费用负担、生态修复等用途;加强流域司法保护、修复、鉴定等智库和专门机构建设。

最后,责任方式的协同。在民事、刑事、行政等传统责任方式协同的基础上,注重加强预防责任与生态修复责任、惩罚性赔偿责任与一般赔偿责任等生态环境责任方式的融合。贯彻系统修复、整体修复的理念,流域司法保护中生态修复从补种复绿、增殖放流等单一生态修复向多种修复方式系统并用转变。

(三)重构动态回应性流域环境司法行为方式

整体上我国流域环境司法行为方式还是以救济为主的状态,而且缺乏体系化的监督评估机制,不符合适应性要求,无法有效回应流域环境动态变化的特征和系统保护的要求,需要尽快适应流域动态变化,转变为预防与救济并行、防范与修复并举的模式,强化各方主体参与,引入监督评估环节。

首先,适应流域内不同生态功能区的特征与需求,合理采取有效司法行为方式。对于生态功能敏感区、脆弱区的保护,要适度发挥司法能动性,充分利用预防性环境公益诉讼、威胁型海洋生态环境损害赔偿诉讼的优势,及时提起相关类型诉讼。对于流域所具备的生物多样性维持、水源涵养、洪水调蓄、水土保持、自然与人文景观融合、生态产品提供等不同生态功能实施类型化、回应性司法保护模式,综合采取移地与就地保护、增殖放流、补种复绿、复垦回填等不同修复方式。对于流域重要生态功能的受损,要及时适用惩罚性赔偿制度。实施上下级一体化、业务团队化、程序集中化的司法行为模式。推行流域检察一体化模式,强化对预防与救济措施的检察监督;顺应司法改革要求,建立流域司法保护的专业审判、检察团队,并在诉讼程序上实现集中化。

其次,有效吸纳和回应流域内公众的绿色期待,拓展利益相关方参与司法的渠道和方式。完善行政公益诉讼诉前程序、生态环境损害赔偿磋商程序中公众参与、检察监督的程序性规定。在流域行政公益诉讼诉前程序中应当赋予公众参与的权利,加大宣传力度,拓展案件来源渠道,加强与社会组织的协调联系,探索建立诉前听证制度,推行检察建议的公开制度。在流域生态环境损害赔偿案件磋商程序中进一步构建和完善磋商过程公众参与和检察监督、磋商意见书及修复方案征求公众意见、磋商结果公告、司法确认过程和结果向社会公开等制度,形成社会公众参与流域司法保护的合力。加强环保组织(公民)提起环境公益诉讼的能力建设。一方面,构建和完善受理费用、鉴定费用、代理费用等由败诉方负担以及基金、保险等社会化负担机制,通过成本、费用补偿强化对环保组织提起环境公益诉讼的显性激励;另一方面,通过为环保组织提供更多参与诉前程序、磋商程序、执行监督等过程的机会强化对其隐性激励,共同提高环保组织提起诉讼的能力。此外,为更好地保护流域公共利益,还要适时研究和推动公民提起公益诉讼的制度。

最后,适应流域内利益动态变化的特征,强化对司法行为的全过程监督评估。在诉前程序中对"行政机关是否履职"要引入社会化监督和判定机制。建立白皮书、司法建议的反馈和社会监督机制。通过向社会公开和社会监督强化白皮书和司法建议的实效。检察机关从环境(民事)公益诉讼原告逐渐向支持起诉人转变。检察机关直接提起环境民事和行政公益诉讼对保护环境公共利益起到了重要的促进和推动作用,但同时又限制了支持起诉制度的作用空间,也不利于培育社会组织的诉讼实施能力。因此,在一些流域公益诉讼案件中,检察机关应当有意识地转变角色,从直接起诉变为支持起诉,激活不同主体的作用和不同制度的功能,形成流域司法保护的多轨制。在诉讼程序中,加强对撤诉、调解等行为社会化监督和评估的机制建设,根据监督和评估结果适时调整结案方式。有必要进一步创新执行方式,引入执行监督、回访的社会化实施、评估机制。通过招标、修复机构名录动态管理、执行全程跟踪评估等形式,强化流域生态环境案件执行的社会属性和修复效果。

五、结语

流域是一个以自然生态系统为基础、融合经济、社会各种因素的复杂有机巨系统,需要运用生态系统管理模式维持流域发展的基础。在流域生态系统管理模式下，我国环境司法有必要沿着“环境要素保护—生态系统保护—全流域保护”的路径不断演化升级为流域环境司法，并在这一过程中不断转变司法理念、政策、制度和行为方式，真正从体制和机制方面实现区域司法向流域司法的转型。

2. 长江生态司法修复基地的正义进阶*

高利红　苏　达**

内容摘要：生态司法修复基地是实现人与自然和谐共生，保护生态环境的中国方案。《长江保护法》实施以来，长江司法保护是回应保护长江生态环境宏观目标的有效路径。近年来，长江生态司法修复基地大量设立，以生态空间为中心实现行政权与司法权的衔接并作为生态修复责任的实现场域。作为司法能动的体现机制，基地机制反映了长江司法保护从“纠纷解决”的形式正义向着“以生态修复为中心”并最大化实现公共利益的实质正义进阶。长江生态司法修复基地实质正义进阶实现包含程序正义与实体正义，目前虽然满足了初步要素构造，但程序与实体的深层价值实现都存在提升空间。未来长江司法修复基地应当细化程序构造并衡平实体利益，秉持程序正义的稳定性与实体正义的开放性结合特质，实现立体化的长江生态保护。

关键词：长江保护　生态修复　司法修复基地　流域司法

《长江保护法》象征着“长江大保护”进入法律体系化进程，针对长江自然维度的整体复杂性、空间维度的跨区域性等特征，涌现了一系列专门化的新型规制手段。2016 年，最高人民法院发布《关于充分发挥审判职能作用为推进生态文明建设与绿色发展提供司法服务和保障的意见》指出，“落实以生态修复为中心的损害救济制度，统筹适用刑事、民事、行政责任，最大限度修复生态环

* 本文为国家社会科学基金重大项目“完善生态环境保护执法和司法衔接机制研究”（项目编号：20ZDA090）及中南财经政法大学中央高校基本科研业务费专项研究生科研创新平台项目（项目编号：202310621）阶段成果。

** 高利红，中南财经政法大学法学院教授、博士生导师；苏达，中南财经政法大学法学院博士研究生。

境”。随后,生态修复责任成为一种新型的责任样态,[1]广泛适用于生态环境违法行为治理中。长江流域的生态环境违法行为建立在流域连续性基础上,传统司法规制难以完全实现生态环境利益的保障。据此,长江流域逐渐生成一种新型的司法保护机制:生态司法修复基地(以下简称司法修复基地)。司法机关以“最大限度修复生态环境”为原则,以长江特定生态空间为客观对象,建成常态化的集“案件审理、生态修复、多元共治”于一体的基地机制。这一机制取得了显著成效,反映出长江的司法保护从“解决争端和发现事实真相”[2]的形式正义转向了追求主观上“在每一个司法案件中感到公平正义”与客观上“最有利于公共利益”[3]的实质正义,其具体包括程序与实体两方面的正义进阶。然而作为司法能动的外化,长江司法修复基地的概念、性质与运行程序都处于探索阶段。本文以长江司法修复基地的实践样态出发,辨析其作为一种司法行为的实践功能,结合司法修复基地的运行逻辑,探寻其程序与实体正义的双重进阶,并为未来司法修复基地在实质正义的轨道上提供价值识别与规范建议。

一、长江生态司法修复基地实践样态与空间逻辑

(一)长江生态司法修复基地的类型

长江流域严格意义上的生态司法修复基地可以追溯到2016年3月设立的重庆市涪陵生态司法修复基地,[4]其是由法院、检察院、林业局协同设立在长江沿岸约2000亩的林场,选址起源于该地因森林火灾生态严重破坏,但林场不具备相应的修复能力与资金条件。涪陵生态司法修复基地被指定为重庆市5个县区的毁林案件集中修复地。[5] 可以看出,长江生态司法修复基地在初创

---

〔1〕 参见杨雅妮:《生态环境修复责任:性质界定与司法适用——以环境刑事附带民事公益诉讼为分析对象》,载《南京工业大学学报(社会科学版)》2022年第1期。

〔2〕 参见陈瑞华:《走向综合性程序价值理论——贝勒斯程序正义理论述评》,载《中国社会科学》1999年第6期。

〔3〕 参见《一切为了公共利益——最高检检委会讨论生态环境公益诉讼指导性案例纪实》,载最高人民检察院网,https://www.spp.gov.cn//tt/202209/t20220928_579480.shtml。

〔4〕 在此前存在司法机关指定特定区域进行补植复绿等生态修复行为的做法,但主要集中在福建省,具体方位不属于长江流域。

〔5〕 参见《长江沿岸千亩“火烧林”跨六年蝶变“绿森林”——重庆法院首个生态司法修复基地打造工作纪实》,载重庆市涪陵区人民法院网2022年6月14日,http://flqfy.cqfygzfw.gov.cn/article/detail/2022/06/id/6738858.shtml。

时便蕴含以特定受损生态空间为对象的建设逻辑,同时也试图构建打破长江流域行政区划分割的整体性协同逻辑。此后,大量生态司法修复基地沿着长江建设,[1]2021 年最高人民法院《关于贯彻〈中华人民共和国长江保护法〉的实施意见》(以下简称《实施意见》)中明确将"司法保护基地和生态环境修复基地"作为"深化司法公众参与"的途径,最高人民法院、最高人民检察院与水利部也陆续发布典型案例支持探索司法修复基地的机制创新。[2]

生态司法修复基地的名称有多种形式,尽管《实施意见》将"司法保护基地"与"生态环境修复基地"并列,但在实践中二者并无严格区分。若按此区分,"司法保护基地"一般与"司法示范"相联系,如重庆合川渔业生态修复司法保护示范基地;而"生态环境修复基地"的主流命名方式以特定生态空间为前缀,如湖北荆州生物多样性司法保护修复基地、扬州市北湖湿地公园湿地保护实践基地。还有以整体宏观空间命名,如江西"长江生态司法修复基地"。总体来看,长江司法修复基地在长江流域快速涌现,其命名方式呈现多样特征,未有严格的标准。

长江生态司法修复基地的实质类型化有多种标准。例如,根据修复内容可以分为生态恢复型与污染防治型,[3]根据修复手段可以分为正向修复与反向修复,根据设立司法主体分为法院主导型与检察机关主导型。而从修复对象的角度更能探寻生态司法修复基地对长江司法保护实质正义的促进,直观观察其对生态环境产生了哪些影响,据此分为:(1)专门的单一要素修复,如生物多样性[4]、森林等专门修复型基地;(2)包括森林、水、生物等多元的综合修复型基地。本文梳理长江目前较为典型的生态司法修复基地如表 1 所示:

---

〔1〕 例如,根据笔者在湖北省内的调研,截至 2022 年 11 月湖北省内有各级司法修复基地 73 个。

〔2〕 截至 2022 年 10 月 29 日,涉及司法修复基地的典型案例有《最高人民检察院、水利部联合发布十起涉水领域检察公益诉讼典型案例》(2022 年 6 月 9 日)、《最高人民法院发布"打造枫桥式人民法庭积极服务全面推进乡村振兴"典型案例——守护农村生态环境篇》(2022 年 6 月 4 日)、《最高人民法院发布十四起人民法院服务和保障长三角一体化发展典型案例》(2021 年 11 月 2 日)。

〔3〕 需要指出的是,目前长江现存的司法修复基地都属于生态恢复型,专门以污染防治为功能目标的基地并未出现。

〔4〕 尽管生物多样性是一个系统性概念,包括物种、微生物、水土、气候等多方面,但实践中的生物多样性修复基地一般以生物物种补充、入侵物种防治为主要功能。故而在此将生物多样性修复基地列入专门修复型基地。

表1　长江主要生态司法修复基地实践样态〔1〕

地区	基地名称	基地类型	主要功能〔2〕	主体协同模式
四川	四川嘉陵江(武胜)生态司法修复基地	综合修复型	生态修复、政策实施	检察院、法院、行政机关
	四川崇州水生态修复教育基地	专门修复型	生态修复、警示教育、法治宣传	检察院、法院
	四川九襄生物多样性保护司法实践基地反向修复示范点	专门修复型	生态修复(反向修复)	检察院、法院、行政机关、社会组织
贵州	贵州清水江流域增殖放流生态修复基地	专门修复型	生态修复	检察院、法院、行政机关
	梵净山锦江河司法修复基地	专门修复型	生态修复、巡回审判	检察院、法院
四川、贵州跨省	四川、贵州跨省遵义赤水河流域司法协作生态修复实践基地	综合修复型	生态修复、法治宣传、警示教育	法院(两省三级)
重庆	重庆涪陵生态司法修复基地	综合修复型	生态修复、警示教育、政策实施	检察院、法院、行政机关
	重庆涪陵“生态司法修复+乡村振兴”示范基地	综合修复型	生态修复、政策实施	法院、检察院、行政机关
湖北	长江生物多样性司法保护修复基地	专门修复型	生态修复	法院、检察院、社会组织
	湖北荆州生物多样性司法保护修复基地	专门修复型	巡回审判、警示教育、法治宣传、生态修复	法院、行政机关
	丹江口市法院沧浪洲湿地公园生态环境司法保护基地	专门修复型	巡回审判、生态修复	法院、检察院、行政机关

〔1〕 由于篇幅所限,本表仅选取不同地区较具有代表性的进行列举。信息来源主要包括:(1)有关部门官方网站;(2)最高人民法院、最高人民检察院公布的典型案例;(3)公开判决书;(4)有关权威新闻媒体报道。时间自2016年第一个长江司法修复基地建立起,截至2022年10月29日。

〔2〕 此处长江生态司法修复基地的功能内容以官方发布信息中的有关记载为来源进行整理。

续表

地区	基地名称	基地类型	主要功能	主体协同模式
湖南	澧水河茅岩河镇司法行政公益增殖放流基地	专门修复型	生态修复	法院、检察院、行政机关
江西	长江生态司法修复基地	综合修复型	生态修复	法院、行政机关
安徽	淮河蚌埠段水生态环境修复蚌埠闸基地	专门修复型	生态修复、警示教育、法治宣传	法院、行政机关
浙江	安吉县人民法院灵峰法庭补植复绿警示教育基地、水生态司法实践基地、生物多样性司法实践基地	综合修复型	生态修复(类型化设置下级修复区域)	法院
江苏	苏州太湖(冲山)、长江(郑和公园)、长三角生态绿色一体化发展示范区(汾湖)司法生态修复基地	综合修复型	生态修复、警示教育、法治宣传	法院、行政机关
	长三角一体化示范区(嘉善片区)生态修复基地	综合修复型	生态修复	检察院(跨区协同)

由表1观之,长江生态司法修复基地的实践样态呈现名称、功能、设立主体、修复对象的多样化。专门修复型基地主要针对河流、湿地、森林等专门环境要素的修复,这与目前生态修复责任主要实现手段以增殖放流、补植复绿为主有关。[1] 而综合修复型则以特定区域的生态环境整体为修复对象,并不限定某一具体要素。例外的是,安吉县人民法院灵峰法庭通过宏观综合、微观专门的方式实现了二者的统一,即由专门的增殖放流区、补植复绿区以及野生动物放生区共同构成综合修复型基地。[2]

从不同分类角度观察长江生态司法修复基地,具体呈现以下内容:(1)从修复手段来看,包括正向修复与反向修复。正向修复以恢复生态环境受损状态为

〔1〕 参见李兴宇:《公私法域交叉背景下"修复生态环境"责任的定位与实现》,载《云南大学学报(社会科学版)》2022年第5期。

〔2〕 参见《打造"枫桥式人民法庭" 积极服务全面推进乡村振兴——最高人民法院发布第三批新时代人民法庭建设案例》,载最高人民法院网2022年6月1日,https://www.court.gov.cn/zixun-xiangqing-361131.html。

目的,以增殖放流等形式实现“增量”;反向修复则以防治生物多样性入侵为主,目前长江唯一的反向修复基地为四川九襄生物多样性保护司法实践基地,其专门针对福寿螺进行反向修复。[1] (2)从基地功能来看,生态修复是直接目的,但同时部分基地已经延伸出法治宣传、警示教育等功能,还实现了生态修复与文化、经济等价值的协同提升。浙江省安吉县人民法院灵峰法庭在基地中建立“两山”司法实践展示馆,开展接待研学与教育活动。[2] 重庆市万州区人民法院大周法庭设立“生态修复 + 乡村振兴”司法实践基地,通过各类修复手段的对接,在当地建立森林公园、特色种植园,将司法修复基地与生态景观融为一体,实现了生态旅游资源的开发效用,带动了周边的农家乐、乡村民宿等乡村振兴产业发展。[3] 有的修复基地通过与生态巡回法庭的结合,兼具巡回审判功能,丹江口市人民法院沧浪洲湿地公园“生态环境司法保护基地”便进行过基地内的公开审判。[4] (3)从设立主体来看,法院、检察院各有单独主导设立,也有司法机关协同行政机关设立,但基本前提是司法主导,整体趋势上向多元共治靠拢,社会组织、公众逐步融入长江司法修复基地中。(4)从行政区划角度来看,目前长江生态司法修复基地以行政区内设立为主,跨区协同设立逐步推进中,因其需要依赖前置性的跨区司法、行政协作规范的构建。如长三角一体化示范区生态修复基地是基于《长三角生态绿色一体化发展示范区检察机关公益诉讼生态环境损害赔偿与联合基地工作意见》等前提形成的。[5] 跨区模式能够确立多个区域为协作生态修复区,各方所涉案件中的责任人[6]对具体修复

---

〔1〕 参见《雅安市中级人民法院:筑耕地保护防线,创反向修复新路径!》,载中国网 2022 年 7 月 25 日,http://sc. china. com. cn/2022/difang/1328/0725/457355. html。

〔2〕 参见《打造“枫桥式人民法庭” 积极服务全面推进乡村振兴——最高人民法院发布第三批新时代人民法庭建设案例》,载最高人民法院网 2022 年 6 月 1 日,https://www. court. gov. cn/zixun-xiangqing - 361131. html。

〔3〕 参见《打造“枫桥式人民法庭” 积极服务全面推进乡村振兴——最高人民法院发布第三批新时代人民法庭建设案例》,载最高人民法院网 2022 年 6 月 1 日,https://www. court. gov. cn/zixun-xiangqing - 361131. html。

〔4〕 参见连迅、蔡蕾:《湖北各地法院加大力度多种形式护航湿地保护》,载新华网,http://www. xinhuanet. com/2022 - 06/01/c_1128705427. htm。

〔5〕《人民法院服务和保障长三角一体化发展典型案例》,载最高人民法院网 2021 年 11 月 2 日,https://www. court. gov. cn/zixun-xiangqing - 329801. html。

〔6〕 长江司法修复基地包括行政范畴的相关程序,也包括进入司法领域的诉讼案件程序等多元类型,同一当事人可能在不同程序中有不同的法律称谓。本文以具体当事人涉及程序为语境而采取相对的法律称谓。

地具有选择权。[1] 四川、贵州的跨省基地也是通过《关于建立长江上游跨区域环境资源审判协作机制的意见》先行的方式实现的。[2]

(二)长江生态司法修复基地的空间逻辑

1. 以生态空间为司法与行政衔接的基本单元

长江生态环境治理有三重困难:保护主体衔接不畅、流域连续性与行政区划管辖冲突、整体治理技术成本较高。[3] 传统司法权出场受案件驱动,但长江的治理困境使得司法权角色前移,与行政机关共同构成"联合治理者",[4]"共抓长江大保护"成为共同治理目标。作为二者协同机制的司法修复基地体现了二者协同由"案件驱动"转向"以生态空间为中心"的空间驱动逻辑。特定生态空间成为二者协同的客观单元,在运转过程中具体生态空间的修复成为一项检验司法权、行政权行使是否正当且全面的标准。换言之,即使一个案件经历了司法程序最终判决,但只要司法修复基地对应空间的生态环境状况并未得到法律认可的修复水平,即为正义实现程度不足。生态修复在法律维度是责任形态,在现实维度是技术问题,需要司法权与行政权的分工协力。从长江司法修复基地的实践样态来看,行政机关协同参与建设是主流趋势。

长江生态司法修复基地的空间逻辑有其形成脉络,离不开长江"自然—经济—社会"的多元耦合特性:(1)在自然系统中,长江提供了我国近四成的水土涵养、保持功能,以及 24.9% 的自然栖息地,是我国生态服务系统的主要构成。[5] (2)在政策系统中,《全国主体功能区规划》在构建"三大战略格局"时,将长江通道视为两条城市化战略横轴之一,同时将长江作为"七区二十三带"中的农业战略格局区域与生态安全方面的"两屏三带"之一。(3)在法律系统中,长江生态空间呈现立体特征,在立法系统中《长江保护法》的出台即为说

〔1〕 参见江苏生态环境:《长三角首次!看"青吴嘉"三地如何联合创设生态修复基地》,载中国环境网 2022 年 7 月 25 日,https://www.cenews.com.cn/news.html?aid=992966。

〔2〕 参见谢巍娥、申云帆:《让"旧疮疤"变"花果山"!贵州首个跨省司法协作生态修复基地揭牌》,载赤水市人民政府网 2021 年 9 月 18 日,http://www.gzchishui.gov.cn/xwzx/csyw/zxxx_5150159/202109/t20210918_70461390.html。

〔3〕 参见高利红、苏达:《长江生态环境保护行政执法与刑事司法衔接原则》,载《学习与实践》2022 年第 10 期。

〔4〕 参见张宝:《我国环境公益保护机制的分化与整合》,载《湖南师范大学社会科学学报》2021 年第 2 期。

〔5〕 参见孔令桥等:《流域生态空间与生态保护红线规划方法——以长江流域为例》,载《生态学报》2019 年第 3 期。

明。同时伴随着长江治理的专门执法活动,在司法中则呈现为长江专门司法机制、典型案例等。2017 年至今,最高人民法院或最高人民检察院陆续发布 10 批长江典型案例以增强长江司法保护的实践规范。据此,长江流域生态空间从客观自然地理意义上的空间吸纳至法律系统中获得立体性地位。长江生态空间不再是扁平的符号,而具象化为立法、执法、司法所影响的对象,在长江生态修复上进一步深化,最终生成长江特定生态空间修复的基地机制。

2. 以生态空间为生态修复责任的实现场域

长江生态司法修复基地是长江生态修复的实现场域,生态修复是兼具民事、行政、刑事性质的复合责任体系,〔1〕具有灵活性。生态修复首先包括直接行为修复,表现为补植复绿、增殖放流等直接作用于受损生态环境的行为,还包括替代性修复以及具有代偿性质的缴纳相关金钱。〔2〕近年来生态修复责任的执行监管成为一道难题。〔3〕如果仅从形式正义的角度即纠纷解决的功能观察,那么司法正义在宣判时已得到体现。然而长江司法保护追求实质正义,不仅需要实现司法审判的救济权益、终结纠纷功能,还要实现规范公共权力、公共政策的执行或形成功能,结合长江的立体生态空间特征,进而使受损环境得到最大限度的修复。

在此复合实质正义目标下的长江生态司法修复基地则以生态空间为"口袋",迎接来自民事、行政、刑事的生态修复责任,以多元共治为主体协同手段,使长江的生态修复具有"可视性"。〔4〕就监管角度而言,长江司法修复基地在监管机构内部形成权责分配,基地中的生态环境状态属于客观事实,只要基地中的生态环境受损或者未实现法定修复水平,内涉主体则必须持续积极治理;就修复履行而言,生态司法修复基地所提供的修复场地与项目,〔5〕使责任人在

〔1〕关于生态修复责任的具体性质有多种讨论,在此本文持"复合责任说"。参见宁清同、南靖杰:《生态修复责任之多元法律性质探析》,载《广西社会科学》2019 年第 12 期。

〔2〕参见张宝、殷佳伟:《替代性修复责任司法适用的反思与调适》,载《南京工业大学学报(社会科学版)》2022 年第 4 期。

〔3〕参见康京涛:《生态环境修复责任执行的监管权配置及运行保障——以修复生态环境为中心》,载《学术探索》2022 年第 6 期。

〔4〕参见靳匡宇:《生态修复量刑情节的司法适用研究——以 187 份长江环境资源刑事裁判文书为样本》,载《交大法学》2020 年第 3 期。

〔5〕有的修复基地也包含以项目形式运作的,即可能存在多个可供协商选择的修复场地项目,由责任人自主选择,如武汉市江夏生态环境司法修复基地。

修复节点、手段、对象等方面具有选择权。基地的既存生态空间能够为主动修复提供更多的现实可能性与便利性,在诉前、诉中主动修复成为主流选择。

二、长江生态司法修复基地的程序正义进阶

长江生态司法修复基地追求法律效果、社会效果与生态效果的统一,主张"办理一个案件、恢复一片青山、教育一片群众",[1]注重对司法可能造成的社会后果与各方利益的重视。[2] 追求实质正义是中国自古以来的一种文化特质,[3]这也造成我国的司法传统具有"重实体轻程序"的评价。[4] 而长江一直蕴含着中国的民族文化认同,其不仅是客观流域生态空间,更是潜藏着主体化倾向的立体对象。长江生态司法修复基地的实质正义进阶,具体化为司法权在通向这一结果之时对程序正义与实体正义的调适。

(一)长江生态司法修复基地的程序正义要素构造

程序正义是从形式正义向实质正义的转变手段,是"规则在制定和适用中具有正当性",[5]长江生态司法修复基地属于实质正义目标预设下的司法能动,而实质正义不存在明确标准,需要程序正义来构造其权力边界,避免司法主体过度追求政策目标而广泛"造法",[6]动摇长江司法稳定性。生态修复是司法修复基地的地基,在一般情况下,其全面分布在"行政执法、侦查、审查起诉、刑罚裁量、刑罚执行等环节中"。[7] 而长江生态司法修复基地的程序构造则可以分为诉讼程序中的生态修复与包括行政执法在内的融入"软性"多元共治色彩的协商听证、专业鉴定等非诉讼程序两大部分。

---

〔1〕 参见《打造生态环境保护活教材——司法生态修复基地落成揭牌》,载贵州省安龙县人民检察院网 2022 年 10 月 27 日,http://www.gzanlong.jcy.gov.cn/。

〔2〕 参见秦天宝:《司法能动主义下环境司法之发展方向》,载《清华法学》2022 年第 5 期。

〔3〕 参见陈金钊:《"能动司法"及法治论者的焦虑》,载《清华法学》2011 年第 3 期。

〔4〕 参见陈瑞华:《走向综合性程序价值理论——贝勒斯程序正义理论述评》,载《中国社会科学》1999 年第 6 期。

〔5〕 参见肖建国:《程序公正的理念及其实现》,载《法学研究》1999 年第 3 期。

〔6〕 参见江必新:《论实质法治主义背景下的司法审查》,载《法律科学(西北政法大学学报)》2011 年第 6 期。

〔7〕 参见靳匡宇:《生态修复量刑情节的司法适用研究——以 187 份长江环境资源刑事裁判文书为样本》,载《交大法学》2020 年第 3 期。

1. 参与要素：多元协同主体结构

长江生态司法修复基地逐步确立了“司法主导、行政协同、多元参与”的主体结构，即使有些司法修复基地的设立主体中并未明确列明行政机关，但在实际运行中行政机关参与成分也逐渐丰富。关于司法修复基地目前未有明确的参与主体法律要求，有关文件中也以倡导司法机关、行政机关协同合作为表述。[1] 程序正义要求受到影响的相关者都应享有一席之地。尽管实践中各有差异，但长江司法修复基地为“司法机关 + 行政机关 + 责任人 + 公众 + 社会组织”的多元主体提供了理性对话空间。除内在的沟通机制外，长江司法修复基地还与“河湖长制”、联席会议等制度对接，促进行政权与司法权的衔接。例如，武汉市中级人民法院生态环境司法修复基地协议中规定行政机关“为法院替代性修复裁判内容提供专业支持，同时协助法院对基地修复判决执行情况进行监督和验收”。[2] 同时，长江生态司法修复基地也为社会组织、当地居民等主体对话提供了程序支持。湖北省长江生物多样性司法保护修复基地的设立主体中更有专业保护组织参与。[3] 此外，这种对话不仅包括司法诉讼程序，也包括与基地有关的行政执法等环节，多元主体可以通过基地所构建的协同机制进行共同实现生态修复目标的协商对话。

2. 信赖要素：基地运行公开制度

程序正义需满足信赖要素，使程序当事人对程序法律效果信服。长江生态司法修复基地追求警示教育、法治宣传等社会效果，作为一种新设机制强调长江保护与修复的可视，形成了公开运行制度，具体包括：(1) 修复来源公开，责任的形式载体可能是生态修复方案、协议或者司法判决；(2) 修复行为过程公开，如贵州锦江河上游司法修复基地在进行渔业生态修复时，由检察院、渔政部门、

---

〔1〕 比如《杭州市生态环境损害惩罚性赔偿制度适用衔接工作指引(试行)》中提及：“人民法院、人民检察院、生态环境部门可协同建设生态环境修复基地、宣传教育基地等，敦促赔偿义务人全面履行义务，有效发挥惩罚性赔偿制度的警示、教育作用。”

〔2〕 《我为群众办实事｜武汉首个生态环境司法修复基地示范点揭牌启用》，载武汉市中级人民法院网 2021 年 5 月 25 日，http://www.whzy.hbfy.gov.cn/DocManage/ViewDoc? docId = 69154a72 - 56ea - 4b7c - 9c63 - 3ac22256b65d。

〔3〕 参见蔡蕾、姚建军：《湖北建立长江生物多样性司法保护修复基地》，载《人民法院报》2021 年 3 月 14 日，第 1 版。

司法局监督,并由媒体在线直播;[1](3)修复结果公开,如涪陵生态司法修复基地在补栽的树苗上都设置了二维码,提供案件详情与责任履行信息。[2] 而公开制度现行的不足主要在缴纳相关金钱的修复实现中,专门基地账户的设置并未得到统一,并且社会组织、公众尚无法参与到基地的修复基金监管中。

3. 中立要素:诉讼程序中心主义

参与信赖要素赋予程序之外在正义,而内在实现需要司法中立。长江生态司法修复基地的程序构造虽然由诉讼与非诉讼两大部分组成,但因司法主导特质,诉讼程序是核心,传统司法回避原则是基本前提。长江生态司法修复基地以诉讼程序中心主义统筹环境"六诉"[3],如重庆合川渔业生态修复司法保护示范基地设立"渔业生态检察官办公室",专门处理长江环境刑事案件、环境民事案件、刑事附带民事公益诉讼案件以及行政诉讼监督案件[4],将生态空间嵌入各类环境诉讼程序中的修复成分。同时,长江生态司法修复基地既是司法行政协同的载体,也是司法机关对行政机关予以监督的可视机制。基地中的修复行为也可能是行政机关因行政公益诉讼需要实现的。此外,行为人的任何实体后果都根源于司法中立的诉讼程序,如诉讼中涉及的生态修复方案、协议等,法院一般以司法确认被动参与。在长江生态司法修复基地中,非诉讼程序型的行政范畴修复、管护等事项一般为补充性手段,而其属于行政自由裁量权的范围,司法机关亦能够通过基地的协同机制和司法建议等手段予以全环节的中立监督与权益救济。

4. 尊重要素:生态修复协商程序

长江生态司法修复基地内嵌的各种程序都会对当事人、公共利益造成影

---

〔1〕 贵州省高级人民法院:《贵州高院发布贵州省 2020—2021 环境资源审判十大典型案例之七:贵州省江口县人民检察院诉代红飞、彭壮壮、彭浩、代洪亮非法捕捞水产品刑事附带民事公益诉讼案》,载北大法宝 2021 年 6 月 18 日,www. pkulaw. com/CLI. C. 318536457。

〔2〕 参见《重庆法院首个生态司法修复基地 | 长江沿岸千亩"火烧林"跨六年蝶变"绿森林"》,载重庆市涪陵区人民法院网 2022 年 6 月 14 日,http://flqfy. cqfygzfw. gov. cn/article/detail/2022/06/id/6738858. shtml。

〔3〕 我国的环境保护机制存在"六诉并行"的情况,具体包括检察机关提起的环境行政公益诉讼、刑事诉讼、刑事附带民事公益诉讼、环境民事公益诉讼、社会组织提起的环境民事公益诉讼、行政机关提起的生态环境损害赔偿诉讼。参见张宝:《我国环境公益保护机制的分化与整合》,载《湖南师范大学社会科学学报》2021 年第 2 期。

〔4〕 重庆检察一分院:《三位一体——探寻重庆检察机关渔业生态修复司法保护示范基地的成长之路》,载重庆检察一分院微信公众号 2022 年 9 月 17 日,https://mp. weixin. qq. com/s? __biz = MzI2NDMxNjExNg = = &mid = 2247512424&idx = 3&sn = b77f883ad9efa7a32fcf93da40036cf7&chksm = eaac84d3dddb0dc5285303d8f6eb0e55dac639e1e0cca538420386634799696772966f13286f&scene = 27。

响,体现为生态修复责任的来源与实现。程序正义要求当事人“真正成为参与裁决制作过程、主动影响裁决结果的程序主体”。[1] 长江生态司法修复基地通过构建协商程序以尊重所涉主体地位,在具体修复过程中尽可能提供选择可能性,使生态修复可以在诉讼审理过程中实现,大部分案件中被告人自首且认罪认罚,在退缴相关违法收入的同时,主动采取各种修复方式到基地中进行修复,降低案件审理难度与司法成本。[2] 而如上海市青浦区、江苏省苏州市吴江区、浙江省嘉善县共建司法基地的修复地选择权提供,也蕴含着当事人可以基于自身实际选择的司法尊重。[3] 同时,生态修复方案或者协议一般由行政机关与行为人协商产生,由司法机关进行确认。无论是修复方案、修复协议或代偿性的缴纳金钱修复都需要评估生态环境损害,需要鉴定、测算等系列程序,实践中已经适用相关费用的类比酌定。[4] 直接修复中可以对同一基地已实施的修复方案进行类比适用,在提升司法效率的同时合理降低行为人的不必要支出。

(二)长江司法修复基地的程序正义深化路径

长江生态司法修复基地“不破行政区划、打破行政壁垒”,[5]通过系列程序直接推动生态修复责任的落地,实现了广泛的程序工具价值。2021 年 3 月湖北省丹江口市人民法院设立司法修复基地,至 2022 年 6 月“累计督促被告人增殖放流鱼苗 47 余万尾,复垦复绿林地面积 18 亩”。[6] 更加直观的结果是服判,浙江省安吉县人民法院灵峰法庭通过修复基地的结合,服判息诉率达 98%,通过

---

〔1〕 程荣斌、侯东亮:《程序正义之维度——基于中国刑事司法语境的分析》,载《政法论丛》2009 年第 5 期。

〔2〕 如江西省黎川县人民法院刑事判决书,(2020)赣 1022 刑初 82 号中载明:“被告人潘祥桂具有自首情节,且认罪认罚,退缴了全部销售应得收入,并采取替代性修复方式委托造林修复生态环境,对其可以从轻处罚”;江苏省东台市人民法院刑事判决书,(2020)苏 0981 刑初 746 号载明:“被告人刘立树主动投案,如实供述犯罪事实,是自首,且认罪认罚,并缴纳修复费用(补种树木),依法对其从轻处罚。”

〔3〕 参见江苏生态环境:《长三角首次! 看“青吴嘉”三地如何联合创设生态修复基地》,载中国环境网 2022 年 7 月 25 日,https://www.cenews.com.cn/news.html? aid = 992966。

〔4〕 在江苏省高级人民法院民事判决书,(2018)苏民终 1316 号案件中,该案件虽并未涉及长江司法修复基地,但其被认定为指导性案例,其中提出的费用确定可以类比其他类似地区已进行鉴定评估的费用酌定。这种类比方法也可以运用在长江司法修复基地的修复费用酌定上,但需要结合具体情况考量。

〔5〕 《人民法院服务和保障长三角一体化发展典型案例》,载最高人民法院网 2021 年 11 月 2 日,https://www.court.gov.cn/zixun-xiangqing - 329801.html。

〔6〕 《打造“枫桥式人民法庭” 积极服务全面推进乡村振兴——最高人民法院发布第三批新时代人民法庭建设案例》,载最高人民法院网 2022 年 6 月 1 日,https://www.court.gov.cn/zixun-xiangqing - 361131.html。

执前督促,达到82%的判决后主动修复比例。[1] 但同时,作为新型机制的长江司法修复基地在程序上仍存在规范化构筑的空间。

1. 机制构造的相对统一

长江生态司法修复基地以生态空间为中心尝试打破区划式桎梏,但大量设立的各级基地的运行细节开枝散叶。对于行为人而言,修复基地的程序多元不统一不利于其预测程序后果,故而司法修复基地的程序正义进阶首先需要相对统一的程序构造,路径应当是指导案例制度与典型案例的配合。指导案例能够将经过实践检验的经验性内容相对统一,通过具体案例集中认可具有共性意义的程序做法。目前明确涉及司法修复基地运作的指导案例尚无,主要以典型案例为主。但典型案例的指导效力有限,且目前针对修复基地的程序内容论述极少。未来发展长江生态司法修复基地机制,应当以指导案例为基础建立相对集中统一的具有共性的运作程序,如应当确认单独设立专项资金账户并设置用途公开清单。此类核心程序需要指导性案例的效力强化"规则意识"[2],同时辅以典型案例在个别环节之中的创新,如涪陵生态司法修复基地在每一棵树木上都设置案情信息公开的做法,达到了基地创新灵活性与程序稳定性的统一。

2. 公众参与的程序丰富

长江生态司法修复基地使公众对长江保护从符号感知转向具象可视,但目前公众参与集中在事实参与,即修复行为过程与结果的可视,在规则意义上未得到充分体现,现存长江生态司法修复基地的依托规范基本停留于"备忘录""共建协议"等内部文件,[3] 不仅效力受限,公众也较难获取。公众参与有利于提高生态修复的科学性与全面性,如重庆万州"生态修复 + 乡村振兴"基地开创

---

〔1〕 参见《打造"枫桥式人民法庭" 积极服务全面推进乡村振兴——最高人民法院发布第三批新时代人民法庭建设案例》,载最高人民法院网2022年6月1日,https://www.court.gov.cn/zixun-xiangqing-361131.html。

〔2〕 参见《最高检检委会讨论生态环境公益诉讼指导性案例纪实》,载最高人民检察院网2022年9月28日,https://www.spp.gov.cn//tt/202209/t20220928_579480.shtml。

〔3〕 参见《玄武区举行赤山湖国家湿地公园生态修复基地共建协议签约仪式》,载南京市玄武区人民法院网2021年10月27日,http://www.njxwfy.gov.cn/njxxweb_publishing/www/xwfywwnew/xwzx4_mb_a2021102742392.html。

社会公众认养基地中中山杉的机制,以便为基地内的生态环境系统提供增量。[1]

未来应围绕程序公开原则进行路径展开,以符合长江生态司法修复基地的合法性期待:(1)构建基地生态修复方案听证与公示程序,同时建立基地专项资金公示程序。生态环境切实修复是长江司法修复基地的存在逻辑,生态受损所造成的公共利益损失会因长江的流域连续性产生"溢出效应",公众作为公共利益的享有者对此具有知情权与参与权。(2)构建基地常态运行公开程序。设立司法修复基地属于司法能动,其蕴含着"关口前移"与"司法政策化"的双重扩张,在权力动态调适的同时,需要同步深化公众参与程度。因此公众的监督应当深入长江司法修复基地的管理细节,如基地空间的日常管理与巡护、参与有关部门的联席会议。公众能够成为基地中固定的独立监督者,也能够提高生态修复的技术理性。(3)公众参与在长江流域中还需要拓宽主体范围,应当导向跨行政区划听证与公示等内容的参与,避免长江生态环境问题因"府际博弈"产生"邻避效应"。

3. 主体地位的程序强化

长江生态司法修复基地的正义目标由于统合多种利益,兼顾各类效果,难以形成统一、明确、可感知的标准,故在实现过程中可能产生淡化当事人程序主体地位的惯性。未来需要系列地位填补程序令各方平等:(1)提高程序效率。基地所涉当事人基本都负有修复责任,除主观原因外,得不到及时的履行可能性本身便是一种不正义。目前长江部分司法修复基地探索基地内设生态巡回法庭,使基地兼具巡回审判功能,减轻群众"诉累"。此外应当参照"河湖长制""长江生态检察官"模式,设置有关机关专门衔接修复基地的责任人员,以保证司法修复基地的运作效率。[2] (2)优化修复协商程序。司法机关应履行阐明释明义务,实现"信息对称",[3]使当事人对违法行为、责任后果等有完整认识,

---

〔1〕 参见《打造"枫桥式人民法庭" 积极服务全面推进乡村振兴——最高人民法院发布第三批新时代人民法庭建设案例》,载最高人民法院网 2022 年 6 月 1 日,https://www.court.gov.cn/zixun-xiangqing-361131.html。

〔2〕 参见《打造"枫桥式人民法庭" 积极服务全面推进乡村振兴——最高人民法院发布第三批新时代人民法庭建设案例》,载最高人民法院网 2022 年 6 月 1 日,https://www.court.gov.cn/zixun-xiangqing-361131.html。

〔3〕 参见江必新:《论实质法治主义背景下的司法审查》,载《法律科学(西北政法大学学报)》2011 年第 6 期。

综合考虑其修复能力,根据对应长江生态司法修复基地的客观条件提供具体修复手段、措施等核心内容的多重选择。生态修复责任灵活在具有主观选择可能性,应保障当事人在不损害他人合法利益的前提下具有实现实体权利的程序权利。[1] (3)设置有关主体对长江生态司法修复基地修复内容的指导程序。其前提条件是责任人对修复的手段、场所与后续看管义务履行有客观允许的选择权,如多地共建挂牌基地的模式中,责任人可以对修复区域进行选择。实践中生态修复存在由于缺乏专业指导,当事人修复行为局限于某一地区,[2]进而呈现"过度修复"或修复不符合标准的情形。

三、长江生态司法修复基地的实体正义进阶

长江生态司法修复基地秉持"恢复性司法"与"以国土空间界定流域"[3]的立体司法逻辑,除发挥传统司法权能外,还旨在追求生态利益恢复、公共利益保障等多重利益价值,程序正义与实体正义被包含在长江司法修复基地的"复合正义"中,在个案中进一步追求"最大化实现公共利益"。

(一)长江司法修复基地的实体正义要素构造

1. 合理性:以生态修复为中心

长江生态司法修复基地具备"回应型司法"的特征,含有政策实施的目标。[4] 回应型司法是形式正义和实质正义的制度统合,结构上带有实质正义的开放性与适用弹性,但在法律推理上受到统一的内在目的权威管控。[5] 长江生态司法修复基地以生态修复为中心,实践中细化为要求当事人对基地生态空间区域修复的实体合理性:(1)为当事人提供合理选择权。是否具有选择机会是程序性权利,而选项的合理性则是实体性权利保障。长江生态司法修复基地保障当事人的实体选择权,包括主观选择与客观选择。主观选择首先是修复节点选择,基地以立体生态空间为前提,当事人能够在诉前、诉中、诉后随时主

---

〔1〕 参见肖建国:《程序公正的理念及其实现》,载《法学研究》1999 年第 3 期。

〔2〕 参见何勤华、靳匡宇:《行政和司法衔接视域下长江环境替代性修复方式研究——以美国替代环境项目为镜鉴》,载《法治研究》2020 年第 2 期。

〔3〕 参见吕忠梅:《〈黄河保护法〉实现"江河战略"法治化》,载《中国环境报》2022 年 11 月 9 日,第 6 版。

〔4〕 参见秦天宝:《司法能动主义下环境司法之发展方向》,载《清华法学》2022 年第 5 期。

〔5〕 参见江必新:《论实质法治主义背景下的司法审查》,载《法律科学(西北政法大学学报)》2011 年第 6 期。

动修复以影响后续实体后果。其次是修复手段,当事人可以选择直接修复或缴纳生态修复费用,在专业能力不足时可以选择委托专业机构修复。长江生态环境违法行为主体不乏农民等违法认识可能性较弱的主体,实践中允许以直接行为修复优先,无法再要求金钱责任履行的合理做法。客观选择主要集中在修复区域选择权,但需要基地的修复空间多元化。(2)以生态修复为目的形成义务。如生态司法修复基地涉及的刑事案件中,修复协议与司法判决已经出现明文指定补植复绿等生态修复的存活率保障义务与管护期义务。[1] 而在行政、民事范畴中也逐渐确立了在长江司法修复基地进行修复以及相应的看管义务期、修复结果目标的内容。只要合理合法在相应的司法修复基地中落实修复责任并达到相应的要求,则责任义务消灭。

2. 合法性:以生态修复责任为外观

长江生态司法修复基地并非对外形成新的公权力主体单位,生态修复责任是基于司法机关、行政机关在生态环境治理的原初权力,以及已获得规范合法性的民事、行政、刑事生态修复责任。长江生态司法修复基地以生态修复责任为外观,除《民法典》外,《农业法》《水法》等立法确立了生态修复责任的整体构造,尽管其是公法属性还是私法属性,是行政管制工具还是一种责任形态都较为模糊,[2]但长江司法修复基地具备立体空间特征与多元主体理性对话构建,恰好能够容纳公法与私法双重属性与行政管制、司法惩戒、责任实现的多元性质,因上述界分都能够被“以生态环境修复为中心”的正义目标所吸收,进而细化为基地运行中的程序协调构造与实体平衡原则。生态司法修复基地并不构成对责任人生态责任承担内容与范围的扩张,而是将责任对接长江立体空间,对实现责任更具便利性与效率性。但由于生态修复责任的复合性使其在责任性质上存在模糊,其灵活性也使长江生态司法修复基地中同一范畴内的修复责任来源不一。比如,同一司法修复基地内的产生于环境犯罪的生态修复可能体现为量刑情节,也可能来自直接判决、判决责令或者出现于刑事附带民事诉讼中。

---

〔1〕 详情可以参见湖北省巴东县人民法院刑事判决书,(2021)鄂2823刑初152号。

〔2〕 参见康京涛:《生态环境修复责任执行的监管权配置及运行保障——以修复生态环境为中心》,载《学术探索》2022年第6期。

3. 正当性:以多元利益为实体追求

长江生态司法修复基地反映了长江司法保护的利益考量结构转向对生态利益的凸显。生态利益属于公共利益的组成,长江在自然、经济、社会的多维地位及其流域的连续性、整体性决定其属于公共利益的重要构成。《实施意见》中明确"把保护和修复生态环境摆在压倒性位置",由此,长江生态司法修复基地形成以长江生态利益为中心,国家利益、个人利益与其余社会公共利益平衡的结构。

长江生态司法修复基地有别于"流水账式"或对抗式的司法权与行政权关系,〔1〕司法机关与行政机关共享长江生态环境背后的多元利益衡平且最大化实现公共利益的治理目标。就整体定位而言,长江生态司法修复基地所统筹的权利、义务以及有关的权力行使具有正当性,因为其无论作为一种机制、程序或者制度都以法律程序为外在。在内在层面司法修复基地的权力行使超越了一般社会视角,以空间为中心的实体正义调整行为人的权利与义务,〔2〕同时也调整司法权与行政权的运作细节,比如,为了避免长江环境损害后果得不到及时的修复,适度推动司法"关口前移"。或者在长江生态相关的判决说理结构之中,融入文化认同、空间正义等内容,回应了长江司法修复基地背后的司法正义的实体目标变迁。简言之,长江生态司法修复基地机制属于司法能动行为,从"纠纷解决"的形式正义进阶到"以生态修复为中心"的实质正义,其受到最大化实现长江生态司法修复基地背后所蕴含的多元利益的目标统摄。故而建立长江生态司法修复基地符合司法机关维护利益的最后防线角色,符合环境正义下对司法权运作的实体要求。

(二)长江司法修复基地的实体正义深化路径

1. 正义目标:最有利于公共利益维护

实质正义是"社会的实体目标和个人的实体性权利与义务的正义",〔3〕尽管没有明确标准,但可以通过程序与实体的双重正义不断趋近。长江生态司法修复基地必须在以生态修复为中心的前提下,以最有利于公共利益维护的目标

〔1〕 参见郑曦:《刑事诉讼中程序惯性的反思与规制》,载《中国法学》2021 年第 3 期。

〔2〕 参见秦天宝:《以空间正义引领国土空间用途管制法治化》,载《中国社会科学报》2022 年 8 月 17 日,第 4 版。

〔3〕 参见肖建国:《程序公正的理念及其实现》,载《法学研究》1999 年第 3 期。

指导实践,可以循下展开:

(1)以流域整体性为实体正义进阶前提。由于长江流域具有整体性,任何司法修复基地中的每一个修复行为都会对长江全域产生“辐射效应”,过度修复也可能影响同一生态系统或下游等邻近区域的生物种群稳定、气候稳定等。长江生态司法修复基地应对长江全域的公众参与主体进行权利与义务的认同指导,但此需要长期的信息公开、公众参与与长江执法、司法协同机制的建设,短期内可行路径是构建同一生态功能区相关所有行政区划的司法修复基地听证等公开程序。

(2)明确司法修复基地中的司法与行政的权责边界。司法机关需要遵循行政前置原则,以优先实现生态修复为能动逻辑。如环境行政公益诉讼中,行政机关已经受监督在司法修复基地履行修复义务的,法院不一定必须以确认违法判决认定,从而形成非严格对抗特征的行政义务督促模式;[1]刑事与民事范畴内,修复方案、替代性赔偿协议等内容明确由检察机关统筹,促成责任人与相关行政机关达成,法院最终进行司法确认。同时,检察院要协同有关行政职能部门监督、检查生态修复结果,以确认生态修复责任履行完毕;而行政机关以对接的司法修复基地为中心,制定常态化行政参与制度,设置专门人员责任对接,明确作为生态修复的引导者、监管者与兜底修复者三重身份。如责任人在基地补种存活概率不高、生态效益较弱的树木时,行政机关应当以专业优势给予指导。而法院有职责要求行政机关提供指导帮助改进,以减少生态修复的不必要成本。长江生态司法修复基地目标在于保护长江特定区域的生态环境,主导机关有义务优化责任人的生态修复的科学性。

(3)明确以司法修复基地为实现场域的生态修复在司法判决中的性质。判决书同时也是实体正义的载体,其法律效力决定了当事人的权利义务,公开性决定了其会受到社会效果影响。在刑事范畴内,针对被告人已在基地主动修复或者表示自愿修复的,应将其纳入认罪认罚量刑情节中,[2]其蕴含着协商性与及时性,能够平衡被告人主体地位利益与公共利益的及时保护。如果未主动修

---

〔1〕 参见秦天宝:《司法能动主义下环境司法之发展方向》,载《清华法学》2022年第5期。

〔2〕 目前的刑事判决中,有采用“已主动修复+认罪认罚”表述的如江西省黎川县人民法院刑事判决书,(2020)赣1022刑初82号;有采用“已主动修复+酌定从轻处罚”表述的如重庆市涪陵区人民法院刑事判决书,(2018)渝0102刑初85号。

复的，指定具体司法修复基地进行修复不应出现于直接判决中。依据目前的司法现状，可以通过“补植令”等责令形式作出要求，同时还需进一步指明监管与验收主体应为环境行政主管部门，并明确修复目标，如树木存活率与看管义务期限，否则容易出现责任不明确、周期不确定的情形而增加责任承担成本。若被告人不愿修复或不具备修复能力，则生态司法修复基地对应的行政机关应及时代履行后进行追偿。

(4)在修复基地的特定空间选择上，应“由点到面”地确立长江全域司法修复基地互认对接，责任人可以以同等水平的修复内容在长江任一修复基地实现修复。另外，需要确立长江生态司法修复基地专门资金账户以实现金钱责任的精准对接，如湖南省岳阳市中级人民法院已经形成“生态环境替代性修复赔偿资金使用基地”，以案件缴纳的生态环境修复赔偿资金为驱动，设置司法修复基地，将资金直接拨付野生动物救助站，帮助东洞庭湖野生动物增食与救助，[1]极大程度上避免了审判完毕但生态环境未修复的风险。

2. 实现路径：深化司法比例原则

长江生态司法修复基地除对责任人是一种客观的约束机制外，也是司法机关实现“恢复性司法”的实现机制，还是对其监督行政机关长江治理的驱动机制。司法行为将影响多方权利义务，而长江生态司法修复基地中的任何内容都会直接影响长江环境，因此需要提高司法裁量的精准度，深化司法比例原则，具体包括：

(1)长江生态司法修复基地应转向以检察机关为中心的主体协同模式。目前，法院、检察院都存在各自主导司法修复基地的实践探索，法院主导的依据是基地有利于案件执行，某种程度上被视为“审执衔接”的一种。然而，法院的原初定位以被动性为原则。在及时修复生态环境上，检察机关更能够在当事人、行政机关与法院之间统筹协调，其独立立案调查、公益诉讼起诉、支持起诉等多重地位也更能将主动且及时的生态环境补救修复对接到司法修复基地中，从而提高生态环境切实保护的可能性，减少多余不利成本并节省司法资源。

(2)强化长江生态司法基地蕴含的技术理性。目前长江许多基地由司法机

---

〔1〕 参见李玉清：《岳阳中院生态环境替代性修复赔偿资金使用基地正式成立》，载湖南长安网2022年11月21日，https://www.hnzf.gov.cn/content/646655/65/12072835.html。

关主导选址等技术专业判断事项,[1]也有以既有的自然保护区为依托建设基地。我国《自然保护区条例》构建了自然保护区的划定、分类与管理体系,在自然保护区的划定上具备科学理性。司法机关采取此种模式可以节约司法资源,如在一则案例中,法院直接指定湖北咸某建河大鲵自然保护区核心区为修复场域。[2] 据此,司法机关不必涉及行政范围内的专业判断。未来长江生态司法修复基地的运作应确立以行政机关专业判断为主,专家理性为辅,适应性地融入"成本—利益"等经济评价工具因素,避免过度修复或修复不当。另外,目前尚不存在污染防治型基地,可以探索此类基地构建,因污染而存在损害长江环境风险的情形,能够通过生态司法修复基地的"诉讼程序 + 常态协同"机制提高监管效率,及时防治污染。

(3)基于司法稳定性要求,应统一长江生态司法修复基地修复责任形成的判断条件,即同等生态环境损害者应当承担同等不利后果的修复责任,符合"类案同判"的形式正义要求。但在具体生态修复手段、方式以及后续义务上需要以具体基地的自然状态、地区的经济社会发展水平为基准综合考量;同时应推动修复路径创新,如气候变化问题未来将在长江流域逐渐成为主流治理难题,[3]除补植复绿、增殖放流、劳务代偿之外,可以探索认购碳汇等新型生态修复责任实现方式,关注司法修复基地之法律效果与生态效果、社会效果的有机结合。有的司法修复基地提出"以基地为依托促进乡村经济振兴",[4]实现生态产品价值与乡村振兴的法律协同。另外,还存在长江生态司法修复基地聘请当地农民担任基地管护者的多元利益统筹做法,将生态修复责任与地方发展、促进经济统筹相结合。[5]

---

[1] 比如九寨沟公益诉讼生态修复基地,在其选址论述上并未体现由行政机关主导。而长江司法修复基地更普遍的状况是对选址的科学性论述的欠缺。参见卢雪珊、侯佰宏:《多措并举打造公益诉讼生态修复基地》,载九寨沟县人民检察院微信公众号 2022 年 3 月 21 日,https://mp.weixin.qq.com/s/HbyvxawdRGUbMz1AWYL5xA。

[2] 参见湖北省咸丰县人民法院刑事判决书,(2018)鄂 2826 刑初 33 号。

[3] 参见高利红:《我国气候诉讼的法律路径:一个比较法的研究》,载《山东大学学报(哲学社会科学版)》2022 年第 1 期。

[4] 湖北省高级人民法院:《法护绿水青山 筑牢生态屏障——江夏法院发布〈环境资源审判白皮书〉》,载湖北省高级人民法院网 2022 年 9 月 14 日,http://www.hbfy.gov.cn/DocManage/ViewDoc? docId = 3937ced0 - 3a56 - 436f-a04f - 15154cc1dee0。

[5] 参见《打造"枫桥式人民法庭" 积极服务全面推进乡村振兴——最高人民法院发布第三批新时代人民法庭建设案例》,载最高人民法院网 2022 年 6 月 1 日,https://www.court.gov.cn/zixun-xiangqing - 361131.html。

四、结语

长江生态司法修复基地是一种突破传统司法目标,以最大化实现公共利益为实质正义目标的创新机制,内核是“以生态修复为中心”的恢复性司法,而其法律外观是生态环境修复责任。其正逐渐成为解决长江流域系统性治理难题以及凸显多元共治的有效路径。长江生态司法修复基地是从“类案同判”与考量人类利益的形式正义进阶至“人与自然和谐共生”的实质正义的现实表达,强调长江作为生态空间在法律维度的扁平摒弃与立体塑造。长江流域保护的整体主义转向过程中,规范、制度、机制碎片化是荆棘丛生的转身路径必然面对的困境。目前长江生态司法修复基地呈现实质正义目标先行,而程序正义与实体正义滞后的状态,这与其回应型司法特征有关,对长江生态环境的实质保护目标带来的弹性使各级司法机关、行政机关产生旨在创新具体手段的“离心力”,〔1〕进而形成了“点上开花”到“串珠成链”的基地丛生的实践样态。〔2〕因循长江地理空间分布,以立体化的生态环境空间为保护对象的长江生态司法修复基地在生态修复的范围、程度与科学性上都取得了良好成效。正向修复基地以及反向修复基地、依据生态环境要素分门别类地设置基地以及替代性修复等多元化手段促成了长江司法修复基地在实质正义上的纵深化。同时,修复基地的出现也能够回应环境刑事立法“早期化”,〔3〕在生态环境保护与打击犯罪上构建缓冲。长江生态司法修复基地的发展方向是于实质正义的轨道上成长,并且作为司法能动的一种统合空间正义与司法正义的体现,需要在各类司法创新的同时构造权力边界,遵循司法权与行政权专业分工、互相配合的前提,关注司法修复基地中有关主体的合法权益,从而将长江生态环境修复的目标嵌入多元主体的参与意识以及基地的运转机制之中,在保护长江生态环境的同时平衡多元利益。在此基础上,长江司法修复基地能够成为我国在保护生态环境上的一种本土创新,形成现代生态法治与传统中国“情理法”一体以及“人与自然和谐共生”观念的统辖。

---

〔1〕 参见秦天宝:《司法能动主义下环境司法之发展方向》,载《清华法学》2022 年第 5 期。
〔2〕 参见刘洋等:《从“点上开花”到“串珠成链”》,载《人民法院报》2022 年 10 月 12 日,第 1 版。
〔3〕 参见刘艳红:《“风险刑法”理论不能动摇刑法谦抑主义》,载《法商研究》2011 年第 4 期。

3. 长江流域生态环境刑事司法与行政执法协调联动机制研究*

王　译**

内容摘要：长江流域生态环境保护关乎流域整体的生态建设乃至民众的健康安全，长江流域刑事司法与行政执法之间的协调联动乃因案件的程序构造具备衔接的特殊性。二者之间协调联动机制的形成过程不仅建构于国家环境权这一理论基础之上，而且在超越传统公私法律关系的"委托行使模式"中契合了"三位一体"追责的实践逻辑。当前，实践中的问题主要表现为刑事司法的集中管辖并未与行政执法管辖规则相呼应，行政执法证据与刑事证据的转换程序存在衔接不畅以及环境执法与环境刑事司法的协调联动效果不足的情况。在此基础上，环境行政执法以及环境犯罪案件须突破原有的地域管辖规则并探索跨地域联动管辖机制，优化环境执法证据转换刑事证据的适用规则，拓宽环境纠纷多元化解决的程序路径以及加强环境执法和环境刑事司法专门化人才队伍的培养。

关键词：生态环境保护　刑事司法　裁量基准　程序分离　证据衔接

一、问题的提出：长江流域环境行政执法如何衔接刑事司法

2021 年 3 月 1 日，《长江保护法》正式施行，这是我国第一部关于流域保护的法律。[1] 我国长江流域覆盖了长江干流和支流流经的广大区域，横跨东、中和西三大经济区，流域内拥有丰富的自然资源，是我国生态环境保护中的重要

* 本书为 2020 年国家社科基金重大项目（项目编号：20AZD106），2020 年湖南省社科基金青年项目（项目编号：20YBQ095）阶段成果。

** 王译，法学博士，湘潭大学公益诉讼检察理论研究基地特聘研究员，湘潭大学法学院硕士生导师。

〔1〕 参见吕忠梅：《〈长江保护法〉适用的基础性问题》，载《环境保护》2021 年第 3 期。

对象。[1] 习近平总书记曾强调"推动长江经济带探索生态优先绿色发展的新路子，关键是要处理好绿水青山和金山银山的关系。这不仅是实现可持续发展的内在要求，而且是推进现代化建设的重大原则"。[2] 长江流域环境刑事司法工作的特点主要在于所在区域的经济发展关联紧密，环境犯罪关乎流域整体的生态建设和民众的健康安全。例如，涉水域的环境污染往往在一定时期内难以完全消除，其对水体的破坏性从修复的成本上一般可能超出预期。在环境犯罪案件产生以前，环境行政执法是否周延、是否能及时查处相关污染环境的违法行为，将直接影响环境犯罪的危害程度。

环境刑事司法与行政执法在二元权力运行中存在程序间的协调联动，因而须明确权力来源和属性差异。近年来，环境司法的专门化一直是学界和实务界共同关注的问题，其中重点提到了涉环境纠纷案件的管辖规则。尤其是存在跨域特点的环境刑事案件，从立案管辖到审判管辖都突破了原有的传统地域管辖界限，而逐渐转向对集中管辖的探索。在我国环境民事和行政案件领域，环境司法形成了以环境派出法庭、环境审判庭等为审理主体的专门组织，但在环境法院缺失的前提下，涉环境纠纷案件一审审理的问题主要表现为管辖权配置混乱、受案范围边界不明确以及传统因果关系证明规则虚置等情形。[3] 对于环境犯罪案件而言，其犯罪客体存在不特定性。当面向不特定多数人的环境侵害行为发生后，实施侵害行为的犯罪嫌疑人、被告人即使已经被追究刑事责任，也难以完全消除侵害后果。其侵害行为造成的危害结果具有广泛性和持续性，甚至在刑事立案以前的先前行政执法过程中亦存在相应的记载。由此可知，环境刑事司法与行政执法具有纠纷性质上的牵连性和所涉利益上的共通性。刑事诉讼专门机关在办理环境刑事案件时，应关注其与行政执法之间协调联动机制的运行状况。对于公安机关而言，其作为二元权力的主导者在行政执法和刑事诉讼程序之间衔接转换时，不仅要考量案件性质变更后立案程序的启动条件，更要关注移送审查起诉时证据材料的客观性和全面性。与此相对应的是，环境

---

〔1〕 参见刘冬等:《长江经济带大保护战略下长江上游生态屏障建设的思考》,载《环境保护》2019 年第 18 期。

〔2〕 参见《习近平在深入推动长江经济带发展座谈会上的讲话》,载《人民日报》2018 年 4 月 26 日,第 2 版。

〔3〕 参见占善刚、王译:《环境司法专门化视域下环境诉讼特别程序设立之探讨》,载《南京工业大学学报(社会科学版)》2019 年第 2 期。

行政执法的周延性与法秩序违反的梯度性相匹配。基于案件所涉纠纷性质决定程序构造的基本原理,环境行政执法多以不定期检查监督的方式实现执法效果。而刑事立案则须以《刑法》的明文规定为依据,对犯罪客体的侵害达到了追究刑事责任的条件,即已成为环境刑事司法与行政执法协调联动机制运行的必要前提。

但是,即便是环境执法和环境专项监察的相关具体规定形成了系统的制度框架,在行政执法的落实层面仍存在个别的"权力寻租"现象。此类"权力寻租"使已有的环境污染和生态破坏行为无法及时得到遏制,对生态环境、社会发展以及民众健康等方面利益无法形成及时有效的保障。在环境行政执法之外,我国通过2017年修订的《行政诉讼法》第25条第4款内容强化了检察机关对怠于履职的环境行政执法机关的监督职能,与2018年修订的《检察院组织法》第20条职能形成呼应。通过发出诉前检察建议、提起行政公益诉讼等方式,明确了监察机关法律监督的主体职责本位。涉及行政执法中怠于履职、监督不力、权钱交易以及"权力寻租"等行为的,环境职务犯罪案件的办理需要借助监察机关的调查权能,在执法主体的贪污贿赂和渎职侵权情形中明确执法过程的证据材料完整性,从而实现"四种形态"的全覆盖监督效果,也为移送检察机关提起公诉形成前置性依据。[1] 环境刑事案件对不特定多数人的侵害,在刑事诉讼程序的推进过程中还可引发附带民事公益诉讼责任,该责任在承担形式上如何实现与行政执法机关之间的协调联动,亦有待从学理层面对其进一步分析。

二、长江流域环境刑事司法与行政执法协调联动的理论基础与实践逻辑

尽管学界一直努力尝试探索环境司法的诉讼构造模式以及专业组织如何优化完善,具体包括"三审合一""环境诉讼禁令"等,但仍未改变环境纠纷依照其性质界分诉讼程序的内在特质。[2] 与经济发展利益相对应,生态利益诉求是环境案件办理的核心。环境案件应从法益层面评价诉讼类型,以此作为环境

---

〔1〕 参见王译:《党内监督执纪"四种形态"间程序衔接规制探讨》,载《河南社会科学》2021年第6期。

〔2〕 参见杨凯:《民行一体化:环境司法诉讼禁令制度的重构与完善》,载《武汉大学学报(哲学社会科学版)》2019年第4期;汪明亮、李灿:《环境案件"三审合一"模式的实践考察与完善进路》,载《河北法学》2022年第3期。

司法专门化的立足点。而环境刑事司法与行政执法协调联动机制形成的理论基础也离不开对不同性质法益的评价，其受到侵害时如何实现“程序分离”原则，这关乎二者间程序衔接的正当性。[1]

(一)理论基础

在不同法益层次拓展的实践需求下，应明确环境刑事司法与行政执法协调联动机制的理论前提。这包括实体法和程序法两个层面：

第一，从实体法层面，环境犯罪侵害法益符合规范保护和特殊预防的要求，也存在简单客体与复杂客体的理论争议。有学者提出，环境犯罪的客体指向了保护法益中法的保护性要素和生活利益要素，其对应了人类中心主义法益观和生态中心主义法益观的理念分野。[2] 因此，我国须从多元保护法益的不同视角，在刑事司法和行政执法的协调联动过程中发挥行政执法前置监督程序的预期功能，以期在构成要件符合性当中契合立法的应然趣旨。而环境犯罪的客体究竟是简单客体还是复杂客体，其主要是判断以环境权为内容的国家环境保护或者环境管理制度内涵是否包含了多元社会关系或利益。[3] 在上述基础上，有学者提出了污染环境犯罪的客体涵盖了国家和公民在内的环境权以及自然生态环境两个层面。[4] 实际上，这为环境刑事司法与行政执法的协调联动机制的逻辑自洽提供了学理上的依据。

第二，从程序法层面，环境刑事司法与行政执法的协调联动须以程序法定原则为前提，注重不同性质的权力在衔接过程中的程序分离原则。在此基础上，司法实践中并行环境专项监察、环境执法、环境公益诉讼、生态环境损害赔偿诉讼等程序类型填补了环境司法专门化的不足。环境公益诉讼的程序法理一般立足于“私人检察长”、“当事人适格”以及“诉讼担当”等理论，而生态环境损害赔偿诉讼的程序法理在于“国家自然资源所有权”理论。检察机关在环境司法中不仅司职刑事案件的侦查监督和起诉，而且享有直接提起环境民事、行

[1] 参见张璐：《环境司法专门化中的利益识别与利益衡量》，载《环球法律评论》2018 年第 5 期。

[2] 参见王充：《类型化的思考与多元保护法益——兼论污染环境罪保护法益的实践转向》，载《政法论坛》2022 年第 2 期。

[3] 参见高巍：《论环境犯罪的侵害法益》，载《学术探索》2009 年第 4 期。

[4] 参见陈庆、孙力：《有关污染环境罪的法律思考——兼论〈刑法修正案（八）〉对重大环境污染事故罪的修改》，载《理论探索》2011 年第 3 期。

政公益诉讼的权能。在出现不特定多数受害人的情形下，环保组织、其他适格的社会组织或者检察机关可基于诉讼担当而获得诉讼实施权。对于没有出现受害人的情形，国家作为环境资源的拥有者可使检察机关基于适格的当事人地位享有诉讼实施权。[1] 因此，诉讼实施权无论是在"裁判请求权"还是在"司法行为请求权"的语境下，都代表了一类主体取得起诉权限的理论依据。这也为刑事诉讼专门机关与行政执法机关加强环境司法和行政执法程序的协调联动形成了较为充足的理论参考。

(二)实践逻辑

长江流域在我国地理位置中具备战略意义上的特殊性，因而生态环境行政执法与刑事司法的协调联动在制度构建过程中形成了相对丰富的实践逻辑。在生态环境损害赔偿诉讼的制度逻辑中，政府作为该诉讼的适格起诉主体，其依据在于"委托行使模式"。该模式属于国务院统一代表行使自然资源所有权的具体方式，这使国家所有权的行使与监管可实现真正分离。[2] 从超越传统公私法律关系的"委托行使模式"内涵考量，该模式落脚于生态环境损害赔偿责任承担形式层面，并非属于纯粹的行政或者司法责任，而应被纳入面向政府的赔偿责任形态。该模式与我国现行的环境民事、行政公益诉讼以及附带民事公益诉讼的责任承担形成了"并驾齐驱"的现象，因而须梳理各诉讼主体间的内在关系。

在传统的管辖规则中，根据地域管辖原则的内在要求可知，环境司法专门化的进程受限于审判组织的审判管辖范围以及审级。集中管辖在突破地域限制的前提下，须以人、财、物的跨域统管为必要，这在我国现实国情中往往存在实践障碍。环境司法专门化的实践逻辑指向了一级审判组织的专门化，即环境法院的设置可有效解决环境案件一审集中管辖的问题。同时，在环境司法的责任承担方式上，不仅存在行政违法行为的处罚模式，也存在基于普通民事公益诉讼和附带民事公益诉讼的惩罚性赔偿金模式。这不仅包括对民众造成的环境健康损害适用惩罚性赔偿金，还涉及对国家造成的生态环境损害。环境健康

---

〔1〕 参见占善刚、王译：《检察机关提起民事公益诉讼的角色困境及其合理解脱》，载《学习与探索》2018 年第 10 期。

〔2〕 参见郭志京：《穿越公私法分界线：自然资源国家所有权委托行使模式》，载《法制与社会发展》2022 年第 1 期。

损害主要包括因环境污染对不特定多数的公民个人健康造成的实际健康损害、隐患或者风险。[1] 在生态环境部门立法相对有限的情况下,《民法典》中的惩罚性赔偿规则适用应适当扩大请求的主体范围。[2] 这就意味着涉环境类案件在不同性质的诉讼构造中,民事、行政和刑事责任具备了"三位一体"的责任实现方式,其可在证据调查、收集和使用乃至证明标准的设定上存在相互共通的特性。因而,在司法实践中,环境犯罪若同时伴随着环境行政违法、生态环境损害赔偿诉讼、环境民事或行政公益诉讼的责任,在刑事证据的转换适用、刑事责任的承担等方面,法院可审查判断不同诉讼之间的证据共通性。并且,在考量其他诉讼的责任实现情况后,可将其视为酌定从宽量刑的评价要素之一。

此外,在涉环境犯罪的刑事诉讼程序推进过程中,往往还伴随着涉环境职务违法和职务犯罪的监察调查活动。当前,现有的规范体系尽管提供了监察线索移送和处置上的衔接指向,但实务中却存在不同类型程序之间在证据收集、固定、审查认定和运用上的现实问题。对于行政证据,《刑事诉讼法》第54条已经明确了行政证据作为刑事证据使用的法定类型,而监察证据适用的类型范围更广,可覆盖至所有刑事证据的法定类型。因此,明确证据调查的法定主义,可帮助司法实务者在办理环境犯罪案件中更好地理解环境行政执法程序的基本属性以及证据衔接适用的条件。因此,在环境行政执法与刑事诉讼的程序衔接过程中,执法机关和检察机关既可基于该理论确认的诉讼实施权实现直接起诉的程序效果,又可基于法律监督职能将调查核实的证据作为其他程序的依据。[3]

三、长江流域环境刑事司法与行政执法协调联动的现状与特点

长江流域环境司法协同治理是实现生态保护的重要保障,跨区域环境刑事司法保护的协作涉及行政执法主体的级别、流域保护范围以及对重点违法犯罪

---

〔1〕 参见华国庆、黄大芬:《〈民法典〉视域下环境健康损害惩罚性赔偿的适用研究》,载《法学论坛》2022年第5期。

〔2〕 参见宋海鸥、杨宇静:《生态环境损害惩罚性赔偿规则的检视与适用》,载《中国环境管理》2022年第3期。

〔3〕 参见王译:《"提起公益诉讼"职能视域下检察机关调查核实权研究》,载《河北法学》2021年第11期。

行为惩治的方式等各个方面。[1] 而长江上游至中下游都存在不同程度的协调联动样态,包括协调组织的机构层级过低、跨域集中管辖存在制度适用上的实际障碍、跨域执法与刑事司法协作的衔接程序不畅以及协调联动的合作动力不足等问题,这些问题在当前生态环境建设中反映了一些共性的特征。

(一)刑事司法集中管辖并未与行政执法的管辖规则相对应

长江流域的生态环境治理应纳入整体视野,而非基于行政区划分割其生态功能。长江流域的整体性决定了长江区域经济带发展的区域一体化战略。在跨行政区划的行政和司法协同治理过程中,一体化战略关键在于从环境司法保护的全国整体性层面对以地域为基础的立案审判管辖原则的突破。[2] 在长江流域污染环境的犯罪治理过程中,对水体的污染并非一蹴而就,而是积重难返的执法漏洞演变而来。在现有的环境违法案件执法规则中,环境跨域执法涉及跨地区生态环境部门的联动,遑论环境犯罪案件的集中管辖。结合环境司法的立案管辖规则,突破地域的集中管辖须明确立案主体的管辖权限,还包括案件初查时存在跨区域侦查机关的配合协作。在不同地区内环境犯罪的信息共享与线索移送层面上,现有的规则并没有指向不同的行政执法主体在环境犯罪案件的前期执法过程中应予配合与协助。由此,集中管辖规则仅在环境犯罪治理中论及,而跨地区执法的联动机制不明确造成环境犯罪治理的协同性较低,前期行政违法的信息共享和线索移送难以对应地反映在集中审理的环境犯罪案件中。

(二)环境刑事案件存在行政执法证据转换衔接不畅的情形

由上述逻辑可知,环境犯罪案件与前期的行政执法之间存在多元立体的利益关系。因而,流域生态系统管理的整体性、协同性以及适应性等特征决定了环境行政执法与司法之间的协调联动应然须满足系统整体性、有机协同性以及动态适应性的要求。[3] 除污染环境犯罪之外,以非法采砂为例,采砂活动的监督执法涉及多个行政部门而非单纯由生态环境部门的司职执法和处罚。鉴于此,在“条块分割”的办案模式下,跨域的行政执法主体之间,同地区不同的行

[1] 参见周光富:《长江上游流域检察协同治理的检视与完善》,载《中国检察官》2022 年第 7 期。

[2] 参见周迪:《司法的流域性——兼论我国长江经济带司法协同治理》,载《中国环境管理》2021 年第 3 期。

[3] 参见秦天宝:《我国流域环境司法保护的转型与重构》,载《东方法学》2021 年第 2 期。

政执法部门之间，难以充分发挥刑事司法机关证据认定和转换功能。[1] 行政执法机关在环境犯罪前期的违法阶段，基于行政行为的先定力、公定力、确定力和执行力，在初次判断中可产生前置的处罚效应。[2] 但是，涉环境纠纷的行政解决方式不论是基于行政强制还是基于行政处罚，在有限的证据类型转化过程中依然存在对"等"外探索的争议。《刑事诉讼法》第 54 条虽列举相应的证据类型，但"等"字指向了证据类型的不确定性。《人民检察院刑事诉讼规则》第 64 条和《公安机关办理刑事案件程序规定》第 63 条都将鉴定意见和勘验检查笔录纳入了刑事证据的认定范围，即已避免此类证据重新制作的要求。然而，涉及环境职务犯罪的证据却可产生线索处置上的完全认定效果，依照《监察法实施条例》第 59 条第 3 款可知，监察证据作为刑事证据使用时，基本上涵盖了全部的言词证据和实物证据类型。由此，环境刑事案件在前期的行政执法过程中依然存在行政执法证据转换为刑事证据的审查判断问题。对于环境执法中的职务违法和职务犯罪行为，监察机关在此过程中应理顺基于不同性质程序形成的证据类型在证据认定和衔接中的差异，从而与执法机关、刑事司法机关之间保持畅通的协调联动关系（见表 1）。

表 1　与环境刑事诉讼程序衔接的证据认定规则

程序类型	实物证据	言词证据	衔接转换效果
环境公益诉讼	直接认定	重新制作	注重环境民事、行政公益纠纷中的言词证据合法性审查
环境行政执法	直接认定	重新制作	注重执法证据中的言词证据合法性审查
环境职务案件监察调查	直接认定	直接认定	注重监察证据的职务违法和职务犯罪二元程序界限

（三）环境刑事司法与行政执法协调联动的参与效果不足

环境行政执法与司法的协调联动涉及跨部门、跨机关以及跨行政区划三方面联动，以生态环境多元主体的协同共治为导向，河（湖）长制办公室、水利部

---

〔1〕 参见高利红、苏达：《长江生态环境保护行政执法与刑事司法衔接原则》，载《学习与实践》2022 年第 10 期。

〔2〕 参见王敏远、郭华：《行政执法与刑事司法衔接问题实证研究》，载《国家检察官学院学报》2009 年第 1 期。

门、林草部门、自然资源部门乃至行业协会等主体之间应加强业务上的沟通联络。由此可知,长江流域的环境保护涉及水资源科学利用、产业布局优化、港口岸线资源配置、重点区域和重点物种保护、流域污染防治、生态环境修复、人民生活水平提升等各类关系。基于此,立法亟待明确不同主体之间在协调联动的工作配合过程中责任承担的具体限度。然而,现有的跨区域案件管辖制度并未明晰不同行政执法主体如何参与环境案件的刑事司法活动,这包括证据调查收集如何协助,涉及言词证据的真实性与合法性说明如何履行出庭义务,跨区域联动执法如何实现刑事司法机关的同步办案效果等。鉴于相应配套保障经费受各地域财政现状的影响,尤其是跨多个地区的环境犯罪案件在主导权、经费开支以及管辖主体等方面可引发相互之间的推诿或者争夺,其激励方式若有限则易导致有权参与协调联动主体的动力不足。而个别地区"各自为政,画地为牢"的做法实则避免跨域协调联动带来的风险,但可变通地在本地区内实现跨部门之间的协作。但是,这种方式并不能有效解决环境犯罪潜在的将来的危害继续延伸至其他地区。水域环境犯罪的鲜明特点在于水体本身的自然属性,其流动性和重复利用使水体污染的生态恢复需要较长的时间周期,这就决定了除高额惩罚性赔偿金外,以刑事责任为主的责任追究方式亦不能完全杜绝将来同样案件的发生。

四、优化长江流域环境刑事司法与行政执法协调联动机制的改革面向

优化环境刑事司法机关和行政执法机关之间协调联动的制度设计,其缘由在于环境刑事案件类型相对集中,涉环境纠纷的公共利益存在趋同性,且环境公益诉讼在责任承担的形式上与附带民事公益诉讼之间具备天然的关联性。在生态环境损失数额的确定过程中,环境公益诉讼责任实现的方式除金钱给付之外,追究行政违法责任和刑事责任也是与此并列的处理方式。值得关注的是,此类案件的涉案金额和修复费用往往存在两极分化的现象。[1] 以刑事司法专门机关为主导,优化长江流域刑事司法与行政执法的协调联动须充分利用多元程序同上述二者之间的顺畅衔接关系,注重长江流域打击非法捕捞以及水

---

〔1〕 参见蒋敏等:《从无到有与从有到精:环境检察公益诉讼的困局与破局——以C市刑事附带民事环境检察公益诉讼案件为实证研究范式》,载《法律适用》2020年第18期。

体污染等犯罪的长期性与连续性。由此,未来应从侦查机关的执法案件线索来源评估层面,实现生态环境保护行政执法、公益诉讼、生态损害赔偿以及刑事追诉等多元追责的协同性。从证据认定层面加强调查取证的规范性,优化不同性质程序间同种类型证据认定规则,推动检察机关整合刑事检察和公益诉讼检察职能,包括在参与公益诉讼、出庭支持公诉以及抗诉等方面与行政执法机关、监察机关形成线索移送处置和职能履行协作之间的联动。

(一)优化环境刑事诉讼和行政执法的案件联动管辖机制

案件联动管辖机制意在指明针对环境行政违法的执法活动应在管辖规则上与刑事案件保持高度一致。而案件联动管辖包括立案管辖和审判管辖两个层面,此即引出对案件线索移送处置的程序衔接要求。在立案管辖层面,水域环境污染有别于非法捕捞和采砂行为,其侵害的跨域属性更强,因而需要跨地区的生态环境部门构建科学的常态化监督模式,以便在执法前形成有效的线索信息评估报告助力执法效果。早在前些年的司法实践中,传统管辖模式的问题主要集中于案件线索收集的连续性不足以及案件移送刑事立案的力度不够。[1] 为避免立案管辖上的移送不力导致的"以罚代刑"现象,未来立法在立案管辖上应注重环境刑法当中的定量因素。[2] 进一步探索环境执法机关和公安机关在行政处罚、行政强制上的工作联动性,包括发挥行政处罚决定书作为移送刑事立案材料的依据功能。[3] 在案件移送和受理的具体标准基础上,应明晰不移送应予承担的职务违法乃至职务犯罪的监察责任。在审判管辖层面,环境执法与刑事诉讼的协调联动机制的重点在于避免因立案管辖错误引发对"禁止双重危险"原则的违反。基于大陆法系诉讼系属理论,环境犯罪案件在刑事审判期间仍然存在撤回起诉的可能。当审判阶段发现管辖错误时,应将案件退回检察机关并移送至具有立案管辖权的侦查机关,而后再付诸审查起诉程序。若审理期间需要补充侦查的,仅能通过撤回起诉而非不起诉的方式来终结

---

〔1〕 参见董邦俊:《论我国环境行政执法与刑事司法之衔接》,载《中国地质大学学报(社会科学版)》2013年第6期。

〔2〕 《刑法修正案(八)》明确"污染环境罪"的主观要件必须是"故意",因而实务中应关注行为人实施污染环境行为时应对造成严重后果具备"明知"的故意状态。又非法捕捞水产品罪明确了禁渔期、禁渔区以及禁用的工具方法等客观方面要件,由此亦应将此作为是否纳入刑事立案的依据。参见赵星:《环境犯罪的行政从属性之批判》,载《法学评论》2012年第5期。

〔3〕 参见孙杰:《环境执法中的"以罚代刑"现象及其规制》,载《山东社会科学》2017年第3期。

诉讼。这意味着,环境犯罪案件一经撤回起诉即可产生案件诉讼系属关系和诉讼法律关系消灭的效力,该受诉法院不得基于同一事实、同一理由再次启动审判程序。[1] 近年来,以检察机关为主导的环境公益诉讼推动了跨地区集中管辖规则的完善。基于跨域执法和刑事司法的联动存在空间上的距离,借助大数据技术可有效实现不同地区的刑事司法机关以及行政执法各部门之间的信息共享。有观点提出了“环境法益刑事保护提前化”的概念,旨在从管辖层面明确行政执法与刑事司法的衔接标准。对环境污染案件,可结合环境污染违法和犯罪行为的多个发生地、污染物含量、防治污染和生态恢复成本以及资源再生能力等方面,来综合判断由哪一个地区集中管辖更具实际效果。[2]

(二)完善环境执法证据转换刑事证据的适用规则

有学者提出,尽管立法明确了行政执法证据中的言词证据需要重新收集,但并非绝对,因涉生态环境案件在前期的行政执法过程中具备时空上的特定性,其在执法状态后存在自我净化的可能。若进入刑事诉讼程序后,不认定此类证据的证据能力而转向依靠重新收集证据的认定程序,则有损先前行政处罚决定依据的客观性。[3] 但是,即使存在此类特殊情形,针对非法捕捞和非法采砂类案件,笔者认为环境执法过程中的言词证据仍然应秉持言词证据重新收集的要求。

在证据取得层面,行政执法证据的收集并不具备刑事诉讼证据的强制手段。与此相对应,检察机关主导的公益诉讼以及依托调查核实权能取得的证据也不具备证据取得方式上的优越性。由此,其在衔接刑事诉讼时的言词证据稳定性层面,显然有别于刑事司法机关另行重新收集的言词证据。在涉环境职务违法和职务犯罪案件时,监察证据与环境行政执法证据同样存在与刑事诉讼衔接的空间。根据《监察法实施条例》可知,监察证据衔接刑事诉讼时应然包含了言词证据的法定类型,这往往被质疑为架空非法证据排除规则。[4] 对于非法证据排除规则的适用,检察机关在审查起诉期间对行政证据、监察证据的实

---

〔1〕 参见张建伟:《论公诉之撤回及其效力》,载《国家检察官学院学报》2012 年第 4 期。

〔2〕 参见侯艳芳:《环境法益刑事保护的提前化研究》,载《政治与法律》2019 年第 3 期。

〔3〕 参见张高榕等:《环境行政执法与刑事司法衔接的监督机制困境及突破——以检察监督为视角》,载《环境污染与防治》2021 年第 11 期。

〔4〕 参见万毅:《证据“转化”规则批判》,载《政治与法律》2011 年第 1 期。

质审查和再次认定，主要是为了体现刑事司法机关作为证据收集主体的适格性，避免行政执法衔接刑事诉讼时证据的认定偏离“程序分离”原则。[1] 在证据使用层面，环境行政公益诉讼的程序目的在于督促行政机关依法履职，因而不论是诉前建议还是实质判决均指向督促执法这一功能。由此可知，环境行政公益诉讼的诉讼证据具备了作为行政执法证据的使用空间，这可具体包括行政执法机关、刑事司法机关应跨行政区划实现证据认定、鉴定评估和生态修复等环节的互相磋商，重视行政执法机关工作人员的出庭作证功能以及发挥行政执法过程中的专门咨询作用。[2] 同时，对于动态测定的环境数据能否作为证据使用的问题，刑事司法机关应重点审查环境数据的取样检测和条件分析过程，而非单纯从证据三性层面评价证据的法律属性和价值。[3]

（三）优化环境刑事司法与行政执法协调联动的纠纷解决和责任承担方式

以“恢复性司法”为制度运行的旨归，环境行政执法与刑事司法的协调联动须探索多元的纠纷解决和责任承担方式。在环境犯罪案件中，尤其是污染环境犯罪案件，一般应根据犯罪客体与危害结果来综合评价责任承担的大小。不论是自然人犯罪还是单位犯罪，其刑罚执行完毕后均存在生态修复责任的过程监督。对生态修复责任的履行，行政执法机关和刑事司法机关可通过信息共享、党政联席会议、检察提前介入行政执法监督以及联席联络员等方式强化事前行政执法监督的协调联动作用。有观点认为，由检察机关牵头的联席会议制度可明确环境公益诉讼的实施限度。在帮助检察机关督促行政机关履职的同时，通过提前介入行政执法的过程监督，不仅可形成责任追究的立体空间，而且有助于在不同程序之间实现多种类型证据的审查判断。[4] 笔者认为，在检察机关之外，更要发挥好党委领导、政府主责的“指挥棒”功能，在行政执法协调联动过程中提升协同办理案件的参与度。对此应关注两个方面：第一，在环境犯罪的案件办理过程中若存在环境行政公益诉讼的，须在明确行政执法的配合衔接义务的基础上，重视监察机关对涉环境执法职务违法和职务犯罪行为的线

---

〔1〕 参见周兆进：《环境行政执法与刑事司法衔接的法律省思》，载《法学论坛》2020 年第 1 期。

〔2〕 参见蒋兰香：《环境行政执法中刑案移送与司法承接的衔接机制研究》，中国政法大学出版社 2021 年版，第 152 ~ 156 页。

〔3〕 参见侯艳芳：《环境法益刑事保护的提前化研究》，载《政治与法律》2019 年第 3 期。

〔4〕 参见蒋云飞：《论生态文明视域下的环境“两法”衔接机制》，载《西南政法大学学报》2018 年第 1 期。

索管理。第二,在环境犯罪案件中若同时存在生态环境损害赔偿诉讼,行政执法机关应在刑事裁判之外注重加害人履行赔偿责任的实际能力。要不断加强环保组织等第三方主体在生态恢复过程中的社会监管效能,关注特定受害人持续受到侵害的现实表现。基于将来可能发生的不利益状态,协调联动机制的完善须充分考量如何降低对不特定多数人持续侵害的潜在风险。同时,还应加强长江流域生态环保专门队伍建设,这主要包括:鼓励环保等社会组织健康发展,邀请专门人才、环保领域科研专家参与常规执法督查和不定期巡察暗访等方面。早在16年前,我国已经试点"环保公安"并在河北省安平县成立了环保局下的首家环境保护派出所。有学者提出,环保警察作为环境执法组织制度的探索,可参考海关缉私部门以及中国海警局的侦查职能形成执法人员专业队伍的培养方向。[1] 环保警察的设置可有效精简刑事案件的移送立案管辖程序,避免因移送公安机关再交由检察机关审查起诉而人为增加程序启动的成本。[2]

生态环保等执法部门开展行政执法的频率、强度以及覆盖面等周延性要素,将对一般的环境行政违法行为后续是否能成为环境刑事案件产生重要的影响。作为督促环境行政执法履行的外部监督方式,由检察机关司职的环境行政公益诉讼在纠纷解决的效率层面并不经济,但诉前建议的制度能效是否能够得到良好体现,往往可对环境犯罪的案件发生率造成一定的影响。环境行政公益诉讼的诉前建议可替代环境公益诉讼本身而成为督促行政机关的有效利器,侧面对遏制环境犯罪可起到积极的作用。这意味着,行政公益诉讼的诉前程序在生态环境治理中可发挥重要的政策落实功能,环境行政公益诉讼反而成为辅助性程序。[3] 基于此逻辑,环境刑事司法机关与行政执法机关之间的协调联动须借助非对抗的治理模式,充分发挥行政公益诉讼的诉前程序制度优势,通过诉前建议规则的制定优化和完善,将环境损害纠纷解决的行政处罚、刑事责任追究等通过督促提醒和示范教育等路径实现事前预防的效果。

---

〔1〕 参见赵星:《我国环境行政执法对刑事司法的消极影响与应对》,载《政法论坛》2013年第2期。

〔2〕 参见王树义、冯汝:《我国环境刑事司法的困境及其对策》,载《法学评论》2014年第3期。

〔3〕 参见朱明哲、匡俊:《环境合作治理中的行政公益诉讼诉前程序》,载《中国地质大学学报(社会科学版)》2022年第2期。

4. 长江流域环境司法协作的理论构造与制度完善

黄锡生　尚　睿*

内容摘要：长江流域环境司法协作是长江流域"共抓大保护、不搞大开发"的重要法治保障。目前，长江流域环境司法协作面临着协作范围不全面、协作形式不统一、协作主体不明确、协作规则不健全等多重困境。从流域的整体性、关联性及特殊性出发，长江流域环境司法协作需要打破现有行政区划分块管理的现状，以生态整体主义和协同治理理论为基础，构建长江"全流域"环境司法"大协作"体系。具体方式包括明确长江流域环境司法协作的法律内涵、完善长江流域环境司法内部协作制度、强化长江流域环境司法外部协作制度等方式，实现长江流域治理现代化。

关键词：长江流域　环境司法协作　生态整体主义　协同治理

一、问题的提出

2021年3月1日，我国首部流域性立法《长江保护法》正式施行，标志着我国流域治理迈入新阶段。《长江保护法》从理念转型、制度搭建、机制设计、责任明确等多个方面为长江流域的保护和开发筑牢了法治根基。该法提出，国家要加强长江流域司法保障建设，将司法置于法治运行的关键环节。司法是将"纸面上的法"转化为"生活中的法"的重要途径，构建长江流域环境司法协作机制对于遏制长江生态破坏行为、保障流域环境健康、推动长江生态文明建设具有重要的意义。事实上，早在《长江保护法》出台前，最高人民法院就一直在探索长江流域环境司法制度创新的可能性。2016年，最高人民法院出台了《关

---

* 黄锡生，法学博士，重庆大学法学院院长、教授、博士生导师，主要研究方向为生态文明法治；尚睿，法学硕士，江苏省南京市溧水区人民法院法官助理，主要研究方向为环境司法。本文曾发表于《河南财经政法大学学报》2022年第2期，收录时有改动。

于为长江经济带发展提供司法服务和保障的意见》，提出推动建立区域内法院执行协作机制；2017年，又发布了《关于全面加强长江流域生态文明建设与绿色发展司法保障的意见》（以下简称法发〔2017〕30号），指出不仅要全面加强长江流域环境资源审判工作，还要加强与长江流域内政府法制部门、行政执法机关、流域管理机构之间的协调联动，形成合力，共同维护长江经济带的生态安全。《长江保护法》出台后，最高人民法院适时制定了《关于贯彻〈中华人民共和国长江保护法〉的实施意见》（以下简称《长江保护法实施意见》），强调要充分发挥审判职能作用，妥善审理各类环境资源案件，为长江流域生态环境保护和高质量发展提供司法服务和保障。在一系列司法解释和司法意见的推动下，长江流域各地法院开始逐步加大流域环境司法协作的广度和深度，尝试建立一套系统性的流域环境司法协作体系。

然而，长江流域环境司法协作的模式规则仍然受到理论与实践的双重围困。在理论层面，长江流域司法缺乏扎实的法治根基。流域法治面向流域整体空间，以空间价值理念为基本遵循，通过法律对流域诸要素的配置，建构起新的流域治理结构，最终实现流域开发与生态保护的协调。《长江保护法》的出台是长江流域治理在立法方面的突破，表征了流域治理在法治话语中的回归。长江流域立法问题一经解决，流域整体性与治理碎片化的矛盾便会从立法转至司法。因此，长江流域司法问题将会是未来司法工作的重点。在实践层面，环境司法协作的模式尚未形成。一方面，法发〔2017〕30号要求各级人民法院进行管辖权制度改革，以集中管辖的方式替代当前以行政区划确定管辖的传统模式。然而，考虑到司法成本和事权划分，集中管辖的落地并非一朝一夕，而地域管辖与集中管辖的内在张力也表明集中管辖并非长江流域环境司法的“最终答案”。另一方面，尽管环境资源类案件管辖权制度改革已经有所突破，但就长江流域环境司法而言，各地改革步调不一，尤其是对协作主体、形式、程序的探索纷繁多样，致使长江流域环境司法协作未能形成统一、固定的模式。基于此，在《长江保护法》正式实施的背景下，如何构建长江流域环境司法协作机制，提高流域治理能力，值得进一步思考。

二、长江流域环境司法协作的现状检视

(一)长江流域环境司法协作的现实样态

在《长江保护法》出台之前,长江流域环境司法协作已初具雏形。2018 年,由最高人民法院牵头,长江经济带 11 省市及青海省高级人民法院共同签署了《长江经济带 11 +1 省市高级人民法院环境资源审判协作框架协议》。随后,长江上、中、下游地区各级人民法院相继以签署框架协议的形式,建立区域环境司法协作工作机制。[1] 2019 年,最高人民检察院出台了《关于长江经济带检察机关办理长江流域生态环境资源案件加强协作配合的意见》,要求推动建立跨省案件办理司法协作机制和检察机关日常工作协作机制。此后,长江上、中、下游分头探索检察机关内部的跨区域协作模式。[2] 在司法机关与行政机关协作方面,继最高人民法院与长江经济带发展领导小组办公室联合发布《关于建立推动长江经济带发展司法合作协同机制的合作框架协议》后,个别省份也发布了有关跨部门环境保护协调与配合的文件。[3] 另外,司法机关还从专门管辖模

---

〔1〕 上海、江苏、浙江、安徽 4 省市高级人民法院以《长江三角洲地区人民法院环境资源司法协作框架协议》为基础,通过组建联合办案团队、建立跨域专业法官会议、人才交流培养共享等机制,具象协作内容。重庆、四川、贵州、云南 4 省市高级人民法院会签《长江上游环境资源审判协作框架协议》,共建跨区域环境资源审判协作机制。四川、重庆 2 省市高级人民法院更以国家重大发展战略为契机,达成《成渝地区双城经济圈环境资源审判协作框架协议》,辖区内基层法院发布典型案例、通报协作保护长江工作情况。

〔2〕 重庆、四川、贵州、云南、西藏、青海省级人民检察院发布《关于建立长江上游生态环境保护跨区域检察协作机制的意见》,对长江流域水污染问题开展联合专项监督。成渝地区双城经济圈检察机关建立检察协作机制,推动队伍共建,联合开展跨区域生态司法保护。湖北、湖南、江西三省人民检察院发布《关于加强新时代区域检察协作服务和保障长江经济带高质量发展的意见》,将长江流域公益诉讼作为协作的重要内容。上海、江苏、浙江、安徽四地检察机关在《沪苏浙皖检察机关关于依法全面充分履行检察职能为扎实推进长三角一体化发展提供司法保障的意见》中提出在渔业资源保护领域加强与审判机关、行政执法机关、公安机关和海警机构的配合联动。

〔3〕 青海省人民检察院、省林业和草原局、三江源国家公园管理局推出《关于建立三江源生态公益司法保护和发展研究协作机制的意见(试行)》,探索行政执法与刑事司法、公益诉讼检察相衔接的生态保护运作模式。湖北省高级人民法院与长江流域管理机构联合发布《关于贯彻实施〈中华人民共和国长江保护法〉构建长江流域(湖北段)生态环境保护行政执法与司法协调联动机制的实施意见》,要求建立信息共享,加强执法协调联动。贵州省高级人民法院与贵州省生态环境厅发布《关于建立全省各级人民法院与生态环境部门衔接配合工作五项机制的意见》,横向衔接行政执法与环境司法工作。

式革新中推进环境司法专门化，助力长江流域环境保护。[1]

长江流域环境司法协作在形式、主体、范围、内容上具有鲜明特点。从形式上看，长江流域环境司法协作以框架性协议为主，并辅之以实施细则、典型案例等形式。从主体上看，长江流域环境司法协作以审判机关为主，上至最高人民法院和高级人民法院，下至管辖一审环境资源案件的中级人民法院及专门设立的环境资源法庭，均在积极探索不同层面的环境司法协作。而检察机关、行政机关关于长江流域环境司法协作的探索相对较少。从范围上看，长江流域环境司法协作以区域性协作为主，主要以长三角城市群、成渝地区双城经济圈为"圆心"，以此展开多样化的环境司法协作，而长江源头及中游地区则成了流域司法协作的"空白地带"。从内容上看，审判机关、检察机关及行政机关对环境司法协作的侧重点有所不同。审判机关重点关注跨区域环境资源审判协作，并围绕这一中心建立起信息共享、联动办案、案件会商、执行合作、人才交流等机制。检察机关则将检察监督、公益诉讼、队伍共建作为司法协作的重点。而行政机关则着力于行政执法与刑事司法、公益诉讼等衔接问题。

（二）长江流域环境司法协作的实践困境

"问题在水里，根子在岸上"。长江流域环境治理受制于经济效益优先、地方主义和部门主义等固有观念，呈现出利益牵扯广、治理难度大等特点。流域环境司法协作作为新时代长江生态保护的制度手段，被赋予诸多期待。然而，由于开展时间较短、相关体制机制不完善，长江流域环境司法协作存在协作范围不全面、协作形式不统一、协作主体不明确、协作规则不协调等问题。

其一，全流域司法协作机制尚未建立。通过上文分析可以发现，长江流域环境司法协作仍具有区域性，没有真正理顺流域自然属性与环境司法协作的关系，尚未形成全流域的环境司法协作体系。其区域性主要体现在两个方面：一是块状环境司法协作割裂了全流域环境司法协作的整体性。尽管长江流域环境司法协作正在竭力破除行政区划分割治理的僵局，但是新的区域性协作格局也在同时生成。长江上下游地区已初步形成了环境司法协作圈，而长江源头及

---

〔1〕 以湖北、江苏、重庆为例：湖北省确定由武汉海事法院管辖省内涉及长江流域的环境民事公益诉讼案件；江苏省建立环境资源"9+1"审判机制，即南京环境资源法庭与9个生态功能区环境资源法庭集中管辖全省环境资源案件；重庆市两江地区人民检察院负责管辖长江流域在其境内发生的跨区域和不适宜地方检察机关管辖的环境行政公益诉讼案件，此为全国首创。

中游地区环境司法协作的发展则稍显滞后，这就产生了与流域系统整体性相悖的环境司法协作断层。当多个环境司法协作圈的紧密程度、发展进程及水平不一致时，全流域的改革步调就无法实现齐头并进，实施效果便会大打折扣。二是多个环境司法协作圈之间存在断裂地带。以国家重大区域发展战略为内核，长江流域内形成了多个环境司法协作圈，长江成了串联这些区块的纽带。环境司法协作圈在汇聚其区域内协作动能的同时，也具有一定的排他性，即不同协作圈之间由于缺乏交流协作，无法在涉及多河段环境法律问题上形成有效衔接。例如，长江上游产生的环境问题严重影响到中游地区，却因上游和中游之间没有环境司法协作协议而使环境问题游离于法律约束之外，这与司法协作制度设计的初衷是相悖的。

其二，协作主体及职责有待明确。协作主体是长江流域环境司法协作的基本要素。实践中，长江流域环境司法协作的主体和职责不明确导致协作效果不彰。首先，协作主体具有一定的封闭性。具体而言，在审判机关、检察机关内部，长江流域环境司法协作机制已初具规模，但是跨部门环境司法协作的实践较少。即使在司法机关内部，审判机关与检察机关之间的协作也较为少见，毋庸说司法机关与行政机关之间的协作。协作主体的封闭性导致事权划分无法回应长江流域的整体性保护。其次，协作主体范围受局限。目前，长江流域环境司法协作的主体大多是公权力机关，作为社会主体的企业、社会组织及公民等并不在协作主体范围之内。事实上，社会主体的参与对案件具有十分重要的意义，例如在案件定性、调查取证、配合执行等方面，社会主体都能给予足够的支持。最后，协作主体职责不明确。由于长江流域各地环境司法协作的进程不一致，协作主体的职责也未明确。此外，由于协议内容不具体，也可能引发协作主体职能交叉或真空等情况。例如，如果不能清晰划分跨区域环境资源案件的管辖权，那么案件管辖权互相争抢或推诿现象将成为常态。

其三，协作形式和内容有待落实。在实践中，长江流域环境司法协作的形式多表现为“框架协议”“意见”“备忘录”等，其内容往往是原则性规定，缺乏具体的实践规范，导致落地困难。这种协作形式在初期能够促进各地达成合作共识，但随着协作的不断深化，其缺陷也将逐渐显现。协作协议是基于各地对长江流域生态环境治理与保护的共识而协商一致的产物，很可能因情势变更在具体落实过程中发生变化,最终导致协议缺乏执行力而无法达到预期效果。另外,由于协议内容的原则性和框架性,其并不具备明确的可操作性。不仅如此,如果没有法律的强制力作为支撑,长江流域环境司法协作的诸多机制创新只能是“空中楼阁”。目前,跨区域集中管辖主要通过指定管辖的方式实现。[1] 尽管《行政诉讼法》第18条第2款对集中管辖有所规定,但《民事诉讼法》《刑事诉讼法》却没有规定。由于法律依据不足,各地审判机关在司法实践中不得不“一案一指定”,这就可能会耗费过多的司法资源,增加司法成本。

其四,协作程序及运行难以统一。在司法协作协议的推动下,长江流域形成了以区域协作为主的环境司法协作模式。然而,由于协作区域割裂、部门职能交叉,司法机关内部、司法机关与行政机关之间的协调联动缺乏制度指引,长江流域环境司法协作在具体实施过程中难以形成统一的治理方式、标准及规则。虽然大多数框架协议都要求长江流域内各级审判机关在审判协作上保持裁量标准的一致性,但现实中长江流域生态环境案件在进入司法环节之前就已出现行政执法机关“依法打架”问题。行政执法往往先于司法处理水事纠纷、惩治流域环境违法行为,可是由于各地行政机关在流域治理中重本地利益、轻横向协同,流域环境管理部门权责不够明确,流域环境执法与司法衔接机制不够健全,流域环境违法案件的司法移送制度不够完善等原因,导致区域割据式执法在面对跨行政区域的流域环境违法行为时力不能及。[2] 这些问题再进一步传导至司法,环境资源审判在证据认定、法律依据、裁判结果上出现分歧,最终影响长江流域环境司法协作的整体效能。归根结底,以河流流经的各行政区域管理为主的长江流域管理状态,使流域层级管理屈从于区域管理,流域治理和流域司法难免陷入地方主义和部门主义的泥沼,导致流域治理权力失衡。[3]

三、长江流域环境司法协作的理论证成

长江流域不仅具有丰富的自然资源、生物资源等经济价值,也具有重要的文化价值和社会价值。长江流域环境司法协作的构建需要立足于长江的自然

[1] 参见吴勇:《我国流域环境司法协作的意蕴、发展与机制完善》,载《湖南师范大学社会科学学报》2020年第2期。

[2] 参见彭本利、李爱年:《流域生态环境协同治理的困境与对策》,载《中州学刊》2019年第9期。

[3] 参见王树义:《流域管理体制研究》,载《长江流域资源与环境》2000年第4期。

属性和社会属性，并尝试作出理念上的革新。

（一）长江流域生态环境与流域环境司法的特殊性

长江流域的自然特殊性及其生态问题在各河段均有独特呈现。长江上游地势落差大，水力资源丰富，但是水利开发、城镇建设、航道整治等致使流域生态环境发生改变，故上游最大的生态问题是鱼类资源衰减；而中下游地势平坦，河湖密布，除了过度捕捞使生物多样性锐减之外，筑堤建闸等人为活动切断了长江与河湖的天然联系，导致江湖连通性减弱、有害污染物富集、水库湖泊富营养化；人类活动区域的扩大亦导致长江河口湿地生态退化。[1] 总体而言，人类对长江过度地开发和利用是长江生态弱化的直接原因。另外，长江流域旱涝灾害的地域分布差异也为流域防洪防旱带来难题。在地形、降水等自然原因和围湖造田、乱砍滥伐等人为原因的双重作用下，长江中下游地区旱涝发生频率普遍高于上游地区，治理难度相对更大。长江流域生态环境问题区段性、多样化的复合态势对流域治理和区域发展产生全局性影响，亦对长江流域环境司法提出了新的挑战。长江流域除了具备特殊的自然属性外，也具有独特的人文社会属性。在文化上，长江是中华民族的母亲河，孕育了五千年的华夏文明。长江流经的十几个省、区、市形成了一条独特的文化聚集带，多种文化形态交汇融合、互联互补。[2] 因此，传承长江文明成为长江保护的重要内容。在经济上，自唐宋以来，长江流域就是我国重要粮产区和经济发达地区，推动着长江流域乃至全国的经济发展。2016 年发布的《长江经济带发展规划纲要》提出建立长江经济带“一轴、两翼、三极、多点”的发展新格局，其中“三极”指的是长江三角洲城市群、长江中游城市群和成渝城市群，这三大城市群是我国经济发展的重要力量。长江的自然特性与文化社会特性决定了长江在我国传统文化传承和经济发展中的重要地位，而长江的双重特性也对流域治理提出了更高的要求。

长江除了具备自身的特殊性之外，也具有流域的普遍性特征，即整体性和关联性。流域的整体性意味着流域诸要素之间是相互联系、相互影响的，各要素共同构成流域这一整体。流域是自然要素与社会要素相互融合的综合体，涉

---

〔1〕 参见潘保柱、刘心愿：《长江流域水生态问题与修复述评》，载《长江科学院院报》2021 年第 3 期。

〔2〕 参见江必新：《关于制定长江保护法的几点思考——以司法审判及法律责任为视角》，载《中国人大》2019 年第 20 期。

及多元利益关系。这些利益关系围绕资源利用与生态保护而产生,总体上分别代表了经济效益最大化与生态环境损害最小化两种不同的价值追求,需要从整体上进行协调平衡。[1] 流域的关联性指组成流域的诸要素之间具有密切的联系,不可分割。流域诸要素并非简单的排列组合,而是相互依存的有机体。这种极强的关联性与协同治理理念相耦合,要求流域治理克服分割式、碎片化的单一要素管理模式,形成协调、有序、运转一体的管理机制。

具体到长江流域,"共抓大保护、不搞大开发"是对长江生态环境普遍性、特殊性及其环境法律问题的理念回应。当前,长江流域的整体性、关联性与其流域环境司法的区域性之间存在罅隙。长江流域面积广,存在多种区域划分,面临整体性保护与区域性保护的内在张力。在司法层面,以行政区划作为管辖权分配依据的传统司法模式在一定程度上割裂了长江流域生态系统的完整性。当某一环境违法行为可能影响流域上、中、下游等不同区域的不同主体时,分割性司法管辖体制无法回应全流域的整体性保护。从宏观上看,各省、区、市、多部门分块治理长江,将有可能导致各种矛盾与冲突在司法实践中被放大,无法发挥司法实效。从微观上看,各地司法理念和水平参差不齐,裁判尺度难以协调,容易出现"类案不同判"现象,削弱了司法公信力。总之,流域的普遍性和长江流域的特殊性对传统司法模式的冲击是巨大的,对长江全流域实行有效、有序的司法保护亟须打破现有的行政区划限制司法管辖的僵局。

(二)流域环境司法的理念革新

近年来,全国法院着力构建的审判机构、审判机制、审判程序、审判队伍、审判理论"五位一体"的环境司法专门化体系已基本形成。[2] 从环境司法专门化改革中可以看出,环境司法理念已从部门司法、区域司法转向为整体性、专门性司法。环境司法的理念革新也加速了长江流域环境司法的转型,环境司法协作是长江流域环境司法的"理想答案"。

其一,环境司法协作有利于打破地方主义和部门主义,促进长江流域环境协同治理。长江流域是典型的"生态一体、行政多元、经济互通"的复合体,流

---

〔1〕 参见秦天宝:《我国流域环境司法保护的转型与重构》,载《东方法学》2021 年第 2 期。

〔2〕 参见郑学林:《中国环境资源审判的新发展》,载《人民法院报》2017 年 6 月 7 日,第 8 版。

域内不同发展阶段、不同环境状况的地区对长江流域有着不同的生态保护需求。[1] 长江流域发展不平衡、不协调等问题在一定程度上阻碍了长江流域的开发和保护。加之地方主义和部门主义,长江流域治理的难度被进一步放大。地方主义在司法层面主要表现在管辖、裁判与司法协助上。受行政区域的限制,司法机关与地方政府关联仍然紧密,其对地方政府多方面的依赖必然会影响环境纠纷的公正解决,尤其是跨区域环境纠纷。部门主义则体现为各司法机关之间内部协作不畅通、各行政机关之间内部权责不明晰等。实践表明,地方主义和部门主义引致的碎片式治理不符合长江流域的整体性需求。只有建立一套适应全流域的、系统完善的环境司法协作规则,才有可能改变当下"九龙治水"的现象。

其二,环境司法协作有利于弥合分割性司法体制,促进环境司法专门化发展。我国司法地域管辖与行政区划的一致性造成了区域司法与流域整体性保护的分离,区域司法理念显然不适合全流域司法保护。在此背景下,推进环境司法专门化是环境司法改革的大势所趋。目前,我国环境司法专门化的主要着力点在于推进审判机构专门化,即成立专门的环境审判机构,如环境法庭、巡回法庭,对环境资源案件实行集中管辖。然而,环境审判机构的专门化并不意味着真正意义上的环境司法专门化。[2] 集中管辖固然有益于集聚有效审判资源,针对流域环境治理需求进行专业化审判,但其本质上是一种具有试验意义的临时机制,并非固定化的程式安排,仍存在不确定性和不便之处。进一步思考,仅在审判机关设立专门审判机构,而没有设置相对应的专门检察机关和专门公安机关予以配合,整个环境司法"链条"并没有很好地衔接起来。因此,为纾解分割性司法体制的困境,迫切需要进行环境司法协作,助推环境司法专门化向纵深发展。

其三,环境司法协作有利于填补长江流域司法合作环节的空白,促进长江流域法治体系的完善。流域法治是流域治理的进阶概念,其要求将流域治理政

---

〔1〕 参见徐本鑫、陈沁瑶:《长江经济带生态司法协作机制研究》,载《重庆理工大学学报(社会科学版)》2019 年第 7 期。

〔2〕 参见吴勇:《我国流域环境司法协作的意蕴、发展与机制完善》,载《湖南师范大学社会科学学报》2020 年第 2 期。

策转化为法律法规,促进立法、司法、执法的有效衔接,进一步提升治理能力。[1] 健全的流域法治体系必然是国家法治体系的重要组成部分,而流域司法是其中不可或缺的一环。长江水情复杂,流域面积大,各河段所面临的资源利用与环境保护的难题迫切需要一部特别法和配套的法律制度予以纾困。目前,《长江保护法》的实施标志着长江流域立法任务基本完成,长江流域司法应当紧跟其后,尽快根据立法填补司法环节上的空白。环境司法协作是健全长江流域法治的必由之路和内生要求。创新环境司法协作规则和制度,实际上是为长江流域内各主体开展协同治理搭建法治平台,在多元对话中探索建立共同认可并接受的协作规则,通过法律制度构建和司法实践检验,逐步推进流域法治体系的完善,从而提高国家流域治理能力。

(三)长江流域环境司法协作的理论基础

治理理念是构建"制度大厦"的基石,理论观念的更新对筑牢制度根基具有重要意义。生态整体主义和协同治理理论是长江流域环境司法协作的理论基础,也是推进长江流域环境司法协作的出发点。

恩格斯主张的"自然报复论"强调"我们不要过分陶醉于我们人类对自然界的胜利。对于每一次这样的胜利,自然界都对我们进行报复",这段论述引发了人类对人与自然关系的省思。[2] 随着人类中心主义弊端的显现,生态哲学的发展逐渐转向生态整体主义。生态整体主义的核心思想是把生态系统的整体利益作为最高价值,把是否有利于维持和保护生态系统的完整、和谐、稳定、平衡和持续存在作为衡量一切事物的根本尺度,作为评判人类生活方式、科技进步、经济增长和社会发展的终极标准。[3] 生态整体主义跳脱出人本位观念,超越了人类中心主义,要求以全新的生态价值观认识世界、认知生态系统的承载能力。在流域治理视角下,生态整体主义的内涵与流域系统的整体性是相吻合的。生态整体主义的法律意蕴强调的是整体与部分之间的内在联系,重视治理主体整体化运行,并通过法律手段约束人类超越生态系统承载力的欲望和行

---

〔1〕 参见贾先文、李周:《流域治理研究进展与我国流域治理体系框架构建》,载《水资源保护》2021 年第 4 期。

〔2〕 参见李映红、赵笛:《恩格斯生态整体主义自然价值观探析》,载《南京大学学报(哲学·人文科学·社会科学)》2020 年第 6 期。

〔3〕 参见王诺:《"生态整体主义"辩》,载《读书》2004 年第 2 期。

为。当前,长江流域整体性生态利益被属地管理模式切割,无法得到现行法律调整机制的有效救济,造成上、中、下游地区环境问题差异化,凸显长江流域环境司法的特殊性。"共抓大保护"实际上是从整体性思维出发,要求长江流域治理以生态保护为优先,实行最严格的制度和最严密的法治。这既是治理长江的现实需要,也是推动长江流域高质量发展的理念核心。以生态整体主义为导向的长江流域环境司法有助于破解流域治理碎片化的难题,促进各治理主体从分散走向聚合,推动长江流域环境司法协作。

协同治理理论源于物理学中的协同学,后被引至公共管理学领域,主要是指个人、各种公共或私人机构管理其共同事务的诸多方式的总和,它是使相互冲突的不同利益主体得以调和并且采取联合行动的持续的过程。[1] 为实现从理论到实践、从行政管理到法律治理的跨越,协同治理理论还应添附司法内涵。司法自身的独立性和消极性在一定程度上是与协作理念相悖的,但严重的流域环境问题以及行政手段的局限性促使着司法的角色融入,并成为协同治理的环节之一。同时,协同治理正视竞争促进系统内部各要素协同的积极作用。我国经济的快速发展有赖于地方的绩效竞争,即使区域或流域治理从宏观上强调统筹与协同,也无法消除客观存在的地方竞争。司法的质效或多或少与发展目标、地方竞争挂钩,跨区域司法协作已然成为竞争的外化形式之一,但这种协作终将由竞争导向协同。[2] 环境司法协作所产生的耦合效应决定了其必然是司法参与协同治理的关键领域。流域环境司法中的协同治理具体表现为司法机关及行政机关在流域治理过程中明确各自职责和权力边界,依据协作规则和分工,相互配合、相互制约,共同参与流域治理的全过程。在协同治理的过程中,流域环境司法内部建设和外部衔接的共同作用,决定了司法功能的现实发挥和司法活动的实际效果。[3] 总之,协同治理理论为长江流域司法注入新的活力,通过环境司法协作增强司法在长江流域协同治理中的参与感,并以理念更新促进司法治理体系和治理能力现代化。

---

〔1〕 参见[法]辛西娅·休伊特·德·阿尔坎塔拉:《"治理"概念的运用与滥用》,黄语生译,载《国际社会科学杂志(中文版)》1999 年第 1 期。

〔2〕 参见张小波、肖明明:《由竞争走向合作:中国地方法院区域协作的实践与改革》,载《法律适用》2021 年第 2 期。

〔3〕 参见李景豹:《论黄河流域生态环境的司法协同治理》,载《青海社会科学》2020 年第 6 期。

四、长江流域环境司法协作的制度回应

长江流域的特殊性以及流域司法的理念转型使长江流域环境司法协作具有坚实的理论和现实基础。然而,作为一项新的制度尝试,长江流域环境司法协作在机制设计上仍然存在较大的问题。长江流域环境司法协作应当以模式创新和制度搭建为抓手,以流域整体性为基础,建构一套完备的环境司法协作体系。

(一)模式创新:构建长江"全流域"环境司法"大协作"体系

长江流域环境司法协作应当考虑到长江流域生态环境的整体性和特殊性,协调好经济发展与环境保护、生态整体与治理分散的双重矛盾,以生态整体主义和协同治理理论为理论基石,整合现有司法资源和实践经验,探索建立长江"全流域"环境司法"大协作"模式。

1. 环境司法协作范围是"全流域"。构建"全流域"环境司法协作体系要求协作范围的广泛性,形成以长江为纽带并覆盖全流域的"整体 + 串联 + 块状"的多层次环境司法协作体系。

第一层次是整体环境司法协作,即把长江流域视为一个整体,通过长江的自然属性将其流经地域串联起来,实现环境司法协作从源头到入海口的无缝衔接。这一层次的司法协作与流域整体性相适应,解决的是环境司法协作的覆盖面问题,这也正是当前环境司法协作所面临的难题。事实上,《长江经济带11 +1 省市高级人民法院环境资源审判协作框架协议》为长江流域 19 个省、区、市开展环境司法协作奠定了良好的基础。然而,各地的实践并没有依循此逻辑展开,而是直接寻求块状协作。实际上,要想完全理顺长江流域环境司法协作的脉络,必须紧紧把握整体性、系统性的观念。因此,可以尝试将该协议升级为"长江流域 19 省、区、市高级人民法院环境资源审判协作框架协议",并据此制定统一的实施方案,指导长江流域各地各级审判机关的司法协作工作。

第二层次是串联状环境司法协作,这与国家重大区域发展战略相耦合,在重点区域的城市群中形成司法合力,旨在强化长江流域环境司法协作的深度和广度。不同地域的人文属性所形成的凝聚力能够将协作圈范围内的司法资源整合起来,有针对性地解决长江流域生态环境问题。申言之,在新的协作体系

下,仍可以继续保持现有的多个环境司法协作圈,这样既可以增强协作深度,也可以避免协作成果浪费。需要注意的是,目前各环境司法协作圈的发展进程有先后之分,应着重鼓励和促进协作薄弱地带集聚司法资源,加快开展环境司法协作。长江流域环境司法协作圈发展水平相当,对统一裁量尺度、维护法律权威、保护生态环境等大有裨益。

第三层次是块状环境司法协作,要求辩证地沿袭传统的省域管理模式,利用地方事权加强流域治理,以期加大环境司法协作的执行力。虽然构建长江流域环境司法协作体系的目的在于打破区域管理的自利化、封闭化,但是我国单一制的国家结构意味着行政区域单位将会是我国基本的组织形式。[1] 正如国家授予地方权力并通过地方执行国家意志一样,长江流域环境司法协作亦需要逐级展开立体化协作,这就意味着流域各省、区、市作为最小单元负责具体落实协作事宜。因此,行政区域的协作力量不容忽视,各省、区、市仍应积极配合全流域环境司法协作的框架协议和实施方案的落实。

2. 环境司法协作主体是"大协作"。构建长江流域环境司法"大协作"需要厘清司法协作的主体及其职责范围,进一步夯实司法协作的根基。

第一,扩大协作主体范围。实践表明,当前长江流域环境司法协作主要由司法机关推动,其中以审判机关为主。各司法机关之间基于组织专业性,在司法活动中关系紧密。然而,这种基于司法机关的合作范围有限,我们称之为"小协作"。实践中大多是各机关内部进行协作,各司法机关之间、司法机关与行政机关之间的协作机制仍不健全,即外部协作机制缺失。"小协作"与"大协作"、"内部协作"与"外部协作"这两对概念并不是相对的,"大协作"包含"小协作",而"内部协作"与"外部协作"则是并列关系,这也正是环境司法"大协作"内涵的体现。具体而言,"大协作"框架下,应扩大解释协作主体范围,强化环境司法与行政执法的衔接,并建立健全内部协作机制和外部协作机制。从协同治理的视角来看,长江流域环境司法协作的主体应包括司法机关、行政机关和社会主体。

第二,明晰协作主体职责。在重新界定长江流域环境司法协作主体后,需

---

〔1〕 参见吕忠梅:《长江流域立法研究》,法律出版社 2021 年版,第 278 页。

要进一步明晰各协作主体的职责。在环境司法专门化改革的大背景下，审判机关应遵循长江流域自然规律，明确主管和管辖问题。在案件范围上，根据《长江保护法实施意见》的规定，长江流域各地法院负责审理涉及长江的资源开发利用、生态保护、水污染防治、生态环境治理与服务等案件。在机构设置上，长江流域可以跨行政区划设立专门法院，以替代临时性集中指定管辖。根据长江流域的自然特性，分别在上、中、下游设立相当于高级人民法院的流域环境法院，参照行使高级人民法院职能，受理流域内跨区划的环境资源案件不受传统地域管辖的限制；流域内各省市中级人民法院环境资源审判庭及基层人民法院或巡回环境法庭仍按其职能管辖本行政区域内的涉江环境资源案件；最高人民法院环境资源审判庭负责指导并监督上述法院的流域环境审判工作。检察机关既定的部门分工，即公诉部门负责环境刑事案件、民事行政部门负责环境公益诉讼案件，致使其不能同审判机关一样建立专门法院或法庭，实行集中管辖和归口审理，故设立专门检察院的做法不具有可行性。一方面，检察机关应把协作重心放在环境公益诉讼上，负责起诉、调查取证等；另一方面，作为监督主体，检察机关仍须重视对环境司法协作各环节的监督。由于公安机关主要负责环境刑事犯罪的立案侦查，亦没有必要对其内部机构设置进行调整。在长江流域环境司法协作过程中，公安机关应重点加强案件线索共享与移送工作。行政机关要充分发挥执法权的主动性、专业性优势，应做好日常监管，运用行政强制、行政处罚等手段惩治长江流域环境违法行为，并及时向司法机关移送案件、转化证据、提供鉴定、共享信息等。社会主体也可以在案件取证方面积极参与和配合，给予专业支持。各协作主体各司其职的同时，还应注重与其他相关主体在协作工作上的衔接。

（二）制度完善：长江流域环境司法协作的机制续造

构建环境司法协作体系是一项系统工程，在对长江流域环境司法协作的范围与主体进行充分阐释后，还需要根据长江流域生态环境的特殊性，制定长江流域环境司法协作的具体规则。

1. 明确长江流域环境司法协作的法律内涵。长江流域环境司法协作机制的建立和运行首先需要明确环境司法协作的内涵。现行法律只规定了司法协助及其内容，并未对司法协作作出定义。传统的司法协助与本文所探讨的司法协作并不是同一概念。司法协助仅限于委托送达、代为调查、协助执行等内容，而司法协作的内涵更为丰富，是指协作主体之间相互配合、合力完成某项司法活动的过程。[1] 长江流域环境司法协作是长江流域内司法机关、行政机关、社会主体为长江生态保护而开展的内部协作、外部协作等协同机制的统称。其次，集中管辖亦不是诉讼法上的专有名词，不具有固定性。结合上文对审判机关协作职责的界定，集中管辖已被分解为专门管辖和专属管辖。对此，最高人民法院应通过司法解释对流域环境法院的管辖问题作出规定，司法解释规定由专门法院管辖的案件，普通法院就不再受理。其他相关法律和司法解释需明确专属管辖的内容，增加规定“因涉长江流域环境资源纠纷提起的诉讼由损害结果发生地法院管辖”，以此发挥专属管辖优先性、排他性与强制性的优势。专门管辖与专属管辖相结合，能够避免长江流域内环境资源案件管辖权的争夺与推诿。最后，在长江流域环境司法协作具体实施过程中达成的共识性规则、疑难案件的处理方式等，应该及时通过司法解释、司法意见或典型案例的方式确定下来，流域内的司法裁量标准才能真正趋于统一。

2. 完善长江流域环境司法内部协作制度。尽管长江流域环境司法内部协作机制已经初具雏形，但是为了应对长江流域治理的新挑战，内部协作机制还应拓展协作形式、丰富协作内容。其一，细化联席会议规则，完善重大疑难案件会商制度。虽然流域内已有地区建立联席会议、案件会商、专业法官会议等机制，并取得了一些成果，但是要将其推广至全流域，还需要根据流域全局完善具体规则。例如，保证联席会议定期召开、确定重大疑难案件标准、通报重大疑难案件处理依据和结果、发布典型案例等，有助于长江流域内司法机关统一裁量标准。其二，利用信息化和大数据技术，建立长江流域环境司法协作信息共享平台。由于长江流域面积广，流经行政区划多，实现环境信息、案件信息等资源快速传输的最好办法就是建立信息共享平台。其三，加强办案经验交流，推动审判队伍专门化。长江流域各司法机关还可以通过组织经验交流座谈、专业知识培训等形式培养人才，提高审判队伍办案质量和水平，推进环境司法专门化。拓展内部协作形式，并对协作机制的各种形式及制度性问题予以规范和明确，

---

〔1〕 参见徐本鑫、陈沁瑶：《长江经济带生态司法协作机制研究》，载《重庆理工大学学报（社会科学版）》2019 年第 7 期。

有利于实现长江流域环境司法协作的专业化、实质化、智能化、常态化。[1]

3. 强化长江流域环境司法外部协作制度。外部协作面临的最大问题是环境司法与行政执法协作不紧密,强化外部协作要从诉讼活动的不同阶段分别着手。[2] 在诉前阶段,行政机关的主动性和司法机关的消极性决定了环境司法协作应以行政机关加强环境监管为主。在日益重视良好生态环境的社会形势下,行政机关的环境监管职责有所扩张,即要求行政机关及时预防潜在环境风险,遏制环境问题发生。那么,行政机关在执法过程中发现污染环境行为有可能转化为犯罪行为时,应及时收集相关证据并移送至司法机关。这就需要法律对行政执法与司法衔接的基本规定予以明确,长江流域行政机关与司法机关要统一案件移送标准与程序。在诉讼过程中,主要是公、检、法机关之间及其内部进行司法协作,行政机关、社会主体参与较少,但是,二者可以在证据转化和司法鉴定上对司法工作予以支持。环保部门、专门鉴定机构相较于司法机关而言,在环境科学知识、鉴定技术手段上更具专业性,其作出的司法鉴定有助于司法机关认定违法行为、赔偿范围等。在诉后执行环节中,司法协作的重心转移至司法成果的转化,主要体现在两方面:一方面,敦促执行生效裁判,离不开审判机关与行政机关联动协作;另一方面,检察机关对行政机关提出的司法建议,需要行政机关及时反思和改正。

五、结语

流域是各要素融合的复杂生态整体,其自然要素和社会要素相互作用、相互影响,增加了流域管理的难度,也使传统的管理体制和司法模式难以发挥效用。我国流域管理体制历经多次蜕变,已向流域治理体制转型,而司法领域才刚进入环境司法时代,还未真正融入流域司法的法治观念。构建长江流域环境司法协作制度成为环境司法观向流域司法观转变的契机,需要以生态整体主义和协同治理理论为基础。长江流域环境司法协作跨越诸多行政区域,不能依靠单一的职能部门或某一地方政府解决流域内所有环境问题,建立“全流域”环

---

[1] 参见李景豹:《论黄河流域生态环境的司法协同治理》,载《青海社会科学》2020 年第 6 期。

[2] 参见王雅琪、张忠民:《现代环境治理体系中环境司法与行政执法协作机制的构建》,载《中国矿业大学学报(社会科学版)》2021 年第 3 期。

境司法“大协作”体系是环境司法协作和流域协同治理实效化的关键。在体系构建过程中,需要不断规范和完善环境司法协作内容,为协作机制有效、长久运行提供动力。

5. 长江流域生态环境修复类案件的责任承担方式研究

——以 2014～2021 年 1442 份裁判文书为基础*

魏佳容　胡灵潇**

内容摘要:本文以长江流域 1442 份生态环境修复类裁判文书为基础样本,分析此类案件的地域分布、发生频率、责任承担方式等综合成因。笔者发现司法实践中主要有三种责任承担方式:生态环境损害赔偿金、履行生态环境修复义务、环境保护禁止令。目前存在生态环境损害赔偿金名称不统一、生态环境修复费用的计算和管理机制不完善、生态环境修复效果的有效性难以评估、环境保护禁止令尚无明确法定依据等不足,笔者建议,完善生态环境损害赔偿金的来源、使用及监督机制,优化生态环境损害评估制度,加强环保禁止令司法适用中的规范化,加强生态环境修复司法与行政执法的衔接等,实现生态环境修复责任承担方式的制度化。

关键词:长江流域　生态环境修复　责任承担方式　司法适用　多元化制度化

一、问题的提出

近几十年来,特别是自改革开放以来,对长江的过度开发和粗放式利用,造成了长江流域上游水土流失、中下游洪涝、湖泊富营养化、生物多样性大幅减少等严重的环境问题。司法领域近年来频繁开展长江流域的保护行动。2018 年 12 月 31 日发布实施的《长江保护修复攻坚战行动计划》强调长江流域的生态

---

* 本文为中央高校基本科研业务费专项项目"长江全面禁捕政策下渔民转产安置法治保障研究"、党的二十大精神研究专项课题"农业农村绿色低碳转型法治化路径研究"阶段性成果。

** 魏佳容,华中农业大学文法学院副教授;胡灵潇,华中农业大学环境法硕士研究生。

环境修复摆在全国生态环境保护工作的压倒性位置。2022 年 9 月，生态环境部、农业农村部等十七部门联合发布《深入打好长江保护修复攻坚战行动方案》，要求持续深入推进长江流域生态保护和修复任务。[1] 最高人民法院公布的数据显示，2016 年 1 月至 2020 年 6 月，长江流域各级人民法院审理环境资源类案件共计约 50 万件。其中，刑事案件 8 万余件，民事案件 28 万余件，行政案件 12 万余件，公益诉讼案件近 5000 件，生态环境损害赔偿诉讼案件近百件。[2] 目前，长江流域生态环境修复案件依然是司法审判工作的重点，体现了审判实践中司法适用与生态保护相统一的目标。为解决长江流域面临的诸多生态环境问题，应基于习近平总书记提出的“共抓大保护、不搞大开发”的基本原则，拒绝在长江流域内无序、破坏性和超范围开发，坚持保护优先、生态恢复，对流域生态环境修复问题及其责任的承担展开制度化研究。

二、对 1442 份长江流域生态环境修复相关裁判文书的分析

根据中国裁判文书网提供的可公开查阅的裁判文书信息，以“长江”和“生态修复”作为关键词按年份进行检索，2014 年 1 月 1 日至 2021 年 12 月 31 日，可得公开裁判文书共计 1492 件，剔除与生态环境类无关的案件后可得相关案件 1442 件。将上述案件按照裁判日期升序排序后可知与长江生态环境修复有关的第一案判决，为上海市浦东新区人民法院于 2014 年 2 月 7 日作出的(2013)浦民一(民)初字第 32120 号张某华与乔某国买卖合同纠纷一审民事判决。首次在裁判文书中将生态环境修复作为判决内容的则是江苏省丹阳市人民法院于 2015 年 8 月 27 日作出的(2015)丹环刑初字第 00003 号田某、文某甲等犯非法捕捞水产品罪一审刑事判决。最后一案为 2021 年 12 月 29 日江苏省如皋市人民法院作出的(2021)苏 0682 执 3945 号之二李某、李某华其他案由的首次执行裁定。

---

〔1〕 生态环境部、国家发展和改革委员会、最高人民法院、最高人民检察院、科学技术部、工业和信息化部、公安部、财政部、人力资源和社会保障部、自然资源部、住房和城乡建设部、交通运输部、水利部、农业农村部、应急管理部、国家林业和草原局、国家矿山安全监察局《关于印发〈深入打好长江保护修复攻坚战行动方案〉的通知》(环水体〔2022〕55 号)。

〔2〕 参见最高人民法院:《〈长江流域生态环境司法保护状况〉白皮书》，载最高人民法院网 2020 年 9 月 25 日，https://www.court.gov.cn/zixun-xiangqing-259181.html。

(一)长江流域生态环境修复案件的时间分布

从时间分布上来看,长江生态环境修复类案件自 2014 年起,呈逐年上升的趋势,如图 1 所示:

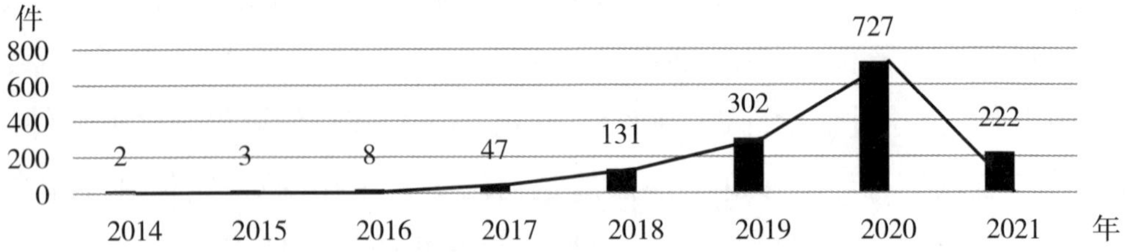

图 1　2014～2021 年长江流域生态环境修复案件数量

(二)长江流域生态环境修复案件的空间分布

从空间分布上来看该类案件在各省的发生分布具有不均衡性,如图 2 所示:

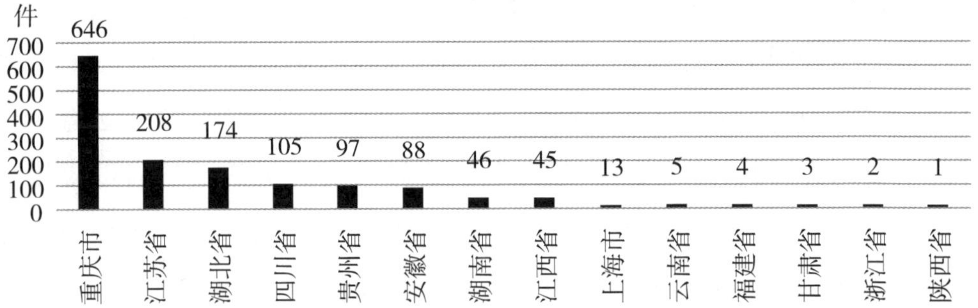

图 2　长江流域生态环境修复案件省级分布

由图 2 可知,重庆市案件数量最多,具体原因分析如下:首先,由于长江八大支流主要分布于长江中上游,尤其是黔川渝三省,其中包含岷江、沱江、嘉陵江等支流,自然资源特别是动植物资源丰富,易发生生态破坏类案件。其次,长江流域流经省份经济发展水平较高,当地有更为充足的资源投入环境治理领域。最后,与当地法治保障程度密切相关。2019 年 5 月 29 日,重庆市高级人民法院根据相关司法解释出台的《关于污染环境犯罪的量刑指导意见实施细则》(渝高法〔2018〕119 号)中率先提出污染环境犯罪案件量刑规范化标准。同时,重庆市高级人民法院与重庆市人民检察院、重庆市公安局、重庆市生态环境厅等部门联合制定了生态环境损害赔偿管理办法,促进改革配套制度完善。同时，重庆市采用专门化的审判体系模式，建立了组织机构与管辖范围全覆盖的环境资源审判庭，实施生态环境类刑事、民事、行政案件“三合一”的立案模式和管辖制度，既节约了司法资源，又提升了审判效率。因此，重庆市长江流域生态环境修复案件数量最多。

（三）长江流域生态环境修复案件的法院层级分布

2014 年 1 月 1 日至 2021 年 12 月 31 日，长江流域生态环境修复案件层级如图 3 所示：

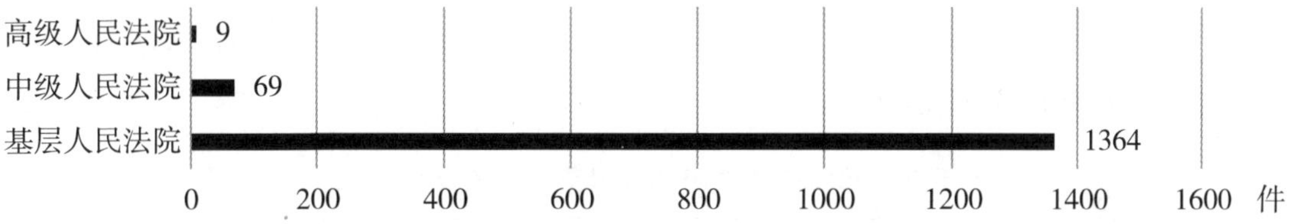

图 3　长江流域生态环境修复案件法院层级分布

如图 3 所示，受理案件的三级人民法院中，基层人民法院受理的长江流域生态环境修复案件占到了绝大多数，达 1364 件，这与最高人民法院 2014 年宣布成立环境资源审判庭后，各基层人民法院设立环境资源审判庭密切相关。例如，江西省 105 个基层人民法院中有 87 个设立了环境资源审判庭，占比高达 83%。[1] 2018 年 10 月，浙江省淳安县人民法院首次成立千岛湖环境资源法庭，[2] 为当地的生态环境案件的审理提供了司法保障。江苏省高级人民法院在全省范围划分生态功能区，并以功能区为基本单位设立长江、太湖、洪泽湖等共计 9 家环境资源法庭。[3]

（四）长江流域生态环境修复案件类型分布

如图 4 所示，从案件类型上来看刑事案件以 93.1% 的比例占到绝大比例，民事案件占比 3.8%，行政案件占比 2.5%，执行案件仅占 0.55%。刑事案件中非法捕捞水产品罪占到绝对比例，占比次高位的是非法采矿罪，再次为污染环境罪；民事案件主要是以水、大气为核心的环境污染损害责任纠纷；行政案件则主要是以土地为诉讼标的的争议。

---

〔1〕 参见胡佳佳、王倩：《江西环资审判机构实现全覆盖》，载《人民法院报》2019 年 8 月 12 日，第 1 版。
〔2〕 参见刘健、钱祎：《浙江省首个环境资源法庭亮相》，载《浙江日报》2020 年 12 月 17 日，第 2 版。
〔3〕 参见顾敏：《江苏省新设 9 家环境资源法庭》，载《新华日报》2019 年 3 月 4 日，第 9 版。

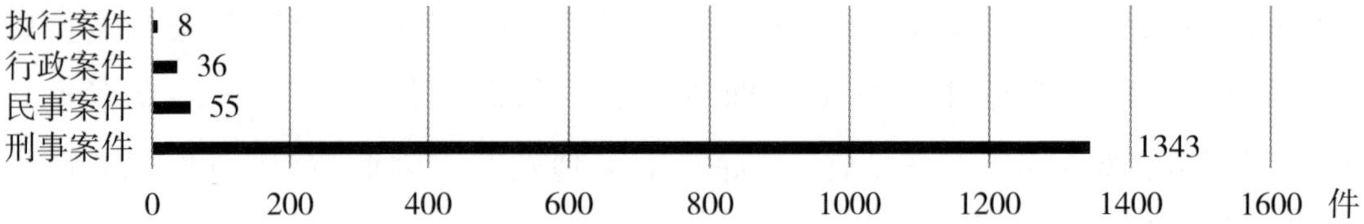

图4　长江流域生态环境修复案件类型分布

（五）长江流域生态环境修复案件中修复方式类型

从修复方式来看，如表1所示，赔偿生态环境修复费用因为便捷、效率、可操作性高，成为恢复生态的首选方式；履行生态环境修复义务的意图则是从实质上挽救被破坏的生态环境和自然资源；向社会公开赔礼道歉，体现社会监督性和司法公开性两者相统一。

表1　长江流域生态环境修复案件中修复方式

具体生态环境修复方式	案件数量（件）	占比（%）
赔偿生态环境修复费用	1130	73.76
履行生态环境修复义务	291	18.99
向社会公开赔礼道歉	108	7.05
提出生态环境修复方案，明确修复目标并限期完成	2	0.13
缓刑期间禁止从事相关活动	1	0.065

承担生态环境修复责任的具体方式分为以下五种（见表2）。

表2　长江流域生态环境修复责任承担方式

生态环境修复方式	责任承担方式
赔偿生态环境修复费用	向有关机关缴纳或在生效的裁判文书中载明赔偿数额
履行生态环境修复义务	增殖放流（常用于非法狩猎罪、非法捕捞水产品罪等）、补栽补种（常用于盗伐、滥伐林木罪等）、恢复水土（常用于非法采矿罪等）
明确生态环境修复方案	在环境行政案件中，制定具体修复方案和目标，并责令限期完成
禁止从事相关行为	禁止从事可能危害环境的相关活动
赔礼道歉	责任人在电视、广播、网站或当地报纸上向全社会公开道歉

三、长江流域生态环境修复责任承担方式评析

目前有关生态环境修复的内容散见于我国各部门法中。《民法典》明确规

定了造成环境污染和生态破坏的侵权责任及其承担形式以及行为人承担生态环境修复责任及其具体方式;《刑法》以非法捕捞水产品罪、非法采矿罪等一系列罪名规定了因破坏环境资源行为应承担的刑事责任;《环境保护法》虽然规定了自然资源理性开发以及有关生态环境保护方案的内容,但未明确建立流域生态保护相关制度;《长江保护法》则明确规定了长江流域生态环境修复的基本原则、修复的范围、职责的承担、资源配置等内容;《渔业法》以专章的形式规定渔业资源的养殖和捕捞条件,并规定了禁渔的种类、时间、范围和方法,以保护和恢复渔业资源。

长期以来,学界对于生态环境修复责任的两大问题即法律部门的归属和法律性质存在争议和分歧。最高人民法院于 2015 年两次发布专门性司法解释[1]强调在司法实践中生态环境修复责任属于民事恢复原状责任,而非独立的责任承担形式,是一种扩张性解释。笔者认为,生态环境属于公共物品,具有公益属性,而生态环境修复责任的目的是弥补因人为活动对生态环境造成的损害,达到恢复原生态环境的各项功能和状态的目标,与传统民法中侧重于恢复受害人私益财产的恢复原状式侵权责任有本质区别,故生态环境修复责任不应隶属于民法中的侵权责任,同样不适合仅运用民法规范调整。环境法立足于生态系统的开放性、动态性、协调性视域,与生态环境修复责任的预期保护和改善生态环境,维护公众健康权益,最终实现生态和谐前提下的可持续发展的目标和存在意义不谋而合,故同时包含公益和私益两种救济理念的生态环境修复责任理应隶属于环境法领域。[2]

在司法实践中,环境公益诉讼、生态环境损害赔偿诉讼中适用生态环境修复责任的案例呈上升趋势,也有相当部分责任是以刑事责任或行政责任的形式出现。由于生态环境修复责任所蕴含的环境法的综合性特征,应当被认定为环境法律责任的一种承担方式,而由于侵害法益的不同,生态环境修复责任可能具现化为多元法律性质如民事、刑事或者行政责任。综上所述,生态环境修复责任是一种以公益与私益生态环境保护为核心,兼具民事、刑事、行政责任性质

〔1〕 最高人民法院《关于审理环境民事公益诉讼案件适用法律若干问题的解释》(法释〔2015〕1 号)、最高人民法院《关于审理环境侵权责任纠纷案件适用法律若干问题的解释》(法释〔2015〕12 号)。

〔2〕 参见肖萍、卢群:《论生态环境损害赔偿权利人的法律地位》,载《江西社会科学》2019 年第 6 期。

的新型法律责任。

根据表1的数据可知,长江流域生态环境修复司法实践中出现最多的三种修复方式为生态环境损害赔偿金、履行具体生态环境修复义务以及环境保护禁止令,占总修复方式的92.8%。此三种方式在适用上具有出现次数多、频率高、范围广的特点,具备一定的研究价值,故下文选取此三种修复方式进行详细论述。

(一)生态环境损害赔偿金在司法实践中的不足

赔偿金是责任人以货币的形式赔偿其所造成的生态环境损害,来源于侵权责任中的"赔偿损失"制度,目的是弥补遭受损害的生态要素,使生态功能得以恢复。[1] 2016年8月中央人民政府印发《生态环境损害赔偿制度改革方案》,其中包括江苏、重庆、湖南等在内的7省、市开始试点实施生态环境损害赔偿金制度。[2] 长江流域各省、市纷纷响应中央政策,以地方性立法的形式确定适用于本行政区域内的相应制度。在司法实践中,该制度的适用方式主要分为两种:一是在生效的裁判结果作出前,由相关人员主动向有关机关缴纳损害赔偿费用(破坏环境类刑事案件被告人或民事案件责任人主动缴纳);二是人民法院在裁判文书中载明责任人应承担的生态环境损害赔偿费用。生态环境损害赔偿金的适用在调查样本中出现的频率极高,在1442份样本中有1130份明确适用,占比达78%。

1. 名称不具有统一性

各地方性法规对生态环境损害赔偿金名称的规定并不统一。前述《生态环境损害赔偿制度改革方案》中确定的名称为"生态环境损害赔偿资金"。绍兴市发布的地方性管理办法[3]的名称则与中央文件保持一致。而重庆市对应方案[4]中采用的名称为生态环境损害赔偿与替代修复资金。贵州省出台的文件[5]为"生态环境损害赔偿资金"。海南省、江苏省泰州市采用的是"环境公益诉讼资金",特别强调"环境公益诉讼"字样。[6]

---

〔1〕 参见于文轩:《论我国生态损害赔偿金的法律制度构建》,载《吉林大学社会科学学报》2017年第5期。

〔2〕 参见中共中央办公厅、国务院办公厅印发《生态环境损害赔偿制度改革方案》(中办发〔2017〕68号)。

〔3〕 参见《绍兴市生态环境损害修复管理办法(试行)》(绍市环发〔2019〕3号)。

〔4〕 参见《重庆市生态环境损害修复管理办法》(渝环〔2019〕194号)。

〔5〕 参见《贵州省生态环境损害赔偿资金管理办法(试行)》(黔财建〔2020〕142号)。

〔6〕 参见林煜:《我国生态环境损害赔偿资金制度的困境与出路》,载《中国环境管理》2019年第4期。

2. 生态环境修复费用评估方式多元化，资金管理机构不尽相同

司法实践中生态环境修复费用计算方式主要有三种：一是司法鉴定；二是委托国务院生态环境部门推荐的机构出具鉴定意见；三是聘请专家发表意见。[1] 然而以经济价值作为主要修复标准的评估体系并不能完全体现自然资源环境的所有价值。如在某盗伐林木案件中，检察机关委托当地林业调查规划设计院植被恢复作业设计认定：本次楠木恢复量设计为 115 株，恢复费用为 10,657.5 元。[2] 但森林系统独有的调节气候、涵养水土、净化空气、防风固沙以及提供栖息地等珍贵生态功能价值实际无法估算，在仅为 10,657.5 元的恢复费用中更无从体现。

在司法实践中赔偿金的管理机关也不尽相同。(1)公安司法机关。包括公安机关、人民检察院、人民法院。主要针对环境刑事案件的责任人在侦查、起诉、审判阶段将赔偿金直接交由公安司法机关暂为保管，待裁判生效后视情况处理。[3] (2)人民政府。主要是指承担生态环境资源保护的人民政府部门，具体包括渔业渔政、林业、农业、水利、国土资源等。如某非法捕捞水产品一案中，两名被告人与靖江市农业农村局签订协议，承诺以支付相应额度货币的方式承担生态环境损害赔偿责任，将 1.5 万余元汇入当地农业农村局专有账户，作为购买鱼苗、渔业水域生态环境修复的费用。[4] (3)专项资金管理账户。建立专门的环境修复资金或基金，包括但不限于对政府财政拨款、环境案件被告人缴纳的罚金、生态环境损害赔偿金以及社会捐款等进行统一账户管理的制度。

(二)履行生态环境修复义务的生态环境修复效果难以评估

如果说生态环境修复赔偿金属于“赔偿损失”，那么履行生态环境修复义务则是生态环境领域中的“恢复原状”。此处的“恢复原状”与民法理论中的概念有所不同，其恢复的范围不仅限于将环境、资源等恢复至权利被侵害之前的原有状态，还包括恢复生态系统的价值和丧失的功能。[5]

---

〔1〕 参见何强：《生态环境修复费用如何计算？最高法回应》，载《新京报》2018 年 11 月 28 日，https://www.bjnews.com.cn/detail/154339400814903.html。

〔2〕 四川省雅安市雨城区人民法院刑事判决书，(2020)川 1802 刑初 98 号。

〔3〕 重庆市渝北区人民法院刑事判决书，(2020)渝 0112 刑初 1755 号。

〔4〕 江苏省南京市中级人民法院刑事裁定书，(2020)苏 01 刑终 740 号。

〔5〕 参见汪劲：《环境法学》，北京大学出版社 2018 年版，第 287～288 页。

在1442份裁判文书样本中明确要求责任人履行生态环境修复义务的有291件,占比20.2%,具体形式包括以下两种:(1)直接性修复。指责任人主动履行或经人民法院判令,要求责任人在限定期内采取一定措施将遭受损害的生态环境恢复至损害发生之前的状态。此种方式常适用于对生态环境损害较小,履行简单劳动即可完成修复的案件,如清除污染、回填复垦、退耕还湖还草。(2)替代性修复。指当生态环境遭受破坏后,难以或无法恢复原状时,采取类似恢复性的方法。如浙江省高级人民法院在某案件中由于被告产品问题造成不特定地区大气污染物的增加导致环境污染的事实客观存在,故判决被告承担350万元替代性修复大气污染费用。[1]

在司法实践中,修复生态环境有两大难题,一是生态环境损害难以认定;二是修复的要求难以达到妥当的程度。[2] 生态系统独有的流动性、整体性,导致生态环境损害具有复杂性、潜在性的特点,生态环境修复具有长期性的特征,即便责任人已经承担经济赔偿责任,有关机关虽然也将相应款项用于增殖放流、补植复绿、清污排废等短期修复,实际生态环境修复的效果却难以追踪考量。

此外,每个案件涉及的修复方式虽具有非常强的针对性,但综合性弱。如判令某企业污染大气案件责任人加装废气净化、收集装置;对于某非法采矿罪则责令被告人恢复水土。颇有"头痛医头,脚痛医脚"之意味。此类环境修复方式着眼于单个受损的生态环境要素的恢复,未考虑到生态环境系统的多元性、交互性,从而忽视了对其他受影响的环境要素的治理。特别是在流域生态性环境修复过程中,未能对流域内生态功能进行系统性修复,也难以达到经济、社会关系等综合性恢复要求。此种单一的生态环境修复方式也无法达到恢复性司法制度的真正目的。[3]

(三)环境保护禁止令尚无明确法定依据

禁止令在法律性质上既不属于行政或刑事强制措施,也不属于刑罚,而是保安处分措施。[4] 其目的在于根据犯罪情况设定特定的禁止条件,以预防行为人再次实施犯罪。故禁止令常适用于实施职务、职业犯罪或在服刑期间负有

---

〔1〕 浙江省高级人民法院民事判决书,(2019)浙民终863号。

〔2〕 参见吕忠梅、窦海阳:《修复生态环境责任的实证解析》,载《法学研究》2017年第3期。

〔3〕 参见秦天宝:《我国流域环境司法保护的转型与重构》,载《东方法学》2021年第2期。

〔4〕 参见卢建平、孙本雄:《刑法职业禁止令的性质及司法适用探析》,载《法学杂志》2016年第2期。

特殊义务的行为人。例如,重庆市万州区人民法院环境保护审判庭对于生产者在生产经营过程中造成了严重环境污染的情况,依法发出公益诉讼环境保护禁止令,责令被告立即停止从事造成生活污染的行为。[1]

目前浙江、重庆、云南等地法院在审理污染环境刑事案件中,对于拟判处管制、宣告缓刑的犯罪分子,探索适用刑事禁止令制度。在某污染环境罪案件中,因两名被告人无处置危险废物资质,实施固体工业废物倾倒行为造成环境严重污染。贵州省清镇市人民法院在依法判处刑事责任的同时禁止两名被告人在缓刑考验期间从事与环境保护、废旧物资回收的经营相关活动。[2] 而环境保护禁止令有从刑事审判领域扩展到民事审判领域的趋势。昆明市中级人民法院在充分研习相关司法解释[3]的基础上,借鉴民事审判案件中人身保护令内容,发挥环境民事公益诉讼所特有的环境侵权止损功能,创新环保禁止令制度。同时考虑到禁止令的执行效果,昆明市中级人民法院与公安机关联合制定司法协助文件,开创由人民法院颁布禁止令,再由公安机关协助执行的首例。[4]

虽然最高人民法院正在探索适用环境保护禁止令制度,浙江、重庆等地法院也同步研究制定相应实施办法。但目前尚未出台权威性、指导性规范文件指导环境保护禁止令的实施。环境保护禁止令制度本身仍有许多问题尚需解决。例如管辖问题,在涉及跨行政区域的环境案件时,应当由哪个有管辖权的人民法院发布禁止令;虽然可以参考《民事诉讼法》中的类似制度,然而从各试点地区的实践情况来看,环保禁止令的签发和执行成为最大困难。首先是签发问题,由于环境损害的紧迫性和不可恢复性,法官难以在收到生态环境破坏线索的第一时间核准相关情况并签发禁止令,其制止损害效果远不如行政强制措施。其次是执行问题,由于禁止令并非目前法定强制措施,在执行过程中执行力度、效果、强制力均不及行政或刑事强制措施和刑罚,预想效果大打折扣。

---

〔1〕 参见李富文、黄巍:《万州法院发出环保禁止令经营者停止污染》,载中国法院网 2012 年 4 月 20 日,https://www.chinacourt.org/article/detail/2012/04/id/479194.shtml。

〔2〕 贵州省清镇市人民法院刑事判决书,(2019)黔 0181 刑初 58 号。

〔3〕 最高人民法院《关于适用〈中华人民共和国民事诉讼法〉的解释》(2022 年修正,法释〔2022〕11 号)。

〔4〕 参见学红:《构建我国环境公益诉讼生态修复机制实证研究——以昆明中院的实践为视角》,载《法律适用》2016 年第 2 期。

四、长江流域生态环境修复责任承担方式的完善建议

(一)完善生态环境损害赔偿金的来源、使用及监督机制

1. 建立生态环境损害赔偿基金,规范基金的来源和使用

从名称出发,将生态环境遭受损害后责任人的赔偿金统一称为“生态环境损害赔偿基金”。管理机关为生态环境损害基金会,在全国建立生态环境损害赔偿基金会,各省、自治区、直辖市建立省级生态环境损害赔偿基金会,各地级市建立市级生态环境损害赔偿基金会。各地基金会实行对上级基金会负责的垂直管理制度,同时负责运用和管理本行政区域内的资金。生态损害赔偿金具有公益性、救济性和支出方式特定性等特征,应当建立专门管理机构,对于资金来源、使用、公开等具体程序进行监管,采取“建设专门基金会 + 政府环保部门监督”相结合的模式。目前司法实践中已经对此模式展开探索,北京市第四中级人民法院在审理(2019)京04民初511号环境污染责任纠纷案件过程中,原、被告双方自愿达成调解协议,由被告向中华环境保护基金会支付生态环境损害赔偿金225万余元。中华环境保护基金会将该笔费用专款专用于生态环境修复和治理,履行基金管理人职责。同时,中华环境保护基金会接受案件双方当事人和原审法院的监督,承诺两年内完成该笔基金的管理使用任务,并定期报告使用情况。可见,参照中华环境保护基金会的实践经验,在全国范围内构建不同级别的生态环境损害赔偿基金会,一方面能有效规划和统筹零散于各地的生态环境保护金,另一方面也能有效调配资金流动,解决跨省级行政区域或跨流域案件的资金归属和使用问题。

生态环境损害赔偿基金来源主要包括以下内容(见表3)。

表3 生态环境损害赔偿基金来源

环境损害案件类型	环境损害赔偿基金来源方式
预防环境污染问题的发生而支出的资金	由人民政府现金拨款或提供税收优惠或财政补贴
环境公益诉讼、生态环境损害赔偿诉讼案件中,无特定受益人的生态环境损害赔偿资金	由人民法院生效判决确定因无特定受益人而直接转入的赔偿金

续表

环境损害案件类型	环境损害赔偿基金来源方式
生态环境损害赔偿诉讼过程中磋商索赔的资金	由赔偿权利人和义务人协商,达成赔偿协议给付
环境刑事案件中,被告人被罚没或自愿交纳的资金	由公安司法机关罚没,或由被告人自愿交纳
环境行政执法过程中,追缴的生态环境损害赔偿资金	由环境行政部门向实施违法行为的企事业单位或个人追缴
环境损害鉴定评估费用	由生态环境案件相关当事人支付

基金的用途不仅包括用于对个案中生态环境的修复,还可以作为突发生态环境损害事件的紧急备用金,环境公益诉讼中社会团体因诉讼产生的差旅费、律师费、鉴定费等补助费用,提供环境污染或生态破坏线索的举报人的奖励费用,也可作为生态环境案件诉讼过程中先予执行的资金。[1]

引入社会资本,积极探索第三方参与生态环境修复方式。生态环境损害赔偿基金可尝试与金融机构开展环保金融类业务的合作,推出环境保护领域的优惠金融服务。例如同银行合作,为高污染、高排放企业购买、安装环保设施提供绿色贷款;同保险公司合作,提供资源环境损害保险保障服务;同信托投资公司合作,为新型环保行业提供优惠融资服务等,为社会闲散资金投入环保事业提供有力吸引的同时,又能解决资金来源匮乏问题。

2. 保证基金运作公开,完善社会化监督

基金的使用主体应当向全国各级基金会汇报基金使用情况,同时受同级政府环保部门的监督。基金会负责人需定期向同级人民政府述职,公布上一年度工作报告和本年度工作计划,详细记载和公布每笔资金的来源和使用以及基金池变化情况,基金会内部人员变动情况等。同时,应建立基金运作信息公开和社会监督制度,将上述内容公开至同级政府部门网站,并积极接受社会反馈和建议,将基金监督主体从基金会扩大到政府、公众和社会的三方主体协同参与,实现生态环境修复多元主体监督氛围。

〔1〕 参见林煜:《我国生态环境损害赔偿资金制度的困境与出路》,载《中国环境管理》2019 年第 4 期。

（二）优化生态环境损害评估制度

1. 扩大评估鉴定机构资格范围

截至2022年12月底，生态环境部在全国范围内公布的环境损害鉴定评估推荐机构仅42家，[1]且具备资格的机构大多是各省、市的环境监测中心、研究院和高校，难以满足爆发式增长的生态环境类案件的司法需求。故对于此类鉴定机构的准入标准，可由司法部会同生态环境部、自然资源部、农业农村部等部门联合制定最低准入标准，再由省级人民政府对应职能部门根据本地现实情况细化注册和登记标准，将范围扩展至有资质从事生态环境损害鉴定评估的社会机构，同时应拟定相对独立公正的选任程序，以确保选任过程的规范性。

2. 引入生态环境损害鉴定人制度

针对本土环境损害司法鉴定机构空缺，导致大量的环境违法案件存在鉴定难、取证难、核算难以及追责难的问题，可以借鉴广西、广东两省组建经验，组建环境损害司法鉴定专门机构。由司法部门牵头，会同环境、农业、水利等部门建立专业环境损害司法鉴定机构。鉴定人员的资格审查可参考《民事诉讼法》《刑事诉讼法》中的“鉴定人”制度，从有资质的专业鉴定机构或专家中选任，组成鉴定人队伍，针对专门生态环境损害案件进行评估鉴定。在具体案件鉴定中应当由3名或5名鉴定人组成鉴定小组，每名鉴定人独立出具评估鉴定意见，小组内部无须形成统一评估意见，最后交由司法机关根据案件事实、损害情况、恢复难度等因素综合决定恢复方式和程度。鉴定人或鉴定机构评估费用由生态环境损害基金统一支付，免去责任人因高昂的鉴定评估费用而无力支付赔偿金的两难情形。

3. 完善生态环境损害鉴定评估

生态环境损害赔偿范围应包括行为人破坏生态环境所导致的直接经济损失和生态环境修复费用等间接经济损失，还应包括生态系统功能性损失、生态环境功能永久性丧失以及修复期间的生态功能的损失。同时应将生态环境损害赔偿调查费、评估费、律师费、防止损害扩大而支出的合理费用等包括在内，

---

〔1〕 参见生态环境部：《环境损害鉴定评估推荐机构名录（第一批）》（环办〔2014〕3号）；《环境损害鉴定评估推荐机构名录（第二批）》（环办〔2016〕10号）；《环境损害鉴定评估推荐机构名录（第三批）》（环办〔2020〕211号）。

要求行为人承担生态环境损害赔偿的完全责任。在认定损害的方法上，应当包括司法鉴定评估法、环境价值评估法、替代等值分析法。

此外，建议进一步对损害评估方法和技术进行完善。虽然生态环境部已经出台相关指南，[1]但仍不能满足处理纷繁复杂的生态环境破坏案件的需求，如对于珍贵、濒危野生动植物损害的恢复方式，对于严重水体污染的恢复尚无技术可循，各地区司法部门在处理此类案件时也无统一标准。故在完善各类案件评估标准的基础上，司法机关在审理案件时还应当考虑生态环境修复的复杂性和综合性特征，从生态环境整体角度出发，多标准、多方面、多角度协同评估，避免"头疼灸头"的困扰。[2] 此外在制定生态环境修复程序时，应坚持"细化修复程序、合理规划制度"原则，考虑不同环境要素的修复方式和特征，采取"事前方案—事中实施—事后监督"三个阶段分段评估，以求制定科学、详细和可操作性强的修复方案。

（三）完善环境保护禁止令修复方式

1. 规范环保禁止令在司法裁判中的适用

由于目前环保禁止令并非《刑事诉讼法》中法定强制措施，也并非环境保护法律中强制性规定，却可适用于环境保护判决，如重庆市 2016 年至 2019 年，全市法院共发出禁止令 38 份。[3] 《刑法》中的禁止令仅适用于利用特殊地位或状态实施犯罪的嫌疑人，在适用对象上过于狭窄，难以满足当下保护生态环境目标的需要。故建议参考保全和先予执行制度，设立环境保护禁止令制度。针对不同类型的损害，如已经发生的损害事实、可能发生的损害、采取专门性措施治理的损害以及无法恢复原状的损害，发布禁止性禁令、预防性禁令、纠正性禁令和替代性禁令。[4] 从适用范围上看，环保禁止令适用于民事、刑事、行政环境和环境公益诉讼案件；从适用时间上包括诉前、诉中、诉后（执行过程中）

---

[1] 生态环境部办公厅《关于印发〈生态环境损害鉴定评估技术指南　土壤与地下水〉的通知》（环办法规〔2018〕46 号）。

[2] 参见於方等：《借他山之石完善我国环境污染损害鉴定评估与赔偿制度》，载《环境经济》2013 年第 11 期。

[3] 参见杨临萍：《重庆市高级人民法院关于环境资源审判工作情况的报告——2019 年 5 月 29 日在第五届人大常委会第十次会议上》，载《重庆市人民代表大会常务委员会公报》2019 年第 3 期。

[4] 参见胡中华：《论美国环境公益诉讼中的环境损害救济方式及保障制度》，载《武汉大学学报（哲学社会科学版）》2010 年第 6 期。

的禁止令;从适用类型上,包括预防性、补救性和替代性禁止;从适用条件上,应当规定为有初步证据证明行为人已经或可能实施损害生态环境的行为,造成生态破坏或环境损害的事实,如不立即制止将导致损害扩大或难以恢复的影响公共利益的后果;从审查条件上,应当以实质性审查为主,以程序性审查为辅,既要审查是否存在环境破坏事实或可能事实,又要审查证据的合法性、客观性和关联性;从签发机关上,应当由人民法院审判组织签发,对于事实清楚、证据充分的简单案件可由法官单独签发。案情疑难、复杂、重大,证据不确实充分或社会影响重大的应当由合议庭决定签发。具体实施禁止令由执行部门负责;从签发时间上,应当在收到申请或主动审查结束后 48 小时内作出是否签发的裁定。[1]

2. 加强生态环境修复司法与行政执法的衔接

在环保禁止令出台前,行政机关只能依照《行政处罚法》对生态环境违法行为作出相应处罚,只有当责任人仍未停止实施相关行为时,才能从起诉期限届满之日起三个月内申请人民法院强制执行。为解决这一难题,在环保禁止令试点地区如浙江、河南、重庆等地出台相关规定,原本无行政强制执行权的行政机关在满足某些特殊条件的情况下,可直接请求法院发布禁止令,以快速制止污染行为。例如,重庆市第三中级人民法院出台《环境保护禁止令实施办法》,明确了当地行政机关具有环境保护管理职责,环境公益组织及利害关系人在满足法定条件的情况下,可以直接向人民法院申请环境保护禁止令,[2]填补了行政执法过程中"时间空档期"。珠海市金湾区人民法院也发布了类似文件,宣布有环境保护管理职责的行政机关、环境公益组织、环境民事诉讼原告和利害关系人都可以申请"环境保护禁止令"。[3]

五、结语

在步入"十四五"规划的第一年,坚持在绿色发展理念的引领下,以生态环

---

〔1〕 参见王晶:《环境保护禁止令之适用审视》,载《甘肃政法学院学报》2019 年第 2 期。

〔2〕 参见郭金生:《我院宣布在辖区实施环境保护禁止令制度》,载重庆市第三中级人民法院网 2018 年 6 月 13 日,http://cq3zy. cqfygzfw. gov. cn/article/detail/2018/06/id/3338262. shtml。

〔3〕 参见郭翔宇:《珠海金湾法院在广东首推"环境保护禁止令"》,载央广网 2019 年 6 月 9 日,https://baijiahao. baidu. com/s? id = 1635828669516083562&wfr = spider&for = pc。

境高水平保护促进经济由高速度转向高质量发展已经成为我国环境和资源保护的主流。加快建立健全生态环境价值实现机制,破坏生态资源环境的行为必须付出相应代价,保护修复生态资源环境的行为将获得合理回报。在司法实践中实现生态环境修复方式的多元化与制度化,有助于厘清环境责任,明确生态环境权责关系,落实损害承担责任,健全环境诉讼程序,符合我国生态环境损害修复实践的客观需求和生态文明建设发展的需要,对于实现"十四五"规划中推动绿色发展的目标,促进人与自然和谐共处的人类环境命运共同体的建立有着举足轻重的意义。[1]

---

〔1〕 参见刘静:《论生态损害救济的模式选择》,载《中国法学》2019 年第 5 期。

6. 流域生态环境司法保护实践考察与未来进路

——以江苏环境资源审判“9 +1”机制改革实践为观察对象

朱　丽*

内容摘要：大江大河由于具有流域整体性、流动性等特点，需要整体系统保护。遵循行政区划设立的司法保护体制在一定程度上导致大江大河流域生态环境司法保护的碎片化。江苏省推进环资审判“9 +1”机制改革，探索脱离行政区划以生态功能区为依据跨流域集中管辖为主要特点的环境资源审判专门化探索，为大江大河跨流域生态环境司法保护提供了地方范本。推动组织架构、体制机制、司法理念、行为模式的变革，是流域生态环境司法保护的可行之路。

关键词：流域　环境资源审判　机制　改革

党的二十大报告指出，“必须牢固树立和践行‘绿水青山就是金山银山’的理念，站在人与自然和谐共生的高度谋划发展”，“推行草原森林河流湖泊湿地休养生息，实施好长江十年禁渔，健全耕地休耕轮作制度”。一般而言，大江大河因具有流域的整体性、关联性和流动性的特点，诸要素之间相互影响、相互关联、不可分割，共同构成流域这一整体。基于环境污染所具有的流动性或迁移性、累积性或潜伏性，蔡守秋教授认为：“水污染防治与水资源保护及其法治建设，主要是一个流域问题，也就是说是一个跨行政区问题。”以行政区划为主导构建的司法体制，虽然在环境保护过程中起到重要作用，但是由于行政区划的划分客观上割裂了生态环境的系统性和整体性，一定程度上使流域生态环境司法保护呈碎片化的趋势。流域资源利用和流域生态环境保护涉及多方社会主体利益和多重利益形态，其制度的构建和完善需要在经济利益和生态环境利益

---

* 朱丽，江苏省高级人民法院环境资源审判庭法官。

之间寻求平衡。[1] 为了实现流域生态环境保护的整体性和系统性，立法和司法持续努力。多部法律均对江河湖海流域生态环境整体保护予以规定，比如，《环境保护法》(2014 年修订)规定国家建立跨行政区域的流域环境污染协调机制；[2]《水法》(2016 年修正)规定在重要的江河、湖泊设立统一的流域管理机构；[3]《长江保护法》规定国家建立长江流域协调机制。[4] 政策层面也有体现，党的十八届三中全会通过的《中共中央关于全面深化改革若干重大问题的决定》提出"探索建立与行政区划适当分离的司法管辖制度"；[5]党的十八届四中全会通过的《中共中央关于全面推进依法治国若干重大问题的决定》进一步提出探索设立跨行政区划的人民法院和人民检察院，办理跨地区案件。[6]

从国内环境司法专门化[7]发展历程来看，专门的环境资源审判(以下简称环资审判)机构产生多源于辖区内的河湖污染，就某种程度而言，环资审判机构自设立之初便带着流域治理、系统治理和整体保护的基因。比如最早成立的贵州清镇市人民法院的专门环资审判机构，主要是为了应对贵阳市主要饮用水水源"两湖一库"(红枫湖、百花湖和阿哈水库)的环境污染问题。[8] 从 2019 年开始，江苏省各级人民法院开展环境资源审判"9 + 1"机制改革(以下简称江苏环

---

〔1〕 参见黄锡生、尚睿：《长江流域环境司法协作的理论构造和制度完善》，载《河南财政政法大学学报》2022 年第 2 期。

〔2〕《环境保护法》(2014 年修订)第 20 条规定："国家建立跨行政区域的重点区域、流域环境污染和生态破坏联合防治协调机制，实行统一规划、统一标准、统一监测、统一的防治措施。前款规定以外的跨行政区域的环境污染和生态破坏的防治，由上级人民政府协调解决，或者由有关地方人民政府协商解决。"

〔3〕《水法》(2016 年修正)第 12 条规定："国家对水资源实行流域管理与行政区域管理相结合的管理体制。国务院水行政主管部门负责全国水资源的统一管理和监督工作。国务院水行政主管部门在国家确定的重要江河、湖泊设立的流域管理机构(以下简称流域管理机构)，在所管辖的范围内行使法律、行政法规规定的和国务院水行政主管部门授予的水资源管理和监督职责。县级以上地方人民政府水行政主管部门按照规定的权限，负责本行政区域内水资源的统一管理和监督工作。"

〔4〕《长江保护法》第 4 条规定："国家建立长江流域协调机制，统一指导、统筹协调长江保护工作，审议长江保护重大政策、重大规划，协调跨地区跨部门重大事项，督促检查长江保护重要工作的落实情况。"

〔5〕 参见《党的十八届三中全会〈决定〉重要举措释义》，载共产党员网，https://news.12371.cn/2013/11/22/ARTI1385074129601273.shtml? from = groupmessage&isappinstalled = 0&ivk_sa = 1024320u。

〔6〕 参见习近平：《关于〈中共中央关于全面推进依法治国若干重大问题的决定〉的说明》，载求是网，http://www.qstheory.cn/dukan/2020-06/04/c_1126073326.htm。

〔7〕 环境司法专门化，一般是指专设的审判机构和专业化的审判人员对于环境资源案件进行专门性的处理，即审判机构、审判机制、审判程序、审判理论和审判队伍"五位一体"的专门化。参见张宝：《环境司法专门化的建构路径》，载《郑州大学学报(哲学社会科学版)》2014 年第 6 期。

〔8〕 参见《清镇市人民法院环境保护法庭——受理环境资源类案件近 3200 件》，载贵州贵安新区管理委员会网，http://www.gaxq.gov.cn/ztzl_71/2021_5832260/flzstwmjsscxcj/dcdt/202112/t20211210_72000422.html。

资9+1机制改革),以流域和生态功能区为单位,设立长江流域(南、北片)、太湖流域、洪泽湖流域、骆马湖流域等9家生态功能区环境资源法庭,并辅以生态环境案件集中管辖、巡回审判等制度,深度推进流域或者跨行政区域生态环境司法保护改革探索,形成流域生态环境司法保护有益经验。[1] 在取得成绩的同时,江苏流域生态环境司法保护探索也面临困难和挑战。本文拟对以江苏环资9+1机制改革实践为观察对象,归纳总结可资借鉴的经验成果,分析其遭遇的困难和挑战的成因并提出解决问题的对策,以期为进一步完善流域生态环境司法保护体制机制,提高流域生态环境司法保护能力有所裨益。

一、流域生态环境司法保护江苏实践

江苏法院准确把握服务新时代生态文明建设的目标任务,积极在环资审判领域开展环资审判机制改革,自2015年在江苏省高级人民法院(以下简称江苏高院)设立专门的环资审判机构以来,率先在全国启动以"三审合一"、集中管辖为标志的环资审判改革,形成一系列经验。

(一)组织机构设置

1. 根据流域整体性或者功能性而非行政区划设置司法机关

江苏法院结合江苏省环境保护现实需求,根据江苏省政府所确立的全省生态功能区规划方案,以生态功能区为单位在长江南岸江阴市法院、长江北岸如皋市法院、黄海湿地区域东台市法院等9家法院设立9个生态功能区环境资源法庭。在南京市中级人民法院(以下简称南京中院)设立南京环境资源法庭。[2]

2. 流域生态环境司法保护机构设置的专门化

江苏环资审判专门化探索从无锡发端,迫于2008年太湖蓝藻事件引发的压力,无锡市中级人民法院(以下简称无锡中院)在江苏高院的指导下首先成立专门的环资审判机构,开始环资审判专门化探索。[3] 2013年11月,江苏高院全

---

[1] 2019年,江苏高院经最高人民法院《关于同意南京市中级人民法院跨区域管辖部分环境资源案件的批复》批准后,先后发布《关于设立环境资源法庭并跨区域管辖环境资源案件的通知》(苏高法〔2019〕16号)、《关于正式启动环境资源"9+1"审判机制相关事项的通知》(苏高法〔2019〕162号)。

[2] 参见《长江流域环境资源第一法庭在江阴正式运行》,载中国江苏网2019年7月19日,https://baijiahao.baidu.com/s?id=1639480159198135287&wfr=spider&for=pc。

[3] 参见《无锡环保审判庭成立 环保社团首次有公益诉讼权》,载中华人民共和国中央人民政府网,http://www.gov.cn/jrzg/2008-05/08/content_964276.htm。

面推行环资专业化审判，在全省三级法院成立专门的环境资源（以下简称环资）审判庭或者合议庭。江苏环资 9 +1 机制改革所设生态功能区法庭均实行机构设置的专业化（见图 1）。

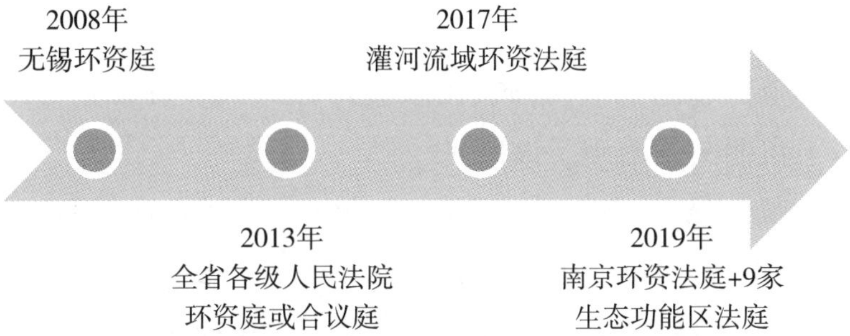

图 1　江苏环境司法保护专门化发展时间轴

3. 初步形成架构相对完整的流域生态环境司法保护体系

目前我国的专门法院，除军事法院有完整的三级建制外，大多数专门法院是一级建制，比如南京海事法院，由南京海事法院受理一审海事案件，二审则由江苏高院受理。目前江苏环资 9 +1 机制也是两级建制，一般由 9 家生态功能区法院审理环资一审案件，南京环资法庭审理环资二审案件，最终形成江苏高院环资审判庭为指导、南京环资法庭为核心、9 家生态功能区法庭为依托的环资案件跨区域审理模式。

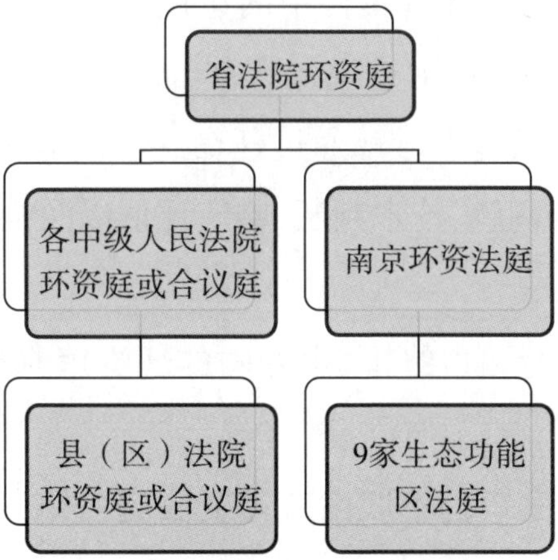

图 2　江苏环资审判机构层级[1]

〔1〕 江苏环资 9 +1 机制改革开始后，大部门原来设有专门环境资源审判机构的中级人民法院和县（区）人民法院，有的撤销了环资审判庭，但由于环境资源案件中的涉土地行政管理案件并未纳入江苏环资 9 +1 机制改革中流域法庭的受案范围，也有法院保留环资审判庭牌子，加挂在其他业务庭如行政审判庭之下，继续审理该类案件，事实上在全省环资审判领域形成江苏环资 9 +1 机制改革机构设置为主，普通法院环资审判部门为辅的两线并行模式。

（二）审理模式

1. 普遍采取“三审合一”归口管理模式

由于环资案件具有综合性和复杂性特征，往往同时涉及刑事、行政、民事三大领域，江苏法院自开展环资审判专门化探索以来，采取集中管辖“三审合一”模式，将涉及环资问题的刑事、行政、民事案件归口到环资审判专门机构审理，江苏环资 9 +1 机制改革沿用了该模式。

2. 注意环境司法的公众参与，审判组织注重吸收人民陪审员参与

在审判组织上进行创新，在人民群众高度关注、社会影响大的案件中依法实行不同于传统小合议庭制的大合议庭制，如南京环资法庭在某些环资案件的审判中采取由 2 名法官、2 名普通陪审员、1 名专家陪审员组成合议庭，充分吸收公众意见。〔1〕

3. 广泛开展巡回审判

江苏环资 9 +1 机制改革开始后，为了方便当事人参加诉讼，一般采取巡回审判的方式，对于行政、民事案件，根据案情需要选择当事人所在地、污染行为发生地、生态环境损害结果发生地开展巡回审判；对于刑事案件则一般会选择在被告人羁押地所在法庭开庭。

4. 高度重视专业意见在环资案件中的运用

江苏高院在具体案件裁判中重视专家学者的意见，聘请 53 名环境资源技术专家、23 名法律专家组成专家库，〔2〕通过任命、委托、聘请等方式，充分发挥专家在案件审理、调查取证和调解、技术判断、鉴定评估以及检查验收等方面的作用。

（三）案件管辖

1. 在级别管辖上实行两审终审，由专门的环资审判机关对全省环资案件分级管辖

江苏高院环资审判庭审理不服南京环资法庭一审判决的环资上诉案件、南

〔1〕 参见《江苏环境资源审判白皮书》，载《江苏经济报》2022 年 7 月 6 日，第 B04 版。

〔2〕 技术专家的主要职责为：应人民法院委托提供环境资源科学技术问题咨询意见；接受人民法院邀请或者根据当事人的申请并经人民法院同意，以专家辅助人的身份出席案件庭审，协助合议庭查清案件技术事实；经法院授权进行案件事实调查与取证；组织当事人进行协商调解；按照法定程序任命为人民陪审员，参与案件审理。法律专家的主要职责为：受人民法院委托开展环境司法基础理论、实践前沿问题研究；应人民法院委托开展环境资源审判重大疑难问题研讨等。

京环资法庭二审终审的环资申诉案件，以及三大诉讼法规定应当由高级人民法院审理的一审环资刑事、民事、行政案件；[1]南京环资法庭管辖应当由全省各中级人民法院管辖的一审、二审环资案件，[2]9家流域法庭生态功能区法庭管辖全省由基层人民法院管辖的第一审环资案件。[3]

2. 对赔偿金额小于200万元或者替代性修复请求的环境资源案件实施指令管辖制度

指令管辖制度尚处于探索阶段，在实践中，一般先由县（区）检察机关向南京环资法庭提交起诉书，南京环资法庭经请示江苏高院环资庭之后再根据级别管辖相关规定和程序指定县（区）人民法院审理。

3. 在地域管辖上，依据流域或者生态功能区范围实施集中管辖

根据江苏境内重要河流、湖泊等区域分布授权该区域内发生的环资案件由相应环资审判部门集中管辖。[4]

---

〔1〕 事实上，江苏高院环资审判庭除了受理南京环资法庭的上诉、申诉案件外，也受理环境资源案件中的涉土地行政管理案件（主要为涉农村集体土地行政管理案件）上诉、申诉案件，具体而言受案范围为：不服南京环资法庭一审的环资上诉案件、不服南京环境法庭二审终审的环境资源申诉案件、不服各中级人民法院一审环资案件中的涉土地行政管理的二审案件、不服各中级人民法院二审环资案件中的涉土地行政管理的申诉案件，以及三大诉讼法规定应当由高级人民法院审理的一审环资刑事、民事、行政案件（包含环资案件中涉及土地行政管理的案件）。参见《江苏省高级人民法院关于确定全省资源环境集中审判基层人民法院的通知》（苏高法〔2013〕896号）、《江苏省高级人民法院关于正式启动环境资源"9+1"审判机制相关事项的通知》（苏高法〔2019〕162号）等文件。

〔2〕 南京环资法庭的具体受案范围为：江苏省人民政府、设区的市人民政府及其指定的相关部门、机构为原告提起的生态环境损害赔偿诉讼案件、环境民事公益诉讼案件、走私固体废物犯罪案件，依据《民事诉讼法》《刑事诉讼法》《行政诉讼法》的规定，应当由中级人民法院管辖的一审环境资源民事、刑事、行政案件。参见《江苏省高级人民法院关于正式启动环境资源"9+1"审判机制相关事项的通知》（苏高法〔2019〕162号）。

〔3〕 9家流域法庭生态功能区法庭的具体受案范围为环境资源刑事（含刑事附带民事公益诉讼）、民事、行政案件（含环境行政公益诉讼）。参见《江苏省高级人民法院关于正式启动环境资源"9+1"审判机制相关事项的通知》（苏高法〔2019〕162号）。

〔4〕 具体而言，南京铁路运输法院西南低山丘陵区域环境资源法庭管辖南京市、句容市的环境资源案件；苏州市姑苏区人民法院太湖流域环境资源法庭管辖苏州市（不含太仓市、张家港市、常熟市）、宜兴市、无锡市滨湖区和新吴区、常州市武进区的环境资源案件；江阴市人民法院长江流域环境资源第一法庭管辖无锡市（不含宜兴市、无锡市滨湖区和新吴区）、太仓市、张家港市、常熟市、常州市（不含武进区）、镇江市（不含句容市）的环境资源案件；皋市人民法院长江流域环境资源第二法庭管辖南通市（不含启东市、如东县）、扬州市、泰州市的环境资源案件；淮安市盱眙县人民法院洪泽湖流域环境资源法庭管辖淮安市（不含淮阴区、涟水县）、泗洪县、泗阳县的环境资源案件；东台市人民法院黄海湿地环境资源法庭管辖盐城市（不含滨海县、响水县）、启东市、如东县的环境资源案件；灌南县人民法院灌河流域环境资源法庭管辖连云港市、滨海县、响水县、淮安市淮阴区、涟水县的环境资源案件；江苏海域内发生的由江苏海警侦查的环境资源刑事案件及刑事附带民事案件；徐州铁路运输法院淮北丘岗区域环境资源法庭管辖徐州市（不含新沂市）的环境资源案件；宿迁市宿城区人民法院骆马湖流域环境资源法庭管辖宿迁市（不含泗洪县、泗阳县）、新沂市的环境资源案件。

(四)探索建立法院内外部协作机制

法院内部协作主要是指流域生态环境审判专门机关与各地市(县、区)普通法院之间的协作。法院内部协作机制主要包括立案协作机制、巡回审判协作机制和案件执行协作机制。其中,立案协作机制主要将跨域立案作为江苏环资9+1机制改革的主要立案方式,明确非管辖法院与管辖法院在跨域立案环节各自的职责。法人、自然人和社会组织等当事人提起环资诉讼的,可就近到当地没有环资案件管辖权的法院办理起诉手续,然后通过网上立案系统申请立案。[1] 巡回审判协作机制主要是指环资审判专门机构到当事人所在地开庭审理,巡回区非管辖法院协助提供审判场所、技术支持、安全维护等方面保障的机制。案件执行协作机制主要将公益诉讼案件、生态环境损害赔偿诉讼案件执行事项,由管辖法院委托污染环境、破坏生态行为发生地法院负责执行的机制。[2] 外部协作机制主要是指建立专门环资审判机构所在法院与环境行政执法部门、公安机关、检察机关之间的工作联动机制,该机制致力于建立跨区域生态环境协同保护机制,形成与其他机关开展专项生态环境保护联合行动的工作指南。比如长江流域环资第一法庭联合扬州市江都区人民检察院、公安、司法行政、生态环境、农业农村等6家环境执法部门,出台协同协作工作细则,形成首个跨区域环资协同保护机制。

(五)探索建立流域生态环境司法保护保障机制

开展跨区域生态环境司法保护工作,信息化技术支持必不可少。为有效开展跨区域生态环境司法保护工作,江苏省各级人民法院搭建了信息化平台,首先,建立覆盖全省三级法院的专门网络,实现立案信息传递、远程申请法庭、远程庭审直播"三同步"数据传输;其次,大力推进以无纸化办公、电子化卷宗等为特征的智慧法庭建设,以现代信息技术支撑高质量的环资审判工作;最后,构建生态环境损害司法修复基地制度,先后建立19个生态环境损害司法修复基地,将司法修复基地作为探索生态环境恢复性司法制度的实践基地,为环资案件裁判的有效执行提供保障。

---

〔1〕 参见《江苏环境资源审判白皮书》,载《江苏经济报》2022年7月6日,第B04版。
〔2〕 参见《江苏环境资源审判白皮书》,载《江苏经济报》2022年7月6日,第B04版。

二、流域生态环境司法保护面临的困难与成因分析

江苏环资 9 +1 机制改革,在一省之内开展跨流域、跨行政区划生态环境保护探索,形成了包括环资案件跨区域集中管辖制度、环资案件三审合一制度、环资审判专门机构与普通法院的内部协作机制等一系列行之有效的机制、制度和经验,成效显著。但受制于体制机制的原因,随着工作的深入推进,困扰流域环境司法保护发展的因素也逐步显现。

(一)以流域为依据的机构设置制度缺乏支持

1. 审判员及其他人员任免的地方性与机构的跨区域性存在不一致性

根据《宪法》和《人民法院组织法》的规定,地方法院由同级权力机关产生,受地方党政机关管理,地方法官由同级人大任免,跨区域环资审判机构由于其设置的跨区域性,很难与行政区划有效对应。目前江苏跨区域环资审判机构主要挂靠在专门环资法庭所在地人民法院,人员也主要从所在地人民法院抽调,跨区域环资审判机构审判人员的任免主要由其挂靠部门所在法院报请同级地方人大任免,这样一来,人员任免上的地方性与管辖范围上的跨区域性难免存在张力。

2. 财政保障的地方性与机构的跨区域性需进一步协调

根据《人民法院财务管理暂行办法》,人民法院的财务按照行政区划主要由相应的地方负担,地方管理。无论是探索中央统一人民法院财务统管还是推动省以下法院省级统管,改变目前法院经费管理体制仍然存在困难。[1] 目前江苏跨区域环资审判机构要么挂靠在所在地法院内设部门,要么直接内设于地方法院,各流域或者生态功能区环资审判机构的财政保障主要依靠所在法院同级地方政府。由同级地方政府保障跨区域生态环境审判机构的经费开支,一方面有悖于流域环资审判机构设置的初衷,让群众对流域环资审判专门机构能有效摆脱地方干预的效果存疑;另一方面让地方政府承担超出其地域范围之外的

---

[1] 司法实践中,专门法院的经费管理体制不统一,有的由专门法院所在地省级财政保障,有的由专门法院所在地的市级财政保障,而省级财政内部又分为一级、二级预算单位,一级预算单位是由专门法院制作财政预算,省级财政部门审核后拨付经费;二级预算单位则是由专门法院制作预算后向省高级人民法院报送,经由省高级人民法院统筹后报送省级财政部门审核,最后再拨付经费给专门法院。不同的经费管理体制,直接导致专门法院的财政保障力度不同。

财政支出既缺乏正当性也缺乏可持续性。

(二)流域环资审判机制有待进一步优化

1. 受案范围跨区域性有待加强

流域或生态功能区环资审判机构与普通审判机构最大的不同在于其主要审理对流域整体有重大影响、跨行政区域的案件。基于现实考量,目前南京环资法庭和9家生态功能区法庭管辖发生在生态功能区内的所有环资案件,跨区域性的特点体现不足,存在"跨得不够,管得不清"的问题。

2. 专业化审判实质化程度有待深化

环资审判机构"三审合一"的归口管理模式推进了环境保护理念在环资审判中的体现和运用,但是离形成专属于环资审判领域系统的完备的诉讼理念和诉讼规则尚有距离,有些环境法基本原则在环资审判中并未得到明显体现,比如预防性诉讼的缺位反映出环境法中预防为主的原则在环资审判中未得到充分体现,现有的环境公益诉讼主要以救济为主,预防性诉讼相对较少。[1] 此外,环资审判队伍专业性略显不足,主要原因是环资审判是一个新的领域,法院内部具备环资审判经验或者环境法、环境科学专业学习背景的专门人才储备有限。

(三)流域生态环境保护配套机制有待进一步完善

1. 生态环境损害鉴定、评估或者专家意见的实效性较弱

环境司法鉴定不能有效支持环资审判是目前环资审判面临的难题,环资诉讼中事实发现和损害结果的确定高度依赖科学技术,这也意味着环资审判必然高度依赖环境司法鉴定或者专家意见。环资损害鉴定和专家意见的有效性、时效性亟须完善。[2]

2. 专门的环境保护资金制度支持不足

流域生态环境司法保护的重要功能在于保护环境公共利益。由于环境公共利益的非私益性,在此类诉讼中发生的生态损害赔偿在实践中会遇到以下问题,一是生态环境损害赔偿资金和生态环境修复资金的归属问题;二是损害赔偿金和生态环境修复金的管理和使用问题。另外,由环境公益诉讼的利他性所决定,环

---

〔1〕 参见秦天宝:《我国流域环境司法保护的转型与重构》,载《东方法学》2021年第2期。

〔2〕 参见范永龙:《从专业法庭到专门法院——论设立环境资源法院的现实考量与机制构建》,载《山东法官培训学院学报》2019年第5期。

境公益诉讼也面临着必要的诉讼成本由谁承担的问题，上述问题都有待解决。

3. 恢复性司法配套机制尚需细化

修复生态环境责任在司法实践中存在一系列难题，诸如环境民事公益诉讼中适用经济责任形态的生态环境修复费用的确定问题，司法裁判过程中修复目标和修复范围以及修复方案的选择问题，以及司法裁判后修复责任的落实追踪和验收问题等，都需要相应的制度规范予以支持。

三、完善流域生态环境司法保护体制机制的方法与路径

要纵深推进流域生态环境保护，一方面需推动行之有效的地方经验逐步上升为中央政策乃至正式制度，另一方面需加强顶层设计，从上而下破除流域环境司法保护的体制机制障碍。

（一）进一步理顺管理体制，审慎设置流域环资审判专门机构

脱离行政区划设立法院（流域法院）是司法作为中央事权的必然要求，虽然目前中央统管、省级统管都有一定的难度，但是未来的发展方向仍然是中央统管。在组织架构上，江苏目前的探索是建立跨流域环资审判专门法庭，在条件成熟的情况下，可以探索建立跨流域专门法院。在一省之内，可参考海事法院的做法，在全省设立一家专门的跨区域环资法院，生态功能区法庭精简合并成为跨区域环资法院的派出法庭，审理跨区域一审环资案件，统一由省级财政给予经费保证，环资法院审判员和其他人员的任用由省级人大常委会任命。而对于跨省域的流域生态环境司法保护，则可以考虑设立跨省级行政区域的流域环资审判专门法院，负责审理对整个流域有重大影响的一审环资案件以及上诉案件，由中央财政给予经费保证，环资法院审判员和其他人员的任用由全国人大常委会任命。另外，在设立跨区域环资审判机构尤其是环境资源专门法院的时候，应当有明确的标准和条件，避免以案件的特殊重大影响，甚至是国家的战略任务、远期目标作为设立依据，在符合设立条件和标准的地方设立跨区域环资审判专门法院，防止摊子铺得过大，成本过高。

（二）明确流域环资审判机构的职能定位和管辖范围

习近平总书记指出，建立跨行政区划的人民法院和人民检察院，最终实现“构建普通案件在行政区划法院审理、特殊案件在跨行政区划法院审理的诉讼

格局”。[1] 开展跨区域法院改革并非要完全推翻目前行之有效的以行政区划法院为主体形成的司法保护体系，而是将不适合由行政区划法院审理的特殊案件如流域环资案件交由跨行政区域法院审理，以有效排除地方干预。随着江苏环资 9 +1 机制改革日渐深入，机构和制度日益走上正轨，流域环资审判机构的受案范围有必要进一步明确，以免造成流域环资审判机构与行政区划法院的区别不明显，同时避免在将来的司法实践中引发跨流域管辖和行政区划法院地域管辖的冲突。[2] 而跨区域环资审判专门机构的主要职能应该是审理跨区域、容易受地方干扰的特殊环资案件，可以考虑以“跨区域”、“宜受地方影响”和“生态环境污染或者破坏重大”作为跨区域环资审判机构的管辖标准，在专门法院和地方法院之间划定各自的环资案件管辖范围。

（三）推动环资审判实质化发展

第一，转变环资审判理念。强化生态文明理念和生态保护理念，合理平衡生态利益与物质利益的关系，将恢复性司法、预防性司法、环境公益保护的理念融入环资案件的审判中。第二，建立健全环资诉讼规则。探索建立适应环境诉讼的特别诉讼程序制度。在专门的环境诉讼程序制度出台前，可以在总结环资审判经验的基础上，积极推动建立环资案件庭审规则、证据规则、裁判文书制作规则等工作流程。第三，司法适度能动。环资诉讼中，部分案件原告举证能力不足，法官可加强释明工作，指导当事人完成初步举证义务，必要时法院也可依职权调查取证。第四，完善恢复性司法制度，增强环资案件执行的有效性和灵活性。在环资审判中贯彻预防为主的原则，坚持生态环境修复责任承担方式的优先性，在能够通过生态环境修复承担生态环境损害后果的案件中，尽量判决生态环境修复责任。在判决承担修复责任时，要同时附有详细完整的修复方案，绝不能使判决沦为一纸空文。第五，要充分发挥环境司法督促环境执法的作用和环境司法的指引作用，对在具体案件中发现的环境执法机关的问题及时

---

[1] 习近平：《关于〈中共中央关于全面推进依法治国若干重大问题的决定〉的说明》，载新华网，http://www.xinhuanet.com/politics/2014-10/28/c_1113015372.htm。

[2] 由于涉案因素的复杂性，专门的流域法院很容易与普通法院之间产生管辖权冲突，特别是随着一些专门法院收案范围越来越大，专门法院受理的案件与地方法院受理的普通案件之间的区别越来越小。一旦形成诉讼，当事人就会趋利避害，利用我国的专门法院制度，在专门法院与地方法院之间做选择，有的案件本属于专门法院管辖案件，当事人却选择去地方法院起诉，有的案件本属于地方法院管辖，当事人却选择去专门法院起诉。

发放司法建议书,督促地方政府和环境保护行政机关履行环境保护义务。进一步加大环境司法的公众参与力度和环境司法宣传,及时发布人民群众关切的生态环境典型案例,通过具体案例引导群众的行为。第六,不断加强环境法官环资审判专业知识培训,提高环资审判队伍的专业化水平。

(四)进一步完善跨区域环资审判配套机制

各地法院可推动在省级层面建立专门的环境保护基金或资金制度,统一生态环境损害赔偿金的归属、使用和管理问题。人民法院在开展流域生态环境司法实践的过程中,可进一步完善环资案件替代性修复制度,扩大生态环境修复资金的来源;在环资案件的执行过程中可探索建立生态环境修复跟踪及追责机制,由有验收能力的环境保护主观机关作为监督主体,对责任人的修复行为进行跟踪,并推动形成一整套行之有效的标准和程序。针对当事人拒不履行生效环资案件判决的问题,各地人民法院可在司法实践中探索建立不履行修复行为、瑕疵履行行为的惩罚机制,对不履行修复责任或者瑕疵履行修复责任的当事人进行处罚,并在形成有益经验之后上报中央决策层,推动形成环资案件瑕疵履行惩罚制度。针对环境公益诉讼中公益组织诉讼能力和诉讼经费不足的问题,在环境公益诉讼案件的审理过程中,法院可探索建立环境公益诉讼援助制度,逐步放宽受援助人资格审查标准,逐渐将诉讼所保护利益的公共性和社会性同经济困难一起纳入是否给予援助的考虑因素。在推进流域生态环境司法保护的过程中,人民法院也要注重信息化技术的运用,充分有效利用信息化成果,提高环资案件识别的精准度,解决困扰环资案件审理的技术性问题。

四、结语

推动长江、黄河等大江大河生态环境保护的法治化,贡献大江大河生态环境保护的司法力量,人民法院责无旁贷。但流域生态环境司法保护作为一种新模式,其发展壮大不可能一蹴而就,也不可能一帆风顺。在推进的过程中,要始终遵循生态环境保护规律和人民法院司法工作规律,始终坚持"绿水青山就是金山银山""对山水林田湖草沙进行一体化保护和系统治理"的科学理念,直面实践中的困难和障碍,不断推动转变政策、制度、理念以及司法行为模式,逐步形成一整套科学、合理、规范、高效的流域生态环境司法保护体制机制。

7. 长江经济带水资源生态补偿机制的演化博弈分析*

时润哲　李长健**

内容摘要：为了更好地构建长江经济带水资源生态补偿体制机制，笔者基于理论推导与现实策略双重角度，分析了三种长江经济带水资源生态补偿协同机制的演化博弈策略，分别为无上级政府参与机制的假设策略，加入上级政府的奖励机制后上下游生态补偿策略，协同机制介入（触发协同效应）后上下游水资源生态补偿假设策略。进而对长江经济带水资源生态补偿三种合作机制的现实策略进行数值模拟仿真分析，提出水资源生态补偿有效阶段是开展水资源生态补偿机制探索的基础，包含了横向水资源生态补偿探索阶段与横纵结合的水资源生态补偿探索阶段，在上级政府设立奖励机制结合水资源生态补偿协同机制时可以使策略进一步优化。

关键词：长江经济带　水资源生态补偿机制　演化博弈　策略优化

党的二十大报告提出，推动绿色发展，促进人与自然和谐共生的基本发展方略，要求统筹水资源、水环境、水生态治理，推动重要江河湖库生态保护治理，完善生态保护补偿制度。为了找到长江经济带水资源生态补偿机制在现实策略演进的最优选择，对长江经济带水资源生态补偿机制的演化博弈展开研究分析，通过长江经济带上下游地区之间的行动与决策检验政府主体之间生态补偿

---

* 本文系国家社会科学基金重大项目《深化基层矛盾纠纷化解共建共治机制及其风险预判研究》（编号：18ZDA166）；国家自然科学基金项目《控制性开发背景下长江流域水资源生态补偿绿色协同机制研究》（编号：71673104）；华中科技大学创新基金项目《基于融合发展、协同治理的生产要素城乡间自由流动与合理配置的体制机制及制度政策研究》（编号：2019kfyXJJS020）；华中科技大学《经济法》课程思政的研究与实践项目的阶段性研究成果。

** 时润哲，河北省社会科学院农村经济研究所，助理研究员，主要从事资源与环境经济学、农业经济管理问题研究；李长健，华中科技大学法学院，教授，博士生导师，主要从事环境法学、农业经济管理、三农法治问题研究。

协调机制,构建数理推演模型检验水资源协同机制能否提升长江经济带水资源生态补偿机制的整体收益,通过演化博弈方法研究长江经济带水资源生态补偿上下游参与主体的行为特征,进而根据理论模型验证实证分析的准确性。其中,博弈策略模拟的现实依据来源于《支持长江全流域建立横向生态保护补偿机制的实施方案》政策意见[1],2021 年 4 月 30 日,财政部、生态环境部、水利部、国家林业和草原局《关于印发〈支持长江全流域建立横向生态保护补偿机制的实施方案〉的通知》(以下简称《通知》)中明确提出了支持长江全流域建立横向生态保护补偿机制的实施方案,旨在逐步健全流域横向生态保护补偿机制,目标在 2022 年初步建立流域横向生态保护补偿机制,提出了中央财政支持引导长江 19 省进一步建立流域横向生态保护补偿机制,这一举措为本文长江经济带水资源生态补偿协同机制的研究提供了政策支持,也为长江经济带水资源生态补偿协同机制的演化博弈分析提供了现实指导依据。

一、长江经济带水资源生态补偿机制博弈构建的理论基础

(一)长江经济带上下游水生态补偿参与主体的有限理性特征

综合各省、市经济社会发展与生态环境基本情况,在长江经济带上下游水资源生态补偿利益与利益机制的表达存在不均衡、不充分性的基本前提下,根据新古典经济学观点,个体的行为或决策是符合理性预期的,根据周围环境信息选择对自身利益最大化的方案。在斯"经济人"假设边界中,利己与利他一致,个人利益和公共利益紧密相连,具有自利性和理性的"经济人"是西方经济学的理论基础,但现实中,完全理性的"经济人"是不存在的。赫伯特·西蒙(Herbert Simon)提出了有限理性标准,提出使用"社会人"概念取代"经济人"概念,建立了有限理性决策理论,而这正是长江经济带上下游明确演化博弈关系的理论前提。基于此理论特征可知,长江经济带水资源生态补偿机制参与主体面临着多重合作或竞争环境,上下游参与主体如政府、企业、社会组织或者个体参与者之间存在彼此之间信息不对称问题,主体之间的决策存在不确定性,

[1] 财政部、生态环境部、水利部、国家林业和草原局《关于印发〈支持长江全流域建立横向生态保护补偿机制的实施方案〉的通知》,载中华人民共和国中央人民政府网,http://www.gov.cn/zhengce/zhengceku/2021-04/30/content_5604215.htm。

从而无法真正衡量水资源生态补偿机制的效果。

（二）长江经济带水资源生态补偿主体具有适应性学习能力

长江经济带上下游之间水资源生态补偿是一个重复博弈过程，各参与主体能够在双方合作或竞争的历史经验中不断改进自我博弈策略的变化，这一变化过程涵盖了“尝试试探、模仿学习、调整适应、成长改进”的行为逻辑，并不断调整自身策略。从长江经济带水资源生态补偿机制实践过程来看，参与生态补偿的行为主体会通过初期的生态补偿行动获得初期的收益，而主体能够在博弈中获得未预期的新信息，并且能够根据这些新获取的信息制定下一步行动策略，修正初次行动中不成功的决策。如此往复的“策略—行动—获取信息—修正策略—行动”直至自身收益最大化。由此可见，长江经济带水资源生态补偿主体适应性学习能力体现在将所获取的信息转化到下一次的行动策略中，并且能够不断地通过策略提升更新以提高参与主体行动决策获取的效益。

（三）长江经济带水资源生态补偿主体网络的空间异质性

当前，长江经济带各省、市的水资源生态补偿机制正在逐步实施开展，而各省、市水资源生态补偿主体之间的协同水平也存在较大差异，并且有些省、市已经率先开展了跨省域、跨流域的水资源生态补偿机制探索。正是由于各主体间的地位、资源、和影响力均存在一定差异，这种异质性影响了不同主体之间选择的收益，导致即使选择相同的策略也会存在各自收益不同的情形。在现实社会中，水资源生态补偿参与主体均处于社会空间网络的联系中，利益一致行动者与竞争者之间会根据上级水资源生态补偿政策要求与多种水资源生态补偿实践探索，在政府为主导的水资源生态补偿机制中不断地协商并调整自我策略，并以各自利益为导向达成正式合作或非正式合作，这种空间网络为水资源生态补偿主体之间提供了信息交流、资源共享与协商谈判等联结基础。

二、长江经济带水资源生态补偿机制的演化博弈策略

长江经济带不同政府主体在参与区域水资源生态补偿中，参与协作主体的空间分布为上下游主体，水资源生态补偿协作随机发生在上下游主体之间，一般而言，每个主体在面对水资源生态补偿协作方面有两种选择策略，彼此选择合作或者不合作。在这些重复博弈过程中，各主体都能够从过去彼此对局的结

果得到各自的平均支付水平等信息。根据《通知》的指导要求,首先是生态优先绿色发展,其次是权责清晰、协同推进,最后是硬化约束、结果导向。这三个要求传递了一组重要的政策导向,即推进水资源生态补偿的目的是双重的,具有护航生态保护与经济发展的双重功效,而且水资源生态补偿机制的建立是规范且严格的,不仅需要参与主体的协同参与,更要规范监督实施效果。在《通知》中的主要政策措施方面则提出了中央财政安排引导和奖励资金,以地方省、市政府为主体建立横向生态保护补偿机制等两项关键措施。

本文基于对《通知》的要求与政策措施的解读,结合实际发展过程中相关策略演进状况,提出了三种水资源生态补偿合作机制策略:一是无上级政府参与的合作博弈策略,二是加入政府奖励机制的合作博弈策略,三是加入政府奖励机制并强化协同发展机制的合作博弈策略。以现实与理想化方案相结合的机制策略模拟长江经济带水资源生态补偿机制政府主体间的演化博弈状况。

(一)无上级政府参与机制的假设策略

当缺少上级政府参与相关机制时,假设上下游主体初始的生态补偿存量为 r_1 与 r_2,当上游积极治理生态环境,其付出的治理成本为 c_1(包含因生态保护要求损失的发展机会成本),下游配合水资源生态补偿支付给上游的成本为 b_1,上游通过环境治理得到的生态效益为 g_1,下游得到的生态效益为 a,上下游区域水资源生态补偿的收益分别为($r_1+b_1+g_1-c_1, r_2+a-b_1$)。当下游主体选择合作而上游主体不积极配合生态治理,即上游水环境保护治理不理想时,其付出的治理成本为 c_2,其中 $c_2<c_1$,得到的生态收益为 g_2,其中 $g_2<g_1$,下游额外承担的生态恶化损失为 d_2。通常来说,由于上游对水环境治理未达标,下游主体一般不愿按合同支付 b_1,而选择支付成本 b_2,其中,$b_2<b_1$,此时,上下游区域水资源生态补偿的收益分别为($r_1+b_2, r_2-b_2-d_2$)。当上游主体积极配合而下游主体不配合时,上游对水环境治理的投入与生态获益仍为 c_1、g_1,而下游因上游的积极治理获得的额外生态收益为 a,上下游区域水资源生态补偿的收益分别为($r_1+g_1-c_1, r_2+a$)。当上下游都不愿意合作进行有效的生态补偿机制的探索时,上下游区域水资源生态补偿的收益分别为(r_1, r_2-d_1),其中 $d_2<d_1$。进一步假定上游主体配合生态补偿的概率为 p,下游主体配合生态补偿的概率为 q,其收益矩阵见表1。

表1　无上级政府参与的上下游水资源生态补偿合作收益矩阵

上游主体＼下游主体	合作(q)	不合作($1-q$)
合作(p)	$r_1+b_1+g_1-c_1, r_2+a-b_1$	$r_1+g_1-c_1, r_2+a$
不合作($1-p$)	$r_1+b_2+g_2-c_2$, $r_2-b_2-d_2$	r_1, r_2-d_1

由上下游水资源生态补偿参与主体合作收益矩阵可知,当主体之间随机进行博弈时,上游主体的平均期望收益为

$$U_{Ap} = (r_1+b_1+g_1-c_1)q + (r_1+g_1-c_1)(1-q) \tag{1}$$

$$U_{A(1-p)} = (r_1+b_2+g_2-c_2)q + r_1(1-q) \tag{2}$$

$$U_{\bar{A}} = [(r_1+b_1+g_1-c_1)q + (r_1+g_1-c_1)(1-q)]p + [(r_1+b_2+g_2-c_2)q + r_1(1-q)](1-p) \tag{3}$$

下游主体的平均期望收益为

$$U_{Bq} = (r_2+a-b_1)p + (r_2-b_2-d_2)(1-p) \tag{4}$$

$$U_{B(1-q)} = (r_2+a)p + (r_2-d_1)(1-p) \tag{5}$$

$$U_{\bar{B}} = [(r_2+a-b_1)p + (r_2-b_2-d_2)(1-p)]q + [(r_2+a)p + (r_2-d_1)(1-p)](1-q) \tag{6}$$

(二)加入上级政府的奖励机制后上下游生态补偿策略

为了鼓励建立长江经济带水资源生态补偿机制,上级政府一般会采取奖励措施来激励上下游之间积极开展生态补偿协作与机制探索,加入政府补贴奖励可以相应地减少上下游之间上游的治理成本与下游的支付成本,以便更好地促成合作。

当加入上级政府参与的奖励机制策略后,假设上下游主体初始的生态补偿存量为r_1与r_2,当上游积极治理生态环境,其付出的治理成本为c_1(包含因生态大保护要求损失的发展机会成本),下游配合水资源生态补偿支付给上游的费用为b_1,上游通过环境治理得到的生态收益为g_1,下游得到的生态效益为a,因积极配合参与合作上级政府给予上下游主体的奖励为e,上下游区域水资源生态补偿的收益分别为$(r_1+b_1+g_1-c_1+e, r_2+a-b_1+e)$。当下游主体选择合作而上游主体不积极配合生态治理,即上游水环境保护治理不理想时,付出的

治理成本为 c_2，其中 $c_2 < c_1$，得到的生态收益为 g_2，其中 $g_2 < g_1$，下游额外承担的生态恶化损失为 d_2，而下游为了得到上级政府的奖励 e，仍然付出 b 作为支付给上游的费用，上下游区域水资源生态补偿的收益分别为（$r_1 + b + g_2 - c_2, r_2 - b - d_2 + e$）。当上游主体积极配合而下游主体不配合时，上游对水环境治理的投入与生态获益仍为 c_1、g_1，而下游因上游的积极治理获得的额外生态收益为 a，因积极参与治理上级政府对上游的奖励为 e，上下游区域水资源生态补偿的收益分别为（$r_1 + g_1 - c_1 + e, r_2 + a$）。当上下游都不愿意合作进行有效的生态补偿机制的探索时，上下游区域水资源生态补偿的收益分别为（$r_1, r_2 - d_1$）。假定上游主体配合生态补偿的概率为 p，下游主体配合生态补偿的概率为 q，其收益矩阵如表 2 所示。

表 2　加入上级政府的奖励机制的上下游水资源生态补偿合作收益矩阵

上游主体＼下游主体	合作（q）	不合作（$1-q$）
合作（p）	$r_1 + b + g_1 - c_1 + e, r_2 + a - b + e$	$r_1 + g_1 - c_1 + e, r_2 + a$
不合作（$1-p$）	$r_1 + b + g_2 - c_2$， $r_2 - b - d_2 + e$	$r_1, r_2 - d_1$

由上下游水资源生态补偿参与主体合作收益矩阵可知，当主体间随机进行博弈时，上游主体的平均期望收益为

$$U_{Ap} = (r_1 + b + g_1 - c_1 + e)q + (r_1 + g_1 - c_1 + e)(1 - q) \tag{7}$$

$$U_{A(1-p)} = (r_1 + b + g_2 - c_2)q + r_1(1 - q) \tag{8}$$

$$U_{\bar{A}} = [(r_1 + b + g_1 - c_1)q + (r_1 + g_1 - c_1 + e)(1 - q)]p + [(r_1 + b + g_2 - c_2)q + r_1(1 - q)](1 - p) \tag{9}$$

下游主体的平均期望收益为

$$U_{Bq} = (r_2 + a - b + e)p + (r_2 - b - d_2 + e)(1 - p) \tag{10}$$

$$U_{B(1-q)} = (r_2 + a)p + (r_2 - d_1)(1 - p) \tag{11}$$

$$U_{\bar{B}} = [(r_2 + a - b_1 + e)p + (r_2 - b - d_2 + e)(1 - p)]q + [(r_2 + a)p + (r_2 - d_1)(1 - p)](1 - q) \tag{12}$$

（三）协同机制介入后上下游水资源生态补偿假设策略

长江经济带水资源生态补偿协同机制的有效建立不仅能够有效提升水资

源生态补偿上下游之间的收益,也会相应地降低治理成本。由于协同机制带来的机制效率提升也是空间正义的具体表现,故而在加入上级政府奖励机制策略的基础上,考虑因协同机制策略带来的效率提升时,引入系数变化关系来表征对应的策略变化。

协同机制介入后,假设上下游主体初始的生态补偿存量为 r_1 与 r_2,当上游积极治理生态环境时,其付出的治理成本为 $\alpha_2 \cdot c_1$(包含因生态大保护要求损失的发展机会成本),下游配合水资源生态补偿支付给上游的费用为 b_1,上游通过环境治理得到的生态收益为 $\alpha_1 \cdot g_1$,下游得到的生态效益为 $\beta \cdot a$,上下游区域水资源生态补偿的收益分别为($r_1+b_1+g_1-c_1, r_2+\beta_1 \cdot a-b_1$)。当下游主体选择合作而上游主体不积极配合生态治理,即上游水环境保护治理不理想时,下游额外承担的生态恶化损失为 d_2,下游不愿按合同支付 b_1 而选择支付 b_2,上下游区域水资源生态补偿的收益分别为($r_1+b_2, r_2-b_2-d_2$)。当上游主体积极配合而下游主体不配合时,上游对水环境治理的投入与生态获益仍为 c_1、g_1,而下游因上游的积极治理获得的额外生态收益为 a,上下游区域水资源生态补偿的收益分别为($r_1+g_1-c_1, r_2+a$)。当上下游都不愿意合作进行有效的生态补偿机制的探索时,上下游区域水资源生态补偿的收益分别为(r_1, r_2-d)。假定上游主体配合生态补偿的概率为 p,下游主体配合生态补偿的概率为 q,其收益矩阵见表 3。

表 3　协同机制介入后的上下游水资源生态补偿合作收益矩阵

上游主体＼下游主体	合作(q)	不合作($1-q$)
合作(p)	$r_1+b+\alpha_1\times g_1-\alpha_2\times c_1+e$, $r_2+\beta_1\times a-b+e$	$r_1+g_1-c_1+e, r_2+a$
不合作($1-p$)	$r_1+b+g_2-c_2$, r_2-b-d_2+e	r_1, r_2-d_1

由上下游水资源生态补偿参与主体合作收益矩阵可知,当主体间随机进行博弈时,上游主体的平均期望收益为

$$U_{Ap}=(r_1+b+a_1\times g_1-a_2\times c_1+e)q+(r_1+g_1-c_1+e)(1-q) \tag{13}$$

$$U_{A(1-p)} = (r_1 + b + g_2 - c_2)q + r_1(1-q) \tag{14}$$

$$U_{\bar{A}} = [(r_1 + b + a_1 \times g_1 - a_2 \times c_1)q + (r_1 + g_1 - c_1 + e)(1-q)]p + [(r_1 + b + g_2 - c_2)q + r_1(1-q)](1-p) \tag{15}$$

下游主体的平均期望收益为

$$U_{Bq} = (r_2 + \beta \times a - b + e)p + (r_2 - b - d_2 + e)(1-p) \tag{16}$$

$$U_{B(1-q)} = (r_2 + a)p + (r_2 - d_1)(1-p) \tag{17}$$

$$U_{\bar{B}} = [(r_2 + \beta \times a - b_1 + e)p + (r_2 - b - d_2 + e)(1-p)]q + [(r_2 - d_1)(1-p)](1-q) \tag{18}$$

三、长江经济带水资源生态补偿机制的演化均衡策略分析

长江经济带上下游每一个参与博弈的主体的收益不仅取决于自身的策略选择,也会受到系统内其他主体策略选择的影响,上下游各博弈主体之间是互相依存的,描述这种关系可以设 p 表示上游水资源生态补偿参与主体中采取合作策略的主体所占比例。基于种群博弈演化的原理,若某种策略的适应程度高于种群的平均适应程度,那么这种策略就会在种群博弈演化中以大于零的增长率被采纳或发展,这种动态调节机制就是"复制动态"过程,而这种演化过程可以通过复制动态方程表示,即描述某一特定策略在种群中被采用概率的动态微分方程。

(一)无上级政府参与上下游水资源生态补偿机制的演化均衡策略

在缺少上级政府参与上下游水资源生态补偿的收益矩阵中,根据上下游生态补偿假设与模型分析结果,上游生态环境保护方的复制动态方程为

$$\frac{dp}{dt} = p(u_{s1} - \bar{u_s}) = p(1-p)\{[b_1 - b_2 + c_2 - g_2] \times q - (c_1 - g_1)\} \tag{19}$$

下游生态环境受益方的复制动态方程为

$$\frac{dq}{dt} = q(u_{d1} - \bar{u_d}) = q(1-q)\{[b_2 - b_1 + d_2 - d_1] \times p - b_2 - d_2 + d_1\} \tag{20}$$

其中,u_{s1} 为长江经济带上游水资源生态保护主体参与合作策略的期望收益,$\bar{u_s}$ 为上游水资源生态保护主体的平均收益;u_{d1} 为长江经济带下游水资源生态保护主体参与合作策略的期望收益,$\bar{u_d}$ 为下游水资源生态保护主体的平均收

益。微分方程(19)、(20)共同表示长江经济带上下游主体参与水资源生态补偿的博弈演化全体的复制动态方程。令$\frac{dp}{dt}=0,\frac{dq}{dt}=0$,以上博弈的均衡点有5个,分别为(0,0),(0,1),(1,0),(1,1),(p^*,q^*),其中$p^*=(b+d_2-d_1)/b_2-b_1+d_2-d_1$,$q^*=(c_1-g_1)/b_1-b_2-g_2+c_2$。通过上下游博弈演化的复制动态方程,可以构建一个二维动力系统T_1,参考Friedman(1991)的研究,各个均衡点的稳定性可以通过构建系统的雅可比(Jacobi)矩阵分析得到。若均衡点对应矩阵行列式为正值,即$(\partial F_1/\partial p)\times(\partial F_2/\partial q)-(\partial F_1/\partial q)\times(\partial F_2/\partial p)>0$,且迹为负,即$(\partial F_1/\partial p)+(\partial F_2/\partial q)<0$,则该均衡点为进化稳定策略(ESS);若行列式(Det. J)和迹(Tr. J)均为正,则该点不是演化稳定均衡点;若迹等于零,则该点为鞍点。令$F_1=\frac{dp}{dt},F_2=\frac{dq}{dt}$,则该系统的Jacobi矩阵为

$$J=\begin{vmatrix}\partial F_1/\partial p & \partial F_1/\partial q\\ \partial F_2/\partial p & \partial F_2/\partial q\end{vmatrix}=\begin{vmatrix}(1-2p)\{[b_1-b_2-g_2+c_2]q-(c_1-g_1)\} & p(1-p)(b_1-b_2-g_2+c_2)\\ q(1-q)(b_2-b_1+d_2-d_1) & (1-2q)\{[b_2-b_1+d_2-d_1]p-(b_2+d_2-d_1)\}\end{vmatrix} \tag{21}$$

令$F_1=\frac{dp}{dt}=0,F_2=\frac{dq}{dt}=0$,由上文可知$p$、$q$代表上下游选择策略的概率变化情况,所以$0\leqslant p\leqslant 1$、$0\leqslant q\leqslant 1$,由此可得$0\leqslant p^*=b+d_2-d_1/b_2-b_1+d_2-d_1\leqslant 1$、$0\leqslant c_1-g_1/b_1-b_2-g_2+c_2\leqslant 1$,根据以上分析,笔者对5个可能的均衡点进行计算,通过计算得到雅可比矩阵行列式与迹,如表4所示。

表4　无上级政府参与上时下游水资源生态补偿机制的各局部均衡点稳定性分析

均衡点	Det. J	Tr. J
A(0,0)	$(g_1-c_1)\times(d_1-b_2-d_2)$	$g_1+d_1-b_2-c_1-d_2$
B(1,0)	$(c_1-g_1)\times(-b_1)$	$c_1-g_1-b_1$
C(0,1)	$(b_1+c_2+g_1-b_2-c_1-g_2)\times(b_2+d_2-d_1)$	$b_1+c_2+g_1+d_2-d_1-c_1-g_2$

续表

均衡点	Det. J	Tr. J
D(1,1)	$(b_2+c_1+g_2-g_1-b_1-c_2)\times b_1$	$b_2+c_1+g_2-g_1-c_2$
$E(p^*,q^*)$	$-\left\{\begin{array}{l}\frac{b_2+d_2-d_1}{b_2-b_1+d_2-d_1}\left(1-\frac{b_2+d_2-d_1}{b_2-b_1+d_2-d_1}\right)\times\\(b_1-b_2-g_2+c_2)\times\\\frac{c_1-g_1}{b_1-b_2-g_2+c_2}\left(1-\frac{c_1-g_1}{b_1-b_2-g_2+c_2}\right)\times\\(b_2-b_1+d_2-d_1)\end{array}\right\}$	0

通过分析各均衡点是否符合进化稳定均衡策略可知：

(1)当 $g_1<c_1,d_1<b_2+d_2$ 且 $g_1+d_1<c_1+b_2+d_2$ 时，A(0,0)是进化稳定均衡策略，这时双方都采取不合作，可以使自身利益最大化。

(2)当 $c_1<g_1$ 且 $c_1<g_1+b_1$ 时，B(1,0)是进化稳定均衡策略，这时上游采取合作，下游采取不合作，可以使自身利益最大化。

(3)当 $b_1+c_2+g_1>b_2+c_1+g_2,b_2+d_2>d_1$ 或 $b_1+c_2+g_1<b_2+c_1+g_2$，$b_2+d_2<d_1$ 且 $b_1+c_2+g_1+d_1<d_1+c_1+g_2$ 时，C(0,1)是进化稳定均衡策略，这时上游采取不合作，下游采取合作，可以使自身利益最大化。

(4)当 $b_2+c_1+g_2>g_1+b_1+c_2$ 且 $b_2+c_1+g_2<g_1+c_2$ 时，D(1,1)是进化稳定均衡策略，这时上下游双方采取合作，可以使自身利益最大化。

由于研究关注的是如何更好地实现上下游的合作，因而只需要关注 D(1,1)点是否是进化稳定均衡策略，可通过解不等式以及根据策略中字母所代表的真实含义来判断。分析可知，g_1-g_2 可视为上游水环境规制与环境治理的综合压力，即 g_1-g_2 越小，越能体现上游合作的积极态度，因为有 $b_1>0$，故而有以下不等式须成立。

$$\begin{cases}b_1+c_1-c_2<g_1-g_2\\b_2-b_1+c_1-c_2>g_2\\b_1>b_2,\ c_1>c_2,\ g_1>g_2\end{cases}\tag{22}$$

经求解计算、分析可知，该不等式无可行性解，即 D(1,1)不是进化稳定均衡策略，当环境规制与环境治理的综合压力 g_1-g_2 较小时，A(0,0)是进化稳定均衡策略，但当上游水环境规制与环境治理绩效的综合压力 g_1-g_2 较大时，

B(1,0)也可能成为进化稳定均衡策略,而C(0,1)也可以成为进化稳定均衡策略。但这三种均衡策略均无法满足水资源生态补偿机制的构建初衷,故不予以分析。

通过分析可知,缺少上级政府参与的生态补偿机制具有较大的自主性,上下游之间的决策可能会受生态修复成本高低、涉及的补偿金额大小的影响,从而缺乏有效的约束机制,导致上下游之间水资源生态补偿机制的具体实施存在较大困难,不能较好地使长江经济带上下游之间水环境保护与经济社会平衡发展相协调。因此,为了避免流域生态环境与经济发展差距进一步恶化与扩大,上级政府介入水资源生态补偿机制显然是必要的。

(二)加入上级政府奖励机制上下游生态补偿机制的演化均衡策略

在上级政府奖励机制介入的上下游生态补偿收益矩阵中,根据上下游生态补偿假设与模型分析结果,上游生态环境保护方的复制动态方程为

$$\frac{dp}{dt} = p(u_{s1} - \overline{u_s}) = p(1-p)\{[c_2 - g_2] \times q - (c_1 - g_1 - e)\} \quad (23)$$

下游生态环境受益方的复制动态方程为

$$\frac{dq}{dt} = q(u_{d1} - \overline{u_d}) = q(1-q)\{[d_2 - d_1] \times p - (b + d_2 - d_1 - e)\} \quad (24)$$

其中,u_{s1}为长江经济带上游水资源生态保护主体参与合作策略的期望收益,$\overline{u_s}$为上游水资源生态保护主体的平均收益;u_{d1}为长江经济带下游水资源生态保护主体参与合作策略的期望收益,$\overline{u_d}$为下游水资源生态保护主体的平均收益。微分方程(23)、(24)共同表示长江经济带上下游主体参与水资源生态补偿的博弈演化全体的复制动态方程。令$\frac{dp}{dt}=0$,$\frac{dq}{dt}=0$,可知以上博弈的均衡点有5个,分别为(0,0),(0,1),(1,0),(1,1)(p^*,q^*),其中$p^* = b + d_2 - d_1 - e/d_2 - d_1$,$q^* = c_1 - g_1 - e/c_2 - g_2$。通过求解上下游博弈演化的复制动态方程,可以构建一个二维动力系统T_2,经求解,若均衡点对应矩阵的行列式为正值,即$(\partial F_1/\partial p) \times (\partial F_2/\partial q) - (\partial F_1/\partial q) \times (\partial F_2/\partial p) > 0$;且迹为负,即$(\partial F_1/\partial p) + (\partial F_2/\partial q) < 0$,则该均衡点为进化稳定策略(ESS);若行列式和迹均为正,那么该点不是稳定均衡点;若迹等于零,则该点为鞍点。令$F_1 = \frac{dp}{dt}$,$F_2 = \frac{dq}{dt}$,得到该

系统的 Jacobi 矩阵为

$$J = \begin{vmatrix} \partial F_1/\partial p & \partial F_1/\partial q \\ \partial F_2/\partial p & \partial F_2/\partial q \end{vmatrix}$$

$$= \begin{vmatrix} (1-2p)[(c_2-g_2)q-(c_1-g_1-e)] & q(1-q)(d_2-d_1) \\ p(1-p)(c_2-g_2) & (1-2q)[(d_2-d_1)p-(b+d_2-d_1-e)] \end{vmatrix} \quad (25)$$

令 $F_1=\frac{dp}{dt}=0, F_2=\frac{dq}{dt}=0$，由上文可知 p、q 代表上下游选择策略的概率变化情况，所以 $0\leqslant p\leqslant 1$、$0\leqslant q\leqslant 1$，由此可得 $0\leqslant p^*=b+d_2-d_1-e/d_2-d_1\leqslant 1$、$0\leqslant q^*=c_1-g_1-e/c_2-g_2\leqslant 1$，根据上述分析，对 5 个均衡点计算求解得到雅可比矩阵行列式与迹，如表 5 所示。

表 5　加入上级政府奖励机制上下游生态补偿机制的各局部均衡点稳定性分析

均衡点	Det. J	Tr. J
A(0,0)	$(g_1+e-c_1)\times(d_1+e-b-d_2)$	$g_1+2e+d_1-c_1-b-d_2$
B(1,0)	$(c_1-g_1-e)\times(e-b)$	c_1-g_1-b
C(0,1)	$(e+c_2+g_1-c_1-g_2)\times(b+d_2-d_1-e)$	$c_2+g_1+b+d_2-c_1-g_2-d_1$
D(1,1)	$(g_2+c_1-c_2-g_1-e)\times(b-e)$	$b+g_2+c_1-2e-c_2-g_1$
$E(p^*,q^*)$	$-\left\{\frac{b+d_2-d_1-e}{d_2-d_1}\left(1-\frac{b+d_2-d_1-e}{d_2-d_1}\right)\times(c_2-g_2)\times\frac{c_1-g_1-e}{c_2-g_2}\left(1-\frac{c_1-g_1-e}{c_2-g_2}\right)\times(d_2-d_1)\right\}$	0

通过分析各均衡点是否符合进化稳定均衡策略可知：

（1）当 $g_1+e>c_1, d_1+e>b+d_2$ 或 $g_1+e<c_1, d_1+e<b+d_2$ 且 $g_1+2e+d_1<c_1+b+d_2$ 时，A(0,0)是进化稳定均衡策略，这时双方都采取不合作，可以使自身利益最大化。

(2)当$c_1>g_1+e,e>b$或$c_1<g_1+e,e<b$且$c_1<g_1+b$时,B(1,0)是进化稳定均衡策略,这时上游采取合作,下游采取不合作,可以使自身利益最大化。

(3)当$e+c_2+g_1>c_1+g_2,b+d_2>d_1+e$或$e+c_2+g_1<c_1+g_2,b+d_2<d_1+e$且$c_2+g_1+b+d_2<c_1+g_2+d_1$时,C(0,1)是进化稳定均衡策略,这时上游采取不合作,下游采取合作,可以使自身利益最大化。

(4)当$g_2+c_1>c_2+g_1+e,b>e$或$g_2+c_1<c_2+g_1+e,b<e$且$b+g_2+c_1<g_1+c_2+2e$时,D(1,1)是进化稳定均衡策略,这时上下游双方采取合作,可以使自身利益最大化。

同样,由于本文研究关注的是如何更好地实现上下游的合作,因而只需要关注D(1,1)点是否是进化稳定均衡策略,同样将g_1-g_2视为上游水环境规制与环境治理绩效的综合压力,故而有以下不等式须成立。

$$\begin{cases}c_1-c_2-e>g_1-g_2\\b+c_1-c_2-2e<g_1-g_2\\c_1>c_2,\ g_1>g_2,\ b>e\end{cases}\text{①}\quad \text{或}\quad \begin{cases}c_1-c_2-e<g_1-g_2\\b+c_1-c_2-2e<g_1-g_2\\c_1>c_2,\ g_1>g_2,\ b>e\end{cases}\text{②}\tag{26}$$

要想使上下游双方均选择合作的策略(1,1),经求解计算、分析可知,(26)中式①无可行性解,而(26)中式②有解,因此可知当加入上级政府的激励机制后,能够促成D(1,1)成为进化稳定均衡策略,这时上下游双方采取合作,可以使自身利益最大化。

(三)协同机制介入上下游水资源生态补偿机制的演化均衡策略

在协同机制介入后上下游生态补偿的收益矩阵中,根据协同机制介入后上下游生态补偿假设与模型分析结果,上游生态环境保护方的复制动态方程为

$$\frac{dp}{dt}=p(u_{s1}-\overline{u}_s)=p(1-p)\{[g_1(a_1-1)-g_2+c_1(1-a_2)+c_2]\times q-(c_1-g_1-e)\}\tag{27}$$

下游生态环境受益方的复制动态方程为

$$\frac{dq}{dt}=q(u_{d1}-\overline{u}_d)=q(1-q)\{[a(\beta_1-1)+d_2-d_1]\times p-(b+d_2-d_1-e)\}\tag{28}$$

其中,u_{s1}为长江经济带上游水资源生态保护主体参与合作策略的期望收

益，$\overline{u_s}$为上游水资源生态保护主体的平均收益；u_{d1}为长江经济带下游水资源生态保护主体参与合作策略的期望收益，$\overline{u_d}$为下游水资源生态保护主体的平均收益。微分方程(27)、(28)共同表示长江经济带上下游主体参与水资源生态补偿的博弈演化全体的复制动态方程。令$\frac{dp}{dt}=0$，$\frac{dq}{dt}=0$，可知以上博弈的均衡点有5个，分别为(0,0)，(0,1)，(1,0)，(1,1)，(p^*，q^*)，其中$p^*=b+d_2-d_1-e/a(\beta_1-1)+d_2-d_1$，$q^*=c_1-g_1-e/(\alpha_1-1)-g_2+c_1(1-\alpha_2)+c_2$。通过上下游博弈演化的复制动态方程，可以构建一个二维动力系统T_3，经求解，如果均衡点所对应矩阵行列式为正值，即$(\partial F_1/\partial p)\times(\partial F_2/\partial q)-(\partial F_1/\partial q)\times(\partial F_2/\partial p)>0$；且迹为负，即$(\partial F_1/\partial p)+(\partial F_2/\partial q)<0$，则该均衡点为进化稳定策略(ESS)；若行列式与迹均为正值，则该点不是系统稳定均衡点；若迹等于零，则为鞍点。令$F_1=\frac{dp}{dt}$，$F_2=\frac{dq}{dt}$，则该系统的Jacobi矩阵为

$$J=\begin{vmatrix}\partial F_1/\partial p & \partial F_1/\partial q\\ \partial F_2/\partial p & \partial F_2/\partial q\end{vmatrix}$$

$$=\begin{vmatrix}(1-2p)\{[g_1(a_1-1)-g_2+c_1(1-a_2)+c_2]q-(c_1-g_1-e)\} & p(1-p)[g_1(a_1-1)-g_2+c_1(1-a_2)+c_2]\\ q(1-q)[a(\beta_1-1)+d_2-d_1] & (1-2q)\{[a(\beta_1-1)+d_2-d_1]p-(b+d_2-d_1-e)\}\end{vmatrix} \tag{29}$$

令$F_1=\frac{dp}{dt}=0$，$F_2=\frac{dq}{dt}=0$，由上文可知p、q代表上下游选择策略的概率变化情况，所以$0\leqslant p\leqslant 1$、$0\leqslant q\leqslant 1$，由此可得$0\leqslant p^*=b+d_2-d_1-e/a(\beta_1-1)+d_2-d_1\leqslant 1$、$0\leqslant q^*=c_1-g_1-e/(\alpha_1-1)-g_2+c_1(1-\alpha_2)+c_2\leqslant 1$，根据分析，计算5个均衡点得到雅可比矩阵行列式与迹，如表6所示。

表6 协同机制介入上下游水资源生态补偿机制的各局部均衡点稳定性分析

均衡点	Det. J	Tr. J
A(0,0)	$(g_1+e-c_1)\times(d_1+e-b-d_2)$	$g_1+2e+d_1-c_1-b-d_2$

续表

均衡点	Det. J	Tr. J
B(1,0)	$(c_1 - g_1 - e) \times [a(\beta_1 - 1) + e - b]$	$c_1 + a(\beta_1 - 1) - b - g_1$
C(0,1)	$[g_1(\alpha_1 - 1) + c_1(1 - \alpha_2) + c_2 + g_1 + e - g_2 - c_1] \times (b + d_2 - d_1 - e)$	$g_1(\alpha_1 - 1) + c_1(1 - \alpha_2) + c_2 + g_1 + d_2 + b - g_2 - c_1 - d_1$
D(1,1)	$[g_2 + c_1 - c_2 - g_1 - e - g_1(\alpha_1 - 1) - c_1(1 - \alpha_2)] \times [b - e - a(\beta_1 - 1)]$	$g_2 + c_1 - c_2 + b - g_1 - g_1(\alpha_1 - 1) - c_1(1 - \alpha_2) - 2e - a(\beta_1 - 1)$
$E(p^*, q^*)$	$\left\{\begin{array}{l} \frac{b + d_2 - d_1 - e}{a(\beta_1 - 1) + d_2 - d_1}\left(1 - \frac{b + d_2 - d_1 - e}{a(\beta_1 - 1) + d_2 - d_1}\right) \times \\ [g_1(a_1 - 1) - g_2 + c_1(1 - a_2) + c_2] \times \\ \frac{c_1 - g_1 - e}{g_1(a_1 - 1) - g_2 + c_1(1 - a_2) + c_2} \\ \left(1 - \frac{c_1 - g_1 - e}{g_1(a_1 - 1) - g_2 + c_1(1 - a_2) + c_2}\right) \times \\ [a(\beta_1 - 1) + d_2 - d_1] \end{array}\right\}$	0

显然，当 $E(p^*, q^*)$ 时，Tr. J 恒等于 0，不符合 Jacobi 矩阵约束条件，因此不予讨论，通过分析各均衡点是否符合进化稳定均衡策略可知：

(1)当 $g_1 + e > c_1, d_1 + e > b + d_2$ 或 $g_1 + e < c_1, d_1 + e < b + d_2$ 且 $g_1 + 2e + d_1 < c_1 + b + d_2$，A(0,0)是进化稳定均衡策略，这时双方都采取不合作，可以使自身利益最大化。

(2)当 $c_1 > g_1 + e, a(\beta_1 - 1) + e > b$ 或 $c_1 < g_1 + e, a(\beta_1 - 1) + e < b$ 且 $c_1 + a(\beta_1 - 1) < b + g_1$ 时，B(1,0)是进化稳定均衡策略，这时上游采取合作，下游采取不合作，可以使自身利益最大化。

(3)当 $\alpha_1 \times g_1 + c_1(1 - \alpha_2) + c_2 + e > g_2 + c_1, b + d_2 > d_1 + e$ 或 $\alpha_1 \times g_1 + c_1(1 - \alpha_2) + c_2 + e < g_2 + c_1, b + d_2 < d_1 + e$ 且 $c_2 + g_1 + b + d_2 < c_1 + g_2 + d_1$ 时，C(0,1)是进化稳定均衡策略，这时上游采取不合作，下游采取合作，可以使自身利益最大化。

(4)当 $g_2 + c_1 - c_2 > e + \alpha_1 \times g_1 + c_1(1 - \alpha_2), b > e + a(\beta_1 - 1)$ 或 $g_2 + c_1 - c_2 < e + \alpha_1 \times g_1 + c_1(1 - \alpha_2), b < e + a(\beta_1 - 1)$ 且 $g_2 + c_1 - c_2 + b < g_1 +$

$2e+g_1(\alpha_1-1)+c_1(1-\alpha_2)+a(\beta_1-1)$时,D(1,1)是进化稳定均衡策略,此时上下游双方采取合作,可以使自身利益最大化。

同理,当模型加入绿色化向协同机制时,同样将 g_1-g_2视为上游水环境规制与环境治理绩效的综合压力,故而有以下不等式须成立。

$$\begin{cases} c_1-c_2-e-c_1(1-a_2)>a_1\times g_1-g_2 \\ b+a_2\times c_1-c_2-2e-a(\beta_1-1)<a_1\times g_1-g_2 \\ b>e+a(\beta_1-1) \\ c_1>c_2,\ g_1>g_2 \end{cases} ①$$

$$或\begin{cases} c_1-c_2-e-c_1(1-a_2)<a_1\times g_1-g_2 \\ b+a_2\times c_1-c_2-2e-a(\beta_1-1)<a_1\times g_1-g_2 \\ b<e+a(\beta_1-1) \\ c_1>c_2,\ g_1>g_2 \end{cases} ②$$

(30)

要想使上下游双方均选择合作的策略(1,1),经求解计算、分析可知,(30)式①、②存在可行性解,即不需要通过约束 b(下游支付成本)和 e(上级政府奖励)之间的关系,均可能达成进化稳定策略。因此可知当加入协同机制后,能够更好地促成 D(1,1)成为进化稳定均衡策略,这时上下游双方采取合作,可以使自身利益最大化。

四、基于长江经济带水资源生态补偿合作机制的现实策略仿真

从水资源生态补偿机制的政策目标上看,建立跨流域或跨地区的水资源生态补偿机制是为了让每一个参与主体积极合作,共同推动水资源生态补偿,为流域水资源保护与区域发展提供优良的生态基础与发展机会,这需要将长江经济带经济—社会—生态发展实际紧密联系起来。因此,基于多种策略的长江经济带水资源生态补偿机制的演化博弈分析将不仅具有理论上的经济学效益分析的必要性,也基于理论联系实际的需要,为现实中如何更好地开展水资源生态补偿实践提供了较为合理的策略仿真模拟情形。即基于三种水资源生态补偿机制博弈的情形下对参数进行赋值模拟,在变量的赋值上,谢尔曼认为,仿真的意义不在于完全符合现实,其衡量的标准是在多大程度上揭示出事物变化的

本质规律。[1] 根据巴伦蒂等(2014)的赋值方法,[2]参见杨光明、时岩钧的研究,[3]本文所有仿真值的选定主要考虑各个相关因素的改变对上下游参与主体行为选择的敏感性,不是现实中水资源生态补偿机制中的各方参与主体的真实收益值。

根据无上级政府参与上下游水资源生态补偿机制的演化均衡策略进行数值仿真:

(1)当$g_1 < c_1, d_1 < b_2 + d_2$且$g_1 + d_1 < c_1 + b_2 + d_2$时,A(0,0)是进化稳定均衡策略。

令$b_1 = 0.56, b_2 = 0.42, c_1 = 2.65, c_2 = 1.56, g_1 = 2.35, g_2 = 1.89, d_1 = 0.96$, $d_2 = 0.83$,通过 MATLAB R2021a 软件模拟稳定演化均衡策略结果如图 1 – A 所示。

(2)当$c_1 < g_1$且$c_1 < g_1 + b_1$时,B(1,0)是进化稳定均衡策略,令$b_1 = 1.5$, $b_2 = 0.3, c_1 = 2.65, c_2 = 2.33, g_1 = 3.25, g_2 = 1.89, d_1 = 0.96, d_2 = 0.83$,通过 MATLAB R2021a 软件模拟稳定演化均衡策略结果如图 1 – B 所示。

(3)当$b_1 + c_2 + g_1 > b_2 + c_1 + g_2, b_2 + d_2 > d_1$或$b_1 + c_2 + g_1 < b_2 + c_1 + g_2$, $b_2 + d_2 < d_1$且$b_1 + c_2 + g_1 + d_2 < d_1 + c_1 + g_2$时,C(0,1)是进化稳定均衡策略,令$b_1 = 0.56, b_2 = 0.42, c_1 = 2.65, c_2 = 1.56, g_1 = 2.35, g_2 = 1.89, d_1 = 0.96, d_2 = 0.83$。通过 MATLAB R2021a 软件模拟稳定演化均衡策略结果如图 1 – C 所示。

根据上述在协同机制介入后上下游生态补偿演化均衡策略进行数值仿真情形:

(4)当$g_2 + c_1 - c_2 > e + \alpha \times g_1 + c(1 - \alpha_2), b > e + a(\beta_1 - 1)$或$g_2 + c_1 - c_2 < e + \alpha \times g_1 + c(1 - \alpha_2), b < e + a(\beta_1 - 1)$且$g_2 + c_1 - c_2 + b < g_1 + 2e + g_1(\alpha_1 - 1) + c_1(1 - \alpha_2) + a(\beta_1 - 1)$时。

---

〔1〕 See Sterman J. D. , *Learning in and about complex systems*. System Dynamics Review, Vol. 10:(2 – 3), p. 291 – 330(2010).

〔2〕 See F. Baronti, Roncella R. & Saletti R. , *Performance comparison of active balancing techniques for lithium-ion batteries*, Journal of Power Sources, Vol. 267, p. 603 – 609(2014).

〔3〕 参见杨光明、时岩钧:《基于演化博弈的长江三峡流域生态补偿机制研究》,载《系统仿真学报》2019 年第 10 期。

上下游合作(1,1)为进化稳定策略,令 $b=0.5$, $e=1$, $c_1=1.7$, $c_2=1$, $g_1=1.5$, $g_2=0.6$, $d_1=1.5$, $d_2=0.6$, $a=1.5$, $\alpha_1=1.2$, $\alpha_2=0.8$, $\beta=1.2$ 通过 MATLAB R2021a 软件模拟稳定演化均衡策略结果如图 1 - D 所示。

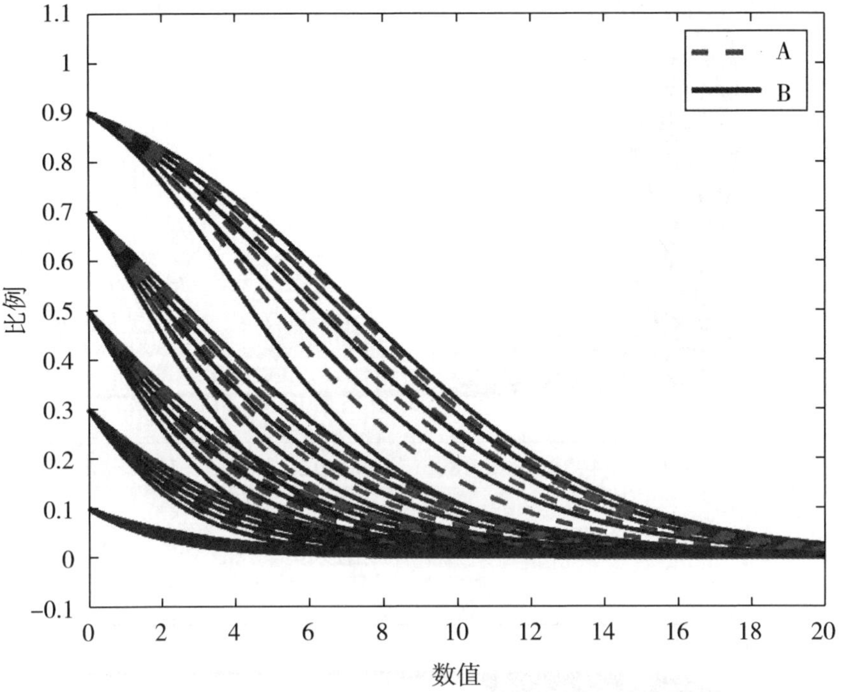

图1-A 情形①

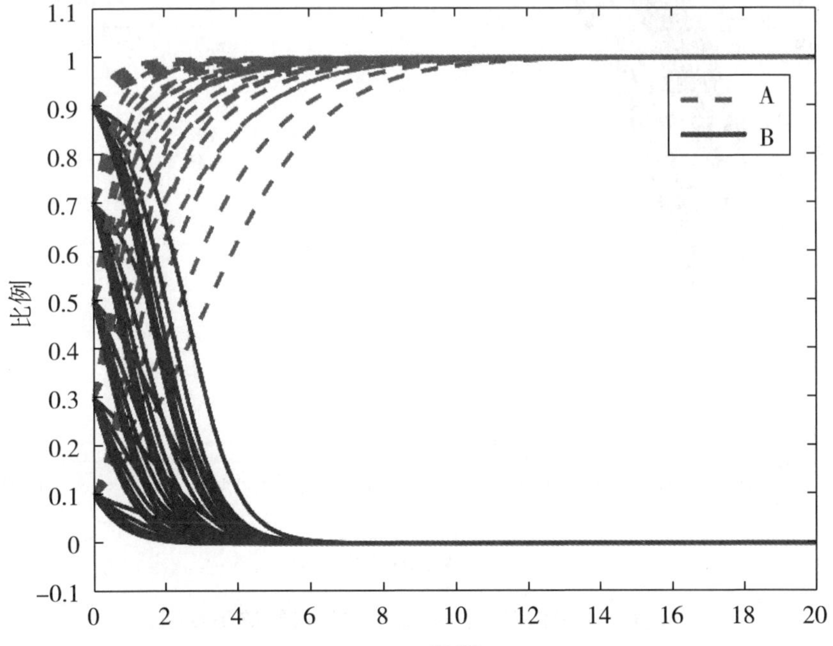

图1-B 情形②

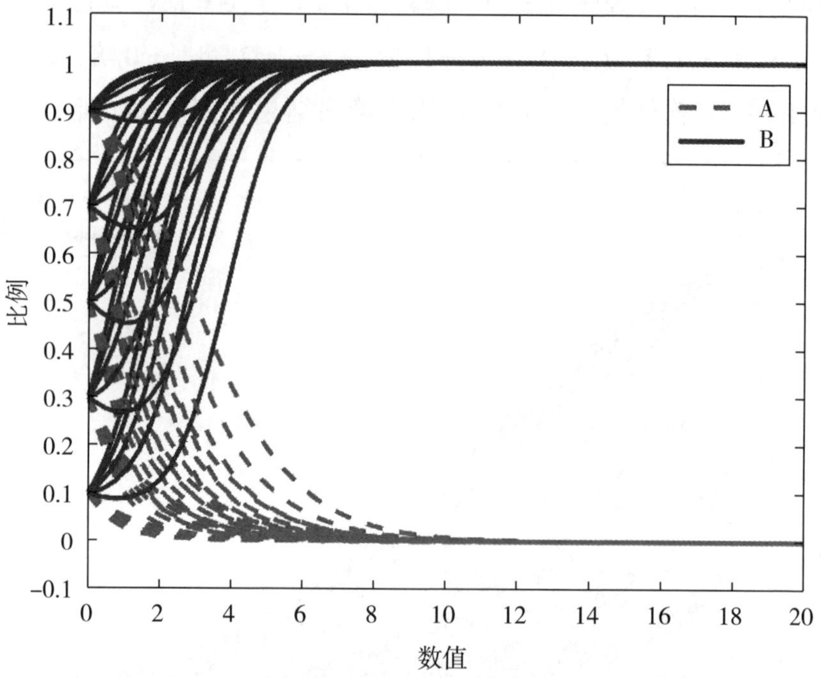

图1-C 情形③

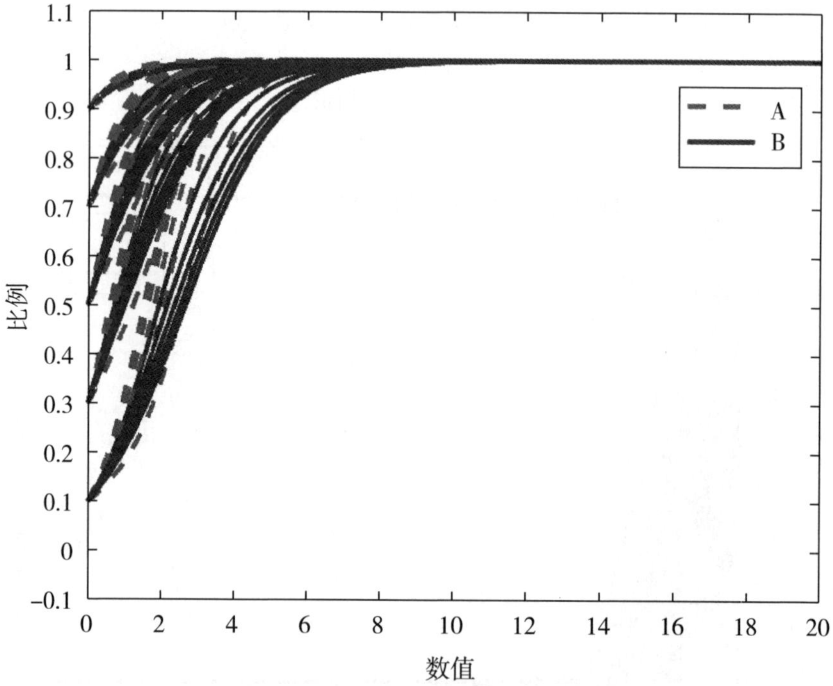

图1-D 情形④

图1 不同情形下水资源生态补偿策略仿真图

通过分析各组稳定均衡演化策略可窥探其背后的政策含义，从如何实现协同合作最优演化策略的路径来看，上级政府介入上下游水资源生态补偿主体是必要的，能够更好地促成双方合作的达成，在降低上游治理成本的同时，也会减轻下游的支付成本，从而更易于达成协同合作策略。从水资源生态保护的发展阶段来看，可以分为两大阶段：水资源生态补偿机制失灵阶段与水资源生态补偿有效阶段。水资源生态补偿机制失灵阶段又包含了水资源环境保护政策空窗阶段（对应策略为双方均不合作）、单一的生态功能区水资源环境治理阶段（对应策略为上游合作，下游不合作）、单一的经济发达区水资源环境治理阶段（对应策略为下游合作，上游不合作）。进入水资源生态补偿有效阶段是进一步对水资源生态补偿机制优化探索的前提，其中包含了横向水资源生态补偿探索阶段（如果没有上级政府的引导与上下游共同的环境综治压力，很难达成稳定演化均衡策略）与横—纵结合的水资源生态补偿探索阶段（对应策略为上下游水资源生态补偿主体均选择合作）。而长江经济带水资源生态补偿协同机制的日趋成熟，不仅能够提升水环境治理效率，降低治理成本，符合空间正义的价值取向，也能更好地引导水资源生态补偿机制更好地走向合作，互利共赢。

五、研究结论与政策建议

（一）研究结论

本文分析了长江经济带水资源生态补偿协同机制的演化博弈策略，目的是基于理论推导与现实策略双重角度更好地实现长江经济带水资源生态补偿绿色化协同机制。具体如下：

1. 综合各省、市经济社会发展与生态环境基本情况，长江经济带上下游利益与利益机制的表达存在不均衡、不充分性，提出了长江经济带水资源生态补偿绿色化协同机制博弈构建的基本前提与假设，一是长江经济带上下游水生态补偿参与主体的有限理性特征；二是长江经济带水资源生态补偿主体具有适应性学习能力；三是长江经济带水资源生态补偿主体网络的空间异质性。这为建立长江经济带水资源生态补偿绿色化协同机制的演化博弈提供了理论依据。

2. 归纳了长江经济带水资源生态补偿机制的演化博弈策略，包括缺少上级政府参与的长江经济带上下游水资源生态补偿策略、加入上级政府奖励机制的长江经济带上下游水资源生态补偿策略以及绿色化协同机制介入上下游水资源生态补偿机制演化均衡策略,分别构建了不同策略下的收益矩阵,计算了当主体间随机进行博弈时,不同策略各参与主体的平均期望收益。

3. 通过对长江经济带水资源生态补偿主体间博弈演化均衡策略分析,建立了三种博弈策略下的复制动态方程,经计算可得,在缺少上级政府参与的长江经济带上下游水资源生态补偿策略下,A(0,0)、B(1,0)、C(0,1)是进化稳定均衡策略,但无法达成D(1,1)的双向合作策略。在加入上级政府奖励机制的长江经济带上下游水资源生态补偿策略和绿色化协同机制介入上下游水资源生态补偿机制演化均衡策略中,D(1,1)为进化稳定均衡策略。

4. 本文亦基于长江经济带水资源生态补偿合作机制的现实策略仿真得出以下结论,从水资源生态保护的发展阶段来看,可以分为两大阶段:水资源生态补偿机制失灵阶段与水资源生态补偿有效阶段。水资源生态补偿机制失灵阶段又包含了水资源环境保护政策空窗阶段(对应策略为双方均不合作)、单一的生态功能区水资源环境治理阶段(对应策略为上游合作,下游不合作)、单一的经济发达区水资源环境治理阶段(对应策略为下游合作,上游不合作);水资源生态补偿有效阶段是开展水资源生态补偿机制探索的基础,包含了横向水资源生态补偿探索阶段(如果没有上级政府的引导与上下游共同的环境综治压力,很难达成稳定演化均衡策略)与横—纵结合的水资源生态补偿探索阶段(对应策略为上下游水资源生态补偿主体均选择合作)。在上级政府设立奖励机制并结合水资源生态补偿协同机制时可以使策略进一步优化。

(二)政策建议

1. 健全多主体参与的水资源生态补偿机制体系,深入落实推动绿色化、协同化发展

《民法典》在保持私法基本属性的基础上,用18个条文专门规定"绿色原则",《民法典》第9条中要求"民事主体从事民事活动,应当有利于节约资源、保护生态环境"。需要重视民事主体尤其是企业主体在未来生产作业中保护生态环境的意识与责任,相应地,环境治理投资应更加重视污染处理技术的提升与改善,持续落实推动新旧动能转换。国家倡导的挖掘长江经济带发展新动能的内核就是实现资源错配再平衡的发展过程,构建符合区域平衡发展战略基本

要求的配套制度,更需要不同利益主体的协同参与。长江经济带水资源生态补偿实践应遵循绿色协同发展原则,协调国家与地区水资源生态补偿政策,建立政府组织、市场组织与社会中间层主体的协同参与机制,达成相对统一的水污染治理、水资源管控与补偿标准制度安排,并在补偿的方式与手段上形成以政府主体主导、市场主体辅助、社会主体参与的多元化水资源生态补偿机制。强化生态文明建设,重视用水浪费与水污染问题,大力推广清洁能源的利用与研发。鼓励新动能产业与绿色化产业发展,有侧重地向生态环境功能区引入绿色化工艺与技术,广泛开展清洁生产,从减少用水浪费与提升水质要求方面改善相对粗放的生产结构,助力生态产品价值实现,以水为纽带引导长江经济带实现全域绿色可持续发展,形成以绿色化、协同化思想作为长江经济带水资源生态补偿机制构建的基本原则,以社区水权保护、产业绿色发展、生态效益优先的全方位协同机制体系,引领产业发展绿色化转型,着力解决当前长江经济带发展潜在的绿色化发展结构失衡风险,从而让绿色发展成为长江经济带主体发展的最亮底色,让绿色化、协同化发展成为经济带长期可持续发展的动力源泉。

2. 重视长江经济带城乡协同发展、产业协同促进、制度有效适配

重视城乡协调发展,在兼顾城乡收入与消费公平的同时,应持续推动绿色产业下沉,进一步改善资本投入结构。现实发展实践中,相对落后地区的经济振兴与发展更不能以破坏生态环境为代价,政府部门应当遏止高能耗、高污染等相对落后产能企业向农村转移的趋势,向经济投入要绿色 GDP,兼顾经济发展投入与水资源生态保护水平的协调,尽可能减少不合理生产性投入带来的效率冗余,积极引导传统高污染企业向绿色化、集约化和信息化生产转型赋能。对于合理推进长江经济带产业优化升级,还要各级政府与立法部门制定出更多、更好、更优惠的绿色产业政策,在税收、融资、产权保护、项目审批、社区管理绿色化等方面为新动能产业扫清障碍。逐步提高产能相对落后与存在污染物排放企业的排放标准,明确生态环境修复责任,统一水资源生态补偿的企业、产业、行业责任。探索多元化的生态补偿策略,强化长江经济带不同地区与城乡产业之间的协同关系,从梯度发展到补短板、强弱项,进而推动产业协同发展,兼顾社会正义在城乡产业发展中的利益均衡格局。形成集经济发展、社会治理、生态建设三位一体的共建共治共享机制,根据三个不同领域的特点规划要

求,制定制度适配的政策法规,突出长江生态大保护的基本前置条件,进而谋求新的发展路径。

3. 兼顾效率与公平,创新探索统筹安排的政策工具选择与制度安排

在具体政策工具考量上,可通过设立阶梯式的补偿标准或适当增加政府补贴的形式展开,充分考虑空间差异与地区生产力水平,在确保长江经济带大保护与绿色可持续发展的同时,力求实现经济带内部水资源生态补偿机制的公平、公正。从如何发挥市场在资源配置中起决定性作用的内在要求上看,通过强化对长江经济带发展规划的空间正义安排,协调发展利益,建立兼顾利益普惠与风险防范的制度体系,推进城乡要素实现自由流动和平等交换,增加区域间的对口帮扶支持力度,强化地区间要素流动的活跃度,尤其是积极引导绿色化生产要素向农村与经济发展相对落后地区转移,以实现空间正义的市场化调节的制度政策功能。政策制度应重视城乡协调发展,在兼顾城乡收入与消费公平的同时,应持续推动绿色产业下沉。农村作为生态系统保护的薄弱环节,极易被忽视周边生态环境与资源的合理利用和保护,往往导致经济发展与生态环境建设不能合理匹配。未来,应充分将社会资本和农村劳动力资源引入绿色产业的发展中来,以长江大保护、经济绿色化发展为新发展标准,保护生态环境与资源的同时促成城乡分配与消费公平的实现,从长江经济带发展的时间结构、空间结构上寻求公平正义,从而更好地提升长江经济带水资源生态补偿机制效果。

4. 循序渐进,建立多层次、多阶段的长江经济带水资源生态补偿一体化协同机制

长江经济带水资源生态补偿机制建设是一项复杂、系统的综合工程,应把水资源生态补偿协同机制置于一种空间化、体系化视野,充分挖掘国家、省域与城市群之间的政策制定的协同能力,形成不同层级之间的制度共振效应,兼顾各方利益的协同,实现经济带区域协同一体化发展。在具体的水资源生态补偿制度设计中,建议将长江经济带内的各省份、经济圈、城市群的水资源生态补偿政策有机串联,树立“一盘棋”思想,以顶层设计为指导,发挥各省、区、市的协同动员力,将城市群的经济社会系统与水生态系统同时纳入相对统一的生态补偿制度或立法设计当中,各级政府应根据当地经济发展与生态保护实际情况与

具体要求,分阶段将不同行政单元、地理单元的社会生态系统进行分类,督导各级政府制定实施有针对性的水资源生态补偿政策法规,进一步完善区域信息系统,及时传送上报相关信息,实现信息共享,及时处理调整在水资源生态补偿运行过程中效率不高的问题。建立区域间联席会议制度,加强区域间合作,定期研究解决长江经济带水资源生态补偿运行过程中存在的突出问题,统一协调,合理配置资源,实现长江经济带水资源补偿机制有效运行,形成多层次、多阶段的长江经济带水资源生态补偿一体化协同机制。

8. 探索构建长江流域一体化司法保护机制研究

——以推动设立长江生态法院为视角

湖北省高级人民法院环资庭课题组*

内容摘要：长江流域生态环境是一个完整的生态系统，长江保护必须突出强调系统性、整体性、协同性，为长江流域生态环境提供司法保护也必须体现“流域”的特殊性。设立“长江生态法院”，是贯彻落实习近平总书记“共抓大保护、不搞大开发”重要指示精神和践行“生态优先绿色发展”理念的重大举措，也是加大长江生态环境保护司法力度，为长江经济带高质量发展提供司法保障的创新之举。本文旨在探索构建长江流域一体化司法保护机制，探索适合长江流域生态环境保护特点和规律的司法保障体系，为共建生态良好的长江经济带提供司法服务保障基础，也为推进构建共抓长江大保护的跨部门、跨系统协同协作工作机制提供司法智慧和有益借鉴。

关键词：长江生态法院　一体化司法保护　长江流域

一、长江流域生态环境司法保护现状

习近平总书记多次视察长江流域保护和发展情况，指出长江流域经济是我国经济重心、活力所在，推动长江干流发展必须坚持生态优先绿色发展，把修复长江生态环境摆在压倒性位置。[1] 最高人民法院以及流域内各级人民法院深入学习领会习近平总书记系列重要讲话精神，准确把握长江流域生态环境保护和经济发展的关系，坚持人与自然和谐共生的基本理念，贯彻保护优先和绿色

---

* 本文课题组成员：张乐喜、秦天宝、高利红、张忠民、邱秋、张之婧。

〔1〕 参见最高人民法院《关于全面加强长江流域生态文明建设与绿色发展司法保障的意见》（法发〔2017〕30号）。

发展的司法理念,依法审理各类长江流域生态环境和自然资源相关案件,正确处理和引导长江流域生态环境保护和经济发展的关系,依法维护长江流域的生态环境安全,为建设天蓝地绿水清的长江流域生态走廊提供有力的司法保障。

(一)长江流域生态环境案件审理情况

1. 数据来源

本文使用数据主要来源于湖北经济学院自建的长江流域司法案例数据库,该案例库收录长江全流域19个省(自治区、直辖市)的涉水环境司法案件,时间跨度为1980年1月1日至2018年5月31日,共计37.5年。该案例库收录的案例来源为"北大法宝中国司法案例库"和"中国裁判文书网"。检索案由包括养殖权纠纷、取水权纠纷、土壤污染责任纠纷、捕捞权纠纷、非法捕捞水产品罪、污染环境罪、非法处置进口的固体废物罪等共计24个。因2018年6月之后该数据库没有更新,故本文采用的数据有限,仅能反映2018年6月之前的司法保护状况。

2. 案件时间分布

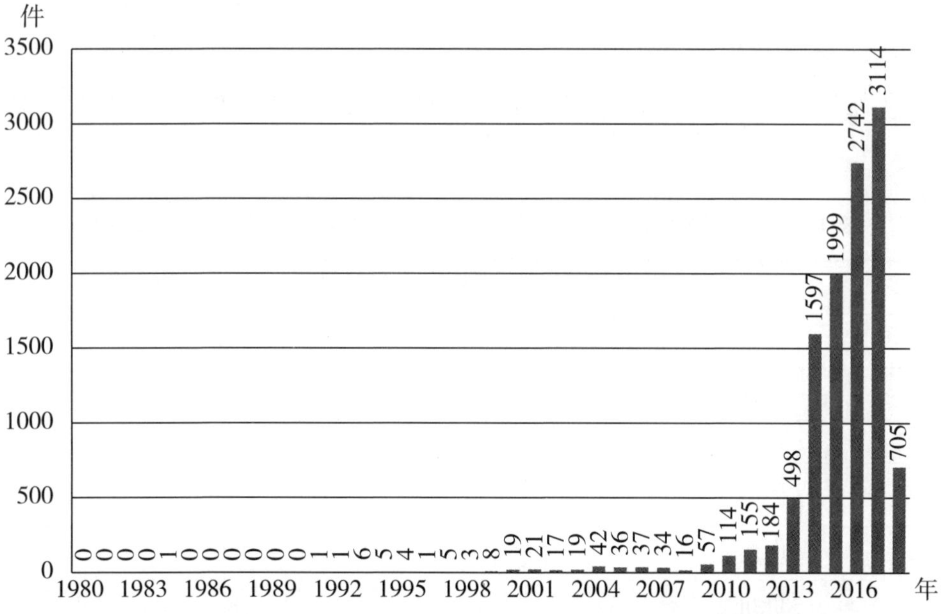

图1 长江流域1980年1月1日至2018年5月31日环境案件时间分布[1]

[1] 数据来源:湖北经济学院长江流域司法案例数据库。

由图1可以看出,案件数量变化情况是从无到有,再到快速增长,最后到"井喷式"增长。1980年至1990年,长江流域环境纠纷案件几乎为零;1990年至2000年,长江流域环境纠纷案件发生量在个位数以内,但已有增长趋势;2001年至2010年,案件数量呈明显增长趋势,案件数量开始以十位数计,到2010年,案件数量达到三位数;自2011年以来,每年案件发生量呈快速上升趋势,2014年呈现"井喷式"增长,比2013年翻了3倍左右;2017年达到3114件,几乎是在2015年的基础上翻了1番。这表明:一方面,随着人们生态环境保护意识的加强,长江流域生态环境案件数量不断增多。之前未通过司法途径解决的生态环境问题,开始逐步采取司法途径解决,尤其是自2014年以后,随着国家环境司法专门化政策的不断出台,长江流域及长江干流内各级人民法院运用环境司法手段解决环境问题明显加强。另一方面,由于司法信息公开,特别是裁判文书的公开工作不断得到落实,更多的长江流域环境案件的裁判文书得到公开,司法公开透明度的不断加强。流域内各级人民法院对长江流域生态环境纠纷越来越重视,彰显了人民法院以司法力量保护长江流域生态环境的坚强态度和有力司法举措。

3. 案件地域分布

长江流域内19个省(自治区、直辖市)的环境案件地域分布具体情况详见表1。

表1 长江流域内19个省(自治区、直辖市)的环境案件地域分布情况

省份	案件发生数(件)
安徽	481
福建	526
甘肃	48
广东	1470
广西	330
贵州	183
河南	655
湖北	612
湖南	577

续表

省份	案件发生数(件)
江苏	1720
江西	214
青海	38
陕西	105
上海	194
四川	355
云南	90
浙江	3106
重庆	799
西藏	2
合计	11, 505

从表 1 可以看出,首先,案件发生量东部多西部少。其次,案件发生量省际之间对比悬殊。浙江、江苏与广东案件总数突破千件;湖北、湖南等 12 个省、市案件总数在百件以上;案件总数在百件以下的有 4 个省份,其中西藏仅有 2 件。最后,案件数量与经济发展程度有一定联系。长江流域环境案件数量在很大程度上与地域经济发展程度有较大关联性。从案件分布情况来看,发生量最多的浙江、江苏与广东三省都是东部沿海经济发达地区。排名最后三位的省份分别是甘肃、青海和西藏,都为西部经济不发达地区。

长江流域 19 个省(自治区、直辖市)环境纠纷案件的地域分布情况和数量对比差异,一方面说明了长江流域中下游法院系统在运用司法职能保护生态环境方面已日趋成熟化和制度化,形成了较为科学、合理的环境纠纷审判体制和机制,基本实现了环境纠纷案件审判的专门化建设。另一方面,案件数量的大量存在,说明了中下游地区自然资源开发、利用规模和程度较大,经济发展和生态环境保护关系紧张,生态环境面临较为严重的人为威胁,导致大量的环境问题不断出现,环境问题成为影响中下游地区发展的"瓶颈"之一。而上游地区较少的案件审理数量反映出该区域生态环境尚未被过度人为破坏,自然资源尚未被过度开发,生态环境原始风貌保存尚好,上游地区面临的生态环境压力相对小于中下游地区。

4. 案件类型分布

1980 年 1 月 1 日至 2018 年 5 月 31 日，长江流域 19 个省（自治区、直辖市）发生的环境纠纷案件中，刑事案件 7434 件，占比 65%；民事案件 3563 件，占比 31%；行政案件 497 件，占比 4%。案件总体呈现如下特征：

第一，环境刑事案件数量占比最大。长江流域共计 7434 件，涉及罪名共有 43 类，其中与环境直接相关的罪名包括：污染环境罪，非法捕捞水产品罪，环境监管失职罪，非法处置进口的固体废物罪，非法狩猎罪，非法占用农用地罪，非法制造、买卖、运输、储存危险物质罪，共计八类犯罪罪名。在八类环境罪名中，污染环境罪位居第一，共计 3386 件，占比 45.54%。其次为非法捕捞水产品罪，共计 3213 件，占比 43.22%，一般来说，从全国司法案件整体性和现实性角度看，民事案件的数量最多，其次才是刑事案件。但是，长江流域环境案件中，刑事案件数量的占比非常大，要高出民事案件许多倍。这表明 2018 年 6 月之前长江流域生态环境保护的主要司法手段是刑事手段。

第二，环境民事案件数量占比居中。长江流域发生的环境民事案件共计 3563 件，主要案由包括：中外合作勘探开发自然资源合同纠纷，渔业承包合同纠纷，养殖权纠纷，取水权纠纷，捕捞权纠纷，环境污染责任纠纷，海上、通海水域养殖污染损害责任纠纷等方面。从环境因子来看，民事案件涉及水、土壤、滩涂、湿地、湖泊、渔业、林木、野生动物等环境要素及其生态系统服务功能，覆盖环境污染、生态破坏、生物多样性保护等各个方面。其中纠纷发生较多的领域为养殖权、环境污染、渔业承包合同以及环境保护等。民事案件纠纷既有侵权纠纷也有违约纠纷。应该注意在这些民事案件中，不完全是严格意义上的环境案件，有许多案件是与环境有关的传统案件。从 2014 年开始，随着环境司法专门化政策的不断出台，环境民事公益诉讼案件不断增加。

第三，环境行政案件数量占比最小。在 37.5 年中，长江流域发生的行政案件约为 497 件，案件主要集中于河南、广东、浙江以及福建等省份。在 2009 年以前，长江流域每年发生的环境行政案件数多在个位数，从 2010 年开始突破，达到 51 件，2014 年至顶峰，达到 158 件。从当事人来看，长江流域环境行政案件主体涉及个人的有 299 件，占比 60.16%，涉及机关的有 485 件，占比 98.98%。从客体类型上看，主要包括水、土壤及大气等。从案由的角度看，多数是作为类案件，不作为类案件共计 75 件，仅占 15.09%。涉及的污染因子主要有废气、噪声和固体废物三种。

（二）长江流域生态环境司法理念

随着全球环境问题的突出，生态失衡、自然资源锐减、生物多样性破坏等的现实逼迫，生态环境利益作为一种人类重要的法律利益得到法律的认可，司法理念、司法实践接纳了环境纠纷，并进而发展为独立的诉讼类型被给予强大的司法保护。

长江流域生态环境司法审判理念的发展和进步，是流域内各级人民法院司法理念创新的成果，是各级人民法院司法实践活动推动的成效。青海法院、云南法院、江西法院等明确生态环境司法保护原则，将遵循规律、保护优先、绿色发展、协同发展、系统保护等理念融入司法审判全过程。湖北法院、江苏法院、上海法院等将维护权益、公众参与、注重预防等理念指导司法实践，将维护人民群众的环境权益作为环境资源审判工作的出发点和落脚点，同时，在遵循司法规律的前提下，适度强化能动司法，积极创新审判执行工作机制，及时修复受损的生态环境。[1]

（三）长江生态环境审判机构建设

我国法院很早就开始了围绕资源开发利用以及生态环境保护方面的探索。改革开放以后，陆续在一些地区设立森林法院、矿区法院、海事法院等专门法院，以及在部分地方法院内部设立林业审判法庭等专门审判机构，集中审理涉及生态环境和自然资源案件。[2] 如甘肃、福建、湖南、四川等地林业审判庭或森林法院，青海的油田法院，甘肃的矿区法院，广州、上海、武汉等地的海事法院。随着 2007 年贵州省贵阳市清镇环境保护法庭专门化的尝试，以及 2014 年最高人民法院环境资源审判庭的正式成立，将我国环境司法审判专门化建设带入了系统化、正规化的发展“快车道”。截至 2020 年，长江流域内 19 个省（自治

---

〔1〕 参见雅安市人民政府：《充分发挥审判职能　更好保护长江流域生态环境——长江流域生态环境司法保护调研座谈会发言摘登（上）》，载搜狐网 2019 年 6 月 25 日，http://www.sohu.com/a/322818592_120162628。

〔2〕 参见最高人民法院：《中国环境资源审判 2016》（白皮书），第 20~21 页。

区、直辖市)的高级人民法院已全部设立了专门的环境资源审判庭。福建、贵州、陕西、四川、重庆、云南、江苏等省份已实现三级法院设立环境资源专门审判庭。与此同时,专门审判机构人员组成中,法官比例也较高,人员素质和学历背景有所提升,[1]审判机构组成人员的学历以本科为主,环保审判队伍整体素质较高。

(四)长江生态环境审判工作机制建设

司法理念的创新,推动着司法实践的进步,促进了环境司法审判工作机制的创新和审理规则的优化。长江流域内各级人民法院在遵循司法规律的基础上,适度积极发挥司法能动性,遵循自然规律,贯彻"山水林田湖草沙"命运共同体理念,按照生态环境系统性、整体性的特征,探索实行环境纠纷案件跨行政区域集中审理制度,将与环境有关的民事纠纷、行政纠纷、刑事纠纷予以"三合一""二合一"的审理模式,统一交由同一个审判庭审理,保障生态环境利益的整体性,防止对生态利益的割裂与不充分保护。流域内80%省份的法院系统实现了跨行政区域的集中审理。除此之外,流域内各法院探索环保执法协调机制,加强与地方党委、政府以及相关部门的执法合作和交流,探索省级政府主张环境损害赔偿制度。上海法院充分运用科技手段,研发智能辅助办案系统,青海法院建立生态环境司法技术调查官和人民陪审员制度,武汉海事法院建立环境案件审理的程序性规范,进行程序专门化探索等。[2] 长江流域内各级人民法院在审理环境纠纷案件中积极发挥司法能动性,创新工作方式,探索多种渠道保护生态环境。浙江法院坚持诉源治理,依托行政争议调解中心化解环境资源行政争议,是浙江法院审判实践形成的新经验;充分发挥司法建议的功能作用,2016年以来共发送各类司法建议100余件次,帮助行政机关、企事业单位、市场主体等完善政策、加强管理、改进工作,从源头上减少了环境资源争议的发生。青海法院试行生态环境司法技术调查官制度和人民陪审员参与案件审判制度等,对涉及的环境专业技术性问题,当事人认识、理解不一致的,必要时进行广泛深入调查。多地法院定期发布环境资源审判白皮书,公布工作成绩和未

---

〔1〕 参见韩德强:《环境资源审判工作的现状分析及建议》,载《人民司法·应用》2014年第19期。

〔2〕 参见雅安市人民政府:《充分发挥审判职能　更好保护长江流域生态环境——长江流域生态环境司法保护调研座谈会发言摘登(上)》,载搜狐网2019年6月25日,http://www.sohu.com/a/322818592_120162628。

来动态，并接受社会公众监督，以及采取人民陪审员制度、专家辅助人制度，建立专家咨询委员会等。流域内各级人民法院积极发挥司法能动性，探索、实践保护长江流域生态环境的新工作机制。

（五）长江生态环境公益诉讼情况

公益诉讼以保护公共利益为目的，以新的形式填补了公共利益保护的缺失。环境民事公益诉讼、环境行政公益诉讼等诉讼日益成为保护环境公共利益、维护生态环境的有力武器。云南法院推行跨行政区划集中管辖环境民事公益诉讼案件、省级政府提起生态环境损害赔偿案件和检察机关提起的民事公益诉讼案件，为打破地方保护主义、提高审判质效提供了有效司法保障。截至2020年12月，湖北法院共受理检察机关及社会组织提起的公益诉讼案件820件，其中民事公益诉讼53件、刑事附带民事公益诉讼476件、行政公益诉讼291件。流域内多数人民法院通过审理环境公益诉讼保护本区域生态环境、惩治破坏生态和自然资源的行为，并探索生态环境损害赔偿金修复生态环境的具体实施方案。

二、长江流域生态环境司法保护体制机制存在的问题

（一）跨区域审理的问题

长江流域19个省（自治区、直辖市）中多数省份早已开启了探索过程，并逐步确立了环境纠纷案件跨行政区域集中审理机制。武汉海事法院、上海海事法院、广西北海海事法院以及甘肃的矿区法院和林区法院等专门法院的运作开启了长江流域环境资源案件跨区域集中审理的格局，之后迎来了跨区域集中审理的“遍地开花期”。江苏法院实行“9 + 1”跨区域集中管辖，湖南法院积极探索推进“1 + 3 + X”跨区域集中管辖，云南法院确定6家中级人民法院为核心的跨行政区划集中管辖，湖北法院构建“1 + 5 + 10 + N”的环资审判体系。当前，流域内各省份实施的环境纠纷案件跨行政区划集中审理机制，有利于集中优势资源审理环境纠纷案件，更好地解决环境纠纷，更有效地保护生态环境和节约自然资源，同时，也为打破地方保护主义，提高审判质效提供了有效司法保障。但这种保护并非完整层面的保护，仍然是限制在部分行政区域内的不充分的司法保护，仍未能充分关注环境要素的流动性、生态系统的整体性特征。

长江流域以水为中心,水具有流动性、交换性、整体性特征,长江流域的上、中、下游不应被人为地割裂,应回归原始的统一整体形态,将长江流域作为一个整体环境要素进行开发、利用和保护,因此,尤其与水有关、以水要素为纽带、以水的流域性为基础的涉水相关环境资源纠纷案件应当交由统一的专门机构予以审理裁决,避免因人为的行政区划分割而无法有效且全面地保护和修复长江流域生态环境。

(二)司法地方化的问题

水环境要素具有流动性和交换性,长江流域作为一个整体的生态系统,应当由统一的法律规范文件指导长江流域的生态环境纠纷。但是,由于行政区域管理体制的限制,各级地方政府在各自行政辖区内颁行了各自的法律规范性文件。各省级范围内规范性文件的出台,主要考虑的是本行政区域的基本情况,关注的是本行政区域的生态环境利益和安全,并未充分顾及生态系统的整体性和完整性。以法律为准绳,是司法活动的基本要求。各级人民法院在依法遵守国家法律的同时,也要遵守地方法规,地方法规人为割裂生态环境的弊端使司法活动难免出现地方化倾向。

(三)流域行政执法与司法的衔接问题

国家对于长江流域生态环境保护的法治力度逐年加强,长江流域在国家发展战略中的地位越来越重要,既需要加强环境执法,也需要建立有效的司法服务衔接机制,使相关的利益纠纷能得到公平公正的司法解决,确保长江流域生态环境的良好质量。流域内19个省(自治区、直辖市)的各级人民法院在上级人民法院的指导下开展了与环保部门、公安机关等相关部门的环保执法协调联动工作。浙江、云南、青海、湖北等地高级人民法院推动建立党委领导、政府主力、各部门各司其职并协调配合、社会组织有益补充、人民群众广泛参与,完善行政执法与司法审判衔接等齐抓共管机制。[1] 流域内各省份的行政执法与司法衔接机制正在由探索走向常规。

然而,当前我国生态环境司法与行政协调联动机制虽取得一定成效,也有一定政策或规定指导,但距离有效的协调联动机制成熟仍然存有较大的差距。

---

〔1〕 参见雅安市人民政府:《充分发挥审判职能 更好保护长江流域生态环境——长江流域生态环境司法保护调研座谈会发言摘登(上)》,载搜狐网2019年6月25日,http://www.sohu.com/a/322818592_120162628。

表现在,其一,成效是局地的,政策与规定也呈现出分散性、部门化与临时化特点,长江流域统一的联动协调机制尚未建立。其二,我国生态环境司法与行政联动主要集中于环保与公安部门的行政执法与刑事司法衔接、环保与司法部门在公益诉讼方面的程序协调以及在最高人民法院、最高人民检察院系统内部的地方协调等方面,协调联动的领域涉及面较窄,既没有涉及长江流域的专门的联动协调机制,也缺乏水利、林业、自然资源等涉水相关部门广泛参与的"大联动"机制。其三,长江沿线有部分地区建立了专门机构实施,但是,长江流域大部分地方没有形成专门机构,各省、市相关部门内部也没有建立负责联动协调的具体部门与责任机制。其四,当前大部分地方及相关部门在案件审理过程中没有统一的协调工作机制,协调联动基本由司法、行政部门之间自主协商完成,缺乏刚性约束机制,同时,一些地方部门协调依赖于领导关系或临时协商,法官办案自主协调能力与职权有限,案件协调仍存在巨大障碍。

(四)裁判标准不统一的问题

由于长江流域生态系统的整体性以及复杂性,各省份在面对具有客观性的环境纠纷面前,仍出现了"同案不同判"、裁判标准不统一的局面。裁判标准不统一局面的出现,既有来自立法和执法方面的原因,也有来自司法方面的原因。根据立法的生效范围不同,我国的立法体系可以分为中央立法和地方立法。中央立法有权对属于全国事项的中央事权进行法律规定,地方立法有权对属于本行政区域的地方事权进行地方立法规定。长江流域范围内的环境资源事权涉及中央专属事权、中央与地方共享事权、地方专属事权,三种事权的同时存在,注定了会出现多部门立法、多层级立法的出现,因而会间接影响人民法院的裁判标准问题。

司法机关的司法活动往往受到多方面因素的影响,除了来自立法和执法的影响外,还有来自司法本身的因素制约,其一,流域内各级人民法院在上级人民法院的指导下,出台相关规范性文件指导环境纠纷审判。规范性文件的出台,是符合本区域的客观实际,但却人为割裂了长江流域生态系统的整体性,以至于因为审理依据的不同而出现裁判标准不统一。其二,受制于地方经济发展水平,长江流域上、中、下游地区的环境司法审判人员整体素质存在地区差异,中下游地区的审判人员在受教育程度、专业技能、案件审理经验等方面有一定优势。其三,中下游地区经济发展水平高于上游地区,经济发展与环境保护的矛盾较早地成为中下游地区司法审判所面临的问题,因而中下游地区在审理环境纠纷的经验方面有较长时间的积淀,中下游地区法院在探索和制定环境纠纷审理规则方面先行一步,也使流域内裁判标准不统一的问题成为可能。除以上因素之外,影响裁判标准不统一的因素还包括经济发展程度不同带来的资源开发利用方式与程度的不同、公众生活理念和方式的不同等。

三、设立长江生态法院的必要性论证

为满足长江生态环境司法保护的现实要求、长江生态环境行政执法对司法保护体制机制的需求、长江生态环境司法实践的迫切需要、发挥长江流域跨区域案件集中审理优势,有必要设立长江生态法院。

(一)长江生态环境司法保护的现实要求

长江生态环境司法保护的要求主要体现在解决地方利益与国家利益的冲突及司法地方化的问题。由于我国目前财政实行"分灶吃饭"的体制,长江沿线地方政府的财政来源及其地方官员的生活状况直接由当地经济发展水平所决定,故而长江沿线地方政府极容易产生保护污染企业的倾向而干预司法,最终将国家保护长江生态的整体利益搁置一旁。目前,长江沿线地方法院经费划拨、人事任免等事项均依赖于当地政府,这容易导致其在司法审判中主动或者被动地出现地方保护主义的倾向。在人、财、物都受制于地方政府时,实际上司法机构是没有条件和能力顶住地方各方面干预。故而设立长江生态法院一方面可以依据涉长江环境资源案件的特殊性单独规制,另一方面可以减轻或消除长江生态法院对地方财政的依赖和人事束缚,这样既可以避免带来司法地方化,又可以实现涉长江环境资源案件审理的独立性,从而使涉长江环境资源案件的审理免受地方利益的干扰,保证涉长江环境资源案件的公平审理。

(二)长江生态环境行政执法对司法保护体制机制的需求

《长江保护法》第 4 条规定:"国家建立长江流域协调机制,统一指导、统筹协调长江保护工作,审议长江保护重大政策、重大规划,协调跨地区跨部门重大事项,督促检查长江保护重要工作的落实情况。"就目前长江生态环境行政执法体制而言,生态环境部长江流域生态环境监督管理局对长江流域的环境保护工作和环境执法工作实施统一的监督管理，水利部长江水利委员会、交通运输部长江航务管理局、长江海事局、长江航运公安局分别在各自的职能范围内负责长江流域相对应的环境保护和执法工作，可以看出实践中长江生态环境的行政执法工作已然形成跨区域的专门监督管理模式，长江流域水上行政事务和行政执法的统一管理格局已经确立并正在不断优化。由于涉长江环境资源案件必然要涉及长江流域行政执法职能部门的衔接工作，故而为配合长江生态环境的行政执法工作，建立健全长江流域行政执法与司法保护的联动机制，完善涉长江环境资源案件的信息共享、案情通报、案件移送等制度，有必要设立长江生态法院，实现长江生态环境行政执法与司法保护体制的对应和一致。长江生态法院的设立有利于加强环境法的实施，而且有助于实现长江环境保护工作的一体化和环境审判工作的专门化。

（三）长江生态环境司法实践的迫切需要

设立长江生态法院同时也是为了满足长江生态环境司法实践的迫切需要，而长江生态环境司法实践中迫切需要统一诉讼主体资格标准、统一案件受理范围、统一同类案件的裁判标准。[1] 首先，设立长江生态法院有利于实现专业化审判，组建专门化团队进行类型化裁判。设立长江生态法院可以选拔出一批拥有丰富环境资源案件审判经验的专业化法官，组建涉长江环境资源案件的专业化审判团队，并推行涉长江环境资源案件的专业化审判模式，进而解决长江生态环境司法实践的迫切需要。其次，设立长江生态法院可以集中审理涉长江环境资源案件，进行案件类型化的审理和裁判，进而提高审判的质量和效率、统一裁判尺度。最后，设立长江生态法院有利于建立法律统一适用的协调机制，加大涉长江环境资源案件的质量监督力度，构建涉长江环境资源案件的案例指导制度，保证案件适用法律标准的统一。设立长江生态法院更便于在法院内部和外部设立专门的法律统一适用的协调机制，在法院内开展涉长江环境资源案例的指导，从而在一定程度上规制法官的自由裁量权，保障涉长江环境资源案件所涉法律的统一适用。可以看出，为了统一诉讼主体资格标准、统一案件受理范围、统一同类案件的裁判标准，有必要在长江生态区域设立长江生态法院。

---

〔1〕 最高人民法院《关于全面加强长江流域生态文明建设与绿色发展司法保障的意见》（法发〔2017〕30号）。

（四）长江流域跨区域案件集中审理优势选择

首先，设立长江生态法院能够综合分析各种法律关系和各方利益诉求。涉长江环境资源案件所体现出的法律关系的多元性、利益的复合性等特征要求建立与传统案件不一样的审判组织和运行机制，对于兼具公益和私益的涉长江环境资源案件，有必要进行集中审理、集中判断，而设立长江生态法院更利于集中涉长江环境资源案件的审理，综合判断案件所涉及的各种复杂利益和法律关系。

其次，设立长江生态法院集中审理涉长江环境资源案件可以使技术性和综合性较强的环境案件能够从科学和法律层面得到比较精准的把握，提高司法的质量和效率。通过涉长江环境资源案件的集中审理，法官能够集中精力进行相关法律和知识的学习，因此可以进一步提高法官审判环保案件的能力和技巧，进一步提高环境司法的效率，进而提高司法权力行使的权威性。

最后，设立长江生态法院比其他司法保护模式更具有案件集中管辖的优势。相较于长江沿线地方法院的省际联动司法保护模式和长江沿线各省法院相对集中的司法保护模式，设立长江生态法院实现了司法区划与行政区划的分离，能够组建涉长江环境资源案件的专业审判团队，因此更有优势将分散在长江沿线各法院的涉长江环境资源案件进行集中审理。此外，通过对涉长江环境资源案件集中审理，还可以提高地方政府和相关部门、企业的环境守法意识，激发公众的环境保护热情，进一步发挥长江生态法院的审判指导和教育优势。

四、长江生态法院设置的建议方案

（一）长江生态法院的设置

1. 长江生态法院的设置模式

在流域法院设置模式的选择上，学界存在不同看法，有专门法院模式、专门法院加巡回法庭模式和专门法院加派出法庭模式。设立跨流域的环境专门法院是在环境审判机构层面上高度实现司法专门化的表现，国际上已有设立专门环境法院的先进经验，如世界上第一所专门的环境高等法院——澳大利亚新南威尔士州的土地与环境法院等。[1] 专门法院加派出法庭模式,例如,最高人民法院、交通部[2]《关于设立海事法院的通知》中规定了海事法院可以根据需要设置派出法庭,自1992年以来,各海事法院根据需要和可能,在远离院部、发案较多的港口城市设立派出法庭,且派出法庭的结案量甚至会超过总数的70%。[3] 专门法院加巡回法庭模式,与派出法庭模式类似,巡回法庭模式也需要依托专门法院而形成专门法院加巡回法庭的模式,如知识产权法院。巡回法庭这一模式的优点在于能够很好地弥补基层人民法院设置环保法庭法律依据缺失这一问题。但巡回法庭模式的弊端在于审理案件类型受限,仅审理行政和民商事案件。此外,巡回法庭的人员编制和财政来源也受当地法院的制约,在一定程度上影响了环境法庭的独立性。[4]

对比三种模式,建立专门中级人民法院进行跨区域集中管辖并辅以派出法庭或巡回法庭是最为理想的长江生态法院模式选择。理由如下:一是建立专门法院更有利于长江流域现有的环境资源审判机构及司法资源的整合,专门化程度高。二是中级人民法院的管辖权介于基层人民法院和高级人民法院之间,且最高人民法院《关于审理环境民事公益诉讼案件适用法律若干问题的解释》(2020修正)第6条第1款规定:“第一审环境民事公益诉讼案件由污染环境、破坏生态行为发生地、损害结果地或者被告住所地的中级以上人民法院管辖。”故中级人民法院对环境公益诉讼等特殊类型的案件包容性强。[5] 三是适当辅以派出法庭或巡回法庭可以减少当事人诉累。

2. 长江生态法院的设置地点

在湖北省武汉市设立长江生态法院,具有得天独厚的优势,理由如下:

(1)在武汉市设立长江生态法院符合以习近平同志为核心的党中央作出的重大决策要求。2018年以来,习近平总书记多次考察武汉市,他强调推动长江经济带发展,要正确把握整体推进和重点突破、生态环境保护和经济发展、总体

---

〔1〕 参见杨帆、黄斌:《瑞典、澳大利亚、新西兰、美国的环境法院及其启示》,载《法律适用》2014年第4期。

〔2〕 2008年机构改革后为交通运输部,下同。

〔3〕 参见付荣:《中国海事法院:问题与出路——兼论其他专门法院》,载《河北法学》2009年第5期。

〔4〕 参见任洪涛、余德厚:《论跨行政区域环境资源案件的司法管辖制度》,载《甘肃政法学院学报》2017年第4期。

〔5〕 参见任洪涛、余德厚:《论跨行政区域环境资源案件的司法管辖制度》,载《甘肃政法学院学报》2017年第4期。

谋划和久久为功、破除旧动能和培育新动能、自身发展和协同发展五个重大关系。在武汉市设立长江生态法院有利于湖北省按中央要求主动协调沿江司法资源，参与《长江保护修复攻坚战行动计划》，配合环境监管和行政执法，保护长江生态环境，为长江经济带高质量发展贡献湖北智慧与力量。

(2)在武汉市设立长江生态法院具有地理优势。湖北地处我国中部，是长江干流流经里程超过千公里的唯一省份，是长江流域重要的水源涵养地和国家重要的生态屏障。省会武汉市位于华中地区中心，处在长江、汉江交汇之地，具有“九省通衢”的地缘优势。在武汉市设立长江生态法院，能够为长江经济带建设提供更加便捷的司法服务。

(3)在武汉市设立长江生态法院具有行政区位优势。中华人民共和国成立以来，根据党和国家机构改革任务要求，水利部、公安部、交通运输部、生态环境部先后在武汉设立长江水利委员会、长江航运公安局、长江航务管理局、长江海事局、长江流域生态环境监督管理局等专门派出机构，负责长江水域的监督管理和行政执法工作。从职能运行来看，国家部委在武汉设立的派驻机构涵盖了岸线管理、河道与航道整治、水资源保护、水污染防治、治安管理、打击刑事犯罪等多个领域。这表明长江流域生态环境行政管理基本模式已经确立并正在不断优化，长江流域水上行政事务和行政执法已经初步形成长江流域综合行政执法体制。从行政与司法衔接的角度，在武汉市设立长江生态法院，能够更好地与在武汉市的长江流域行政机构建立信息共享、案情通报、案件移送等制度，构建长江流域行政与司法协调配合、高效联动的工作机制，形成长江生态环境保护的法治合力。

(4)在武汉市设立长江生态法院具有资源优势。武汉市是高等院校、科研机构的聚集地，拥有武汉大学、中南财经政法大学、华中科技大学、中国地质大学、长江水利委员会、长江科学院、中国科学院水生生物研究所等一流大学、科研机构。武汉大学环境法研究所是全国高校人文社科重点研究基地，也是最高人民法院首批环境资源审判理论研究基地之一。双一流大学中南财经政法大学也设有专门的环境资源法研究机构。武汉海事法院是最高人民法院确立的全国 15 家环境资源司法实践基地之一。这些高校和专业法院可以为长江生态法院储备专业的审判人员和审判咨询专家。

(5)在武汉市设立长江生态法院具有经验优势。武汉海事法院是全国最早跨行政区域管辖长江流域海事海商案件的法院,具有跨行政区域管辖、审判案件的经验。根据最高人民法院、湖北省高级人民法院的相关规定,武汉海事法院负责集中审理湖北辖区内长江干线及支线水域环境公益诉讼案件,[1]该院于2016年被确定为"全国环境资源司法实践基地",有两起案件被评为最高人民法院发布的长江流域生态环境司法保护十大典型案例,该院为设立长江生态法院积累了一定的审判实践经验。

更为重要的是,湖北有更加坚实的群众基础。湖北的经济社会发展和长江有着密切的联系,湖北人民世世代代逐水而居,对这条河流有着更为深厚的感情。

(二)长江生态法院的管辖

1. 地域管辖范围的确定

通过对长江水系、长江流域以及长江经济带概念及范围的辨析,笔者认为,设立长江生态法院在地域上应以长江经济带作为其管辖范围更为合适,原因有以下几点:

第一,响应国家政策的需要。长江经济带的建设事关全面建成小康社会、实现中华民族伟大复兴"中国梦"的整体布局。[2] 将长江经济带作为长江生态法院的地域管辖范围,是对习近平总书记提出的"要把修复长江生态环境摆在压倒性位置,共抓大保护、不搞大开发"重大战略思想予以环境司法领域的积极回应与落实。

第二,促进经济发展的需要。长江经济带的绿色发展是关系中华民族的发展大局。改革开放以来的长江流域,经济社会发展迅速、综合实力快速提升,更是成为我国经济重地、活力之地。2017年,贵州以10.2%的经济增速领跑全国;全国增速前五名中,贵州、云南、重庆、江西占据4席。长江经济带11个省

---

[1] 根据最高人民法院《关于海事法院受理案件范围的规定》第2条第66项的规定:武汉海事法院负责审理从四川宜宾到江苏浏河口之间长江干线及支线水域发生的"污染通海可航水域环境、破坏通海可航水域生态责任纠纷案件"。

湖北省高级人民法院《关于环境资源审判模式与管辖设置方案的意见(试行)》规定:武汉海事法院负责审理湖北省内长江干线及支线水域水污染损害等环境民事公益诉讼案件,以及武汉海事法院管辖范围内长江干线及支线水域涉及水污染损害等环境保护的一审环境资源保护类民事案件。

[2] 参见吕忠梅、陈虹:《关于长江立法的思考》,载《环境保护》2016年第18期。

市全部高于或等于2017年全国6.9%的经济增速,可谓我国新发展的强劲发动机。

第三,解决环境问题的需要。目前长江经济带的生态环境保护突出的四个问题:流域的系统性保护不足,缺乏整体性;污染物的排放基数大;沿江化工行业环境风险隐患突出;部分地区城镇开发建设严重挤占江河湖库生态空间,发展和保护的矛盾仍然突出。[1] 将长江经济带作为长江生态法院的管辖范围是必要且亟须的。

2. 级别管辖范围的适度扩张

根据最高人民法院、交通部《关于设立海事法院的通知》,[2]海事法院在受案范围上作了一定的扩张。长江生态法院在受案范围上应以级别管辖原则为准则,适当扩张受案范围,以满足长江经济带中存在的环境问题对司法救济的需求。专门法院可以根据上诉案件是否由同类专门法院受理而分为正式的专门法院和非正式的专门法院两种。[3] 从目前来看,长江生态法院也属于非正式的专门法院的范畴。在长江生态法院积累了一定司法实践经验的基础上,成立专门的长江生态环境保护高级人民法院作为其上级法院,负责审理上诉案件,以减少专门法院与地方法院之间产生的管辖权争议。

(三)长江生态法院的受案范围及审判机制

1. 法院受案范围的明晰

海事法院、知识产权法院等专门法院的受理案件范围是民事案件和行政案件,并不包括刑事案件。长江生态法院的受理案件范围涵盖一审民事案件和行政案件,此外刑事案件也应纳入进来。首先,与长江经济带相关的司法解释中均对刑事犯罪审判的重要性有所涉及。[4] 其次,环境问题的复杂性、涉及主体的多样性导致一个污染环境、破坏生态的行为往往会涉及民事、行政和刑事多种案由,若刑事案件仍由各省市的法院审理,将会造成不同法院之间审理标准

---

〔1〕 参见陈吉宁:《长江经济带生态环境保护面临四个问题》,载新华网,http://www.xinhuanet.com/politics/2017lh/2017-03/09/c_129505753.htm。

〔2〕 最高人民法院、交通部《关于设立海事法院的通知》第1项规定:……海事法院与中级人民法院同级,审理国内和涉外的第一审海事案件和海商案件,不受理刑事案件和一般民事案件……

〔3〕 参见吴汉东:《中国知识产权法院建设的理论与实践》,载《知识产权》2018年第3期。

〔4〕 最高人民法院《关于为长江经济带发展提供司法服务和保障的意见》第4项提出,要大力加强涉及环境资源保护刑事案件的审判。

的不统一，增加案件审判成本。所以，长江生态法院的受案范围应将三种传统民、刑、行案件全部纳入进来，如此方可建立最严密、完整的环境司法体系，也有利于“三审合一”的新型审判机制的探索和构建。除了传统案件，水权交易、湿地保护、大气污染、生物多样性保护、能源纠纷、气候变化更是长江流域内案件呈现出的新特点，这一类新型案件也应被长江生态法院一并纳入其受案范围。此外，还有两类特殊案件，环境公益诉讼和生态环境损害赔偿诉讼也属于长江生态法院的受案范围。

2. 审判机制

(1)审判组织形式

基于环境纠纷案件的特点，长江生态法院审理案件时，应当实行合议制。因为环境污染纠纷案件极其复杂，采用合议制能尽量确保公平、公正、高效地审理案件。长江生态法院主要是审判环境纠纷案件，审判的法官及其相关的法律工作者需要在环境法方面有着较强的专业知识和相关的判案经验，而且法官的组成是鉴定法院审判与环境保护相关案件时是否专业的最重要标准。长江生态法院在审理环境案件时，还应当由环境保护技术、环境科学、环境工程等方面的专家组成陪审员。此外，还可以借鉴国外的做法成立专家委员会，委员会可囊括城市规划、环境科学、环境评价、环境工程、土地、自然资源管理、生态环保技术、水利资源开发与利用等行业领域中的专家，有利于弥补法官环境科学知识的不足，为审判的科学性奠定基础。[1]

(2)案件审理程序

长江生态法院作为专门法院，它的审理程序和诉讼制度都应作特殊规定，符合环境案件的特点。从诉讼程序的开始到结束以及和解、执行都应制定其特有的各项制度，这样有助于正确处理环境纠纷，提高审理环境纠纷案件的效率。实践中，环境污染纠纷频发，环境损害具有长期性、突发性、潜伏性以及不可逆转等特点，最大的问题就是这些污染可能涉及行政、民事以及刑事责任的方方面面。长江生态法院探索“三审合一”的模式是推进环境司法专门化的有效路径。传统的三种环境诉讼模式存在许多的不同点，通过构建民事、行政、刑事

〔1〕 参见王琦：《论我国环境法庭的设置及其配套制度》，载《知识经济》2011年第20期。

“三审合一”的审判模式可以谋求更高的环境司法效率,还能促进专门化环境司法诉讼程序与规则的有效形成。

长江生态法院要加强民事与行政多重法律关系下的并案审查等审判规则与技能应对,建立并案审查模式。《行政诉讼法》指出:法院在处理行政诉讼时可以一并处理相关的民事诉讼。这一规定将民事与行政的交叉问题纳入了法律规范,称作“行政附带民事诉讼制度”。但是对于民行交叉的环境诉讼案件来说,并不是简单地并案审理就可以解决,两种诉讼制度上的差异性使并案审理需要综合运用民事和行政法律知识,统一适用审理规则,提高法院的诉讼效率。

最高人民法院、最高人民检察院《关于检察公益诉讼案件适用法律若干问题的解释》(2020 修正)中规定了刑事附带民事公益诉讼制度。[1] 从实施情况来看,该种诉讼模式逐渐成为检察公益诉讼的主要组成部分。刑事附带民事公益诉讼作为一种新型的公益诉讼模式,它兼具刑事附带民事诉讼和公益诉讼的双重特征。[2] 虽然该解释明确规定了刑事附带民事公益诉讼的诉讼模式,并对案件范围、管辖和审判组织作了规定,但是并未对刑事附带民事公益诉讼的审判原则、审判程序、责任等作出相应规定。因此,长江生态法院应对刑事附带民事公益诉讼的相关理论和制度问题在实践中进一步探索构建,这样才能提高司法效率,切实实现环境公益的有效维护。

(3)多元化纠纷解决机制

在环境纠纷中,面对生态价值和经济价值之间的冲突,不仅要对现有的诉讼制度实现进一步落实和完善,还要寻求多元、灵活的纠纷解决方式,以期实现当事人以及社会的利益最大化。[3] 党的十八届四中全会将“完善多元化纠纷解决机制”作为法治社会建设的重要内容写入中共中央《关于全面推进依法治国若干重大问题的决定》。调解、仲裁、和解等方式都是解决纠纷的基本途径,

---

〔1〕 最高人民法院、最高人民检察院《关于检察公益诉讼案件适用法律若干问题的解释》(2020 修正)第 20 条第 1 款规定:“人民检察院对破坏生态环境和资源保护,食品药品安全领域侵害众多消费者合法权益,侵害英雄烈士等的姓名、肖像、名誉、荣誉等损害社会公共利益的犯罪行为提起刑事公诉时,可以向人民法院一并提起附带民事公益诉讼,由人民法院同一审判组织审理。”

〔2〕 参见程建玲:《检察机关提起刑事附带民事公益诉讼的现实困境与制度完善》,载《检察调研与指导》2019 年第 1 期。

〔3〕 参见陈泉生主编:《环境法》,厦门大学出版社 2013 年版,第 156 页。

作为中立第三方居中调解的方式更能体现非诉纠纷解决机制的特征。在处理环境污染纠纷时，可以借鉴国外先进经验并立足我国的调解制度，制定符合环境纠纷特点的调解程序，长江生态法院设置后，可在长江流域的恢复治理中对此进行实践探索，可采取法院内部调解和外部调解相结合的方式。法院外部调解包括民事、部分行政、信访、申诉、社会组织第三方等在内的集合体。其中环境行政调解作为普通诉讼程序的重要补充、非诉程序的重要组成，是解决环境污染民事纠纷的有效手段。[1] 调解制度因其灵活性、高效性、经济性的特点，在环境纠纷领域有利于实现经济效益和生态效益，符合生态文明统领原则。长江生态法院作为专门的环境法院，尤其需要重视调解的作用，具体操作而言，首先，调解工作的主持人员应是训练有素、经验丰富的法官、调解员；其次，调解程序的启动应尽力引导当事人在诉前进行申请，实现纠纷的诉前化解；最后，调解的程序应简易化，以期达到节约诉讼成本，节省司法资源的目的。

---

〔1〕 参见王伟民：《行政调解概论》，安徽人民出版社 2016 年版，第 4 页。

9. 中国环境法预防原则的实质阐释*

刘明全**

内容摘要：伴随环境法典编纂进入立法进程，预防原则迫切需要实现体系化。《环境保护法》第5条预防原则存在象征立法问题，造成环境法理论上的不同观点并存，这种模糊状态与体系化需求形成反差，需要通过解释来对其进行完善。预防原则实质阐释可从整体预防观出发，突破象征性立法困局，最大限度实现精细化立法，通过危险与风险双层预防视野下的适度精细化展开，会产生整体观下公私法协调效应、法律适用效应以及相应改革效应。

关键词：象征性立法　双重预防　实质阐释　阐释效应

"无知"或者不确定性是复杂的，与社会认知、科技水平息息相关，而从"无知"或者不确定性到确定性具有一定的延时性、滞后性。比如，日本水俣病得到正式认定是在1956年，而水俣病因果关系认定则是在1968年，熊本水俣病诉讼与新泻水俣病诉讼也分别在1971年、1973年得以判定。[1] 如果预防措施完全依赖于科学确定性的正式到来，生态环境或已荡然无存、健康身体或已奄奄一息。而在全国人大常委会2021年度立法工作计划中，就包括了"研究启动环境法典……条件成熟的行政立法领域的法典编纂工作""积极推进……防范风险……重要领域立法"，环境法典编纂已进入立法倒计时，环境法典适度编纂也

---

* 本文为国家社科基金"长江经济带的跨域污染防治问题及应对研究"（21BFX140）阶段性成果，受中央高校基本科研业务费"碳中和法律规制机制研究"（2242022S20030）资助，根据2021年11月15日于日本早稻田大学比较法研究所演讲报告修改而成。首发于《清华法学》2022年第5期。

** 刘明全，东南大学法学院副教授，法学博士。

〔1〕 大塚直『環境法 BASIC（第2版）』（有斐閣，2016年）509頁以下参照。

成为环境法学界主流观点;[1]如何从环境法体系共性问题应对策略中提取“最大公约数”、实现“防范风险”,则成为法典编纂所面临的紧迫任务之一。那么,如何才能有效建构预防原则体系?针对预防原则对象与内容的不确定性,我们可以或者应当作出哪些解释?现有法理对这种解释论的支撑又是否充足?这种解释能够或者应当产生什么效应?基于此,本文先梳理预防原则规范与学说,然后从助推法典化编纂出发,对预防原则展开实质阐释并研判阐释效应。需要注意,预防原则分为危险防止原则与风险预防原则,这三个用语属于不同概念,承担不同功能。

一、中国环境法预防原则的象征立法

“已成立的法律要想获得普遍的服从,除了必须明确清晰,还要求法律富有实效”,[2]而我国环境法预防原则规定存在过度“简洁”而引发“象征性”问题。

理念上,1982 年《宪法》第 26 条第 1 款规定国家防治污染和其他公害义务,2018 年修正则在序言中新增“生态文明”,1990 年国务院《关于进一步加强环境保护工作的决定》提出“谁开发谁保护、谁破坏谁治理、谁利用谁补偿”,1996 年国务院《关于环境保护若干问题的决定》明确“开发者保护”“破坏者恢复”方针,2000 年《全国生态环境保护纲要》坚持“保护优先、预防为主、防治结合”“谁开发谁保护,谁破坏谁恢复”。由此,国家层面上的环境保护从一开始就贯彻了“谁开发谁保护”“谁破坏谁治理”理念。在主体法方面,1979 年《环境保护法(试行)》(已废止)虽继承了 1973 年第一次全国环境保护会议所提出的环境保护“32 字方针”,但并没有直接规定基本原则;1989 年《环境保护法》也没有明确规定“基本原则”,只是规定“协调发展”(第 5 条),并把环保放在相对“被动”位置;2014 年修订时增加了“推进生态文明建设,促进经济社会可持续发展”,将环保调整为协调关系中的“强势”地位(第 4 条),直接规定“环境保

〔1〕 参见吕忠梅:《环境法典编纂方法论:可持续发展价值目标及其实现》,载《政法论坛》2022 年第 2 期;王灿发、陈世寅:《中国环境法法典化的证成与构想》,载《中国人民大学学报》2019 年第 2 期;汪劲:《论中国环境法典框架体系的构建和创新——以中国民法典框架体系为鉴》,载《当代法学》2021 年第 6 期;李艳芳、田时雨:《比较法视野中的我国环境法法典化》,载《中国人民大学学报》2019 年第 2 期;竺效:《环境法典编纂结构模式之比较研究》,载《当代法学》2021 年第 6 期;彭峰:《中国环境法法典化的困境与出路》,载《清华法学》2021 年第 6 期;曹炜:《论环境法法典化中的方法论自觉》,载《中国人民大学学报》2019 年第 2 期。

〔2〕 参见刘艳红:《以科学立法促进刑法话语体系发展》,载《学术月刊》2019 年第 4 期。

护坚持保护优先、预防为主、综合治理、公众参与、损害担责的原则”(第5条),把“可持续发展”定位为理念或者目的(第1条),还规定风险评估与预警(第18条、第39条、第47条第2款)、环境影响评价(第19条、第61条)、生态红线(第29条)、监测预警(第33条)以及“三同时”(第41条)等多处体现风险预防的具体制度。同时,未进行环境影响评价、未取得排污许可证排放污染物且拒不执行停止排污、逃避监管方式违法排污等情形(第63条)也会触发预防性环境司法。《环境影响评价法》(2018修正)规定“对规划和建设项目实施后可能造成的环境影响进行分析、预测和评估”,对于行政决策而言,“未采纳环境影响报告书结论以及审查意见的,应当作出说明,并存档备查”(第2条、第14条)。《规划环境影响评价条例》明确规划环评的审查标准,强调对规划实施可能造成重大不良环境影响提出切实可行的预防或者减轻对策(第21条);规划的环评涉及可能对生态系统产生的整体影响,可能对环境和人群健康产生的长远影响等(第8条)。

相关规定方面,2017年《污染地块土壤环境管理办法(试行)》第3章、第4章为“环境调查与风险评估”“风险管控”,规定污染地块风险等级的政府确定义务(第14条第2款)、高风险污染地块的政府重点监管义务(第15条)、污染地块土地使用权人的风险评估义务(第17条)、风险管控义务(第18条)、风险管控方案编制(第19条)以及风险管控措施(第20条);2017年《农用地土壤环境管理办法(试行)》第2章为“土壤污染预防”,规定污染防止义务(第8条)。2018年《核安全法》规定核安全工作的“预防为主”“纵深防御”原则(第4条第2款)。2019年《土壤污染防治法》规定“预防和保护”“风险管控与修复”两章,明确“预防为主”“保护优先”“风险管控”原则(第3条),把公众健康风险与生态风险纳入国家土壤污染风险管控标准制定考量因素(第12条第1款)。2021年《长江保护法》规定生态环境风险报告和预警机制、定期调查评估与风险防范制度、水污染预防义务、退耕还林还草还湿以及禁止在重点保护区域“开展可能造成水土流失的生产建设活动”(第9条第2款、第37条、第43条、第50条、第61条)。2021年《生物安全法》规定“生物安全风险防控体制”章,整体上建构风险预防机制,明确“风险预防”原则(第3条),规定首次进境或者暂停后恢复进境的动植物、高风险生物因子等的国家准入制度与风险防控措施(第23

条)。另外,预防原则在公法中的非环保类规范也有所体现。例如,《宪法》可为风险预防提供支撑(第33条第3款),《突发事件应对法》规定"预防为主、预防与应急相结合"原则、"国家建立重大突发事件风险评估体系"(第5条)以及"国家建立健全突发事件预警制度"(第42条),《食品安全法》规定"预防为主、风险管理"(第3条)。

结合上述规定来看,这些条款尽管出现"风险""预防"等用语,但并非实质上的风险预防,基本上是科学确定性下危险的防止;同时,《生物安全法》"风险预防"条款也存在微妙的解释空间,是否可以包含科学不确定性前提下的风险预防仍有待实践检验。不得不说,与生态环境民事补救性救济体系相比,生态环境预防性救济法律体系尚未形成。[1] 在传统环境法体系以外,禁令制度也是实现环境法预防原则的路径之一,2021年《民法典》就为预防原则提供了私法领域中最主要的禁令制度参考。[2] 需要注意,鉴于环境问题独特性,传统私法理论并不能完全解决预防原则司法适用问题。[3]

综上所述,尽管我国环境法预防原则经历了实体法上从无到有、从政策到法律的演变,初步形成"保护优先、预防为主、综合治理",近期单行法也在丰富相关制度;然而,无论是环保类还是非环保类法律规范,其预防原则存在内涵界定不明问题,究其原因在于预防对象混同、预防机制启动条件不清晰以及风险难以确定等,也就是没有明确区分确定性的危险防止与不确定性的风险预防,使大多数预防规定名为"风险"、实为"危险"。可以说,环境法预防原则规范体

---

〔1〕 参见曹明德、马腾:《我国生态环境民事预防性救济体系的建构》,载《政法论丛》2021年第2期。

〔2〕 具体可见人格权禁令制度(第997条)与不法行为禁令制度(第1167条),从"风险"(第1176条),"侵害"、"难以弥补的损害"(第1177条)等用语来看,《民法典》更倾向于适用科学确定性的危险,这样才更符合"一般合理人"标准;如果适用科学不确定性的风险,对于"一般合理人"而言,则超出可预见性辐射范围。如果私法纳入科学不确定性风险,将与传统合理标准产生"裂缝"。另外,行为保全的申请高阶化、审查实质化与担保强制化同环保禁止令制度并不完全匹配,从根本上制约该制度的功能实现。参见秦天宝:《〈民法典〉背景下环境保护禁止令的法教义学展开——基于人格权禁令制度的考察》,载《政法论丛》2022年第1期;刘明全:《环境诉讼禁令制度的法理与二元构建》,载《法商研究》2017年第6期。

〔3〕 参见蔡守秋:《环境公益是环境公益诉讼发展的核心》,载《环境法评论》2018年第1期;曹明德:《检察院提起公益诉讼面临的困境和推进方向》,载《法学评论》2020年第1期;邓海峰:《生态法治的整体主义自新进路》,载《清华法学》2014年第4期;巩固:《环境民事公益诉讼性质定位省思》,载《法学研究》2019年第3期;于文轩、宋丽容:《论环境司法中预防原则的实现路径》,载《武汉大学学报(哲学社会科学版)》2022年第1期;侯佳儒:《生态环境损害的赔偿、移转与预防:从私法到公法》,载《法学论坛》2017年第3期;吴凯杰:《论预防性检察环境公益诉讼的性质定位》,载《中国地质大学学报(社会科学版)》2021年第1期。

系面临规范模糊化与碎片化等象征性立法问题，需要通过实质阐释来实现进一步精细化、体系化，为具体适用提供有效支撑。

二、中国环境法预防原则的实质阐释

环境治理优化需要实质阐释。治理一般遵循治标、强治标—弱治本以及强治标—强治本的演进路径，[1]环境治理亦是如此。象征性立法也反映出环境治理处于"弱治本"阶段，而要进入"强治本"阶段则要先厘清预防原则的内涵与外延。因此，首要任务就是对其展开实质阐释，然后将其共性转化为立法。因为解释学积累可以有效推动立法，立法反过来也需要解释学来辅助其良好运行。[2] 另外，预防原则象征性立法容易产生形式化理解，即便保持现有立法模式，也需要实质阐释。同时，解释论是现实需求，因为风险预防是一种"非常态"思维，这要求其具有充足的法理阐释基础支撑相关条款适用；所谓"常态"思维是有损害才赔偿、有证据才胜诉，而风险预防则打破这种"常态"，有风险即可预防、无确凿证据也可胜诉。所以，这种"非常态"模式本身需要通过解释论来弥补象征性立法不足并减少由此带来的诸多"副作用"，特别是要明确区分危险防止与风险预防原则。

最主要的问题是预防原则的体系定位与内涵不清晰。在 1989 年《环境保护法》时期，对基本原则的解释与适用大多是经由学者们归纳、概括和提炼，但这种概括缺乏明确法律地位和司法适用功能。[3] 进入 2015 年新《环境保护法》时代，对基本原则仍然存在碎片化理解。一种理解是对基本原则进行具体化，包括五元说、四元说与三元说等。五元说主张严格按照《环境保护法》第 5 条字面来解释，认为该条"既吸收了各国或地区立法的先进经验，又体现了我国环境保护相关法律规定的最大公约数"。[4] 四元说包括四种观点，第一种观点主张预防原则（预防为主、防治结合、综合治理）、协调发展原则、原因者负担原

---

〔1〕 参见刘艳红：《中国反腐败立法的战略转型及其体系化构建》，载《中国法学》2016 年第 4 期。

〔2〕 参见姚辉：《当理想照进现实：从立法论迈向解释论》，载《清华法学》2020 年第 3 期。

〔3〕 参见柯坚：《环境法原则之思考——比较法视角下共通性、差异性及其规范性构建》，载《中山大学学报（社会科学版）》2011 年第 3 期。

〔4〕 信春鹰主编：《中华人民共和国环境保护法释义》，法律出版社 2014 年版，第 16 页。

则(污染者付费)以及公众参与原则。[1] 第二种观点认为包括保护优先原则、预防为主原则、公众参与原则和环境责任原则。[2] 第三种观点认为“包括经济社会发展与环境保护相协调原则,保护优先、预防为主、综合治理原则,公众参与原则,损害担责原则”。[3] 该观点特色在于将保护优先、预防与综合治理“合三为一”,实质上等同于预防原则。第四种观点主张“保护优先”等同于风险预防,“预防为主、综合治理”等同于预防原则,以及公众参与和损害担责原则。[4] 这些观点都对预防原则持肯定态度,将环境保护与经济社会的协调关系纳入基本原则。三元说认为“风险预防原则处于根本地位,而环境公平原则与环境民主原则是环境法基本原则的重要构成”。[5] 这种环境公平原则相当于原因者负担原则,环境民主原则相当于公众参与原则。因此,三元说与四元说的最大不同就是不再把协调发展视为基本原则。还有一种理解是多元解释说,主张基本原则应当包含各种应有尽有的合理内容。比如,根据环境法相关理念和《环境保护法》第4~5条的规定,基本原则包括保护优先原则,预防为主、综合治理原则,公众参与原则,损害担责原则,政府对环境质量负责原则。[6] 该观点将国家环境保护义务纳入其中。类似观点从比较法出发,主张对“国际社会已经广泛认可的一些新的基本原则”都纳入《环境保护法》。[7] 该类学说共同之处在于坚持基本原则的开放性。

申言之,《环境保护法》第5条字面上似乎包括五个原则,然而这些原则实质上相互重叠。基于这种象征性立法,诸多观点并存现象也反映出人们对基本原则规定的碎片化理解,这会影响法律本身的统一性与逻辑性,而现代环境治理体系更需要对基本原则适用标准的体系化与统一化。“综合治理”属于一种治理方式方法,也不宜纳入预防原则或者基本原则当中;“保护优先”原则关注点集中在环境保护与经济社会发展这一外部关系,重点不在环境保护本身的

---

〔1〕 参见汪劲:《环境法学》(第四版),北京大学出版社2018年版,第49页;彭峰:《环境法律制度比较研究》,法律出版社2013年版,第38~43页。

〔2〕 参见吕忠梅主编:《环境法》(第二版),复旦大学出版社2017年版,第39页;曹明德主编:《环境与资源保护法》(第四版),中国人民大学出版社2020年版,第33页。

〔3〕 韩德培主编:《环境保护法学教程》(第八版),法律出版社2017年版,第54页。

〔4〕 参见竺效:《论中国环境法基本原则的立法发展与再发展》,载《华东政法大学学报》2014年第3期。

〔5〕 吕忠梅主编:《环境法导论》(第三版),北京大学出版社2015年版,第47页。

〔6〕 参见李传轩主编:《中国环境法教程》,复旦大学出版社2021年版,第70页。

〔7〕 参见李挚萍:《环境基本法比较研究》,中国政法大学出版社2013年版,第194页。

“内部灵魂”统筹上。故出于环境法内部视角,可从作为核心的预防、作为责任的负担与作为程序的参与这三个视角来进行规范化与体系化阐释。鉴于象征性立法容易造成损害部门法的法益保护与实用主义功能,[1]象征性立法与形式化理解客观上催生了实质阐释的必要性。

同样,对“预防为主”是什么、如何适用上也存在不同解读。第一种观点主张“预防为主”吸收“综合治理”或“保护优先”,认为三者是一个统一的基本原则,总体思路在于“预防”理念。[2] 第二种观点主张“预防为主”仅规定了损害预防而没有规定风险预防,理由在于《环境保护法》没有明文规定风险预防原则,“预防为主”主要是从预防意义上针对确定性损害的防止,而不是针对科学不确定性的风险预防,或者说“预防为主”并未包含“谨慎”与“风险防范”[3]。没有规定环境风险预防原则也成为《环境保护法》的遗憾之处,尽管我国签署了一批风险预防相关国际法律文件,风险预防原则却没有完成从国际法向国内法的转化。[4] 第三种观点主张没有区分危险和风险,认为理论上没有对危险和风险、危险预防和风险预防作出界分,“而是将‘预防’作为二者的上位概念……使之既涵盖对于尚无科学证据证明损害必然发生的行为,亦能覆盖损害发生具有高度现实可能性的行为”,“建构统一的预防原则……要判断某一情形究竟是属于危险还是风险,进而决定是采取危险预防还是风险预防手段”。[5] 可以说,预防原则在基本原则体系中的地位界定并不清晰。

不过,支持风险预防原则观点已然成为我国环境法学界的有力学说。2015年《环境保护法》第39条首次出现“风险”概念,确立了国家环境与健康风险预防义务,开启了风险预防原则的立法开端;2019年《土壤污染防治法》公众健康

---

〔1〕 参见刘艳红:《象征性立法对刑法功能的损害——二十年来中国刑事立法总评》,载《政治与法律》2017年第3期。

〔2〕 参见韩德培主编:《环境保护法学教程》(第八版),法律出版社2018年版,第58页;吕忠梅主编:《环境法》(第二版),复旦大学出版社2017年版,第42页;汪劲:《环境法学》(第四版),北京大学出版社2018年版,第49页。

〔3〕 参见吕忠梅主编:《环境法导论》(第三版),北京大学出版社2015年版,第54页;汪劲:《环境法学》(第四版),北京大学出版社2018年版,第50页;王小钢:《环境法典风险预防原则条款研究》,载《湖南师范大学社会科学学报》2020年第6期;金自宁:《风险规制与行政法治》,载《法制与社会发展》2012年第4期。

〔4〕 参见秦天宝:《论风险预防原则在环境法中的展开——结合〈生物安全法〉的考察》,载《中国法律评论》2021年第2期;彭峰:《环境法中“风险预防”原则之再探讨》,载《北京理工大学学报(社会科学版)》2012年第2期。

〔5〕 张宝:《环境规制的法律构造》,北京大学出版社2018年版,第201~203页。

风险防范制度预示着风险防控制度的初步建立,“从健康损害后果控制到健康风险预防是必然趋势,环境管理需要从损害救济转向风险预防”。[1] 可以说,问题已经不再集中在是否需要风险预防原则,而是如何在实践中妥当地适用该原则。[2] 具体推进路径上也存在不同态度。第一种是积极预防说,主张全面推进风险预防原则,认为2019年《土壤污染防治法》确立了预防为主、风险管控等原则,属于我国环境立法首次全方位落实风险预防原则,预示着环境立法从“预防”向“风险预防”的转型趋势,“从损害风险区分、环境风险规制和公民环境权利视角看,我国未来环境法典有必要确立风险预防原则条款”,也需要将“预防为主”向“预防原则”转变。[3] 第二种是限制适用说,主张有限制地推动风险预防原则,[4]应当先适用生物多样性保护等特殊领域,再上升为该领域的基本原则,然后升格为环境法基本原则,最后适用到环境法所有领域;或者说,风险远大于收益时严格适用风险预防原则,收益大于风险时宽松适用风险预防原则。

那么,实质阐释需要采用科学方法对风险预防原则进行系统解释。立法无法对所有风险进行完美的精准应对,这种规定本身需要克服象征性问题,这也越发凸显精细化在风险分类处理方面的重要性。因为有的风险可以通过各种规制工具来预防(第1种风险),而有的风险虽不宜强制预防,却可以通过经济工具来进行适度引导(第2种风险)。这两种风险的界定既需要制定明确且可用于指导实务的标准,也要考虑到二者之间的流动性,实施动态调整。也就是说,风险预防原则具有动态性,应当伴随时代、地域、科技等因素变化而变化。

基本原则构造需要体系化阐释,整体观是基本原则体系化的价值导向。第一,生态环境整体性和系统性决定了环境法应当贯彻生态系统管理理念和综合生态系统管理方法,需要通过环境、资源和生态一体化和整体化保护的理念解

---

〔1〕 参见吕忠梅主编:《环境法导论》(第三版),北京大学出版社2015年版,第54页;吕忠梅:《从后果控制到风险预防 中国环境法的重要转型》,载《中国生态文明》2019年第1期。

〔2〕 参见陈海嵩:《风险预防原则理论与实践反思——兼论风险预防原则的核心问题》,载《北方法学》2010年第3期;唐双娥:《环境法风险防范原则研究:法律与科学的对话》,高等教育出版社2004年版,第244~245页。

〔3〕 参见张梓太、王岚:《论风险社会语境下的环境法预防原则》,载《社会科学》2012年第6期;于文轩:《生态文明语境下风险预防原则的变迁与适用》,载《吉林大学社会科学学报》2019年第5期;王小钢:《环境法典风险预防原则条款研究》,载《湖南师范大学社会科学学报》2020年第6期。

〔4〕 参见李艳芳、金铭:《风险预防原则在我国环境法领域的有限适用研究》,载《河北法学》2015年第1期;胡斌:《试论国际环境法中的风险预防原则》,载《环境保护》2002年第6期。

决污染防治、自然资源保护和生态保护的分割局面。[1] 整体系统观是习近平生态文明思想的重要内容,具有重要实践功能与理论引领价值,整体观同样也是第二代环境法的特征。[2] 整体观在现行法律规范中一直都有所体现:《长江保护法》第4条长江流域协调机制,《大气污染防治法》第86条重点区域大气污染联防联控机制,《水污染防治法》第28条流域水环境保护联合协调机制等。第二,基本原则内部交叉重叠的特性决定其体系化需要整体观。风险预防需要原因者负担,更需要公众参与,这种功能重叠使基本原则之间不是相互"绝缘",而是相互协调与统一。第三,整体观实施并不是单凭某个条文就能够"落地",而是需要跨领域、跨部门来综合建构。比如,统一科学确定性与科学不确定性的风险预防,统一经济与生态的成本均衡,统一专家与公众的意见沟通,[3]统一事前预防与事后填补的协同。概言之,整体观是在一定法律基础之上的体系化。

预防观是整体观在时间面向的典型表现,体系化阐释需要遵循预防观自身法理。第一,预防观包含危险与风险的双重预防。预防应当是全面的,不能仅仅是科学确定的危险,尽管我国立法上的"预防"条款主要是指防止该类危险;即便是科学不确定的风险,也应当容许对其部分风险采取适度预防措施。第二,预防观是核心,贯穿整个基本原则体系。除风险预防原则以外,无论是原因者负担,还是公众参与,都需要以预防观来对其进行统筹。例如,原因者负担包括预防措施费用的承担,公众参与包括预防阶段的信息共享、风险沟通等。第三,预防观不是无限预防,而是有限预防。质言之,如果对任何行为或者事物都无限采取预防措施,那就背离了预防观保护人身与生态环境的初衷,反而会过度侵蚀私权、不当限制经济与社会发展。所以,预防观需要综合考虑危险或者风险发生的概率、预防措施的有效性等。同样,此处不能将经济成本作为唯一衡量因素,因为一旦对人身或者生态环境造成难以恢复的后果,就不能再以经

[1] 参见徐以祥:《论我国环境法律的体系化》,载《现代法学》2019年第3期。

[2] 参见秦天宝:《习近平法治思想关于生态文明建设法治保障的重要论述:整体系统观的视角》,载《政法论坛》2022年第5期;郭武:《论中国第二代环境法的形成和发展趋势》,载《法商研究》2017年第1期。

[3] 例如,在转基因生物安全规制领域,环境风险行政需要重视专家和普通公众依法参与行政决策过程,从依靠"传送带"模式和"专家知识"模式逐步转向"裁量+参与"模式。参见王明远、金峰:《科学不确定性背景下的环境正义——基于转基因生物安全问题的讨论》,载《中国社会科学》2017年第1期。

济成本为由而不采取预防措施。第四,预防原则与原因者负担和公众参与原则相互独立、相互关联。预防原则既包括公权力的环境危险或者风险的预防责任,也含有私主体的预防责任。原因者负担原则既包括对已经发生损害的赔偿或者修复责任,也包含对环境危险或者风险的预防责任;公众参与原则表现为事前参与环境决策、事中参与环境治理以及事后参与环境填补。可以说,预防原则与其他原则之间不是孤岛般的存在,而是有机关联的协同关系。另外,预防原则在法典分编也应当有所体现,[1]如环境影响评价、环境标准、环境规划等制度。

在方法论上,第一,法典化需要实现理论逻辑层面的"良法善治"与逻辑方法上的"系统论方法"相结合,才能真正实现国家治理体系与治理能力现代化,[2]这也是预防原则体系化阐释的首项要求。第二,阐释不是臆测、猜测。实质阐释需要对内容进行具体化、制度化,应当将预防原则通过具体制度来共同决策且共担风险,持续学习并坚持动态调整,重点放在风险决策的行政过程。[3] 第三,风险预防原则内部结构需要综合考虑危害预期、不确定性、预防措施和证明机制等要素。[4] 这可以借助预警机制运行机制,比如,预警机制需要专业性预警机构来制定信息搜集、风险评估、信息发布程序,及时发布预警信息,可由政府、科研分别发布预警。[5] 第四,需要客观面对现有风险预防制度与理论。目前的预防相关具体制度包括环境监测、环境资源承载能力监测预警、环境影响评价、总量控制、"三同时",还包括环境标准、环境计划、清洁生产与许可证等制度以及限期治理等。[6] 这些制度表达了预防态度,却大多把预防前提限定在科学确定性,使其基本面向危险防止。第五,危险与风险之双重预防已引起社会关注,立法上却并没有对二者进行应有的重视与区分。根本原因在于二者应对焦点不同,危险往往面临损害是否会发生、盖然性大小的问题,

---

〔1〕 有观点提出应当在分编通则部分规定预防原则。参见张宝:《预防理念的更新与环境法典污染控制编的制度实现》,载《法学论坛》2022 年第 2 期。

〔2〕 参见周佑勇:《推进国家治理现代化的法治逻辑》,载《法商研究》2020 年第 4 期。

〔3〕 参见金自宁:《科技不确定性与风险预防原则的制度化》,载《中外法学》2022 年第 2 期。

〔4〕 参见苏宇:《风险预防原则的结构化阐释》,载《法学研究》2021 年第 1 期。

〔5〕 参见解志勇:《公共卫生预警原则和机制建构研究》,载《中国法学》2021 年第 5 期。

〔6〕 参见信春鹰主编:《中华人民共和国环境保护法释义》,法律出版社 2014 年版,第 18 页;张梓太、王岚:《论风险社会语境下的环境法预防原则》,载《社会科学》2012 年第 6 期。

对于风险而言最重要的并不是盖然性,而在于是否会发挥损害的问题,其后才是盖然性问题;一个是“有无损害”的科学不确定性,另一个则是科学确定性前提下的“损害盖然性大小”的问题。

面对社会高度科技化,人们对风险概念理解差异化日益剧增。法典化为预防原则的实体构造与分层解释提供了难得契机,可借此对其法理进行体系化与可操作化。“危险”往往是某种行为与状态之间具有“充分盖然性”,能给公共安全所保护法益造成损害,这种“充分盖然性”只要预期侵害越大、发生盖然性越低就足够了,无法说“风险”具有“损害发生的充分盖然性”。比如,日本法就不像德国法那样明确区分讨论“危险”与“风险”的差异。[1] 先要合理借助科技工具来对风险与危险合理分层,确保风险规制与私权利的边界。因为“对一般公众来说,逐渐占据中心的威胁常常既看不到,也不可触摸……只有借助科学的‘感官’——理论、实验和测量设备——这些威胁才能成为‘可见’的威胁,才能得到解释”。[2] 科技最大的魅力就是将公众无法认知的风险与危险进行“可视化”,以此达到以下效果:一是根据科学是否确定来划分危险与风险;二是对危险与风险进行分类,分别列出需要预防的风险(第 1 种风险)、应当忍受的风险(第 2 种风险)、需要防止的危险(第 1 种危险)、应当忍受的危险(第 2 种危险)四类清单。《环境保护法》第 63 条处罚情形就属于第 1 种危险,可对其采取行政处罚、私法上环保禁令等预防性措施。

在启动条件上,第一,风险判断绝对不能仅凭借科技就“草草了事”。以日本核污染为例,不能仅以现有技术测定核废水达标就理所当然地认为可以排放核废水到海洋当中,而应当充分考虑大量核废水排海尚属于“无知”状态的现实情况,[3]“现代化风险只能经公共识别的渠道,由外部‘按压’在科学头上,‘指定给它’”。“科学地揭示和处置风险需要突破一道门,这道门就是科学批判、进步批判、专家批判和技术批判”。[4] 质言之,借助科技提供分类清单是为

---

〔1〕 大塚直『環境法 BASIC(第 2 版)』(有斐閣,2016 年)19 頁参照。

〔2〕 [德]乌尔里希·贝克:《风险社会:新的现代性之路》,张文杰、何博闻译,译林出版社 2018 年版,第 202 页。

〔3〕 参见刘明全:《论日本核污染的法律规制》,载《法学评论》2022 年第 1 期。

〔4〕 [德]乌尔里希·贝克:《风险社会:新的现代性之路》,张文杰、何博闻译,译林出版社 2018 年版,第 199 ~ 200 页。

原因者、公众与行政部门等相关主体是否决定预防、采取何种程度预防措施的重要参考,而非唯一决定要素;风险与危险的分类清单不是一成不变的,而是需要动态调整,因为“风险的影响范围、紧迫性及现实生存,随价值和利益的多样化而波动”。[1] 第二,担保不能作为启动预防的必需条件。2022 年最高人民法院《关于生态环境侵权案件适用禁止令保全措施的若干规定》第 7 条规定法院“可以”要求禁止令申请人提供担保,没有规定“应当”担保,这说明司法拥有是否要求申请人提供担保的裁量权。第三,需要对预防本身实施“前评价”与“后评价”。具体地,预防措施决策以专家咨询委员会“过半数”同意审议的形式,该专家委员会应当由相关学科专家组成,不仅是对是否采取预防措施进行审议,还应当提出包括对风险与危险的界定,预防措施的种类、时间、效力与监督,公众参与的时间、方式与效力等在内的具体建议。当然,实质阐释需要有明确的法律效果与检验方式,结合实体法与程序法,对预防本身的合法性与合理性实施“后评价”。

在主体上,预防措施需要环境行政、原因者与公众等共建共治。在环境治理模型工具设置中,需要考虑政府、企业、第三方等主体间关系与互动。[2] 危险与风险的预防需要环境行政的合理裁量与保障,政府应当通过预防或限制科技风险来保护民众,而不再是单纯以成本效益分析为原则,因为“成本效益分析本身的反事实论证的属性、无法回应价值通约的问题以及科技风险的人为属性”。[3] 风险预防需要解决成本效益问题,更需要避免因行政裁量滥用而侵犯私权。比例原则是环境行政介入风险、分配风险、预防风险以及解决纠纷的有效限制工具。[4] 例如,需要考虑环境风险的预防与保护措施、保护措施与法益保护目的之间的均衡,具体措施由立法机关和行政机关在各自权限范围内完成,还要对行政权履行环境风险预防国家任务行为进行司法审查与合宪性审

[1] [德]乌尔里希·贝克:《风险社会:新的现代性之路》,张文杰、何博闻译,译林出版社 2018 年版,第 20 页。

[2] 参见王曦:《中国环境治理概念模型:一个新范式工具》,载《环境保护》2020 年第 3 期。

[3] 陈景辉:《捍卫预防原则:科技风险的法律姿态》,载《华东政法大学学报》2018 年第 1 期。

[4] 参见秦天宝:《论风险预防原则在环境法中的展开——结合〈生物安全法〉的考察》,载《中国法律评论》2021 年第 2 期;王贵松:《风险行政的预防原则》,载《比较法研究》2021 年第 1 期。

查。[1] 另外,原因者与公众也应当是预防措施的共治主体与沟通对象。[2] 比如,预防措施费用应当由原因者负担,而预防措施实施需要公众全程参与。通过公众参与可以最大限度减少基于信息不对称的“无知”所造成的“人为的”科学不确定性风险,[3]这种风险应当被纳入第 1 种风险。当决策面临证据不充分、决策时间限制等问题时,需要科学家运用假设、推定,造成评估科学性不得不受政策考量、个人偏好影响。[4]

三、中国环境法预防原则的阐释效应

伴随上述阐释,这种解释论会产生相应效应。首先就是整体观基础上的公私法协调效应。环境法涉及公私法,没有对应的既有范畴、无法在传统公私法理论中找到全面解释环境法现象的核心范畴,而环境风险治理本身理应重视预防、整合、参与、协商与弹性的公私协力模式。[5] 公法与私法对待科技水平、权利保护的态度与侧重也不同:公法更看重实务经验与科技水准,合规则不罚、不合规则罚,现有科技水平对环境风险行政规制具有决定性意义,这种模式也延伸到具有行政附属性的环境刑法规制领域。但是,无论是否合规,都不能成为损害赔偿责任或者预防性责任方式的绝对标准;即便是达标排污,如果造成损害,则承担损害赔偿责任,如果存在风险之虞,也承担预防责任。可以说,风险行政治理更加凸显高效性与权威性,这种治理可以发挥“以快治快”的优势,风险行政治理可以分为风险评价、风险交流、风险决策、风险治理四个阶段。当然,环境公共利益保护应当充分发挥行政权专业性和司法权监督作用,遵循“相互尊重专长”和“行政权优先”。[6]

---

〔1〕 参见陈海嵩:《环境风险预防的国家任务及其司法控制》,载《暨南学报(哲学社会科学版)》2018 年第 3 期;王旭:《论国家在宪法上的风险预防义务》,载《法商研究》2019 年第 5 期。

〔2〕 参见倪洪涛:《论“风险国家”及其行政应急治理》,载《东南法学》2020 年春季卷。

〔3〕 伴随风险的“无知”包括特定主体没有且无法从他人获取知识或信息造成的“无知”,超出人们认知水平的“无知”。参见金自宁:《风险规制与行政法治》,载《法制与社会发展》2012 年第 4 期。

〔4〕 参见赵鹏:《风险评估中的政策、偏好及其法律规制:以食盐加碘风险评估为例的研究》,载《中外法学》2014 年第 1 期。

〔5〕 参见钭晓东:《论新时代中国环境法学研究的转型》,载《中国法学》2020 年第 1 期;杜健勋:《论环境风险治理转型》,载《中国人口·资源与环境》2019 年第 10 期。

〔6〕 参见王明远:《论我国环境公益诉讼的发展方向:基于行政权与司法权关系理论的分析》,载《中国法学》2016 年第 1 期。

环境法具有与其他部门法相互独立的特性规范，也具有与其他部门法相互交叉重叠的共性规范，而预防原则正是反映这种共性与特性的一个缩影。例如，在公法上，双重预防原则对应着国家环保责任、环境行政预防制度（如环境影响评价）；在私法上，则体现为禁令制度。需要注意，以民法侵权规则为基础的环境侵权制度不符合生态环境救济本身特质，可以通过生态权利与义务的国家顶层建构，将整体性生态利益保全与国家行政目的合为一体，运用比例原则等公法手段协调经济、社会与生态利益的冲突；强化不确定风险条件下涉生态利益的审慎与优位决策机制避免生态利益受损。[1]

风险预防原则的适用需要适度，过于积极抑或消极都可能偏离风险预防的合理轨道。与侵权法上"合理人"标准相比，风险规制更需要由"合理行政"来裁量。这种合理性可以借助政策基础、技术基准等制度化路径；风险交流无法通过硬法实现精细化，这就需要软法来提供指引性规范，保持适用的开放性与回应性。[2] 另外，预防原则法典化需要为司法提供有效规范依据解决实际问题。比如，因证明责任转换而造成臆测，因为投入资源的不确定风险而使普通风险相关投入资源受限、立法与行政的裁量变大等；对此，有必要把证明责任转换分为制度与诉讼观点，预防原则引入比例原则，立法裁量程度有必要变大、行政裁量措施内容与程度有必要进行类型化与细分化。[3] 可以说，在风险行政层面，预防原则既要防止确定性危险，也要预防不确定风险，更要尽可能减少"人为因素"造成的风险，把应当容忍的不利因素降到最低限度。对于风险预防原则而言，一是可以先由申请人提出预防申请，决策部门及时进行形式审查，如果符合启动情形之一的，就可以采取初步预防措施；二是把初步预防措施进行公开，召开听证会，听取公众意见与业界意见，形成预防方案；三是针对预防方案，征求专家意见与相关行政负责人意见，形成预防方案细则；四是公开预防方案细则，召开听证会，听取公众意见，形成预防方案最终版并公布实施；五是针对预防方案最终版的实施情况，召开听证会，在听取公众意见与专家意见基础上进行"后评价"；六是将"后评价"与预防方案最终版提交相关主管部门或

---

〔1〕 参见邓海峰：《环境法与自然资源法关系新探》，载《清华法学》2018 年第 5 期。

〔2〕 参见沈岿：《风险交流的软法构建》，载《清华法学》2015 年第 6 期；朱炳成：《环境健康风险预防原则的理论建构与制度展开》，载《暨南学报（哲学社会科学版）》2019 年第 11 期。

〔3〕 大塚直『環境法 BASIC（第 2 版）』（有斐閣，2016 年）36～37 頁参照。

者上级部门,形成类案参考案例。

总而言之,环境法与其他传统法之间既有共通性,又有独特性,无论这种独特性是否被传统法学所排斥,都必须为环境法学研究所坚持;[1]环境法上的风险预防与传统部门法的预防不同,前者与传统部门法既存在相互交叉部分,也有着自身独自的部分,应当是重视确定的"秩序"与不确定的"秩序"维持,而后者重点在于确定性的"秩序"维护。风险预防在环境法中的地位与功能具有领域特性,也需要与其相适应的立法、司法体系,但这并不意味着会打破传统部门法的"秩序"。风险预防原则应当主要借助公法得以实现,以私法实现为补充;而危险防止原则应当同等重视借助公法与私法协同来实现。

其次是立法改革效应。体系化阐释主要是适用学理上的逻辑分析,优点在于不用经过立法程序,具有快捷性与灵活性,缺点是不具备强制性,实施程度有赖于主体自觉性;体系化立法则是通过制定或者修改法律来完成,需要经过立法程序,具有强制性。立法是制度构建基础,确立科学的立法战略与有效的立法路径能够消除立法无序化、低效化现象。[2] 为应对生态问题系统性和整体性问题,风险预防的理念应贯穿始终。[3] 解决环境风险需要确立生态安全的全新安全观,将人还原回生态系统,而非相互隔离或者对立。[4] 在法典背景下,可以通过立法明确预防原则的内外逻辑关系,推动预防原则的体系化。例如,在绿色低碳发展部分实施融入风险预防的运作机理,[5]重塑精确立法、修改象征性规范,明确界定其规范价值取向,为充分发挥行政执法与司法适用的效能,提供有效且准确的规范依据。

从体系化来看,基本原则建构需要综合学理和规范分析方法,反映部门法根本价值和特殊规律,分析借鉴域外立法例,在立法技术上坚持罗列式与分层式,全面且精准地表达具体内容及效力层次。[6] 国际上也一直在尝试对预防原则进行归纳与区分。50 年前"斯德哥尔摩人类环境宣言"第 21 原则确认了

---

〔1〕 参见汪劲:《环境法学的中国现象:由来与前程——源自环境法和法学学科发展史的考察》,载《清华法学》2018 年第 5 期。

〔2〕 参见刘艳红:《中国反腐败立法的战略转型及其体系化构建》,载《中国法学》2016 年第 4 期。

〔3〕 参见于文轩:《生态法基本原则体系之建构》,载《吉首大学学报(社会科学版)》2019 年第 5 期。

〔4〕 参见刘洪岩:《风险社会语境下的俄罗斯生态安全立法》,载《政法论丛》2012 年第 1 期。

〔5〕 参见张忠民:《环境法典绿色低碳发展编的编纂逻辑与规范表达》,载《政法论坛》2022 年第 2 期。

〔6〕 参见周佑勇:《行政法总则中基本原则体系的立法构建》,载《行政法学研究》2021 年第 1 期。

国际法上的防止(Prevention)原则;[1] 30 年前"里约宣言"提出预防(Precaution)原则,指出可能造成严重的或者不可挽回的损害的,不能以缺乏充分科学肯定性作为推迟采取防止环境退化措施的理由;[2] 2018 年"世界环境公约草案"第 5~6 条分别规定防止(Prevention)原则与预防(Precaution)原则,[3] 第 5 条规定,"应当采取必要措施防止环境损害。缔约方有义务确保其管辖或控制下的活动不会对其他缔约方的环境或其国家管辖范围以外的地区造成损害。他们应采取必要措施,确保在作出任何授权或参与可能对环境产生重大不利影响的项目、活动、计划或方案的决定之前进行环境影响评价。特别地,鉴于各国的尽职调查义务,各国应监督其授权或参与的上述项目、活动、计划或方案的效果",这条规定体现出典型的危险防止原则;第 6 条规定,"存在对环境造成严重或不可逆转损害风险的,不应以缺乏科学确定性为由推迟采取有效且比例的措施来防止环境退化",该条是风险预防原则的国际解读,当然,该草案并没有详细规定"科学确定性""不可逆转损害风险""有效且比例的措施"。这些国际文件对科学确定性的危险与科学不确定性的风险都持有相对积极的应对态度。再以日本法为例,日本《环境基本法》第 4 条规定,环境保全应当以科学知识充实条件下的防止环境保全障碍于未然作为宗旨,明确科学确定性前提下的防患未然原则;第 21 条则规定,国家应当采取相关具体防止规制措施,包括防止传统公害必要措施,防止土地使用或者可能成为公害原因的设施设置引发公害的必要措施,防止有可能妨碍自然环境适当保全行为的必要措施等,该条也成为国家环境危险防止义务的渊源。[4] 这两个条文成为日本危险防止原则的法律依据。尽管如此,日本《生物多样性基本法》第 3 条第 3 款规定,生物多样性的保全与可持续利用是基于生物多样性保持微妙平衡,由于科学上未被阐明现象较多以及生物多样性一旦被损害就难以再生,生物多样性保全应当在努力充实科学知识的同时,监测保全生物多样性的预防性应对方法与事业实施后的生物多样性状况,科学评价监测情况。[5] 该条充分认识到科学不确定性与生

---

〔1〕 1972 United Nations Declaration of the Human Environment.

〔2〕 1992 Rio Declaration.

〔3〕 2018 Draft of Global Pact for the Environment.

〔4〕 『環境基本法』(1993 年)。

〔5〕 『生物多様性基本法』(2008 年)。

物多样性难以恢复特性,明确科学不确定性背景下的监测预防、科学评价等措施,引入了风险预防原则。可见,日本环境法仅在生物多样性领域适用风险预防原则。

当然,上述经验仅是一个参考,立法改革还应结合其本身诉求。一方面,立法需要以利益协调为核心,解决利益关系、利益边界、利益保护程度、利益救济机制等问题,而不是研究政策的法律转换或者外国法照搬。[1] 另一方面,法典化不仅要有自身严谨的体系结构,还要拥有坚实的科学基础、全面融合时代精神与法典使命,这样才能具有强大的生命力。[2] 环境立法历史进程本身在价值共识、创制方法、价值安排和实现程序上争论的深度与持久都更为明显,这是推进环境法成长的动力。[3] 具体地,立法改革可以参考如下。关于危险防止原则的方案 A:“第 X 条　污染环境、破坏生态行为正在发生或者即将发生,如果不及时采取预防措施将发生难以弥补的损害时,行为人应当及时采取相应预防措施。行为人未及时采取预防措施的,生态环境主管部门应当责令其及时采取预防措施,或者依职权立即采取预防措施,该预防措施费用由行为人承担。行为人有证据证明其行为不会造成损害的,生态环境主管部门可以不强制其采取预防措施。”方案 B:“第 X 条　污染环境、破坏生态行为正在发生或者即将发生,行为人应当及时采取相应预防措施。行为人未及时采取预防措施的,生态环境主管部门应当责令其及时采取预防措施,或者依职权立即采取预防措施,该预防措施费用由行为人承担。行为人有证据证明其行为不会造成损害的,生态环境主管部门可以不强制其采取预防措施。”关于风险预防原则的方案:“第Ⅺ条　对于现有科技水平不能确定的风险,如果一旦发生将不能恢复或者损害超过社会承受范围的,则不能以科学不确定性为由推迟或者拒绝采取预防措施。”在危险防止原则方面,不同于方案 B,方案 A 规定了“如果不及时采取预防措施将发生难以弥补的损害时”的限定条件。这就使原告所要承担的举证责任范围有所变化:方案 A 需要原告证明不采取预防措施将引起难以弥补损害,这也是传统观点的主张;方案 B 则不用原告证明。笔者也更倾向于适用方

---

[1] 参见吕忠梅:《环境法回归路在何方?》,载《清华法学》2018 年第 5 期。

[2] 参见邓海峰、俞黎芳:《环境法法典化的内在逻辑基础》,载《中国人民大学学报》2019 年第 2 期。

[3] 参见周珂:《我国环境立法价值与功能之方法论研究——兼论彭真环境立法方法论》,载《政法论丛》2019 年第 5 期。

案 B。因为对于尚未发生的损害,尽管是科学上确定的损害,原告很难完成这种证明责任,应当由被告来"自证清白"。

最后是法律适用效应。无论是方案 A 还是方案 B,不会"一劳永逸"地解决预防原则的适用难题,预防型环境司法裁判适用仍需详细可行的裁量细则与操作清单,具体可以从以下几个方面来完善司法适用。第一,将区分风险与危险、预防与容忍的整体理念贯穿到司法实践。将预防原则适度转成"应当预防的危险""应当容忍的危险""应当预防的风险""应当容忍的风险"四类来分别裁判。第二,分类适用上述整体理念:(1)预见难度较低,回避负担容易型;(2)预见难度较低,回避负担适中型;(3)预见难度较低,回避负担困难型;(4)预见难度适中,回避负担容易型;(5)预见难度适中,回避负担适中型;(6)预见难度适中,回避负担困难型;(7)预见难度困难,回避负担容易型;(8)预见难度困难,回避负担适中型;(9)预见难度困难,回避负担困难型。第(1)项、第(2)项、第(4)项、第(5)项可概括为积极预防型,应当积极适用预防措施;第(3)项、第(6)项可以称为慎重预防型,应当慎重适用预防措施;第(7)项、第(8)项可以称为限定预防型,应当限定适用预防措施;第(9)项可以称为消极预防型,应当延缓或者不予适用预防措施。其中,在慎重适用与限定适用情形,可以增加违法性综合判断比重;在预见难易度划分上,预见度在70%以上的情形为容易、30%以下的情形为困难、其他情形为适中。第三,对于违法性判断上,需要以科技为基准来甄别预防对象,然后结合措施成本、保护效益、先后顺序等要素进行综合衡量。第四,在进行预防措施判断时,可以结合损害发生的概率与违法性的关系。如果违法性很高、发生概率很高,则应当积极预防;如果违法性很高、发生概率很低,则应当适度容忍。如果违法性很低、发生概率也很低,则需要容忍;如果违法性很低、发生概率很高,则需要预防。第五,根据涉及对象不同而进行合理的区别保护。例如,如果被侵害权益是人的生命身体健康,或者生物多样性,则应当加大保护力度,推定违法来采取预防措施。

总之,实质整体观是实质预防观解释论的法理支撑。环境法中"风险"预防相关用语更多是在确定性之下,往往"名不符实",没有对不确定性风险进行规制,存在象征性问题。象征性立法与碎片化理解使预防原则仍属于滞留在"形式上"的"陌生概念",因为对预防原则的"熟而不知""知而不详"问题有待克服。预防原则面临从陌生到成熟、从形式到实质、从象征到精细的转向，需要实质阐释来建构并通过具体适用来发挥最大效能，实现公私一体化才能达到防患于未然效能，需要在法典化中突破象征性、转向适度精细化才能最大限度实现其效能；对于私法上的禁令与公法上的环评、预警等制度，预防原则体系建构应坚持携伴同行，既要明确其在环境法中的定位、功能与触发机制，也要注意与其他部门法的共性、差异与协同。

四、结语

综上，环境法预防原则体系自身更需要“求其上、得其中”的积极预防理念对实体制度予以指导，而私法中预防性责任方式只是预防原则的一个缩影，也很难生成独立的预防原则；预防原则体系化需要结合公私法展开实质阐释。一方面，阐释内容需要精细化。其一，本文解释论更多关注如何适用包括危险防止与风险预防在内的双重预防原则，因为现行立法虽出现“风险”“预防”等术语，却未明确界定危险防止与风险预防及其边界，滞后于现代风险社会要求。一般法上，“法学‘真理’的获得是从‘意见’不断向‘知识’或‘真理’的梯度上升过程”。[1] 特别法上，人性民法坚持以人为本理念并充满人性关怀，物性刑法具备物性或工具主义的形而上学本质特征，二者的渗透与融合则是未来中国法学发展的全新脉络。[2] 作为交叉学科，环境法学需要融合传统法学特质，预防原则体系化也离不开这种特质指引，而预防原则体系化需要解决核心价值的实质面向就是危险与风险的双重预防。这就需要充分预防科学确定性的危险，适度预防科学不确定性的风险；风险预防原则阐释围绕危险与风险，结合确定与不确定、公法与私法、专家与公众、过程与结果、科技水平与社会成本等多种关系。其二，不宜限定预防原则适用领域，而是通过设定适用标准来决定适用与否，也就是“对事而不对领域”。危险内部之间、风险内部之间、危险与风险之间都需要保持开放性，进行动态调整；预防原则不是彻底消除风险或者危险，不是任意扩大对经济与社会的限制，不是无限制、无领域的超能预防，而是实现损害或者不确定后果的最小化、最轻化。环境风险规制应当探寻立法、决策与

---

〔1〕 舒国滢：《论法学的科学性问题》，载《政法论坛》2022 年第 1 期。

〔2〕 参见刘艳红：《人性民法与物性刑法的融合发展》，载《中国社会科学》2020 年第 4 期。

商谈相结合的风险规制范式,实现不同利益之间的平衡。[1] 另一方面,充分发挥阐释效应。在实质阐释基础上,将其核心适用到公私法协调治理,转为立法改革,整个过程就是从阐释到适用再回归解释的一种循环。精细化立法意义重大,因为精细化可以最大限度消除或者减少象征性立法造成的源头"空白""模糊"问题。因而,预防原则阐释应当突破象征性立法困局,最大限度实现精细化解释,有效支撑法律适用与立法改革。

---

〔1〕 参见杜辉:《挫折与修正:风险预防之下环境规制改革的进路选择》,载《现代法学》2015 年第 1 期。

10. 长江流域单元内环境法院设置的现实困境与路径解脱*

王　译　唐大正**

内容摘要：面对严峻的长江流域治理形势，当前主要存在流域立法零散、地域管辖权和流域单元集中管辖冲突、沿岸地区经济利益与生态效益不平衡等情形。为解决管辖权配置混乱、环境案件裁判标准不一的问题，有必要推动实现环境领域的司法专门化，在长江流域单元内设立环境法院，形成长江流域一体化治理模式。环境法院的设置上，应当结合我国既有的理论基础和环境法庭的实践经验，合理借鉴国外经验，通过构建特殊的管辖模式、构建“三审合一”的诉讼模式、完善环境诉讼程序、成立专家委员会、设立环境专项资金管理机构为环境法院顺利运行提供必要保障。

关键词：环境法院　流域治理　综合管辖　司法专门化

一、引言

环境保护是建设生态文明的基础和前提。在党的二十大上生态环境部发言人指出，坚持用最严格的制度、最严格的法治保护生态环境，是习近平生态文明思想核心要义。要将法治理念贯穿到生态文明建设之中，保护生态环境必须依靠制度、依靠法治。为落实党的二十大精神，要坚持在法治化、制度化轨道上，加快生态环境治理能力的现代化，建立系统完整的生态文明制度体系。长江作为中国最大的流域，具有独特的生态系统，涉及水文、土壤、植被、矿产等多方面的地理要素。其流域范围广、流经省份多，也必然导致环境的治理与沿岸

---

* 本文为2020年国家社科基金重大项目（项目编号：20AZD106），2020年湖南省社科基金青年项目（项目编号：20YBQ095）阶段性成果。

** 王译，法学博士，湘潭大学公益诉讼检察理论研究基地特聘研究员，湘潭大学法学院硕士生导师，研究方向为刑事诉讼法学、司法制度；唐大正，湘潭大学法学院硕士研究生。

经济带的发展、资源的开发利用等人文因素交织在一起，这使现有的环境法律无法应对流域所呈现的复杂性环境问题。为了贯彻习近平总书记对于长江提出的“共抓大保护、不搞大开发”导向任务，需要从制度上为这一方针提供有力的保障，确保长江经济带建设能够走绿色发展、可持续发展的道路，实现人与自然和谐共生。[1]

目前我国环境司法专门化取得初步成效，探索长江流域的综合治理模式也有了一定发展。但对于现今依然存在的管辖割据和治理难题，我们需要从立法层面进行研究探讨。本文对设立环境专门法院进行研究分析，以期为长江流域的环境治理提供参考建议。首先，对当下的流域环境治理问题和现状予以阐述，研究环境法院设立的必要性。其次，在综合理论和政策的基础上，借鉴域外有关环境法院的立法经验，明确环境专门法院设立的可能性。最后，从实践的基础上探明设立环境法院的路径，提供可行建议。

二、设立环境法院的必要性

立足于流域环境治理现状，为契合流域本身系统性、整体性的特征，我国对构建流域性环境司法机构进行了前期探索，目前仍存在一定不足。以长江流域这一典型流域单元进行分析，可以发现流域治理中诸多问题和传统管辖模式的局限性。面对长江流域生态保护形势严峻，转变立法理念，构建一体化的管理模式，从综合管辖的角度建立现代化的长江流域治理体系，对维护长江流域的生态平衡具有重要意义。

（一）环境领域立法发展现状

随着时代发展，新技术和新的社会关系的出现，对于环境领域中呈现出来的新问题，现行的环境立法多表现为对现行规范进行“补丁式调整”，无法立足于“环境权益”的整体高度对问题进行有效遏制。因此，面对日渐加剧的环境污染和生态危机，我们的环境立法也需要紧跟时代步伐，以实现可持续发展为价值目标，平衡环境保护与社会发展之间的利益关系。在立法的规制过程中，从环境法益的本质出发，厘清环境法律关系的复杂性。学界对于环境立法模式

---

〔1〕 参见吕忠梅：《生态文明建设的法治思考》，载《法学杂志》2014 年第 5 期。

意见各异，但从整体上看，我国现行环境领域的立法主要存在以下争议：

首先，环境法益不同于其他法律所保护的法益对象，是否需要将分散在刑法、民法、行政法的相关环境法律规范统一纳入一部法律进行调整，即在环境立法上实现专门化，体现生态环境的主体地位。[1] 其一，破坏环境资源行为具有复杂性，并不能以单一的法益侵害性来定位。环境类的案件中同一侵害行为会同时涉及不同性质的法律关系，污染环境这一行为既可能直接对人类的生命健康及财产构成威胁，也可以通过直接侵害自然法益从而间接对人类法益造成侵害，其法益侵害对象具有复合性的特点。其二，环境单元内的犯罪和区域经济利益有着密切联系，环境类犯罪大多具有逐利性，少有以报复性破坏环境为目的的故意犯罪。其犯罪模式往往是为了节约生产成本，攫取更高的经济效益，以破坏环境的行为作为手段与方式。将环境与经济发展综合决策方法通过法律关系构造进行规范转化，正视环境法益与人类法益、经济效益杂糅的特殊性，有利于从立法上进行合理的规制。其三，环境法益有相对独立性，在刑法中若简单地将环境资源犯罪置于妨害社会管理秩序罪这一章节中，不利于我们从法理学层面对环境法益形成正确的认知，使司法机关在打击破坏环境犯罪过程中出现入罪标准不够明确、惩治力度不够大的问题。笔者认为，从环境法益的特殊性和相对独立性出发，有必要在立法上进行环境领域的综合性单独立法，形成对保护环境法益的统一标准与规范，这对推进后续的环境司法专门化的制度改革有基础性的作用。

其次，环境法律关系是人们在开发利用环境资源的过程中所形成的一种社会关系，其最鲜明的特色在于是以环境作为介质而构建的多主体、多行为的法律关系。[2] 这一多元化的特点使环境法律关系增加了在因果关系、致害机理和受损程度等方面判断的复杂性，且在时间、空间层面上都体现了当前利益与未来利益的结合。[3] 因此，全面地认识环境法律关系，有利于系统化地把握法律本质，在环境立法上进行理论层面的创新与探索。

---

〔1〕 参见徐以祥：《我国环境法律规范的类型化分析》，载《吉林大学社会科学学报》2020 年第 2 期。

〔2〕 参见朱春玉：《环境法律关系新解》，载《郑州大学学报（哲学社会科学版）》2018 年第 6 期。

〔3〕 参见吕忠梅：《环境法典编纂方法论：可持续发展价值目标及其实现》，载《政法论坛》2022 年第 2 期。

最后,在环境立法的发展中恢复性理念得到了广泛认同与支持。环境立法具有追求生态安全、代际公平、环境正义等实质法学的特征。打击破坏环境的行为,最终还是要以保护和修复生态环境为目的。从近年来环境立法的发展中也可以看出,刑事立法通过修正案将打击环境犯罪实害犯转向打击危险犯,实现了由末端控制型立法向可持续发展型立法的转向。学界中甚至有人提出,在环境犯罪案件中以刑事和解的方式来代替惩罚,以达到修复环境的根本目的。[1] 但要在实际流域治理中以恢复性理念为导向,还需要更多的探索和实践。我国现有的环境纠纷中,没有明确的以修复环境为目的的裁判标准,也没有专门的环境法院进行专业性辅助,法院在审理环境案件很难作出权衡,只能根据普通犯罪案件的标准进行判决,而不能将恢复型理念贯彻到具体的司法实践当中。所以要从根本上解决这一问题,还需要特别的程序机制予以保障,对实践中这一类环境犯罪的审理进行综合分析,最终以规范的法律形式为依托,实现生态环境修复优先的目的。

(二)流域的环境治理现状

流域治理综合治理作为治理现代化的重点领域,流域各自为政的生产与消费方式,对流域水资源进行肆意的开发利用甚至浪费,造成如今日趋恶劣的流域生态环境。长江流域生态系统特殊,具有水文情况复杂、开发利用任务重、经济效益影响显著等特点,由于在发展初期忽略了环境保护的事实,开发和利用的过程中涌现了一系列典型的环境资源破坏问题。[2] 上游地区水能资源开发过度、森林覆盖率下降严重,中下游河道由于非法采砂和过度开垦导致了严重的水土流失问题,大量跨流域引水工程使水资源矛盾加剧等,已经远超长江这一生态系统的承载能力。

面对长江流域的生态问题,我国现行流域立法显然有所滞后。一方面,长江流域的资源在带来巨大经济效益的同时,没有从法律上进行严格有效的监管,资源滥用、罔顾生态公共利益等问题接连出现。使经济利益与流域治理间产生了巨大的矛盾冲突,一时之间很难通过有力举措来达到平衡。另一方面,环境各要素间在法律制度上有所割裂,对自然要素的保护划归到各部门法,环

---

〔1〕 参见侯艳芳:《论环境资源犯罪治理中刑事和解的适用》,载《政法论丛》2017 年第 3 期。

〔2〕 参见吕忠梅:《寻找长江流域立法的新法理——以方法论为视角》,载《政法论丛》2018 年第 6 期。

境法、资源法分立,没有立足于环境领域这一整体高度进行规制。各功能区缺乏明确界定,且存在交叉管理权责不明的问题,这使有管辖权的政府部门在执法上难以进行协调,出现执法困难的局面。这一层次上流域管理的立法空白,使协调经济发展与环境资源保护问题变得十分棘手,以可持续发展观为指引的综合性立法模式亟待完善。

(三)传统司法管辖的局限性

生态环境作为统一的有机整体,其各个组成要素之间往往具有强关联性。环境损害的情形一旦发生,其致害结果牵连范围甚广,不仅仅局限于环境损害的行为地。基于环境案件具有流域性、跨区域的特征,当前的环境司法管辖制度显然不利于此类环境损害案件进行及时处理,司法理论与实践间缺乏整体的系统性思维。受到行政区划和审判层级的限制,流域内司法仍然是各自为政的局面。[1] 长江生态系统具有明显的流域特性,即整体性、差异性、关联性,而长江流域内司法管辖区划显然是对长江自然属性的割裂,有悖其自然统一性。

具体而言,传统司法管辖的问题主要体现在以下方面:一是流域区政府碎片化的管理结构,审级衔接不合理,使指定管辖常态化。流域内常涉及恶化因素跨区域、水资源纠纷跨领域的情形。[2] 所以在环境案件案情复杂涉及跨区划时一审具体范围不明确,尤其是案件跨省域时需要高级人民法院指定管辖,就容易造成诉讼延迟。二是无法规避地方保护主义,流域的自然资源开发与当地的经济效益密切相关,当地政府部门为追求辖区内的利益最大化而忽略流域生态的整体利益,与"绿色发展"的理念相冲突。司法地方化对环境公益诉讼也会产生不利影响,在跨区域的环境侵害案件中,有关组织、检察院、法院在环境公益诉讼中无疑会面临更大的地缘因素压力,经常会出现因环境组织业务范围超出本区域而不具备起诉主体资格的情形。不利于构建环境保护中多元化主体参与机制。三是案件裁判标准不一。[3] 加之地域之间的数据和信息共享意识薄弱、共享能力和动力严重不足,在涉及环境犯罪案件时取证、存证不易,

---

〔1〕 参见陈晓景:《流域发展国家战略与环境刑事规制的完善》,载《兰州大学学报(社会科学版)》2021 年第 6 期。

〔2〕 参见丘水林、靳乐山:《整体性治理:流域生态环境善治的新旨向——以河长制改革为视角》,载《经济体制改革》2020 年第 3 期。

〔3〕 参见赵珂、王雅琪:《长江流域内司法管辖的现状与革新》,载《环境保护》2019 年第 21 期。

刑事司法和行政执法间衔接联动效果不足，很难对环境损害进行科学的专业评估。

表 1　2018～2022 年长江流域内案件数量及管辖法院

单位：件

裁判年份	案件数量	基层人民法院	中级人民法院	高级人民法院	最高人民法院
2018	295	251	36	8	0
2019	395	340	46	7	2
2020	816	741	66	8	0
2021	433	400	25	8	0
2022	97	81	15	1	0

笔者以“长江流域”为检索关键词，对中国裁判文书网的 2018～2022 年的案件数量进行统计，当前长江流域内的案件管辖层级占比见表 1。我国对流域内集中管辖治理进行了初步实践，长江流域内多样化司法管辖规划模式并存。有省份通过设立巡回法庭的形式实行流域监管，打破了传统的行政区划管辖。部分地区实行省内集中管辖，对本省内的环境资源案件进行统一管理，这对维护小单元的生态环境整体性起到了积极作用。但总体而言，部分地区的试点对于长江流域的管辖制度的革新并未起到明显的推动作用。目前长江流域的环境资源案件管辖权仍然被分割划归到 19 个省（区、市）、12 个部门，这使“多龙治水”的局面依然存在。各部门、各地方在履职过程中难免出现严重的管理错位、缺位、越位的问题，尤其在跨行政区域的环境资源案件中，法院之间的管辖权会产生竞合，且部门间利益与地区间利益必然会产生冲突，难以实现协同治理。

笔者认为，为破解长江流域的治理难题，必然要改善现阶段流域立法零散的现状，摒弃固有逻辑，进行管辖模式的创新，从立法上确认跨区域管辖的正当性和合法性。采取综合系统的治理方式，打破传统管辖制度的限制，探索建立跨地区环保机构。立足于整体视角统筹规划长江的经济开发和保护，形成以长江流域自然属性与区划需求相契合的新逻辑。

（四）设立环境专门法院的意义

采取专门法院的审判体系对于环境案件具备了独立的管辖权和审判权。

从分散管辖到集中管辖，环境资源案件受案范围上具有了显著的集中性，有利于实现司法资源配置的优化，实现长江流域自然属性一体化治理模式。通过统一管辖和治理，一方面可以平衡环境资源开发利用与生态环境保护之间的矛盾，减少地方政府因当地经济利益牺牲环境保护的可能性；另一方面可以明确对长江流域环境纠纷案件有管辖权的具体法院，改善长江流域因司法管辖而产生的生态系统条块分割、司法地方化问题，规避因多部门、多行政区、多法律无协同而产生的权责重叠与法律冲突。其具体优势主要体现在以下几个方面：

其一，有利于实现去地方化，防止地方行政权的干扰。基于长江流域一体化治理对于司法去地方化的需求，独立于普通法院的专门法院，相较于指定管辖和集中管辖有着明显的优越性，可以在人事物方面实现独立。专门法院如果与跨行政区划法院结合，进行条线管理，一方面可以从管辖权限和经费保障两方面摆脱地方政府的制约，另一方面环境法院主要领导的任免摆脱了地方政府和地方人大的限制，提高了地方司法的干预成本，一定程度上减少了对所在行政区划政府的依赖，尽可能保障了司法的有限独立。

其二，实现专门管辖，有利于尊重长江流域生态系统整体性，解决长江流域因司法管辖而产生的生态系统条块分割问题和管辖权竞合、不明确等问题。以长江这一整体流域单元作为司法管辖单位，结合沿岸地区生态环境纠纷案件数量，形成跨省级行政区划的，依照长江生态行政区划的司法管辖规划标准。通过设立专门的环境法院，最大限度地保证资源信息共享，实现一体化的治理模式。一是减少了针对同一环境纠纷提起的重复诉讼，减少了诉讼并为社会节约了成本；二是单独的、综合的环境法院相较于多个散处在各地的法庭要节约行政成本。通过整合环境诉讼管辖权，避免因环境损害跨越审级或区域使最高人民法院指定管辖成为常态，较好地处理了级别管辖问题，保障了审判权的统一性。

其三，特殊案件集中到专门法院进行管辖，有利于提炼裁判经验，集中司法资源，进行审判力量和辅助制度的集中培育与设置。可以在集中总结审判程序、法律适用、事实认定、证据采信等问题中，形成相应的司法规则，对环境领域的立法亦能提供支持。专门法院因其本身的特性在处理同类案件时，可以在提升审判效率同时提高整体司法效率。将某些事实或者法律特别复杂、特别专业的案件类型转移到更有能力处理这些案件的专门审判机构来集中审理,有利于统一法律适用的标准和尺度,避免因各地区司法资源不均、技术手段发展不平致使司法裁判标准不一。专门管辖对于立法的相对滞后性予以补充的同时,也给相关法律规范的制定提供相应的规则供给。环境资源案件这一特定审判领域中,同一事实行为可能涉及行政法、民法、刑法多个领域问题,如果实行多审分离,分庭审理,可能会产生相互矛盾的结果,不同裁判间产生难以协调的情形。[1] 需要有较为统一的管辖权安排,整合和简化诉讼程序,减少裁判冲突,提高司法救济的效率和司法权威性。

其四,设立环境法院可以加强行政执法和刑事司法的衔接,健全生态环境监管体制,在惩治环境犯罪中达到更好的司法效果。面对新型复杂的环境犯罪案件,现有的技术取证缺乏合理性、准确性。因环境犯罪本身的隐蔽性、潜伏性,侵害行为发生和侵害后果发现具有较大时空差距,所以司法机关证据的获取和固定都存在技术难题,其因果关系认定和证明严重依赖环保行政机构的监测报告和数据。[2] 环境法院的设立,能够有力地保证行政执法和刑事司法衔接的顺畅,及时进行环境犯罪的案件移送以及各项数据勘测技术资源的共享。这有助于提高执法的效率,合力查处环境违法行为。可以在梳理现行环境立法中有关行政、刑事等程序法律规范,按照环境与发展的综合决策的方法,对管辖权进行合理配置,完善两者间协调协同机制。[3] 通过更加完善的衔接机制促进各类主体积极参与环境治理,建立起以合作治理为核心的现代环境治理体系。

其五,环境专门法院的设立,有利于发挥救济功能,提高对于环境的风险治理能力,实现预防治理目标。流域环境作为风险治理的重要场域,分割式的管辖无法形成协同共治的局面,集中力量对抗环境风险挑战。通过设立专门的环境案件审判机构,可以形成对环境法益的单独保护机制,将流域环境信息从不同的级别、行政区域、部门统一归置到环境法院。司法资源以及相关信息数据

---

〔1〕 参见白明华:《我国环境法庭的窘境和化解》,载《郑州大学学报(哲学社会科学版)》2016 年第 5 期。

〔2〕 参见卢希起:《司法执法边界新论——以环境保护和安全生产领域为视角》,载《求是学刊》2018 年第 1 期。

〔3〕 参见刘治彦:《流域生态文明建设的新探索》,载《青海社会科学》2022 年第 1 期。

的汇集,有利于专门机构对风险防控工作进行总体管控。[1] 在环境损害结果发生之前及时进行制止,损害结果发生之后及时开展救济工作。最大程度上控制和减少流域内的环境破坏行为,从源头上打击环境资源犯罪,构建体系完整、相互协作的流域环境风险治理体系。

三、环境法院设立的条件和可能性

我国在环境领域的司法专门化已经进行了一定探索,对于长江流域的环境保护,部分地区的法院设立了环境法庭,对案件进行跨行政区划的集中审判也有了一定实践基础。但目前环境法庭的设立呈现杂乱无序的特点,所以环境法院的设立需要考虑现实的立法基础和政策条件,结合既有的环境法庭设立的实践经验,对设置成本和限制条件进行分析,探讨其建设的可行性。

(一)理论基础

要设立环境专门审判机构,需要相关法律条件已经发展成熟。即立法上已经有一定规模的法律规范集合,这类案件已经形成清晰的、可识别的分类标准,那么就形成了建立专门审判机构的第一要素。[2] 专门审判机构往往不受案件类型和管辖地域划分标准的限制,事务管辖划分中,专门审判机构也不受部门法的限制,体现出灵活的实践理性和实务回应性。针对法律现象的愈加复杂和混合,学界提出了领域法的概念,突破常规的审判机构设置规范,跨越部门法的框架,管辖特定领域或者特定行业纠纷的审判机构,也就形成了专门审判机构。我国在探索环境审判专门化上有两种模式:专门法院结合派出法庭的模式与专门法院结合巡回法庭的模式。而是否可以在专门化的司法审判中实现环境资源案件的"三审合一"未有规定,需要制度的进一步探索与明确。

纵观中国环境法治的四十年,从第一代环境法到第三代环境法,环境领域的立法在不断完善与进步。[3] 从典型的 1989 年《环境保护法》到 2020 年的《长江保护法》,环境立法体系中的综合法、单行法、地方立法都得到了迅猛发展。可以看出环境立法已经由最初单一的"环境保护观"为指导思想,进入以

---

[1] 参见徐航、王超奕:《论风险社会下环境刑事立法的变革与完善》,载《江海学刊》2021 年第 2 期。

[2] 参见余希:《专门审判机构设立研究》,载《法律适用》2022 年第 4 期。

[3] 参见杨朝霞:《中国环境立法 50 年:从环境法 1.0 到 3.0 的代际进化》,载《北京理工大学学报(社会科学版)》2022 年第 3 期。

“生态文明观”为指引的新发展时期。立法保护对象拓展到了更多的自然要素,大量增加了有关生态系统的保护内容。[1] 包括《湿地保护法》《生物安全法》《森林法》《噪声污染防治法》《土壤污染防治法》等资源环境方面的立法,《长江保护法》就是流域生态保护立法的杰出代表。保护方式也从“事后救济”向“事前预防”转变,注重源头控制。调整模式尤其是在流域治理上,以整体生态系统的立场为前提,坚持以区域管辖这一重大问题为导向,使环境司法机制发挥着越来越重要的作用。所以无论是从法律规范的合集来看,还是从专门化的发展趋势来看,我国显然已经具备了专门审判机构设立的这一构成要素。

(二)政策基础

对重要流域单元实行全流域系统管理已经成为明确的发展动向,最高人民法院 2014 年出台的《关于全面加强环境资源审判工作为推进生态文明建设提供有力司法保障的意见》中提到要“探索设立以流域等生态系统或以生态功能区为单位的跨行政区划环境资源专门审判机构”,根据该意见基本精神,环境诉讼程序改革应当侧重于合理设立环境资源专门审判机构,积极探索环境资源刑事、民事、行政案件归口管理模式,探索建立与行政区划适当分离的环境资源案件管辖制度。2020 年中共中央办公厅、国务院办公厅印发的《关于构建现代环境治理体系的指导意见》则从更高的层面支持调整设立专门的环境审判机构,统一涉生态环境案件的受案范围、审理程序等。[2] 对于环境司法审判机构的建设提供了明确指导方向。

此外,《长江经济带发展规划纲要》明确提出了研究制定“长江保护法”的要求,最高人民法院出台了《关于全面加强长江流域生态文明建设与绿色发展司法保障的意见》。各地也发布了《长江经济带 11 +1 省市高级人民法院环境资源审判协作框架协议》,地方法院也出台了相应的流域司法协作规范性意见,对信息共享、执法联动、联席会议等内容进行细化。这一系列政策的出台都为环境专门法院的建设提供了根据,长江流域需要专门立法成为当前学界共识,使专门化司法机制的改革与创新具备正当性基础。各地在有关政策的指引下

---

〔1〕 参见翟勇:《我国生态环境立法重要进展》,载《环境与可持续发展》2020 年第 6 期。

〔2〕 参见汪明亮、李灿:《环境案件“三审合一”模式的实践考察与完善进路》,载《河北法学》2022 年第 3 期。

开展了环境审判专门化的司法实践,重点从审判组织和管辖模式上进行了探索,积累了丰富的实践经验。

(三)域外环境法院的借鉴启示

瑞典、澳大利亚、新西兰等国家均通过成立环境法院或者设立环境法庭的方式实现了环境审判的专门化,建立了比较合理完善的环境专门审判制度。通过比较性研究,国外的成功经验也给我们提供了可以借鉴的环境审判专门化领域的研究素材,对我国环境法院的制度建设具有一定启示。[1]

第一,明确环境法院的管辖权和受案范围。澳大利亚新南威尔士州的土地与环境法院是世界上第一所专门的环境高等法院,具有极为广泛的司法管辖权,管辖范围包括实质性审查、环境有关的民刑事案件的一审诉讼、受理上诉。[2] 瑞典则是由地区法院和上诉法院共同构成环境法院,地区法院审理包括来自地区环境委员会的起诉以及关于自然保护和保护区特别措施的判决,其上诉案件由环境上诉法院管辖。可见,环境法院的管辖权往往是跨行政区域而存在的,充分考虑了环保纠纷的特殊性。

第二,通过放宽原告诉讼资格来推进环境公益诉讼。环境纠纷在特殊性之一就在于其侵犯法益的公共利益性,域外环境立法中的重要特征就是赋予了公民在生态环境事务领域广泛而又完善的参与权和诉权。环境诉讼的原告资格主体宽泛,就从实体和程序两方面保证了公益诉讼制度的发展。我国当前立法尚未对环境公益诉讼的原告资格问题作出明确规定,公益诉讼的国家化倾向显著,环境公益诉讼的制度缺乏明确启动方式,并存在多元化起诉主体缺失的弊端。

第三,环境法院的人员组成多元化和专业化。除了具备环境法研究背景的专业法官外,还应当吸收具备这类技术知识的专业人员参与工作,保证处理复杂环境案件的专业能力。组建专家陪审员队伍,能够有效解决在具体裁决过程中法官环境技术知识能力缺乏的问题。尤其在污染环境案件中,可以在污染因果链条和污染结果认定上实现规范化和专业化。[3] 有利于在打击环境资源犯

---

〔1〕 参见林燕梅:《环境司法区域化审判模式的比较研究》,载《中国政法大学学报》2015 年第 1 期。
〔2〕 参见杨帆、黄斌:《瑞典、澳大利亚、新西兰、美国的环境法院及其启示》,载《法律适用》2014 年第 4 期。
〔3〕 参见杨继文:《污染环境犯罪因果关系证明实证分析》,载《法商研究》2020 年第 2 期。

罪中破解犯罪证据和被告人主观罪过认定等疑难案件问题,从而提高我国环境刑事司法的整体功能和价值。

第四,促进环保案件诉讼与非诉讼程序的衔接,重视调解在解决环境纠纷中的作用,不仅有利于提高司法效率,加快环境纠纷案件的解决速度,还可以贯彻恢复型环境治理理念。现阶段的环境伦理表现为可持续发展环境伦理,重视环境侵害的事前预防,通过调解程序有利于行为人对环境法益侵害后果进行积极赔偿和修复,实现对环境违法行为治理中恢复生态的诉求。

(四)设立环境法院的成本与限制

最大限度节约司法资源来实现司法效能,是设立司法机构的基本原则。环境专门法院的设立也应当要以实现精准司法、解决司法技术专业化为目的。所以从司法成本来看,环境法院作为需要具备专门知识技术的专门审判机构,首先需要各种资源的投入,作为新型机构类型,还有决策误判、迂回调整的试错成本。常态化机制的建立、相关规则漏洞的弥补也有可能导致案件数量的变化波动较大,在部分地区进入环境法院案件少的情况下可能造成司法资源的浪费,所以在维护机构运转上需要更加灵活有序,存在一定的变通成本。

其次是沟通成本,专门审判机构与普通审判机构之间也会存在各种管辖权交叉,需要付出协调沟通成本。流域单元内的环境法院作为跨行政区域的专门法院,需要沟通协调进行相应的制度设计和衔接。长江流域一体化治理的行政机构如若以原、被告身份参与环境资源诉讼,或是需要法院协同配合的情况下,需要与长江流域内 19 个省级行政区司法机关予以对接,且不同地区存在审判机制与司法管辖划分模式的差异,存在协同难度。

再次,涉及起诉的便利成本,越是更大规模的专门审判机构,案件集中程度越高,跨地域的幅度也更高,起诉主体要付出更多的经济和时间成本。在环境民事诉讼中依旧需要考虑到“两便原则”,即便于当事人进行诉讼和便于法院独立、高效行使审判权,如果制度专业化没有充分保证当事人通过裁判制度维护自己合法权益,那么就有违司法的公正性。就环境的公益诉讼而言,检察机关作为提起诉讼的主体,对于本区域内的环境纠纷案件,可能需要跨行政区划进行案件移交起诉,增加了检察方的工作难度。

最后,监督资源成本也需要纳入考量范围。一方面,作为环境领域具有集中管辖权的专门法院,必然具备环境资源类犯罪的刑事司法权,这涉及原有司法权中刑事审判权的分割和让渡,对法定的管辖权产生威胁。[1] 另一方面,独立于区域经济社会实践的流域跨区治理虽然保障了管辖权上的完整性,但一定程度上弱化了来自监察部门的监管责任。因此需要相关部门将对环境法院的监管职责落实到位,进行严格的规制和监督,这在一定程度上也对司法监督提出了更高的要求。

环境专门法院的设立具有多种来自社会各方面的推动因素,面对学界的争论和不同出发点的建议,笔者认为,这需要司法部门立足于现实,进行审慎取舍和综合考量。在符合司法规律和环境自身特性的前提下,注意法秩序整体上的协调性和法规范逻辑上的自洽性。进行科学规划,让环境法院的实际效能得以充分发挥,获得更大的决策效益比,形成公正高效的司法体系。

四、推进环境法院建设的配套举措及建议

在环境领域司法专门化的进程中,长江流域单元内设立环境法院,需要特别的配套制度和辅助措施,来确保这一专门审判组织的顺利运行。可以分别从管辖模式、诉讼模式上进行革新,在立法上对特殊的诉讼程序进行完善。为提高环境法院审判的专业性和运行的独立性,在既有的司法框架内打破传统制约带来的不便,还须从专家资源、资金统筹监管上进行探讨。

(一)构建"长江法院+地区环境法院"的管辖模式

环境法院作为专门化的环境审判机构,管辖范围需要根据环境单元来进行划分,以保证环境的整体性特征,避免区划管辖的分割性带来的弊端。在长江这一流经地区广,影响范围大的流域单元中,可以在中心地区设立长江法院作为独立环境法院,具备流域单元内环境纠纷案件的综合管辖权。本流域内影响重大、案情复杂的环境犯罪案件交由长江法院管辖,环境公益诉讼中民事、行政类的上诉案件也由长江法院统一进行审理。再根据干、支流的流经地区的环境资源纠纷数量和环境矛盾严重程度,选择 3 ~5 个省份、地区设立地区环境法院,将原本归属于各普通法院的涉长江流域的环境资源案件统一交由地区环境

---

[1] 参见侣化强:《法院的类型、创设权归属及其司法权配置》,载《中外法学》2020 年第 5 期。

法院行使审判权。在环境资源案件较少的省份、地区可以设立环境巡回法庭，实现环境资源审判庭与流域专业技术人员配备的全面覆盖。通过在流域内构建层级完备的专门环境审判机构，能够打破地域限制，在现行法律框架下实现最大的融合。

（二）形成“三审合一”的诉讼模式

环境法院作为专门化的审判组织，在实际运行中要以我国三大诉讼法为依据，在配套制度上也须进行相应的变革与完善，从而体现司法专门化带来的优越性，避免出现审判组织设置超前而制度上缺位滞后的矛盾局面。环境诉讼案件往往具有法律关系上的复合性，可能同时涉及刑事、民事、行政中两类以上的法律关系，“行民交叉”“刑民交叉”的问题较为普遍。按照传统的分庭审理模式，将环境诉讼案件按诉讼类型划分到三个不同审判庭中，显然不利于案件的审判。三种类型的诉讼具备各自的诉讼主体、标的、程序、裁判模式。[1] 同一案件受到不同机制的制约，可能造成当事人循环诉讼，诉讼期限过长，最终案件难以审结，达不到及时救济的目的。

所以环境法院具备的专门法庭，应当对环境资源类的民事、刑事、行政诉讼案件实行统一管辖，整合审判程序，从而实现“三审合一”的诉讼模式，以此构建综合性的案件审理模式。环境法院通过这一模式，一方面可以实现司法尺度的统一，在降低投入成本的同时提高法律适用的统一性，避免“同案不同判”的现象。另一方面能够优化环境司法的协调能动机制，提高司法审判效率，加强环境事故的责任追究能力，解决环境纠纷中涉及的多主体司法救济问题。当然，这也从根本上要求环境法院的审判人员及其他审判参与人员需要具备三类诉讼领域的综合知识和丰富的审判经验，并对生态环境中常见的环境监测、环境要素等专业知识有所了解。

要在实质上对诉讼程序进行整合，具体可以从证明规则和案件繁简分流两方面进行探明：其一，环境案件的证明标准不同于普通案件，涉及不同性质的环境诉讼规则，并需要特殊的事实认定、保全、查封，这从一定程度上增加了法院的审判难度。但鉴于环境诉讼规则具备牵连性，不同类型的诉讼标的间也具备

---

〔1〕 参见吕忠梅：《环境司法，应实现专门化审理》，载《环境经济》2015 年第 Z1 期。

较强的牵连性，将纠纷性质上存在牵连的不同种环境之诉进行合并审理，可避免因前后诉判决效力的绝对扩张对被告造成重复判决的不利后果。例如，刑事诉讼的证明标准就高于民事诉讼的证明标准，在同一环境案件中，为避免重复质证以及不同诉讼间证明义务的混同或证明负担的不合理分配，可以通过统筹不同类型的诉讼规则，明确统一的证明规则标准，实行统一的因果推定规则，由法官依职权对证据进行调查、评定和收集。在有效实现证据间的协同和转化中，确保当事人调查取证与质证环节上的一致性。〔1〕

其二，在合并审理的模式下，可以在审前根据涉案的法律关系类型分为单一型和复合型，实现繁简分流。〔2〕 通过强化审前程序的作用，来提升环境案件的诉讼效率。对于涉及单一法律关系的环境案件，尽可能简化审理。不需要启动专门法庭的特殊程序，可以按照既有的诉讼规则以一般程序进行审理。对于复合型的环境案件，要尽可能细化审理，启动“三审合一”中交叉案件的审判程序，根据案件的起因、法律责任的分配来明确裁判程序，实现环境法院案件审理的专业化、高效化。

表2 “三审合一”模式下案件繁简分流程序

案件类型	审前分类	程序选择	证据标准
单一型	简化审理	一般程序	一般证明标准
“刑民”复合型	细化审理	刑事附民事诉讼程序	刑民复合证明标准
“行民”复合型	细化审理	“先行后民”裁判程序	行政行为的合法性审查标准
“行刑”复合型	细化审理	二者并重的衔接程序	行政执法证据向刑事证据的转换标准

（三）环境诉讼程序立法上的规制与完善

完善环境诉讼程序是环境司法专门化的实现与持续的关键点，环境法院作为司法专门化的重点领域，需要具备专门的、坚实的环境诉讼基础，在符合审判管理科学化的要求下，让诉讼活动更具有有效性和针对性。首先，要完善诉讼时效规则，跨行政区划环境资源案件，其牵连的因素较多，潜伏期长，可以适当

〔1〕 参见占善刚、王译：《环境司法专门化视域下环境诉讼特别程序设立之探讨》，载《南京工业大学学报（社会科学版）》2019年第2期。

〔2〕 参见陈海嵩：《环境司法“三审合一”的检视与完善》，载《中州学刊》2016年第4期。

延长诉讼时效来保证司法的公正。[1] 其次,实行异地立案制度,能够有效推进流域内刑事案件的管辖权对接。基于法、检的对应关系,专门管辖必然涉及与检察院诉前程序的衔接机制,在部分环境犯罪案件中,由于流域的跨度大,环境侵权行为地可以通过异地立案及时取证。由当地检察院履行诉前程序后再将证据材料移交给特定检察院,由该特定检察院向环境专门法院提起诉讼。最后,细化环境公益诉讼规则。作为环境司法专门化展开的路径之一,跨行政区划环境资源案件很多都通过公益诉讼进行解决。[2] 现行法律条文对公益诉讼的程序规定较少且有缺失,需要进一步明确启动方式,完善多元化主体诉讼制度。政府执法资源覆盖率不可能达到百分之百,而环境污染的发生具有一定的随机性,地点和时间很难进行有效监管。我国现行环境公益诉讼的国家化倾向显著,检察机关作为起诉主体,具有单一性。多元化主体参与环境公益诉讼可以让公众成为有效的监督者,构建法律监督与环境公益维护相统一的衔接机制。当然,为避免滥诉情形出现,对于公民、环境保护组织提出的公益诉讼,需要设定必要的起诉条件和程序,完善启动机制。

(四)成立专家委员会参与案件审理

环境损害事实的认定具有系统性与专业性,对未来生存环境可接受的潜在影响进行预估与评判的过程并非仅由法官的法律评价决定,而是由环境技术决定。环境污染行为确认、环境损害影响评估、环境损害行为因果关系鉴定以及共同责任分担等领域,均对专业性提出了较高的要求。所以推进环境诉讼的专门化,需要从技术认定层面进行完善,保证环境技术人员在环境案件中有效参与,对环境侵害事实进行专业鉴定和评估。设立环境法院则更应该体现审判的专业性,不仅审判队伍建设需要引进更多复合型人才,更要畅通环境资源的专家和技术人员制度化参与路径。可以在环境法院内成立专家委员会,由专家担任环境诉讼一审专家陪审员,或者作为兼职委员参与环境纠纷专业咨询。通过法官与环境评估专家一同作出符合保护优先与可持续发展精神、可实现代际利益平衡的司法决定,可以提升环境资源案件的裁判质量和司法公信力,契合司法专门化的本质精神。

---

〔1〕 参见余德厚:《跨行政区划环境资源案件的司法管辖制度研究》,载《法学杂志》2017 年第 2 期。
〔2〕 参见张璐:《中国环境司法专门化的功能定位与路径选择》,载《中州学刊》2020 年第 2 期。

(五)设立环境专项资金管理机构

在现有法律框架下,生态环境公益损害赔偿资金管理缺乏统一的宏观调控。[1] 各地环境公益诉讼资金的来源、用途、管理差异较大,分散式管理存在赔偿资金利用效益低、管理成本高、使用不及时的弊端。从资源整合的角度出发,生态环境公益损害赔偿资金具有专款专用的特性,环境法院建设中可以在内部设立环境专项资金管理机构,用于实现生态环境资金的统筹监管。基金既可以包括刑事附民事赔偿中的赔偿金,也可以源于政府财政资助和环境民事公益诉讼中的损害赔偿金处以及生态环境修复费用,交由环境法院进行统一管理。在管理层面进行合并管理之后,应当实施统筹使用,用于承担第三方评估与可恢复性影响评价费用和后期环境修复费用。专项资金机构的设立,既能保障司法行政部门在合理监管下进行生态环境修复,也能降低赔偿资金管理成本,更方便专门司法机构开展流域环境综合治理,不受地方财政的制约。

五、结语

综上所述,我国有关环境领域立法已经具备司法专门化的理论基础。面对当前流域治理现状以及区划管辖的明显弊端,需要立足于长江流域的整体特性,从尊重自然规律的角度出发,完善顶层设计。通过环境法院的设立,实现专门管辖,按照系统原则进行统筹考虑,实现综合治理和协同发展,推进以流域为核心的生态文明建设。当然,环境法院的构建要基于现实,尊重司法体系的内在规律,平衡好各方利益。从实践中寻找解决问题的有效措施,达到预期效益,是后续建设中需要重点关注的问题。

---

〔1〕 参见黄大芬、华国庆:《生态环境公益损害赔偿资金统筹监管研究》,载《学术探索》2022 年第 4 期。

11. 长江流域环境资源类案件集中管辖制度的司法样态、理论证成与法治进路

叶家兴　景佩璐　廉晓旭*

内容摘要：国家司法体制改革是推进国家治理体系和治理能力现代化的重大举措，而程序法治是国家法治建设的重中之重。长江流域生态保护和发展，既离不开国家立法层面的制度供给，也需要进一步发挥好地方程序法治的积极作用。流域集中管辖制度作为跨区划管辖的典型制度性成果，是基于管辖实践经验与长江生态需求的制度考量，集中最为优势的理论资源和实践基础，重塑了传统管辖模式的机理内容与结构表象，形成了具有中国特色的管辖机制。但弊病在于，地方司法集中管辖权行使方向偏离诉讼规则核心价值导致功能异化，适用规则不统一导致环境司法管辖权失序和效能低下，不利于长江流域司法协同治理。

本文认为，据此匡正的法治路径在于：一是要在长江流域重大国家战略背景下，基于功能主义对方向和价值进行纠偏，寻找流域集中管辖的理论支撑；二是要进一步识别长江流域集中管辖的现实困境，在客观识别的基础上建构出符合长江流域发展的制度规范；三是回归长江流域生态保护和发展的基础命题，在具体路径上基于诉讼效率价值和生态保护整体性价值均衡管辖结构，从规范演进和法治进程中纾解符合流域治理的管辖运动机理。

关键词：长江流域　跨行政区划　长江生态法院　集中管辖制度

一、引言

“一个流域一部法律”，这是近现代国际或国家河川流域立法的共识性做

---

* 叶家兴，华新水泥股份有限公司副总裁、董事会秘书兼公司法务总监；景佩璐，中南财经政法大学法学院博士研究生；廉晓旭，华新水泥股份有限公司法务合规与证券部法务人员。

法,无论是从美国的科罗拉多河到西班牙的塔霍－塞古拉河,还是从莱茵河到多瑙河,无论一国流域还是国际公河流域,都是以相应的国内流域法或国际公约作为河川治理的重要方式和制度保障。可见,流域治理事关生态保护与社会的可持续发展,既是世界范围内的共性命题,也是一个极具现实意义的重要研究方向。现代流域立法始于20世纪初期,从法律基本范畴来看,流域空间成为独立的法律规制对象;从立法理念与法治路径来看,流域治理经历了从流域单元和流域管理理念至统一流域管理机构高效管理的过程。例如,1914年澳大利亚发布实施的《墨累河水协定》、1933年美国颁布实施的《田纳西河管理法》、1950年国际法委员会更是确立了针对国际河流流域治理的流域一体化原则。[1] 然而,自20世纪60年代以来,关于流域治理的国际经验和做法又发生了转变和调整,即流域立法转向为中央统一立法和国家综合立法模式,并逐渐呈现为流域普遍法和流域特殊法模式。[2] 与此同时,关于跨行政区划的司法制度研究也出现了新的发展走向,即跨行政区设立法院成为各国司法实践探索的重要内容。[3]

从我国流域治理的发展实践来看,中国在流域开发治理的实践过程中积累了大量的丰富经验,无论是防洪兴利、流域经济发展,抑或流域生态环境修复与保护,在制度与实践层面都取得了巨大成效,成为世界流域治理可参考和借鉴的典型样本。然而,随着工业化和城市化的推进,长江经济带各城市经济高速发展的同时,废水排放量大、点面污染源负荷严重、水环境质量差、水质型缺水等负向问题相伴而生,对流域生态问题构成了严重威胁。此外,随着《长江保护法》的实施,长江流域协同治理也问题不断,从地方程序法治化的演进过程来看,集中管辖在理论证成及实践推进中均存在诸多困难,相应制度规范也多呈现出碎片化状态,与真正实现"以法治长"的目标尚存差距。同时,面对党的十九届四中全会提出的"加强长江、黄河等大江河生态保护和系统治理"国家战

---

〔1〕 参见周珂、史一舒:《论〈长江法〉立法的必要性、可行性及基本原则》,载《中国环境监察》2016年第6期。

〔2〕 参见邱秋:《域外流域立法的发展变迁及其对长江保护立法的启示》,载《中国人口·资源与环境》2019年第10期。

〔3〕 参见杜如益:《德国跨行政区划法院的特色与成因分析——兼论其对中国跨行政区划法院的启示》,载《清华法律评论》2015年第2期。

略任务,长江现代化治理如何在法律层面衔接落地,已然成为推动长江治理不得不深入研究的重要问题。

据此,应以问题为导向,把握长江流域的特殊流段特征、自然禀赋和经济现状,防范长江治理中“画地为牢”与“各自为政”的现实困境,从司法样态、理论证成与法治进路三个方面出发,着力研究司法空间关系在流域治理和程序法治发展进程中的特殊作用,深入探讨长江流域治理的集中管辖问题,从规范演进和法治进程中疏解流域治理的运动机理,深刻把握国家战略目标对于长江流域程序治理的基础意义。

二、长江流域生态环境类案件集中管辖制度的实证剖析与现实困境

管辖是指确定上下级法院之间和同级法院之间受理第一审案件的分工和权限。[1] 集中管辖并非通用的法律概念,而是因社会实践的需要和法律现象的发生发展,逐渐凸显的一种实践管辖形态。从概念上来看,集中管辖是指将同类但原属不同管辖法院的案件集中于其中一个法院予以管辖的情形。[2] 环境资源案件跨区域集中管辖是指为了促进司法区划与行政区划的适当分离,实现生态系统保护的整体性,以流域等生态系统或以生态功能区划为单位划分管辖区域,上级人民法院以统一指定的形式将原本分散在一定区域由不同法院管辖的环境资源案件交予少数的、审判力量较强的设有环境资源专门审判机构的法院集中管辖的制度。[3] 本文所讨论的长江流域生态环境类案件集中管辖制度即属于上述管辖概念的范畴。

(一)长江流域集中管辖的实证分析

1.“岳阳某公司与岳阳交通局、岳阳市政府行政许可及行政复议案”的基本案情及程序性问题分析

〔基本案情〕岳阳某公司(以下简称岳阳公司)因为港口许可证临近到期,向当地主管部门岳阳市交通局办理延续申请,受理部门声称是基于长江流域公

---

〔1〕 参见江伟主编:《民事诉讼法学》(第三版),北京大学出版社2015年版,第87页。

〔2〕 参见张卫平:《民事诉讼法》,法律出版社2019年版,第120页。

〔3〕 关于环境资源案件跨区域集中管辖制度的概念,参见王旭光:《论当前环境资源审判工作的若干基本关系》,载《法律适用》2014年第11期;韩德强主编:《环境司法审判区域性理论与实践探索》,中国环境出版社2015年版,第41页。

共利益保护而作出不予许可的决定,岳阳公司遂向当地政府提起行政复议,复议决定维持原行政决定。后岳阳公司以岳阳市交通运输局及其复议机关为被告,向武汉海事法院提起行政诉讼。诉讼过程中,两被告对管辖权提出异议,被海事法院裁定驳回;后不服,均向湖北省高级人民法院提起上诉,又被驳回。

被告提出管辖权异议的理由为:"本案应由湖南省岳阳市某区人民法院进行审理,原审法院对本案不具有管辖权。第一,上诉人作出的《不予许可决定》,岳阳公司丧失的只是路上货物装卸业务的资质资格,并不属于涉及海上、通海可航水域运输经营及相关辅助性经营、货运代理、船员适任与上船服务等方面的资质资格。故本案属于一般行政案件,不属于海事行政案件,应按照一般行政诉讼案件管辖原则确定管辖法院。第二,根据 2018 年 2 月 8 日施行的最高人民法院《关于适用〈中华人民共和国行政诉讼法〉的解释》(以下简称《行政诉讼法司法解释》)第 3 条的规定,武汉海事法院作为专门法院,不审理行政案件。最高人民法院《关于海事诉讼管辖问题的规定》(以下简称《海事诉讼管辖司法解释》)、最高人民法院《关于海事法院受理案件范围的规定》(以下简称《海事法院受理案件范围司法解释》)是在《行政诉讼法司法解释》之前施行的,根据《行政诉讼法司法解释》第 163 条第 2 款的规定,不再适用,原审适用上述司法解释错误。故应将案件移送湖南省岳阳市某区人民法院。"复议机关上诉理由与此类似,不再赘述。

湖北省高级人民法院驳回异议裁定的观点认为:"《行政诉讼法司法解释》在 2018 年 2 月 8 日施行后,最高人民法院于 2018 年 3 月 9 日印发《关于进一步加强海事行政审判工作的通知》(以下简称《海事行政审判通知》),要求各海事法院应按照《海事诉讼管辖司法解释》关于'海事法院审理第一审海事行政案件'的规定,切实履行海事行政审判职能。《海事法院受理案件范围司法解释》第 79 ~ 85 项,对海事行政案件收案范围亦有明确规定。由此可见,海事法院经法定授权可以审理行政案件。岳阳交通局主张武汉海事法院作为专门法院不审理行政案件,《海事诉讼管辖司法解释》和《海事法院受理案件范围司法解释》不再适用,系对相关法律的错误理解,本院不予支持。"

本案程序性疑难问题主要集中在以下方面:跨区域管辖应当注重法律体系的协调统一。该案例中,最高人民法院的三个司法解释之间明显是有冲突的,

《行政诉讼法司法解释》是在《海事诉讼管辖司法解释》和《海事法院受理案件范围司法解释》之后颁布的，同样属于最高人民法院司法解释层级。同效力级别下，通过“新法优于旧法”的法律适用原则，应当理解为《行政诉讼法司法解释》具有优先适用效力。亦即根据《行政诉讼法司法解释》第 3 条第 2 款“专门人民法院、人民法庭不审理行政案件，也不审查和执行行政机关申请执行其行政行为的案件。铁路运输法院等专门人民法院审理行政案件，应当执行行政诉讼法第十八条第二款的规定”的文义和体系解释，与铁路法院一样，作为专门集中管辖的海事法院理所应当包含其中。

但是，最高人民法院在《行政诉讼法司法解释》施行后的次月，又单独下发了《海事行政审判通知》，第 1 条规定：“《最高人民法院关于海事诉讼管辖问题的规定》（法释〔2016〕2 号）‘海事法院审理第一审海事行政案件’，各海事法院应依照该规定，切实履行海事行政审判职能。”根据最高人民法院《关于司法解释工作的规定》（2021 修改）第 6 条第 1 款的规定，“司法解释的形式分为‘解释’、‘规定’、‘规则’、‘批复’和‘决定’五种”。

2.“王某梅与无锡市生态环境局、无锡市人民政府政府信息公开纠纷一案”[1]的基本案情及程序性问题分析

〔基本案情〕为推进建立符合生态文明体制改革方向和生态环境保护规律的新型环境资源审判体制，提升环境资源案件专业化审判水平，为江苏生态文明建设提供更高水平的司法服务以及更加有力的司法保障，江苏省高级人民法院于 2019 年 1 月 15 日印发《关于设立环境资源法庭并跨区域管辖环境资源案件的通知》（以下简称《江苏省高院通知》），并在江阴市等地人民法院设立环境资源法庭。

笔者通过威科先行裁判文书模块检索“长江”“环境资源”“管辖”等关键词，并定位江阴市人民法院，共有 6 篇相关裁判文书。剔除与“《江苏省高院通知》”无关的 3 篇，其余 3 篇均是因基于《江苏省高院通知》而裁定移送其他法院管辖，故本处以题述案例为例分析。

裁判说理理由为：“本案系不服环境保护主管机关作出的涉环境信息公开

〔1〕 江苏省江阴市人民法院行政裁决书，（2020）苏 0281 行初 51 号。

的行政诉讼案件,根据《江苏省高院通知》的规定,江阴市人民法院长江流域环境资源第一法庭管辖无锡市(不含宜兴市、无锡市滨湖区、无锡市新吴区)的环境资源案件,苏州市姑苏区人民法院太湖流域环境资源法庭管辖宜兴市、无锡市滨湖区的环境资源案件。江苏省高级人民法院《关于正式启动环境资源'9 + 1'审判机制相关事项的通知》(苏高法〔2019〕162 号)规定,根据《江苏省高院通知》确定设立环境资源法庭的相关基层人民法院自 2019 年 7 月 1 日起分别集中管辖相应区域的环境资源第一审案件,其他基层人民法院自该日起不再受理环境资源案件。根据前述规定,本案二被告住所地在无锡市滨湖区,原告申请公开的信息事由发生在宜兴市,均属苏州市姑苏区人民法院管辖范围,本院无管辖权。"

本案所反映的问题主要集中在集中管辖的合法性问题。《江苏省高院通知》对指定集中管辖所依据的是:最高人民法院《关于全面加强环境资源审判工作　为推进生态文明建设提供有力司法保障的意见》(法发〔2014〕11 号)、《关于充分发挥审判职能作用　为推进生态文明建设与绿色发展提供司法服务和保障的意见》(法发〔2016〕12 号),以及《关于深入学习贯彻习近平生态文明思想　为新时代生态环境保护提供司法服务和保障的意见》(法发〔2018〕7 号)。由上可知,《江苏省高院通知》未有任何司法解释及其以上层级的"立法"渊源。

除此之外,实践中将集中管辖法院确定为基层环保审判庭是否妥当仍有待商榷,因为《人民法院组织法》规定可在最高、高级、中级三级法院设立其他审判庭。这就意味着依审判需要设立其他审判庭只能在此三级法院设立,而基层人民法院设立环境保护审判庭无法律依据。

(二)流域跨区域集中管辖引发的多维困境

司法公正是一个处于不断发展中的动态概念。从血亲复仇到神明裁判,从共誓涤罪制度到大小陪审团制,从有罪推定到无罪推定,从司法行政合一到司法相对独立,是人类司法实体公正与程序公正由"应然"走向"实然"的探索历程。而何谓程序公正,直至今天仍旧没有终结性的结论,甚至在价值追求上产生种种对抗和冲突。流域跨区域集中管辖也面临着诸多值得思考的现实困境。

1. 法理缺失:流域集中管辖的价值背离

第一,在“意义”与“秩序”之间尚未充分证成的法哲学理据。维护社会秩序是法律调整社会关系的阶段性目的,法律的终极目的是实现人而为人的意义,尤其是实现基本物质文化需求后,社会对法律制度提出了更高位阶的目的要求和理论期待。长江保护除了需要管理型法律规范保障社会秩序稳定,同时需要考虑实体规范与程序规范在“秩序价值”与“自由价值”之间的契合,兼顾由“秩序”到“意义”的理由转向和哲学证成。

从目前流域集中管辖的制度实践来看,在法律实践哲学从“物的世界”[1]转向“意义世界”[2]时,集中管辖制度中以人为本的价值理念尚未得到充分彰显。一方面,集中管辖制度在司法政策导向下以一种“地方先行”的姿态不断实践,一定程度上脱离了中国司法管辖框架的母体,过度强调实践意义环境的需求;另一方面,流域跨区划集中管辖制度是法律主动集合生活世界形成的各类正式规范与非正式规范,并最终以流域协作共同体的形式投入法律实践改造的一种创设形式。因而,必须考虑并整合流域治理协作中主动性、利他性、合作性等意义属性对于司法制度证成的影响。目前,流域跨区域集中管辖制度却恰恰缺失此种实践理性的证成需要,在相应制度设计中仍旧存在诸多诟病。

第二,在“实体公正”与“程序公正”之间尚未实现充分契合。实体公正与程序公正是司法公正常常被讨论的两种价值证成标准,程序正义理念是一种深入司法实践之中,作为一种价值理念、思维方式、文化传统且不因法律条文的修改而发生改变的机理存在。从实体公正来看,强调实体法能够为争议解决提供一种逻辑和理性层面的现实回复,程序公正则更关注于对争议事实的再现过程必须是符合程序伦理之需的。

从制度内容来看,流域集中管辖采用的是一种传统程序正义模式,虽然证成了司法管辖的过程正义,但却忽视了司法管辖的结果正义。流域集中管辖的

---

〔1〕 所谓“物的世界”是指由物质构成的世界,人亦是物质世界的组成部分。国家干预论是以“物质世界”为逻辑起点,根据客观物质资源有限性,强调完善人类力量,并最大限度地控制人类本性。罗斯科·庞德的社会控制理论的前提是以物质社会为基础,认为物质的有限性需要完善人类力量和最大限度地控制人类本性。参见[美]罗斯科·庞德:《通过法律的社会控制》,沈宗灵译,商务印书馆2010年版,第10页、第39页。

〔2〕 所谓“意义世界”就是以人类立场对“物的世界”的延续和建构。它包括人类认识判断、理解反思、改造取效的实践意义世界和人的内在意识世界两个部分。参见赵毅衡:《意义世界的复数性与复合性》,载《贵州社会科学》2017年第8期。

过程理性,无论是通过主张过程正义还是结果正义,实际上都无法到达司法公正效能的最大化。真正高质量的程序公正并不能局限于僵硬的法律步骤,而是把表达、尊重、理解、助人、效率等人文关怀与实践技术理性寓于其中。

2. 适用争议:流域集中管辖的法律依据不足

长江流域生态环境类案件集中管辖是一项明确法院之间对跨行政区域案件的一审职权和分工的法律制度。管辖权本质上涵盖了法院拥有的权力性质、案件范围以及该权力可以行使的地域。现行法律体系中并没有针对跨行政区划环境类案件的司法管辖问题进行专门设置,而是遵循了传统管辖规则比照确定管辖法院。

第一,管辖适用标准存在地方差异。由于流域跨行政区域环境管辖制度仍旧是按照目前法定诉讼规则进行,但是其中诸多规定已然不能完全适用,这就导致各地对环境刑事、环境民事、环境行政案件的管辖问题作出特殊规定,直接导致了管辖规则的"碎片化"[1]问题,加之管辖口径不统一,管辖适用标准的不一致,使管辖在此种情况下成为一项违背诉讼原则且耗时耗力的特殊管辖过程。

第二,管辖适用依据存在法律盲区。从目前我国有关跨区域环境资源类案件集中管辖制度的法律依据来看,主要规定在我国《民事诉讼法》、《刑事诉讼法》、《行政诉讼法》以及相关司法解释中,但是法定的案件管辖类型中实际上并不包括集中管辖制度。从《行政诉讼法》(2017 年修正)第 18 条第 2 款的规定来看,虽然规定了"经最高人民法院批准,高级人民法院可以根据审判工作的实际情况,确定若干人民法院跨行政区域管辖行政案件"。但实际上上述规定中的"可以"在适用上具有极大的不确定性。总体来看,流域集中管辖制度在某种意义上是"探索建立与行政区划适当分离的司法管辖制度"的过渡性选择,并未全面上升为法定管辖制度。

第三,管辖适用诉讼机制存在地方限制。在生态环境案件中,民事、刑事、

---

〔1〕 例如,自 2020 年 9 月 1 日起,合肥市部分环境资源、食品药品安全、破产三类案件,将统一交由合肥铁路运输法院集中管辖。资源环境案件交由同一法院集中管辖。而浙江省高级人民法院《关于依法审理、执行环境资源行政案件若干问题的纪要》中提道:完善环境资源行政案件的异地管辖、提级管辖、集中管辖等制度。例如,南太湖新区法院集中管辖湖州地区环境资源案件,温州市鹿城区法院集中管辖原由温州市各基层法院审理的环境行政案件。

行政三大法律关系往往相互交叉。虽然当前地方环境法庭采用的是"三合一"和"四合一"模式,但实际上仍然是传统诉讼机制演变而来,难以对接环境诉讼案件的实际需求。从我国目前的地方实践来看,包括了审判庭、巡回法庭、合议庭等环境审判模式,且大部分隶属于普通法院管理,环境法庭实际上并不具备独立性。

第四,管辖规则造成维权成本失衡。集中管辖实质上在原有管辖的基础上增加了当事人的诉讼成本,并一定程度上削弱了当事人的诉权,甚至可能造成相应管辖规则被架空,使传统管辖规则与特殊管辖规则之间难以有效衔接。例如流域污染案件,有时侵权主体、受害人以及损害结果会处于不同的区域,这就造成了多个法院都拥有管辖权。若不同受害人基于同一案件事实向不同的法院起诉就会造成多头诉讼、重复诉讼的现象,不仅有可能增加双方当事人在司法管辖方面的相互博弈与相互诘难,同时也可能使诉讼成本超出预期。

3. 实效落差:流域集中管辖的法律实施效果有限

第一,囿于传统法院按照行政区划的设置标准,环境资源案件实现跨区域集中管辖面临诸多政策障碍,有碍于实现社会效果、生态效果与法律效果的统一。从长江流域持续发展来看,环境要素是牵制流域治理的重要内容,这本质上与依照行政区划确定法院管辖范围是存在冲突的,按照行政区域划定管辖法院,往往会造成司法地方化、司法行政化现象,即流域管辖法院各自为政,基于各方面的原因要么互相推诿,要么互相争抢,且可能会受到地方行政因素的干扰,造成"同案不同判"的裁判结果,严重影响法律权威性。因此,目前以行政区域为标准界定的管辖制度,不仅不能妥善处理好跨行政区域环境资源案件的管辖问题,也影响管辖规则下的诉讼效率。

第二,跨区域管辖程度不高,解决跨区域环境纠纷的作用有限。从目前的地方司法实践来看,大部分跨区域环境案件的集中管辖限于省级区划以下,[1]在跨区域流域、生态功能区以及与大气污染相关的环境资源案件中所发挥的功

---

〔1〕 例如,根据最高人民法院《关于同意南京市中级人民法院跨区域管辖部分环境资源案件的批复》,同意江苏省南京市中级人民法院跨区域管辖应由江苏省辖区内中级人民法院管辖的文件中所列举的第一、二审环境资源案件。依据上海市高级人民法院《关于加强环境资源司法保护推进审判专业化建设的若干意见》,上海市三级人民法院对环境资源案件实行审判机构、团队、人员相对集中的民事、行政、刑事"三合一"审判机制,崇明、金山、青浦3家基层人民法院,对各自辖区内的一审环境资源案件进行"三合一"审理。

能极其有限,甚至可能造成更为集中、突出的地方司法保护主义,尤其是在各相邻城市的交接地带,往往因管理制度、政策法律、标准时序的差异,更容易造成生态分割和跨界污染,[1]不利于长江流域生态环境保护和修复的整体性和融贯性。

三、长江流域环境资源类案件集中管辖的司法样态、规范演进与法治成效

《中国环境资源审判(2021)》[2]研究数据显示:2021 年,全国法院共受理环境资源一审案件 297,492 件,审结 265,341 件,同比分别上升 8.99%、4.76%。其中,受理环境资源刑事一审案件 39,023 件,审结 35,460 件;受理环境资源民事一审案件 185,468 件,审结 167,055 件;受理环境资源行政一审案件 73,001 件,审结 62,826 件;受理环境公益诉讼案件 5917 件,审结 4943 件;受理生态环境损害赔偿案件 169 件,审结 137 件。截至 2021 年年底,全国共设立环境资源专门审判机构和审判组织 2149 个,包括环境资源审判庭、合议庭或巡回法庭。最高人民法院实现环境资源刑事、民事、行政审判职能由环境资源审判庭"三合一"归口行使,进一步完善对下监督指导,确保法律正确统一适用。这些审判机构的设置和司法体制的改革,在环境案件管辖方面取得了较大的突破,是对流域专门审判机构建设和集中管辖机制的有益探索,目前已形成了专门管辖、集中管辖、巡回法庭和指定管辖四种类型。

(一)长江流域环境资源类案件集中管辖的司法样态

1. 以生态系统为单位实行跨区域集中管辖模式:湖北"1+5+10+N"的环境资源专门化审判体系

以生态系统或生态功能区为单位实行跨区域集中管辖模式,主要普遍存在

---

〔1〕 参见李建勇:《我国跨省区流域污染问题治理的困境及司法对策——论司法体制改革与对策研究》,载《东方法学》2014 年第 6 期。

〔2〕 参见最高人民法院:《中国环境资源审判(2021)》,载最高人民法院网 2022 年 6 月 5 日,https://www.court.gov.cn/zixun-xiangqing-361291.html。

于省界内主要河流流域[1]、自然保护区[2]环境资源案件的集中管辖。从长江流域跨区域管辖实践来看,2014 年率先在武汉、宜昌、十堰、汉江中级人民法院和武汉海事法院设立环境资源审判庭,专门审理环境资源案件。之后,湖北省高级人民法院继续加大环境资源审判庭的建设力度,先后出台《关于环境资源审判模式与管辖设置方案的意见(试行)》《关于确定环境资源审判庭职责范围的暂行规定》《关于加强环境资源审判工作专门化建设的通知》等一系列规定。丹江口、赤壁、洪湖等 10 个重要生态环境保护区被省编办同意加挂设立生态环境保护法庭,为推动《长江保护法》统一有效实施,湖北省高级人民法院出台《关于全面加强环境资源审判工作为长江流域生态文明建设与绿色发展提供司法保障的实施办法》。湖北省各级人民法院以湖北省高级人民法院环境资源审判庭为"1",以武汉、宜昌等 5 个中级人民法院环境资源审判庭为"5",以丹江口等 10 个重要生态环境保护区人民法院生态环境保护法庭为"10",全省设立的专门环境保护合议庭和综合审判团队为"N"的"1 + 5 + 10 + N"的环境资源专门化审判体系正式形成。[3]

该审判体系的形成对环境资源案件集中管辖,实现环境资源刑事、民事、行政案件"三合一"归口审理具有重要意义。同时,以生态系统或生态功能区为单位实行集中管辖的模式既强调了对于生态系统完整性的尊重,也有利于将本地区生态环境作为一个整体进行规划。

2. 以环境资源案件外部要素为标准实行跨区域集中管辖模式:重庆市高级人民法院指定集中管辖

此种模式是将环境资源案件数量、人口数量以及经济社会发展水平等外部要素作为区域集中管辖的界定标准。从模式特点来看,一般是由上级人民法院指定本辖区内一个或若干个特定的法院,对应上级人民法院辖区内的环境资源

[1] 例如,贵州省高级人民法院根据贵州大江大河流域及山脉走势等环境要素的分布情况,将全省分为五个生态司法保护板块,综合考虑各地法院审判力量分布、地理距离和交通条件等因素,选择 5 个基层人民法院及与 5 个基层人民法院对应的 4 个中级人民法院和省高级人民法院设立生态环境审判庭或人民法庭,构成贵州省"一四五"跨区域环保审判格局。

[2] 例如,海南省以河流入海口所属行政区划为标准,在海南省五大河流经市县及两大自然保护区试行环境资源案件跨行政区域集中管辖,逐步推行环境资源审判刑事、民事、行政"三合一"归口审理。

[3] 参见姚海军:《构建"五位一体"专门化审判体系 扛起长江生态环境保护的司法责任》,载湖北省高级人民法院网 2021 年 7 月 8 日,http://hubeigy.hbfy.gov.cn/article/detail/2021/07/id/6140560.shtml。

案件实行跨区域集中管辖的模式。

从长江流域跨区域管辖实践来看,指定集中管辖的典型做法是:重庆市高级人民法院指定渝北区人民法院、万州区人民法院、涪陵区人民法院、黔江区人民法院、江津区人民法院对环境资源案件实行跨区域集中管辖,审理或审查各自所在5个中级人民法院辖区内应由基层人民法院管辖的第一审环境资源刑事、民事、行政案件以及环境保护行政机关申请法院强制执行的行政非诉等案件。[1] 此外,重庆市推出"重庆法院环境资源巡回审判庭"[2],将环境资源审判实效惠及全域。

3. 以案件性质与河流流域相结合确定跨区域集中管辖模式:武汉海事法院与汉江中级人民法院环境公益诉讼案集中管辖

此种模式是将环境资源类案件的案件性质要素与河流流域相结合作为区域集中管辖的界定标准。从模式特点来看,一般是由上级法院指定本辖区内一个或若干个特定的法院,对辖区内的特定种类的环境资源案件实行跨区域集中管辖的模式。

从长江流域跨区域管辖实践来看,此类模式典型做法如湖北省由武汉海事法院与汉江中级人民法院对全省环境公益诉讼案件实行跨行政区域审理,武汉海事法院负责其管辖的湖北省内长江、长江支流水域水污染损害等环境公益诉讼案件的审判。汉江中级人民法院负责省内长江、长江支流水域水污染损害以外的环境公益诉讼案件。[3]

(二)环境司法专门化背景下长江流域集中管辖的规范演进

管辖制度是程序法治实践中的核心规范内容,如同权力规范的转移、法律关系的变迁一样,管辖制度在被确立后也经历着关于规范自身的结构转型与规则升级,就此形成了丰富的理论研究成果。从我国管辖制度的规范演进内容来看,其不仅关乎管辖制度规范的范式性发展,也是管辖制度由兴起、普及到本土

---

〔1〕 参见周楠:《重庆5家基层法院设立环境资源审判庭》,载重庆日报网,http://www.gov.cn/xinwen/2015-01/17/content_2805672.htm。

〔2〕 参见向琦琦:《"重庆法院环境司法巡回审判艇"首次亮相长江三峡库区》,载重庆法院网2021年12月8日,http://cqgy.cqfygzfw.gov.cn/article/detail/2021/12/id/6421743.shtml。

〔3〕 对于环境资源非公益诉讼,在武汉、宜昌、十堰、汉江等设有专门环境资源审判庭的中级人民法院,采取民事、行政"二审合一"模式,审理本辖区内的普通环境保护类一审民事、行政案件,以及辖区基层人民法院的普通环境保护类民事、行政上诉案件。

性内化的发展过程,同时更是解读我国流域集中管辖制度生命历程下逻辑和动力生成的不可或缺的关键步骤。[1]

1. 传统管辖结构:以调整对象划分的三大传统管辖规范

从规范倡导及程序法治两个维度来观察,我国管辖制度在初期便呈现出"三大传统管辖"规范模式。在这一阶段中,国家作为程序规范的倡导者、引导者,主导管辖规范的生成,这既是呼应实体法的实践之需,也是法律实施过程的应然选择。

从历时性视角来看,行政诉讼管辖规则在初期表现为多元化管辖规则,呈现出自下而上的地方经验。其功能结构则表现为:价值层次——公平正义的价值追求。[2] 在中华人民共和国成立后,我国采用一种政法结构主义诉讼模式。这是一种诉讼从属于政法体制的"从属性结构",发挥着涉及行政、司法与社会诸多领域的"多元型治理功能"[3];民事诉讼管辖实际上更多的是基于从理论静态结构中获取相关概念,并为民事诉讼法上预先提供的一套涉及管辖划分标准及其分类的基本框架。到了现实的诉讼过程,当事人和法院通过选择和指定等方式具体地确定管辖,或者对已确定的管辖作出一定的调整。[4] 在刑事诉讼中,案件的管辖机关需由法律预先根据普遍、抽象的标准加以确定,不允许案件发生后再个别化地选定管辖机关处理该案件。此乃法定管辖原则。法定管辖之所以是管辖制度的重要价值基础,与其具有的保障司法公正和被追诉人权利的功能密切相关。刑事管辖制度的存在,为公权力机关划分出受理刑事案件的相应范围,使其明确相应的权限和职责。[5]

2. 管辖规范的扩散和普及:管辖层级结构走向复杂化

接受规范的过程,也是规范智识内容有序扩散、普及和相互衔接的过程。其主要动力是国家社会化的积极过程,目的是使规范的接纳程度和适用程度达

---

〔1〕 在此部分内容中,本文旨在对我国有关管辖规范演进特点作初步梳理和评析,对于阶段性的具体划分标准不作评判。

〔2〕 参见赵贵龙:《权力制衡的博弈:行政诉讼管辖规则创制及其结构功能主义价值》,载《山东法官培训学院学报》2020 年第 1 期。

〔3〕 参见赵贵龙:《权力制衡的博弈:行政诉讼管辖规则创制及其结构功能主义价值》,载《山东法官培训学院学报》2020 年第 1 期。

〔4〕 参见王亚新:《民事诉讼管辖:原理、结构及程序的动态》,载《当代法学》2016 年第 2 期。

〔5〕 参见张曙:《刑事诉讼中的管辖错误及其处理》,载《法学家》2020 年第 3 期。

到合法性与合理性的最佳证成效果，同时也是为了使规范侵犯者变成规范的遵守者。这一阶段既是被规范主体的自我内化，也是普及和适用法律的快速发展阶段。在这一阶段中，管辖规范制度更倾向于聚焦社会化与内化过程中出现的各种压力形态，强调的是管辖制度体系内部如何框定规范的争议和争论，而不是描述规范需要变化的动力和原因。

一方面，国家管辖结构囿于各类压力面临适度转型，级别管辖、指定管辖、专门管辖都在一定程度上发生了变化。而引起管辖结构复杂化的原因，更多是管辖规则在实践中的不适性。例如，民事诉讼中协议管辖是否适用于特殊地域管辖、协议管辖是否适用于专门管辖和集中管辖等问题，均存在法律适用层面的处置压力。另一方面，从诉讼规范演进特点来看，呈现出自上而下的司法政策的结构功能主义特征。例如，最高人民法院在2013年下发《关于开展行政案件相对集中管辖试点工作的通知》，决定在全国部分中级人民法院开展行政案件相对集中管辖试点工作。相对集中管辖改革实际上是从地方经验正式上升为全国试点推行的司法政策。

3. 司法专门化行动的地方实践：多元化管辖规范的创制

当规范被扩散并普及至一定程度时，地方实践则渐渐成为国家规范结构中相对动态的力量，这种力量模式关注于地方行动者在规范扩散与创制方面的施动性，特别强调不同地域司法专门化行为中的施动作用，并着重思考施动行为的多元性和司法秩序的变化。当然，这种地方实践可以体现在不同层次上，表现为一种多元的、互动的且具有观念性的秩序动力。跨行政区域管辖规则的创制是此阶段的典型成果，从地方实践来看，地方在司法专门化行动中呈现出多元管辖规范创制格局。例如，江苏省创新性地提出了以生态功能区为单位设立环境资源法庭，确立“9+1”的环境资源审判机制；上海市三级人民法院对环境资源案件实行审判机构、团队、人员相对集中的民事、行政、刑事“三合一”审判机制等。

（三）长江流域环境资源类案件集中管辖的法治成效

长江流域环境资源类案件集中管辖的法治成效可从以下方面进行重点解读：

第一，从国家层面，尤其是对近年来最高人民法院、最高人民检察院工作报告等进行分析表明，长江流域法治化治理成效显著，通过典型个案研究、司法或检察建议、配合党政机关、流域协同治理行动、行政执法与司法衔接等方式实现流域环境治理和生态环境修复基本目标。从长江流域环境资源类案件集中管辖制度法治成效性来看，不仅契合了司法环境治理能力不足的制度需求，并产生了具有引导性功能的覆盖性司法效益。经此，集中管辖在环境治理领域得以适当应用，司法环境及治理功能的正当性也得到充分证明。

第二，从地方层面来看，基本实现了各地法院在政诉讼案件、民事诉讼等案件集中管辖省域全覆盖。同时，外部不当干预明显减弱，专业化审判水平有效提高，并立足于本土化需求创制了具有地方实践特色的集中管辖规则，同时在构建集中管辖协作机制方面取得了良好成效。

四、长江流域环境资源类案件集中管辖的理论证成

（一）长江流域环境资源类案件的谱系面向

在长江流域生态保护的时代背景下，基于实证研究的发展，有必要审思长江流域环境资源类案件的谱系面向，尤其当法律介入生态问题时应该迈向多学科视域。但在对生态环境自然科学技术及现实问题保持热忱关注的同时，也应当理性看待法律世界的人文关怀和价值追求。基于环境资源类案件的专业性和跨区域性特征，在长江流域集中管辖制度安排中，应当对生态环境资源类案件特殊性投射一定的理论关照。

从环境资源类案件的专业性角度来看，对于此类案件的定性离不开环境学视域下对于“生态”“环境”“资源”的一般界定。如果仅采取法律后果论视角，通过“污染事实”“侵害结果”“因果关系”分层厘定，可能会忽略流域管辖规则特殊所在，即从本质上来看此类管辖是需要介入环境案件的专业性来对法院管辖范围进行分工。

从环境资源类案件的跨区域性角度来看，由于自然与生态要素具有流动性，环境资源类案件有别于其他普通案件，其管辖模式势必需要着眼于水、空气、生物多样性等环境因素、生态因素、资源因素，需逐步改变目前以行政区划分割自然形成的流域等生态系统的管辖模式。

(二)长江流域环境资源类案件集中管辖的理论证成

1. 价值考量:司法实践理念的正当性问题

对长江流域环境资源案件司法管辖制度的探索是以一种地方实践在先的路径展开的,而其司法实践理念至今尚未有充足的法律规范依据和法学理论基础。一方面,这与我国当前“环境权”的权属属性与理论发展密切相关;另一方面,地方实践动力可以在一定程度上弥补现行法律的不足,更具有解决现实问题或地域特殊问题的可操作性。但是,值得注意的是,这种模式在运行的过程中不得不考量司法实践理念的正当性问题。

具体而言,长江流域环境资源类案件的集中管辖问题应遵循“权力克制”原则,即在集中管辖的过程中,各方参与主体应当将长江流域这一公共空间的整体利益置于首位,实现对交叉事项、共同管辖等内容的科学协商和合理分工,充分尊重其他参与主体的意见和建议,才能发挥司法协同中集中管辖的积极作用。

2. 逻辑调试:程序公正的理性选择问题

流域集中管辖是不同区域各类主体关联利益的法律意识和法律意志的集中表达。因而,在进行集中管辖的过程中,各方主体具有独立性和平等性,也应当遵循平等、合作、集体协议的行动逻辑,尤其应当关注程序公正背景下的理性之义。

具体而言,要避免司法管辖权力聚合时所发生的诸多问题:一是要以法律形式明确不同地方司法管辖权力的界限内容;二是流域不同管辖主体应当尊重他方关于共同管辖事项的表达权利,以此避免集中管辖过程中的负向型问题。

3. 技术遵循:法律规则适用性标准的证成性问题

有关长江流域环境资源类案件集中管辖问题,存在以下亟须解决的证成性问题:

第一,关于环境资源类案件的类案定性问题。流域集中管辖的首要问题,就是对环境资源类案件进行定性分析,即是否需要对“生态环境资源类案件”进行类案角度的内部划分:一方面,“生态”“环境”“资源”在案件表现类型上是否存在差异,如何对此类案件进行法律层面的客观定性;另一方面,是否需要从案件本身的复杂性程度来区分一般性环境案件和特殊性环境案件,在进行集中管辖时是否需要考虑案件本身的"可集中性"。

第二，关于行政区划与法院设置的关系问题。确定我国现行诉讼地域管辖，一方面要考虑行政区划因素，另一方面要考虑当事人或诉讼标的和人民法院的关系问题。而在流域环境类案件中，更应当考虑环境和生态要素的流动性，从按行政区划来设置、确定法院管辖范围的惯例思维中进行适度转向，对管辖的确定标准进行扩大解释，即在管辖规则一般规律基础上，结合环境整体性要求来通盘考虑"案件联系点""诉讼标的""诉讼便捷性"的法律融贯需要。集中管辖制度本身并无不当，但在实践层面仍旧需要对其适用性标准进行细化。

五、长江流域环境资源类案件集中管辖制度的法治进路

（一）宏观议题：国家生态发展与法律滞后矛盾的纾解

长江流域集中管辖的一个基础性问题是需要在立法层面进行实施性标准的细化。与其他司法活动相比，长江流域环境资源类案件集中管辖问题具有更多的特殊性，通过立法实现权责标准的整合不仅是法律建构的前提，也有助于地方司法机关之间形成司法合力，推动流域不同司法主体的功能整合和工作协同，解决因行政区域划分而导致的权力分散、职责碎片化、规则模糊化的问题。

长江流域发展承载着经济、环境、资源、人文等诸多内容，此种流域公共治理越来越需要治理层级上的协作性，这种多方治理的模式也需要在法律层面给予更多细节性的关注，解决国家生态发展与法律滞后性之间的突出矛盾。在这一宏观议题之下，基于治理职能整合、法律共识、推动司法效能、共同保护流域整体利益的发展目标，需要通过一定的立法要求、立法表达与司法实证过程对接，建立新型诉讼格局，使国家生态建设能够真正融入法律规范之中。

（二）中观层面：司法制度转型与集中管辖功能的边界厘清

流域集中管辖的过程，实际上是对司法资源、主体利益、流域整体发展进行有益整合和合理配置的过程，在这一过程中，要注意司法制度转型与集中管辖功能的边界厘清。良好的法律运行机制才能充分抑制司法机关在实施过程中的不规范，而流域环境案件的集中管辖是长江流域治理的基础性程序问题。在长江流域集中管辖制度建设过程中，要建立跨区域的立法机关、司法机关、行政执法机关、市场主体和他方社会参与下的多元主体协同治理体系框架。流域不

同地方司法机关作为法律践行的实施者,应当通过司法商谈的方式统筹目前长江流域集中管辖的具体问题。尤其需要厘清司法制度转型下集中管辖功能的边界和目的。

从节约司法成本的角度来看,在集中管辖的过程中,应当充分考虑法律成本问题,注重管辖制度的内在工作效能。同时,也要注意管辖规则生成过程中的社会影响力和具体的实践操作空间,集中管辖规则的内容在实践层面应当更加稳妥和便于实施,减少因管辖行为在系统内部的争议而产生的不必要的冲突、矛盾及博弈,突出集中管辖能动作用。

(三)微观视角:司法实践中流域集中管辖的规范化运行

国家层级的立法活动在制定前需要大量的调查研究、制度试验,要对立法成本、立法效果进行多期的预测和把控。而地方集中管辖的现实运作形态恰恰可以从流域治理的地方实践角度积累更多的立法素材和立法实践基础。一方面,可以弥补法律制度供给不足的情况,避免长江流域治理出现失控的局面;另一方面,由于流域管辖制度仅在特定流域内发挥效用,地方法院在践行的过程中实际是将问题不断显现、集中甚至内化,这也为将来国家层面的立法活动进行了更为有效的制度试验、立法准备和具体法律内容的鉴别、取舍和安排。

集中管辖作为一种地方践行下的规范框架,其意义在于国家层级的统领性立法尚未出台前,就可以对部分事务或事项内容进行治理的一种司法制度选择,其面向的也是一些具有及时性、突发性、外生性的实践性问题。而从微观视角来看,当务之急是保证司法实践中流域集中管辖的规范化运行。

六、结语

在构建新型司法格局的背景下,基于高效和公平解决日趋复杂的环境资源争议,以及保护当事人诉权利益的客观要求,流域类案集中管辖制度无疑是在平衡诉讼价值与生态需要而构建的具有现实意义的程序性制度规范,是法治普遍性原理在流域协同治理发展实践中的具体表现。作为一项保护当事人诉权和实现个案正义的重要制度,集中管辖权制度既符合国家法治建设达成实质正义的目标,也是维护长江生态整体性发展的重要利器。

从当下长江流域集中管辖运作效能来看,当务之急是要协调好民事、行政、刑事管辖权冲突，健全流域集中管辖规范，填补可能存在的司法管辖空白并维护我国立法管辖规范的效力，有效发挥其作为生态环境建设的法律工具之功能。在推进《长江保护法》的法律实施工作中，应当重点关注集中管辖基础理论对长江治理的基础性意义。在贯彻司法能动理念下，需要妥善平衡个案正义利益与司法主体、行政主体等公法秩序利益的关系。结合目前实践现状对当前长江流域治理的规则衔接、制度对接进行问题提炼，进一步挖掘流域司法改革背后的法理问题、法律问题、法治问题，探索适应国家战略发展的法治框架，为长江流域发展提供必要的法律基础。

12. 生态环境损害赔偿磋商制度的困境与出路*

——基于磋商典型案例的研究

赖日明**

内容摘要：磋商日益成为解决生态环境损害赔偿纠纷的主要手段，通过对生态环境部2020～2021年发布的两批十大生态环境损害赔偿磋商典型案例进行研究发现，磋商在解决生态环境损害赔偿纠纷实践过程中出现了磋商法律性质不明、磋商介入时机不及时、磋商参与主体单一、磋商协议履行缺乏监督和磋商信息公示不透明的弊端。分析弊端产生的原因，主要是磋商主体不平等、磋商程序不规范、磋商目的不纯正。为了解决磋商机制的弊端，应明确磋商的法律性质，完善磋商会谈机制，规范磋商协议执行监督程序，增强磋商信息公示透明度，以促进生态环境损害赔偿制度建设，深化生态文明体制改革。

关键词：生态环境　损害赔偿　磋商　完善举措

一、引言

生态文明建设和习近平法治思想相辅相成，都是实现法治中国的重要内容。2015年中共中央、国务院对生态文明建设作出全面部署，印发了《关于加快推进生态文明建设的意见》，提出要基本形成源头预防、过程控制、损害赔偿、责任追究的生态文明制度体系。围绕着这一意见要求，生态环境损害赔偿制度应运而生。生态环境损害赔偿磋商作为生态环境损害赔偿制度的一部分，在司法实践中的应用得到了良好反馈。生态环境部法规和标准司披露的数据显示：

* 本文系江西省研究生创新专项资金项目“生态环境修复责任实现机制研究”批准文号：YC2022—s078 阶段性成果。

** 赖日明，江西赣州人，南昌大学法学硕士研究生。

2018 年 1 月 ~2021 年 12 月底,全国生态环境损害赔偿共结案件 6889 件,其中,磋商结案 5933 件,占总结案数的 86.1%;诉讼结案 956 件,占总结案数的 13.9%。在 2021 年结案的 3565 件案件中,磋商结案率达 97.9%;磋商成功且申请司法确认的案件 26 件,占 36.62%;磋商失败,欲通过诉讼程序确定生态环境损害赔偿责任的案件仅 4 件,占 5.63%。[1] 磋商成为解决生态环境损害纠纷的重要手段。

生态环境损害赔偿磋商即在生态环境遭受严重损害时,行政机关在对造成环境损害对赔偿义务人提起生态环境损害赔偿诉讼前,先行提起磋商,以期通过磋商解决生态环境损害赔偿纠纷,节约司法诉讼资源的协商制度。磋商制度的形成与发展经历了非诉前强制—鼓励诉前强制—强制诉前程序三个阶段。生态环境损害赔偿磋商制度源于《生态环境损害赔偿制度改革试点方案》(已废止,以下简称《试点方案》),当时磋商在生态环境损害赔偿诉讼中还不属于诉前强制程序,《试点方案》特别说明赔偿权利人可以不经过磋商,直接提起生态环境损害赔偿诉讼;[2] 但在 2017 年发布的《生态环境损害赔偿制度改革方案》对《试点方案》进行了修改,删除了"赔偿权利人也可以直接提起诉讼"这一表述,[3] 虽然仍然未将磋商列为提起生态环境损害赔偿诉讼的前置程序,但这无疑也是在间接支持鼓励赔偿权利人通过磋商来解决生态环境损害纠纷;而在最高人民法院《关于审理生态环境损害赔偿案件的若干规定(试行)》(2020 修正)中则是直接将磋商列为提起生态环境损害赔偿诉讼的前置程序。[4] 生态环境损害赔偿磋商发展的三个阶段凸显了其在生态环境损害赔偿诉讼制度中充当的角色分量越来越重。但由于磋商制度尚处于初期完善阶段,因而在赔偿义务人的程序、简易案件的损害赔偿磋商、赔偿磋商与环境公益诉讼的衔接和第三方调解组织主持磋商等方面还存在许多问题。

---

〔1〕 参见丁瑶瑶:《系列报道③——损害赔偿丨罚款百万、赔偿千万,损害生态环境代价大》,载中国环境网 2022 年 6 月 30 日,https://www.cenews.com.cn/news.html? aid = 987386。

〔2〕 参见《生态环境损害赔偿制度改革试点方案》(已废止)第 4 项开展赔偿磋商。

〔3〕 参见《生态环境损害赔偿制度改革方案》(已废止)第 4 项开展赔偿磋商。

〔4〕 参见最高人民法院《关于审理生态环境损害赔偿案件的若干规定(试行)》(2020 修正)第 1 条。

二、磋商典型案例的选取与分析

2020～2021年生态环境部发布了两批生态环境损害赔偿磋商典型案例，两批20个案例共追讨的生态环境损害赔偿数额为6.068亿元。这些典型案例不仅有力地打击了环境违法行为，保护了公共生态环境利益，而且在推动生态环境损害赔偿磋商制度的完善与发展具有极其重要的作用。例如，贵州息烽大鹰田两企业非法倾倒废渣生态环境损害赔偿案，首次将生态环境损害赔偿磋商协议申请司法确认，赋予磋商协议强制执行力；安徽池州月亮湖某企业水污染生态环境损害赔偿案，针对生态环境损害事实清楚、数额小、无争议的实际情况，创建了简易评估认定程序；上海奉贤区张某等五人非法倾倒垃圾生态环境损害赔偿案，施行了"从业禁止令"，禁止相关责任人在缓刑考验期内从事与排污或处置危险废物有关的经营活动。

磋商典型案例取得许多示范突破的同时，背后反映的制度弊端更值得我们注视。通过对生态环境损害赔偿磋商典型案例的研究发现，20起磋商典型案例的磋商时机都发生在生态环境损害调查评估结束后进行（见表1），赔偿义务人仅能被动地依据调查评估结果履行相应的赔偿义务，这本质上仍然是赔偿权利人在行使行政执法权，磋商不过是套了一层温和的"协商外衣"。以生态环境损害赔偿案件处理过程中的应急处置为例，为了对受损生态环境进行应急处置，赔偿权利人或其指定委托机关常常会自行选择应急处置方案，赔偿义务人在事后仅能对应急处置费用进行赔偿。司法解释认可对生态环境损害修复实际支出应急处置费用的机关有权提起诉讼主张该费用，[1]但却绝没有赋予赔偿权利人肆意剥夺赔偿义务人对生态环境损害修复应急处置方案的选择性权利。赔偿权利人对应急处置方案的自行选择变相地剥夺赔偿义务人对应急处置方案的选择权。此外，为了确保经磋商达成的生态环境损害赔偿协议能够及时地履行，赔偿权利人通常会对赔偿协议进行司法确认赋予其强制执行效力，但20起磋商典型案例中仅10起（第一批典型案例中有4起，第二批典型案例有6起，从表1可见）申请了司法确认，尚有一半的案件未申请司法确认，这从

[1] 参见最高人民法院《关于审理生态环境损害赔偿案件的若干规定（试行）》（2020修正）第19条。

侧面暴露了磋商协议的执行保障力度差的弱点；另外就是20起磋商典型案例中仅1起对磋商协议进行了公示，生态环境损害赔偿磋商涉及公共利益，生态环境磋商决策信息的公开除了可以保障将磋商过程置于公众监督之下，还可以保障环境利用行为人、其他与决策结果有利害关系的人或团体充分了解可能影响他们既得利益的决策活动的内容。就目前而言，生态环境损害赔偿磋商协议的信息公示工作有待完善。

表1　生态环境部磋商典型案例概况

第一批十大生态环境损害赔偿磋商典型案例			
案件名称	磋商时机	有无司法确认	磋商协议是否公示
1. 非法倾倒危险废物生态环境损害赔偿案	调查评估结束后	×	×
2. 非法倾倒废渣生态环境损害赔偿案	调查评估结束后	√	√
3. 大气污染生态环境损害赔偿案	调查评估结束后	√	×
4. 非法倾倒废液和废矿物油生态环境损害赔偿案	调查评估结束后	√	×
5. 渗排电镀废水生态环境损害赔偿案	调查评估结束后	√	×
6. 尾矿库水毁灾害事件生态环境损害赔偿案	调查评估结束后	×	×
7. 电镀液渗漏生态环境损害赔偿案	调查评估结束后	×	×
8. 水污染生态环境损害赔偿案	调查评估结束后	×	×
9. 非法倾倒垃圾生态环境损害赔偿案	调查评估结束后	×	×
10. 非法倾倒混凝土泥浆生态环境损害赔偿案	调查评估结束后	×	×
第二批十大生态环境损害赔偿磋商典型案例			
1. 腾格里沙漠生态环境损害赔偿案	调查评估结束后	√	×
2. 赤泥浆输送管道泄漏生态环境损害赔偿案	调查评估结束后	√	×
3. 未批先建生态环境损害赔偿案	调查评估结束后	×	×
4. 非法倾倒危险废物生态环境损害赔偿系列案	调查评估结束后	×	×
5. 倾倒危险废物生态环境损害赔偿案	调查评估结束后	√	×
6. 污染大气生态环境损害赔偿案	调查评估结束后	×	×
7. 违法排放废水生态环境损害赔偿案	调查评估结束后	×	×
8. 超标排放污水生态环境损害赔偿案	调查评估结束后	√	×
9. 倾倒危险废物生态环境损害赔偿案	调查评估结束后	√	×
10. 违规堆放危险废物生态环境损害赔偿案	调查评估结束后	√	×

三、生态环境损害赔偿磋商司法困境

(一)磋商法律性质不明

生态环境损害赔偿磋商法律性质事关其法律定位这一核心问题,通过对案例和相关规定的研究,笔者发现生态环境损害赔偿磋商行为性质存在法律和司法上的错位。根据《生态环境损害赔偿管理规定》第6条的规定,有权提起磋商和诉讼的赔偿权利人为"国务院授权的省级、市地级政府",这在法律上明确了生态环境损害赔偿磋商属于民事行为,是由国家行使全民资源所有权。然而在司法实践中,磋商过程却彰显了强烈的行政色彩,无论是环境损害的调查还是磋商协议的履行都由行政机关占据主导地位,由此导致了磋商行为性质在法律和司法实践上的错位,这也引发了众多学者对磋商行为性质的争议,目前主要存在三种观点:第一种观点认为磋商属于私法性质,行政机关在赔偿磋商中并没有扮演环境行政管理的角色,若将磋商定位为行政磋商,将把"赔偿"这样以填补为核心的责任方式与行政的惩戒性责任相混淆,从而动摇建立生态环境损害赔偿制度作为责任人承担行政责任、刑事责任补充的初衷。因此"赔偿磋商"的本质属性仍然是民事行为〔1〕。第二种观点认为磋商属于公法性质,通过比对磋商协议与行政契约在构成要件上的高度契合性证明了二者之间存在的映射关系,磋商行为属于行政契约行为,是行政机关通过与相对人达成磋商协议并负责监督执行的方式实现受损生态环境的修复本质上属于行政契约制度在环境公共治理领域的具体应用尝试。〔2〕第三种观点采用双阶层解释论,认为磋商协议为私法属性,整个磋商程序为公法属性〔3〕。

上述观点都存在弊端,私法论者将磋商行为定义为民事行为的理论依据是赔偿权利人可以代表国家资源所有权人与赔偿义务人进行磋商。但《宪法》第9条仅规定了国家对部分自然资源享有所有权,对集体所有的土地并不享有所有权,并且自然资源跟生态环境是不一样的,自然资源包含在生态环境内,生态环境损害赔偿磋商的目的在于保护整体的生态环境,而不仅限于自然资源。因

---

〔1〕参见程雨燕:《生态环境损害赔偿磋商制度构想》,载《北方法学》2017年第5期。

〔2〕参见郭海蓝、陈德敏:《生态环境损害赔偿磋商的法律性质思辨及展开》,载《重庆大学学报(社会科学版)》2018年第4期。

〔3〕参见潘佳:《生态环境损害赔偿磋商制度解构》,载《法律适用》2019年第6期。

此将磋商定义为民事行为,在法律条文以及法律概念上存在缺陷。公法论者将磋商行为定义为行政契约行为忽略了赔偿义务人在磋商协议签订过程中与赔偿权利人处于同等地位,赔偿权利人在磋商过程中并不扮演环境行政管理人的角色。双阶层解释论者则存在逻辑上的漏洞,其通过从磋商协议司法确认程序的确立来倒推出赔偿权利人属于民事主体存在逻辑的错误。磋商行为性质的不明确直接影响后续磋商会谈和磋商协议的执行,因此应当纠正其在法律和司法上的错位,明确磋商行为的性质。

(二)磋商参与主体单一

生态环境损害赔偿磋商会谈主体具有单一性特征,呈现出磋商主体局限于赔偿权利人和赔偿义务人的状态。在生态环境部发布的 20 起典型案例中,有 14 起案例是赔偿权利人和赔偿义务人进行点对点的磋商。这种做法虽然可以精准有效地对赔偿义务人施加压力,督促其尽快履行生态环境修复责任。但是,赔偿权利人维护的是公众的环境利益,因此其与赔偿义务人进行的磋商应当尽可能地公开透明,确保公众的环境权益不受损害。在生态环境部发布的典型案例中仅有 6 起案例磋商的参与主体不局限于磋商权利人和义务人(见表 2)。

表 2 典型案例磋商会谈参与主体情况

案件名称	磋商会谈参与主体
1. 贵州息烽大鹰田两企业非法倾倒废渣生态环境损害赔偿案	在贵州省律师协会的参与下,赔偿权利人指定的部门原贵州省环境保护厅与赔偿义务人化肥公司、劳务公司进行磋商
2. 浙江诸暨某企业大气污染生态环境损害赔偿案	原绍兴市环境保护局联合绍兴市财政局、绍兴市人民检察院等部门与赔偿义务人进行磋商
3. 上海奉贤区张某等 5 人非法倾倒垃圾生态环境损害赔偿案	原奉贤区环境保护局与赔偿义务人共同委托奉贤区四团镇人民调解委员会组织召开磋商会议
4. 重庆市南川区某公司赤泥浆输送管道泄漏污染凤咀江生态环境损害赔偿案	重庆市生态环境局邀请市检察院三分院、市农业农村委,南川区生态环境局、南川区农业农村委等部门与赔偿义务人全程参与磋商
5. 湖南省沅江市 3 家公司污染大气生态环境损害赔偿案	赔偿权利人指定益阳市生态环境局与 3 家公司进行磋商,邀请鉴定专家、沅江市人民政府及沅江市人民法院、市人民检察院、市司法局、市财政局、市税务局等部门参加
6. 河北省三河市某公司超标排放污水生态环境损害赔偿案	在第三方调解机构的主持下,廊坊市生态环境局召开磋商会议

通过邀请其他部门机关参与磋商，一方面可以有效地增强磋商信息的透明度，另一方面也可以借助第三方机构律协或者人民调解委员会等机构的专业能力进一步化解纠纷矛盾，加快生态环境损害赔偿磋商协议的达成。虽然第三方的参与具备前文所述的益处，但是参与磋商的主体过多和无序也有可能导致矛盾纠纷的激化，因此磋商会谈有必要在扩大其参与主体的同时设定相关的会谈规则来确保磋商会谈机制能够稳定高效地运转。并且磋商参与主体的选择应当秉持必要性原则，即磋商参与主体应当以案涉主体为限，不应盲目地扩大磋商主体范围。公共机构行使职权的行为不但受制定法的约束，还受合理性原则的约束。[1] 赔偿权利人作为行政机关，若在磋商过程中不对磋商主体予以必要的限制，将导致赔偿权利人邀请参与磋商的对象均为行政机关，届时磋商过程将完全被赔偿权利人主导，赔偿义务人在磋商过程中的辩论与反驳将不易得到认可，这是对赔偿义务人参与磋商无形的损害，磋商的公平性也将被质疑。

(三)磋商协议难以履行

对生态环境修复责任的履行施加一定的保证措施，可以对生态环境修复义务人形成掣肘作用，当生态环境修复义务人未能及时有效地完成生态环境修复义务时，可通过实施事前的保证措施对其进行惩处。虽然申请司法确认的生态环境损害赔偿协议具有强制执行的法律效力，当生态环境修复义务人不履行其生态环境修复责任时，赔偿权利人有权就生态环境损害赔偿协议书申请法院强制执行。但生态环境损害赔偿案件具有涉及环境损害范围广、损害赔偿金额大和执行难度强的特点。因此，仅靠申请司法确认使生态环境损害赔偿协议书具有强制执行力来确保赔偿义务人履行生态环境修复责任略显单薄。并且当前生态环境损害赔偿制度正处于方兴未艾的初期阶段，生态环境损害赔偿义务人自觉履行生态环境损害赔偿协议的责任心较弱，惩戒示范案例的警示作用也比较弱。

以生态环境部发布的第一批第一起“山东济南章丘区6企业非法倾倒危险废物生态环境损害赔偿案”为例，赔偿权利人指定部门(山东省环境保护厅)在与四共同赔偿义务人磋商达成生态环境损害赔偿协议后，一赔偿义务人在按照赔偿协议履行了一期100万元后反悔，致使山东省环境保护厅将该赔偿义务人

[1] 参见何海波：《行政诉讼法》(第2版)，法律出版社2016年版，第67页。

起诉至法院,虽然法院判决该企业继续履约,但其中所耗费的磋商时间长、诉讼资源多,若在签订生态环境损害赔偿协议后要求该赔偿义务人先行缴纳部分生态环境修复保证金,后续依据该赔偿义务人的履约效果将该保证金逐步返还,那么很有可能就不会出现该赔偿义务人毁约的情形。因此对于造成生态环境损害过大,生态环境修复费用过高的生态环境损害赔偿案件,可以在生态环境损害赔偿协议中对赔偿义务人施加相当的保证措施督促其实现生态环境修复责任。

除了对赔偿义务人施加必要的保证措施促使其完成生态环境损害赔偿协议外,磋商协议的备案监督执行程序对生态环境损害协议的履行也有重要的监督作用。磋商程序是否规范、磋商协议内容是否合理、公共生态环境利益是否得到保护和磋商参与主体是否适格都是应当审查的问题。就目前而言,生态环境损害赔偿协议并无备案审查,协议通常自协议签订之日起生效,案件的推动和信息保存全权操于赔偿权利人或其指定委托机关之手。这就很容易滋生贪污腐败的问题,因此有必要就生态环境损害赔偿磋商引入备案审查制度(见图1)。对"可能严重影响公共生态环境利益"的案件达成的生态环境损害赔偿磋商协议,应当依据赔偿权利人主体的不同,向相应的人大常委会进行备案审查。对于事项重大或所涉及公共生态环境利益重大的磋商协议还应当增加确认程序,磋商协议未经相应的人大常委会确认不生效;若确认机关经审查后发现磋商协议严重有损于环境公共利益的,也可以宣布该磋商协议无效。

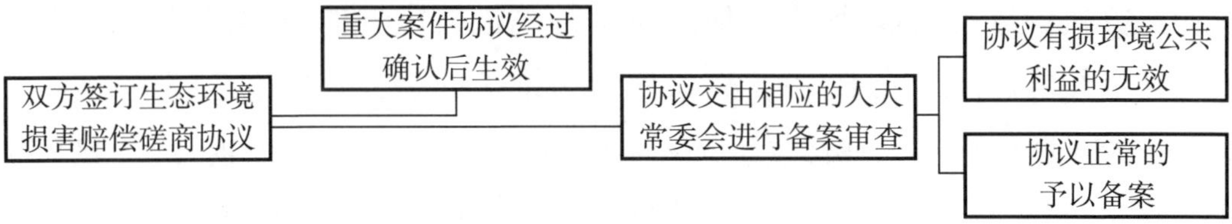

图1　生态环境损害赔偿协议备案审查机制

(四)磋商信息公示不足

签订生态环境损害赔偿磋商协议的核心目的是保护公众生态环境利益,因此生态环境损害赔偿磋商协议需要向社会公示,接受社会公众的监督。《生态环境损害赔偿管理规定》第31条也规定:"……生态环境损害赔偿协议、诉讼裁判文书、赔偿资金使用情况和生态环境修复效果等信息应当依法向社会公开,保障公众知情权。”因此对生态环境损害赔偿磋商协议进行公示既是法律的规定,也是保护公众生态环境利益的要求。在生态环境部发布的两批生态环境损害赔偿磋商十大典型案例中,仅“贵州息烽大鹰田两企业非法倾倒废渣生态环境损害赔偿案”在贵州省法院门户网站对生态环境损害赔偿协议进行了公示,其余 19 起典型案例均未公开其达成的生态环境损害赔偿协议(见表 1)。

除行政机关未主动将生态环境损害赔偿协议向社会公开之外,公示信息的传播方式效率不高也是造成生态环境损害赔偿案件的实现信息公示不透明的重要原因。由于生态环境损害赔偿磋商协议是由行政机关统筹和监督实现的,因此最后执行生态环境修复信息公示的主体为行政机关,而行政机关对信息的公示主要借助其专门网站或者报纸的方式实现。在当前的互联网时代,报纸和专门网站的信息公示除非是专门去查询,否则传播力有限,因此生态环境损害赔偿案件信息公示的传播方式效率低下也是造成公示信息不透明的原因。

四、生态环境损害赔偿磋商困境剖析

(一)磋商主体不平等

生态环境损害赔偿磋商过程中赔偿权利人(行政机关)占主导地位源于在司法实践中赔偿义务人与赔偿权利人地位的不平等,这也是前文所述的生态环境损害赔偿磋商法律性质中“公法说”和“双阶层解释论”盛行的主要缘由。生态环境损害案件发生后,生态损害评估调查阶段是由行政机关自行调查或者委托第三方机构进行调查,调查评估阶段是行政机关主导的,具有强烈的行政色彩。在后续的磋商过程中,由于赔偿权利人维护的是公众的生态环境利益,该目的决定了赔偿权利人在修复生态环境的核心利益上不可有所退让(否则将损害公众生态环境利益),双方仅能在履行方式、保证措施等方面进行协商。出现上述现象的主要原因在于行政机关在处理环境侵权损害事件时仍旧固守着“行政惩戒”的信念。长此以往,将不利于生态环境损害修复工作的进行,进而影响生态环境损害赔偿制度的效用。传统的行政惩戒手段具有威慑效用,但生态环境损害赔偿领域往往具有赔偿资金大、调查评估长和修复方式复杂等特点。这些特点与行政惩戒手段简单有效的特征相违背,由此导致行政惩戒手段在生态环境损害赔偿领域的实施效果并不尽如人意。

生态环境损害案件处理的核心原则应当是及时地填补损害,恢复受损生态环境的生态服务功能。比起行政惩戒手段的威慑功能,生态环境损害对填补损害效用的需求更为热切。这也是生态环境损害赔偿制度建立的初衷,否则生态环境损害案件直接予以行政处罚即可,何须增设环境公益诉讼和生态环境损害赔偿诉讼与磋商制度。因此生态环境损害赔偿磋商应当强化磋商双方的平等性,弱化行政机关的"行政色彩"。提前赔偿义务人介入磋商时机至调查评估阶段,磋商参与主体的选择坚持以必要性为原则,都是强调双方磋商地位平等的体现。生态环境损害赔偿磋商以平等为价值取向,不仅有利于磋商双方在平等的氛围中进行协商,提高磋商效率,同时双方平等协商也有利于第三方专业机构参与受损生态环境的修复过程。一味地使用行政惩戒手段的威慑效用是对自身能力不自信的表现,也容易激起赔偿义务人的逆反心理。而平等磋商则彰显了新时代协商共治的社会新风尚,也是行政机关对自身能力自信的体现。因此生态环境损害赔偿磋商应当坚持把磋商主体地位平等作为磋商价值取向。

(二)磋商程序不规范

现行的法律法规以及相关司法解释中并未对具体的磋商会谈机制作出规定,生态环境损害赔偿磋商会谈机制呈现出了极大的不规范性。磋商会议怎么召开、有哪些第三方参与磋商会议、磋商会议的商谈步骤是怎样的和磋商协议应当由谁来起草,这些都是磋商会谈机制需要解决的问题。仅就磋商的会谈方式而言,笔者通过对生态环境部发布的两批典型案例进行分析,发现其磋商会谈方式含有以下四种不同方式(见表3),这从侧面反映了磋商会谈方式缺乏统一的规程范式。除以上四种正规的磋商会谈方式外,其余案件的会谈均是采取赔偿权利人或其指定的委托机关与赔偿义务人点对点口头会谈的方式完成,缺乏录音、录像和笔录等对磋商过程进行记录。对达成的磋商损害赔偿协议,现行的法律法规及司法解释仅规定可以申请司法确认,[1]在20起典型磋商案例中也只有一半申请了司法确认(见表1),这对磋商协议的履行会产生极大的违约风险(未经司法确认的磋商协议不具有强制执行效力)。

---

〔1〕 参见最高人民法院《关于审理生态环境损害赔偿案件的若干规定(试行)》(2020修正)第20条;《生态环境损害赔偿管理规定》第24条。

表3　生态环境损害赔偿会谈方式

<table>
<tr><th>案件名称</th><th>磋商会谈方式</th></tr>
<tr><td>1. 张某等5人非法倾倒垃圾生态环境损害赔偿案</td><td rowspan="3">召开磋商会议</td></tr>
<tr><td>2. 某企业非法倾倒混凝土泥浆生态环境损害赔偿案</td></tr>
<tr><td>3. 某公司赤泥浆输送管道泄漏污染风咀江生态环境损害赔偿案</td></tr>
<tr><td>4. 33家钢丝绳生产企业非法倾倒危险废物生态环境损害赔偿案</td><td>采取召开磋商专题会议和上门磋商两种方式</td></tr>
<tr><td>5. 某公司超标排放污水生态环境损害赔偿案</td><td>发放磋商建议书后，召开磋商会议</td></tr>
<tr><td>6. 某企业水污染生态环境损害赔偿案</td><td>仅发出磋商意见书</td></tr>
</table>

磋商会谈机制不规范与磋商损害赔偿协议违约风险大的原因在于现有的法律规章制度的不完善。有良法公民才能更加守法，因此有必要在立法上对磋商会谈机制作出细致的可操作性规定，同时将“可以”申请司法确认改为“应当”申请司法确认，以保障生态环境损害赔偿磋商协议的强制执行效力。当前生态环境损害赔偿磋商正处于初期的探索阶段，应当坚持将合法性作为磋商制度完善的价值取向。一方面通过立法完善磋商制度，另一方面通过严格执法来保障磋商制度的效力，双管齐下，打造有良法有保障的磋商制度。通过法规完善和保障有力的磋商制度有效地发挥引导作用，将合法性观念烙印于民心，促进协商共治的社会格局的推进。

（三）磋商未坚持公益价值取向

生态环境损害赔偿磋商信息公示不足，体现了赔偿权利人磋商目的不纯正，未能坚持以磋商维权的公益性为价值取向。生态环境损害赔偿磋商维护的是公众的生态环境利益，其具备的公益性目的决定了磋商的相关信息应当及时地予以公开，向社会公示，接受社会公众的监督。《生态环境损害赔偿管理规定》第31条规定，“生态环境损害赔偿协议、诉讼裁判文书、赔偿资金使用情况和生态环境修复效果等信息应当依法向社会公开，保障公众知情权”。因此对生态环境损害赔偿磋商协议进行公示既是法律的规定，也是保护公众生态环境利益的要求。在生态环境部发布的两批生态环境损害赔偿磋商典型案例中，仅有1起案例对磋商协议进行了公示，其余19起典型案例均未公开其达成的生态环境损害赔偿协议，这反映了当前生态环境损害赔偿磋商信息公示工作不足,在深层次上是当前行政机关未认识到磋商的公益价值属性。从公民权利实践的宪法学分析,国家权力不仅要保持理性的克制态度减少自身侵害公民权利的可能性,同时还需要积极提供保护使公民权利免受私人权力的不正当侵害,[1]我国《宪法》(2018年修正)第26条第1款规定了“国家保护和改善生活环境和生态环境,防治污染和其他公害”,构成了国家环境保护义务的宪法渊源。同时《环境保护法》(2014年修订)第1条也规定了国家具有保护和改善环境,防治污染公害的义务。虽然有宪法和法律规定了国家具有环境保护的义务,但有义务必然具有相应权利,《环境保护法》(2014年修订)第9条规定的自然资源权属制度是一种国家所有和集体所有二元并存的模式,这种模式造成了自然资源所有权的主体和权利内容不明确,导致自然资源所有权主体虚位。因为国家和集体作为自然资源所有权的主体,其本身具有抽象性,它们不能亲自行使自然资源所有权的占有、使用、收益和处分等各项权能。[2] 这也造成了生态环境损害赔偿磋商基于国家享有自然资源所有权的权利基础提起磋商存在缺陷。

美国的环境公共信托理论为国家行使生态环境损害赔偿磋商的权利基础正当性提供了新的解释。环境公共信托是将具有社会公共财产性质的环境资源的生态价值和精神性价值等非经济价值作为信托财产,以全体公民为委托人和收益人,以政府为受托人,以保护环境公共利益目的而设立的一种公益信托。公共信托既为私人主体起诉违反公共信托原则的政府或侵犯公共信托权益的其他私人主体提供了正当基础,也为政府起诉侵犯公共信托权益的私人主体提供了正当理由。[3] 环境公共信托理论不仅为当前我国生态环境损害赔偿磋商的权利基础提供了理论依据,同时其以保护环境公共利益为目的也为推进生态文明建设、建设生态强国提供了方向。

五、生态环境损害赔偿磋商完善举措

生态环境损害赔偿磋商自2015年试行以来在司法实践中取得了良好效

〔1〕 参见陈征:《基本权利的国家保护义务功能》,载《法学研究》2008年第1期。

〔2〕 参见张颖:《美国环境公共信托理论及环境公益保护机制对我国的启示》,载《政治与法律》2011年第6期。

〔3〕 参见王小钢:《生态环境损害赔偿诉讼的公共信托理论阐释——自然资源国家所有和公共信托环境权益的二维构造》,载《法学论坛》2018年第6期。

果,但由于磋商制度的发展尚处于初期阶段,因而在立法和执法方面还存在缺陷,需要进一步地加以完善,具体而言应当从以下几个方面着手进行。

(一)明确磋商法律性质

生态环境损害赔偿磋商应当是新时代背景下协商共治格局的产物。哈马贝斯提出了双轨制商谈民主的主张,即双轨制商谈民主包含正式政治制度的法治国民主和非正式的公共领域的商谈民主。他把非正式的公共领域的商谈民主中所达成的共识,称为公共意见或公共舆论的形成过程。这种公共意见的形成过程不同于具有建制结构的公共意志的形成过程,正式政治制度的公共意志的最终指向是要落实为决策,要决定法律和公共政策,而非正式的公共领域形成的公共意见只是一种公共舆论,不能直接决定法律和公共政策。[1] 生态环境损害赔偿磋商就是非正式的公共领域的商谈民主。磋商过程是“公共意见”的形成过程,是行政机关与赔偿义务人就公共环境利益保护协商讨论的过程。磋商协议则是“公共意见”经司法确认和公示后形成具有建制结构的“公共意志”,这种“公共意志”最终落实为应由赔偿义务人履行的生态环境损害赔偿责任。随着社会的进步,以往对公共事务行政机关“一言堂”的强制执行方式越来越难以得到人们的认可。新时代背景下公共事务的处理越发注重民众的意见与网络舆论,生态环境损害赔偿磋商则是新时代行政机关和赔偿义务人在生态环境保护领域协商共治的良好体现。

(二)完善磋商会谈机制

针对生态环境损害赔偿磋商会谈程序的不规范,磋商典型案例“贵州息烽大鹰田两企业非法倾倒废渣生态环境损害赔偿案”为生态环境损害赔偿磋商的会谈机制构建提供了借鉴思路,其会谈机制大抵遵循以下机制:向双方当事人送达《生态环境损害赔偿磋商告知书》,向主持磋商的第三方组织送达《参与生态环境损害赔偿磋商的邀请函》——在磋商会议开始前由相关人员核对各方当事人的基本情况——会议开始后赔偿权利人和赔偿义务人分别陈述相关的证据材料,并对调查鉴定发表各方意见——各方当事人及参会的专家等提出意见——最后由调解机构对环境修复方案以及损害赔偿数额提出综合建议——

〔1〕 参见[德]哈贝马斯:《在事实与规范之间:关于法律和民主法治国的商谈理论》,童世骏译,生活·读书·新知三联书店2003年版,第377~381页。

达成共识签订《生态环境损害赔偿协议》,若未达成合意则可以再次组织磋商,但应当对磋商的期限和次数进行限制。[1] 这一会谈的规范模式可以继续优化(见图2),例如,就会谈主持人而言,息烽大鹰田案中主持会议的是当地的律协,但律协与公证处相较而言,公证处所具备的对现场会议进行监督公证是律协所不具备的。此外公证处由于本身就具备中立的角色同时还具有极其丰富专业的法律经验,因此在充当主持人和草拟磋商协议方面也具有极强的优势。

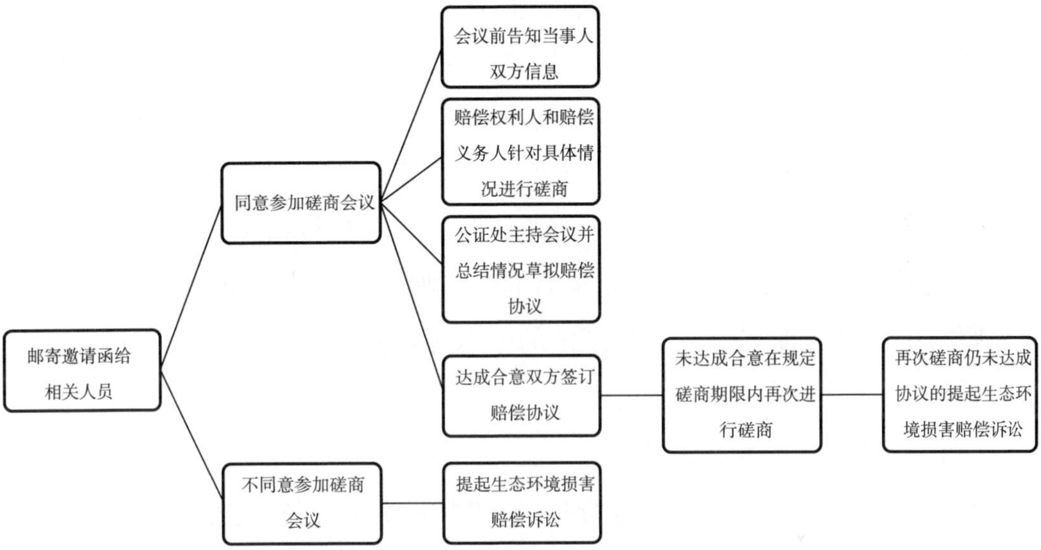

图 2　生态环境损害赔偿磋商会谈机制

(三)规范磋商协议履行监督程序

生态环境损害赔偿磋商需要充分发挥行政机关的统筹作用。当前对应当如何督促赔偿义务人履行生态环境损害赔偿协议、生态环境损害如何修复到位是解决生态环境损害纠纷的"最后一公里"的问题。受损生态环境修复效果的好坏与能否严格执行生态环境损害赔偿协议息息相关,因此应当强化磋商协议的履行效力。首先,完善行政机关生态修复政绩考核标准。《生态环境损害赔偿管理规定》第31条规定了"生态环境损害赔偿工作纳入污染防治攻坚战成效考核以及环境保护相关考核"。但其并未明确对生态环境修复的政绩考核方式与考核标准,通过设定具体的执行标准一方面督促行政机关监督生态环境修复

〔1〕 参见张林鸿、葛曹宏阳:《生态环境损害赔偿磋商的法律困境与制度跟进——以全国首例生态环境损害赔偿磋商案展开》,载《华侨大学学报(哲学社会科学版)》2018年第1期。

工作的执行,确保生态环境修复质量;另一方面可以激励行政机关打击治理生态污染案件的力度,加强对生态环境的保护。其次,完善生态环境修复事后追责制度。生态环境修复是长期的过程,在生态环境修复过程中很可能会出现贪污腐败或者监督不力以至于未能实现生态环境损害赔偿协议设定的生态环境修复的目标。目前追究生态环境修复责任不力的条款仅体现在《生态环境损害赔偿资金管理办法(试行)》第13条、第14条,规定使用冒领、占用和贪污等方式占用生态环境损害赔偿金的惩罚措施,且相关规定也不够明确,需要进一步细化和解释。最后,需要施加生态环境修复保证措施,对受损生态环境的修复,相关司法解释规定了可以由确定的赔偿义务人自行完成生态环境修复工作,[1]但由赔偿义务人自行完成生态环境修复义务具有极大的不确定性(赔偿义务人完全有可能通过转移财产来逃避法院的强制执行措施)。因此对其施加必要的保证措施,如支付相当数量的保证金,则可以有效地监督和制约赔偿义务人履行生态环境损害赔偿协议规定的生态环境修复责任,避免出现案件达成磋商协议,却无法执行的尴尬局面。

(四)增强磋商信息公示透明度

对生态环境损害赔偿案件进行追究,维护的是社会公众的生态环境利益。因此对于涉及公益的事件,有必要进行信息公示,一方面可以消除民众疑虑,另一方面彰显行政机关维护公众利益的态度与决心。传统的信息公示主要是将文件内容进行张贴布告或者在相关报刊上进行刊载。进入21世纪以来,信息技术迅速发展,因此有相当部分的行政信息会在行政机关的专属网站上进行公示发布。但是无论是将文件内容进行张贴布告、刊登报纸还是在专属网站发布都具有局限性,即受众范围太小。现行的规定和司法解释仅规定了生态环境修复效果要向社会公开,接受群众监督,但是其并没有明确对生态环境修复信息公示的信息渠道,以及应当通过怎样的形式进行公示,这在司法实践中将会造成行政机关虽然完成了维护社会公众生态环境利益的工作,但却因欠缺传播渠道造成了"做好事不留名"的情况。虽然维护社会公众的利益是行政机关应尽的职能和义务,但是行政机关维护社会环境公益的行动如果能够有力地传播,

[1] 参见《生态环境损害赔偿管理规定》第9条。

让群众了解,则可以提高民众对行政机关的信任,树立行政机关忠诚为民的形象,将形成锦上添花的效果。并且对生态环境修复效果进行公示的同时还可以接受群众的投诉、检举和意见,增强生态环境修复效果的社会监督。

生态环境修复还可以通过扩大公众参与来增加信息的透明度,在“重庆两江新区某企业非法倾倒混凝土泥浆生态环境损害赔偿案”实施生态环境损害修复过程中,法院通过主动组织人民监督员和专家到修复现场查看,主动接受公众的监督,让人民群众亲身体验生态环境修复的实际效果。而“重庆市南川区某公司赤泥浆输送管道泄漏污染凤咀江生态环境损害赔偿案”则是通过电视媒体宣传公众参与生态环境修复的过程,扩大了公众参与的效用。因此对于生态环境损害赔偿磋商,一方面可以借助当地法院官网对生态环境损害赔偿协议信息进行公示,另一方面可以通过宣传公众参与生态环境修复来增加信息的透明度。

13. 专门法院视角下的长江大保护司法协作价值与行动探讨

——基于海事法院审判实践的调研报告

熊　靖　吴良志等*

内容摘要:2016年,习近平总书记发表长江经济带要"共抓大保护、不搞大开发"的重要讲话,奠定了沿江各省、市在新时期的长江经济发展理念。2021年3月1日,《长江保护法》正式实施。作为中国第一部流域性立法,该法的实施标志着对长江的一体化治理和保护进入了全新阶段。在落实长江大保护有关战略的过程中,司法机关主动作为,切实履行职责,承担着实现法律生命力的重要责任;而海事法院作为司法体系中的专门力量,更具有其独特价值。本文试图以海事法院作为研究样本,通过分析其在涉长江环境资源司法工作的实践,探讨海事法院在长江大保护司法协作领域中的定位和提升方向。

关键词:专门法院　长江大保护　司法协作

一、长江大保护司法协作背景下海事法院的价值定位

(一)概念界定:司法协作

根据《汉语大词典》释义,"协作"一词是指"互相配合完成某任务",既强调相互配合的状态,又强调对任务或结果的完成,这与"协同""协调"作为动词突出"共同、配合、一致"的概念显著不同。这种区分也是"司法协作"的应有之义:既强调司法机关的相互配合,又突出维护社会公平、实现司法正义的必要结果。

在讨论长江大保护司法协作的具体实践前,有必要对现有法律文本进行分

---

* 熊靖,武汉海事法院环境资源审判庭法官;吴良志,武汉海事法院环境资源审判庭庭长。其中,熊靖为主要执笔人,武汉海事法院环境资源审判庭江章鹏、胡洁明等参与调研活动并对报告形成有所贡献。

析,确定关于长江大保护司法协作的理论依据。“协作”一词在《长江保护法》中共出现一次,为第6条:长江流域相关地方根据需要在地方性法规和政府规章制定、规划编制、监督执法等方面建立协作机制,协同推进长江流域生态环境保护和修复。该条文规定了地方立法、行政机关在长江大保护各环节中需要肩负的主体责任,但《长江保护法》未对司法机关的协作作出明确规定。当然,这可能与本身的立法意图有关。作为第一部专门性的流域性立法,该法旨在对涉及的多个领域、多个部门、多个地方的相关保护工作进行统筹协调、系统性体制机制设计,所涉及主体必然多样。尽管如此,司法机关仍然是最直接的贯彻实施有关法律的主体。尤其是人民法院,在将相关法律法规运用于审判执行工作时,必须运用多种方法保障法律的正确实施,以真正实现法律的生命力。

本文所提到的司法协作,通过长江大保护,将主要从专门法院视角特别是海事法院视角出发进行阐述,包括法院与法院等司法机关开展的司法协作、法院与行政机关开展的司法协作以及法院与社会其他力量开展的各类协作等。

(二)长江大保护背景下司法协作的现状

1. 顶层设计

作为长江全流域治理和保护的重要力量,人民法院使命在肩。最高人民法院相继出台多份重要文件,统一司法政策,总体谋划部署,促进形成流域司法保护格局,保护长江流域生态系统、维护生物多样性,筑牢国家生态安全屏障。

早在2016年,最高人民法院《关于为长江经济带发展提供司法服务和保障的意见》第15条就提出推动建立区域内法院执行协作机制。该意见指出要构建长江经济带执行指挥系统协作机制,执行法院可以委托异地法院协助执行或者送达等有关事项,船舶扣押、拍卖统一由海事法院办理,推动海事法院与长江经济带区域内有关海事行政机关、金融监管机构、有关财产登记机关之间的协作配合,主要是为了兑现最高人民法院院长周强2016年3月在第十二届全国人民代表大会第四次会议上报告最高人民法院工作时明确提出的“用两到三年时间,基本解决执行难问题”,突出法院与法院,海事法院与其他海事行政机关执行协作事宜。2017年12月,最高人民法院发布《关于全面加强长江流域生态文明建设与绿色发展司法保障的意见》,第28条、第29条进一步提出构建协同机制,完善联动机制,便开始将前述局限于执行工作的协作拓展到各类审判等工作，指出要构建刑事、民事、行政审判和立案、执行等部门的协同审判机制，构建长江流域环境资源审判协作平台，形成全流域法院之间委托送达、委托取证、委托执行和信息共享机制，明确提出加强与流域内政府法制部门、行政执法机关、流域管理机构之间的协调联动，积极搭建长江流域环境资源信息共享平台。通过建立和完善信息共享、联席会议以及突发环境事件的应急响应等联动机制，形成合力，共同维护长江经济带的生态安全。时隔一年，最高人民法院不仅将司法协作工作的客体从执行扩展到审判和立案，更具有意义的是，还明确法院与各类政府行政机关要联动工作，实现共享共治。2018 年 9 月，最高人民法院指导长江经济带沿线 11 省市高级人民法院及青海省高级人民法院签署《长江经济带 11 +1 省市高级人民法院环境资源审判协作框架协议》，针对长江经济带环境资源审判特点和存在的实际问题，共同制定长江经济带环境资源审判相关制度，同时开展审执协同、交流研讨、信息共享、要案会商等合作，对于长江经济带跨省级行政区域的重大、敏感或疑难、复杂案件进行个案会商，协调解决区域矛盾，对于长江经济带具有普遍性的重大、敏感案件进行专题会商，统一思路提出解决措施。[1] 2019 年 9 月，最高人民法院在青海西宁举办“长江经济带 11 +1 省市高级人民法院环境资源审判工作集中调研暨长江经济带生物多样性司法保护现状与发展专题研讨座谈会”，指导长江经济带 11 +1 省市高级人民法院继续落实 2018 年签订的框架协议，进一步巩固长江经济带环境司法协作成果，开创区域司法协作新模式。[2]

2. 跨区域协作

长江流域各地人民法院主动作为、加强合作，长江全流域以及重点区域的司法协作模式已经基本形成。在长江上游，四川、贵州、云南、重庆 4 省市高级人民法院签署框架协议，瞄准环境司法协作，发布构建长江上游环境资源跨区域审判协作机制的意见。重庆市高级人民法院、四川省高级人民法院签署框架协议，规范成渝地区双城经济圈环境资源审判协作工作，重庆市江津区人民法院、渝北区人民法院与四川省泸县人民法院、泸州市龙马潭区人民法院 4 家法

---

〔1〕 参见周闻韬、罗沙：《长江经济带沿线省市法院携手为生态保护注入司法“合力”》，载新华社 2018 年 9 月 20 日，https://baijiahao.baidu.com/s?id=1612136631220492490&wfr=spider&for=pc。

〔2〕 参见刘婧：《最高法通报长江经济带生态环境司法 保护工作情况并发布十起典型案例》，载《人民法院报》2020 年 1 月 10 日，第 1 版。

院签署框架协议，形成两地对濑溪河流域生态共建、环境共保的环境司法合力。四川省广元市，陕西省宝鸡市、汉中市，甘肃省陇南市4家中级人民法院签署框架协议，打造川陕甘秦岭南麓嘉陵江上游区域生态司法协作、全流域协同治理新格局。云南省昭通市，贵州省遵义市、毕节市，四川省泸州市4家中级人民法院签署环境资源审判跨省域司法协作的意见，为赤水河全流域筑牢西南生态安全屏障。在长江中游，湖南、湖北2省高级人民法院签订框架协议，合力为洞庭湖生态环境提供司法保护。河南省淅川县，湖北省丹江口市、十堰市郧阳区、郧西县，陕西省洛南县、商洛市商州区人民法院联合下发《关于建立司法联动机制协调为南水北调中线工程水源区生态环境资源保护提供司法保障的意见》，确保"一库清水永续北送"。在长江下游，江苏、浙江、安徽、上海4省市高级人民法院联合出台框架协议，进一步提升长三角区域环境资源审判协同性，为长三角区域一体化发展国家战略提供优质高效的司法保障。上海市第二中级人民法院、浙江省湖州市中级人民法院、安徽省马鞍山市中级人民法院及相关基层人民法院共计12家法院共同签署备忘录，为构筑长三角环境司法保护协作机制奠定基础〔1〕。

从海事法院角度来看，有关海事法院主动合作，坚决扛起专门法院司法协作大旗，以更高标准面向国际搭建专业的海事司法合作交流平台。上海、南京、宁波、武汉4家海事法院于2021年11月签署《长三角海事司法合作协议》，在会商联络、审执联动、资源共享、联合调研及人才培养五个方面开展深入合作，促进立案管辖、委托送达、跨区域案件等业务协助办理，加强海事专业审判辅助资源及智库成果共享，更好发挥海事司法服务保障长三角更高质量一体化发展的职能作用。4家海事法院共同开通"长三角海事司法合作交流平台"，利用信息化技术加强4家海事法院立审执司法协作，可以实现委托送达协助、船舶分析系统互通、一键扣船协同、外国法查明、类案检索、执行债权登记等功能，积极促进司法资源共享。

3. 区域内统筹

在省内，各人民法院发挥属地管辖的优势，纷纷以次流域、小流域为依托，

〔1〕 参见最高人民法院：《长江流域生态环境司法保护状况白皮书》（2020年9月25日）第三部分第三项完善司法协作机制。

以人民法院为主体，统筹司法资源配置，形成了各具地方特色的司法协作网。在长江上游，四川省高级人民法院指导辖区内德阳、成都、资阳、眉山、内江、自贡、泸州7家中级人民法院签订框架协议，雅安、阿坝、甘孜、凉山、成都、眉山、乐山、宜宾8家中级人民法院和2家科研机构签署框架协议，分别联手为沱江、岷江流域生态环境保护提供司法服务和保障。在长江中游，湖北省高级人民法院指导武汉、孝感、汉江、荆门、襄阳、十堰6家中级人民法院及武汉海事法院签署框架协议，以充分发挥审判职能，建立全方位、多层次的司法协作机制，用法治力量保护好汉江流域生态环境。随着《宜荆荆恩城市群生态环境合作协议书》签订生效，宜昌、荆州、荆门、恩施建立生态环境和大气污染联防联控机制，对长江、清江等流域进行协同治理，4地中级人民法院于2022年8月共同签订《"宜荆荆恩"法院司法协作协议》，以地方政府协议为基础，围绕优化营商环境、保障民生权益、保护生态环境、助推法治政府等重点领域开展司法协作，将在跨域诉讼、矛盾纠纷化解、审判执行协作、智慧法院建设、人才队伍建设等方面精准发力，实现基层社会治理共同缔造。在长江下游辐射地区，浙江省衢州市、金华市、杭州市、嘉兴市、绍兴市、宁波市6家中级人民法院联合签署框架协议，浙江省丽水市龙泉市、温州市永嘉县等10家基层人民法院联合发布《关于构建瓯江流域生态司法保护协作机制的意见》，加强钱塘江、瓯江等重点流域区域各人民法院之间在审判事务、裁判标准、审判资源和司法宣传等方面的跨区域协作。[1]

（三）海事法院对长江大保护的独特价值

海事法院作为专门法院，在区域管辖上具备独特的体制优势。早在2007年，时任最高人民法院副院长万鄂湘就提出建议：水污染案件应全归海事法院审理。[2] 通过9年的司法理论研究与实践，最高人民法院于2016年2月发布《关于海事法院受理案件范围的规定》，大幅调整海事法院的受理案件范围，其中将"海洋及通海可航水域开发利用与环境保护相关纠纷案件"单列为一大类案件，使该类案件与海事法院过去大量审理的海事侵权纠纷、海商合同纠纷一

---

〔1〕 参见吕忠梅、张忠民：《环境司法2021：推动中国环境司法体系建设迈向新征程》，载最高人民法院网2022年6月5日，https://www.court.gov.cn/xinshidai-xiangqing-361301.html。

〔2〕 参见梅军、李明：《全国政协委员万鄂湘：水污染案应全归海事法院审理》，载《楚天都市报》2007年3月14日，https://news.sina.com.cn/o/2007-03-14/070911407958s.shtml。

起,并列成为中国海事专门审判的主要案件类型。同时,还将上述领域的相关环境行政案件纳入海事法院管辖范围。可以说,这种管辖范围的调整,延伸了海事法院的管辖范围,为海事法院在环境司法领域大显身手提供了制度支撑。

目前我国 11 家海事法院中,涉长江流域司法管辖的共 3 家,分别为武汉海事法院、南京海事法院和上海海事法院。其中,武汉海事法院管辖区域为上起四川省宜宾市合江门、下至安徽省和江苏省交界处的长江主干线及相应的与海相通的可航长江支流水域,管辖的长江干线区域贯穿五省一直辖市(四川、湖北、江西、湖南、安徽、重庆),管辖连接长江支流与海相通的可航水域岷江、沱江、嘉陵江、乌江、湘江、汉江、赣江和洞庭湖、鄱阳湖两大湖区等,辐射长江流域经济带;南京海事法院管辖区域为自江苏省与山东省交界处至江苏省与上海市交界处的延伸海域,自江苏省与安徽省交界处至江苏省浏河口之间长江干线及支线水域,以及江苏省行政区域内的港口与通海可航水域;上海海事法院管辖区域为江苏及上海沿海海域(包括洋山深水港及周边海域)和长江水道浏河口以下通海水域。从地域分布、管辖范围、成立历史来看,武汉海事法院所涉及的长江流域最为广阔。从环境资源审判庭设立情况来看,武汉海事法院环境资源审判庭设立于 2014 年 8 月,是长江沿线三家海事法院中唯一设立环境资源审判庭的法院,也是全国唯一设立专门环境资源审判庭的海事法院(厦门海事法院设立有行政和生态环境审判庭)。[1] 因此,在谈及海事法院与长江大保护的关系时,武汉海事法院具有十分典型的理论和实践研究意义。

(四)海事法院开展司法协作的重要意义

长江流域是一个独特而完整的复杂巨型系统,地域上横跨中国东、中、西三部,有着独特的生态系统。长江大保护突出了全流域、整体性理念。但同时,各区域间经济社会发展水平、社会治理能力差异很大。如果仅靠一地、一法院,或许可以修复部分表面问题、局部问题,但对于牵一发而动全身的长江全流域保护来说,难以真正实现“保护优先绿色发展”的目标。[2]

在某种意义上,传统管理语境下的司法管辖割裂了长江全流域的统一性,

---

〔1〕 相关设立情况通过检索 11 家海事法院网得出。

〔2〕 参见吕忠梅:《〈长江保护法〉的背景、意义与价值》,载《中国环境监察》2021 年第 1 期。

局部的司法管辖无法有效或全局性地解决长江大保护整体性问题。[1] 各地司法机关受制于各地的经济社会条件,在司法理念等层面一定存在差异,这与长江大保护强调的统一语境产生偏差;而在具体案件中对法律的适用、具体裁判的尺度也因地、因人而不同,长久来看,同样不利于长江整体性保护,并客观上削弱了司法的公信力。回溯来看,2019 年前的武汉海事法院完整行使长江海事海商与行政案件司法管辖权,无疑具有超前战略眼光和划时代意义。尽管海事法院在司法管辖权上具有跨区域、跨流域的特点,但独木难支,受制于行政区划、法院定位、人才资源等因素影响,单独依靠海事法院实现长江大保护的目标,在理论和实践层面都缺乏可行性。海事法院虽然可以积累更多的案件资源和审判经验,但在长江大保护的战略背景下,必须各方形成合力,开展广泛深入协作,方可构筑守护长江生态环境的司法长城。

二、武汉海事法院在长江大保护司法协作领域的探索

(一)环境资源审判实践

1. 出台指导性意见

武汉海事法院制定《充分发挥海事审判职能为长江经济带高质量发展提供司法服务和保障的意见》,主动适应经济社会发展新形势、新常态,充分发挥海事司法职能,服务与保障长江经济带高质量发展。

2. 夯实理论研究基础

武汉海事法院结合审判工作实践,专门成立课题组对长江经济带海事海商案件审判基本情况、特点进行研究,对典型案件进行分析,为诉讼主体提出相应对策与建议,于 2017 年完成《长江经济带海事司法保障大数据专题分析(2010—2016)》。充分利用长江海商法学会及最高人民法院环境资源司法理论与实践基地平台,论证了受理破坏长江生态环境刑事案件的必要性和可行性,已经完成《海事法院管辖涉海(水)刑事案件大数据专题研究》。在《长江保护法》出台前,武汉海事法院积极参与立法研究,向全国人大常委会提交《关于推动长江保护立法的建议》,选派法官参加全国人大、湖北省人大专家咨询会,

[1] 参见吴勇:《我国流域环境司法协作的意蕴、发展与机制完善》,载《湖南师范大学社会科学学报》2020 年第 2 期。

组织撰写《充分发挥海商海事审判职能,服务长江经济带环境保护绿色发展》,该调研成果通过湖北省法学会报送湖北省委、省政府及相关部门,服务领导决策。成功申请研究课题“环境侵权受害者权益司法保护”“严格的生态环境司法保护机制”,顺利完成有关主题为汉江中游水环境治理、畜禽养殖水污染,长江中游禁渔与生物多样性保护,在湖北武汉设立长江生态环保法院,湖泊湿地保护等的调研报告30余篇。

3. 调动各方资源

武汉海事法院与长江海商法学会连续多年举办长江水环境保护法学理论与实务研讨会、长江生态法治保障研讨会,中国法学会、最高人民法院、交通运输部、湖北省高级人民法院、湖北省法学会、长江行政管理机关、科研院校及沿江兄弟法院等单位领导和专家学者围绕如何充分发挥司法职能,依法严厉打击破坏长江经济带生态环境的非法采砂、黑码头以及推动海事刑事审判、逐步实现海事审判“三合一”,加强对长江经济带发展法治保障等问题展开深入探讨。武汉海事法院以长江海商法学会为平台,积极组织、参加湿地环境资源理论与实践相关会议,动员社会各界围绕湿地保护开展调研,共同参与湿地保护工作。2021年12月,由武汉海事法院和长江海商法学会联合主办的长江海商法学会2021年年会暨长江生态保护论坛成功召开。同时,武汉海事法院与武汉大学、中南财经政法大学、西南政法大学、安徽师范大学等高校和研究机构共建学术交流平台,推动湿地司法保护的理论和实务深度融通。

4. 积累审判经验

武汉海事法院高度重视环境资源审判工作,依法审理环境资源案件,保障长江经济带的生态安全和绿色发展。推动建立长江流域水资源环境公益诉讼集中管辖制度,依法保护法定机关和有关组织的水资源环境公益诉权,着力打造长江流域环境资源审判支点,保障长江经济带的生态安全和绿色发展。例如,“网湖湿地保护公益诉讼案”入选全国法院长江流域生态环境司法保护十大典型案例、湖北省2019年度十大法治创新案例,获全国环境资源审判优秀裁判文书二等奖。该案的审理坚持注重预防、公共参与的环境司法理念和原则,庭审过程全程公开,裁判文书网上公开,切实维护公众知情权、参与权与监督权,增强了环境资源审判公信力,并探索建立协同保护、立体保护、区域保护、全方位保护制度，进一步促进公众湿地保护意识的提高。又如，武汉海事法院审理的荆州长湖湿地中华鲟保护案获全国环境资源审判优秀裁判文书三等奖，本案涉及长江珍稀特有物种中华鲟。通过法院协调和当地行政部门的督促，四位被告积极整改治理，已经在事发后停止侵害、排除妨害、消除危险，终止承包养殖合同，实施环长湖湿地修复项目，对保护区采取一系列生态修复措施，累计投入资金上亿元，湿地修复、生态环境治理效果明显。武汉海事法院将上述相关措施进行了公示，并邀请人大代表、政协委员和有关专家现场考察，接受人民群众的监督，得到了社会的广泛认可，办案效果良好。另外，武汉海事法院审理的黄石保安湖湿地保护案成功调解，创新环境修复责任方式，被评为湖北法院环境公益诉讼典型案例；受理的武汉草湖自然保护区湿地保护公益诉讼案，运用预防原则进行裁判，有效防范湿地环境因渔业养殖经营遭受进一步损害。

（二）司法协作领域的亮点

1. 以框架协议等奠定协作基础

武汉海事法院管辖范围涉及长江流域 6 省市，在发挥各区域协同、促进司法联动方面具有独特优势。近年来，武汉海事法院结合环境资源审判工作特点，与兄弟单位、检察机关、行政机关等密切合作，携手推进湿地保护的司法联动机制建设。例如，武汉海事法院与湖南省长沙市中级人民法院、岳阳市中级人民法院分别签订《长江中游跨区域环境资源司法协作框架协议》《涉长江环境资源审判协作框架协议》，突出湿地和长江江豚保护，积极构建全方位的长江中游跨区域环境资源司法协作格局；携手鄂湘皖赣四省六地法院签订《长江中下游环资司法协作机制框架协议》，将湿地保护领域作为公益诉讼工作的重点，全力打造跨流域、跨区域司法协同，为长江中下游湿地生态环境保护提供更加优质高效的司法保障；联合武汉、孝感、汉江、荆门、襄阳、十堰 6 家中级人民法院签署协议，用法治力量保护好湖北汉江流域生态环境；与竹山县政府、十堰中级人民法院签订协议，共建南水北调保护修复基地。武汉海事法院还探索与江西法院和有关单位合作，推动长江江豚跨省修复资金落地。

2. 积极设立保护修复基地

2022 年 5 月以来，武汉海事法院先后会同湖北省内有关中级人民法院、基层人民法院分别在漳河国家湿地公园、金银湖国家城市湿地公园、宜昌市卷桥河湿地公园、滟水国家湿地公园、百溪河国家湿地公园、金湖国家湿地公园共建生态环境司法保护修复基地，配套建立环境司法修复联席会议制度、生物多样性司法保护综合协同机制、生态环境保护联合宣传工作制度，通过司法手段与行政机关联动进一步保护湖泊与湿地的生态环境。

同时，武汉海事法院还积极探索“一个案件 + 一个协议 + 一个基地”的“1 +1 +1”的工作模式。通过相关案件审理，与相关职能部门签订协议，建立湿地保护与修复基地，实现了“审结一案，教育一片，保护一地”的教育引领效果。例如，2020 年 9 月，武汉海事法院与荆州市生态环境局荆州纪南文旅区分局共同设立首个“生物多样性司法保护修复基地”，携手保护长湖及其湿地；2021 年 4 月，与湖北龙感湖国家级自然保护区管理局等签订《共建湿地及湖泊生物多样性司法保护修复基地框架协议》，携手保护龙感湖及其湿地；2022 年 3 月，与湖北省黄石市人民检察院签订《共建湿地及湖泊司法保护协作机制框架协议》，在湖北首次法检合作，共建湖北网湖省级湿地自然保护区生态环境司法保护基地；2022 年 7 月，与荆州市中级人民法院、洪湖市人民法院、洪湖国家级自然保护区管理局签订《共建洪湖湿地国家级自然保护区司法保护基地框架协议》；2022 年 9 月，为更好地探索保护漳河湿地，武汉海事法院联合湖北省荆门市中级人民法院、中南财经政法大学、湖北省长江生态保护基金会等举办调研活动，共同商讨倡议加强湿地环境保护。在审理梁子湖湿地保护公益诉讼案时，武汉海事法院、武汉大学环境法研究所、中南财经政法大学环境资源法研究所、湖北省长江生态保护基金会、监利市何王庙长江江豚省级自然保护区管理处共建“湿地暨生物多样性司法保护修复基地”，并通过生态修复资金委托第三方监管模式保护长江江豚，进一步改善湿地生态环境。

3. 打造学习实践交流平台

长江流域生态系统是我国重要的生态安全屏障，湿地是长江流域生态系统中的重要组成部分。为切实抓好长江流域的湿地生态环境保护，武汉海事法院以长江海商法学会为平台，积极组织、参加湿地环境资源理论与实践相关会议，动员社会各界围绕湿地保护开展调研，共同参与湿地保护工作。2021 年 12 月，由武汉海事法院和长江海商法学会联合主办的长江海商法学会 2021 年年会暨长江生态保护论坛成功召开，线上直播观看量达 10 万余人次，有关公益诉讼现场直播网上观看人数达5000人。同时,武汉海事法院与武汉大学、中南财经政法大学、西南政法大学、安徽师范大学等高校和研究机构共建学术交流平台,推动湿地司法保护的理论和实务深度融通。2022年6月,武汉海事法院、长江海商法学会与武汉大学法学院举行法学教育实践基地授牌仪式,重点关注长江生态司法保护工作。2022年9月,武汉海事法院与中南财经政法大学签署《战略合作协议》,开展共建"湿地保护法治研究基地""校外法学实践教育基地"等系列活动,围绕"湿地保护法治研究"建立研究平台并开展研究合作。

三、长江大保护司法协作的突出困境

(一)顶层设计"司法协作"有待法律进一步明确

司法协作在《宪法》层面是可以找到依据的,具体体现在第140条:人民法院、人民检察院和公安机关办理刑事案件,应当分工负责,互相配合,互相制约,以保证准确有效地执行法律。《宪法》条文十分明确,对于协作主体限于司法机关与公安机关,协作内容限于刑事案件,众多行政机关中仅有公安机关规定在协作范围内。对于人民法院来说,尤其是面对长江大保护高标准严要求,上述司法协作主体、对象、内容很明显无法满足实践要求。

现行《人民法院组织法》没有直接规定有关司法协作,法律文本中没有"协作""配合"等字眼,该法第2条第2款如此界定法院的职责定位:人民法院通过审判刑事案件、民事案件、行政案件以及法律规定的其他案件,惩罚犯罪,保障无罪的人不受刑事追究,解决民事、行政纠纷,保护个人和组织的合法权益,监督行政机关依法行使职权,维护国家安全和社会秩序,维护社会公平正义,维护国家法制统一、尊严和权威,保障中国特色社会主义建设的顺利进行。作为规定我国人民法院组成和活动原则的宪法性法律,《人民法院组织法》规定了人民法院机构设置及其职责权限,有关规定属于原则性、概括性描述,虽高度凝练但不免笼统,缺乏对人民法院与其他司法机关、行政机关的协作关系进行原则性规范性的规定。

在我国法律体系中,尚未对"司法协作"在法律层面进行明文规定,即使是《长江保护法》也未对司法机关的协作作出明确规定。司法协作目前仍处于由最高人民法院统筹安排、各地区自行探索阶段,各层级各区域的协作往往以"意见”“框架协议”“备忘录”等形式体现。在某种程度上，其宣示、宣传价值大于指导规范司法行为，缺乏强制力和约束力，在制度执行层面更会遇到难以落地的问题，这与缺乏顶层设计与法律基础不无关系。

（二）现代环境治理体系尚未形成

习近平总书记在2018年5月召开的全国生态环境保护大会上明确指出，“推进生态文明建设还有不少难关要过，还有不少硬骨头要啃，还有不少顽瘴痼疾要治，形势仍然十分严峻”。笔者通过办案发现，部分地方党委政府仍然没有转变观念，存在发展经济以牺牲环境为代价，漠视环境法律法规，或者应付塞责而使环境继续恶化的情形；同时也存在企业为了降低成本，不主动治理污染，不建设环保设施，或者有治理设施也不正常运行，违法排污的情形。党的十八大以来，雷霆万钧的环保督察和严格执法使我国环境监管的形势发生了质的变化，地方党委政府缺位、企业逃避监管的突出问题正在向地方党委政府能力不足、企业有心无力的问题转变。为了恢复长江生态环境，地方党委政府及行政机关应担重任并无可替代。在环境民事公益诉讼中，由于技术原因的制约，要求被告承担恢复环境义务实际上非常困难。

政府职能交叉重叠，事权不够明晰。大部制改革后，农业农村、自然资源和规划、园林和林业、生态环境等部门之间涉及生态环境管理的权限存在交叉重叠现象，界定不够清晰，与部门之间、司法机关之间协作机制还未健全，影响环境保护及治理成效，关于环境保护治理的权限有交叉的部分或者界定模糊的部分可能引起抢着管或者都不管的情形，不利于工作的开展。例如，笔者办理的案件涉及磷矿污染恢复与治理，相关工作虽然是一个整体，但资源的审批利用、生态环境保护和湖泊污染治理分属不同部门，缺乏统筹安排，工作效率不高，没有实现信息共享，没有形成联动的最大合力。

法院与行政机关配合程度有待提升。根据最高人民法院《关于审理环境公益诉讼案件的工作规范》的相关规定，法院在受理相关案件后，应及时函告相关行政机关，但有些行政机关履行环境职责意识不强、领导重视不够、环保专业人才欠缺、行政执法乏力，依法监督履职情况并不理想。

（三）司法协作以签订框架协议为主，除执行外其他相关工作进展缓慢

《长江保护法》对“长江流域”的法律属性进行了界定，为构建长江流域大

保护的多元共治体系和长江经济带绿色发展空间格局奠定了基石,对开展长江保护的相关主体的责任进行了界定,对保护机制进行了设计,但正如前文所述,未见对司法机关在开展协作治理方面的表述。这意味着,在法律层面的长江流域治理重心发生了偏移:结束了多年的立法呼吁,法律正式实施,司法机关特别是法院将面临法律贯彻实施的急迫关切。基于此,最高人民法院相继出台《关于为长江经济带发展提供司法服务和保障的意见》《关于全面加强长江流域生态文明建设与绿色发展司法保障的意见》《关于为长江三角洲区域一体化发展提供司法服务和保障的意见》《关于贯彻〈中华人民共和国长江保护法〉的实施意见》《关于新时代加强和创新环境资源审判工作为建设人与自然和谐共生的现代化提供司法服务和保障的意见》《贯彻实施〈长江保护法〉工作推进会会议纪要》,希望从顶层设计层面,为各地司法机关开展工作和协作提供依据和支撑。但必须承认的是,当前各地司法协作仍处于探索阶段,无论是跨区域、跨流域的司法协作保护模式,还是区域内统筹协调,成熟、可复用的司法协作模式确立仍有很长一段路要走。

(四)集中管辖机制没有完善标准,全流域缺乏统一的管辖法院

集中管辖机制没有完善标准,海事法院管辖权仍存模糊地带。最高人民法院于 2015 年年初公布《关于审理环境民事公益诉讼案件适用法律若干问题的解释》后,社会组织作为原告的资格已细化规定为"依照法律、法规的规定,在设区的市级以上人民政府民政部门登记的社会团体、民办非企业单位以及基金会等",对于原告主体资格要求更加明确,且对社会组织提起环境民事公益诉讼的地域范围不作限制。随之而来的问题是目前司法实践中,有的以生态系统或者生态功能区为单位实行跨地市级行政区划集中管辖,有的特定案件实行跨行政区划集中管辖,各地都在先行先试,没有一个明确的标准。武汉海事法院的管辖范围自四川省宜宾市合江门至安徽省和江苏省交界处之间长江干线及支线水域,其中主要港口就包括宜宾、泸州、重庆、涪陵、万州、宜昌、荆州、城陵矶、武汉、九江、安庆、芜湖、马鞍山等十余个。然而对于该管辖区域内,只有湖北省高级人民法院于 2015 年 3 月确定由武汉海事法院负责管辖湖北省内长江干线及支流水域水污染损害等环境公益诉讼案件,对于湖北省外的环境公益诉讼,武汉海事法院具有多大范围的管辖权并不够明确,而这种不明确,本身就与长

江一体化治理与保护的内在要求形成冲突。

作为长江干流流经里程最长的省份,湖北省肩负着长江流域生态环境保护的重任。目前,湖北省已在全省10个基层人民法院相关内设机构加挂“生态保护法庭”牌匾,形成全省法院“1 +5 +10 +N”环境资源审判组织体系。但由于涉及多个法院和地区,实际上法院工作主体仍延续各管各的一段流域的做法,起不到“组合拳”的良好效果。在裁判尺度方面,以武汉海事法院与十堰市中级人民法院为例,在同样审理农业畜牧业养殖污染环境民事公益诉讼纠纷(公益诉讼起诉人湖北省十堰市人民检察院与被告郧西县魏多成养猪专业合作社水污染责任环境公益诉讼案)时,面对相似的案情,审理思路、裁判结果均有不同。在同一省内资源相对更容易集中、信息更容易互通的情况下,此类问题仍时有发生,可以预见,若综观整个长江流域,可能引发的问题和潜在风险将可能更为复杂和棘手。

四、长江大保护司法协作的提升建议

(一)加强顶层制度设计

本文所谈及的“司法协作”,与现行法律中常见的“司法协助”概念不同。司法协助仅限于委托送达、代为调查、协助执行等内容,而司法协作的内涵更为丰富,不仅是过程性的,更是结果导向的;在所涉及主体上,不仅要求司法体系内部各机关配合,也引导司法机关与其他社会组织开展合作与共治。考虑到相关主体众多,需要从顶层设计上增加规定与协调,发挥体制机制的统筹引导作用。

从法院视角出发,《人民法院组织法》具备在法律层面完善法院之间协作机制的条件,将关于法院之间开展司法协作的相关要求,即使以一种概括性表述的方式进行规定,也将对法院体系内部的司法协作起到极大的引领和推动作用,提升生态环境司法保护效率和质量。

但仍需注意的是,《人民法院组织法》也仅是关于法院体系组织机制方面的规定。考虑到法律的严肃性、稳定性,若大范围在涉及其他司法机关、行政机关以及各类社会组织的法律法规中调整、增加相关表述,也是一件难度极大的工程。若将目光进一步聚焦至长江生态保护领域,或许可以从《长江保护法》

的后续调整中寻求破解路径。《长江保护法》本身已经明确了在长江保护领域各主体的责任与义务，确立了相关的统筹协调机制，若能够在其中继续加入关于“司法协作”的表述，不仅有利于节约立法成本，更能够进一步完善这种统筹协调机制，推动各主体之间突破地理和行政空间的制约，以“长江大保护”作为最终目标，参与到长江生态环境保护的协作共治中。

（二）重视培育形成现代环境治理体系

中共中央办公厅、国务院办公厅《关于构建现代环境治理体系的指导意见》要求构建“党委领导、政府主导、企业主体、社会组织和公众参与”现代环境治理体系，人民法院在共抓长江大保护的协作工作中应毫不动摇坚持党的集中统一领导，以强化政府主导作用为关键，以深化企业主体作用为根本，以更好动员社会组织和公众共同参与为支撑，实现政府治理和社会调节、企业自治良性互动，完善体制机制，强化源头治理，形成工作合力，为推动生态环境根本好转、建设生态文明和美丽中国提供有力制度保障。

地方党委政府应坚持牢固树立“绿水青山就是金山银山”的社会主义生态文明观，充分认识到生态优势是国家和地区综合竞争力的重要组成部分。地方党委要加强党政主体责任，严格实行“党政同责”“一岗双责”，统筹一盘棋，认真贯彻落实党中央决策部署，加强领导和协调，切实扛起生态文明建设的政治责任，党委主要负责人更要亲自谋划、主动参与、靠前指挥、迎难而上，敦促各方着力推进污染治理各项工作任务落实，为长江建设付出更多努力。

充分发挥政府行政机关的职能。根据最高人民法院《关于审理环境公益诉讼案件的工作规范》的相关规定，人民法院在受理相关案件后，应及时函告相关行政机关，并积极走访当地党委政府，一方面督促行政机关积极履行职责，另一方面可以起到较好的宣传作用。人民法院要坚持到相关重点地区、生产环节进行实地宣传与调研，到当地党委政府、行政机关和重点企业进行走访，听取他们的意见，了解目前存在的问题和困难，相信群众、依靠群众、发动群众，强化生态底线管控，从严格执法、维护权益、注重预防、公众参与等方面，推动构建环境资源司法保护的综合治理格局。坚持把修复长江生态环境摆在推动长江经济带发展工作的重要位置，促进政府、企业走生态优先绿色发展之路。

扩大企业市场主体参与力度和广度。作为最广泛的市场主体，在现代环境治理体系中的作用和重要性不言而喻。《环境保护法》规定企业、事业单位和其他生产经营者应当防止、减少环境污染和生态破坏，对所造成的损害依法承担责任。《长江保护法》中也在9处提到了企业主体的相关责任和义务。因此，企业参与不仅是社会责任的体现，更是法律规定的义务。把参与长江大保护纳入企业的发展战略和行动，不仅有利于长江生态系统的保护和修复，也极大激励和触发企业的绿色转型，为长江经济带高质量发展作出不一样的贡献。2019年12月，由中国节能集团、中国三峡集团等39家单位联合设立的共抓长江大保护科技创新联盟，为企业探索加强长江大保护提供了成功范例。[1] 同时，企业还应当加强与其他主体配合，通过多种路径，有效参与进长江大保护的生态治理格局之中。

激发社会组织和公众参与热情。2022年11月，《湿地公约》第十四届缔约方大会举办，在中国湖北武汉设线上线下主会场、在瑞士日内瓦设线上线下分会场。其间，武汉海事法院等单位承办"共建生命长江，传承大河文明"长江大保护论坛，围绕长江大保护的成效与愿景、长江大保护的司法力量、长江大保护的社会化参与三个议题设置圆桌沙龙。武汉海事法院、武汉大学环境法研究所、中南财经政法大学环境资源法研究所、湖北省长江生态保护基金会、监利市自然资源和规划局共建"湿地暨生物多样性司法保护修复基地"。论坛发布了《全民参与长江大保护倡议书》。倡议要深怀对大自然的敬畏之心，凝聚保护长江的社会共识，推进社会治理创新，动员更多利益相关方参与。充分调动科研机构、社会组织等社会资源，鼓励各个社会阶层，积极主动参与长江大保护行动。倡导公众积极参与"碳达峰、碳中和"行动，协同节能减排、减污降碳，提高能效，减少化石能源使用，发展新能源，提升生态碳汇能力。做好长江大保护科普宣教，扩大公众参与面，提高公众关爱长江、保护环境的意识。打造长江生态文化公园，传承和创造新的大河文明。加强科研及协同创新、建立数据共享平台及科技应用考核评价体系，为保护与管理夯实技术支撑，共建智慧生态长江。[2] 这些倡议为今后一个时期围绕长江大保护开展广泛的社会动员和激发

---

〔1〕 参见马语谦：《共抓长江大保护科技创新联盟在京成立》，载国务院国有资产监督管理委员会网2019年12月19日，http://www.sasac.gov.cn/n2588025/n2588119/c13182461/content.html。

〔2〕 参见胡洁明：《武汉海事法院等承办〈湿地公约〉第十四届缔约方大会主题边会》，载荆楚网，http://news.cnhubei.com/content/2022-11/10/content_15209018.html。

社会参与热情提供了极具方向性和落地性的指引。

(三)全方位司法协作

最大限度地突破不同部门间的壁垒,高质量整合资源,将司法保护生态的功能发挥到最大化。例如,进一步积极推动建立、强化法院与检察、公安、环保、海事、港航等行政部门的沟通合作、联动执行,充分发挥行政部门在处理环境保护案件中的威慑、监督作用。进一步抓好环境保护案件执行和解工作,妥善化解环境保护案件。邀请生态环境部门协助调解环境保护案件。积极聘请环保专家担任特邀调解员,建立健全环境保护专家库,协助法院开展诉讼调解工作。大力强化环境保护案件执行工作,加大执行力度,加快执行进度,保证执行效果,切实保障环境保护案件救济的及时性。与涉污企业所在辖区村镇构建起常态化的联动机制,形成全覆盖、全天候的监督网格,向社区和居民公布举报电话,发动周边村民进行监督。一旦有群众举报被执行人违法重启涉污行为,第一时间查看现场,第一时间果断处置,强化执行效果,提高执行威慑,彻底消除涉污企业的侥幸心理。

建立生态修复补偿机制,确立"破坏者修复、损害者赔偿、法院引导监督、司法行政联动"的生态修复原则。加强与生态环境、自然资源等部门的沟通,加强环保行政执法与司法协作,发挥法院职权作用,加强司法建议工作,确保相关案件审理法律效果和政治效果、社会效果的有机统一。

(四)探索设立专门法院

多年来,全国各省地方法院在环境司法上作出许多有益的探索。无论是十多年前就开始设立的贵州清镇环保法庭,还是近年来成立的江西鄱阳湖环境资源法庭,以及江苏省设立的 9 个环境资源法庭,都是在一个相对独立完整的体系内尝试环境司法的新举措,实行行政区划和司法管辖适度分离的环境司法集中管辖制度,有利于环境司法的公正、有效开展,取得良好的司法效果。1950年,瑞士、法国、卢森堡、德国和荷兰五国联合成立的保护莱茵河国际委员会,经过 60 多年的发展,已成为一个全球流域治理领域的多国间高效合作的典范。[1]英国成立了治理专门委员会和泰晤士河水务局,对泰晤士河流域进行统一规划

---

〔1〕 参见杨丞娟:《府际协同治理视角下长江经济带高质量发展——莱茵河流域治理的经验借鉴》,载《湖北社会科学》2021 年第 11 期。

与管理,提出水污染控制政策法令、标准,有充足的治理资金保障,被国际上称为“水工业管理的一次大革命”。[1] 美国田纳西河流域管理始于 1933 年,当时美国新任总统罗斯福为摆脱经济危机的困境,实施“新政”,田纳西河流域被当作一个试点,美国国会通过《田纳西流域管理局法》,成立田纳西河流域管理局,对流域内自然资源进行综合利用和开发,促进地区发展。[2] 芬兰设立“水域权利法庭”专门解决涉及水域权纠纷以保护水资源。澳大利亚新南威尔士州设立“土地环境法院”,全面处理涉及土地规划与环境问题纠纷事宜。在总结地方法院环境审判的试点经验和国外先进做法的基础上,设立长江大保护的专门法院,既是对域外江河流域治理成功经验的借鉴,也是我国创新长江流域司法保护的重大举措,有利于构建长江经济带流域司法保护一体化保护机制,不仅有助于具体案件的审理和解决,也能在一定程度上系统化地解决前文提到的其他问题。

建议试行武汉海事法院集中管辖长江大保护案件,能够解决现有的长江流域环境资源庭之间衔接和协调不足,跨行政区域、跨流域间的环境资源案件管辖出现争着管、不愿管彼此推诿的问题。武汉海事法院作为我国第一批设立的海事法院,积极行使跨行政区域管辖权,符合中央及最高人民法院司法体制改革要求,在行使跨行政区域管辖方面积累有很多可复制、可推广的经验,为在武汉设立长江生态法院提供了有效实践样本。最终通过完善长江流域省级司法协作机制,推动设立全流域长江生态法院。集中管辖的核心是行使长江流域跨行政区域管辖权。湖北省正在深入构建全国建设新发展格局先行示范区,实现绿色崛起,促进经济社会发展全面绿色转型,建设人与自然和谐共生的美丽湖北。要体现共抓大保护,坚持生态优先绿色发展的原则,在长江全流域设置长江生态环保法院,统一行使管辖权,保障长江环境司法资源合理、高效利用。建议未来在武汉设立长江生态法院,长江上、中、下游分别设立长江生态法院分院或者派出法庭,以便统一裁判尺度,树立全流域一盘棋管理体制机制。

---

〔1〕 参见贾秀飞、叶鸿蔚:《泰晤士河与秦淮河水环境治理经验探析》,载《环境保护科学》2015 年第 4 期。

〔2〕 参见[美]菲利浦·塞尔兹尼克:《田纳西河流域管理局与草根组织:一个正式组织的社会学研究》,李学译,重庆大学出版社 2014 年版。

14. 流域协调机制主体建构法律路径研究

——以长江流域为例

王　政　赵佳菡*

内容摘要：随着《长江保护法》的出台及流域治理理念的完善，现行流域管理机构职能已难以与流域协调治理的新需求相匹配。流域管理机构间职权界限模糊、位阶设置难以形成统筹合力，致使其难以发挥利益协调实效。为此，应当以权威性及独立性为原则，对流域协调机制主体予以重构，保证其可在中立公平状态下能有力协调各方。而议事协调机构机构借力及自立双重逻辑正可有效回应流域协调主体建制原则，满足独立性及权威性要求，且流域自然区划划分及流域治理体系建构之特征，也为议事协调机构适用于流域协调治理提供了可行性路径。

关键词：长江流域治理　流域协调机制　议事协调机构

一、引言

2021年3月1日，《长江保护法》正式施行，拉开了流域治理体系立法构建的序幕，《长江保护法》以立法的形式对先前环境法学界关于流域治理的研究予以回应，肯定了流域治理应当以流域的整体性、复杂性及社会性等宏观性特征为基础。但《长江保护法》从立项到颁布仅三年多时间，以流域特性为基础创制的流域协调机制仅有概括式规定，缺乏具体可操作路径，其中尤以流域协调机制主体建构为甚，为此，亟须在当前立法体系下，对流域协调机制做进一步说明，以理论促实践，以实践善理论，推动流域治理体系化，贯彻"共抓大保护、

---

* 王政，中国政法大学民商经济法学院环境资源法研究所博士研究生；赵佳菡，北京师范大学法学院硕士研究生。

不搞大开发”的生态理念。

二、流域管理机构协调管理困境

流域防治涉及多主体共同参与,且在流域协调机制语境下,相关主体定义的认定与传统含义有所不同,为此有必要先行厘清几个基础性概念,即流域治理机构、流域管理机构及流域协调机构。流域治理机构,是指流域环境问题的直接面向者,是流域生态环境改善的直接主体,其以县区级生态、水利等传统公权力部门为主,当然,当流域治理范围跨市、跨省时,省市一级传统公权力部门也应纳入流域治理机构。流域管理机构,是流域治理的指导者、管理者和监督者,其职能的行使以流域整体观为基础,自然也承担着当前协调流域间利益冲突的职能,主要以中央各部委下设的派出机构为主要代表。流域协调机构负责协调、统筹跨行政区划流域治理活动,其存在主要为解决传统行政地域区划下因流域治理跨区划而产生的沟通不畅、推诿塞责情形,其多直接面向流域防治参与主体,而非流域自然生态治理。由上可见,困于当前流域协调机构的缺位,其协调职能暂由流域管理机构代行,但流域管理机构建制并非以协调为基准,致使协调职能形同虚设,难以满足当前流域协调机制建构的需求。

(一)流域管理机构建制部门化

流域管理机构部门化建构方式,致使职能混杂重叠,互不隶属的机构建制也使流域管理协调难度大增。以长江为代表,中央各部委几乎均下设派出机构,管理长江流域相关事务,有学者对赋予长江流域涉水事务管理权的几十部法律进行过梳理,发现这些管理权共分属中央15个部委、76项职权。[1] 例如,水利部派出机构长江流域水利委员会行使水行政管理职能、交通运输部派出机构长江航务管理局行使长江航运主管职能、农业农村部派出机构长江流域渔政监督管理办公室负责渔政管理及水生生物资源养护、生态环境部派出机构长江流域生态环境监督管理局负责水环境生态环境监管。几大派出机构看似各司其职,分属不同部门,有着各自的职能范围与界限,但综合来看,各机构间职能混乱,存在管辖交叉重叠情形,造成流域管理空白空间。几大机构均以水资源

---

〔1〕 参见吕忠梅:《寻找长江流域立法的新法理——以方法论为视角》,载《政法论丛》2018年第6期。

的管理保护作为设立宗旨,在具体职责方面,甚至也有相同描述,如水利委员会及生态监管局,两者都强调应当编制流域规划、应当对流域排污进行监管,但在相关规范文件中,两者的职责履行却没有明确的边线,出于对行政机关理性思考,实践中无非两种情形。第一种情形:双方积极履职,在各自职权范围内尽到法定管理职责。由此,容易引发一事两干、重复履职、资源浪的尴尬局面,更为重要的是,流域管理职责的行使不同于具有严密逻辑的定理公式,带有相当的主观性,若在生态规划与环境污染监管方面出现目的相同却内容不同的规划文件,则会导致公民大众在履行相关事项时缺乏统一的规范性依据,又会使行政机关公信力大大降低。第二种情形:双方职责推诿,将职务义务推脱于另一方,导致管理空白,形成"九龙治水"格局。此外,直属中央部门的建构模式,将会导致流域管理机构管理及职责的部门化,在面临综合性事务时,则会大大增加调度及协作成本。由于生态环境问题的复杂性和区域性、治理手段综合性、影响结果外部性,[1]单一管理部门难以整体统筹,必然要求相关职能部门的通力合作。然而,由于各管理机构在建制上并不存在相互隶属关系,行政命令式方式无法有效适用,又只能希冀于机构间的自愿行为,而此又将回归对理性经济人及机会主义的思考。

(二)流域管理机构统筹力欠缺

流域管理机构位阶较低,难以有力统筹协调流域防治主体。在现行流域管理机构建制中,以正厅级事业单位为主,其中不乏正局级单位,长江流域水利委员会与黄河流域水利委员会职级较高,设置为副部级单位。但是,由于环境问题的外溢性特征,跨省域流域治理数见不鲜,而跨省域环境治理影响重大,看似由各省环境主管部门主导相关工作,背后实质是省级政府间的利益相持,即使是如长江水利委员会,在面对各省级人民政府时,能否发挥统筹之实效,恐有待考量,更何况大部分流域管理机构在建制上仅是厅级单位。

当然,或也有学者提出反对意见,虽然跨省域环境问题屡见不鲜,但绝大多数的跨区域环境问题仍限于区市级,流域管理机构理应能够形成统筹合力,但实际恐非如此。上文中提到,现行流域管理机构分属不同部门,有着各自相对

---

〔1〕 参见周英:《充分依靠法治,推动京津冀区域生态环境协同治理——评〈京津冀区域生态环境协同治理政策法律问题研究〉》,载《河北法学》2020年第5期。

的职权范围,即使长江及黄河水利委员会有着较高的职级建构,在相关职责方面能够对跨流域政府形成一定的统筹,但此项统筹仅局限于水利委员会的职责范围内,除此之外,仍涉及交通管理、渔政管理等多方事项,而上述事项的管理机构却囿于职级较低,难以如水利委员会般相对有力协调各方。再者,由于流域管理机构建制体系的独立性,与治理机构间并无隶属关系,也缺乏相应命令式、强制性手段要求治理机构予以配合,而职级形成的形式性震慑则对管理机构提出了更高职级性要求。

综上所述,现行流域管理机构面临两大难题,一是流域管理机构的部门化建构,既易使机构间职责范围不明晰,又难以形成整体统筹合力;二是流域管理机构的职级设置,致使其徒有管理协调之名,难有管理协调之实。

三、流域协调机构建制原则

(一)权威性

流域协调机构应能够有效统筹流域公权力主体利益关系,如周健民教授所言:"流域的保护和可持续发展,整体作为一个大的系统工程,要上升到国家战略的高度来考虑,流域管理涉及十几个部门,几十个政府,需要做大量的协调工作。所以,长江流域必须要有一个强力的机构来管理。"[1]以往对流域治理主体的理论研究多强调主体间的协作协同,应当建立具体行为与规则协调、横向与纵向协同、责任方式协调等全方位的协同体系。[2] 诚然,流域治理主体间的多联互动、信息共享定能够推动流域治理工作向高效、高质化迈进,但现行流域治理理念下协同治理体系的建构以治理主体自愿性为前提,缺乏切实可行的硬性制度予以规范,自愿协同以协作方有共同利益追求且能够获得现实利益为达成动力,而环境治理之利益多体现于未来,现实之资源付出明显难以与眼前利益相配。因此,出于多方因素影响,协同治理理念能否完成从理论化向实践化的迈进还有待考量。需要明确一点,协同性与权威性并非矛盾对立,流域协调机构的权威性有助于促进流域治理机构间的良性协作,两者均指向流域治理的体系化与成熟化。

---

〔1〕 王尔德:《长江必须要有一个强力的机构来管理》,载《21世纪经济报道》2014年3月18日,第23版。

〔2〕 参见秦天宝:《我国流域环境司法保护的转型与重构》,载《东方法学》2021年第2期。

首先,流域治理存在多维面向,治理难度极大。流域资源的开发利用和修复保护行为是表象,背后连接的是流域资源本底情况、自然环境条件、生产力布局、经济发展模式、社会功能定位、区域文化背景等。[1] "防""治"是流域生态环境治理的两个关键词,前者多直接针对社会主体,即通过相应的意识宣导、政策指引、法律规制等手段,从源头上遏制潜在污染者的污染行为。虽然环境标准、环境影响评价、污染物排放总量控制等制度是通过科学技术手段对自然环境因素予以调控,但多项制度设置的初衷与目的均是社会主体对自然生态的开发利用活动提供规范指引,总归仍是防止生产主体产生越界行为。就后者而言,站在流域治理机构角度上,其面向主体也存在由自然生态环境向社会主体的转变。随着生态环境保护体系的构建,"企业污染、群众受害、政府埋单"的局面逐渐转向"谁污染、谁治理",环境主管机关的工作重心也由环境治理的直接主体转向环境治理的间接主体,即通过使环境污染者有价损害担责来实现环境治理职能。并且生态环境的防治对技术手段提出了极高的要求,而由于流域的整体性、复杂性及动态性特征,单一的技术手段难以满足现实需要,不得引入多方手段,而这也在一定程度上加大了治理难度,出于理性经济人及机会主义考量,以自愿为基础而建立的协同协作关系恐难以发挥实效,定然需要流域协调机构以权威性之姿态,从中统筹、协调各方关系,进而保证流域治理工作的稳步有序推进。

(二)独立性

流域协调机构独立性包含两种应然释义,第一,流域协调机构应当独立于地方行政,防止因受地方行政影响,出现流域协调机构欲作为而难作为的情形。以司法机关为例,虽然在《人民法院组织法》中明确表明,人民法院依法独立行使审判权,但在现实实践中却有偏驰,仍存在行政影响司法的情形,使司法去地方化与去行政化一直是司法改革聚焦、讨论的重点。现阶段,环境治理之难题不在外部而在内部,经济发展与生态保护多是对立状态,环境保护追求未来利益、整体利益,而眼前问题却更关注地区财政收入。[2] 第二,流域协调机构应当独立于各方利益主体,以中立的态度整体统筹,要建立流域观、整体观及大局

---

〔1〕 参见吕忠梅:《关于制定〈长江保护法〉的法理思考》,载《东方法学》2020年第2期。
〔2〕 参见胡中华:《关于完善环境区域协同治理制度的思考》,载《法学论坛》2020年第5期。

观，始终将公共利益置于首位，防止出现倾向性管治，保证跨区域治理的公平与公正，实现生态优先绿色发展。环境问题存在“牵一发而动全身”的特性，加之流域以水为基础，基于水系流动性特征，更加使防治难度大增，更易涉及多方主体的实质利益，而流域协调机构则要平衡区域矛盾冲突，打破简单的集中归口式处理方式，确保各方利益之得当。

四、流域协调机制主体建构的法律路径

马克思辩证唯物论始终坚持理论应当植根实践、服务实践。[1] 而法学理论研究相较于其他社科类学目而言，有着更强的实践性需求，因此，法学理论研究切忌为研究而研究，而应将理论研究反哺立法、司法实务实践作为第一要务。一些学说在理论层面的确相当完美，但是在研究过程中却将实践性弃掷，过于理论化的观点、完全无法与现有体系相容的体制建构，使理论研究漂浮于实践之上，无法为实践服务。脱离实践的理论研究，就如无源之水、无本之木，缺乏根基，终是空谈。正如部分观点提出，流域管理与协调的最佳方式，是直接构建强有力的流域管理与协调机构。然而，在我国现行政治体制几近成熟的情形下，该机构的建制合理性值得探讨，能够统管流域几十个政府的机构在职级上应该如何设置？流域环境治理边界与区域环境治理边界如何划分？相关司法配套机制应当如何建构？以上种种都是待于且难以解决的问题，因此，在具体建构路径中应当持理性谨慎状态，理论观点始终要“接地气”。

（一）流域协调机构体系构造

流域协调机构建制层面，同样要坚持理论性与可行性相结合，既要保证流域协调机构的建制能够解决当前流域管理协调之难题，又能够与现行行政体制相融洽，以最小的变动取得最大的成效，及时解决当前流域治理迫切性难题。议事协调机构是我国所特有的组织方式和工作机制，恰可满足当下流域协调机构建制需求，具体而言，在流域层面，应当结合流域自然特性，构建流域区域议事协调机构，负责流域自然区域内的利益调控。全国层面，应当构建国务院议事协调机构，统筹全国跨省域流域防治问题。

---

〔1〕 参见黄海：《辩证唯物主义的实践自觉》，载《人民日报》2019 年 4 月 15 日，第 9 版。

根据中央机构编制委员会官方释义,议事协调机构是指为了完成某项特殊性或临时性任务而设立的跨部门的协调机构,[1]即通常意义上的领导小组。其既是一种带有独特结构特点以及存在方式的组织模式,也是中国政府与政治运行过程中特有的一种工作机制和手段。在机构建制上,呈现出简单却又严密的基本逻辑,议事协调机构设领导小组统筹相关工作事项,由牵头部门设置事务执行机构,总领其他各组成部门处理具体事项,并设立独立的监督考评机构,对议事机构工作内容予以考核。形成了领导—执行—监察的基本组织架构,足以满足议事协调工作需求。具体到流域生态领域,在全国范围内,设国务院议事协调机构,由国务院首长或副首长担任领导小组组长,由水利部及生态环境部作为牵头部门,两部委部长担任副组长,其他具有相关管理职能的部委部长担任小组成员,由水利部及生态环境部设流域事务执行机构,总领其他部门负责全国流域管理事项。在流域区域层面,由流域区域内各省政府首长或副首长共同担任领导小组组长,各省水利厅及生态环境厅厅长担任副组长,其他机构正厅级干部担任小组成员,由各省水利厅及生态环境厅组织其他机构管理流域事项。

(二)议事协调机构建制必要性回应

议事协调机构的运行呈现出借力与自立的双重逻辑,包括借力权威影响和常设机构,并确立自身的督促检查机制和考核评比机制。[2] 根据周望教授对议事协调机构的梳理及《国务院行政机构设置和编制管理条例》的规定,其主要包含以下两个特征,第一,议事协调机构虽无正式编制,但可形成权威性统筹。第二,完善的监督考核机制,能够使议事协调机构合法、合理处理相关事项。而上述两个特性,恰与当前流域协调机构建制需求相适应。

1. 借力特性破解管制困境

现阶段,流域治理功能配置已相对完善,如上文所提,长江流域中 10 多个中央部委直属机构的设置,70 多项职权的行使,足以涵盖流域防治的方方面面,当务之急在于职权的理与顺,即流域协调机构的设置应当围绕统筹、协调、

---

〔1〕 参见中央编办:《议事协调机构》,载中国机构编制网 2011 年 7 月 19 日,http://www.scopsr.gov.cn/zlzx/bzcs/201812/t20181206_357884.html。

〔2〕 参见周望:《借力与自立:议事协调机构运行的双重逻辑》,载《河南师范大学学报(哲学社会科学版)》2017 年第 5 期。

平衡区域间利益矛盾冲突展开，推动流域防理的高质、高效化。流域的范围不仅包含水、土、生物等自然要素，还包括人口、经济等人文要素，形成的是“多元国土空间”“社会—生态系统”。[1] 这也意味着，在流域治理过程中，不仅要面对环境生态问题，还要考量社会人文因素的影响，而此，也加大了流域管理难度，更使流域治理机构间产生消极抵制状态。然而，高层领导的权威通过“挂帅”的方式传递给议事协调机构，使该机制不仅是一种程序化、制度化的协调机制，还是一种以正式科层组织作为工具的协调机制。[2] 国务院议事协调机构以国务院首长及中央多部委为依托，流域区域议事协调机构以省级政府首长及多省厅部门为依托，完全可以在不增设编制、不打乱现有行政体制的前提下，有效对跨区域环境治理部门形成行政协调传导力，保证流域防治指令的有效贯彻。而且，议事协调机构的成立需要上级多部门参与，也为职权管辖边界厘清提供了契机。现行流域派出管理机构职权不明晰的大部分原因在于上层建构时就以部门化为导向，忽略了与其他部门的职权边线，而下层机构又只能遵循上级机构的职责设定，使流域管理出现管辖职责混乱的情形。但是，议事协调机构的出现，使此种情形能够顺科层级管理体制反馈于上级机构，直至于规则的制定者，从根源解决管理机构职能混淆的局面。

2. 自立特性保证统筹协调公平公正

跨区域环境问题治理定要谨防出现利益天平倾斜，而议事协调机构监督及考评机制的构建，恰可保证其能够始终以中立的态度协调各方利益。因跨区域流域治理往往涉及多方参与主体，不同区划治理主体间权利义务分配的公平性显得极为重要，倘若权利义务分配超出合理区间，定然会使相关机构产生消极抵触心理，进而直接影响流域治理效果。但是，议事协调机构的监督考核机制，恰可从内外两面向促进流域协调。流域协调出现偏差多由两种原因造成，其一，流域协调机构人员受地方政府影响，此种影响多通过行政体系内部并以软性手段实施，强调主观状态；其二，流域协调机构人员专业能力欠缺，此为客观因素。首先，议事协调机构之借力特性，能够有效防止地方政府的强力施压，而

---

〔1〕 参见刘佳奇：《论空间视角下的流域治理法律机制》，载《法学论坛》2020 年第 1 期。

〔2〕 参见胡业飞：《组织内协调机制选择与议事协调机构生存逻辑——一个组织理论的解释》，载《公共管理学报》2018 年第 3 期。

其自立特性能够极大限度地消除地方政府的软性影响,使机构人员不敢触碰履职红线,通过制度将"权力关在笼子中"。其次,议事协调机构的监督考评机制,能够在短时间内将机构人员专业能力欠缺的问题予以反馈,并寻出不足之处,甚至可将个性化问题转向共性化,进而对相关人员进行针对培训,既可解决当前问题,又可防患于未然,保证流域协调职能合法、合理行使。

(三)议事协调机构建制可行性回应

1. 流域自然区域划分特性满足流域区域协调要求

流域防治体系是要突破传统行政区划的困囿,建构符合流域自然生态特性的独特防治机制,而该机制的建立以流域整体观为基础,以流域区域内的自然环境共通性及流域区域间的自然环境差异性为具体实现路径,以流域的空间属性塑造优化传统法律制度。[1] 大河流域跨越广阔地理空间,以流域整体视角审视,流域各区域间有着多样化的地理生态差异,但差异性与普遍性始终保持辩证统一关系,以自然特性而划分的流域区域有着极大的相似性,在防治目的、防治手段、防治机制上存在普遍一致性,能够有效降低流域协调治理难度。以长江为例,其上游多因无序开发利用水资源导致流域水量季节性平衡问题,治理关键在于涵养水源,保持流域水量稳定化;中游多是对河道资源的过度利用,如开采沙石、滩涂围垦导致的水土流失及洪涝灾害,治理关键在于水土保持,合理利用水资源;下游多因工业产业污染导致流域生态环境急剧恶化,治理关键在于防污治污,推动产业绿色化转型,提升经济健康度位移。换言之,流域区域内的环境问题具有趋同性,区域内各方主体在宏观层面上具有利益一致性,而且大量同质化环境问题的处理,也使区域内的治理机构在处理此类问题时有着丰富的经验,能够及时、高效地解决相关环境问题。

2. 流域治理体系建构满足流域协调要求

国务院流域议事协调机构虽统筹全国范围内的流域协调工作,但由于流域区域协调机构的设置,绝大部分难题已由流域区域机构解决,仅有小部分案件可以上升至国务院流域协调机构管辖,虽然此类案件具有较强的复杂性及处理难度,但行政管理层级的特性,却能够保证复杂问题得到高效处理。首先,随着

---

[1] 参见孟庆瑜、张思茵:《流域法治的空间审思与完善进路》,载《北方法学》2021 年第 2 期。

组织机构职级的升高，工作职能逐渐由执行转向管理，而又由于流域协调机构建制的特殊性，大部分的管理事项已由相应部委下设的派出机构及流域区域协调机构处理，国务院流域议事机构的主要职能称为协调管理更为适恰。同时，行政管理的效力性呈层级式递减，例如，国务院作为我国最高国家行政机关，其在作出相关指导性政策或强制性命令时，往往其直接下级即省级人民政府能够最大限度地对其中的精神内涵领会贯彻并予以执行，而市、县级政府若缺乏直接上级的再传递，甚至会对国务院所下达的事项出现理解及执行偏差。简言之，国务院议事机构能够极为有力地调动跨省相关流域公权力主体的积极性，协调流域区域矛盾冲突。

五、结语

流域治理体系的建构具有与传统区划政治体制截然不同的颠覆性特征，以此为基础建立的流域协调机构同样不可循常规路径。虽然现行流域管理机构受多种因素困囿，致使其流域利益协调职能难以发挥，但也从另一方面为流域专项协调机构的建制提供了经验。当前体系下，议事协调机构几乎可以弥补流域管理机构在统筹协调中暴露出的全部不足，可谓是为流域协调机制量身打造。由此，流域协调机构的建制也应与时俱进，顺应“生态优先绿色发展”的改革大潮，敢于创新，敢于突破，勇于跳出现行体制的桎梏，建构起以议事协调机构为基础的流域协调机制，促使流域治理体系改革稳定、有续推进，实现可持续发展的最终目标。

15. 长江大保护背景下长江流域水污染治理法律问题探究

高　佳　赵　伟*

内容摘要：作为母亲河，长江流域各项资源都与我国社会、经济、文化发展紧密相关，具有重大战略意义。为了更好地治理长江流域水污染，需要坚持生态优先的基本理念，不断加快流域立法进程，配套相应的司法措施以及其他措施，革新管理体制。当下，我国长江流域水污染治理中主要存在政府间合作力度不足、饮用水污染治理领域立法滞后、民事公益诉讼制度不完善等问题，为此，必须要加强政府间合作，加快饮用水污染治理领域立法进程，完善民事公益诉讼制度，真正实现“共抓大保护、不搞大开发”的目标。

关键词：法律　水污染治理　长江流域　饮用水　公益诉讼

一、长江流域水污染治理概述

（一）长江流域水污染治理的起因

长江流域的水资源不仅是中华民族赖以生存发展的重要基础，而且对于沿线城市经济、社会发展具有重要意义。近年来，由于长江流域沿线城市生产生活不规范，流域内的水域环境遭到了严重破坏，进一步引发水资源保护与开发利用之间的冲突。鉴于此，我国提出了长江大保护的发展战略，强调将水污染治理以及长江生态环境修复作为一项基础性、全局性、战略性的工作来抓，力求将长江流域的经济带建设为机制更科学、市场更统一、经济更协调、交通更顺畅、生态更优美的区域。

长江流域的水污染治理是一项综合性工作，治理措施是否科学、完善、系

---

* 高佳，南京海事法院四级高级法官，清华大学法律硕士；赵伟，南京海事法院三级法官助理，西南政法大学环境法学硕士。

统,事关治理成效。具体到法学领域,就是要从法律这一社会科学的角度对长江流域采取一系列水污染治理措施,即通过完善法律规范体系、司法制度、配套措施,形成齐抓共管、依法依规治理的新局面。从涉及的法律关系来看,长江流域水污染治理主要是涉及水污染治理纠纷法律关系、水污染治理主体法律关系等;从现有的法律机制来看,主要可以依据《水法》、《水污染防治法》、《环境保护法》、《长江保护法》等法律法规及其他规范性文件进行污染治理。虽可依据的法律规范较多,但从实际情况来看,我国长江流域水污染治理的法律机制适用存在系统性不足、运行保障不够、具体机制设计欠科学等问题,需要及时予以解决。

(二)长江流域水污染治理的法理依据

1. 生态文明论

改革开放四十余年来,虽然我国经济领域的成就举世瞩目,但经济发展的背后牺牲了太多环境利益,导致全国范围内许多地区生态环境不断恶化,严重影响了社会、经济、文化的可持续发展。为了解决这一问题,习近平总生态文明思想重新思考自然与经济、自然与人的整体关系,并从谋求中华民族可持续发展的战略高度出发,提出了一系列新战略、新思想、新理念。例如,“绿水青山就是金山银山”等一系列论述,为我国环境保护领域的立法、司法、执法工作指明了方向,开辟了生态环境保护的新视界。具体到长江流域,习近平总书记提出了“共抓长江大保护”的理论,强调长江在物种多样性、生态屏障、战略枢纽、经济支撑等领域的作用,要求各地政府、各级相关部门必须重视长江流域的水体保护工作。基于上述生态文明理论,有必要从法律层面完善相应的法律条文,加快立法进程,为司法机关、行政机关履行职责提供强有力的依据,发挥法律在教育、评价、强制、指引、预测领域的功能和价值,实现社会效果与法律效果的有机统一。

2. 环境权论

蔡守秋教授在《环境权初探》中明确指出,社会个体基于自然环境所共同享有的权利是一种环境权,且环境权的行使主体不仅涵盖当代人,而且涵盖“后代人”。吕忠梅教授也指出,应当从传统民法保护的角度对环境生态利益予以整体考量,并认为应当将环境权予以私法化,进而激发全体社会公众对环境保护的主动性和积极性。基于上述环境权理论,我国必须要治理长江流域内的水污染问题,切实保障流域内公众能够享有良好生活环境的权利,实现对环境资源的合理开发以及利用。除此之外,环境权理论还强调环境法律关系中各方主体权利义务的平衡,确保权责对等,避免出现过度开发资源的局面,实现社会个体环境权可持续保护的目标。为此,完善相应法律法规,实现科学治理、协同治理的目标,尤为必要。

二、长江流域水污染治理中存在的问题

(一)饮用水污染治理领域存在法律空白

1. 饮用水污染治理中的监管责任缺失

长江流域不少省、市为了及时发现饮用水污染问题,建立了相应的水源巡察制度,但监管巡察主体不明确,导致实践中出现监管主体不明、交叉、缺位等问题,不利于监管职责的落实。除此之外,《水污染防治法》、《长江保护法》及其他法律中也未对饮用水巡察制度进行规定,存在立法空白,不利于从立法层面为相关部门提供指引,难以解决实践中存在的管理重叠、缺失问题。例如,《长江保护法》第 34 条、第 35 条、第 36 条仅是从饮用水水源保护的角度对饮用水这一重要的水体进行了规定,但未对监管责任主体、法律后果等内容进行规定。

2. 地下饮用水水源污染治理工作存在法律空白

地下饮用水与地表饮用水存在本质区别,地下饮用水通常水质较好且水量稳定,除用于生活饮用水外,还被广泛应用于工业生产、农业灌溉等领域。现实生活中,许多污染地下饮用水的行为较为隐蔽,且难以发现,这决定了对地下饮用水的污染防治不能全部按照地表饮用水的污染防治方式进行。然而,长江流域仅有少数省、市结合当地实际情况,对地下饮用水进行了严格规定,比如,成都市出台的《成都市饮用水水源保护条例》对地下饮用水污染治理进行专章规定;常德市出台的《常德市饮用水水源环境保护条例》将地表饮用水以及地下饮用水进行严格划分,并明确了一系列禁限措施。除了少数地方性法规及规章外,许多地区都将上述两类饮用水划归为"饮用水"的范畴,没有进行区分化保护,难以规制地下饮用水的污染问题,不利于提升饮用水污染治理工作的科学

性、针对性。

3. 农村分散式饮用水水源未得到应有的重视

脱贫攻坚工作开展以来,我国农村地区的生态环境、人居环境、乡村面貌都有了很大改善,但仍存在不少水污染现象。这类现象无法得以根治,固然有乡村治理滞后、村民环保意识不足等方面的原因,但也反映出我国在该领域存在立法空白的问题。虽然我国《水污染防治法》中对于农业和农村水污染防治工作有专节规定,但该专节的内容主要涉及污水处理,尚未涉及农村饮用水的污染治理。对于农村饮用水污染治理,存在明显的城市中心主义特征,没有突破城乡二元社会机构的桎梏。例如,《水污染防治法》第五章对饮用水水源进行保护时,采取的主要是“城乡一体化”理念,未对城市以及农村饮用水水源保护工作进行区别化规定,难以对农村分散式饮用水水源进行全面性、合理性保护。

(二)政府间跨区域合力不足

作为一种公共物品,如果单纯依靠市场调节、私人供给、政府供给,势必会形成“单打独斗”的局面,难以形成工作合力,不利于推动监管、执法等治理工作。从自然条件来看,我国长江流域跨区域范围广,流经省份众多,但受限于行政区域的划分,水污染治理工作被人为割裂,难以实现“横向纵向一盘棋”的目标。各个省、市、县地方人民政府及相关部门只停留在对本辖区范围内的水污染问题进行治理的阶段,会导致出现“搭便车”“公地悲剧”等现象,不利于从流域上游、中游、下游的整体性角度出发进行协同治理。

值得称赞的是,立法者已经关注到这一问题,并在《长江保护法》中规定了相关的“联合执法”机制。然而,该法仅对联合执法进行了原则性的规定,并未就如何联合执法进行有建设性的细化规定,导致刚性约束力以及可操作性不足,无法有效推动长江流域跨区域水污染的协同治理工作。概而论之,我国在政府间合作过程中存在行政与司法协作不足的困境,导致实践中联合执法、行政复议以及行政诉讼都会遇到阻碍。以行政诉讼为例,虽然我国《行政诉讼法》第 18 条第 2 款明确规定了环境案件跨区域集中管辖,但该款主要是通过指定管辖的方式来实现集中管辖的目标,这种“一案一指定”的方式难以满足长江流域未来大范围联合执法与司法协作的需求,在实践中适用的可行性较低。

除此之外,我国《宪法》《立法法》对于政府间跨界合作未进行明确规定,使政府在开展跨界合作时容易陷入"无法可依"的窘境。以《宪法》为例,其主要对各级人民政府职权、中央与地方关系等内容进行规定,并未涉及具有横向关系的政府间合作事项。

(三)民事公益诉讼制度不完善

为更好地发挥检察机关在长江流域水污染治理等公共利益保护中的作用,我国在原有行政公益诉讼制度的基础上,建立了民事公益诉讼制度,为检察机关以法治方式、法治思维参与社会治理提供了新的契机。然而,从具体的制度运行情况来看,民事公益诉讼制度在环境保护领域仍然存在一系列不足,具体表现如下:

1. 调查核实权的行使问题

一是我国法律、司法解释及相关规范性文件虽然明确了检察机关的调查核实权,但上述文件的相关条款过于抽象,并未就具体的操作细则进行明确,导致长江流域水污染治理实践中出现检察机关调查核实程序多样、调查核实方式各异、权力行使边界模糊等问题。在缺乏具体权力运行程序规则以及实体规则的基础上,极易导致权力运行过程中出现不规范、不合理,甚至不合法等情况。二是未从法律、司法解释及相关规范性文件层面对调查核实权的内容进行特殊规定,继续沿用传统民事检察监督中关于调查核实权的相关内容,并规定了同传统调查核实权相类似的调查方法,使该项权力难以适用民事公益诉讼的司法实践。

2. 生态环境刑事附带民事公益诉讼机制存在漏洞

根据最高人民法院、最高人民检察院《关于检察公益诉讼案件适用法律若干问题的解释》(2020 修正),检察机关在提起刑事诉讼的过程中,可以附带提起民事公益诉讼。[1] 然而,该类诉讼在实践运行过程中存在漏洞,具体而言,一是当事人定罪量刑从宽的具体标准与生态环境修复责任未有效衔接,难以体现《长江保护法》中"一手抓修复,一手抓打击"的立法理念,不利于生态环境修

---

〔1〕 最高人民法院、最高人民检察院《关于检察公益诉讼案件适用法律若干问题的解释》(2020 修正)第 20 条规定:"人民检察院对破坏生态环境和资源保护,食品药品安全领域侵害众多消费者合法权益,侵害英雄烈士等的姓名、肖像、名誉、荣誉等损害社会公共利益的犯罪行为提起刑事公诉时,可以向人民法院一并提起附带民事公益诉讼,由人民法院同一审判组织审理。人民检察院提起的刑事附带民事公益诉讼案件由审理刑事案件的人民法院管辖。"

复工作与违法打击工作齐头并进。例如,当事人承担生态修复责任的,是否可以适用认罪认罚的刑事程序予以量刑,进而实现司法治理与社会治理的有机统一?二是公益赔偿款、刑事罚金、行政罚款存在执行叠加的问题,不利于审判机关执行工作。未来,随着我国长江流域生态环境领域的民事公益诉讼案件不断增加,如何明确公益赔偿款、刑事罚金、行政罚款在执行过程中的先后顺序,亟待从立法层面予以回应。三是生态环境公益诉讼赔偿金账户缺失,不利于实践中对赔偿金予以使用和处置。四是司法程序不科学,难以最大限度地提升刑事附带民事公益诉讼的效率和质量。典型表现为检察机关在起诉过程中,没有及时对公益诉讼的提起条件进行审查,民事公益诉讼部门的介入时间较晚。

三、完善长江流域水污染治理机制的基本路径

(一)加快立法进程,实现对长江流域饮用水污染治理工作的专项保护

未来,在修订《水污染防治法》《长江保护法》时,还需要做好统筹设计工作,解决当前现实中存在的法律空白问题,有效解决饮用水污染问题。

1. 明确饮用水污染治理中的监管责任,探索建立统一的水源巡察制度

饮用水水源保护工作是饮用水安全保障机制的前端控制环节,只有水源保护工作落实到位,才能确保水质的安全可靠。一方面,可以在法律层面规定监管式巡察以及日常式巡察两类饮用水水源巡察制度,减少监管死角。日常式巡察主要是由一个专门的行政机关负责水源保护区内的日常巡逻和管理工作,及时发现并制止相关的污染饮用水水源行为,采取行政强制、行政处罚等措施,避免多头监管等问题的发生,实现"事有专人、改有定时、人有专责"的目标。监管式巡察则是对行政机关进行监督的制度,督促行政机关履行日常式巡察责任,解决巡察不到位、巡察不及时的问题。通过此种方式,不仅能够避免职责模糊问题,而且可以倒逼行政机关履行职责,真正保护好长江流域的饮用水水源。另一方面,从现有《长江保护法》的立法理念来看,该法第34条明确了国务院水行政主管部门是长江流域饮用水水源地保护的主管部门。所以,在确定日常式巡察责任主体时,可以将水行政主管部门作为责任主体。同时,为了更好地实现饮用水污染治理工作与现阶段的"河长制""湖长制"等制度相衔接,可以将县级以上地方人民政府作为监管式巡察的责任主体。

2. 从法律规制角度强化地下水源污染防治措施

2019 年,长江水利委员会发布了《2019 年长江流域及西南诸河水资源公报》,对长江流域的地下水资源量进行了统计和分析。根据该公报的数据,该流域地下水源供水量达到了 59.7 亿立方米,是长江流域重要的用水来源。[1] 未来,要立足于针对性、可行性、科学性的角度,从法律层面规定地下水源污染防治措施。一方面,对长江流域地下水水源保护区进行科学划定。各个地区政府及相关部门在出台规范性文件的过程中,要结合相应的技术标准,确保地下水水源保护区符合技术要求和现实情况。另一方面,要进一步做好地下饮用水水源的污染治理工作,从法律层面明确保护区内的禁限行为,将之与地表饮用水水源保护工作区别开来。例如,针对地下水非法抽取的问题,可以明确水行政主管部门履行监督检查职责,建立健全地下水源地评价及监测机制,做好当地的地下水源监测工作,减少自备水源井。又如,健全现有的人工回灌制度,从法律层面明确人工回灌的水质标准,提升人工回灌的科学性。

3. 紧盯农村分散式饮用水水源保护缺失问题

对于工程较为集中、使用人群较多的联片、联村水源而言,与城市地区采取同样的饮用水水源保护措施不会出现不合理的情况。然而,对于未联村、未联片的农村饮用水水源而言,要实现水源保护,不仅要做好技术防护工作,而且要推动技术规范向法律规范转化,充分尊重农村的生产生活习惯。一方面,可以明确由政府购买公共服务这一方式对农村分散式水源工程建设、水源卫生防护等工作予以支持。例如,可以在《水污染治理法》或者《长江保护法》中设定以下条款:"国家通过政府购买服务等方式鼓励和扶持农村分散式水源工程建设、水源卫生防护,吸引社会资金参与投资、建设以及运营农村分散式水源工程建设、水源卫生防护工作。"另一方面,要进一步坚持因时制宜、因地制宜的思维,对农村分散式饮用水水源保护的相关内容进行专节规定,严把农村分散式水源的污染治理关。

(二)加强政府间合作,实现长江流域水污染跨区域治理的目标

1. 加强顶层设计

由于政府间合作会涉及行政体制等根本性问题,所以从法律层面对政府间

---

[1] 详见长江水利委员会发布的《2019 年长江流域及西南诸河水资源公报》。

合作事项进行规定能够契合《立法法》以及法理学的相关要求。为此,我国可以探索制定《政府间合作法》,进一步厘清跨区域政府在合作过程中的内容、职责以及要求,规范政府合作行为,为跨区域政府合作提供依据。在实践操作层面,则可以在立足于法律法规以及其他规范性文件的基础上,由跨区域政府之间签订相应的政府间合作协议,对相关的权利、义务予以约定。以长江流域水污染治理合作协议为例,协议中应当明确各个治理主体的权限、治理程序、责任追究方式、纠纷解决方式等内容。如果协议约定的内容属于利益影响重大、涉及区域范围广、全国性重大事项,且缺乏上位法及相关规范性文件依据,那么协议双方还应当层报国务院相关部门,确保协议内容合法合规。

2. 细化相关配套机制

在具体制定法律的过程中,需要对长江流域水污染跨区域治理的相关内容进行细化规定,确保法律条文能够在执法实践中更具有可操作性和科学性,确保政府合作的效果。具体而言,可以从以下两个方面进行规定。

一是可以建立健全信息共享机制,提升水污染治理领域的监测与执法效能。水污染治理与社会公共利益息息相关,且水流的"流动"性质决定了监测与执法过程中容易出现沟通不及时的问题。为了更好地增强合作治理的政府主体间信任关系,从整体层面开展水污染治理工作,就必须建立健全信息共享机制,实现多方协作、互利共赢的目标。在具体搭建过程中,要加快跨区域行政机关之间的联系,应用信息技术搭建相应的水污染治理信息共享平台,真正实现信息高效传递与共享的基本目标,确保跨区域政府之间能够及时了解到真实的排污信息以及水质信息,提升水污染防治规划方案的科学性、技术性以及合理性。搭建信息共享平台可以遵循以下步骤:首先,应用云计算、云存储工具进行共享。在云计算环境下,跨区域行政机关之间主要是建设一个虚拟的线上信息资源共享平台,确保相关主体能够随时随地登录这一平台搜索并查阅相应的信息资源。其次,要统一技术规范,打通技术壁垒。跨区域行政机关在明确共享主体以及共享文件范围后,将相应的信息数据库、业务系统与云储存终端的信息资源进行数据关联和数据共享。同时,要设置相应的代码和字符集,确保能够自动识别信息数据类型,推进自动化、一站化共享和利用。最后,充分应用好大数据技术进行信息共享,实现全流程信息化覆盖。为此,要提升信息覆盖的深度,发挥大数据在线索收集、案件事实认定、证据认定等方面发挥关键作用。通过上述措施,能够更好地使跨区域政府在合作过程中及时同步掌握污染源、水量、水质等数据资料,为后期的行政联合执法工作、政策制定工作、应急处置工作提供强有力的信息支撑,真正发挥政府间合作的价值。

二是要明确长江流域水污染治理中行政联合执法的相关程序以及内容,确保工作依法合规的同时,具有更多的可操作性。鉴于《长江保护法》第 80 条赋予了跨区域行政机关之间行政联合执法的权限,故后期可以由国务院通过出台行政法规的形式对长江流域水污染治理中行政联合执法的相关内容进行明确。具体而言,可以明确以下内容:第一,明确联合执法过程中的主体、权责、程序等一系列的内容。从主体来看,联合执法要排除司法机关的参与,避免出现司法权、行政权界限模糊的问题以及有悖于司法中立原则的问题。从权责来看,联合执法过程中,联合执法的行政机关所享有的权利和责任应当是同等、对等的,因此,若执法过程中产生了侵害合法权益的问题,则联合执法的行政机关应当承担连带责任。从程序来看,联合执法的程序遵循《行政强制法》、《行政处罚法》及其他规范性文件中关于执法程序的规定即可。第二,明确行政联合执法中行政复议、行政诉讼的问题。行政联合执法过程中会出现大量行政强制、行政处罚行为。为了切实保障行政相对人的合法权益,避免行政联合执法中出现复议主体不清、诉讼管辖不明的情况,就需要从法律层面对行政复议、行政诉讼的相关问题予以明确。一方面,从现阶段各地贯彻落实中央相关文件精神的情况来看,〔1〕多个地区行政在改革行政复议体制的过程中,除了税务、金融、海关、国安等垂直领导机关仍然采用“垂直机关主管”的复议机制以外,各个地区主要是按照“一级政府只设立一个行政复议机关”的要求,对行政复议的职责进行集中。例如,河南省、湖南省内多个地区都采用了该做法,对行政复议机构、职责进行了统一,并出台了相关的规范性文件。〔2〕虽然此种复议机制改革能够解决实践中存在的多头复议、复议职责不清等问题,为群众申请行政复议提供便利,但却难以适用于联合执法领域。从司法部 2020 年 11 月发布《行政

---

〔1〕 详见《中央全面依法治国委员会关于印发〈行政复议体制改革方案〉的通知》(中法委发〔2020〕5 号)。

〔2〕 详见《河南省人民政府关于推进行政复议体制改革的意见》(豫政发〔2020〕33 号)及《湖南省人民政府关于行政复议体制改革的实施意见》(湘政发〔2021〕9 号)。

复议法(修订)(征求意见稿)》的情况来看,我国《行政复议法》的修订工作会进一步加快。因此,未来如果要确保联合执法工作顺利推进,就必须要在修订《行政复议法》的过程中明确联合执法工作的复议机关。由于联合执法工作属于跨地域执法,所以在整合行政复议职责的大背景下,应当由两个行政机关共同的上一级行政机关司法行政部门作为复议机构,依法办理联合执法的行政复议事项。另一方面,对于行政诉讼管辖问题,鉴于联合执法问题涉及面广,且牵涉的行政机关属于不同区域,可以按照不同的情况来明确该类案件中行政诉讼的管辖。对于同一行政区域内因联合执法而引起的跨县、跨市的行政诉讼管辖,既可以结合当前行政诉讼案件管辖权改革的相关内容,由当地铁路运输法院等专门法院统一管辖,也可以由当地高级人民法院统一管辖;对于不同行政区域内因联合执法而引起的跨县、跨市、跨省的行政诉讼管辖,建议由最高人民法院各个巡回法庭统一受理。这是因为最高人民法院巡回法庭在设立过程中,充分考虑了"地域相近"这一要素。以第一巡回法庭为例,其案件管辖区域涵盖湖南、海南、广东、广西四个地区,而该四个地区具有地域临近的特点。让最高人民法院各个巡回法庭统一受理,可以更好地解决行政管辖权争议问题,确保司法效率与司法权威。

(三)完善民事公益诉讼制度,推动长江水污染治理工作纵深发展

1. 健全调查核实权的行使机制

未来,我国必须要出台法律、司法解释及相关规范性文件,明确调查核实权的具体运行机制,既避免假借"维护社会公共利益"之名而肆意扩张权力运行范围等问题的发生,又确保检察机关能够通过调查核实机制来了解水污染案件中的相关事实和证据。

一是要针对民事公益诉讼领域的调查核实权出台相关的规定,明确调查核实主体、启动方式、启动内容、程序标准。未来可以在相关的规范性文件中明确调查核实程序的启动条件。具体而言,可以参考刑事诉讼法中技术侦查措施的相关规定,对民事公益诉讼领域调查核实权的调查方向、调查人员及分工、调查对象、调查措施、调查方式、调查时间、调查风险评估等内容进行细化,从事前角度规范调查核实权的行使。例如,可以增设以下条款,检察机关在民事公益诉讼中有权调查核实,具体应遵循下列规定:(1)两名以上检察人员经出示工作证

件、表明身份后，可以共同开展调查核实工作；(2)检察人员应当告知被调查人调查事由，且通知其享有申诉权、复议权、申请回避权；(3)检察人员调查核实的场所应当在公民住所以外的场所，确有必要在住所的，应当出示检察机关统一制发的证明文件；(4)调查核实的程序、内容不得违背公共利益，损害公共秩序；(5)对于证据可能灭失或以后难以取得的，检察机关可以对调查核实中收集的证据予以登记保存；(6)对于涉及重大公共利益的案件，检察机关在调查核实的过程中可以通过听证等方式收集材料、了解意见，确有必要的，可以同步录音录像，真实地记录调查核实工作全过程。

二是要进一步厘清传统民事检察监督中关于调查核实权以及民事公益诉讼中调查核实权的边界。一方面，传统民事检察监督中，检察机关调查核实的对象是已生效的裁判文书，即对上述对象的合法性、合理性进行调查。此种调查核实方式侧重于对法院进行监督。另一方面，民事公益诉讼中调查核实的对象是损害社会公共利益的行为。在该类司法活动中，检察机关类似于民事诉讼的原告，其需要收集相应的证据和事实，进而对违法侵权人员提起诉讼，使其承担相应的民事责任。

2. 完善生态环境刑事附带民事公益诉讼机制

一是要衔接好定罪量刑标准与生态环境修复之间的关系。建议我国审判机关以及检察机关出台相关的司法解释，对量刑具体标准进行明确。如对当事人交付了环境修复保证金且认罪认罚的，可以适用认罪认罚的相关程序，将环境修复治理责任的履行程度作为法定从轻的情节予以考虑，增强当事人治理水污染的主动性和积极性，为从宽处罚确立相应的法律依据。

二是要从可罚性、公共利益保护的角度处理好行政责任、刑事责任、民事责任三者的关系。既确保各项受损主体之间的利益能够得到衡平，又为审判部门司法裁量提供依据，避免影响责任法定主义的正当性根基。建议通过相应的规范性文件明确公益诉讼赔偿金优先执行，确保相关部门能够将该笔赔偿金用于环境污染应急处置和修复工作中，实现公益保护价值与权益救济价值的有机结合。

三是建议对公益诉讼赔偿金予以分类处置利用，提升赔偿金使用效益。一方面，对于已经造成水污染且无法治理修复的，当事人所缴纳的赔偿金应当上缴国库。此种情况下,赔偿金相当于虚拟治理成本,无法应用到有针对性的现实治理工作中,故由国家统一调拨使用较为合适。另一方面,对于已经造成水污染且能够即时展开修复或者能够应急处置的,赔偿金应当用于该水污染治理工作中。如及时支付给水污染治理的第三方机构,切实发挥民事公益诉讼制度的价值。

四是从民事公益诉讼与刑事诉讼衔接的角度出发,对司法程序予以优化。一方面,从起诉程序来看,刑事检察部门在提起刑事诉讼之前,应当迅速将相应的案件线索移送民事公益诉讼部门,由民事诉讼公益部门就"是否符合提起附带民事公益诉讼案件的条件"等相关材料进行审核。同时,鉴于刑事案件的办案时限较为紧张,所以整体诉讼中的立案、证据资料审查等相关工作由刑事检察部门主导,民事公益诉讼部门予以配合。通过此种方式,能够更好地解决实践中线索移交不及时、起诉效率低下等问题,实现"质效为重,严实并举"的目标。另一方面,从审判程序来看,建议先行审理民事公益诉讼,并提前通过庭前会议等方式交换相关的证据,提炼争议焦点、审理焦点,为下一步刑事诉讼案件的审理提供思路,协调好刑事诉讼案件审限短与民事公益诉讼案件中公共利益保护紧迫性强之间的关系,确保审判诉讼程序的效率更高。

四、结语

长江流域的水资源是中华民族赖以生存和发展的重要战略性资源,在我国"两型"社会建设中具有重要的价值。在长江大保护背景下,立足于既往规范性文件以及执法、司法实践中存在的疏漏,探寻治理新途径,是环境保护领域司法实务人员需要重点关注的课题。本文从"共抓大保护、不搞大开发"的角度对长江流域水污染治理问题进行研究,结合法学理论的相关知识提出建议,旨在能够进一步为我国长江流域水污染治理工作提供理论指引和实践参考的同时,为长江流域水污染治理工作提供强有力的法治保障,真正实现法律效果与社会效果的有机结合。

16. 长江流域协同治理法治保障研究

——以湖北省为例*

张雨薇**

内容摘要:《长江保护法》明确规定长江沿岸各省市应当加强流域协同治理。湖北省是长江中游城市群的重要省份,对湖北省流域治理的现状进行分析,有利于衔接长江上下游,为全流域协同治理积累经验。从流域立法现状来看,湖北省流域治理存在同质化严重、协同性不足,行政机关败诉风险高,司法协作滞后的问题。地方利益诉求不同、流域协同立法模式有待完善及司法协作法律依据不明确是当前湖北省流域治理困境的主要形成原因,应当从加强备案审查工作、积极探索流域立法新模式与完善流域司法协作机制三个方面入手,实现流域协同治理法治保障的提质增效。具体而言,可以从省际协同与省内协同两个角度出发,分别以汉江上游、唐白河流域及作为"长江鱼库"的梁子湖流域作为试点,检验流域协同治理措施成效。

关键词:流域治理　协同治理　流域立法协同　流域司法协作

一、湖北省流域治理现状检视

流域是一个完整的自然生态和社会经济系统,集环境资源和社会经济资源于一体,是人口、经济和城镇集中分布的主体自然空间。长江是中华民族的母亲河、生命河。长江流域保护应当从整体性出发,全面、系统地开展协同治理工作。湖北是长江干线径流里程最长的省份,是长江生态环境保护的重要生态屏障。以湖北省流域治理情况为典例,有利于为长江全流域协同治理奠定基础。

---

* 本文为湖北省司法厅法治湖北《湖北生态环境法治提质增效研究》(FZHBJSYJ2022002)阶段性成果。

** 张雨薇,中南财经政法大学2022级环境资源保护法学专业博士研究生。

(一)流域立法现状检视

1. 流域立法同质化严重

同质化即某一内容实质相同。《立法法》(2015 年修正)第 73 条第 4 款规定:制定地方性法规,对上位法已经明确规定的内容,一般不作重复性规定。虽然该法并未对地方政府规章作如此限定,但依此逻辑,地方政府规章一般也不应对上位法作重复性规定。[1]

自《立法法》规定设区市的立法权限以来,围绕长江干支流域水环境保护的地方环境立法层出不穷,且同质化严重,有些地方性环境法规规定的主体、客体、法律责任基本一致,仅适用范围、精细程度存在些许差别。汉江和清江是湖北省内长江的两条支流。湖北省人大和襄阳市人大曾就汉江流域水环境保护颁布了《湖北省汉江流域水环境保护条例》和《襄阳市汉江流域水环境保护条例》,湖北省人大和恩施自治州人大也曾就清江流域水环境保护颁布了《湖北省清江流域水生态环境保护条例》和《恩施土家族苗族自治州清江保护条例》,上述地方性环境法规背离了"长江大保护"统筹协调流域治理的基本精神,破坏了湖北省长江干支流水环境保护法律规范的融贯性。若将视角从汉江、清江流域扩大到湖北省的其他河流,可发现更多类似的情况,一些地方性环境法规保护的河流虽不同,但管理事项却具有高度的同质性,缺乏对河流及流域的针对性规定。[2]

同时,这种同类重复的问题还出现在流域治理的地方性法规和地方性规章之间。以武汉市湖泊环境法治为例,武汉市关于湖泊保护相关规定包括《武汉市湖泊保护条例实施细则》(2020 年修订)、《武汉市湖泊整治管理办法》(2022 年修改)和《武汉市湖泊保护条例》(2022 年修正)。经比较可以发现,相关规定的目标、措施具有同质性。例如,《武汉市湖泊整治管理办法》(2022 年修改)规定可采用"截污、清淤、岸线整治、绿化、水生态修复、生态调水、湖泊规划控制范围内养殖业结构调整"等措施,《武汉市湖泊保护条例》(2022 年修正)和《武汉市湖泊保护条例实施细则》(2020 年修订)规定可采用"防止填占""禁止向

---

〔1〕 参见李明耀、张金波:《地方立法重复上位法现象:概念、解释与规制》,载《中国司法》2021 年第 6 期。

〔2〕 截至 2022 年 10 月 31 日,各设区市保护河流的地方性环境法规包括《鄂州市长港河保护条例》《咸宁市陆水流域保护条例》《宜昌市黄柏河流域保护条例》《孝感市府澴河流域保护条例》。

湖泊倾倒垃圾、渣土及有毒、有害物质”“限制禁止渔业养殖”等措施。

2. 流域立法协同性不足

湖北省作为长江中游的重要省份，辖区内拥有汉江、清江等多条长江支流，对保障长江整体的生态环境质量有着关键作用。就水资源环境保护而言，湖北省目前共有22部地方性法规、3部地方性政府规章，其中3部地方性政府规章均由武汉市人民政府发布，其余各设区的市（州）尚未颁布有关水资源保护的地方性政府规章。从以上25部水资源环境保护地方性规定来看，其中涉及流域协同治理的仅有《湖北省汉江流域水环境保护条例》（2021年修正）、《湖北省清江流域水生态环境保护条例》（2022年修正）及《恩施土家族苗族自治州西水河保护条例》。以上3部流域环境保护条例中，仅有《恩施土家族苗族自治州西水河保护条例》属于省际协同立法。汉江、清江等跨省河流的省际协同立法仍然处于空白状态。

从协同紧密程度来看，湖北省流域协同治理属于“松散型”协同。此类立法，主要通过信息通报、联合监测、联合检查、重大环境影响评价会商等方式来达成，协同程度较弱。[1] 并且该模式仅在执法层面强调协同，并未在立法过程充分采纳考量各方利益，因而在实行过程中也会遭遇重重困难。松散型协同立法，或者说弱协同立法难以满足流域整体性保护的需求，需要通过常态化、制度化的方式协调流域内各立法主体的利益需求，不断深化协作程度。

（二）流域治理实践困境

1. 流域执法机关败诉风险上升

2015年1月1日至2022年7月31日，湖北省共有生态环境行政诉讼案件3769起。从时间分布来看，生态环境行政诉讼数量总体呈上升趋势，其中2018年、2019年为峰值，均在800起以上。[2] 尽管就总体而言，多数环境行政案件是被告胜诉，但行政机关败诉率逐渐上升也是一个不争的事实。

对环境行政行为的审查标准从根本上来说仍应该由法律来规定，并且是以

---

〔1〕 参见陈俊：《我国区域经济一体化中地方立法协调的模式及样本》，载《江汉大学学报（社会科学版）》2013年第5期。

〔2〕 数据来源于中国裁判文书网及北大法宝司法案例库，以“环境保护”为检索主题，统计时间为2015年1月1日至2022年7月31日。

法律明文规定为基础。[1] 流域立法不健全与流域行政机关败诉率密切相关。在对湖北省水生态环境立法文本的考察中,笔者发现与上位法抵触的情形并不少见,例如,《黄石市饮用水水源地保护条例》第 33 条第 1 款中“5 万元以上 20 万元以下”的罚款规定限缩了其上位法《湖北省水污染防治条例》(2022 年修正)第 75 条规定的“5 万元以上 10 万元以下”罚款的幅度;《襄阳市汉江流域水环境保护条例》第 37 条较上位法《水污染防治法》增加了对主要责任人的处罚。另外,规范性文件作为基层执法人员进行环境行政执法的重要依据,也应当得到相应的重视。

2. 流域司法协作滞后

地方司法协作是以区域性司法协作文件为协作基础、以司法协调机制为协作路径、以统一司法裁判标准为协作核心关键、以强化区域执行合作为协作保障的跨区域司法联动活动。长江流域司法协作实践早于《长江保护法》,最早可追溯至 1993 年环太湖流域签订的《环太湖法院司法协作协定书》。[2] 湖北省流域司法协作起步较早,但发展较为缓慢。目前,除最高人民法院与最高人民检察院牵头签署的司法协作协议外,[3] 仅有湖北、湖南两省高级人民法院共同签署的《环洞庭湖环境资源审判协作框架协议》及湖北、湖南、江西三省人民检察院共同签署的《关于加强新时代区域检察协作服务和保障长江经济带高质量发展的意见》,对长江中游城市群司法协作进行了规定。有学者指出,目前长江上下游地区已初步形成了环境司法协作圈,长江源头、中游地区环境司法协作的缺位易造成全流域环境司法协作断层。[4]

二、湖北省流域协同治理困境成因分析

湖北省流域协同治理立法质量不高,法律适用情况不理想主要有三种原

〔1〕 参见刘长兴:《环境行政案件司法审查的多维审视——以典型案例为对象》,载《南京工业大学学报(社会科学版)》2020 年第 3 期。

〔2〕 参见张敏华:《环太湖法院共商审判大计》,载《人民法院报》2000 年 10 月 20 日,第 2 版。

〔3〕 2018 年,由最高人民法院牵头,长江经济带 11 省市及青海省高级人民法院共同签署了《长江经济带 11 +1 省市高级人民法院环境资源审判协作框架协议》;2019 年,最高人民检察院出台了《关于长江经济带检察机关办理长江流域生态环境资源案件加强协作配合的意见》。

〔4〕 参见黄锡生、尚睿:《长江流域环境司法协作的理论构造与制度完善》,载《河南财经政法大学学报》2022 年第 2 期。

因:第一,地方利益诉求存在差异,利益协同机制虚多实少;第二,流域协同立法多以人大为主,忽视规章先行先试优势;第三,司法协作法律依据不明确。

(一)地方利益诉求存在差异

立法是利益分配的重要手段,利益的衡量和取舍也是立法的核心问题。任何立法动议的提出和法律的最终产生都与利益紧密相关。现行法律规范也都是相关主体利益诉求在立法层面不同程度的表征。因此,协同立法的关键是如何分配和协调错综复杂的利益关系。

地方利益诉求差异的本质原因在于行政区划与自然区划的不一致。行政区域划分受到包括但不限于社会、历史、文化等因素的影响,将独立的自然区域依照不同基线划为一个独立的单元;但自然区域内的河流、地下水系、动植物同属一个整体,从而导致环境的整体性和行政区域的划分存在割裂。[1] 传统行政区划管理与以"自然区划"为核心的环境保护整体性要求发生冲突,加之我国东西部地区发展不均,导致长江流域内各行政区域发展目标、管理能力等多方面要素存在差异,加剧了流域协同治理的难度。

长江发源于唐古拉山脉,由西至东,从崇明岛以东注入东海,其以宜昌、湖口为界,分为上、中、下三个部分。其中长江上游,生态环境脆弱,经济发展落后,但水能资源丰富,其利益诉求在于利用长江获得更高的经济效益;长江中游地区一方面希望上游提供良好水质,另一方面又希望通过利用长江发展经济;长江下游地区,尤其是长三角地区,经济发达,生态环境保护诉求强烈,希望上游、中游流域为其提供优质水资源。长江上、中、下游地区的利益诉求的不同决定了其生态环境保护内生动力的差异,反映在立法中,即为各省地方性法规立法目的、制度安排以及责任承担等方面互有差异。若不以统筹协调的方式,对上述立法予以调整,就很难达成"共抓大保护"的目标。

(二)规章先行先试优势未得彰显

2015 年《立法法》修正后,地方政府规章的立法权得到了扩张,即对于行政管理迫切需要,但现无地方性法规且制定地方性法规条件尚未成熟的领域,可先制定地方政府规章。因此,在流域协同立法中,对于涉及整个流域共同利益

---

[1] 参见彭剑鸣:《习近平法治思想的实践:协同式地方立法——从行政区域到自然区域的科学立法》,载《贵州警察学院学报》2021 年第 4 期。

及长远可持续发展的事项时,可采取人大协同立法;对于某些比较迫切需要解决,在制定地方性法规的条件暂不成熟的情况下,则应当采取行政协同立法,即以地方人民政府为立法主体,以协同制定流域共同规章的方式进行试验性探索,最后再以地方性法规将其固定。

观之湖北省内协同立法实践,均为人大主导立法,制定地方性法规为主要方式,忽略了规章固有的技术性、专业性、灵活性及应对突发事件的及时性立法功能。事实上,较之地方性法规,共同规章能够有效弥补权力机关立法相对滞后,较好地适应生态环境治理对于效率的需求,同时还可改变传统地方政府规章"属地主义"现象,消弭地方政府规章之间相互冲突的问题,促进流域内行政立法资源的优化与整合,为流域整体治理提供统一的和良好的法治环境。

(三)司法协作法律依据不明

首先,现行法律未对"司法协作"作出明确定义,仅对"司法协助"进行了相应的规定。但二者协同程度存在显著差距,前者以统一裁判依据、加强司法联动为主要内容;后者则以司法文书传递、执行为主要工作内容。[1] 其次,目前司法协作多为政策指引,缺乏法律、司法解释支撑,这使长江流域环境司法协作底气不足,多以"意见""框架协议""备忘录"作为协作依据,缺乏法律约束力。由此可见,当前流域环境司法协作建立在各地区自发的协商基础上,效力较弱、执行性不强。即使存在部分流域开展制度创新研究,也将因缺乏法律支撑面临一系列运行困境。

三、湖北省流域协同治理之总体思路

为解决湖北省流域协同治理立法质量不高、法律适用情况不理想这一问题,实现流域协同治理提质增效的目标,我们可以从以下三个方面入手:首先,加强对现有流域立法清理、备案与审查,剔除与上位法抵触或与上位法、同级法律法规同质的部分,再进行特色立法的补充,充分保障立法质量;其次,重视地方政府的立法主体地位,充分发挥规章"先行先试"优势,学习借鉴其他流域协同立法实践经验,总结协同立法模式;最后,针对行政机关败诉风险上升这一问

---

〔1〕 参见吴勇:《我国流域环境司法协作的意蕴、发展与机制完善》,载《湖南师范大学社会科学学报》2020年第2期。

题,除完善地方性法律法规外,还需要从内部深化行政复议改革、加强政府内部监督,从外部完善流域司法协作机制,统一流域裁判标准,争取做到“同案同判”。

(一)加强法律法规清理审查,推进地方特色立法

1. 加强立法备案审查

《立法法》修改之后,地方性法律法规数量迅速增加,很可能与原有地方立法发生冲突或重复,增加地方生态环境执法工作难度。因此,需要及时对现行地方立法进行备案审查、清理工作,保障立法质量。加强法规规章备案审查工作,坚持“有件必备、有备必审、有错必纠”,明确备案审查的范围、标准、程序及责任,优化其在立法监督中的作用,确保中央和地方、地方与地方之间的立法统一。具体可以从以下两个方面展开:第一,坚持法律位阶原则,依此对地方性法规以及环境保护规范性文件的合法性进行审查;第二,审查现有的规范性文件是否与区域环境协同立法的规定相冲突,及时对发生冲突的规范性文件进行修改或清理。

为保障流域协同立法的实施效果及所涉地方的合理利益,还可建立立法交叉备案机制。与立法前期、中期过程中的协同合作相比,交叉备案审查机制是“区域协同立法的进一步延伸”,其重点在于“从协同立法成果,即立法文本的实质统一来确保区域内地方立法的协调”,本质上是相关主体之间自愿达成的“备案审查协议”并接受其约束。[1] 在该机制下,一方对于涉及相关区域事项的协同立法文件,应当向该区域的立法主体进行备案并由其进行协调性审查,根据审查结果启动协商程序。交叉备案审查制度可分为主动审查和被动审查两种方式,它是协同立法目的和发展实体权益实质上得以实现和保障的关键所在。[2]

2. 推进流域特色立法

“有特色始终是地方立法保持活力的要素,是衡量地方立法质量的重要标

---

〔1〕 参见王春业:《论经济区域内地方立法间的交叉备案》,载《上海政法学院学报(法治论丛)》2013 年第 6 期。

〔2〕 参见曹海晶、吴汉东:《区域发展权视角下的地方协同立法》,载《北京科技大学学报(社会科学版)》2021 年第 1 期。

准,也是检验地方立法能力水平的试金石”。[1] 湖北省流域治理立法存在的主要问题之一就是地方特色缺乏,针对性和可操作性不强,创新性不突出,这既减损了地方立法的实际效用,也浪费了宝贵的立法资源。

地方性立法源于地方经济和社会发展的需要,而立法特色则源于地方城乡治理、环境保护或是历史文化保护的改革创新或经验总结。因此,立法部门应当深入社会生活实践,在地方立法的立项、起草、审议等各个阶段都要注重听取人民群众的意见,通过广泛建立基层立法联系点等方式,加强立法机关与基层群众的直接联系,倾听人民群众利益诉求与实践经验,切实获取真实、有效的立法信息,确保地方立法的民意基础。切忌“凭空捏造”,为创新而创新、为特色而特色。

(二)发挥规章优势,积极探索流域协同立法新模式

区域协同立法是指两个及以上立法主体按照立法权限和立法程序,根据双方合意达成的立法协议,以需要进行跨行政区域或法域的主体或客体为调整对象,相互对接或承认对方法律效力的立法行为。[2] 以主体为标准,协同立法可分为区域人大协同立法与区域行政立法协同,前者由地方立法机关主导,后者由地方行政机关主导。[3] 其中,区域行政立法协同指的是特定区域(流域)内具有立法权的地方政府依法对涉区域共同利益事项进行协调、合作,最终形成一个统一的立法文本并在区域内统一适用。区域行政立法协同有利于充分发挥政府规章服务地方及探索立法的功能,推动形成区域共同规章,解决法律法规尚不能或不便解决的问题,使部分区域协同环境治理工作暂时性地做到有法可依,同时也为后续区域人大立法协同等积累经验。

1. 立法机构协同

(1)人大联席会议

立法机构的协同是协同立法的前提和基础。人大联席会议是目前协同立法的主要模式,具有松散、灵活的特征,主要体现在联席会议的时间和形式可以根据合作与交流的需要灵活确定。在会议召开时间上,可以采取一事一议的磋

---

〔1〕 李适时:《扎实推进设区的市地方立法工作 为“四个全面”战略布局提供坚实法治支撑》,载《地方立法研究》2016 年第 1 期。

〔2〕 参见贺海仁:《我国区域协同立法的实践样态及其法理思考》,载《法律适用》2020 年第 21 期。

〔3〕 参见杨杰:《论区域行政立法协同的合宪性》,载《内蒙古大学学报(哲学社会科学版)》2021 年第 1 期。

商型联席会议,形成定期交流和会晤的机制以保证联席会议召开的频次。在联席会议的人员构成方面,流域内各地方立法机关的负责人及工作人员是其主要构成部分。除此之外,联席会议还可以聘请专家承担区域立法中的特定工作。

(2)政府立法协作会议

《立法法》(2015 年修正)第 82 条明确规定,设区的市具有规章制定权。因此,就区域共同规章制定角度出发,各区域政府立法部门可集中召开立法协作会议,建立区域政府法制工作协作机制,定期交流借鉴立法经验与进展、促进行政立法信息沟通、联合开展重大行政立法项目协作。

人大和政府共同构成完整的流域立法主体。前者制定地方性法规,后者制定地方政府规章。尽管地方人大立法能够化解政府协议中的利益干预,但地方人大确立立法规划依旧有赖政府支持。从现实立法实践来看,大部分立法案还是通过本级政府向人大常委会提出,或将“先行先试”的行政规章内容通过地方性法规形式来确定。[1] 因此,区域行政立法协同既要重视发挥地方政府规章的及时、灵活性,还要坚持地方人大对政府立法的监督的作用。

(3)环境治理协同工作委员会

与人大联席会议、政府立法协作会议相比,治理工作委员会协同程度更深,各区域间联系也更紧密,适合事先具有较好协同基础的区域实施。该工作委员会的工作内容主要可分为以下三部分内容:第一,明确需要协同立法的重点领域,加强立法事项的对接;第二,探索细化环境协同立法事项中的具体立法规范,通过各区域代表磋商、协调形成立法事项建议;第三,以拟定协同立法文本建议稿等方式向地方政府或地方人大提出立法建议。

2. 立法程序协同

目前,我国地方立法程序大致可分为立项、起草、审查及决定与公布四个环节。因此,流域协同立法也应当遵循上述规定,具体而言,流域协同立法主要可以分为以下几个步骤:首先,在立项环节,由协同立法联席会议或者工作委员会确认流域生态环保规划,明确需要流域联防联控的具体环境问题,及时对立法规划项目进行调整。其次,在起草环节,应当依据协同立法文本起草主体的不

〔1〕 参见宋保振、陈金钊:《区域协同立法模式探究——以长三角为例》,载《江海学刊》2019 年第 6 期。

同确定起草程序。一般而言，协同立法主体的选择具有三种模式：模式一，由协同立法机构起草，形成统一的立法草案文本；模式二，由地方人大法制工作部门各自负责组织起草，经协调后形成区域内统一的立法草案文本；[1]模式三，由地方人大常委会抽调法制工作部门和生态环境部门的人员成立协同立法工作小组，就重点环保立法项目开展起草工作。再次，立法文本应由各地方人大或政府分别审查、分别通过。最后，在立法文本确定后，除依法及时向全国人大常委会和国务院备案外，流域内还可以进行“交叉备案”，以此来构建一种“横向”的备案审查机制。需要注意的是，以上四个环节都要充分听取、吸纳地方人民群众的意见。

3. 立法内容协同

立法内容的协同不同于上述立法程序的协同，其属于流域协同立法实质层面，是区域环境协同立法的重难点问题。为了保证协同立法的实质统一，地方立法机关应依据各地流域治理的实际情况，对拟协同的重点环境保护事项进行识别，提炼需要共同立法的事项，并进行协商，找准问题对症下药。具体而言，可以分为环境标准协同、法律责任协同、流域利益补偿协同。

(1) 环境标准协同

环境标准是指法律授权相关部门制定的用于监测环境污染、保护环境的各种技术规范和管理规范的总称。环境标准兼具技术属性与法律属性，[2]是环境规划的具体表现也是法律责任的重要判断标准。环境标准主要分为三级六类，其中主要协同的对象是地方标准。由于区域内各地区的环境污染现状以及环境治理水平不同，现有地方环境标准也存在差距，主要体现在环境标准限值、违规排放污染物的处罚标准、排污税费征收标准以及环境监测技术和方法等方面的差异和冲突，可以说事先统一区域内各项环境标准，才能实现区域环境的协同治理。

(2) 法律责任协同

法律责任作为保障法律实施、维护法律秩序的关键机制，可理解为因违反法律义务而承担不利后果的应当性。长江流域内“同事不同罚”“同案不同判”

---

[1] 参见王玉明：《城市群环境治理中的区域协同立法》，载《政法学刊》2019 年第 2 期。

[2] 参见尤明青：《论环境质量标准与环境污染侵权责任的认定》，载《中国法学》2017 年第 6 期。

的情况多有发生，湖北省内也存在类似情况，例如，《襄阳市汉江流域水环境保护条例》对于“无证排放、违规排放水污染物”的处罚额度为10万元到20万元；而《孝感市府澴河流域保护条例》对此行为除限期改正、责令限制生产、停产整治外，其罚款额度为10万元至100万元。该问题自然受地区发展及利益诉求差异的影响，但长此以往不利于长江流域协同治理的整体推进。地方立法机关在协同立法时应尽量打破地区之间处罚力度不同的壁垒，对此类问题予以重点回应。

（3）流域利益补偿协同

区域协同治理所针对的具体事项可依据合作的必要性以及合作的效果分为“趋利型”与“避害型”。[1] 流域协同治理是典型的“避害型”事项，地方合作积极性、主动性差。因此，流域协同治理更需要建立稳定且长效的利益补偿机制，具体需要从补偿标准、补偿手段、资金来源及补偿主体等多方面进行考量。建立流域利益补偿机制的第一步应当是明确受益区与受害区，即流域内存在明确的利益损益关系。区域利益补偿与生态补偿存在差别，前者强调多重利益的复合补偿，以公平负担为原则，后者则是以生态环境保护、人与自然和谐统一为原则。[2] 但流域生态协同治理是区域经济发展与生态环境保护的复合，因此，应当在上述两个原则的指导下，共同商定补偿标准，既确保公平又保障良好的生态环境质量。从利益补偿的方式来看，中央财政转移支付等纵向调控手段给予直接扶持与救助为主要补偿方式。在区域一体化程度较高的地区，或可以尝试以受益区直接向受害区进行点对点补偿的横向补偿机制，补偿的具体内容不仅限于资金，还可包括技术转移、人才支持等。

为保障流域利益协调机制的长效运行，协同立法中理应存在一系列配套保障机制，例如，通过立法明确赋予利益补偿机制法律约束力或建立补偿资金使用绩效考核评估制度，通过考核监督地方政府对补偿资金的合理使用，使补偿更好地发挥其对地方的激励与引导作用。除此之外，补偿资金使用情况也可借助信息公开，实现公众对政府行为的监督。

---

〔1〕 参见曹海晶、吴汉东：《区域发展权视角下的地方协同立法》，载《北京科技大学学报（社会科学版）》2021年第1期。

〔2〕 参见陈婉玲：《区际利益补偿权利生成与基本构造》，载《中国法学》2020年第6期。

(三)坚持依法行政,完善流域司法协作机制

除完善流域协同治理法律法规体系建设外,我们可以从内、外两个方面进一步妥善处理流域行政争议:一方面,深化行政复议体制改革,加强政府内部纠错机制建设;另一方面,完善流域司法协作机制,充分发挥检察院、公益组织外部监督作用,切实保障行政相对人的合法权利。

1. 深化行政复议体制改革

生态环境行政复议是促进生态环境部门依法行政、建设法治政府的重要手段,同时也是对生态环境部门行政许可等执法行为进行监督的重要方式。深入推进行政复议体制改革,推动行政复议作为化解行政争议的主渠道。会同中央编办指导各地落实《行政复议体制改革方案》,出台配套制度。目前全国已有23个省(区、市)已全面完成改革,实现各级政府"一口对外"受理复议案件。2021年,复议案件数量比改革前增长了22.3%,[1]行政复议作为化解行政争议的主渠道效果初步显现。继续深化行政复议体制改革,完善案件审理机制,充分发挥行政复议公正高效、便民为民的制度优势和监督依法行政的职能作用,努力推动建设更高水平的法治政府。

2. 完善流域司法协作机制

总体而言,长江流域司法协作机制存在法律依据不明、协作主体狭窄、协作内容空泛、协作保障不充分等问题,这是整个长江流域的共有问题,湖北省也不例外。因此,进一步完善流域司法协作机制也应当针对上述问题具体展开。首先,完善相关立法,明确司法协作这一法律概念,为其提供法律依据。其次,当前司法协作的主体仍以法院为主,检察院、行政机关及社会组织的主体地位遭到忽视。并且由于流域协同治理具有较强的专业性与技术性,专家作为流域司法协作的主体地位也应得到充分考虑。再次,从流域司法协作实践来看,协作内容以打击环境犯罪、推进环境公益诉讼为主,内容空泛,虚多实少,应当聚焦于流域立案信息共享、司法裁判标准统一、生态修复责任分配等具体、实质的问题。最后,司法协作效力较低,缺乏相关配套制度,如缺乏绩效考核等辅助性保障措施。

---

〔1〕 参见靳昊:《2021年我国行政复议案件数量增长逾20%》,载中华人民共和国中央人民政府网,http://www.gov.cn/xinwen/2022-03/31/content_5682613.htm。

除上述共有问题外，湖北省流域司法协作机制还有其特殊问题，其作为长江中游城市群的核心省份，一方面未能与上游开展司法协作工作衔接，另一方面未充分落实现有中游城市群内部的司法协作工作。

(1)长江中游城市群内部司法协作

长江中游城市群是以武汉城市圈、环长株潭城市群、环鄱阳湖城市群为主体形成的特大型城市群，分别由湖北省、湖南省及江西省进行管辖。目前，长江中游三省检察院已签订了《关于加强新时代区域检察协作服务和保障长江经济带高质量发展的意见》，为三省检察系统司法协作提供了依据。而人民法院作为司法协作的主要主体，三省之间尚无相关协议对其进行规定，其司法协作依旧停留在委托送达、调查取证等方面，不适应长江流域“共抓大保护”的现实需要。因此，长江中游城市群内部司法协作的首要任务为建立起以三省人民法院为主要主体的司法协作模式。有学者提出，长江中游城市群司法协作应当以区域经济一体化为前提，构建起“两级多元一专”的综合司法协作模式，其中“一专”指的就是长江中游专门司法协作机制。[1] 由此可见长江中游城市群司法协作的理论成果已经较为丰富，重点是三省高级人民法院应当加快沟通、协商，达成相关合作协议，将其落到实处。若其他领域司法协作难以达成一致，可在具有紧迫性的流域环境保护事项率先进行协商，建立起以司法机关为主，地方政府法制部门、生态环境部门和长江水利委员会共同参与的专门司法协作机制，实现流域立法信息共享、裁判尺度统一、跨区域综合执法的一体化目标。除此之外，还应当重视发挥海事法院跨区域管辖之优势，严格落实长江中游违法排污、破坏生态之责任。

(2)与长江上游的司法协作衔接

目前，湖北省与长江上游之间的司法协作主要以《长江经济带11+1省市高级人民法院环境资源审判协作框架协议》及《关于长江经济带检察机关办理长江流域生态环境资源案件加强协作配合的意见》为依据。因此，与长江上游进行司法协作衔接的首要任务是加强与上游省市的司法交流，共同达成省际司法协作协议。湖北省与上游城市群中的重庆市交界，双方经济发展水平相当，

---

[1] 参见王兆忠、孙晨：《长江中游城市群司法协作模式选择与构建》，载《长江论坛》2018年第3期。

具有良好的合作基础,故可以重庆市为司法协作目标,共同探索上游、中游司法协作的具体模式。上游、中游协作不同于中游内部司法协作,尽管二者协同方式可能相同,但双方协同的目的是不一致的。其主要原因在于长江上游、中游自然环境条件不同,河流污染的主要原因及经济发展水平存在差距,导致跨区域司法协作存在一定难度。

四、湖北省流域协同治理具体实践

湖北省地处我国中部,九省通衢,自然资源丰富,尤其是水资源较为充沛。一方面,湖北省素有“千湖之省”的美名,湖泊众多;另一方面,湖北省地处长江中游,坐拥三峡大坝,水利资源丰富,除此之外湖北省水系发达,域内除长江及其支流外,还孕育了许多地方性河流,如西水河、府澴河。流域治理是湖北省生态环境保护的重点,也是湖北省地方性立法的特色所在。从“流域协同立法”出发,探索流域内不同级别行政区域的协同,既是为后续人大确定地方性法规提供经验支撑,也是实现湖北省地方性特色立法的有益尝试。

(一)省际协同:汉江上游及唐白河流域

汉江,又名汉水,发源于陕西省秦岭南麓,流经陕西与湖北两省,总流域面积约为159,000平方千米,是长江水系流域之首。汉江上游指的是陕西省秦岭南麓至湖北省丹江口段水域及陆域,也是南水北调中线工程的重要水源地。唐白河是汉江的一条支流,由唐河与白河两条河流汇集形成,分别发源于河南省方城县与嵩县,最终于湖北省襄阳市内汇合并注入汉江,总流域面积约为24,590平方千米。汉江上游同唐白河流域均为汉江干支流的一部分,且均为跨省流域。

1. 汉江上游及唐白河流域治理现状

为响应长江经济带“共抓大保护、不搞大开发”的要求,湖北省人大常委会于2020年审议通过了《湖北省汉江流域水环境保护条例》(已被修改)。作为一部省级地方性法规,该条例明确指出仅调整汉江在湖北省行政区域内的汉江干、支流汇水面积内的水域及陆域内的水生态环境保护法律关系。从区域协同来看,该条例仅对湖北省内汉江流域内的10个市进行协同,属于省内协同。位于陕西、湖北两省交界的汉江上游及位于河南、湖北两省交界的唐白河流域的水环境保护协同合作属于省际协同,尚无具体的法律规定。若仅对湖北省内汉江流域进行法律调整,实际上就是将汉江流域分割为湖北省内与湖北省外两个部分。这种做法既不符合流域生态保护的整体性要求,也无法取得实效性的结果。因此,在实施汉江流域水生态环境时,理应将汉江上游及唐白河流域的省际协同纳入立法考量中。

2. 汉江上游及唐白河流域协同治理具体路径

(1)水质保护是协同治理的首要目标

汉江上游及唐白河是汉江水量的重要来源,尤其汉江上游还是南水北调中线工程的水源地,关系到我国近1/6人口的饮水。根据《陕西省2022年9月份水环境质量月报》,2022年1月至9月秦岭区域地表水水质均在Ⅲ类以上,水质较为稳定,且褒河、任河、岚河及池河经生态补偿后水质均在Ⅱ类以上。[1] 而位于湖北省内的汉江上游段及唐白河的水质情况则不容乐观,根据对2022年1月至9月《湖北省地表水环境质量月报》的综合分析,汉江干流水质均在Ⅲ类以上,汉江支流还存在部分断面处于Ⅳ类,水质状况并不稳定。除汉江上游(陕西段)作为河流上游水质更好的自然因素外,陕西省生态环境治理措施得当也是其近年来水质稳定的重要原因,湖北省应当加强与陕西省、河南省的协同,尽可能地保障水源地良好的水质延续。

(2)协同立法主体、程序及模式

汉江上游及唐白河流域的协同涉及湖北、陕西、河南三省,属于省际协同。区别于云贵川赤水河流域协同立法,汉江上游、唐白河流域省际协同立法暂无全国人大进行统筹与协同。因此,可以参考《酉水河保护条例》的制定过程。在该条例商议之初,原有湖北、湖南、重庆、贵州四省市参与商议,但最终仅有湖南省与湖北省达成一致。就某种程度而言,人大较为复杂的立法、修法程序成为四地合作的阻碍。因此,在此次省际协同实践中,我们应以地方政府为协同立法主体。具体而言,可先由所涉流域地方政府互相协商,初步建立政府立法协作会议机制,实现定期沟通交流。后再逐步完善区域协同立法相应的保障机制,最终共同草拟区域协同规章的具体条文。规章内容一经确定,可试行两年。

---

〔1〕 参见《陕西省2022年9月份水环境质量月报》,载陕西省生态环境厅官网,http://sthjt.shaanxi.gov.cn/newstype/hbyw/hjzl/water/whdm/20221020/82323.html。

地方政府及人大应当依据规章实施的具体情况，对其中条款进行评估、调整，最终将其确定为地方性法规，实现对汉江上游及唐白河等流域的针对性保护。

需要指出的是，省际协同不同于省内协同，其利益需求更难达成一致。因此，在规章制定时可对相关制度的协同进行适当放宽，以达到双方合作之目的，即事先采取“松散型”协同立法模式。经实施后，各地具有一定的协同基础，相关配套措施也趋于完善后，可在将其上升至地方性法规，协同模式从“松散型”协同立法转向“紧密型”协同立法。

（二）省内协同：“武鄂黄黄”梁子湖流域

梁子湖是全国十大著名淡水湖泊之一，也是湖北省第二大湖泊，由 316 个湖汊组成，湖面面积约 80 平方千米，南部最宽处 82 千米，东西最宽处约 22 千米，常年平均水深 3 米，需水量 10 亿立方米。梁子湖的集水区约 2085 平方千米，支流多达 30 多条，常年进水港包括太和港、宁港、陈陆港等，而且太和港本身还接纳谢埠港、金牛港、高河港等支流的来水。长港是梁子湖的唯一出口，将湖水经樊口闸排入长江干流。梁子湖周边分属不同的县级及县级以上行政区域，分别为武汉市江夏区、鄂州市梁子湖区、黄石市大冶市、咸宁市咸安区，涉及 17 个乡镇（街道）、60 万人口。2021 年 10 月 12 日，鄂州市梁子湖区入选第五批国家生态文明建设示范区。[1]

1. 梁子湖流域治理现状

梁子湖流域生态环境保护是“武鄂黄黄”都市圈合作的重点内容。[2] 目前，武汉、鄂州、黄冈、黄石地区正在推动共同编制《梁子湖流域生态环境保护规划》，建立梁子湖区域规划建设管理管控机制，推进梁子湖水生态修复工程及农业面源污染治理项目。规划统一是四地共同保护梁子湖生态环境的先导，后续的协同治理还需通过法律法规为其提供依据，做到立法先行，有法可依。

2. 梁子湖流域协同治理具体路径

（1）以生态修复为协同治理的直接目的

梁子湖作为武汉市最大的备用水源地及“长江鱼库”，水质问题是该流域

---

〔1〕 参见《关于命名第五批国家生态文明建设示范区的公告》，载生态环境部官网，https://www.mee.gov.cn/xxgk2018/xxgk/xxgk01/202110/t20211013_956362.html。

〔2〕 参见《武汉都市圈四市签署十大重点工程协议》，载新华网，http://hb.news.cn/2022-09/21/c_1129021624.htm。

环境治理的关键所在。根据《2021 年湖北省生态环境状况公报》,梁子湖流域水质状况不容乐观,尤其是梁子湖鄂州水域,水质级别为Ⅲ类,属于轻度富营养状态,而梁子湖武汉水域相对而言,水质状况较好,处于中营养状态。[1] 2022 年 1 月至 9 月,在全省 17 个城市地表水环境质量状况综合排名中,武汉市位居倒数第二,鄂州市位居倒数第三,其中梁子湖鄂州水域考核断面水质劣于Ⅲ类。[2] 因此,梁子湖流域立法应当侧重于水质的保护,坚持依法规制排污行为,加快推进水生态修复工作进行。

(2)协同立法主体、程序及模式

《梁子湖流域生态环境保护规划》由四地政府共同商议形成。可借此机会,四地政府商量签署《武鄂黄黄环保合作协议》,建立区域政府法制工作协作机制,定期举办立法协作会议,统筹该流域生态环境保护规划及立法,共同商议《梁子湖流域生态环境保护管理办法》的制定。该管理办法属于地方性政府规章,制定程序较人大协同立法便利,能尽快为梁子湖流域生态环境保护提供法律依据。同时,规章还具有"先行先试"的作用,梁子湖流域协同立法是湖北省内协同立法的有益探索,可为后续漳河等流域协同立法筑牢基础。

由于梁子湖流域生态环境协同立法的首要目标是确保其作为武汉市备用水源地的战略地位。因此,在立法过程中,必然是以武汉市为中心,其余城市互相配合的立法模式。该模式的特点在协作过程,其余各地政府均服从于中心城市的利益需求。目前,武汉市对于梁子湖流域的管理定位为"生态保护",对湖泊通航及周边道路拓宽等开发利用活动都具有严格要求;鄂州市对该流域的定位则是"经济发展大于生态保护",即依靠岛屿及周边村落的开发大力发展旅游业。尽管旅游业的发展也应当以良好的生态环境为前提,二者存在一定程度的共同利益,但是鄂州市经济支助并非旅游业,一旦对梁子湖流域进行整治,部分企业的搬迁或转移可能会对鄂州市经济发展产生不利影响。

此时,利益补偿机制应当充分发挥其作用,平衡受益方与受损方的利益冲突。因此,梁子湖流域生态环境协同立法中应当明确赋予利益补偿机制法律约

---

〔1〕 参见《2021 年湖北省生态环境状况公报》,载湖北省生态环境厅官网,http://sthjt. hubei. gov. cn/fbjd/xxgkml/gysyjs/sthj/sthjgb/202206/t20220629_4197063. shtml。

〔2〕 参见《2022 年 9 月湖北省地表水环境质量月报》,载湖北省生态环境厅官网,http://sthjt. hubei. gov. cn/fbjd/xxgkml/gysyjs/sthj/hjzl/dbsh/202210/t20221019_4357050. shtml。

束力或建立补偿资金使用绩效考核评估制度,通过省政府对地方政府就补偿资金合理使用的考核监督,使补偿更好地发挥其对地方的激励与引导作用。除此之外,补偿资金使用情况也可借助信息公开,实现公众对政府行为的监督。

五、结语

长江流域协同治理是一项长期的、系统的工程,需要充分的法治保障予以支持。《长江保护法》是我国第一部流域立法,其中的许多制度还需要通过实践进一步检验。为保障该法的顺利施行,应当研究法律在实施过程中产生的问题。湖北省作为长江中游的重要省份,是长江干线径流里程最长的省份,高校云集、立法资源丰富,以此为研究样本具有典型意义。从湖北省现有的地方性流域立法及实施状况来看,尽管针对清江、汉江、长湖等流域生态保护产生了一系列立法成果,但其实施效果并不理想。究其根本,在于流域保护的整体性与行政、司法的区域性之间存在冲突。为调适二者之间的冲突,打破地区立法、司法壁垒,可从完善流域协同立法、加强流域司法协作两方面入手,从省内—省际—区块—整体逐步发展,共同实现长江全流域生态环境保护立体化协同。

17. 武汉长江生态法院设立的必要性与可行性研究

王建新　陈　竹　周　瑶　方文博*

内容摘要：本文通过对长江生态保护法律体系、省际司法协作、司法实践以及湖北省内规范性文件、省内司法审判、协作统筹的梳理，发现关于长江保护的法律体系已基本建成，司法协作机制、审判组织体系、辅助组织体系已趋于完善，但同时也呈现出分散的司法审判配套组织与整体性保护的现实需求存在差距的问题，本文提出建立专门的武汉长江生态法院作为解决路径。以为什么要建生态法院、为什么要建长江生态法院、为什么要建武汉长江生态法院为逻辑指引，从天时、地利、人和，即中国式现代化发展的必然结果与现实需求、地缘特质的最优选择、厚积薄发的内生动力三个方面论证了武汉长江生态法院设立的必要性。通过对新旧法院机构设置对比，结合武汉长江生态保护的特色与定位，提出遵循中级人民法院配置基础下的"四审合一"原则、跨行政区域集中管辖原则，以及因地制宜和保护最大化原则，参照海事法院的设立模式，论证了设立武汉长江生态法院的可行性。

关键词：长江生态保护　专门法院　武汉长江生态法院　必要性　可行性

长江孕育过流域内一片片千里泽国，诞生过中国境内最古老的人类，担当过中国传统文化输出的文化走廊，率先吹响了中国工业文明的号角，进行过一场又一场艰苦卓绝的救国图强实验，创新着传统的经济模式、政治制度和思想观念。长江为我们创造红利的同时承受着工业时代赋予的巨大生态压力，长江的出路在何方？中国式现代化为我们指明了方向，人与自然和谐共生是中国式

---

* 王建新，湖北省武汉市江夏区人民法院党组书记，院长；陈竹，湖北省武汉市江夏区人民法院民二庭员额法官；周瑶，湖北省武汉市江夏区人民法院法官助理；方文博，湖北省武汉市江夏区人民法院法官助理。

现代化的本质要求之一。如何为长江生态环境保护提供有力的司法保障,更好地服务中国式现代化经济的高质量发展?《长江保护法》的出台为长江生态环境保护提供了坚实的立法支撑。面对日益增长的现实司法需求与分散式司法配套机制之间的差距,武汉长江生态法院的设立无疑是最优解决路径。

一、长江生态环境保护的司法现状

党的十八大、十九大以来,生态文明建设已纳入国家战略高度。习近平总书记更是多次在重要场合发表关于生态环境保护、长江大保护的重要讲话精神。党的二十大报告再次重点强调要坚持山水林田湖草沙一体化保护和系统治理。司法实践中,长江生态环境保护的立法体系与法治实践探索也日趋完善。

(一)长江生态环境保护的法治基础

在《长江保护法》颁布之前,关于长江流域生态环境保护的法律、行政法规、部门规章已有 30 余部,主要涉及自然资源利用类、环境保护类、灾害防治类、基础设施类等方面,省级地方性规范性文件也日益增多,仅湖北省 2016 年至 2021 年就出台了 4 个规范性文件(见图 1),长江生态环境保护法律体系已初具雏形。但司法实践和理论界呈多种声音,“分散性立法与整体保护相悖论”“环境司法专门化在解决跨行政区划生态环境问题适用性不足”[1]“中央层面分属 15 个部委有 76 项职权,地方分属 19 个省级政府有 100 多项职权。这些法律中既有法律打架,也有依法打架”等。[2] 据此,实践与理论界均一致倡导制定《长江保护法》,在立法层面解决法律适用问题。2021 年 3 月 1 日《长江保护法》正式施行,明确由国务院有关部门和长江流域省级人民政府负责落实长江流域的统筹协调职责。其对协调机制进行明确、对职能职责予以划分,自此,长江生态环境保护法律体系正式建立(见图 2)。

---

〔1〕 孙淑芬:《整体性治理:长江流域生态环境保护的法治化研究》,载《新时代环境法的发展——流域(区域)环境法治的理论与实践:中国法学会环境资源法学研究会 2018 年年会暨 2018 年全国环境资源法学研讨会论文集(理论编)》。

〔2〕 参见吕忠梅:《〈长江保护法〉的背景、意义与价值》,载《中国环境监察》2021 年第 1 期。

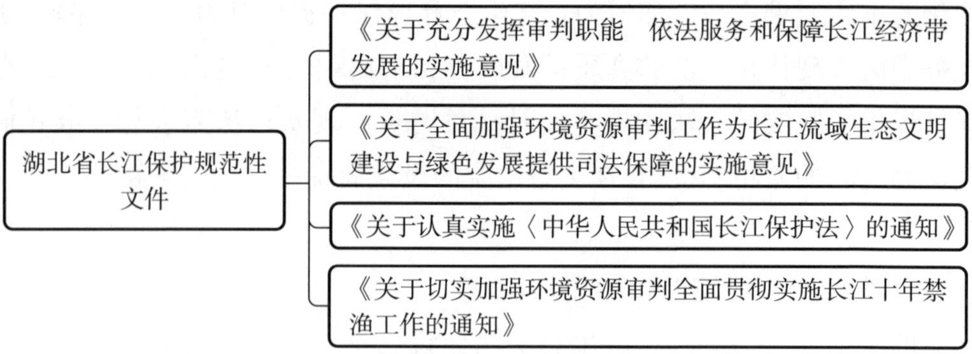

图1　湖北省长江保护规范性文件

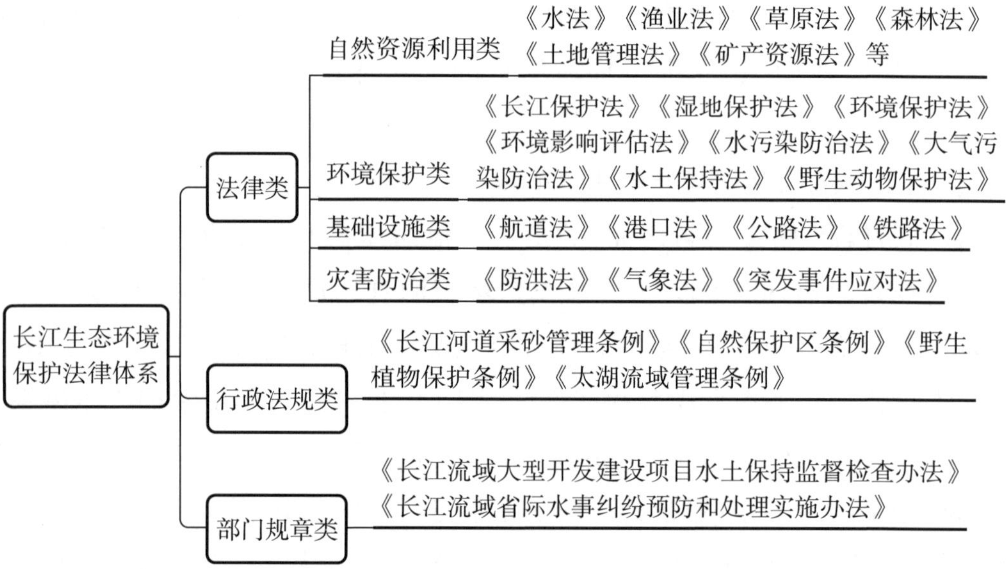

图2　长江生态环境保护法律体系

（二）长江生态环境保护的司法实践

1. 省际协作机制

根据最高人民法院2022年6月发布的《中国环境资源审判（2021）》统计数据，[1]全国各地法院不断贯彻落实生态环境一体化保护、系统治理、协同治理、多元治理的精神，结合各省重点流域特点，不断深化省际环境资源司法协作，据笔者不完全统计，现有全国省际间司法协作机制八项（见图3）。其中，在长江生态环境保护方面注重打造不同层次的长江全流域司法协作机制和重点

[1] 参见最高人民法院2022年6月发布的《中国环境资源审判（2021）》。

区域的省际司法协作，长江经济带 11 省市和青海省高级人民法院签订《环境资源审判框架协作协议》；湖北省高级人民法院、湖南省高级人民法院、江西省高级人民法院签署《构建长江中游城市群审判工作协作机制》；湖南省高级人民法院、湖北省高级人民法院签订《环洞庭湖环境资源审判协作框架协议》。[1] 省际司法协作机制加强了流域内各地法院之间立、审、执协调对接，诉讼事项的远程办理等，为长江全流域实现环境资源审判统一司法协作提供了新的实践样本。

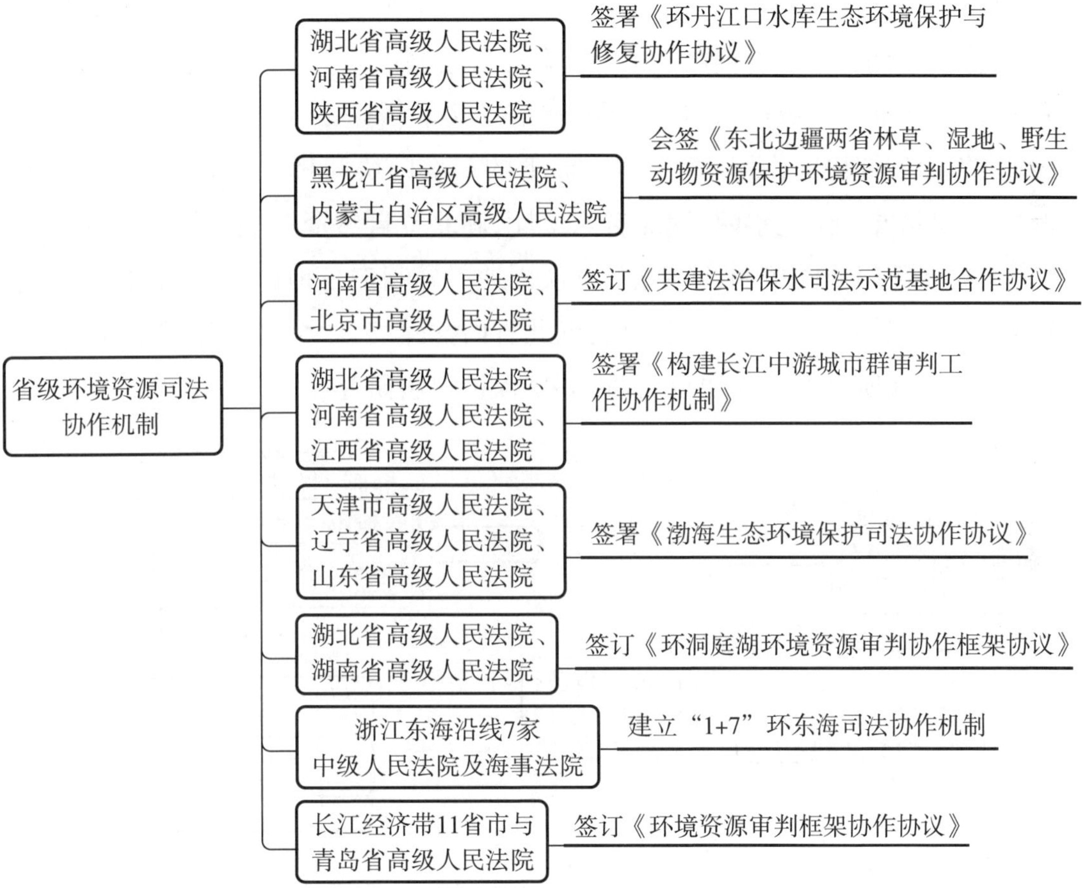

图 3　省级环境资源司法协作机制

2. 省内统筹概况

作为长江干流的重要流域省份，湖北省域内关于长江生态环境保护的省内

[1] 参见武建华：《建立健全长江全流域环境司法协作协同机制》，载《人民法院报》2021 年 4 月 15 日，第 8 版。

统筹更加注重法治观念和系统观念，在审判专业化和多元治理协同方面，已初步建成法治化、专业化的省内统筹治理体系（见图4）。在审判专业化方面，湖北省构建了“1 +5 +10 + N”的环境资源专门化审判体系和环境资源及公益诉讼审判专家咨询库的辅助组织。2014 年，在5 个中级人民法院试点城市设立环境资源法庭；2016 年，湖北省高级人民法院出台《关于充分发挥审判职能依法服务和保障长江经济带发展的实施意见》；2018 年，湖北省高级人民法院环境资源审判庭正式成立；2021 年，在 10 个基层法院相关内设机构加挂生态环境保护法庭牌子，全省共建立了 16 个专门环境资源审判庭和 104 个审判团队，均实行环境资源刑事、民事、行政“三合一”案件管辖制度。[1] 在系统治理与多元治理方面，建立重点水域司法协作机制，在信息共享、司法送达、诉讼事项协作、统一审判方面发挥协同作用；建立自上而下的多部门协同机制，由湖北省高级人民法院、湖北省人民检察院、湖北省司法厅、湖北省自然资源规划厅等省厅部门率先建立多部门协同机制，各中层、基层因地而异制定各地区多部门协调机制；建立生态环境保护与修复实践基地，湖北省内共建立 44 个司法保护基地；联合高校环境研究所签署合作协议，促进环境保护司法研究。

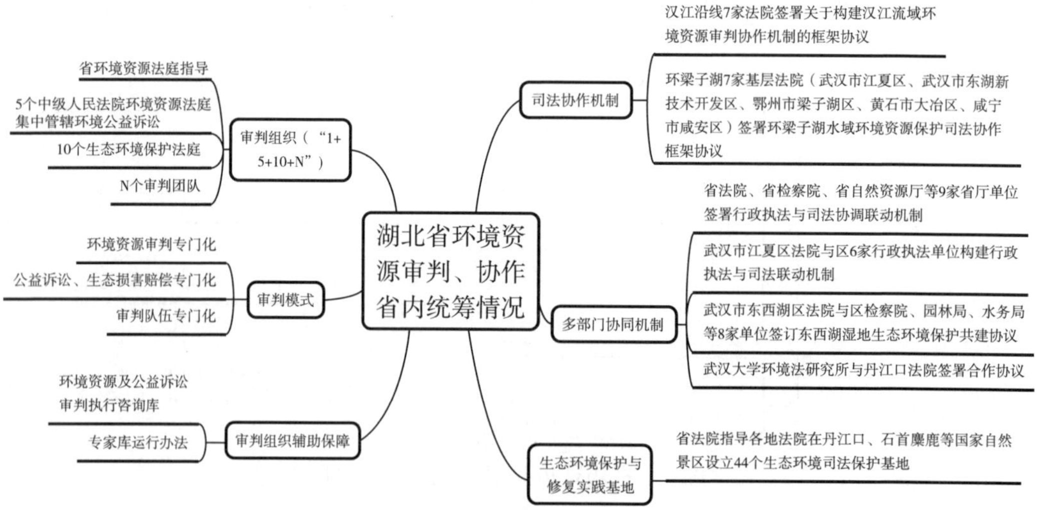

图4　湖北省环境资源审判、协作省内统筹情况

---

〔1〕 参见游劝荣：《认真实施长江保护法　坚决扛起长江大保护的司法责任》，载中国法院网 2022 年 3 月 17 日，https://www.chinacourt.org/article/detail/2022/03/id/6580796.shtml。

(三)现有专门法院设置基本情况

我国专门法院的设立具有一定的政策导向与经济时代背景。改革开放以来,我国建立的传统专门法院主要有军事法院、铁路运输法院、水上运输法院、海事法院、林区法院、矿区法院、油田法院、农垦法院等10余种。[1] 传统专门法院大多考虑行业或专业需要,是计划经济发展的产物,随着我国社会经济的转型升级,全面依法治国的不断推进,自20世纪90年代,专门法院开始体制改革。油田法院、林区法院、农垦法院交由地方管理,与地方法院无大差别。党的十八大以来,随着我国经济的迅速发展,知识产权法院、金融法院、互联网法院等新兴专门法院应运而生。本文对军事法院、铁路运输法院、海事法院等传统专门法院与知识产权法院、金融法院、互联网法院等新兴专门法院基本设置情况进行了对比,主要体现在审级设置、上诉机制、管辖案件类型、法院设置数量等方面(见表1)。

表1 传统、新兴专门法院设置情况对比

法院类别	法院名称	设立时间	级别	审级	上诉机制	是否跨行政区域	案件类型	数量
传统专门法院	军事法院	1946年	涵盖三级	一审、二审	专门上诉制	是	民事、刑事、行政	1家高级人民法院、7家中级人民法院、26家基层人民法院
	海事法院	1984年	中级	一审	专地对接制(对接高级人民法院)	是	民事、行政为主	11家
	铁路运输法院	1954年	中级	一审	专门上诉制+专地对接制(对接地方高级人民法院、中级人民法院)	是	民事、行政为主	17家中级人民法院、58家基层人民法院

[1] 参见程琥:《论我国专门法院制度的反思与重构》,载《中国应用法学》2019年第3期。

续表

法院类别	法院名称	设立时间	级别	审级	上诉机制	是否跨行政区域	案件类型	数量
新兴专门法院	知识产权法院	2014 年	中级	一审	专门上诉制(越级上诉)+专地对接制(对接地方高级人民法院、基层人民法院)	是	民事、行政	4 家中级人民法院、16 家法庭
	金融法院	2021 年	中级	一审	专地对接制(对接地方高级人民法院、基层人民法院)	是	应由中级人民法院管辖的金融商事和行政案件	3 家(上海、北京、成渝)
	互联网法院	2017 年	基层	一审	专门上诉制+专地对接制(对接地方高级人民法院、中级人民法院)	是	民事、行政	3 家(杭州、北京、广州)

由表 1 对比可以得出专门法院具有如下特征:(1)专门法院审级设置,级别大多为中级人民法院,审级为一审或一审、二审。具体来说,主要有以下五种模式:普通法院三级审级,如军事法院;中级人民法院加下设派出法庭(行使一审职权),如海事法院;知识产权法院加最高人民法院二审终审;中级人民法院一级,如金融法院;基层人民法院一级,如互联网法院。(2)专门法院的上诉机制为专门上诉制或专门上诉制与专地对接制相结合,具体可分为以下几种方式:专门上诉制,如军事法院,三级审级;专门上诉制加专地对接制,专门上诉越级上诉,直接由中级人民法院级别向最高人民法院上诉,专地对接,分别对接各地高级人民法院、基层人民法院,审理一审、二审案件,也可受理基层一审上诉案件,如知识产权法院;专地对接制,分别对接地方高级人民法院、基层人民法院,如金融法院;专地对接制,对接地方高级人民法院,如海事法院;专门上诉制加专地对接制,分别对接地方高级人民法院、中级人民法院,如铁路运输法院。[1](3)管辖地域均跨行政区域集中管辖。(4)案件类型主要是民事、行政案件。

〔1〕 参见何帆:《新时代专门人民法院的设立标准和设置模式》,载《中国应用法学》2022 年第 3 期。

（四）面临的现实困境

1. 现实需求与司法配套机制不匹配

通过以上对长江生态环境保护法律体系、省际司法协作机制的梳理与对比，可以看出，当前我国关于环境资源审判尤其是长江生态环境保护方面的法治基础已日趋完善。与此同时，我国环境资源审判数量日益增加。据统计，2021年，全国法院共受理环境资源审判一审案件297,492件，审结265,341件，包含环境资源刑事、民事、行政三类案件，同比分别上升8.99%、4.76%。截至2021年年底，全国共设立环境资源审专门审判机构和审判组织2149个。[1] 一方面是日益增加的案件数量，另一方面是基本完善的法律体系和司法协作成功探索，尽管有专门审判机构组织予以保障，但分散的司法审判组织配套与整体性保护的现实需求仍然存在差距。在当前政策导向与经济高质量、绿色共享发展的时代背景下，如何加强长江流域生态环境司法保护？设置武汉长江生态法院是否为解决路径之一？下文笔者将逐步论证。

2. 法院的建立和设置标准不明晰

从前述对传统专门法院与新兴专门法院的对比可以看出，无论是传统专门法院还是新兴专门法院，均存在设立标准和条件不明晰的问题，主要体现在审级设置和上诉机制，六类专门法院存在五类审级设置和上诉机制。大多依据各类专门法院设立的经济、社会背景，选取最优设置方式。金融法院、互联网法院的地域选择极具代表意义，均为当前我国金融、互联网发达地区；互联网法院的级别设置又更多地兼顾互联网的高效性与便捷性；知识产权法院的越级上诉机制则更多地考虑其专业性与复杂性。从以上实践来看，专门法院尚未形成标准统一的设立模式。如果武汉长江生态法院设立具有必要性，那么其可行性如何？具体建立模式、设置标准又如何？以上问题将在下文一一回应。

二、武汉长江生态法院设立的必要性

在前文顶层设计与实施的前提下，本文以武汉长江生态法院设立的构想回应提出的现实困境，为什么要建生态法院，为什么要建长江生态法院，为什么要

---

〔1〕 参见最高人民法院2022年6月发布的《中国环境资源审判（2021）》。

在武汉建长江生态法院,下文予以论证展开。

(一)天时:中国式现代化发展的必然结果与现实需求

1. 长江生态法院是中国式现代化发展的必然结果

从治理能力现代化视角来看,长江生态法院的设立必须置于当前及今后中长期国家政策及治理体系的改革趋势中,必须服务于长江流域发展目标及治理需要。党的十八大、十九大对生态文明建设作出一系列重大部署,将生态文明建设纳入中国特色社会主义"五位一体"总布局中,明确了生态文明建设在党和国家事业发展全局中的重要地位,党的二十大报告将人与自然和谐共生的现代化列为中国式现代化的主要特征之一。2014 年,习近平总书记提出长江经济带建设战略。2016 年,习近平总书记在推动长江经济带发展座谈会上首次指出"共抓大保护、不搞大开发",同年《长江经济带发展规划纲要》正式印发。2020 年 11 月,习近平总书记在推动长江经济带发展座谈会上强调,长江生态保护要从整体性和流域系统性出发,推动上、中、下游地区的互动协作,同时要把修复长江生态摆在压倒性位置,构建综合治理新体系(见图 5)。

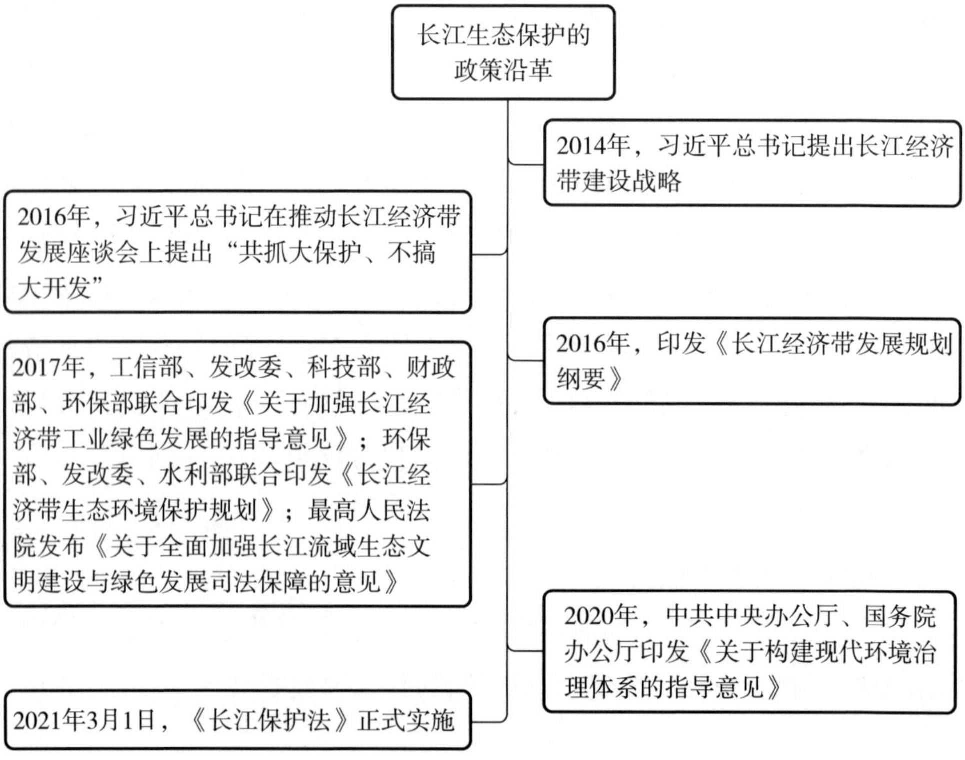

图 5　长江生态保护的政策沿革

2021 年 3 月,首部流域法《长江保护法》正式实施。标志着长江流域生态保护已摆脱“九龙治水”、各自为政的历史困局,逐步向整体性、系统性转变,长江流域司法结构也需服务于长江流域整体发展理念,从跨区域协同向流域一体化升级,长江生态法院打破行政区域限制,能更好地以同一标准管辖长江流域,与长江流域整体性发展深度契合,有利于推动长江流域美好环境与幸福生活共同缔造,推动长江流域人民群众共同富裕,是加速实现中国式现代化的有效推力。

2. 专门法院设立的动因

法官应该是通才,一直被视为惯例和必然,事实上,法院的轮岗机制也在一定程度上提出了这个现实要求。此外,对于司法专业化的要求,也日渐突出,这主要是基于案多人少、提质增效的矛盾需求。劳伦斯·鲍姆认为,推动司法专业化有两大动力,第一个动力是中性优势,即不影响裁判结果,而达到提速增效的效果,这一点是推动专门法院设立的主要理由。但其弊端在于,如果完全以此为导向,那么会导致出现什么纠纷就设置什么专门法院的无序扩张。同时,案件的集中法律适用固然统一,但也因此难以出现多元化的裁决,无法促成更好的司法政策。故而专门法院设立和推广的关键动力,在于通过设立专门审判机构影响法官决策。第二个动力是专业化会对裁判结果产生潜在影响,影响到司法政策的实质内容,包括对意识形态格局的影响以及对特定利益的支持。如果案件都集中到某一个法院审理,则各方就能够集中地施加影响,以促进自己利益的达成。[1] 这是鲍姆基于美国专门法院(庭)设置的实践和观察给出的结论。但任何时候矛盾及矛盾的两个方面都是可能相互转化的。

2021 年,全国法院共受理环境资源一审案件 297,492 件。而全国法院环境资源审判合议庭(合议庭)有约 1285 个,[2] 平均下来,一个合议庭(团队)一年受理环境资源案件约 232 件,这还只是一审案件,人案矛盾仍旧紧张,在我国中性优势的需求仍然强势突出。同时,不同于判例法国家,我国对于裁判尺度的统一历来重视,多元化裁决的追求较为靠后。而对于司法政策的影响,以促成

---

〔1〕 参见[美]劳伦斯·鲍姆:《从专业化审判到专门法院:专门法院发展史》,何帆译,北京大学出版社 2019 年版,第 5 页。

〔2〕 参见最高人民法院:《中国环境资源审判(2021)》。

利益的达成,在现阶段,尤其针对长江流域的生态保护而言,可能在一定程度上是我们追寻的目标,即通过形成相对一致性的裁决,通过司法途径传递相应的价值导向,影响和树立社会对于环境保护的重视和崇尚,这正是法律教育作用的发挥。

中共中央、国务院《关于加快推进生态文明建设的意见》中将长江流域的保护范畴从传统的水文体系,整体上升为相对独立的国土空间,在空间上进行系统的、全域的规划与管控。[1] 这种上升,全面提高了对保护水平和保护能力的要求,如前文所述,与我们的期望恰好相反的是,在这种复合型的、跨界性的、综合性的立体保护框架下,尽管《长江保护法》已颁布实施,但其适用和配套体制机制的进一步完善仍然可能有很长的一段路要走。专门法院的设立,显然能够给予最大力度的支持和保障。诚如劳伦斯·鲍姆所言,司法专业化本身就是不同动机多元融合的产物,在特定的时刻迎合了形势发展或政治需要,凑足了天时地利人和,才得以设立。[2]

(二)地利:地缘特质的最优选择

自古以来,水文环境直接决定了人类社会的生产力布局,令人瞩目的历史文明基本都是依水而建、傍水而生。长江流域的自然属性作为客观的生存空间,同样也塑造了其流域独立的社会属性,同时,水文环境并非自然环境的全部,它与其他自然环境一道,造就各具特色的社会系统,再在相互作用下,形成复合的人类社会生态系统,并以此影响和决定人类的行为。

1. 长江流域地理特性和经济考量

《长江保护法》第2条对长江流域范围重新进行了界定,由原本的11个省市扩张至19个,数量超过了我国省级行政区总数的1/2。作为我国的第一大河,2021年,长江流域水资源总量为11,186.18亿平方米,[3] 约占全国水资源总量的37.74%,是黄河的近20倍。[4] 作为“黄金水道”,长江经济带2021年

---

[1] 参见刘佳奇:《〈长江保护法〉中生态环境保护制度体系的逻辑展开》,载《环境保护》2021年第Z1期。

[2] 参见[美]劳伦斯·鲍姆:《从专业化审判到专门法院:专门法院发展史》,何帆译,北京大学出版社2019年版,第7页。

[3] 参见《2021年长江流域及西南诸河水资源公报》,载长江水利网2022年8月26日,http://www.cjw.gov.cn/UploadFiles/zwzc/2022/8/202208261705044195.pdf。

[4] 参见《2021年度〈中国水资源公报〉发布》,载中华人民共和国国家发展和改革委员会网2022年7月1日,https://www.ndrc.gov.cn/fggz/dqjj/qt/202207/t20220701_1329874.html? code=&state=123。

对全国经济增长的贡献率超过50%。[1]长江承载了庞大的自然资源体系,其本身应该是流畅的、承接的、牵一发而动全身的,但同时,依附于长江生成的人类社会生态系统,又是形色各异。不论地理位置还是社会文化都具有一定的独立性。而对于长江造成的破坏以及治理,并不会因为行政区域而实现区隔,党的十九大报告提出"共抓大保护、不搞大开发"的长江经济发展原则,已为《长江保护法》所吸纳和确立,而要真正实现共抓共治,以当前按行政区域管辖或设立环境资源法庭"各自为政"的方式,必然无法达成最优解,需得在一定程度上脱离原有的场域,将原本的资源和权力进行重构。吉登斯提出了脱域的两种机制,其中之一为专家系统。而建立长江生态法院,能够最直接地以"共"的手段,达成"共"的目标。同时,专门法院这一专家系统的建立对于法院系统自身而言,也能够极大地提升公众信任,有利于司法公信力的整体上升。

《长江经济带发展规划纲要》确立了长江经济带"一轴、两翼、三极、多点"的发展格局,其中"一轴"即以长江黄金水道为依托,发挥上海、武汉、重庆的核心作用。而全长6300千米的长江干流中,长江在湖北流经里程为1061千米,是长江流经里程最长的省份,而汉江更是长江最大的支流。[2] 作为长江中下游的首站,湖北居于长江中游,起到了承上启下的作用,武汉作为湖北省会、全国最大的城市,长江、汉水交汇于市境中央。十里帆樯依市立,万家灯火彻宵明,湖北和武汉依江而兴,以江为名,自身对于长江建设、治理的投入其他省市无可比拟,[3]有着丰富的应对和实践经验,能够更好地满足《长江保护法》体制机制的落地需求。同时,武汉九省通衢,其地理位置和交通的便捷,能够为集中管辖提供强势支撑。此外,长江自宜昌段后开始呈急湾形态,峰高量大,极易形成陡涨渐降型洪水,[4]回顾历史,武汉作为长江中下游唯一直面长江流域洪涝灾害的省会城市,武汉人民经受住了每一次考验,实质上对长江的治理有着丰

[1] 参见李心萍:《推动长江经济带高质量发展》,载中华人民共和国中央人民政府网2022年9月3日,http://www.gov.cn/xinwen/2022-09/03/content_5708131.htm。

[2] 参见刘允桐、王萍:《湖北人大:织牢生态法网　守护长江安澜》,载微信公众号"全国人大"2022年7月26日,https://mp.weixin.qq.com/s/s-BiaoJZlCkeN5rPmQVkKQ。

[3] 例如,湖北已经通车的长江大桥有38座,武汉百里长江生态走廊于2020年12月7日正式开工,总投资约120亿元等。

[4] 参见《长江洪水特点》,载长江水利网2021年5月12日,http://www.cjw.gov.cn/xwzx/ztjjx/2021zt/2021fxkh/fykp/54440.html。

富的经验和深厚的感情，能够更好地胜任长江保护的系统治理。

2. 长江流域社会和文化要素的甄选

自西向东，由北到南，在长江干流主要流经的11个省市，仅在湖北段无其他别称（见表2）。如表2所示，这些省市相较而言或是地理上、文化上对长江的依赖不够突出和亲密，如西藏、云南、四川，或是本身有更显著的地理、文化IP，如江苏（南京）、上海，没有哪个省市能像湖北对于长江根植了如此单纯、深厚的情感和依赖。长江是武汉城市圈的发源与核心，它直接决定了武汉的城市格局，荆楚文化就是围绕江汉流域而展开，武汉的码头文化也是由长江孕育，沿江19个省市，只有武汉是“江城”。从“晴川历历汉阳树，芳草萋萋鹦鹉洲”到“烟雨莽苍苍，龟蛇锁大江”，从“迁客此时徒极目，长洲孤月向谁明”到“万里长江横渡，极目楚天舒”，从“高山流水遇知音”到“一桥飞架南北，天堑变通途”。长江的情怀从古至今已经由江水将湖北、武汉这片土地浸润千百年。

表2　长江干线11省市水文简概

	简称及由来	水文情况	文化及特征	长江别称	其他水文IP
青海省	青； 因境内有国内最大的内陆咸水湖——青海湖而得名	地跨黄河、长江、澜沧江、黑河、大通河5大水系，黄河总径流量的49%，长江总径流量的1.8%，澜沧江总径流量的17%，黑河总径流量的45.1%从青海流出	少数民族	沱沱河	青海湖、三江源等
西藏自治区	藏； 以清朝中央正式定名得名	水资源总量全国第一，怒江、澜沧江和金沙江三江并流	少数民族、藏文化、宗教文化	金沙江	三江并流
四川省	川、蜀； 北宋设四川安抚制置使、四川宣抚使等官职，后简称而来	金沙江为四川和西藏、四川和云南的边界	巴蜀文化	金沙江、中江	天府之国、岷江、大渡河、嘉陵江、赤水河、泸沽湖

续表

	简称及由来	水文情况	文化及特征	长江别称	其他水文 IP
云南省	云、滇； 西汉元封二年，武帝开西地南夷，置县 24，云南为其一。先是县名，继为郡名，后为省名	有长江（金沙江）、珠江（南盘江）、元江（红河）、澜沧江（湄公河）、怒江（萨尔温江）、大盈江（伊洛瓦底江）6 大水系	少数民族、宗教文化	金沙江	丽江、洱海
重庆市	渝； 嘉陵江与长江在重庆交汇，而嘉陵江古称“渝水”，故重庆又简称“渝”	长江、嘉陵江、乌江、涪江、綦江、大宁河、阿蓬江、酉水河等	巴渝文化	川江	山城、嘉陵江、长江三峡
湖北省	鄂； 位于长江中游，洞庭湖以北，故名湖北	境内的长江支流有汉水、沮水、漳水、清江、东荆河、陆水、滠水、倒水、举水、巴水、浠水、富水等。其中汉水为长江中游最大支流	荆楚文化、码头文化		江城、汉江、东湖、三峡大坝
湖南省	湘； 因境内贯穿省内南北的湘江而得名	地跨长江、珠江两大水系，主要为湘江、资江、沅江、澧水四水及其支流，顺地势由南向北汇入洞庭湖、长江，形成较完整的洞庭湖水系	湖湘文化	荆江	湘江、三湘四水
安徽省	皖； 省名取当时安庆、徽州两府首字合成	长江流经安徽境内 400 千米，淮河流经省内 430 千米	淮河文化、新安文化、皖江文化、庐州文化	皖江	巢湖、钱塘江
江西省	赣； 因江西最大河流为赣江而得名	除边缘部分分属珠江、湘江流域及直接注入长江外，其余均分别发源于省境山地，汇聚成赣江、抚河、信江、饶河、修河 5 大河系，最后注入鄱阳湖，经湖口县汇入长江，构成以鄱阳湖为中心的向心水系	赣文化、临川文化、庐陵文化、赣南客家文化	浔阳江	赣江、鄱阳湖

续表

	简称及由来	水文情况	文化及特征	长江别称	其他水文 IP
江苏省	苏； 取江宁、苏州二府之首字而得名	长江横贯江苏东西 433 千米，京杭大运河纵贯南北 718 千米，海岸线长 957 千米	吴文化、金陵文化、淮阳文化	扬子江	京杭大运河、秦淮河
上海市	沪、申； 春秋战国时，上海是春申君的封邑，故别称申。晋朝时，因渔民创造捕鱼工具“扈”，江流入海处称“渎”，因此松江下游一带称为“扈渎”，后又改为“沪”	长江和黄浦江入海汇合处	海派文化	吴淞口	黄浦江

长江日报社、长江出版社、长江证券、长江沿岸铁路集团股份有限公司、武汉长江公证处、武汉长江轮船有限公司、武汉长江光电有限公司、武汉长江足球俱乐部、武汉长江雨润食品有限公司、中车长江（武汉）实业发展有限公司等，以湖北长江命名的企业和单位非常多，不再一一列举，甚至湖北政务云平台、湖北卫视融合媒体新闻客户端都叫“长江云”，这些产业、企业可能与长江本身并没有什么直接的关联，但是“长江”的名字却覆盖了湖北人民生活的方方面面，这根植在湖北人民心中，表达于湖北人民日常的“长江”情结，又何尝不是“长江”文化最直白、最明了的体现。长江生态法院的设立，作为长江流域环境资源保护的象征意义的标志，只有龟蛇二山可载其上。

（三）人和：厚积薄发的内生动力

荀子曰，农夫朴力而寡能，则上不失天时，下不失地利，中得人和而百事不废。孟子曰，天时不如地利，地利不如人和。不论法律制定的多么周延，制度设计的多么完善，最终落脚点都在于实施，在于人的实践。

1. 党和政府的支持和重视

习近平总书记深刻指出：“坚持和加强党的全面领导，关系党和国家前途命运，我们的全部事业都建立在这个基础之上，都根植于这个最本质特征和最大优势。"[1]1949 年以来,整个法院体制都是在中国共产党的领导下建立起来的。同时,《长江保护法》96 条规定中有 62 条涉及政府职责。在包括环境保护和治理在内的社会综合治理中,法院始终作为秩序维护的最后一道防线,具有谦抑性、被动性,即使是动力法庭理论最忠实的支持者,也不会允许法院轻易地跨界行政而作为。党和政府的支持与重视,是武汉长江生态法院设立构想中最硬的底气和最充实的资本。长久以来,武汉被党和政府反复多次"官宣"贴上了"长江"的标签。1937 年 10 月,为统一领导南方各省党的工作,发展长江流域和南方各省的抗日运动,在武汉设立了中共中央长江局。[2] 1950 年年初,在武汉设立了水利部长江水利委员会,以在长江流域及西南诸河域内行使水行政管理职能。《长江经济带发展规划纲要》中确立了武汉的核心地位,2016 年以来,习近平总书记多次来武汉,为长江经济带的高质量发展把脉定向。[3] 2022 年 2 月,武汉长江新区成立,成为武汉打造国家中心城市的重要支撑。2022 年 6 月,武汉通过"国际湿地城市"认证,11 月《武汉宣言》正式通过,为武汉新增了环境资源保护的国际名片。

前文已述,在湖北省境内,自上而下的行政执法与司法协同已较为完善,2021 年,湖北省高级人民法院联合长江水利委员会、省公安厅等 13 家司法、行政执法机关签订了《关于贯彻实施〈长江保护法〉构建长江流域(湖北段)生态环境保护行政执法与司法协调联动机制的实施意见》[4],也充分体现湖北长江大保护行政执法与司法的齐心合力。已有配套统筹机制,但尚缺乏一个强而有力的统一的统筹机关,长江生态法院这一制度创新已然呼之欲出。就反身性理论而言,司法虽是最后一道防线,但并不是唯一的、最优的防线。专门法院的建立对意识形态格局的影响以及对在特定情况下与行政监管部门立场保持一致,能够直接表现为法院在审判和裁决的过程中,体现司法对于行政监管的支持,

---

〔1〕 参见《毫不动摇坚持和加强党的全面领导》,载《人民日报》2021 年 9 月 16 日,第 2 版。

〔2〕 参见《抗日枢纽——中共中央长江局》,载湖北党史网,http://www.hbdsw.org.cn/tbgz/zggcd/fjlc/202105/t20210527_175613.shtml。

〔3〕 参见李思远、周凯、汪海月、马姝瑞:《生态美、产业兴、文化昌——长江经济带生态优先、绿色发展见闻》,载新华社 2022 年 6 月 10 日,http://www.gov.cn/xinwen/2022-06/10/content_5695013.htm。

〔4〕 参见《长江大保护! 湖北法院优化审判体系,强化协调联动》,载中国长安网 2021 年 5 月 6 日,https://baijiahao.baidu.com/s?id=1698975486118260971&wfr=spider&for=pc。

从而能够在各自的职权范围内实现规制效果的优化,[1]促成同侪压力[2]的形成,共同在长江流域环境保护目标下,确保法律效果与社会效果的统一。

2. 司法审判及制度经验的有力支撑

法律的生命不在于逻辑,而在于经验。法院的设立,当然需得以司法审判实践的经验作为底牌。前文已有呈现,湖北三级法院在环境资源审判体制机制的设置上已经有了较为充分和前沿的探索,自 2016 年启动环境公益诉讼审判工作以来,湖北已在全省建立 16 个环境资源审判庭和 104 个审判团队。[3] 2021 年,全省法院共审理环境资源案件 5664 件。仅 2022 年,湖北法院环境资源审判工作就已有 2 个集体、4 名个人、3 件优秀业务成果受到最高人民法院通报表彰。[4] 湖北省高级人民法院、武汉市中级人民法院以及以江夏区人民法院为代表的部分基层人民法院均就环境资源审判发布了白皮书或相关典型案例。就环境资源审判工作而言,不论是就制度构架的"硬件"还是就审判质效的"软件"而言,湖北法院,尤其是武汉法院成绩斐然,有着充分的审判实践经验。

2021 年,在最高人民法院的统筹指导下,湖北省高级人民法院与长江经济带其他省市及青海省共同签署了《长江经济带 11 +1 省市高级人民法院环境资源审判协作框架协议》[5]。充分体现了湖北在长江流域的核心地位,以及统筹协调能力。武汉海事法院更是我国首批设立的海事法院,以长江干流与支流为依托,辐射整个长江经济带,在全国 10 家海事法院中管辖最长、最广,尽管可能与长江生态法院的管辖范围、案件管辖类型不一致,但从管辖范围、方式,制度、机构设置等方面,能够为长江生态法院的设立提供优秀范示,同时海事法院的既有硬件及配套资源也能够实现共享。

---

〔1〕 参见侯猛:《司法的运作过程:基于对最高人民法院的观察》,中国法制出版社 2021 年版,第 21 ~23 页。

〔2〕 参见[美]劳伦斯·弗里德曼:《碰撞:法律如何影响人的行为》,邱遥堃译,侯猛校,中国民主法制出版社 2021 年版,第 212 页。

〔3〕 参见《我省建立 16 个专门环境资源审判庭和 104 个审判团队 6 年审理环境公益诉讼案件 914 件》,载《湖北日报》2022 年 6 月 30 日,第 13 版。

〔4〕 参见《喜报!湖北法院多个环境资源审判工作集体、个人和案例、成果获最高人民法院通报表彰》,载湖北省高级人民法院网 2022 年 10 月 12 日,http://www.hbfy.gov.cn/DocManage/ViewDoc? docId = 85ecee5a - 8e6c - 4eee-ae84 - 0f0d2afd6fcf。

〔5〕 参见《长江大保护!湖北法院优化审判体系,强化协调联动》,载中国长安网 2021 年 5 月 6 日,https://baijiahao.baidu.com/s? id = 1698975486118260971&wfr = spider&for = pc。

3. 科教资源提供智力支持

明德茂盛,唯楚有才。湖北是教育大省,武汉以其丰厚的教育资源而闻名全国,人才的储备,一方面,为优秀审判人才的培养提供了不竭动力;另一方面,为专业性、复杂性极强的环境资源保护提供了强大的智能后盾。即使是工龄再长、履历再丰富的法官,也不可能是每一个专业和方向的专家,尤其对于专业化极强的环境资源审判而言。湖北业已建立了多个专家库,且其中大部分都在武汉,如 2017 年,湖北省环境损害司法鉴定机构登记评审专家库;2018 年,湖北省建设项目环评审查专家库;2019 年,长江设计院设立人才专家库〔1〕、湖北省高级人民法院聘任湖北法院环境资源及公益诉讼审判咨询专家〔2〕;2020 年,湖北省突发环境事件应急专家库成立;2021 年,武汉市土壤与地下水生态环境保护专家库成立,湖北正式启动水利专家库建设;2022 年,湖北省公开遴选生态环境监测专家库专家,《湖北省国土空间生态修复专家库管理办法(试行)》颁布。〔3〕 环境资源专家库能够为环境资源审判中对于长江流域环境污染和环境损害的认定、企业合规标准、赔偿和修复的尺度及方式等提供客观依据,解决审判过程中个案的现实难题。同时,能够为法律的适用问题、部门法及相关规定的衔接问题、裁判尺度问题等提供主观参考,给司法审判提供不同解决路径。为管辖问题、纠纷解决机制、保护和修复管理制度、司法协作等机制设置问题等提供有效方案,以提供更好的配套支持。

武汉各重点高校都设有环境资源专业,且多所高校的专业排名全国领先。高校集群本身也与司法系统形成了良好的双向互动,最高人民法院环境资源司法理论研究基地设立在武汉大学,〔4〕该校环境法研究所还与丹江口市人民法院签署了环境资源保护相关方面多项合作协议,中南财经政法大学与武汉海事法院签署了共建湿地保护法治研究基地以及中南财经政法大学校外法学实践

---

〔1〕 参见蔡倩、赵昱婷、张曼舒:《做长江大保护智库——长江设计院智力支撑长江大保护侧记》,载长江水利网 2019 年 4 月 23 日,http://www.cjw.gov.cn/xwzx/ztjjx/2019zt/xjzn/38347.html。

〔2〕 参见程勇、梅瑰:《湖北:向专家"借智"提升湖北环境资源司法保护能力水平》,载《人民法院报》2019 年 12 月 23 日,第 1 版。

〔3〕 前述数据均来自相应公告和新闻。

〔4〕 参见罗吉:《最高人民法院环境资源司法理论研究基地揭牌仪式在武汉大学举行》,载司法文明协同创新中心官网,http://www.cicjc.com.cn/info/1047/1913.htm。

教育基地战略合作协议[1]、华中农业大学多名专家入选环境损害司法鉴定专家库,以江夏区人民法院为代表的基层法院,也与武汉大学、湖北经济学院等高校频繁展开环境资源保护方面多种形式的互动等。“教育 + 司法 + 环保”的结合对长江流域生态保护的可持续性、战略性影响,更加充分地诠释功在当代、利在千秋的含义。

三、武汉长江生态法院设立的可行性

必要性论述中已经呈现了在武汉建立长江生态法院建立的基础及优势,这实际上也覆盖了对于武汉长江生态法院环境可行性、经济可行性、道德可行性、理论可行性等方面的可行性论证。具体到实际操作层面,下文从法律和政策可行性、技术可行性、社会可行性等方面展开论证。

(一)武汉长江生态法院组织机构设立的合法性、合理性基础

1. 在先有成熟的范式参考

前文已述,我国先后设立过军事法院、铁路运输法院、水上运输法院、林区(业)法院、油田法院、海事法院等专门人民法院。随着社会的发展,经济的转型升级,知识产权法院、互联网法院、金融法院等新兴专门法院纷纷设立,这些专门法院的具体类型在《人民法院组织法》(2018 年修订)第 12 条、第 15 条中以列举与兜底相结合的方式进行了规定。此外,其设置、职权以及组织也比较笼统地规定了由全国人民代表大会常务委员会进行负责。因此,武汉长江生态法院的设立类比和参考前述规定,也属有法可依且有例可循。而具体机制设置的参考模式,在后文予以展开。

对比域外经验,在美国的法院组织体系内,专业化在初审层级更为常见,就环境资源法院的设立而言,美国的分类和标准并不统一,大体包含有环境法院、水利法院、土地法院,同时美国境内还有大约 24 个环境法庭,其设立的目标是优先和高效处理相关案件,确保法律有效实施。之所以会存在设置差异,是因为美国各州法院组织体系之间本就存在显著差异。[2] 与其各州各成一体不

---

[1] 参见吴世杰:《学校与武汉海事法院举行战略合作协议签署暨揭牌仪式》,载中南财经政法大学官网 2022 年 9 月 1 日,http://xxgk.zuel.edu.cn/2022/0921/c2314a306614/page.htm。

[2] 参见[美]劳伦斯·弗里德曼:《碰撞:法律如何影响人的行为》,邱遥堃译,侯猛校,中国民主法制出版社 2021 年版,第 145 页。

同,其环境法院的设置模式与我国长江流域的系统性保护的目标追求不符,但其按需设置的原则与我们的考量和设置武汉长江生态法院的目标是一致的。

2. 已搭建坚实的制度基础

依据前文对专门法院的归纳梳理,专门法院鲜明特征即其极具专业属性,并且有较为完整的专门法律体系支撑,如知识产权法院对应有知识产权法律制度,金融法院对应有金融法律制度。现阶段,我国与长江保护关系比较密切的法律共有 30 多部,涉及自然资源利用、环境保护、灾害防治以及与基础设施有相关内容,也有多部涉及具体行为及区域保护的行政法规与长江生态环境保护密切相关,[1]加之《长江保护法》的出台,无疑为武汉长江生态法院的设立提供了最直接的法制基础。无论是全国关于长江生态环境法律体系的建成,还是湖北省内规范性文件的颁发,武汉长江生态法院的设立均具有完善的法治基础。

同时,经过多年司法实践探索,已设立的专门法院从机构设置到工作运行以及相关的协同配套办法,都已积攒不少可供借鉴复制的有益制度经验。湖北省内关于环境资源保护的司法协作机制、多部门联动机制、生态修复司法实践基地以及审判组织的专业化等制度性建设,也为武汉长江生态法院的设立打下了坚实的制度基础。此点在必要性中已有详细论证,此处不再展开。

(二)武汉长江生态法院的设立原则及相关制度构想

长江大保护应坚持一体化和系统治理,应打破行政区域划分的区隔。设立武汉长江生态法院要结合长江流域特性,注重统筹协调,运用系统思维,应当遵循的原则包括:

1. 中级人民法院配置基础下的"四审合一"原则

从法院审级构想来看,目前我国法院实行四级两审制,而如表 1 所示,专门法院审级设置及上诉机制存在五种模式,根据专门法院的特征及设立需求而进行最优选择。目前我国专门法院大多为中级人民法院级别,首先,在辖区范围上更为广泛,则可实际调动的配套、协同资源更加丰富。其次,中级人民法院处于承上启下的地位,也有利于凸显其专业性与权威性,符合中级人民法院的审级定位以及履职特点。最高人民法院《关于完善四级法院审级职能定位改革试

---

[1] 参见付琳、肖雪、李蓉:《〈长江保护法〉的立法选择及其制度设计》,载《人民长江》2018 年第 18 期。

点的实施办法》中对于涉及重大国家利益、社会公共利益、辖区内属于新类型、案情疑难复杂的、具有普遍法律适用指导意义的、由中级人民法院一审更有利于公正审理的、不宜由基层人民法院审理的案件可报请上一级人民法院审理。而环境资源案件,恰好普遍满足涉及社会公共利益、情况复杂,以及可形成区域内普遍法律适用指导效果的特征,故而武汉长江生态法院应设立为中级人民法院级别。在设立模式上,可参照海事法院,集中受理长江流域环境资源要素相关第一审案件。上诉机制可适用专地对接制,上诉至湖北省高级人民法院。理由是同样是中级人民法院的审级设置,而且同是涉及水域相关治理,目前海事法院也承办了部分因船舶造成的水域环境污染等环境资源相关案件,可能有更多的相似经验。最后,环境资源案件可能会涉及协同问题,故而采取专地对接更为合理。当然,对于知识产权法院"飞跃上诉"制度,也可予以参考。

在部门法类型上,现有的环境资源法庭基本均采用的是民事、刑事、行政"三审合一"原则,这符合长江生态法院专业化的特点和统筹解决纠纷的职能定位,本文予以吸纳,同时也将执行案件吸收进来,一方面,有利于避免审判权限的交叉重叠、案件受理的冲突推诿、审判标准的宽严不一以及执行难等实际问题;另一方面,强调"调立审执"一体化,也是当前对于促进纠纷的实质化解的重要抓手。

2. 跨行政区域集中管辖原则

《长江保护法》第 2 条已经对长江流域进行了界定,则长江流域干线及支线范围内的环境资源案件均应纳入武汉长江生态法院的管辖范畴。此外,长江流域辐射近半个中国,故也可根据实际司法需求,逐步推进派出法庭建设,加强长江流域司法机构的整体统筹。在法庭的设置上,以环境资源实际审理数量为参考,在纠纷较为集中的地区设置派出法庭为原则。参考武汉海事法院,其有南通、南京、重庆、宜昌、常熟和芜湖六个派出法庭[1],由此分析,在设置基础上,海事法院还是考虑到了行政区域管理的管辖范围以及地域经济情况,也即实际考虑了纠纷量的问题。海事法院还设置了巡回法庭。以此方式为设置基础(见图 6),武汉长江生态法院可在云南省、安徽省、江苏省的相应地区设立派出法

---

〔1〕 参见《武汉海事法院芜湖法庭揭牌》,载湖北发布 2021 年 12 月 5 日,https://baijiahao.baidu.com/s?id=1718278212328515205&wfr=spider&for=pc。

庭,或对于现有部分环境资源法庭予以保留,并视情况设置巡回法庭。

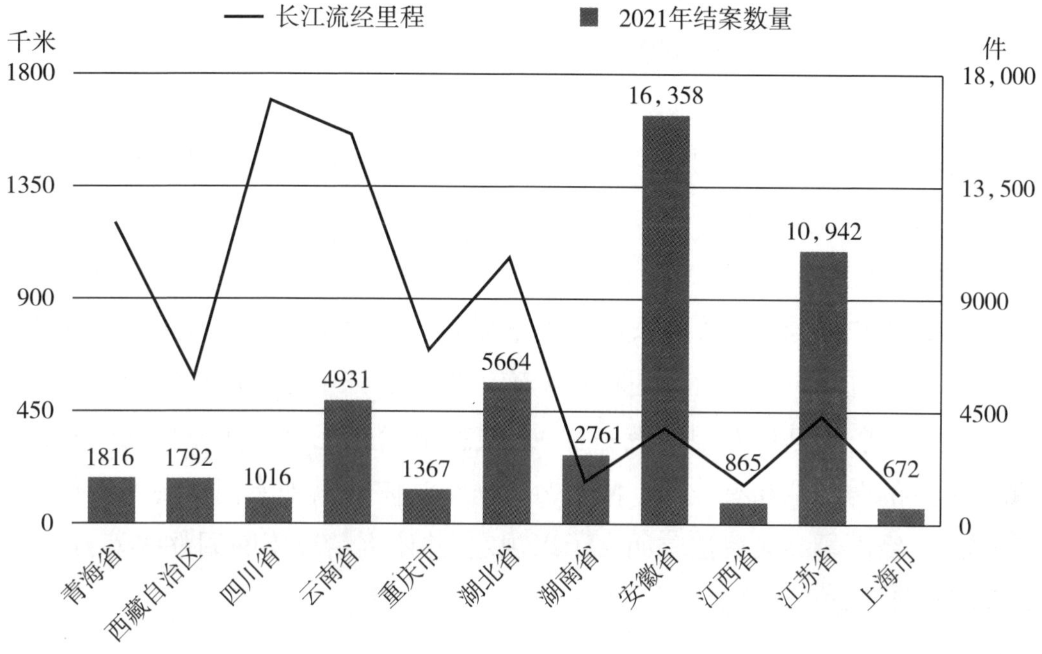

图 6　长江流经里程与 2021 年环境资源案件量对比〔1〕

3. 因地制宜和保护最大化原则

长江生态保护应当本着生态安全和永续发展的目标。长江流域各地区发展不平衡、生态环境基础都存在显著的差异,在此基础上,应当在司法实践中,坚持因地制宜,一方面,要具体问题具体分析,结合具体的地缘情况,进行不一样的考量和处理。另一方面,要在保障生态安全的前提下,要体现司法对于不同文化、不同社会风俗的尊重和保护,在实现专业化、科学性的基础上系统布局,从而实现长江流域的立体保护。

同时,任何制度的设置和运行都不能无视成本,在保护最大化的原则下,长江生态法院在干部管理、维稳责任、异地执行、法律监督、纪检派驻、经费保障等方面,不必另起炉灶,可吸纳既有的专门法院的相关经验,追求机制运行效益最大化,以最小成本实现最大保护。此外,长江生态法院的机构架设、运行机制,甚至是具体的裁判和法律适用,在一定程度上扩大考量范围,对周边系统性的

〔1〕 此处数据根据相应省份的审判白皮书、相关工作报告、新闻宣传稿件得出,其中云南省仅公布 2018 年以来的审结案件总数,故笔者采其年平均数。

生态形成辐射型司法救济与保障。在执行方面,尤其要强调和重视执行方案的设计、完善自然资源产权保护制度和生态补偿制度,提升环境资源案件的灵活性和适当性,[1]以实现保护的最大化。

(三)健全武汉长江生态法院的支持保障机制

保障机制虽然往往不是一个结构的主体,但却能够在一项具体制度的落实上起到决定性的作用。

1. 配套规定的支持

《长江保护法》的生效为长江生态法院的设立提供了价值遵循,但在机构设置、组织、人员任免等方面,还没有明确依据。长江生态法院的建设和应用首先要做到有据,与其他专门法院一样,必须制定专门规定以保证长江生态法院组织、审判的合法性和有效性。同时参考海事法院等其他专门法院的案件类型管辖范围,经由最高人民法院明文予以规定,并依据情况不断调整统筹,长江生态法院也同样应予明晰。

2. 配套保障

一是建立长江生态审判专家库。长江保护是一个跨专业、跨领域的系统课题,强调整合审判力量尤为重要。建立和完善长江生态保护审判专家委员会或专家库,制定统一标准,将环境科学、资源保护、生态监测等领域的技术专家和专业人员纳入专家库,对专家库实行动态管理、信息共享。同时,实行专家库信息定期更新机制,效仿上海、湖北等地生态环境局专家库管理办法,定期组织专家信息集中更新,对于专家的履职情况进行评估和监督。二是建立生态修复金专项制度。目前,已有不少地区由政府出资建立了生态修复基金或专项基金,用于支持环境资源公益诉讼案件起诉以及垫付重大案件中高额的前期环境资源鉴定、评估、监测等费用。随着长江生态司法保护理念的更新,"保护优先,修复为主"的环境资源保护思想已成为主旋律,相关责任人是否履行环境修复义务已经纳入审判时量刑考量因素。缴纳生态修复金是重要的履行修复义务手段之一,对此,应当建立相应的制度管理,开设专款专用账户统一进行管理支配。

---

[1] 参见范永龙:《从专业法庭到专门法院——论设立环境资源法院的现实考量与机制构建》,载《山东法官培训学院学报》2019 年第 5 期。

四、结语

随着党的二十大顺利召开,《长江保护法》《黄河保护法》的相继出台,标志着我国已经进入了一个以大江大河为轴心的绿色发展时代,武汉长江生态法院设立的构想,实际上 1/3 是出于司法实践中现实的需要,1/3 是出于武汉人民对长江感情的皈依,还有 1/3 是人民法院对这个时代的回应与担当,志之所趋,穷山距海,不可阻挡,不尽狂澜走沧海,一拳天与压潮头。

18. 长江大保护战略的法治范畴及其司法保障

梁　雪*

内容摘要：党的十八大以来，以习近平同志为核心的党中央将促进长江经济带高质量发展、长江大保护战略放在重要位置，并推动一系列措施建立长江大保护制度机制。在长江大保护战略的法治范畴中，法治价值包括生态安全、普惠民生、和谐共生和永续发展；权利体系包括新时代环境权、水权、区域发展权等基本权利；制度体系包括立法、执法、司法等重要环节的体制机制建设。推动长江流域司法保障的专业化专门化是长江大保护战略的应有之义，应加快建立长江大保护的“全流域综合执法司法体系”，并应在武汉设立长江生态法院。

关键词：长江大保护　全流域治理　司法专门化　长江生态法院

长江是中华民族的母亲河，也是中华民族发展的重要支撑。党的十八大以来，习近平总书记先后三次召开座谈会，为长江经济带发展谋篇布局、把脉定向，并提出“推动长江经济带发展必须从中华民族长远利益考虑，把修复长江生态环境摆在压倒性位置，共抓大保护、不搞大开发”[1]等一系列重要论述。党的十九大报告提出“以共抓大保护、不搞大开发为导向推动长江经济带发展”。自“长江大保护战略”提出以来，长江流域生态环境整治力度之大、影响之深前所未有，2021年颁布的《长江保护法》更是将长江大保护战略推向法治化的更高位置。

长江大保护是一项涉及全社会的复杂系统工程，必须遵照自然规律科学谋划、合理布局、统筹兼顾，在立法、执法、司法、守法四个重要环节上用力。自“长

* 梁雪，湖北省高级人民法院研究室法官助理，法学博士。

〔1〕 习近平：《在深入推动长江经济带发展座谈会上的讲话》，载《中华人民共和国国务院公报》2018年第20期。

江大保护”概念提出以来，学界就从内涵、权利、义务、制度、司法等方面分别阐述，但迄今未能形成整体性概念。因此，一些基础性问题就会成为实践障碍，例如，长江大保护战略保护的是什么权利？如何保持人水关系的理性化？界限在哪里？这些问题都会成为司法实践中难以忽略的问题，会造成诸如司法协作等工作难以深入推进的困局。作为新时代“四维治理”新范式的主要实践方面，必须从法治领域将“长江大保护”进行全景式的概念厘清，才能够将长江大保护战略在不同环节和不同领域的具体工作解释清楚，解决实质性问题。

一、习近平法治思想引领长江大保护战略的法治理念

习近平总书记指出，生态文明是工业文明发展到一定阶段的产物，是实现人与自然和谐发展的新要求。[1] 党的二十大报告提出中国式现代化的概念，这是习近平新时代中国特色社会主义思想的一个原创性科学概念，是贯穿党的二十大报告全篇的一个关键词，未来5年是全面建设社会主义现代化国家开局起步的关键时期。[2] 而生态文明则是中国式现代化不可或缺的内容。西方国家“串联式”的发展过程中，工业化进程使人在“单向度”发展中形成了过于理性的特征。这也是现代性的特质，因而出现了“后现代”乱象，即人为了克服理性，又借助理性冲破道德枷锁，造成一系列乱象。人的理性终归是有限的，理性不等于正确。因此中国式现代化并非高高在上，并非过于强调人的“类”属性的发展，而是全面、和谐、共同发展，生态文明正是这一理念的体现。

法治为长江大保护战略提供制度资源，依法治水尤为重要，必须把长江的原真性和完整性保护放在法治的轨道上。习近平总书记曾经对黄河流域治理问题提出必须紧紧抓住水沙关系调节这个“牛鼻子”。如果水沙关系调节是黄河流域治理的主要矛盾，那么人水关系则是长江流域的主要问题所在。人水关系体现在对长江流域“山水林田湖草沙”系统资源在自然—社会—人这一体系中的平均分配，这一体系体现了人作为生态系统构成因素的法治理念，围绕这一法治理念，构成了长江大保护战略的法治价值、权利体系和制度体系。

---

〔1〕 参见中共中央文献研究室编：《习近平关于社会主义生态文明建设论述摘编》，中央文献出版社2017年版，第6页。

〔2〕 参见张文显：《深刻把握中国式现代化的科学概念和丰富内涵》，载《经济日报》2022年10月23日，第7版。

二、习近平法治思想中长江大保护战略的法治价值

根据《长江保护法》,长江流域是指由长江干流、支流和湖泊形成的集水区域所涉及的相关县级行政区域。长江流域保护的法治价值是长江治理主体所持有的共同价值体系。

(一)生态安全

生态安全是国家安全的核心,是军事、政治、经济等领域安全的基础。生态安全包括内部安全和外部安全,既要保持生态系统自身结构的完整稳定,也要为满足人类生存发展需要提供服务。要维持生态安全就要防止由于生态环境的退化对经济基础构成威胁,防止生态环境问题导致环境难民,从而影响社会的安定。[1] 保障长江流域生态安全,主要措施是落实主体功能区制度。习近平总书记指出,"要严格实施环境功能区划,严格按照优化开发、重点开发、限制开发、禁止开发的主体功能定位,在重要生态功能区、陆地和海洋生态环境敏感区、脆弱区,划定并严守生态红线,构建科学合理的城镇化推进格局、农业发展格局、生态安全格局,保障国家和区域生态安全,提高生态服务功能"。[2]

长江流域的生态安全包括国土资源安全、水资源安全、大气资源安全和生物物种安全等内容,较为复杂,因此必须严格落实主体功能区制度,将生态保护红线、环境质量底线、资源利用上线的硬约束落实到环境管控单元,建立全覆盖的生态环境分区管控体系。[3] 必须坚持以水而定、量水而行,把水资源的承载能力作为强化长江岸线分区管理与用途管制的主要依据,落实保护自然岸线和水域生态环境、长江十年禁渔、保护长江珍稀濒危水生生物等重大措施。

(二)普惠民生

习近平总书记把生态环境保护当作普惠民生最重要的事情。习近平总书记反复强调"环境就是民生,青山就是美丽,蓝天也是幸福。发展经济是为了民

[1] 参见赵红艳:《总体国家安全观与恐怖主义的遏制》,人民出版社2018年版,第174页。

[2] 中共中央文献研究室编:《习近平关于社会主义生态文明建设论述摘编》,中央文献出版社2017年版,第44页。

[3] 参见《中共中央 国务院关于新时代推动中部地区高质量发展的意见》,载中华人民共和国中央人民政府网,http://www.gov.cn/zhengce/2021-07/22/content_5626642.htm。

生,保护生态环境同样也是为了民生”。[1] “良好生态环境是最公平的公共产品,是最普惠的民生福祉。”[2]普惠性是我国民生建设的基础性特征,体现出公权力在资源配置上以全体人民需求为导向,社会福利以人人享有为准则。[3]习近平总书记指出:“我们推动经济社会发展,归根结底是为了不断满足人民群众对美好生活的需要……生态环境保护就是为民造福的百年大计。”[4]也就是说,保护生态环境与经济社会发展不仅不冲突,而且是经济社会发展的必要条件,“保护生态环境就是保护人类,建设生态文明就是造福人类”。[5]

绿水青山是人民幸福生活的重要内容,是金钱不能代替的,如果空有金钱,连纯净的空气、饮用水都得不到,就没有幸福可言,我们要像保护眼睛一样保护自然和生态环境。然而“各类环境污染呈高发态势,成为民生之患、民心之痛。这样的状况,必须下大气力扭转”,要“让良好生态环境成为人民生活的增长点、成为展现我国良好形象的发力点”。[6] 在长江大保护中必须坚持生态惠民、生态利民、生态为民,推动全民增强保护长江的绿色意识、共同参与长江大保护行动,才能共同享有美丽长江。[7]

(三)和谐共生

大自然是包括人在内一切生物的摇篮,是人类赖以生存发展的基本条件。中华文明历来崇尚天人合一、道法自然,追求人与自然和谐共生。习近平总书记指出:“引导形成绿色生产方式和生活方式,促进人与自然和谐共生。”[8]党的二十大报告提出:“大自然是人类赖以生存发展的基本条件。尊重自然、顺应自然、保护自然,是全面建设社会主义现代化国家的内在要求。必须牢固树立和践行‘绿水青山就是金山银山’的理念,站在人与自然和谐共生的高度谋划

---

〔1〕 习近平:《习近平谈治国理政(第三卷)》,外文出版社 2020 年版,第 362 页。

〔2〕 中共中央文献研究室编:《习近平关于社会主义生态文明建设论述摘编》,中央文献出版社 2017 年版,第 4 页。

〔3〕 参见王青平、范炜烽:《从“政在养民”到“普惠于民”:民生政治之逻辑转向》,载《学术论坛》2016 年第 10 期。

〔4〕 习近平:《坚持人民至上》,载《求是》2022 年第 20 期。

〔5〕 慎海雄:《习近平改革开放思想研究》,人民出版社 2018 年版,第 255 页。

〔6〕 中共中央文献研究室编:《习近平关于社会主义生态文明建设论述摘编》,中央文献出版社 2017 年版,第 11 页、第 33 页。

〔7〕 参见习近平:《推动我国生态文明建设迈上新台阶》,载《求是》2019 年第 3 期。

〔8〕 中共中央文献研究室编:《习近平关于社会主义生态文明建设论述摘编》,中央文献出版社 2017 年版,第 32 页。

发展。”简单来说,和谐共生的法治价值要求将人类的行为活动建立在“生态原则”之上,培养绿色生活生产方式。习近平总书记在党的十八届三中全会上作《〈中共中央关于全面深化改革若干重大问题的决定〉的说明》时提出“山水林田湖是一个生命共同体”。因此,和谐共生是生态、生存、生命“三生共同体”的和谐发展,是在保护基础之上的发展,应当采取诸如发展循环经济、开展低碳城市试点、推进零排放示范工程、鼓励绿色消费和绿色出行、促进产业绿色转型发展、提升生态碳汇能力等一系列策略,坚持走生态优先绿色发展之路。[1]

(四)永续发展

习近平总书记多次提到中华民族的永续发展,“我们要继续推进生态文明建设,坚持节约资源和保护环境的基本国策,把生态文明建设放到现代化建设全局的突出地位,把生态文明理念深刻融入经济建设、政治建设、文化建设、社会建设各方面和全过程,从根本上扭转生态环境恶化趋势,确保中华民族永续发展,为全球生态安全作出我们应有的贡献”。“坚持加强生态保护和环境整治、加快建立生态补偿机制、严格执行节能减排考核‘三管齐下’,做到既要金山银山、更要绿水青山,保护好中华民族永续发展的本钱。”[2]永续发展包括均衡发展、平等发展、共享发展等内涵,它贯穿“五位一体”总布局、“四个全面”战略布局,推动了生态文明与物质文明、政治文明、精神文明、社会文明的协调发展。

三、长江大保护战略的权利体系

长江大保护战略中的权利体系是一个囊括了四代人权,并以新时代环境权为核心的权利体系。其中新时代环境权、水权和区域发展权是最重要的三种权利。

(一)新时代环境权

20 世纪 80 年代以来,我国先后制定了包括《环境保护法》《海洋环境保护

---

〔1〕 参见孙建:《生态、生存、生命“三生共同体”协调耕育足迹发展》,载人民政协网,http://www.rmzxb.com.cn/c/2020-10-03/2681671.shtml。

〔2〕 中共中央文献研究室编:《习近平关于社会主义生态文明建设论述摘编》,中央文献出版社 2017 年版,第 24 页、第 43 页。

法》《湿地保护法》《土壤污染防治法》《水污染防治法》《大气污染防治法》《噪声污染防治法》《放射性污染防治法》《环境影响评价法》《清洁生产促进法》等在内的20多部环境与资源保护法律，已经基本形成了以《宪法》为核心，以《环境保护法》为基本法，包含一系列法律、行政法规、地方性法规的比较完备的环境与资源保护法律体系，建立起了新时代环境权利体系和环境保护制度。[1] 环境权的一般定义是享受良好环境并进行支配的权利，具体内容包括人类应当拥有健康、舒适、安全的环境，当代人负有保护资源和改善环境的庄严义务，传给子孙后代的是不被污染、不受破坏的自然资源要素。[2] 新时代环境权赋予了环境权更丰富的内涵。

有别于西方的环境权，新时代环境权是美好生活权的一种具体表现形式，基本定义是"公民享有优美生态环境及在其中生活的权利"。新时代环境权并非以人对自然要素的所有权与支配权为核心内容，也不将自然界定位为人所享有的财产，而是重在反映人是自然环境、生态系统的一分子，生活于自然之中的事实，强调人与自然是生命共同体的理念，并服务于不断改善环境质量、修复生态系统的本真性和完整性，促进人与自然和谐共生的目标。[3]

（二）水权

水资源的质量保障、合理分配、高效利用是水域治理的核心问题与终极指标。水权是一项基本人权，已经被涵括在《经济、社会及文化权利国际公约》所提出的"适当生活水准权"丰富内涵中，并在其他人权条约中得到认可，如《消除对妇女一切形式歧视公约》第14条第2款、《儿童权利公约》第24条第2款等。水权起源于经济、社会和文化权利委员会2002年第15号一般性意见，该意见认为水权包括对水资源的"自由和应享"，即不受干涉的供水权利（供水不被任意切断或污染）与获取供水和管水系统的权利。[4] 而长江大保护中的水权不仅仅停留于第二代人权的概念，而已经延伸至第三代、第四代人权客体中，更为复杂。长江大保护所涉水权是在水资源所有权基础上的权利束，包括经营权、担保权、使用权、用益物权等权利。有学者将水权分类为水安全、水资源、水

---

〔1〕 参见张文显：《新时代的人权法理》，载《人权》2019年第3期。

〔2〕 参见张文显：《构建社会主义和谐社会的法律机制》，载《中国法学》2006年第1期。

〔3〕 参见秦天宝：《论新时代的中国环境权概念》，载《法制与社会发展》2022年第3期。

〔4〕 参见梁雪：《人权法视野下国际投资仲裁机制的完善》，吉林大学2020年博士学位论文，第18页。

生态、水环境、水文化等权利类型。[1] 但与新时代人权的和谐共生价值相去甚远，因为以人为权利主体时，就必须考虑从人的视角如何能将整个生态系统的永续发展概括进权利内容中。水权的分类应为水安全、水环境、水经济、水社会、水文化、水发展、水幸福等权利类型。以安全为起点，以幸福为归属。长江流域水权的初次分配、集体所有、市场交易、监督管理都涉及一系列制度问题，只有综合考虑水权主、客体的定分作用，才能合理建章立制。

（三）区域发展权

区域协调发展是全面建设社会主义现代化国家的重要内容，也是中国特色社会主义经济建设的重大战略选择。改革开放以来，党中央高度重视区域发展，作出一系列决策部署，如东部率先发展、西部大开发、中部崛起和东北振兴区域发展战略，这些区域发展战略促进了区域经济社会的发展，平衡了区域间的经济落差。[2] 尤其是党的十八大以来，在以习近平同志为核心的党中央坚强领导下，又推出了“一带一路”建设、京津冀协同发展、长江经济带发展三大战略。其中，长江经济带包括了 11 个省市，涉及人口超过 6 亿人，GDP 总量超过全国的 40%，是我国区域经济发展的重要引擎。[3] 区域发展的着力点一般在于人均地区生产总值、均等化的基本公共服务（公共产品）、比较优势的发挥、人与自然的和谐共生状态等方面。[4]

区域发展权是基于区域发展战略提出的权利概念。区域发展权法律制度的基本原则是法律在确认区域发展权的内涵、分配和调整区域发展各主体之间的利益关系时所应当奉行的具有根本性和总体性的原理和准则。[5] 长江流域保护的区域发展权更多涉及物质层面，如欠发达区域的经济发展权、社会发展权，具体来说，主要指各种具体的权利，如资源所有权、资源和环境补偿权、非物质文化遗产保护权、财政自治权、发展传统文化权。区域发展权在长江流域治理中包括外部的、与国内其他区域相比的发展权，以及区域内部欠发达地区的

---

〔1〕 参见黎刚、郭露洁等：《贯彻落实〈长江保护法〉健全水权概念体系》，载《长江流域资源与环境》2021 年第 12 期。

〔2〕 参见范文国：《建立更加有效的区域协调发展新机制》，载《群众》2018 年第 8 期。

〔3〕 参见田应奎主编：《新时代经济思想研究》，人民出版社 2019 年版，第 182 页。

〔4〕 参见田应奎主编：《新时代经济思想研究》，人民出版社 2019 年版，第 179 页、第 180 页。

〔5〕 参见汪习根、吕宁：《区域发展权法律制度的基本原则》，载《中南民族大学学报（人文社会科学版）》2010 年第 2 期。

发展权。[1] 也就是说对外，长江经济带有打造创新平台和新增长极的高质量发展任务；而对内，必须探索建立健全生态保护补偿、资源开发补偿等区际利益平衡机制，采取合理有效的生态补偿、粮食主产区补偿、生产要素流动补偿等方式，平衡区域发展权。[2] 因此在保护的同时也要考虑如何最大化发展区域经济，如何让区域内部的发展相互协调、平等共进。

例如，在生态补偿制度方面，必须秉持既保护市场主体自由，又重点保护欠发达地区、弱势群体的合法权利的原则。一方面健全区际利益补偿机制，形成受益者付费、保护者得到合理补偿的良性局面；另一方面健全纵向生态补偿机制，加大对森林、草原、湿地和重点生态功能区的转移支付力度，鼓励流域上下游之间开展资金、产业、人才等多种补偿，建立健全市场化、多元化生态补偿机制。[3]

应当指出的是，长江大保护直接实践是保护长江，但其深层次的意义是保护和发展人民的美好生活权利。对于长江大保护战略中的权利体系，基于长江生态安全的生存权和发展权是首要人权，基于长江生态资源的公民经济社会文化权利和财产权是分属于不同领域的具体权利形式，而基于长江生态系统的幸福生活权是最大的权利，代表着生态安全的更高层次追求与未来走向。[4]

四、长江大保护战略的制度体系

“法者，治之端也。”[5]长江保护、长江区域治理，无论其理念多么先进，价值多么珍贵，理念和价值要落地生根，则必须也必然转化为法律制度，以制度体现“人与自然和谐共生”的崇高理念，以制度推动构建“人和自然生命共同体”，以制度确认和保障人民美好生活权，达至“法安长江、江惠万民”之境界。

（一）在立法层面建立合理的长江流域保护制度

《长江保护法》颁布以后，立法的重点是加快推进配套规定的制定、修改工

---

〔1〕 参见汪习根、彭建军：《论区域发展权的本质属性及法律实践》，载《中南民族大学学报（人文社会科学版）》2009 年第 6 期。

〔2〕 参见《中华人民共和国国民经济和社会发展第十三个五年（2016—2020 年）规划纲要》。

〔3〕 参见《马克思主义政治经济学概论》编写组编：《马克思主义政治经济学概论》（第二版），人民出版社 2021 年版，第 353 页。

〔4〕 参见汪习根：《论习近平法治思想中的美好生活权利》，载《政法论丛》2021 年第 5 期。

〔5〕《荀子·君道》。

作,建立体系化解释规则。[1] 党的二十大提出,“完善以宪法为核心的中国特色社会主义法律体系”。《宪法》形成了以第 26 条第 1 款为主干,以第 9 条第 2 款、第 10 条第 5 款、第 26 条第 2 款为辅助的环境保护条款体系。[2]《宪法》是结构法、制度法、协调法,[3] 因而是长江大保护法律体系建设的总纲领。[4] 应当以《宪法》为核心通过体系解释、归纳部门法路径、司法路径等方式,形成长江大保护方面的法律规则体系。

在未形成长江大保护体系规则时,政策与法律形成相互补充之势。2022 年 8 月 31 日,生态环境部、国家发展和改革委员会、最高人民法院、最高人民检察院等 17 个部门联合印发《深入打好长江保护修复攻坚战行动方案》(以下简称《行动方案》),对深入打好长江保护修复攻坚战作出系统谋划,明确了总体要求、主要目标和重大举措,是指导做好长江流域生态环境保护修复工作的纲领性文件。《行动方案》从污染防治、生态修复、水资源保障、绿色发展管控格局几个方面对长江保护修复工作作出了明确要求。

(二)在执法层面坚持协调执法、合作互动

“法律的生命力在于实施”[5],“制度的生命力在执行”。[6] 法律再好,如果得不到实施,就是一纸空文。为保证长江流域不同地方政府基于权利保障、优势互补、善待弱者等基本原则进行协调执法、合作交流,建立健全严格执法、协调执法体制机制。第一,必须采取针对性执法。长江生态环境违法行为的种类、数量、形式方面具有空间差异性,例如,在有些省份屡禁不止的非法捕捞水产品、非法采砂,在另一些地方较为少见,甚至没有。又如,在长江上游的甘肃、青海等地,多以生态破坏、违法获取自然资源为主,而在长江中下游污染类行为则明显增多。[7] 第二,必须建立阻隔地方保护主义的环保机制。以块为主的

---

[1] 参见王瑞贺:《新时代长江大保护的法治保障》,载《人民长江报》2021 年 4 月 24 日,第 5 版。

[2] 参见闫海:《美丽中国:中国版环境国家的宪法规范体系》,载《社会科学研究》2020 年第 2 期。

[3] 参见张翔:《国家目标作为环境法典编纂的宪法基础》,载《法学评论》2022 年第 3 期。

[4] 参见张翔:《环境宪法的新发展及其规范阐释》,载《法学家》2018 年第 3 期。

[5] 习近平:《全面推进科学立法、严格执法、公正司法、全民守法》(2013 年 2 月 23 日),载习近平:《论坚持全面依法治国》,中央文献出版社 2020 年版,第 20 ~ 21 页。

[6] 习近平:《严格执法,公正司法》(2014 年 1 月 7 日),载习近平:《论坚持全面依法治国》,中央文献出版社 2020 年版,第 48 页。

[7] 参见高利红、苏达:《长江生态环境保护行政执法与刑事司法衔接原则》,载《学习与实践》2022 年第 10 期。

地方环保管理体制容易助长重发展轻环保的理念,造成干预环保监测监察执法的行为,所以应继续推动新时代环境治理体制改革,继续完善省以下环保机构监测监察执法垂直管理等制度,大力探索职能整合、环境大部门制等有益实践。[1] 第三,必须建立生态环境保护综合执法机制。目前,水利、环保、林业、农业与交通等部门在长江流域保护领域的管理职责既有所不同又有所交叉,所以必须采取统筹跨域管理办法,增强环境执法的统一性、权威性和有效性。

(三)在司法层面推动长江大保护司法的专业化和专门化

长江大保护是一个复杂的系统工程,法治是其子系统,司法虽是子系统的一元,但具有突出重要性,因为司法在长江大保护中具有最后一道防线的作用。加强长江流域司法保障体制机制建设是长江大保护法治建设的应有之义。《长江保护法》第 77 条对流域司法保障建设提出了要求:“国家加强长江流域司法保障建设,鼓励有关单位为长江流域生态环境保护提供法律服务……发现存在涉嫌犯罪行为的,应当将犯罪线索移送具有侦查、调查职权的机关。”这一条文强调了司法在长江大保护中的重要功能,目的是改变过去将涉嫌破坏生态环境的违法案件在执法领域中一罚了之的情况,而是让其进入司法程序,发挥司法保障的权威功能。

2016 年以来,最高人民法院一直为长江经济带的绿色发展探寻司法保障之路。2016 年发布了《关于为长江经济带发展提供司法服务和保障的意见》,2017 年发布了《关于全面加强长江流域生态文明建设与绿色发展司法保障的意见》。为深入贯彻落实习近平生态文明思想、习近平法治思想,全面正确实施《长江保护法》,为长江流域生态文明建设和绿色发展提供更加有力的司法服务和保障,最高人民法院结合工作实际,2021 年 2 月印发了《关于贯彻〈中华人民共和国长江保护法〉的实施意见》,2021 年 11 月发布了《贯彻实施〈长江保护法〉工作推进会会议纪要》,可以说,在最高人民法院的推动下,全国法院系统特别是长江流域各级法院初步建立起了相关制度机制。

但这并不能满足现阶段涉长江生态环境诉讼的需要。随着人们权利意识越来越强,涉长江诉讼案件也会越来越多,而生态环境诉讼专业性比较强,不是

---

[1] 参见杨志云:《新时代环境治理体制改革的面向:实践逻辑与理论争论》,载《行政管理改革》2022 年第 4 期。

一般的法院、一般的法官能够审理的。应当拓宽人们诉讼的渠道,让更多环境侵权案件能够进入法院审判程序。长江流域绵延180万平方千米,具有复杂特征:一是长江流域是联动循环的生物系统,长江干支流与流域内的生物形成了完整的具备循环性的生态系统,任意一个地方的变动都会引起其余地方的连锁反应;二是长江流域具有区域差异性,长江自西向东横流经高原、山地、丘陵、平原与盆地等不同的地貌类型,在不同地段具有差异性。[1] 这些复杂特征决定了长江流域的司法工作必须加强专业化和专门化。

五、长江流域司法保障的专业化专门化

流域性是江河湖泊最根本、最鲜明的特性。[2] 水的自然属性决定了治水必须以流域为基础单元。《长江保护法》第4条规定:"国家建立长江流域协调机制,统一指导、统筹协调长江保护工作……"并因此建立了国务院授权管理、长江流域各级河湖长负责、长江流域河道采砂规划和许可等一系列创新制度。《长江保护法》建立了全流域执法管理体系,打破了条块分割,以国家和地方流域协调机制"统筹协调"长江流域横向管理关系。但司法制度并未能与这些先进的管理体系实现配套更新。因此应当建立具有中国特色、符合长江实际规律、具有法院优势的综合体制机制。

(一)建立长江大保护的"全流域综合执法司法体系"

建立"全流域"治理体系已是不争的结论。全流域治理理念在一些文件中也得到体现,例如2017年2月6日,中央全面深化改革领导小组审议通过《按流域设置环境监管和行政执法机构试点方案》,强调要按流域设置环境监管和行政执法机构,要遵循生态系统整体性系统性及其内在规律,将流域作为管理单元,实现流域环境保护规划、标准、环评、监测、执法的统一,提高环境保护整体成效。

长江大保护的"全流域综合执法司法体系"是司法事业高质量发展的必然。党的十八大以来,习近平总书记站在国家治理现代化的全局高度,将政法

[1] 参见彭中遥、李爱年、王彬:《长江流域一体化保护的法治策略》,载《环境保护》2018年第9期。

[2] 参见李国英:《坚持系统观念 强化流域治理管理》,载中华人民共和国中央人民政府网,http://www.gov.cn/xinwen/2022-06/28/content_5698052.htm。

机关的任务定位为维护国家政治安全、确保社会大局稳定、促进社会公平正义、保障人民安居乐业。[1] 在这种治理逻辑下，政法体制自成一体并相互配合，而政法体制与外部关系在前端治理上紧密相连，也就是说，其他党政机关处于前端治理环节，政法治理机制发挥兜底功能。[2] 在流域治理中，政法体制与其外部体制关系更加紧密。

实践中，最高人民法院自2016年起一直致力于建立流域司法一体化的格局。2016年2月24日，最高人民法院发布《关于为长江经济带发展提供司法服务和保障的意见》，提出探索建立契合长江经济带区域发展大局的审判体制机制，加强区域内各地方法院之间、海事法院之间、地方法院和海事法院之间的工作协调机制，构建长江经济带执行指挥系统协作机制，探索建立长江流域水资源环境公益诉讼集中管辖制度。2017年12月1日，最高人民法院发布《关于全面加强长江流域生态文明建设与绿色发展司法保障的意见》，提出促进区域协同，梳理生态环境协同保护的理念，推动全流域联动，构建区域互动合作的司法保障新机制。构建协同机制，包括部门协同机制，全流域法院之间委托送达、委托取证、委托执行和信息共享机制，以及上下级法院信息报送机制。2020年7月1日，最高人民法院发布《关于为长江三角洲区域一体化发展提供司法服务和保障的意见》，提出构建长三角区域生态环境保护司法协作机制。实践中，法院建立了区域司法协作制度，就涉长江流域保护诉讼案件的审判与执行工作加强了沟通联动，协作机制的发力点主要在管辖、事实认定、法律适用、执行、信息共享上。

但要建立"全流域综合执法司法体系"还必须打破政法体制和其他党政机关之间的壁垒，形成以全流域为单位的地区、机构协调联动机制。例如，在刑事司法中，环境行政违法与环境犯罪界限模糊，法律执行中环境行政执法与刑事司法衔接不畅。又如，在公益诉讼中，我国虽然已经有4部法律对公益诉讼作出规定，即《民事诉讼法》《海洋环境保护法》《环境保护法》《消费者权益保护法》，但在制度上仍存在原告范围过窄、诉讼费用过高以及取证难、鉴定难、执行

---

〔1〕 参见习近平：《坚持以人民为中心的发展思想　履行好维护国家政治安全确保社会大局稳定　促进社会公平正义保障人民安居乐业的主要任务》，载《人民日报》2018年1月23日，第1版。

〔2〕 参见黄文艺：《中国政法体制的规范性原理》，载《法学研究》2020年第4期。

难等困境。这些困境都是因为未真正打通社会治理大格局的部门壁垒所致。实践中在流域内司法鉴定机构的规范化和鉴定标准的统一化的协作机制中，就有协同执法司法的内容。2018 年 6 月，司法部发布了《关于全面推动长江经济带司法鉴定协同发展的实施意见》，提出了“要加强与执法办案、发改物价部门的沟通协调”，在流域司法专门化和协同治理方面迈出了实质性的一步。

建立长江大保护的“全流域综合执法司法体系”必须采取能动司法、联动司法模式。我国社会治理现已形成了由党委领导、政府主导、政法机关推动、社会各界广泛参与的工作机制，在此机制中，能动司法是法院采取主动型、服务型、高效型、联动型司法模式。联动司法包括始终坚持人民法院依靠党的领导，依靠党委统揽全局、协调各方的政治优势，依靠人大及其常委会的监督和支持，主动争取政府的支持和配合，实现司法与行政执法的有效衔接，积极促成法院与社会的良性互动、法院与其他司法机关、法院系统内部的互相配合、互相支持。[1] 应当通过能动司法和联动司法模式，将长江司法保护融入“党委领导、政府负责、民主协商、社会协同、公众参与、法治保障、科技支撑”的社会治理体系中。

（二）在武汉设立长江生态法院

在长江大保护的“全流域综合执法司法体系”之下，人民法院的审判保护是具有决定性的。基于以上认识，笔者认为，建立长江生态法院是必由之路。

首先，建立长江生态法院是建立标准化、严格化长江经济带司法保护制度的前提。在流域司法的法律统一适用上就可体现。习近平总书记将司法权定义为中央事权，[2]那么建立长江大保护全流域法律统一适用机制是司法统一性的政治要求，也是行使司法权的必然要求。在长江大保护司法工作中的管辖、立案、事实认定、因果关系证明、法律行为认定、法律责任承担、量刑幅度等法律适用上都必须具有一致性。但如果仅仅是司法协作，可能难以克服这一问题。如 2018 年，长江上游的重庆和下游的江苏都出台了有关环境污染刑事案件的指南，江苏省高级人民法院《关于环境污染刑事案件的审理指南（一）》中

---

〔1〕 参见张文显：《联动司法：诉讼社会境况下的司法模式》，载《法律适用》2011 年第 1 期。

〔2〕 参见习近平：《加快建设公正高效权威的社会主义司法制度》，载习近平：《论坚持全面依法治国》，中央文献出版社 2020 年版，第 62 页。

提到,生态环境修复费用以及其他必要合理费用总额超过 200 万元的,可认定为"生态环境严重损害";而重庆市高级人民法院《关于污染环境犯罪的量刑指导意见实施细则》规定根据破坏生态环境的程度等全部犯罪事实,依法确定量刑情节的适用及其调解比例,而事实的认定则是以具体违法行为认定的,列举了危险废物重量、重金属浓度、毒害性程度、土地面积、树木立方数或者株数、事件影响人数等量刑起点标准。可见上下游省市的事实认定标准都不一样,这虽影响了法律的整体性,但也是由其位置决定的,上游的标准明显比下游严格许多,如果不建立长江生态法院,可能很难解决这一问题。

其次,建立长江生态法院是司法专门化的必然要求。司法专门化是中国环境司法发展的重要维度。[1] 长江流域因其特殊地位,长江大保护司法对象涉及多重主体的利益关系、法律关系、政治关系,具有复合性、复杂性特征,因而有必要建立长江大保护审判专门化机构,跨越行政区划实现区域内统一的司法,以提高涉江司法的职业化、专门化、高效化。长江生态法院的建立还有利于防止地方保护主义对司法公正的侵蚀。最高人民法院《关于全面加强长江流域生态文明建设与绿色发展司法保障的意见》规定,沿江海事法院要充分利用跨行政区划管辖的优势,妥善审理长江流域环境污染、生态破坏案件。但海事法院的管辖范围较窄,仅涉及通海可航水域范围内的纠纷,对长江大保护审判工作的专业程度不够。[2]

建议在武汉设立长江生态法院。武汉在长江中居于承上启下最关键的环节,且江河交错,湖泊众多,港汊纵横,拥有得天独厚的滨水环境。湖北省高级人民法院不断加强环境资源审判体系专业化建设,提升环境资源审判能力,先后制定了《关于充分发挥审判职能　依法服务和保障长江经济带发展的实施意见》《关于全面加强环境资源审判工作为长江流域生态文明建设与绿色发展提供司法保障的实施办法》《关于认真实施〈中华人民共和国长江保护法〉的通知》《关于切实加强环境资源审判全面贯彻实施长江十年禁渔工作的通知》等一系列规范性文件。湖北省高级人民法院在涉长江保护的环境资源案件的审

---

〔1〕 参见吕忠梅:《新时代中国环境资源司法面临的新机遇新挑战》,载《环境保护》2018 年第 1 期。

〔2〕 参见张雅思:《有效履行海事司法保障职能,全面践行长江流域生态环境大保护——以〈长江保护法〉背景下的武汉海事法院为视角》,载武汉海事法院网 2022 年 3 月 1 日,http://www.whhsfy.hbfy.gov.cn/DocManage/ViewDoc?docId=904e4bf9-2ad0-465d-b761-5eceeb49c4e3。

判中,形成了由省法院全面指导,“1 +5 +10 +N”的专门的审判体系。[1] 这一专门审判体系的建立,为涉长江保护环境资源案件的审判工作提供了很好的制度保障和组织保障,也为建立长江生态法院打下了良好的基础。

建议从青海三江源头到崇明岛入海口,建立全流域、全流程、全覆盖的司法审判体制。因为跨度大,所以要在武汉生态法院之下以省(直辖市)为单元设立分院。建议在重庆、四川、湖南、江西、江苏、上海设立分院作为基层人民法院。长江生态法院作为中级人民法院,如果有申诉案件,向湖北省高级人民法院申诉。

六、结语

只有法治的威严才能让长江在“江作青罗带”的风华中休养生息;以权利的武器,才能让人们在“春江花月夜”的盛景中怡然自得;以严密的制度,才能让我们在“大江东去浪淘尽”的壮阔中开拓进取;以司法的利刃,才能让生态共同体在天人合一中生生不息。司法的专业化专门化是司法事业高质量发展的必然趋势,要建立长江大保护的“全流域综合执法司法体系”,结合长江保护的流域性特征设定司法管辖权、司法协作机制、法律适用标准。而在中游武汉建立专门的长江生态法院不仅是合乎流域治理规律的司法措施,更是我们作为长江“中流砥柱”武汉江城治理共同体的重要政治责任。

五千年来,中华民族的血脉更替、文明赓续、精神传承一直与长江息息相关,触摸长江的脉搏,感受到的是祖先从炎黄一路走来的浩浩荡荡,是先人面对长江滚滚东流时的哲思与顿悟,是古人在不同时代对大美长江的吟诵咏叹。当我们修复长江时,修复的不仅仅是此时生命和健康的完整,同时也保全了灿烂文化、成就了前人寄望、成全了未来期许。愿携手共绘安澜长江、碧水清江、万古大江的美好画卷!

---

〔1〕 参见魏悦:《全国人大代表、湖北省高级人民法院院长游劝荣视频连线“大法官访谈”——认真实施长江保护法 坚决扛起长江大保护的司法责任》,载《人民法院报》2022 年 3 月 11 日,第 3 版。

19. 生态公益预防性保护的司法适用研究

——基于绿孔雀栖息地保护案的展开

肖　慧*

内容摘要：自 2015 年最高人民法院《关于审理环境民事公益诉讼案件适用法律若干问题的解释》(已修正,以下简称《环境民事公益诉讼司法解释》)第 1 条明确"具有损害社会公共利益重大风险的污染环境、破坏生态的行为"可诉以来,预防性环境公益诉讼通过提供一种新的、能够使风险规制过程合理化的解释框架及相应的权利义务配置机制,实现前瞻性的司法保护。然而,生态公益的预防性保护在法律机制上无法循沿传统的以侵权法为权利基础的环境污染诉讼模式。其权利要素分散,利益诉求独立,调整方式多样。鉴于此,探索在无充分性依据的情况下简化证明方式,确保逻辑和法律上均能以最大化的信息证明"风险指向"的可能性就显得尤为迫切。本文通过明确表见证明、摸索证明、间接反证、底线证明在预防性诉请的判断过程,分析程序的启动、关联性分析、因果关系的确认分段适用的情形,提出构建生态公益预防性保护的司法适用的合理进路。

关键词：预防性环境民事公益诉讼　举证规则　证明简化　绿孔雀保护案

中国首例濒危野生动物保护预防性公益诉讼——绿孔雀栖息地保护案已于 2020 年 3 月 20 日作出判决,作为全国首例预防性环境公益诉讼胜诉案件,其背后的意义耐人深究,该案也入选了新时代推动法治进程 2021 年度十大案件。事实上,预防性环境公益诉讼作为环境公益诉讼功能的"最优化实现",通过提供一种新的、能够使风险规制过程合理化的解释框架及相应的权利义务配

---

* 肖慧,江西省进贤县人民法院法官。

置制度,从而确定了一种从“反应—救济”向“预测—预防”转换的实现路径。[1]理念的转换带来的机制进步固然值得欣喜,但司法实践中,预防性环境公益诉讼适用规则的不明晰仍掣肘其发挥前瞻性的司法保护。本文拟以司法适用的现实图景为逻辑起点,以化繁为简的证成为逻辑主线,冀望能对预防性环境公益诉讼适用规则的厘清进行有益探索。[2]

一、思辨：预防性环境民事公益诉讼的理论观察

当前,我国环境公益诉讼的利益保护模式从具体向抽象嬗变,预防性环境公益诉讼突破传统以实际损害为基点的桎梏,开创性探索“客体—风险—预防”的逻辑内涵。然而,理论与实践的抵牾,必然影响预防性环境公益诉讼应然价值的实现。

(一)前提:制度内涵的模糊

2015 年颁布的《环境保护法》第 5 条以基本原则的方式确定了环境保护的预防性原则,为预防性环境公益诉讼奠定了法律依据(见表 1)。但通过梳理相关规定可知,预防的制度表述散见于法律法规之中,且在法律机制上并未形成统一体系。因此,这些原则性的概括在司法适用时存在难以衔接、内涵模糊等诸多解释论问题。

不同于救济性环境公益诉讼中以实际损害为诉讼基点,举证责任的分配、证明标准的衡量均可以明确的损害限度为划分基准,预防性环境公益诉讼更多面对的是“未知的不确定性”,因此更为迫切地需要明确的制度内涵、合理的限度范围为司法运用提供具体指向。然而,预防性环境公益诉讼的立案要素——具有损害社会公共利益的重大风险,本身就是一个高度抽象的概括,既无法透视出具体的规制对象,也无法明确社会公益损害的程度。[3]

---

[1] 参见刘明全:《环境司法中预防性责任方式的分层建构》,载《华中科技大学学报(社会科学版)》2019 年第 3 期。

[2] 司法实践中,预防性环境公益诉讼主要集中于民事领域,故本文除普适性原则分析外,其余均针对预防性环境民事公益诉讼中具体适用的探讨。

[3] 参见张旭东:《预防性环境民事公益诉讼程序规则思考》,载《法律科学(西北政法大学学报)》2017 年第 4 期。

表 1　预防性环境公益诉讼的有关规定对照

规定	实施时间	相关条款	内容	预防性内容
《环境保护法》	2015 年 1 月 1 日	第 5 条	环境保护坚持保护优先、预防为主、综合治理、公众参与、损害担责的原则	保护优先、预防为主
《环境民事公益诉讼司法解释》	2015 年 1 月 7 日	第 1 条	法律规定的机关和有关组织依据民事诉讼法第五十五条、环境保护法第五十八条等法律的规定，对已经损害社会公共利益或者具有损害社会公共利益重大风险的污染环境、破坏生态的行为提起诉讼，符合民事诉讼法第一百一十九条第二项、第三项、第四项规定的，人民法院应予受理	损害社会公共利益重大风险
		第 18 条	对污染环境、破坏生态，已经损害社会公共利益或者具有损害社会公共利益重大风险的行为，原告可以请求被告承担停止侵害、排除妨碍、消除危险、修复生态环境、赔偿损失、赔礼道歉等民事责任	预防性责任承担方式
		第 19 条	原告为防止生态环境损害的发生和扩大，请求被告停止侵害、排除妨碍、消除危险的，人民法院可以依法予以支持。 原告为停止侵害、排除妨碍、消除危险采取合理预防、处置措施而发生的费用，请求被告承担的，人民法院可以依法予以支持	防止生态环境损害的发生和扩大

因此，缺乏明晰的制度内涵指引的预防性环境公益诉讼，在立案之初就饱受各方诘问。原告如何证明存在损害风险？法院如何认定损害程度达到预防标准？显然，无论是风险的程度或是预防的必要性，均可以做扩张或限缩理解，而解释的倾向性则直接决定了证明标准的高低。这就不难理解，预防性诉请的证明方式往往莫衷一是，采取多样化甚至矛盾的方式。

（二）指向：举证规则的混同

随着我国环境司法专门化及案件类型化，环境公益诉讼逐渐划分成救济性和预防性两大诉讼类型。[1] 救济性环境公益诉讼是在损害结果或者危害行为完结后才介入的，着重环境侵权行为的惩罚性。预防性环境公益诉讼则是在法律条文所体现的预防性原则上形成的诉讼类型，预防本身就包含两层含义：(1)阻止“已然”状态下的环境危害行为造成新的损害，从而直接预防社会公益损害；(2)针对尚处于“未然”状态下的损害行为，从而预防潜在的社会公益损害。

通过对比分析可知，两者的外延存在一定交叉重合，已然型预防常被划归为事后型救济，而又因预防性环境公益诉讼中，已然型预防占绝对多数。因此，司法实践中，预防性环境公益诉讼常常沿用救济型环境公益诉讼的举证责任分配方式、证明标准及证明方式。然而，预防性环境公益诉讼提供的是一种前瞻性的司法保护，其本身针对的是“尚不明朗的事实状态”，与救济性环境司法以现实损害性的程度为判断标准具有显著差异。两者套用同一套举证规则，显然无法应对预防性环境公益诉讼“防患于未然”的价值需求。

此外，举证责任作为“危险负担”的绝对化分配，在司法适用上具有明确的指引功能。如表2所示，《环境民事公益诉讼司法解释》第8条规定，提起环境公益诉讼，需提交关联性的初步证明材料。在救济性环境公益诉讼中，初步证明往往采用双重判断，即既有违法行为，又造成损害后果。这就导致在预防性环境公益诉讼中，初步证明也往往异化为“违反环评标准+损害社会公益的风险”的复合判断标准。[2] 显然，预防性原则作为区别于事后救济的制度设计，其在发挥预防损害发生的机制上需要独立的举证规则适用路径。

表2　环境民事公益诉讼举证规则的概览

规定	实施时间	相关条款	内容	规则
《民法典》	2021年1月1日	第1230条	因污染环境、破坏生态发生纠纷，行为人应当就法律规定的不承担责任或者减轻责任的情形及其行为与损害之间不存因果关系承担举证责任	污染者举证不存在因果关系

〔1〕 参见吕忠梅、张忠民：《环境司法专门化与环境案件类型化的现状》，载《中国应用法学》2017年第6期。

〔2〕 如在自然之友诉中石化石油有限公司案中，法院作出不予受理的理由：“要求全面停止案涉项目建设的环境影响评价报告已经取得国家环境保护主管部门的批复同意……”

续表

规定	实施时间	相关条款	内容	规则
最高人民法院《关于适用〈中华人民共和国民事诉讼法〉的解释》(已被修改)	2015年2月4日	第284条	环境保护法、消费者权益保护法等法律规定的机关和有关组织对污染环境、侵害众多消费者合法权益等损害社会公共利益的行为,根据民事诉讼法第五十五条规定提起公益诉讼,符合下列条件的,人民法院应当受理: (一)有明确的被告; (二)有具体的诉讼请求; (三)有社会公共利益受到损害的初步证据; (四)属于人民法院受理民事诉讼的范围和受诉人民法院管辖	原告需就社会公共利益受到损害提供初步证据
《环境民事公益诉讼司法解释》	2015年1月7日	第8条	提起环境民事公益诉讼应当提交下列材料: (一)符合民事诉讼法第一百二十一条规定的起诉状,并按照被告人数提出副本; (二)被告的行为已经损害社会公共利益或者具有损害社会公共利益重大风险的初步证明材料; (三)社会组织提起诉讼的,应当提交社会组织登记证书、章程、起诉前连续五年的年度工作报告书或者年检报告书,以及由其法定代表人或者负责人签字并加盖公章的无违法记录的声明	原告提交初步证明材料

续表

规定	实施时间	相关条款	内容	规则
最高人民法院《关于审理环境侵权责任纠纷案件适用法律若干问题的解释》(已被修改)	2015年6月3日	第6条	被侵权人根据侵权责任法第六十五条规定请求赔偿的,应当提供证明以下事实的证据材料: (一)污染者排放了污染物; (二)被侵权人的损害; (三)污染者排放的污染物或者其次生污染物与损害之间具有关联性	被侵权人需证实排污行为与损害之间的关联性
		第7条	污染者举证证明下列情形之一的,人民法院应当认定其污染行为与损害之间不存在因果关系: (一)排放的污染物没有造成该损害可能的; (二)排放的可造成该损害的污染物未到达该损害发生地的; (三)该损害于排放污染物之前已发生的; (四)其他可以认定污染行为与损害之间不存在因果关系的情形	为污染者证实不存在因果关系指明情形

(三)回应:证明方式的导向

环境公益诉讼作为保护社会公共利益的一种诉讼形式,其权利依据是以公共性为基本特征的环境权,保护的是以生态为首的整体性环境公益。[1] 预防性环境公益诉讼作为环境公益诉讼功能的"最优化实现",将司法保护的时间提前至"损害发生之虞"。然而,作为预防性环境保护的重点对象——生态公益,其司法认定具有特殊性,评判过程需要基于科学的生态风险评估,进而导致法律确认权利化的迫切与证明方式的复杂化之间的矛盾难以化解。

一方面,生态公益的预防性保护在法律机制上无法循沿传统的以侵权为权利基础的环境污染诉讼模式。首先,其权利要素分散,涉及生态系统的各个功能;其次,其利益诉求独立,着眼于具有人格面向的非财产性权利;最后,其调整方式多样,需要兼顾各方才能达到综合性预防的效能。因此,相较于从后果责任的角度出发的环境污染诉讼,在"预防重于救济"的语境下抉择预防性环境

〔1〕 参见杨朝霞:《论环境权的性质》,载《中国法学》2020年第2期。

公益诉讼的证明方式更为恰当。

另一方面,在法律的理性世界里,“趋利避害”是法官作为“有限理性人”的行动逻辑。尤其是当法官需要证实“无法明确”的确定性,证明方式的趋向会影响法官对裁判结果的正确性的考量。加之,预防生态公益的风险,本身就是一个需要融合法律理性与生态理性、社会理性的判断,框定合理的证明路径,才能避免因法官的踌躇不前而导致预防性环境公益诉讼价值期待的落空。

二、审视:预防性环境民事公益诉讼的现实图景

“法律不是创造利益,而是对新出现的利益的确认和维护。”[1]立法上的规制模糊引发学理上的理解纷争,进而导致预防性环境公益诉讼司法运用不一。笔者拟以 154 份已公开的裁判文书为样本,通过全景描绘司法适用的现实图景,冀望能为预防性环境民事公益诉讼的司法适用探明方向。[2]

(一)样本文书的总体性概览

自 2015 年《环境民事公益诉讼司法解释》第 1 条明确“有损害公益重大风险的污染环境、破坏生态行为”可诉以来,到 2022 年年底,其案件总量不多,且整体凸显为已然型预防而非未然型预防。如表 3 所示,已然型预防案件量呈逐渐上涨趋势,但未然性预防受案率仍呈保守态势。

表 3　2015～2019 年预防性环境公益诉讼案件总数

单位:件

类型	2015 年	2016 年	2017 年	2018 年	2019 年
已然型预防	8	15	27	41	59
未然型预防	2	0	1	1	0

此外,通过对样本文书的裁判结果进行统计分析发现,4 起未然型预防性环境公益诉讼,仅有 1 起以“裁定不予受理”审结,1 起作出“戛洒江一级水电站

〔1〕 [美]罗斯科·庞德:《法理学》,余履雪译,法律出版社 2007 年版,第 17 页。

〔2〕 笔者借助中国裁判文书网、北大法宝以及部分官方媒体报道,搜索预防性环境公益诉讼及其相关法条,查找统计出 312 份民事裁判文书,经过剔除重复以及无用样本,最终得到有效样本 294 份。

立即停建”的胜诉判决,其余2起仍处于审理阶段。[1] 而在150起已然型预防性环境公益诉讼中,法院判决“另行承担预防性责任”的案件仅有17起,有53起案件法院认为“原告现有证据不能证明被告需另行承担预防性责任”,占全部样本文书的35%。

(二)举证规则的实践性审视

预防性环境公益诉讼举证规则在立法上仍处于规制模糊阶段,进而导致司法实践中,呈现各式样态。

1. 同一证明标准,不同裁判结果

表4中的两个案例同为环境污染后的已然型预防,原告均依据环境检测报告等专业意见诉请被告对可能产生的危险承担预防性责任。案例1中,[2]法院未阐明理由,仅判决被告承担环境侵权的赔偿责任。案例2中,[3]法院认为,“虽然现有数据尚不能完整评价对周边环境是否存在影响,但考虑到该污染行为的生态风险极大”,被告不仅就已产生的侵害承担了赔偿责任,并就矿井可能造成的危害承担排除危险等预防性责任。由此可知,在预防性环境公益诉讼中,达到何种证明标准时被告应当承担预防性责任,司法实践中尚无定论。

表4 同一证明标准,不同裁判结果

被诉行为	证明标准	裁判结果
案例1 该厂将镀锌产生的废水不经处理直接排放至厂外的水沟,最终流入八河水库,影响该水域自净能力,可能造成水域内生物的死亡,也对周边不特定公众的身体健康造成潜在危险	依据原告提交的环境保护监测站出具的2016年第65号监测报告、环境污染案环境损害检验意见等证据证实	判决被告承担环境侵权的赔偿责任
案例2 被告的矿区矿井裸露,被告未依法履行关闭矿山手续并开展矿山地质环境恢复治理等工作,下雨时,矿井口有溢水外排,雨水冲刷矿井及矿石,流入附近农田	根据环境保护监测站、景倡源检测有限公司的检测结果,认定被告所废弃矿区对周边环境地表水和土壤造成污染危险	除承担赔偿责任外,被告在判决生效后60日内填实矿井所有井口,完成治理边坡、防止污染物继续排放等工作;在判决生效后180日内完成恢复原状等工作

[1] 在自然之友诉中国水电顾问集团新平开发有限公司和中国电建集团昆明勘测设计研究院有限公司案(绿孔雀案)中,一审判决戛洒江一级水电站立即停建,自然之友胜诉。

[2] 山东省威海市中级人民法院民事判决书,(2019)鲁10民初125号。

[3] 湖南省湘潭市中级人民法院民事判决书,(2018)湘03民初196号。

2. 同一裁判结果,不同证明方式

表5 同一裁判结果,不同证明方式

被诉行为	证明方式	裁判结果
案例3 某公司在喷漆过程中产生无色、具有刺激性的气体	环境侵权行为经常具有持续性、隐蔽性、间断性等特点。生态环境一旦受到污染破坏,即具有不可逆性和难以治理恢复的特征。公司虽然已经停止喷涂、焊接等产生漆雾和有机废气的生产经营活动,但并不影响法院在公益诉讼中对其具有损害公共利益的重大风险行为作出预防性裁判	立即停止侵害
案例4 被告王某在河道内挖砂建塘、修筑围坝	专家意见指出,该三处方塘的存在势必影响碧流河及其北支流的河势稳定,危害河岸堤防安全,妨碍河道行洪,破坏碧流河及其北支流流域水生态环境	恢复原状或者支付相应费用

表5中的案例3和案例4都属于已然型预防案件,法院均判决被告另行承担预防性责任。在案例3中,[1]法官以废气污染环境损害的鉴定评估意见等证据认定被告的生产行为损害生态环境,又以其行为具有持续性且极易造成生态损害的不可逆为依据推定被告行为具有预防的必要性。在案例4中,[2]法官依据专家意见认定被告行为具有破坏生态的重大风险,以充分根据判定预防性请求的必要性。显然,为克服证据的不充分对确实存在的"不确定性"的限制,法官也已经在探索不同的证明方式以实现裁判结果的正当性。

3. 不同裁判依据,不同裁判结果

表6中的两个案例是近年来讨论较为热烈的两个未然型预防性环境公益诉讼。在案例5中,[3]法院以"上诉人要求全面停止案涉项目建设的环境影响评价报告已经取得国家环境保护主管部门的批复同意……",维持原裁定不予受理。在案例6中,[4]被诉行为同样是已取得环评批复,法院依据相关证据仍认定被告的行为具有损害社会公益的重大风险,一审判决原告胜诉。两者相较,"是否具有重大风险"作为一个司法判断事项,其裁判依据不清,进而导致

---

〔1〕 北京市第四中级人民法院民事判决书,(2017)京04民初73号。

〔2〕 辽宁省营口市中级人民法院民事判决书,(2019)辽08民初5号。

〔3〕 一审:云南省昆明市中级人民法院民事裁定书,(2015)昆立民诉初字第13号;二审:云南省高级人民法院民事裁定书,(2017)云民终417号。

〔4〕 参见《首例野生动物保护预防性环境公益诉讼一审判决出炉》,载澎湃新闻网2020年4月3日,https://m.thepaper.cn/baijiahao_6823547。

在无明确标尺可循的前提下,裁判结果也呈现多样性。[1]

表6 不同裁判依据,不同裁判结果

被诉行为	裁判依据	裁判结果
案例5 中石油云南石化有限公司炼油项目开工,但因其擅自变更项目的规模、公益、生产装置导致环境风险。为此,环境保护部对其进行了行政处罚	原告提供十余份证据,想要证明该炼油项目存在具有损害社会公共利益的重大风险	裁定不予受理
案例6 戛洒江一级水电站持续建设,建成后大坝蓄水水位上升,将形成一片淹没区。被淹没区域恰好是濒危物种绿孔雀的栖息地	通过实地调研、专家研讨,想要证明水电站的建设会造成水位上升淹没绿孔雀的生存区域对绿孔雀的生存造成重大风险	法院成功立案,一审判决自然之友胜诉

(三)司法适用的主体性反思

1. 原告——合限的初步证明标准

预防性环境公益诉讼中,原告应当对被诉行为与损害风险之间的因果关系承担具体化的主张义务,用于明确证明对象或证明范围。[2] 虽然该主张义务只需要具有一般表象证据,但如样本案例所示,当损害尚处于"潜伏期"时,往往难以明确损害风险的具体可能途径。笔者建议在预防性诉请的紧迫性与谨慎性之间,通过风险与初步证明标准之间潜在的知识联系,探索在无充分性依据的情况下的简化证明方式,确保逻辑和法律上均能以最大化的信息证明"风险指向"的可能性。

2. 法官——合理的裁判认定路径

现行的立法规制仅为法官裁判是否具有预防性必要提供了一个方向和框架,显然,风险是否存在,仅依据各类专家意见、鉴定报告难以形成完整答案。预防性环境公益诉讼的有效运作,需要在一个理性且合理的状态下,为损害风险的可能性程度确定合理的认定路径:一方面,需要借助法官经验的发挥,纾解风险程度的抽象性导致"判断基准"的恣意性;另一方面,通过转换不同的证明方式,形成对风险可能性的盖然性证明效用。

---

〔1〕 参见张洋、毋爱斌:《论预防性环境民事公益诉讼中"重大风险"的司法认定》,载《中国环境管理》2020年第2期。

〔2〕 参见胡学军:《环境侵权中的因果关系及其证明问题评析》,载《中国法学》2013年第5期。

3. 被告——合度的责任承担界限

因果关系举证责任的分配是推动事实证明的内在动力机制，也是在难以认定事实时的替代裁判方法。迥异于环境污染案件中被告拥有明显的证据优势，预防性环境公益诉讼中，被告在证明被诉行为与损害风险之间不存在因果关系的活动中，同样存在无所适从的情况。因此，在简化证实预防性请求正当化的基础上，也应当更为合理地分配被告的证明责任及其证明方式，才能最大限度地实现对事实认定的平等接近。

三、证成：生态公益预防性保护的内在逻辑

"法律的目的在于确保社会中利益的最大化实现。"[1] 囿于环境媒介的流动性给事实认定带来的挑战，预防性诉请陷入证明难的困境。鉴于此，笔者拟从现实需求与证明方式两方面论证化繁为简的内在逻辑，借此探明预防性环境公益诉讼举证规则的合理方向。

(一) 证明简化的现实需求

自证据裁判理念被奉为圭臬，证据就一直是稀缺的司法资源。现行的环境诉讼也已逐渐摆脱因果关系的证明以"必然性"为标准的窠臼，而强调在同样条件下有发生同样结果的高概率性来判断因果关系的盖然性存在。这些循沿诉讼证明实践得来的经验，与其说是对因果关系类型的界定，不如说是对因果关系证明方式的总结归纳。由此可知，在明确具体的标准下，借助证明方式的简化可以产生对复杂的因果关系作出有效判断的正面效应。

此外，法官作为事实裁判者，以事实发现为导向，其对于知识形态的选择总是以实用主义为基准。显然，对因果关系证明的逐步认识以及判断过程中的相同疑惑会引领法官寻求破解之道。而从司法实践来看，证明方式的简化在不断探索积累中已形成不同形式下的实践经验，其在环境司法的证明过程中起着不可或缺的作用。

虽然预防性环境公益诉讼相较于传统环境诉讼有显著差异，难以直接沿用现行的举证规则，但其面临的是更为复杂的因果关系的证明，更为迫切地需要

---

〔1〕 吕忠梅：《环境侵权诉讼证明标准初探》，载《政法论坛》2003 年第 5 期。

在明确启动标准之后，通过证明方式的简化达到对已掌握的风险“防患于未然”的证明目的。因此，探索建立与完善在事实认定方法上寻求因果关系的盖然性证明的普适性解决方案，才能最大限度实现预防性环境公益诉讼的价值归位。

（二）证明方式的比较借鉴

1. 表见证明

最早由德国的判例及法解释学方法创设的表见证明，强调的是证明过程中经验法则的运用。表见证明的本质是信息不对称下举证责任的减轻，即以高度盖然性的经验法则为基础，就重复出现的典型事项，借助一定客观存在的事实，初步认定某一事实为真，从而减轻其主观证明责任。[1] 由此推之，当依据一方提供的相关证据形成特殊的事实推定时，另一方当事人提出反证使法官对采用的经验事实产生怀疑即可推翻推论。[2]

循沿表见证明的适用情形，可以在证明过程中依照以下几种形式延展：(1)以客观事实为据，推定被诉主体的过错或其可能产生的损害后果；(2)由于存在足以引发后果的原因，进而推论其与后果之间的因果联系；(3)因有违背阻止后果产生的目的行为存在，认为该目的行为足以推论后果的产生；(4)具体发生的行为符合后果产生的某一因素，即推定具有“可能引起”后果的因果联系。[3]

2. 摸索证明

摸索证明可以用于解决证据偏在产生的证明难问题，该种证明方式在德国、日本及我国台湾地区得到有条件的承认。所谓摸索证明，是指一方当事人只能提出或多或少整体上的主张，例如，(1)仅提供特定的证据方法，但对该证据方法证明的事实只能做概括性论述；(2)仅能明确应证事实，但未明确证明对象；(3)对应证事实及证据方法均不能作出明确指向；(4)对具体事实主张是基于一定证据下的推测等情形，并因此强迫更接近案情的对方当事人提出证实性的争辩。[4]

摸索证明的效用在于，负举证责任方可以通过摸索证明的方式促使另一方

---

〔1〕 参见毕玉谦：《试论表见证明的基本属性与应用功能之界定》，载《证据科学》2007年第Z1期。

〔2〕 事实推定已在最高人民法院《关于民事诉讼证据的若干规定》(2019年修正)第10条中被再次确认，表见证明作为事实推定的一种特殊形式，为其在我国的引入适用奠定了制度基础。

〔3〕 参见肖建国、李婷婷：《论表见证明制度》，载何家弘主编：《证据学论坛》，法律出版社2008年版，第96页。

〔4〕 参见沈冠伶：《摸索证明与事证搜集开示之协力》，载《月旦法学杂志》第125期(2005年)。

提出证据说服法官相信事实不真实存在或使事实认定重新回到真伪不明的状态。[1] 摸索证明并不导致举证责任的转换,事实真伪不明的风险仍由举证责任方承担,另一方仅需承担因未形成有效证明而导致的事实不利认定的结果。

3. 间接反证

间接反证是在"无知论证"基础上合理推定存在因果关系的一种形式,意指主要事实存在真伪不明情况时,由非举证责任方负反证其事实不存在的证明责任。一般运用过程为,将因果关系的要件事实分解为:A. 损害发生的原因行为;B. 损害到达的路程;C. 被诉主体的关联性污染行为。当原告能够证实 A + B 或 B + C 或 A + C 的任何二者,即可以推定另一要件事实 A/B/C 的真实存在。而被告需要运用反对另一要件事实的存在进而达到推翻推论目的,否则原告的推定即成立。[2]

不同于反证仅需使法官心证重新回到真伪不明的状态即可,间接反证则要求被告对间接反证的事实达到完全证明的效果。但仍需明确的是,间接反证的适用并不导致举证责任的转移,毋宁说是通过证明因果锁链中的部分事实,进而推定整个因果链条的完整成立,若被告对推论存有异议,则需举证排除上述推论,否则就要承担对其不利的判决结果。

4. 底线证明

底线证明是刑事领域实现网络犯罪简易证明的一种方式,即当认定标准模糊时通过明确最底线的要求,进而达到初步证明的目的。[3] 易言之,底线证明强调的是无须获取全部证据而仅依靠部分关键证据达到初步认定事实或启动诉讼程序的目的,从而消解完全性证明的负担。显然,底线证明在预防性环境民事公益诉讼中的运用,可以通过划分不同风险类型的最底线要求,明确启动程序的标准,进而实现提高效率与实现诉讼目的的双重效用。

四、构建:生态公益预防性保护的合理进路

前文述及,预防性环境公益诉讼在实践困境与现实需求中探索证明简化的

---

〔1〕 参见胡学军:《拥抱抑或拒斥:摸索证明论的中国境遇》,载《东方法学》2014 年第 5 期。

〔2〕 参见侯茜、宋宗宇:《环境侵权因果关系理论中的间接反证说》,载《西南民族大学学报(人文社科版)》2008 年第 10 期。

〔3〕 参见刘品新:《网络犯罪证明简化论》,载《中国刑事法杂志》2017 年第 6 期。

可行方式，通过完善证明行为与证明评价机制达至尽可能趋近案件事实。诚然，只有在理论探讨的基础上契合司法实践形成配套方案，才能构建证明简化的合理进路。

（一）总体性分析：证明简化的分段适用

由于环境媒介的流动性、风险产生的因果关系的复杂性，在风险已然发生或即将发生的一段时间内，其难以量化的特质为如何证明带来困难，进而导致法官往往莫衷一是，采取多样化乃至矛盾的证明方式认定案件事实。如图1所示，通过对预防性环境公益诉讼中具有普适性的待证关系按照判断的过程进行罗列，探寻证明简化分段适用的合理方式。预防性诉请的判断过程：诉讼程序的启动→关联性分析→因果关系的确认。自可能产生损害风险的行为被起诉至损害风险发生的现实可能性的确认，预防性环境公益诉讼循沿未然型预防/同质性损害的已然型预防/不同质性损害的已然型预防的不同路径，完成对盖然性的不确定性的判断过程。

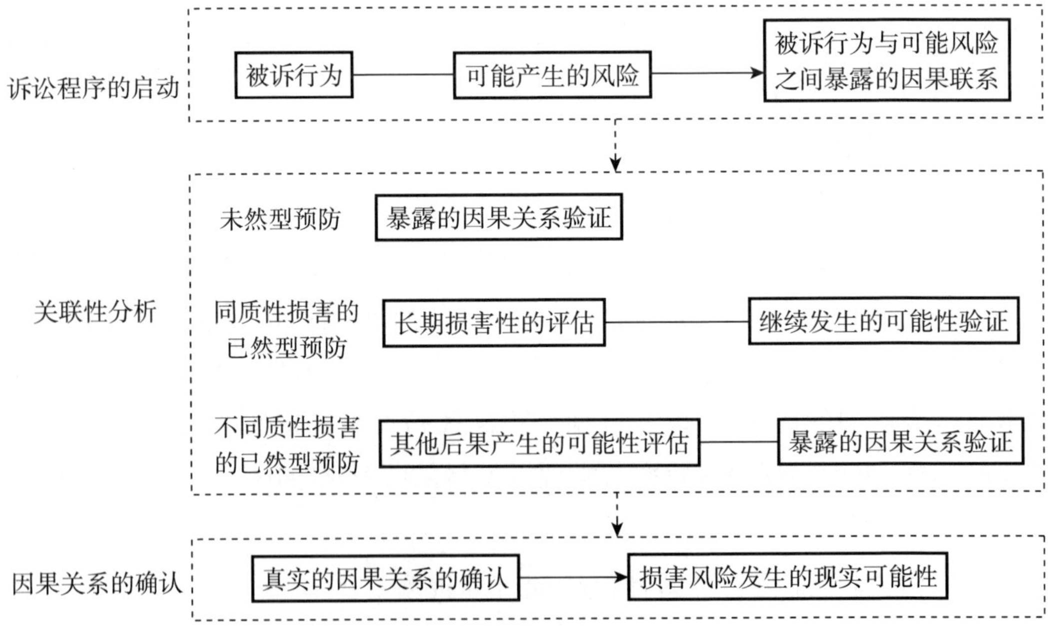

图1　预防性诉请的判断过程〔1〕

〔1〕因为已然型预防的程序启动是以侵害结果的产生为据，因此，本文中诉讼程序的启动阶段只涉及未然型预防。

(二)阶段 1:启动标准的分层简化

依据最高人民法院《关于审理环境侵权责任纠纷案件适用法律若干问题的解释》第 6 条的规定,原告仅需提供一般表象证据证明因果关系存在"关联性"的前提即可。[1] 然而,风险预防作为一种"使现在为未来服务"的诉讼理念,其抽象性不可避免,如表 7 所示,按照共识要素的不同可将环境风险分为一般风险与特定风险,明确不同风险的证明重点,形成具象性证明简化适用方式。

一般风险是指由常识、经验或鉴定意见、环评报告等专家意见即可达成强共识的风险状态。在该类风险的证明过程中,表见证明的合理运用可以达到证明暴露的因果联系的目的。其一,原告在初步证明的过程中,无须就常识性、经验性的一般因果关系进行单独论证,法官可依据常识得出肯定性判断。其二,当原告是依据鉴定意见、环评报告等专业意见认定风险存在的关联性时,可以就专家意见的指向性不同区分证明简化的方式:(1)当专家意见仅能认定足以产生风险的原因或表明具有违背防止损害风险发生的目的行为存在,即可适用表见证明方式,推定证明目的的达成;(2)当具体发生的行为全部或者部分符合损害风险认定的因素,也可推定暴露的因果关系确实存在。

特定风险是指特定事件在某种程度下暴露"事实上可能引发"的状态,为避免程序启动的恣意性导致对社会与经济的不利冲击,其共识担保者必须是达到盖然性标准的专业科学意见。此外,原告在证明关联性确实存在的过程中,表见证明、摸索证明、底线证明方式均可以用于减轻该类风险的举证难度:(1)通过文献报告、专家辅助人证言等证据证实被诉行为产生风险的相对值大于一般行为,即可适用表见证明方式,推定原告完成因果联系的证明;(2)通过对该领域的横断式研究成果,摸索证明致害的可能性,进而迫使被告提供其掌握的不存在因果联系的证据;(3)证据取得并未依靠共识的科学方法,但该类证据均指向同一证明结果方向,即可认定达到初步证明标准,即底线证明。

---

[1] 参见最高人民法院研究室、最高人民法院环境资源审判庭编著:《最高人民法院环境侵权责任纠纷司法解释理解与适用》,人民法院出版社 2016 年版,第 87 页。

表 7 诉讼程序启动的判断基准

风险类型	共识担保者	证明的方式
一般风险	常识或经验	无须就常识性、经验性的一般因果关系进行单独论证
	鉴定意见、环评报告等专家意见	(1)仅依客观证据,即推定被诉行为确实存在某种可能风险或被诉行为与损害风险之间的因果联系; (2)专家意见认定存在足以产生风险的原因,由此推论该原因与损害风险之间的因果联系; (3)专家意见中表明有违背防止损害风险发生的目的行为存在,推定该行为可能导致风险的发生; (4)具体发生的行为符合损害风险认定的某一因素,即推定具有"可能引发"的风险
特定风险	专业科学意见(未形成统一定论)	(1)通过文献报告、专家辅助人证言等提供风险的相对值大于一般行为的相关性证据,即可认定原告完成因果联系的证明; (2)通过提供对该领域的横断式研究报告或生态学研究证据,也可达到因果联系的证明; (3)仅需提供某种研究方法下取得的证据指向证明方向,即达到初步证明标准

(三)阶段2:预防性诉请的关联性分析

预防性诉请的关联性分析依其预防性质的不同可分为未然型预防和已然型预防。在未然型预防的关联性分析中,其重点是对暴露的因果关系进行验证。显然,出于对诉讼两造力量平衡的考虑,在着力解决原告初步证明困境的情形后,被告对于暴露的因果关系的不可靠性可以从多角度简化证明。

一方面,被告可以提供直接反驳性证据推翻法官初步的内心确信;另一方面,被告既可以提供效力更高的研究结论间接反证被诉行为与风险之间存在因果联系的推论不具有可靠性,也可以提供大量间接证明反证被诉行为与风险之间不存在因果联系。

同质性损害的已然型预防的关联性分析涉及长期损害性的评估与继续发生的可能性验证的双重考量:(1)在长期损害性的评估中,既存在不需要单独论证的常识性、经验性的情形认定,也可以套用诉讼程序启动的简化方式,通过原告在先证据或多或少地主张损害程度、空间、时间范围的量化,进而推论长期损害性的存在。[1] (2)在继续发生的可能性验证过程中,依循辩论主义的诉讼模式,既可以由原告重新提供被诉行为的未完全终结的论证性证据,也可以由被告运用反证或间接反证的方式反驳原告的在先推论。

不同质性损害的已然型预防是针对已产生的环境损害可能造成的其他后果的预防。其一,在其他后果产生的可能性评估中,原告既可以通过专家意见中的某种据实性倾向、相对危险性的增高表见证明可能性的存在,也可以通过同类领域中类似情形的实害性后果摸索证明其他后果产生的盖然性。其二,对暴露的因果关系的验证,一方面,被告同样可以就被诉行为在属性上不存在造成其他风险的可能性直接证明因果联系的不存在;另一方面,而当初步的结论系由推论产生时,被告既可以通过反驳推论在时间顺序、关联强度、证据间的矛盾信息反证推论的不可靠,也可以通过提供更具权威的结论/更具说服力的数据报告/更专业的专家意见等方式间接反证,形成新结论的完全性证明。[2]

(四)阶段3:真实因果关系的确认

在预防性环境公益诉讼中,因果关系的确认作为事实认定的最后一步,其目的在于通过明确损害风险发生的现实可能性,进而确认预防的必要性。显然,如何切断被诉行为与损害风险可能性之间的关联性这是一个证明难题,无论是要求被告对行为的合理性还是要求被告对其行为规避风险的必然性进行完全性证明,都是难以企及的证明高度。

因此,对于真实的因果关系的确认,可以进行以下简化:(1)被告可以通过提供被诉行为与其他类似行为的同质性,及类似行为未产生风险,表见证明该类行为在现有条件下不存在发生损害的现实可能性;(2)通过更具权威的结论/更具说服力的数据报告/更专业的专家意见等方式间接反证形成的新的结论,也是真实因果关系的确认;(3)提供合理的量化证据证明被诉行为在一定时间内并不会导致现有状况(如污染物浓度、一定区域内的生物量、生物的多样性、生态服务的功能性)显著改变,进而形成有合理依据的推测性主张。

如表8所示,证明简化作为缓解预防性环境公益诉讼证明难问题的必然途径,其在不同阶段、不同主体中呈现不同表现形式。其因需而生,无论形式如何

[1] 参见胡学军:《环境侵权中的因果关系及其证明问题评析》,载《中国法学》2013年第5期。
[2] 参见陈伟:《环境侵权因果关系类型化视角下的举证责任》,载《法学研究》2017年第5期。

演化,其初衷及目的都最终指向——在合比例的范围内对充分可能性的风险进行司法的前瞻性预防。

表 8 不同证明方式适用简析

证明方式	适用阶段	适用情形	适用主体
表见证明	诉讼程序的启动	(1)鉴定意见、环评报告等已确定的专业意见对风险的可能性进行推论; (2)文献报告、专家辅助人证言等证实风险产生的相对值大于一般行为,可产生行为与风险之间关联性的推论	原告
	关联性分析	(1)或多或少的在先证明损害程度、空间、时间范围的量化,推论长期损害性的存在; (2)专家意见中的某种据实性倾向、相对危险性的增高推论可能性的存在	原告
	因果关系的确认	(1)被诉行为与其他类似行为的同质性,及类似行为未产生风险,证明该类行为在现有条件下不存在发生损害的现实可能性; (2)被诉行为在一定时间内并不会导致现有状况(如污染物浓度、一定区域内的生物量、生物的多样性、生态服务的功能性)显著改变,形成有合理依据的推测性主张	被告
摸索证明	诉讼程序的启动	(1)该领域的横断式研究成果,推论致害的可能性,进而迫使被告提供其掌握的不存在因果联系的证据; (2)可能损害的社会公益的确定	原告
间接反证	关联性分析	提供效力更高的研究结论证明被诉行为与风险存在因果联系的推论不具有可靠性	被告
	因果关系的确认	通过更具权威的结论/更具说服力的数据报告/更专业的专家意见等方式间接反证形成的新的结论	
底线证明	诉讼程序的启动	(1)按照不同风险类型启动的最底线要求,达到初步证明的作用; (2)证据取得并未依靠共识的科学方法,但该类证据均指向同一证明结果方向,即可认定达到初步证明标准	原告

五、结语

当“预防胜于治理”成为环境保护的共识,如何界定风险则是“划定现代与过去之间的界限”。[1] 现行预防性环境公益诉讼举证规则上的不明晰,不仅局限了司法实践的应用,也无法回应环境预防保护的需求。本文对于证明简化的讨论,并不是试图无限扩大预防性环境公益诉讼的范围,相反,通过制定可接受性的、符合合理性限度的举证规则,才能在司法适用中将预防性保护的价值追求发挥至最大。

---

〔1〕 参见[德]乌尔里希·贝克:《风险社会:新的现代性之路》,张文杰、何博闻译,译林出版社 2003 年版,第 10 页。

20. 长江流域生态环境司法救济机制的困境与出路

师　伟*

内容摘要：长江流域"高质量发展"需要生态环境司法救济机制提供法治保障。笔者通过分析指导案例、典型案例进而提炼共性特征，发现当前长江流域生态环境司法救济体系面临以下困境：区域性司法机制难以为长江流域提供充分救济、司法权与行政权重叠错位、各司法诉讼制度衔接不畅等。为此，基于长江流域内生的整体性特质，在救济路径上，应落实《长江保护法》，构建"全流域"治理局面；基于生态环境领域权利配置的特殊性，在理论基础上，应遵循行政权优先、司法权恪守的原则；基于各司法诉讼不同的根源属性，在具体制度上，应优化诉讼制度之间的衔接，以期为长江流域生态环境司法救济提供智识支撑。

关键词：长江流域　生态环境　司法救济　权力配置　诉讼制度

一、引言

习近平总书记指出："要把修复长江生态环境摆在压倒性位置，构建综合治理新体系。"[1]《长江保护法》的颁布实施为长江流域生态环境保护提供了法治保障，但其并未打破碎片化治理的局面，在实务中仍然面临现有司法机制难以为长江全流域生态环境保护提供及时、充分救济的困境。近年来，国家开始重视"案例"对纠纷解决的指导作用，[2]先后发布了一系列生态环境保护的指导、典型案例。因此，本文以《长江保护法》的出台为契机，对最高人民法院（以下

---

* 师伟，中南财经政法大学法律硕士研究生，研究方向为环境与资源保护法。

〔1〕《习近平主持召开全面推动长江经济带发展座谈会并发表重要讲话》，载中华人民共和国中央人民政府网，http://www.gov.cn/xinwen/2020-11/15/content_5561711.htm。

〔2〕参见李爱年、何双凤：《我国流域环境污染纠纷解决机制的问题与完善——基于近两年典型案例实证分析》，载《南京工业大学学报（社会科学版）》2022年第1期。

简称最高法)、最高人民检察院(以下简称最高检)近两年所发布的保护长江流域生态环境指导案例、典型案例〔1〕进行深入剖析,探究所涉及的纠纷解决机制,加之以《长江保护法》、《环境保护法》、最高人民法院《关于审理生态环境损害赔偿案件的若干规定(试行)》(2020 修正)等规定为辅助,进而总结长江流域生态环境司法救济的现实困境,梳理面临的共性问题并提出完善路径,以期为长江流域生态环境保护与救济提供可行的建议。

二、长江流域生态环境司法救济机制的现实困境

(一)长江流域自然属性之困境:区域性司法难以提供全面保护

自然生态系统是以结构相关或依据过程的标准来划定的,与政治上的界限并不重合,〔2〕流域的自然属性使其与行政区划具有割裂性。自然意义上的长江流域横跨我国东部、中部和西部三大经济区的 19 个省(区、市)。长江流域这样横跨我国多个行政区划的河流,行政区划破坏了长江流域生态环境保护的整体性和完整性,而当前我国水资源管理及流域生态环境治理以辖区"分条块"进行,〔3〕由此导致以行政区划为基础的区域性司法救济制度与长江流域整体性之间出现割裂。例如,在"湖北省宜昌市西陵区人民检察院督促保护中华鲟自然保护区生存环境行政公益诉讼案"和"中国生物多样性保护与绿色发展基金会诉雅砻江流域水电开发有限公司生态环境保护民事公益诉讼案"等案例中,长江流域生态环境保护往往需要牺牲经济发展为代价,位于长江中上游、支流及湖泊等区域往往需要发挥涵养水源、建设自然保护区等生态保护作用,导致这部分流域丧失经济发展机会,但在对长江流域生态环境的救济上,我国却采取碎片化模式。"江苏省南京市人民检察院诉王玉林生态破坏民事公益诉讼案"(以下简称南京市检察院诉王玉林案)和"湖南省益阳市人民检察院诉夏顺

---

〔1〕 本文指导案例、典型案例来源:笔者以最高法、最高检于 2021 年 1 月 1 日至 2022 年 11 月 6 日所发布的指导、典型案例为基础,通过仔细筛选,将其中涉及长江流域生态环境保护的指导、典型案例予以汇集,见文后附表中案例概况。对此,需要说明的是,在笔者汇集指导、典型案例时,长江流域的界限范围是以《长江保护法》对其的定义,与"长江经济带"所指的长江并非完全重合。

〔2〕 参见[美]K. A. 沃科特等:《生态系统——平衡与管理的科学》,欧阳华、王政权、王群力等译,科学出版社 2002 年版,第 82 页。

〔3〕 参见陈华脉、刘满凤、张承:《中国环境协同治理指标体系构建与协同度测度》,载《统计与决策》2022 年第 7 期。

安等15人生态破坏民事公益诉讼案”(以下简称益阳市检察院诉夏顺安等15人案)两个案例,均是由非法采矿引发的环境公益诉讼。其中,在南京市检察院诉王玉林案中,案发地部分位于长江沿线10千米范围,该案审理坚持系统思维,以整体化和系统性的角度考量,从而全面认定了非法采矿造成的生态要素损失;[1]在益阳市检察院诉夏顺安等15人案中,当地法院指导鉴定专家按照全面赔偿原则,对非法采砂区域河床、水源涵养、生物栖息地、鱼虾生物资源、水环境质量等遭受的破坏进行全方位鉴定,最终确定生态环境修复费用。[2] 正如以上两个案例,对于长江流域这样大范围的复杂有机整体,小范围的生态环境违法行为可能导致跨越多行政区划的生态环境损害,在实务中各地法院难以界定生态环境的总体损失,同时长江流域跨界流域整体价值的利益补偿与赔偿机制缺乏法律法规的明确规定和组织载体,[3]固然《长江保护法》以流域自然属性为逻辑起点而出台,但其并未设立凌驾于区域政府之上的实权性流域机构,[4]同时,司法实务中我国正逐步打破以行政区划为基础的传统管辖模式,创设了以集中管辖的方式代替行政区划所确定的管辖模式,积极构建遵循流域自然属性的协同治理模式,但目前仍然未形成全流域的环境司法协作机制,[5]由此导致长江流域这样大范围的生态环境损害在实务中依旧难以实现充分救济。

(二)环境法治内部权力配置之困境:司法权与行政权的功能错位

我国《宪法》明确将环境保护首要责任和义务归属行政权,司法权仅起补充、监督与救济的辅助性作用。[6] 早期我国环境保护与救济中主要依靠行政执法,行政机关占据主导作用,司法机关的参与度较低。[7] 但在当前长江流域

---

〔1〕 参见最高人民法院:《江苏省南京市人民检察院诉王玉林生态破坏民事公益诉讼典型案例》,载中国法院网2021年6月4日,https://www.chinacourt.org/article/detail/2021/06/id/6079360.shtml。

〔2〕 参见湖南省益阳市人民检察院诉夏顺安等15人生态破坏民事公益诉讼案[湖南省高级人民法院民事判决书;(2020)湘民终1862号]。

〔3〕 参见邵莉莉:《跨界流域生态系统利益补偿法律机制的构建——以区域协同治理为视角》,载《政治与法律》2020年第11期。

〔4〕 参见兰莹:《流域环境治理困境的逻辑症结与优化策略》,载《华中科技大学学报(社会科学版)》2022年第4期。

〔5〕 参见黄锡生、尚睿:《长江流域环境司法协作的理论构造与制度完善》,载《河南财经政法大学学报》2022年第2期。

〔6〕 参见秦天宝:《司法能动主义下环境司法之发展方向》,载《清华法学》2022年第5期。

〔7〕 参见王雅琪、张忠民:《现代环境治理体系中环境司法与行政执法协作机制的构建》,载《中国矿业大学学报(社会科学版)》2021年第3期。

生态环境救济领域中,行政权与司法权的功能出现错位,其一,司法权从司法领域僭越至执法领域。在环境民事公益诉讼中,法律赋予司法机关承担协助原告调查取证等职责,使司法权在环境民事公益诉讼中占据主导地位,[1]这无异于打破了司法权中立性以及突破了司法权的权力范畴;在"重庆市两江地区人民检察院督促整治截污管网溢流污染环境行政公益诉讼典型案"中,当地检察机关通过及时提起行政公益诉讼督促当地生态环境监管部门确定污水官网治理和生态环境监管的直接负责机构,[2]正如该案例,在环境行政公益诉讼中司法机关常常会充分发挥司法能动性及时提起诉讼,造成行政权的虚置与司法权的越位,司法权的介入某种意义上是对行政执法的否定。[3] 其二,行政权进入司法领域寻求救济以及行政机关怠于行使职权将自身义务转移至司法机关。最高人民法院《关于审理生态环境损害赔偿案件的若干规定(试行)》(2020 修正)赋予行政机关作为生态环境损害赔偿诉讼的适格原告,使行政机关的权力从行政执法权凌越至司法系统,造成行政权对司法权的过度冲击。同时,《民事诉讼法》等赋予检察机关等公主体拥有环境公益诉讼的起诉资格,检察机关可以原告等身份对生态环境损害提供救济,由此导致行政机关可能绕过执法环节或怠于履行执法权,将应当由自己承担的行政职责转移到法院与检察院等司法机关身上,[4]例如,在"江西省新余市渝水区人民检察院诉江西省新余市水务局怠于履行河道监管职责行政公益诉讼案"中,行政机关怠于履行对河道的监管法定职责,[5]从而将自己应承担的职责转移至司法机关,本案最终以检察院提起行政公益诉讼追究当地行政机关渎职的司法救济路径而终。总而言之,如何正确把握司法机关和行政机关的法定职权以及如何界定司法权与行政权的边界范畴,是长江流域生态环境保护所面临的关键性难题。

---

〔1〕 参见栾志红:《环境民事公益诉讼中司法权扩张的制度困境与控制路径》,载《昆明理工大学学报(社会科学版)》2022 年第 1 期。

〔2〕 参见最高人民检察院:《公益诉讼检察听证典型案例》,载最高人民检察院网 2021 年 7 月 22 日,https://www.spp.gov.cn/xwfbh/dxal/202107/t20210722_524528.shtml。

〔3〕 参见梁平、潘帅:《环境公益诉讼模式的重构——基于制度本质的回归》,载《河北大学学报(哲学社会科学版)》2022 年第 2 期。

〔4〕 参见吕梦醒:《生态环境损害多元救济机制之衔接研究》,载《比较法研究》2021 年第 1 期。

〔5〕 参见最高人民法院:《长江流域生态环境司法保护典型案例》,载中国法院网 2021 年 2 月 25 日,https://www.chinacourt.org/article/detail/2021/02/id/5822529.shtml。

(三)生态环境司法救济机制之困境:各类司法诉讼制度衔接不畅

环境利益天然的公共属性和流域系统整体性等特质导致长江流域生态环境遭到非法侵害时,常常出现无人问津的局面,因此构建多种路径并存的生态环境损害救济体系成为立法者的必然选择。[1] 在司法救济中,我国形成了生态环境损害赔偿诉讼、环境民事公益诉讼、环境行政公益诉讼“三诉并行”的制度,但相关制度的出台使我国生态环境救济中的困境从立法权转移至了司法领域,在对近两年最高法、最高检发布的长江流域指导、典型案例分析研究时,笔者发现长江流域生态环境损害的救济中涉及多种司法诉讼路径,基于生态环境损害赔偿诉讼与环境行政公益诉讼之间的衔接问题已解决,[2] 因此不再讨论两者顺位问题。生态环境损害赔偿诉讼与环境民事公益诉讼的衔接是当前实务中所面临的较大困境,例如益阳市检察院诉夏顺安等15人案,该案不但符合环境民事公益诉讼的起诉条件,同样符合生态环境损害赔偿诉讼的起诉条件,由此引发实务中各地法院对两者适用是否需要遵循一定的顺位要求以及多个法院若分别提起两种诉讼应当如何取舍等现实难题。虽然立法者已从制度层面对“两诉”的适用范围、诉讼中的衔接原则等问题进行了不同程度的规定,给予行政机关提起生态环境损害赔偿诉讼的绝对优先力,[3] 这样规定是否削减了社会组织提起环境民事公益诉讼的积极性,以及若民事环境公益诉讼已经进行至审判阶段,“一刀切”地中止民事环境公益诉讼是否对司法资源造成浪费值得商榷。

---

[1] 长江流域生态环境损害救济体系中有行政与司法两大救济路径。对于行政救济与司法诉讼的衔接上,涉及多种具体制度之间的衔接,例如,生态环境损害赔偿诉讼磋商程序与行政执法的衔接、行政执法与环境行政公益诉讼的衔接等,学界已有学者对生态环境损害救济体系进行了全面探究,并提出了系统的完善路径。参见吕梦醒:《生态环境损害多元救济机制之衔接研究》,载《比较法研究》2021年第1期。加之,本文以最高法、最高检发布的指导、典型案例为研究起点,案例多涉及司法救济领域。基于以上原因,本文仅对长江流域生态环境司法救济的现状进行探究并提出优化路径。

[2] 参见吕梦醒:《生态环境损害多元救济机制之衔接研究》,载《比较法研究》2021年第1期。

[3] 最高人民法院《关于审理生态环境损害赔偿案件的若干规定(试行)》(2020修正)第17条规定:人民法院受理因同一损害生态环境行为提起的生态环境损害赔偿诉讼案件和民事公益诉讼案件,应先中止民事公益诉讼案件的审理,待生态环境损害赔偿诉讼案件审理完毕后,就民事公益诉讼案件未被涵盖的诉讼请求依法作出裁判。

三、长江流域生态环境司法救济体系的法理分析

(一)长江流域多重属性上的整体性

正如生态学理论对流域的定义,“流域是以降水为渊源、以水流为基础、以河流为主线所形成的特定区域,同时又是以人类以水资源开发为主导,以自然资源和环境为依托、以水资源、生态环境的可持续利用为命脉,以经济制度和环境政策为调控手段的有机整体”。[1] 流域并非仅以自然系统产生的定义,而是由自然、经济、社会组成的有机整体,因此在对长江流域生态环境损害司法救济的路径进行分析探究时,首要任务是对长江流域的范围予以明确。《长江保护法》对长江流域的定义是基于长江的自然属性和社会属性,正如吕忠梅教授所言,《长江保护法》上的长江流域与《长江经济带发展规划纲要》界定的“长江经济带”有所不同,《长江保护法》所称的长江流域是法律上的长江流域,[2]其是以流域的完整、独立和自成系统的自然属性为出发点,[3]秉持协调行政边际与水文边界关系而产生的定义,因此在对长江流域生态环境损害进行司法救济时,理应以长江流域的自然属性为逻辑起点,同时兼顾长江流域所承载的社会经济特性。

流域在自然属性上被定义为一个多元共生单元。[4] 自然属性上的长江流域作为一个多元共生单元,意味着长江流域内不同种属的生物在该流域内互相利用对方的特性生活在一起,[5]诸要素之间互相依存、互相影响,长江流域及以长江流域为依托生存的生物,在自然属性上具有极强的关联性和不可分割的整体性特质。同时,长江流域的整体性也是由其社会经济属性所决定的,水是长江流域各要素的纽带,人类活动的影响随着水的流动性在上下游、支干流、左右岸之间迁移和扩散,[6]上游等小范围的人类活动,通过水的流动性和人类活

---

〔1〕 参见曹宝、罗宏等:《流域环境与经济一体化发展战略研究》,中国环境出版社 2016 年版,第 2 页。

〔2〕 参见吕忠梅:《〈长江保护法〉适用的基础性问题》,载《环境保护》2021 年第 Z1 期。

〔3〕 参见吕忠梅:《关于制定〈长江保护法〉的法理思考》,载《东方法学》2020 年第 2 期。

〔4〕 参见黎元生、胡熠:《流域系统协同共生发展机制构建——以长江流域为例》,载《中国特色社会主义研究》2019 年第 5 期。

〔5〕 参见高利红、程芳:《气候资源的属性及权属问题研究——兼评〈黑龙江省气候资源探测与保护条例〉》,载《重庆大学学报(社会科学版)》2013 年第 5 期。

〔6〕 参见吕忠梅:《关于制定〈长江保护法〉的法理思考》,载《东方法学》2020 年第 2 期。

动的迁移,势必影响下游乃至整个流域的经济和生态环境利益。对于长江流域的生态环境损害场域而言,流域的共生单元属性、水的流动性、人类活动的广泛性、污染的负外部效应和生态环境损害的空间溢出性等多重因素导致长江流域生态环境的污染覆盖范围、侵害程度以及修复范围之间具有较强的交互性,使不同流域段的生态环境损害事件会跨区域损害其他区段的多种主体的利益。[1] 基于流域自然属性和社会经济属性上的整体性,在对长江流域生态环境损害的司法路径选择上,必须以整体性的视角。

(二)司法权与行政权关系的特殊性

1. 司法权与行政权关系的生成机理

作为国家权力的核心,行政权与司法权之间的较量伴随着国家的发展而相互作用。从发展历程来看,近代西方国家形态先后出现"警察国家""福利国家""预防国家"三种国家形态。[2] 在国家形态的发展过程中,行政权与司法权的权力范畴和关系也发生着变化,在"警察国家"模式下,行政权与司法权遵循"三权分立"的原则,[3]坚持严格的权力分立;而到了"福利国家"模式,行政权快速扩张,司法权则开始转向司法克制主义;由于"预防国家"模式是基于工业化的繁荣引发社会环境污染加剧而出现的,因此在该模式下国家为了有效预防社会风险,加强了对"安全、健康与环境"的社会监管,行政权能在生态环境等社会公共领域逐渐扩大,法院在公共利益问题上也开始采取能动主义,司法权的监管范围逐渐调整以应对行政权的扩张。从近代国家行政权与司法权的发展过程来看,代表国家执行权力的行政机关权力一直出现扩张趋势,司法机关作为公权力的监管机构,其职权基于行政权的扩张也相应发生了变化,开始对行政权涉及公共利益的权力进行监管,但原则上司法权仍然不能超越行政权和不能干预行政机关行使行政权,[4]两者的关系处于严格的分立态势。

---

〔1〕 参见许素菊、支克蓉:《基于整体性视域的流域生态文明建设》,载《理论视野》2021 年第 6 期。

〔2〕 参见王明远:《论我国环境公益诉讼的发展方向:基于行政权与司法权关系理论的分析》,载《中国法学》2016 年第 1 期。

〔3〕 参见康京涛:《生态环境修复责任执行的监管权配置及运行保障——以修复生态环境为中心》,载《学术探索》2022 年第 6 期。

〔4〕 参见王明远:《论我国环境公益诉讼的发展方向:基于行政权与司法权关系理论的分析》,载《中国法学》2016 年第 1 期。

2. 流域公共物品属性对两权的作用

公共物品理论是经济学上所生成的概念,指没有排他性和没有竞争性的物品,[1]环境学者基于生态环境具有非排他性和非竞争性的特征,将该概念运用于环境法领域。在对长江流域这类公共物品进行利用时,理性经济人总会存在希望以最小的成本收获最大的利益的心理。流域的生态环境作为典型的公共物品,对其救济的主体选择上,我国《宪法》第 9 条第 2 款规定:"国家保障自然资源的合理利用,保护珍贵的动物和植物。禁止任何组织或者个人用任何手段侵占或者破坏自然资源。"第 26 条规定:"国家保护和改善生活环境与生态环境,防治污染和其他公害;国家组织和鼓励植树造林,保护林木。"两款明确了国家环境保护义务,[2]国家环境保护义务意味着在生态环境遭到损害时,国家应当采取措施予以救济,行政机关和司法机关作为国家公权力的代表,代替国家对生态环境损害进行救济具有来自宪法上的正当性。随着生态环境损害的日益加剧和传统行政手段对生态环境损害提供的救济不充分,我国在生态环境损害司法救济领域出台了环境公益诉讼等制度和在该领域充分发挥司法能动主义,司法权开始打破与行政权的边界,逐步介入行政领域,行政机关也迈入司法领域提起诉讼寻求司法救济。基于此,司法权与行政权的边界模糊是流域生态环境的公共物品特性所导致的必然结果。

(三)各类司法诉讼制度根源的多元性

在生态环境司法救济中,环境行政公益诉讼是检察机关行使法定职权即监督权的体现,在法理和实践上具有正当性。[3] 行政权借助生态环境损害赔偿诉讼进入司法领域寻求救济和检察机关在该领域既履行法定监督权,同时拥有环境民事公益诉讼的起诉权与支持起诉权,造成检察机关职权上的混乱,两项制度是造成各诉讼制度衔接不畅的重要原因。因此,笔者着重对生态环境损害赔偿诉讼的设计理念和检察机关在环境民事公益诉讼中的职权混乱予以探讨,

---

〔1〕 参见[美]曼瑟·奥尔森:《集体行动的逻辑》,陈郁等译,上海人民出版社 1995 年版,第 13 页。

〔2〕 陈海嵩教授运用演绎推理法从"基本权利——国家义务"的体系关系和归纳推理法从"约束所有国家权力的'国家目标条款'"两条路径论证出国家环境保护义务。基于陈海嵩教授已对国家环境保护义务予以系统周密的论证,本文不再详细论证国家环境保护义务的理论渊源。参见陈海嵩:《国家环境保护义务论》,北京大学出版社 2015 年版,第 5 ~ 358 页。

〔3〕 参见秦鹏、何建祥:《论环境行政公益诉讼的启动制度——基于检察机关法律监督权的定位》,载《暨南学报(哲学社会科学版)》2018 年第 5 期。

为其寻求法理上的依据,以期为完善长江流域生态环境司法救济各具体诉讼制度的衔接提供理论支撑。

生态环境损害赔偿诉讼作为生态环境领域的一项新兴制度,设立后不可避免需要面临其性质的确定以及与既有制度的衔接问题。生态环境损害赔偿诉讼在《民法典》中明确规定后,解决了在司法实践中法律依据不足的问题。[1]但在法理上生态环境损害赔偿诉讼的性质却有争议,学界对其性质产生了特殊环境民事公益诉讼说[2]、私益诉讼说[3]、国益诉讼说[4]等多种学说。最高法将其性质定义为“政府基于国家自然资源所有权”提起的诉讼。[5]由此,生态环境损害赔偿诉讼的性质定性为私益属性似乎得到了国家权威机构的认可,但以国家所有权为基础并不意味着诉讼的私益属性,因为国家对生态环境拥有所有权从而有权对其支配,这一过程受到公益目标约束,同时也受到宪法上的“保障自然资源的合理使用”的宪法义务约束,因此该权力本质上仍属于公权力,相关的诉讼也具有公益属性。[6]生态环境损害赔偿诉讼的性质争论在现阶段难以有统一归属,性质需要法律予以细致明确规定,方可停歇学界的论争。尽管现阶段生态环境损害赔偿诉讼性质仍有争论,但其具有的公益属性为长江流域生态环境场域各司法诉讼的衔接奠定了良好基础,就这个角度而言,行政机关作为国家权力的天然执行者,在长江流域生态环境受到损害和污染等情况下,提起生态环境损害赔偿诉讼是其借助司法诉讼完成自己对公共利益维护与监管的法定职责,司法诉讼在该过程中仅作为一种救济途径,与其他组织所提起的一般诉讼并无差别。加之前文所提及的行政职权的局限导致行政机关无法为长江流域生态环境保护提供充分救济,生态环境损害赔偿诉讼的出台很大程度上弥补了行政机关在该领域执法不足的窘境。

---

〔1〕 参见吕忠梅等:《中国环境司法发展报告2020年》,法律出版社2021年版,第205页。

〔2〕 参见林莉红、邓嘉咏:《论生态环境损害赔偿诉讼与环境民事公益诉讼之关系定位》,载《南京工业大学学报(社会科学版)》2020年第1期。

〔3〕 参见汪劲:《论生态环境损害赔偿诉讼与关联诉讼衔接规则的建立——以德司达公司案和生态环境损害赔偿相关判例为鉴》,载《环境保护》2018年第5期。

〔4〕 参见肖建国:《利益交错中的环境公益诉讼原理》,载《中国人民大学学报》2016年第2期。

〔5〕 参见最高人民法院《关于充分发挥审判职能作用为推进生态文明建设与绿色发展提供司法服务和保障的意见》(法发〔2016〕12号)。

〔6〕 参见巩固:《生态环境损害赔偿诉讼与环境民事公益诉讼关系探究——兼析〈民法典〉生态赔偿条款》,载《法学论坛》2022年第1期。

环境民事公益诉讼建立之初便具有生态环境损害预防和治理的功能,[1]该制度创设了多重起诉主体的局面以具体落实预防和治理功能。但正如在流域生态环境司法救济的实务中,由于社会组织不是直接的利益归属者,其作为原告提起环境民事公益诉讼,关注的重心是诉讼请求获得法院支持,而没有足够的动力去关注裁判的执行,[2]导致生态环境损害的预防和事后治理效果并不显著,因此法律赋予检察机关环境民事公益诉讼的起诉权和支持起诉权,以此解决流域生态环境的公共物品特性所导致的“公地悲剧”困境。对于检察机关在该诉讼制度中的职权定位,根据我国《宪法》第 134 条之规定,[3]检察机关作为国家法律监督机构,支持社会组织起诉是其履行维护环境公共利益的职责所在,[4]该职权配置并未打破检察机关的法定职权范畴,但检察机关自身具有起诉权似乎突破了司法中立性的基本属性。对此,立法者以及理论界多是基于公共利益的特殊性予以考量,正如学者所言,为了应对社会革新而导致权益保护范畴的变化,“诉权”应重新配置和诉讼程序应重新构造予以回应,[5]长江流域作为我国自然资源和生物多样性最丰富的地区之一,[6]党和国家对其生态环境的保护与救济被提到战略性位置,检察环境民事公益诉讼在长江流域的广泛运用是司法制度对长江流域“共抓大保护、不搞大开发”的实践回应。《人民检察院组织法》等法律赋予检察机关提起公诉权、批准逮捕权和法律监督权等权力,检察机关作为“最高法律秩序代表”和“社会公益的维护者”,[7]基本职能便是维护国家利益和社会公共利益,而广义上的法律监督权包括了公益诉

[1] 参见陈娟丽、王意锋:《预防性环境民事公益诉讼的制度逻辑》,载《昆明理工大学学报(社会科学版)》2022 年第 5 期。

[2] 参见吴勇:《我国流域环境司法协作的意蕴、发展与机制完善》,载《湖南师范大学社会科学学报》2020 年第 2 期。

[3] 《宪法》(2018 年修正)第 134 条规定:中华人民共和国人民检察院是国家的法律监督机关。

[4] 参见秦天宝:《论环境民事公益诉讼中的支持起诉》,载《行政法学研究》2020 年第 6 期。

[5] 参见白彦:《民事公益诉讼主体的理论扩张与制度构建》,载《法律适用》2020 年第 21 期。

[6] 参见赵素婷、袁洁等:《基于文献计量的长江生态环境保护研究发展态势》,载《长江科学院院报》,网络首发时间:2022 年 10 月 20 日,载中国知网,http://kns.cnki.net/kcms/detail/42.1171.TV.20221019.1718.004.html。

[7] 参见梅宏:《由新〈民事诉讼法〉第 55 条反思检察机关公益诉讼的法律保障》,载《中国海洋大学学报(社会科学版)》2013 年第 2 期。

权,[1]因此检察机关提起环境民事公益诉讼同样是履行监督权的具体表达。

四、长江流域生态环境司法救济制度的优化路径

(一)落实《长江保护法》,构建"全流域"治理局面

《长江保护法》的颁布实施标志着长江流域治理迈入了新阶段,但正如前文所述,在制度层面上,《长江保护法》并未设立凌驾于区域政府之上的实权性流域机构;在实践层面,长江流域生态环境损害司法救济尚未规范化和制度化。固然我国正探索以协同治理理念对长江流域生态环境进行监管与救济,但仍未能摆脱区域性、碎片化的局面。"尊重河流自然属性是任何流域管理的中心法则。"[2]对于横跨我国西、中、东部三大区的长江流域,是超越行政区划的社会共同利益体,对其生态环境的司法救济上理应采取整体主义的理念,构建长江"全流域"协同治理模式。

《黄河保护法》相继出台,[3]标志着党和国家更加坚定不移地遵循流域自然属性对我国江河进行治理与保护,《长江保护法》既已从理念转型、制度搭建等全方面为长江流域的保护和开发提供了法治保障,[4]应借此契机,从国家层面上对长江"全流域"生态环境进行一体化保护与救济。整体主义的理念要求,在对长江流域生态环境提供司法救济时,应当充分尊重长江流域作为一个多元共生单元和该单元各类要素互相依存的自然属性;在管理机制上,建立全流域的监督与管理机构,解决诸如各地司法机关在生态修复费用认定上所面临的技术性难题;构建长江"全流域"协同治理的模式要求,在救济主体上,基于社会多主体协同治理能有效弥补长江流域生态环境执法、司法与流域整体性保护之间的割裂,应当创建全体社会主体共同参与的局面;在具体司法制度上,设立长江流域专门法院,以管理长江流域生态环境保护、绿色发展等案件,从而有

---

[1] 参见张学武:《应然与实然的民事公诉权——探究民事公诉制度建构的理论基础》,载《法律科学(西北政法学院学报)》2008 年第 2 期。

[2] 参见杨桂山、于秀波:《国外流域综合管理的实践经验》,载《中国水利》2005 年第 10 期。

[3] 2022 年 10 月 30 日第十三届全国人民代表大会常务委员会第三十七次会议通过了《中华人民共和国黄河保护法》,该法自 2023 年 4 月 1 日起生效。

[4] 参见黄锡生、尚睿:《长江流域环境司法协作的理论构造与制度完善》,载《河南财经政法大学学报》2022 年第 2 期。

效破解“地方保护主义”,强化长江流域生态环境保护力度。[1]

（二）遵循行政权优先、司法权恪守的原则

基于生态环境领域行政权与司法权权力配置的特殊性,在对长江流域生态环境司法救济体系优化时,理应先超出司法体系层面,对司法权与行政权的适用原则予以明晰。从本质上看,行政权是一种管理权,而司法权是一种判断权,[2]对于两者关系的协调,需要从两种权力的内生属性出发。笔者认为,行政权与司法权的冲突解决,应遵循行政权优先、保持司法恪守的原则。首先,行政权具有主动和灵活的内生属性,法律已明确规定了行政权在生态环境监管与救济中的主导作用与优先作用,[3]加之流域生态环境损害具有专业性、复杂性和不确定性等特征,环境行政部门作为监管与救济的专职部门,对生态环境的监管与救济拥有大量实务经验,在其救济上,理应首先依赖行政权。其次,应当保持司法权恪守的原则,司法权以个案裁量的本质属性是其自身无法克服的,导致司法权在生态环境救济中无法提供全面救济。与此同时,司法诉讼的事后救济难以弥补生态环境损害的快速性,[4]因此在长江流域生态环境保护领域应当保持司法权恪守的基本原则。总而言之,笔者认为,为解决前文所指出的种种困境,在理念层面上,应“遵循行政权优先、保持司法权恪守”的原则;在制度层面上,应构建“全流域”协同治理模式,以期为长江流域生态环境损害提供全方位的法治保障。

（三）加强各类诉讼制度之间的衔接

生态环境损害救济机制的衔接安排本质上是行政权能和司法权能的优化配置问题,[5]而两者的配置在长江流域司法救济机制中通过具体诉讼制度予以表达,由此需对各诉讼制度之间的衔接予以优化。首先,关于环境行政公益诉讼与生态环境损害赔偿诉讼的衔接,检察机关提起环境行政公益诉讼是其行使监督权的具体体现,理应遵循监督权恪守的原则。当长江流域内的执法主体

---

〔1〕 参见江必新:《关于制定长江保护法的几点思考——以司法审判及法律责任为视角》,载《中国人大》2019 年第 20 期。

〔2〕 参见孙笑侠:《司法权的本质是判断权——司法权与行政权的十大区别》,载《法学》1998 年第 8 期。

〔3〕 参见于文轩、孙昭宇:《生态环境损害司法救济体系的优化路径》,载《吉首大学学报(社会科学版)》2022 年第 4 期。

〔4〕 参见侯志强、王宏:《环境民事公益诉讼中行政机关角色的再认识》,载《环境保护》2021 年第 7 期。

〔5〕 参见吕梦醒:《生态环境损害多元救济机制之衔接研究》,载《比较法研究》2021 年第 1 期。

怠于履行法定职责时，例如，指导案例、典型案例中出现的行政机关怠于履行濒危动物保护区的生态监管[1]、河道监管[2]和对水体污染采取补救措施[3]等法定职责时，检察机关通过提起环境行政公益诉讼督促行政机关履行职责，切不可突破监督权。其次，生态环境损害赔偿诉讼与环境民事公益诉讼两者的性质在理论界的论争难以停息，但在长江流域生态环境保护实务中两者一直处于并立向前的发展态势，基于最高人民法院《关于审理生态环境损害赔偿案件的若干规定（试行）》赋予生态环境损害赔偿诉讼优于环境民事公益诉讼的基础之上，笔者认为，两种诉讼制度上应采取“行政机关—社会组织—检察机关”的顺位提起诉讼。行政机关提起生态环境损害赔偿诉讼作为对行政执法不足的弥补，放在第一顺位符合执法权在生态环境保护领域主导的内在属性。再次，长江作为我国最长的河流，其流域是我国人口最为密集的区域，[4]对其生态环境的保护与救济需要全社会各主体共同参与，将社会组织放在第二顺位，是“全社会共同参与保护母亲河”[5]的具体制度落实。最后，检察机关作为法定的监督机构，在以上主体未对长江流域生态环境损害提起诉讼进行救济时，作为公权力的代表提起环境民事公益诉讼，充分遵循了检察权谦抑性的原则。

五、结语

长江流域是以水流为基础、各要素互相融合的有机整体，对其生态环境的救济是一个涉及面广、专业性极强的系统性工程。基于我国生态环境保护制度起步较晚，导致长江流域生态环境司法救济中出现了诸多理论和实务上的困境。《长江保护法》作为我国流域立法的初次尝试，在法律层面为长江流域生

---

〔1〕《生物多样性保护公益诉讼典型案例》，载最高人民检察院网 2021 年 10 月 9 日，https://www.spp.gov.cn/xwfbh/wsfbt/202110/t20211009_531433.shtml#2。

〔2〕参见最高人民法院：《长江流域生态环境司法保护典型案例》，载中国法院网 2021 年 2 月 25 日，https://www.chinacourt.org/article/detail/2021/02/id/5822529.shtml。

〔3〕《最高检发布“公益诉讼守护美好生活”专项监督活动典型案例》，载最高人民检察院网 2021 年 9 月 9 日，https://www.spp.gov.cn/spp/xwfbh/wsfbh/202109/t20210909_529071.shtml。

〔4〕参见申文君：《〈长江保护法〉守护母亲河》，载《生态经济》2021 年第 3 期。

〔5〕参见续衍雪、孙宏亮等：《基于〈长江保护法〉做好长江生态环境保护修复》，载《环境保护》2021 年第 19 期。

态环境保护提供了制度保障,[1] 由此,在完善长江流域生态环境司法救济体系时,应以流域的自然属性为逻辑起点,遵循协同治理的理念,正确把握司法权与行政权的边界范畴,加强各类司法诉讼制度的衔接。如此,方可为长江流域永续发展提供法治保障。

附表 近两年涉长江流域生态环境司法救济指导案例、典型案例概况

案件类型	发布日期	发布机关	序列	案件名称
生态环境损害赔偿诉讼类	2022 年 7 月	最高检	1	江西省新干县人民检察院督促支持生态环境部门开展生态环境损害赔偿磋商案
民事公益诉讼和行政公益诉讼类	2022 年 11 月	最高检	2	湖南检察机关督促整治洞庭湖下塞湖非法矮围破坏湿地生态环境公益诉讼系列案
环境行政公益诉讼类	2021 年 9 月	最高检	3	湖北省老河口市人民检察院督促履行渔业资源监管职责行政公益诉讼起诉案
			4	四川省宜宾市检察机关督促整治金沙江水域污染行政公益诉讼案
			5	安徽省怀远县人民检察院督促履行禁渔监管职责行政公益诉讼案
	2021 年 2 月	最高法	6	江西省新余市渝水区人民检察院诉江西省新余市水务局怠于履行河道监管职责行政公益诉讼案
	2021 年 8 月	最高检	7	重庆市两江地区人民检察院督促整治截污管网溢流污染环境行政公益诉讼案
	2021 年 10 月	最高检	8	湖北省宜昌市西陵区人民检察院督促保护中华鲟自然保护区生存环境行政公益诉讼案
	2022 年 11 月	最高检	9	湖北省公安县人民检察院督促保护洪湖湿地生态环境行政公益诉讼案

〔1〕 参见徐海俊、秦鹏:《流域立法视角下生态流量保障的制度供给——以长江流域为例》,载《中国人口·资源与环境》2021 年第 2 期。

续表

案件类型	发布日期	发布机关	序列	案件名称
环境行政公益诉讼类	2022年7月	最高检	10	上海市崇明区人民检察院督促保护北长江口水域生态资源行政公益诉讼案
			11	江苏省苏州市检察机关督促保护大运河、太浦河流域生态环境行政公益诉讼系列案
			12	安徽省滁州市检察机关督促整治跨区域固体危险废物污染行政公益诉讼案
			13	湖北省沙洋县人民检察院督促保护叶家大港水环境行政公益诉讼案
			14	湖南省长沙铁路运输检察院督促整治生活垃圾填埋场污染行政公益诉讼案
			15	四川省遂宁市安居区人民检察院督促治理琼江水体污染行政公益诉讼案
			16	贵州省贵阳市白云区人民检察院督促治理麦架河污染行政公益诉讼案
	2022年11月	最高检	17	江苏省扬州市广陵区人民检察院督促整治违法侵占长江湿地行政公益诉讼案
	2022年6月	最高检、水利部	18	重庆市江津区人民检察院督促整治米邦沱码头侵占岸线行政公益诉讼案
			19	江苏省扬州市检察机关督促整治某公司占用廖家沟河道公益诉讼案
	2021年12月	最高法	20	中国生物多样性保护与绿色发展基金会诉雅砻江流域水电开发有限公司生态环境保护民事公益诉讼案
			21	湖南省益阳市人民检察院诉夏顺安等15人非法采矿民事公益诉讼案
	2021年6月	最高法	22	江苏省南京市人民检察院诉王玉林生态破坏民事公益诉讼案

续表

案件类型	发布日期	发布机关	序列	案件名称
环境民事公益诉讼类	2021 年 2 月	最高法	23	中华环境保护基金会诉中化重庆涪陵化工有限公司环境污染民事公益诉讼案
			24	北京市朝阳区自然之友环境研究所诉中国水电顾问集团新平开发有限公司等环境污染责任民事公益诉讼案
			25	中国生物多样性保护与绿色发展基金会诉雅砻江流域水电开发有限公司环境民事公益诉讼案
			26	湖北省人民检察院武汉铁路运输分院诉阳新网湖生态种养殖有限公司通海水域污染损害责任环境民事公益诉讼案
	2021 年 12 月	最高法	27	江苏省泰州市人民检察院诉王某某等 59 人生态破坏民事公益诉讼案
刑事附带民事公益诉讼类	2021 年 7 月	最高检	28	湖南省平江县人民检察院诉张某某等人非法捕捞水产品破坏生态资源刑事附带民事公益诉讼系列案
	2021 年 11 月	最高法	29	南京胜科水务有限公司、ZHENG QIAOGENG(郑某庚)等 12 人污染环境刑事附带民事公益诉讼案
			30	湖南省岳阳市张某节等 10 人非法捕捞水产品、吴某龙等 10 人掩饰、隐瞒犯罪所得案
			31	江苏省南京市陈某宝、万某祥非法捕捞水产品案(同时提起附带民事公益诉讼)
	2021 年 6 月	最高法	32	安徽省巢湖市人民检察院诉魏某文等 33 人非法捕捞水产品刑事附带民事公益诉讼案
	2021 年 2 月	最高法	33	被告人李某根非法捕捞水产品刑事附带民事公益诉讼案
			34	被告人秦某学滥伐林木刑事附带民事公益诉讼案

续表

案件类型	发布日期	发布机关	序列	案件名称
刑事附带民事公益诉讼类	2022 年 6 月	最高检、水利部	35	江苏省建湖县人民检察院诉张某某等人长江非法采砂刑事附带民事公益诉讼案
	2022 年 7 月	最高法	36	张某山等人非法采砂案(同时提起附带民事公益诉讼)
	2022 年 10 月		37	“3·07”长江特大非法采砂案(同时提起附带民事公益诉讼)

21. 长江流域生态环境检察公益诉讼协同治理机制研究

——基于习近平法治思想引领下流域性司法的思考

黄丽红*

内容摘要：习近平法治思想中 11 个“坚持”为构建具有中国特色的流域司法模式起到了重要引领作用。本文以习近平总书记关于长江流域生态环境协同治理的重要论述为切入点，对域外生态环境流域协同治理模式进行比较分析，从而提出长江流域检察公益诉讼协同治理的重要意义。本文结合长江流域检察机关多年实践探索，分析总结出生态环境检察公益诉讼流域协同治理的实践困境，从流域公益诉讼管辖、调查取证、生态修复等方面的特殊性提出有针对性的完善建议。

关键词：习近平法治思想　长江保护法　流域协同治理　生态环境公益诉讼

习近平总书记在全面推动长江经济带发展座谈会上强调，推动长江经济带高质量发展，谱写生态优先绿色发展新篇章，打造区域协调发展新样板。2021 年 3 月 1 日，我国首部流域法律《长江保护法》正式施行，为长江流域协同治理提供了有力法律保障。《长江保护法》作为流域法律，其施行必然要求流域司法对流域立法作出相应的回应。作为单一制国家，我国立法的国家性和地方性有机统一，呼吁流域司法从利益协同、专业协同层面上实现跨区域生态环境协同治理。因此，为适应流域司法的新需求、新趋势，长江流域检察机关对生态环境检察公益诉讼流域协同治理模式进行不断探索和创新。

* 黄丽红，福建省德化县人民检察院第二检察部三级检察官。

一、习近平总书记关于长江流域生态环境协同治理的重要论述

习近平总书记曾深刻指出,“长江病了,而且还病得不轻”。[1] 针对如何推进长江流域生态环境协同治理,党中央有以下重要治理措施。

(一)“生态优先+绿色发展”系统治理

习近平总书记提出的“生态优先绿色发展”生态文明理念,符合环境库兹涅茨曲线[2]。这是长江流域产业生态化和生态产业化相互循环转化,实现生态价值增值和生态保护的重要理论基础。绿色生态是长江流域发展的主基调,而生态修复是长江流域绿色发展的首要任务。长江流域生态修复应当坚持流域生态环境的整体性和系统性,构建长江流域生态环境综合治理新体系(见图1)。

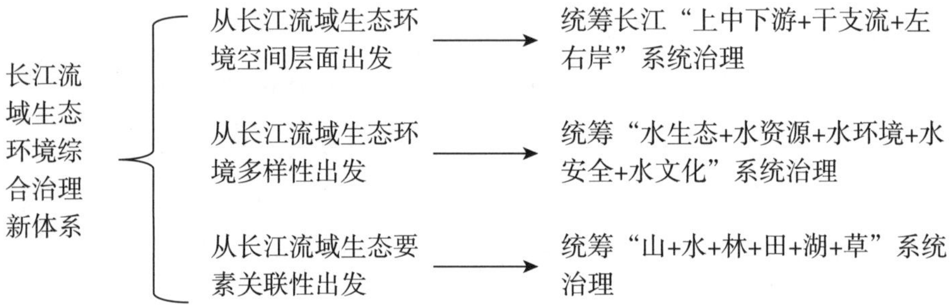

图1 长江流域生态环境综合治理新体系

长江流域生态环境整体性和系统性治理,要求生态环境检察公益诉讼实行流域协同治理,从而实现跨区域生态公共利益的协作保护。生态环境检察公益诉讼流域协同治理将以“最严的法治”为长江流域绿色发展、产业结构升级、生态系统性修复的“大保护”提供有力司法保障。

(二)“共抓大保护+不搞大开发”综合治理

《长江保护法》规定,长江流域包括长江干流的青海等11个省(长江经济带)和长江支流的福建等8个省相关县级行政区域,占据了中国版图的“半壁江

---

〔1〕《总书记心中的美丽中国·水——建设人水和谐的美丽中国》,载人民网,http://cpc.people.com.cn/n1/2022/0603/c164113-32437916.html。

〔2〕1995年,美国经济学家Grossman与Krueger提出环境库兹涅茨曲线:产业的转型升级和环境质量之间的“U”形关系,即随着一个国家或地区的经济发展水平提高,经济发展会先使环境恶化,到达某个“临界点”后又会促进生态环境的优化。环境规制在短期内会促使产业在区域内转移,长期内能促进区域整体产业结构优化。

山”。“共抓大保护”强调长江流域加强协同联动，注重整体推进，实现跨区域生态环境共保联治；“不搞大开发”强调开发的合法性、合理性，注重绿色开发，提升发展环保意识。要看清“绿水青山”背后的经济价值，保护生态环境与发展生产力目标是一致，促进“绿水青山”与“金山银山”相互转化。长江流域应严格贯彻“在发展中保护，在保护中发展”生态理念。检察机关必将成为实现长江“大保护”强有力的监督力量，为长江流域绿色全面转型提供司法保障。

（三）“最严格制度＋最严密法治”协同治理

新形势下，推动长江经济带发展 ，关键是要正确把握整体推进和重点突破，生态环境保护和经济发展、总体谋划和久久为功、破除旧动能和培育新动能、自身发展和协同发展等关系。长江流域上中下游、左右岸、干支流、江河湖库协同治理是贯彻落实《长江保护法》的必然要求。《长江保护法》统筹调动长江流域的执法力量，突出流域执法的整体性。生态环境检察公益诉讼是治疗包括工业污染、面源污染、水域生态破坏、陆域生态破坏、渗滤液污染等“长江病”的重要法治力量。由于“长江病”具有整体性和关联性特点，因此生态环境检察公益诉讼流域协同治理是贯彻落实“最严密法治”的重要一环。

（四）“生态修复＋系统保护”协同治理

2020 年 11 月 14 日，习近平总书记在全面推动长江经济带发展座谈会上指出，“要把修复长江生态环境摆在压倒性位置，构建综合治理新体系，统筹考虑水环境、水生态、水资源、水安全、水文化和岸线等多方面的有机联系，推进长江上中下游、江河湖库、左右岸、干支流协同治理，改善长江生态环境和水域生态功能，提升生态系统质量和稳定性”。[1]

二、域外生态环境流域协同治理模式与启示

（一）国外几种典型的生态环境流域协同治理模式

1. 美国流域协同治理模式

美国由于河流湖泊众多，是最早尝试流域综合管理和现代流域立法的国家之一，拥有百余年丰富的流域治理经验。美国流域治理实践中存在两种流域治

---

〔1〕《每日一习话：要把修复长江生态环境摆在压倒性位置》，载中国网 2021 年 1 月 6 日，https://baijiahao.baidu.com/s?id=1688127308678655133&wfr=spider&for=pc。

理途径——综合治理模式和大型水项目治理模式；两种基本治理思路——协作化治理模式和分散化治理模式。美国的现代流域综合治理观念表现为强调政府对经济发展和环境保护的信托利益。同一流域的不同地区具有不同的特性和功能，因而流域保护必须采取地方合作方式加强流域协同治理，从而形成州际协议、州际统一标准等地方协作模式。地方协作化的普遍运用，推动美国广泛接受了流域综合治理的理念，并通过立法和司法来实践和巩固该理念。美国流域协同治理主要有三种模式(见表1)。

表1　美国流域协同治理模式

<table>
<tr><th>模式名称</th><th>立法模式</th><th>流域管理机构</th><th>流域协调机制</th><th>模式内容</th><th>涉及相关流域法律</th></tr>
<tr><td rowspan="2">密西西比河流域协同治理</td><td rowspan="2">分散式立法</td><td>密西西比河委员会(Mississippi River Commission)</td><td rowspan="2">密西西比河/墨西哥湾流域营养物质工作组、密西西比河上游流域协会、俄亥俄河流域水卫生委员会、密西西比河下游保护委员会等</td><td rowspan="2">联邦先后设立了多个流域管理机构，并与流域部分州建立了多个协调机制，解决密西西比河/墨西哥湾流域的水环境问题，促进联邦部门、流域各州及各利益相关方开展交流与合作，形成了联邦统一协调、各州落实为主，多方参与的流域共治体系</td><td rowspan="5">美国流域法律主要有：《开垦法案》(1902年)、《联邦电力法案》(1920年)、《联邦防洪法案》(1936年)、《流域保护与洪水预防法案》(1954年)、《水资源规划法案》(1965年)、《清洁水法》(1972年)、《安全饮用水法》(1974年)等</td></tr>
<tr><td>美国陆军工程兵团密西西比河流域处</td></tr>
<tr><td>田纳西河流域协同治理</td><td>集中式立法</td><td>田纳西河流域管理局(TVA)，负责整个流域全部资源的综合规划，统一开发、利用、保护、管理</td><td>无</td><td>田纳西河流域作为美国流域综合管理立法试点，制定了适用于全流域的《田纳西河流域管理局法》，成立了具有政府职能的统一的流域管理机构，以实现对流域整体的生态保护</td></tr>
<tr><td rowspan="2">五大湖流域协同治理</td><td rowspan="2">折中式立法</td><td>合作性横向联邦制(各州之间)</td><td rowspan="2">无</td><td rowspan="2">流域各州探索在宪制联邦制的法律和政治限制下，解决跨越政治界限的区域资源和环境问题的新方法</td></tr>
<tr><td>合作性纵向联邦制(联邦政府与州政府之间)</td></tr>
</table>

2. 加拿大流域协同治理模式

加拿大从20世纪70年代就开始流域立法,流域水资源管理理念也逐步从"需水管理"发展到"可持续供水管理"。流域水资源管理的目标从满足当代人的用水需求,转变为保证当代人和后代人平等的用水权利。加拿大的流域综合管理特点为由一个或几个机构集中行使流域管理权,改变原来多个机构分散管理的模式:中央层面上,联邦政府建立水资源管理机制,由多个职能部门负责水流域管理;地方层面上,各州政府成立专门流域管理机构,专门负责本地区流域管理和协调跨区域流域管理。加拿大流域管理既重视联邦政府与州政府的纵向协作,也重视州际政府之间横向协作,实现流域上下游的合作共赢,保护全流域的生态环境(见表2)。

表2 加拿大流域协同治理模式

模式名称	立法模式	相关法律、协议或合作计划	模式内容	涉及流域协同治理主要法律
马更些河流域模式	专门立法	《马更些河流域跨境用水协议》	协议规定了加拿大马更些河流域土地和水的综合管理体系,提供了关于生态完整性、可持续性、司法自治、磋商、通知和信息共享以及合作与和谐争议处理一般原则的框架	1987年《联邦水事政策法》、1988年《环境保护法》、1999年《环境保护法》以及1990年修订的《水法》等
		《西北地区——亚伯达双边跨境用水管理协议》		
		《亚伯达——西北地区跨境用水管理制度》		
格兰德河流域模式	省级立法	不列颠哥伦比亚省的《水法》(1996)、《水保护法》(1996)、《水资源可持续发展法》(2010)	格兰德河保护权威组织机构促使流域内的各市政府和相关利益团体建立了持久的、相互信任的合作伙伴关系,形成一个保护流域的共同体	
		育空地区的《育空法》		
		安大略省的《安大略湖泊和河流改善法》《安大略水资源法》		
		西北地区的《西北地区水法》		
弗雷泽河流域模式	非政府机构章程	弗雷泽河口管理计划(FREMP)	通过非政府河流流域组织来实现流域综合管理,是弗雷泽河流域管理的独特特征。弗雷泽河流域理事会不再依赖政府机构提供资金,并且增加了公共和私人组织提供的"项目资金"	
		弗雷泽河流域管理计划(FBMP)		
		弗雷泽河流域章程(可持续发展章程)		

3. 澳大利亚流域协同治理模式

澳大利亚流域协同治理主要体现在墨累—达令流域水资源利用和管理上。为改善墨累—达令水域生态环境，实现可持续发展，澳大利亚经历了“普通法规则——各州共同签订协议——各州立法——联邦环境立法——联邦墨累—达令流域统一立法”的发展过程，其实质是联邦政府从流域整体利益出发，不断集中权力加强管理的过程。《墨累—达令流域协议》授权成立墨累—达令流域部长委员会（Murray-Darling Basin Ministerial Council），对于流域合作控制和运行墨累河水量及其他问题形成了州际安排。联邦、州和地区在污染预防方面有不同的义务，环境可持续发展政策目标，包括“污染者付费原则”“预防原则”，都适用于所有的决策过程。2007 年《水法》对澳大利亚流域司法协同治理起到了举足轻重的作用，使墨累—达令流域盐碱化、地下水过度使用、生态环境用水等问题得到了明显改善（见表 3）。

表 3　2007 年澳大利亚《水法》关于墨累—达令流域协同治理的法律规定

流域管理机构	流域内各州责任	流域协同治理模式
授权成立墨累—达令流域管理局，代表联邦政府及流域内各州来管理州的水资源利用	流域内各州必须在流域计划的框架下制订自己的水计划，划定水资源计划区，州的计划受到州法院和联邦高等法院的司法审查。州制订的水计划必须符合流域计划，促使各州原来各自为政的、竞争性的水资源利用管理都统一到“流域计划”框架之下，打破了州的边界，协调了水资源在各州之间、上下游之间以及人类用水与环境用水之间的分配，是一次真正的法律变革	2007 年《水法》为澳大利亚联邦政府统一管理墨累—达令流域提供了一种法律机制，通过授权成立流域管理局制订流域计划来引导流域内各州、地区、社区，以可持续的方式管理和利用流域水资源

4. 欧盟流域协同治理模式

欧洲不仅是全球国际河流最多的地方，也是流域协议最多的地区。与美国侧重流域经济发展的流域开发理念不同，欧盟流域管理无论是在国内河流还是在国际河流层面，都表现为较强的环境保护特色。《水框架指令》（The Water Framework Directive，WFD）是欧盟流域管理的最重要法律，而“流域管理规划”是欧盟《水框架指令》流域管理的核心，包括地表淡水、地下水、生态系统、海湾和沿海水域等。《水框架指令》重点是提高水环境质量，保障动植物的生存和繁衍，为欧洲国家提供了一套规则体系来使他们本国的水资源可以走向可持续的未来。这充分说明欧盟不仅是经济同盟,也是走向可持续发展和良好环境的同盟(见表4)。

表4 《水框架指令》规定的欧盟成员国流域协同治理模式

流域协同治理内容	成员国流域协同治理义务	流域协同治理模式
所有水资源的管理都必须与水体的自然界限相符;成员国需要以新的方式来实施,即规定不同的项目措施	每个成员国都必须制订其领土内的任何流域区域的规划,被要求将其境内的所有流域都划归为某一流域区,并提供必要的制度支持	《水框架指令》为成员国实施指令设置了共同的目标和期限,并且制定了特别的程序。成员国国际河流则通过成员国之间的合作来共同管理,虽然最后每个成员国也只是管理其境内的那一部分河段

5. 日本流域协同治理模式

日本河流众多,但受岛国地理环境的影响,流域面积小,流程短,落差大,水流急,流量大,水位季节变化较大,水能丰富。日本采用集中协调与分部门行政的流域管理体制,其模式属于“九龙治水,协同管理”:以流域为基础进行水资源管理,不设集中统一的流域水行政管理机构,而是对跨行政区域的河流或河段实行集中协调。“一级河川”由建设大臣代表中央政府管理并承担费用,“二级河川”由管辖该河流区段的都道府县知事管理并承担主要费用。日本《水循环基本法》立法目的在于以流域为单元对河流全流域进行综合管理,维持流域的正常功能,并在国土整治和开发中发挥应有作用,以维持公共安全,增进公共福利。日本流域统一协调的技术基础为“流域水资源基本规划”,其流域法律体系见图2。

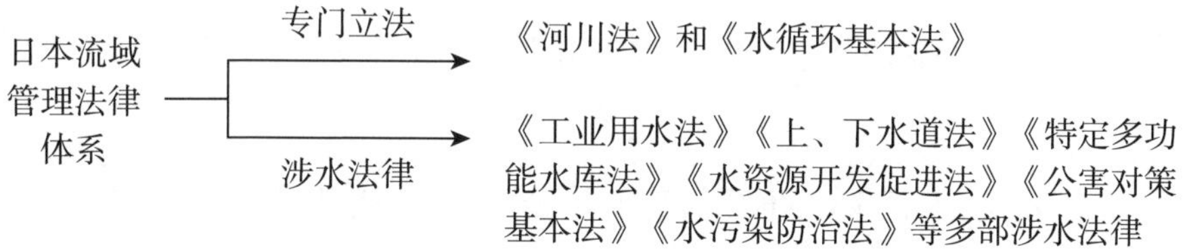

图2 日本流域管理法律体系

(二)国外生态环境流域协同治理模式对长江流域生态环境检察公益诉讼流域协同治理的启示

流域生态环境污染协同治理,需要不同主体协同作战,信息共享,打破流域地方壁垒,推动全流域全社会多元治理主体通力合作,开展流域整体性和系统性生态修复与保护。

1. 长江流域检察机关协同一体化

域外各种流域协同治理模式基本上都坚持流域系统管理的理念，以流域空间作为水资源管理单元来解决各类流域问题。习近平总书记提出的“坚持山水林田湖草沙一体化保护和系统治理”[1]，也是从长江流域各个责任主体的协同联动出发，从源头上进行系统治理。生态环境检察公益诉讼应将流域视为一个整体，通过最高人民检察院和各地省、市、县（区）四级检察机关通力协作，解决长江流域经济社会发展中的各类错综复杂的生态环境污染问题。

2. 坚持长江流域绿色发展理念

域外无论哪一种流域协同治理模式，都以保护生态环境、实现可持续发展为目标。习近平总书记提出的“生态优先绿色发展”理念，与之不谋而合。绿色发展是新发展理念的必然要求，也是长江流域协同治理的重要目标，即长江流域经济社会发展首先考虑生态环境承载能力。检察机关在长江流域生态环境公益诉讼应将坚持生态优先，推动全面绿色发展，维护公众环境权益。

3. 长江流域协同治理差异性共容

域外流域协同治理的共性和个性表明，流域特别立法不能适用于每一个流域，为解决长江流域生态环境公益诉讼的流域司法提供了理论和实践支撑。司法的流域性源于立法、执法的地方性。长江流域范围广，各个地区的经济社会发展水平不同，生态环境污染情况也不同，导致不同省份之间在生态环境保护方面的地方立法、执法存在差异，从而导致流域司法存在差异性。比如，生态环境公益诉讼案件管辖、裁判标准等方面存在不同。生态环境检察公益诉讼应适应差异性的存在，并从利益共容、专业共容的角度，推进流域司法的探索和实践。

三、长江流域生态环境检察公益诉讼流域协同治理价值分析

流域司法的重要特征就是跨区域司法，其生成原因有两方面：一是行政区划的碎片化对流域司法统一性的挑战；二是地方生态保护工作开展不均衡对流域司法专业化的需求。为适应《长江保护法》流域立法的实施要求，长江流域

---

[1] 《习近平：要推进美丽中国建设，坚持山水林田湖草沙一体化保护和系统治理》，摘自《新京报》2022 年 10 月 16 日，https://baijiahao.baidu.com/s?id=1746814098901873008&wfr=spider&for=pc。

生态环境检察公益诉讼流域协同治理具有其独特的法律价值。

（一）生态环境检察公益诉讼流域协同治理与国家长江流域协调机制的有效衔接

如前文所述，从美国、加拿大、澳大利亚、欧盟、日本等流域协同治理模式来看，大部分由一个或几个流域管理机构集中行使流域综合治理职权。国家长江流域协调机制（以下简称长江协调机制）是《长江保护法》的一大特色，在长江保护中起主导作用，统筹协调长江流域跨部门跨地区生态修复保护工作。长江流域重大环境污染、生态破坏的损害后果具有广泛性和复杂性特点，常常涉及跨区域，因而必然遇到跨区域协同共治问题。生态环境检察公益诉讼流域协同治理可以实现不同地区之间检察机关联动互通，有效协调不同地区行政机关、责任主体之间协同共治，为更好地推行和落实长江协调机制提供有力的司法保障。

（二）生态环境检察公益诉讼流域协同治理与长江流域跨行政区域联合执法的高度契合

《长江保护法》第 80 条规定了长江流域行政机关跨行政区域联合执法。长江流域江河湖泊等水功能区的监管保护中“上下游不同步，左右岸不同行”现象比较普遍。长江重要江河湖泊水功能区跨区域断面情况，共涉及跨省界断面 18 处、跨市界断面 19 处。[1]《2020 年长江经济带生态环境警示片》所涉 169 个生态环境污染问题中，包含生活污染 50 个、工业污染 36 个、渗漏液污染 35 个、水域生态破坏 23 个、陆域生态破坏 11 个、面源污染 14 个（见表 5）。[2]

表 5 《2020 年长江经济带生态环境警示》片配套问题清单

序号	省市	问题总计（个）	生活污染（个）	工业污染（个）	渗漏液污染（个）	水域生态破坏（个）	陆域生态破坏（个）	面源污染（个）
1	云南省	24	10	3	4	3	2	2
2	四川省	21	9	3	3	1	1	4

〔1〕 数据来源于 2021 年 1 月 14 日最高人民检察院第八检察厅公布的《“十四五”全国重要江河湖泊水功能区跨区域涉及多责任城市断面统计表》。

〔2〕 数据来源于 2021 年 1 月 12 日最高人民检察院办公厅发布的《关于发挥检察职能助推〈2020 年长江经济带生态环境警示片〉所涉 169 个问题整改的通知》。

续表

序号	省市	问题总计（个）	生活污染（个）	工业污染（个）	渗漏液污染（个）	水域生态破坏（个）	陆域生态破坏（个）	面源污染（个）
3	江西省	21	4	6	5	3	1	2
4	湖南省	20	8	6	6	0	0	0
5	贵州省	18	6	1	6	5	0	0
6	安徽省	18	4	8	3	0	1	2
7	江苏省	14	2	5	3	4	0	0
8	湖北省	10	1	1	2	4	2	0
9	重庆市	9	1	0	1	3	2	2
10	浙江省	9	2	3	2	0	2	0
11	上海市	5	3	0	0	0	0	2
总计		169	50	36	35	23	11	14

上述生态环境污染问题常常呈现出上下游、左右岸等跨区域污染趋势。《长江保护法》中的跨省河流水量分配、跨长江流域调水、非法倾倒固体废物联防联控、中下游地区支持上游地区生态环境修复等方面，对行政机关跨行政区域协作配合提出了要求，也为生态环境检察公益诉讼流域协同治理提供了法律保障。

（三）生态环境检察公益诉讼流域协同治理与长江流域生态环境系统治理的目标一致

同美国各州之间签订的地方流域合作协议一样，为了更好地开展跨区域生态环境检察公益诉讼，长江流域诸多跨省、跨市、跨县（区）检察机关陆续形成一系列协作机制，其中，《环太湖流域生态环境行政公益诉讼跨省际区划管辖协作意见》（以下简称《环太湖协作意见》）作为全国首个跨省际公益诉讼管辖机制，为长江流域省界断面跨区域检察公益诉讼协作机制提供了模板。跨区域检察公益诉讼是"公益之诉"，而非"监督之诉"，其着眼点始终放在维护"两益"上，而非仅仅对行政机关、责任主体的监督。跨区域检察公益诉讼是检察机关深入贯彻落实《长江保护法》的重要体现，有利于克服地方政府在生态环境治理中存在"肠梗阻""碎片化"问题，有效排除地方阻力，打破部门职权壁垒，化阻力为合力。

四、长江流域生态环境检察公益诉讼流域协同治理的实践探索

近年来,长江流域检察机关对流域协同治理不断进行探索和创新,从上至下出台了一系列跨行政区划协作配合机制,涌现出了诸多典型案例,为流域跨省际管辖、跨区域协同治理积累了经验、树立了样本。

(一)出台长江经济带检察机关协作配合意见

2019 年,最高人民检察院出台了《关于长江经济带检察机关办理长江流域生态环境资源案件加强协作配合的意见》(以下简称《长江经济带意见》),为长江经济带检察机关流域协同治理提供了制度保障。《长江经济带意见》在我国检察机关流域跨区域协作方面具有里程碑的意义。《长江经济带意见》对跨省案件管辖和线索移送、跨省案件办理司法协作机制等方面进行了专门规定,为省级以及省级以下检察机关处理跨区域生态环境案件提供了重要的指导价值。

(二)召开三届服务保障长江经济带发展检察论坛

2019 年以来,最高人民检察院召开第一届、第二届、第三届服务保障长江经济带发展检察论坛,发布了两份检察白皮书[1]和三批典型案例[2],为检察机关之间跨区域生态环境检察公益诉讼协作配合提供了可借鉴办案模式。两份检察白皮书对检察系统一体化协作、推进长江综合治理、跨流域协同治理、跨部门协作、跨区域协作等方面作出明确阐述。三批典型案例共 32 件,其中公益诉讼 23 件,占比为 71.875%,在长江流域生态司法保护中起着非常重要的作用。

(三)建立一系列长江流域跨区域管辖协作机制

环太湖流域跨省际区划管辖协作机制的顺利实施印证了检察公益诉讼跨区域管辖对于保护生态环境、促进经济发展的可行性和有效性。2021 年 2 月以来,最高人民检察院统筹长江干、支流 19 个省(自治区、直辖市),以环太湖流域

---

〔1〕《绿色发展·协作保障 服务保障长江经济带发展检察白皮书(2019)》《服务保障长江经济带发展检察白皮书(2020)》。

〔2〕 2019~2020 年,最高人民检察院发布了三批检察机关服务保障长江经济带发展典型案例共 32 件,其中跨区域管辖行政公益诉讼案例 10 件,占比高达 31.25%。

协作机制为模板，推动建立长江流域省界断面跨行政区划管辖行政公益诉讼协作机制（见表6）。

表6　截至2021年4月长江流域检察机关跨区域管辖公益诉讼协作机制会签情况[1]

序号	协作机制名称	协作检察机关
1	《关于跨省际流域生态环境行政公益诉讼跨区域协作意见》	上海、浙江（上海市金山区人民检察院、浙江省平湖市人民检察院、浙江省嘉善县人民检察院）
2	《关于环石臼湖、洪泽湖流域生态环境行政公益诉讼跨省际区划管辖协作意见》	安徽、江苏（安徽省人民检察院、江苏省人民检察院）
3	《关于环淀山湖流域生态环境行政公益诉讼跨省际区划管辖协作意见》	上海、江苏（上海市人民检察院、江苏省人民检察院）
4	《关于长江流域生态环境行政公益诉讼跨省际管辖协作办法（试行）》	四川、贵州（四川省人民检察院、贵州省人民检察院）
5	《关于建立嘉陵江直流西汉水流域生态资源保护工作协作实施办法》	陕西、甘肃（陕西省略阳县人民检察院、凤县人民检察院，甘肃省徽县人民检察院、两当县人民检察院）
6	《关于建立跨区域汉江生态环境保护公益诉讼工作协作机制的意见》	陕西、湖北（陕西省白河县人民检察院、湖北省郧西县人民检察院）
7	《关于酉水流域生态环境行政公益诉讼跨省际区划管辖协作意见》	湖北、湖南、贵州、重庆（湖北省人民检察院、湖南省人民检察院、贵州省人民检察院、重庆市人民检察院）
8	《长江、黄河上游生态环境行政公益诉讼跨省际管辖协作办法》	四川、甘肃（四川省人民检察院、甘肃省人民检察院）
9	《关于金沙江流域生态环境行政公益诉讼跨省际区划协作意见》	四川、西藏（四川省人民检察院、西藏自治区人民检察院）

五、长江流域检察生态公益诉讼协同治理的实践困境

习近平总书记指出，长江经济带当前生态环境协同治理弱，难以满足全流域系统管理的要求，[2]因此，构建生态环境协同治理机制体制有着重大的经济

---

〔1〕资料来源于最高人民检察院第八检察厅2021年4月23日发布的《长江流域省界断面跨区域管辖行政公益诉讼协作机制建设工作推动情况通报》。

〔2〕参见《习近平：在深入推动长江经济带发展座谈会上的讲话》，载新华网，http://www.xinhuanet.com/politics/leaders/2019-08/31/c_1124945382.htm。

发展意义。生态环境检察公益诉讼流域协同治理的难点在于,跨区域生态环境损害的协同修复、治理和保护。

(一)生态环境检察公益诉讼跨区域管辖缺乏法律规定

经过长江经济带检察机关的实践探索,形成了以下几种检察公益诉讼跨区域管辖模式(见表7)。

表7　检察公益诉讼跨区域管辖模式

序号	管辖类别	检察机关的相关实践探索	典型案例
1	指定管辖	《人民检察院公益诉讼办案规则》《检察公益诉讼跨行政区划管辖指导意见(试行)》《关于长江经济带检察机关办理长江流域生态环境资源案件加强协作配合的意见》《关于环太湖流域生态环境行政公益诉讼跨省际区划管辖协作意见》等均对指定管辖作了相关规定	湖北省宜昌市长江岸线林地保护行政公益诉讼案、上海市崇明区东风西沙水库水源地保护行政公益诉讼案分别入选检察机关服务保障长江经济带发展第二批、第三批典型案例
2	铁路运输检察院集中管辖	深化长江经济带铁路运输检察体制改革,建立集中管辖跨省生态环境资源行政公益诉讼案件机制。例如,江苏省指定南京铁路运输检察院作为长江江苏段机动管辖检察院,管辖全江苏段长江生态环境和资源保护公益诉讼案件	江西省新余市石山水库生态环境保护行政公益诉讼案、江西省赣江沿线生态环境保护行政公益诉讼案分别入选检察机关服务保障长江经济带发展第二批、第三批典型案例
3	专门管辖	重庆市检察机关在全国首创公益诉讼跨区域专门管辖,设立两江地区检察院,办理长江干流和嘉陵江流域重庆境内发生的跨区域生态环境和资源保护领域行政公益诉讼案件	两江地区检察院督促政治截污管网溢流污染环境公益诉讼案入选最高人民检察院发布的公益诉讼检察听证典型案例
4	协商管辖	《关于长江经济带检察机关办理长江流域生态环境资源案件加强协作配合的意见》规定:长江经济带相关省级检察院通过协商将线索移送生态环境资源损害结果主要发生地或处于长江下游相邻段的省级检察院	无

上述四种跨区域管辖模式,都是对生态环境公益诉讼管辖的有益探索。然而,由于当前检察公益诉讼跨区域管辖主要依赖于省级检察机关之间建立协作配合机制,缺乏统一法律规定,导致司法实践存在以下难点。

1. 案件线索跨区域移送机制运行不畅

《长江经济带意见》规定,省级以下检察机关发现跨省案件线索,采取以下方式移送(见图3)。

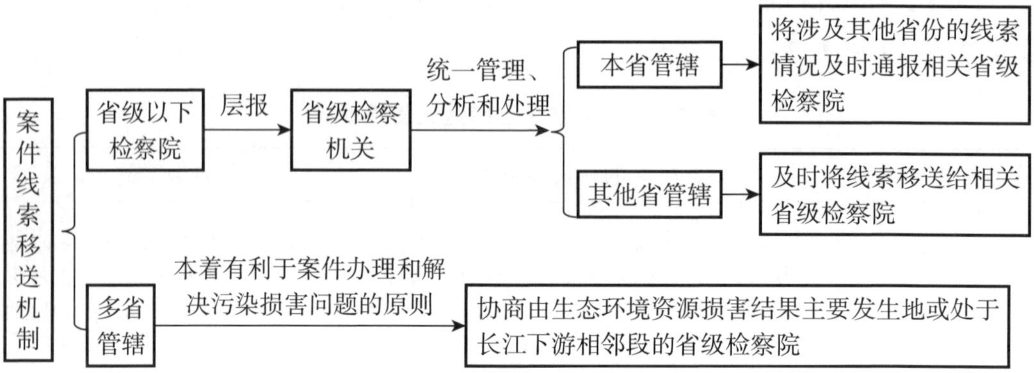

图3　案件线索跨区域移送机制

这种移送机制的弊端:层报审批程序、协商环节过于烦琐,不利于及时有效保护受损生态环境。从三批典型案例来看,都没有层报省级检察机关移送管辖、协商管辖的案件。例如,四川、贵州跨省协作保护赤水河案[1]中,贵州省习水县人民检察院并未将案件线索通报省人民检察院处理,而是直接移送四川省古蔺县人民检察院。当前,跨区域移送管辖主要是省内移送管辖,例如,2020年至2021年4月,贵州省检察机关2020年以来共移送接受跨区域案件80余起,其中与邻省移送案件10余起,省内跨区域移送案件70余起。[2] 虽然长江流域相关省份之间建立了诸多协作机制,但是对于跨省管辖规定不一致,缺乏统一标准,不利于跨区域检察生态公益诉讼开展。

2. 铁路运输检察院集中管辖案件范围不明确

从长江经济带检察机关的司法实践情况来看,铁路运输检察院行政公益诉讼案件来源于以下情况:一是省级检察机关将案件线索直接指定铁路运输检察院办理,例如,在石山水库行政公益诉讼案[3]中,江西省人民检察院直接指定南昌铁路运输检察院管辖;二是由铁路运输检察院发现案件线索再由省级检察

〔1〕 本案为检察机关服务保障长江经济带发展第二批典型案例。

〔2〕 数据来源于最高人民检察院第八检察厅发布的《长江流域省界断面跨区域检察生态公益诉讼协作机制建设工作推动情况通报(2~4月)》。

〔3〕 本案为检察机关服务保障长江经济带发展第二批典型案例。

机关指定,例如,在赣江沿线行政公益诉讼案[1]中,南昌铁路运输检察院将案件线索报告江西省人民检察院,再由其指定南昌铁路运输检察院跨区域管辖。可见,铁路运输检察院管辖基本上是由省级检察机关指定,至于具体的受案范围、受案条件、受案程序并未明确规定。此外,如何解决铁路运输检察院与地方基层检察机关管辖冲突和配合问题,也是长江流域检察公益诉讼流域协同治理必须面对的一大难题。

3. 专门管辖的管辖地域受限

全国首个公益诉讼专门管辖检察院——两江地区人民检察院,专门管辖长江流域重庆境内发生的跨区域及当地不宜管辖的公益诉讼案件,设置5个内设机构,配备10名员额检察官,办理了一系列影响较大的跨区域检察生态公益诉讼。此类公益诉讼专门管辖检察机关作为省级检察机关的派出机构,必须经省级人大常委会批准,有专门的人员编制。然而,此种专门管辖局限于跨区域公益诉讼案件较多的地区,无法作为模板广泛复制到全国各省。此外,专门管辖检察机关与集中管辖法院的衔接也是司法实践难点。例如,对于生态环境案件,江苏省法院采用"9+1"审判机制,[2]若该省设立公益诉讼专门管辖机关,其级别管辖如何与基层集中管辖法院和专门管辖法院一一对应?

综上,《人民检察院公益诉讼办案规则》并未对上述跨区域管辖模式作出明确具体的规定,而是和域外流域协同治理中的流域协议、地方协作计划一样,规定在上级检察机关指定管辖的基础上,依托于在各地检察机关之间建立跨区域协作工作机制从而实现公益诉讼案件跨区域管辖。《人民检察院公益诉讼办案规则》这种原则性规定,虽然赋予各地检察机关灵活处理跨区域管辖的公益诉讼案件的权利,但是也会导致检察机关之间因管辖权不明确而互相推诿或多头管辖,尤其是没有建立跨区域协作工作机制的地区,表现更为突出。

(二)生态环境检察公益诉讼流域协同治理面临调查取证难

影响生态环境检察公益诉讼跨区域调查取证的因素:(1)流域监管机构"碎片化",增加证据收集难度;(2)生态环境保护与经济社会发展、政府官员晋

---

〔1〕 本案为检察机关服务保障长江经济带发展第三批典型案例。

〔2〕 "9+1"审判机制:按照江苏生态功能区的划分,分别设立9个环境资源法庭,集中管辖全省基层法院一审环境资源案件;南京环境资源法庭集中管辖9个生态功能区法庭上诉案件和依法应由中级人民法院管辖的一审案件,跨区域对环境资源案件进行集中管辖和专业化审理。

升的利益冲突，增加调查取证难度；(3)跨区域检察机关之间掌握的生态环境污染信息不对称；(4)企业资本的逐利性，社会责任缺失，不配合检察机关调查取证；等等。例如，长江船舶污染因为涉及全流域、行政管辖级别高、系统性、技术性较强等问题，导致检察公益诉讼调查取证难度大，需要跨省际检察机关协作配合。虽然《人民检察院公益诉讼办案规则》第32条至第45条对调查方式、调查内容、调查保障、证据收集的具体要求作出了详细规定，然而跨区域检察公益诉讼除了调查手段有限、调查取证缺乏刚性保障等常规困境外，还存在以下自身的难点。

1. 跨区域检察公益诉讼调查取证协助机制不完善

《长江经济带意见》对检察机关之间调查取证协作进行专门规定，对司法实践起到了指导作用。例如，在洞庭湖下塞湖整治系列案[1]中，采取检察机关之间纵向和横向一体化办案模式(见图4)。

图4 检察机关之间纵向和横向一体化办案模式

《环太湖协作意见》规定，跨区域管辖的检察机关到案件发生地、损害发生地等异地调查取证、送达法律文书等需要属地检察机关协助的，属地检察机关应当予以协助。《人民检察院公益诉讼办案规则》第43条在一定程度上吸收《长江经济带意见》的规定，对异地调查收集证据进行了规定。然而，《人民检察院公益诉讼办案规则》《长江经济带意见》《环太湖协作意见》均未赋予跨区域检察生态公益诉讼异地协助强制约束力，缺乏刚性保障。

2. 跨区域生态环境检察公益诉讼技术保障发展不均衡

首先，长江流域生态环境公益诉讼技术专家分布不平衡，例如，江苏、甘肃专家数量均超过了100人，广西、福建、江西等地的专家数量都在6人以下，作为长江源头之一的西藏竟然暂无相关专家。[2] 其次，长江流域公益诉讼技术

---

[1] 本案为检察机关服务保障长江经济带发展第三批典型案例。

[2] 数据来源于2020年10月13日最高人民检察院检察技术信息研究中心发布的《关于全国检察机关环境公益诉讼技术专家库建设情况的通报》。

保障不均衡，例如，全国336个公益诉讼快速检测实验室中，湖南省尚未有实验室投入使用；浙江、四川、湖北、安徽投入使用的实验室数量较多，分别为99个、23个、22个、20个；甘肃、西藏和青海检察机关投入使用的实验室均为1个。2020年各实验室共出具检测报告796份中，江苏、安徽、浙江、四川的实验室出具检测报告总数较多，分别为239份、122份、80份、48份；贵州、青海、西藏、广东的实验室未出具检测报告。[1] 最后，污染损害情况与鉴定机构分布情况不匹配。第二轮第二批中央生态环境保护督察发布的73个问题中，长江流域污染问题占了44个，其中浙江17个、广西7个、云南6个、四川4个、贵州3个、重庆2个，河南、湖南、江苏、江西、青海各1个。[2] 污染问题少的江苏有生态环境损害鉴定机构13个，而污染问题较多的广西则仅有2个、四川仅有1个。[3]

3. 跨区域生态环境检察公益诉讼异地调查成本过高

在调查取证异地协助机制缺乏刚性保障的情况下，办案检察机关必须要环境损害行为地、结果地等地区进行调查取证。这无论是人力成本，还是经济成本，都给异地管辖的检察机关带来了巨大压力，阻碍跨区域检察生态公益诉讼的开展。此外，因环境损害行为地和环境损害结果地不一定相同，跨区域检察公益诉讼未对管辖地检察机关所在的区域带来必然的环境利益，未必能够得到其所在地党委政府的支持，从而导致办案机关缺乏跨区域调查取证的动力。

（三）检察生态公益诉讼流域协同治理面临生态环境修复难题

《长江保护法》第五章对长江流域地方各级政府及水利、土地、林业、生态环境、交通运输等主管部门的生态修复责任进行了专门规定，包括河湖岸线修复、河湖水系连通修复、防治水土流失、防止土地石漠化蔓延、矿山污染防治和修复等方面。然而，对于跨区域的生态环境修复缺乏具体规定。

1. 跨区域生态环境修复执行难

首先，长江流域的跨区域生态环境损害往往是多个行为人的生态损害行为交织共同造成的，各个行为人之间的生态修复责任难以明确区分，导致行政机关督促行为人开展生态修复难以执行到位。其次，长江流域生态环境损害较为

---

〔1〕 数据来源于2021年1月28日最高人民检察院检察技术信息研究中心发布的《关于公益诉讼技术支持体系建设应用情况的通报》。

〔2〕 数据来源于《第二轮第二批中央生态环境保护督察相关问题清单》。

〔3〕 数据来源于最高人民检察院检察技术信息研究中心发布的《环境损害司法鉴定机构名册》。

严重的案件,有的行政机关简单以移送犯罪处理代替环境保护行政监管职责,导致个别生态损害行为人没有履行生态修复责任。最后,跨区域行政主管部门的生态修复责任不明确,虽然《长江保护法》规定了长江流域各类生态损害修复的主管部门,但是未对跨区域生态修复的效果进行规定,导致检察机关在行政公益诉讼中难以准确把握行政机关履职到位的标准。

2. 跨区域生态环境损害赔偿难以落实到位

根据《生态环境损害赔偿制度改革方案》(以下简称《方案》)的规定,跨区域赔偿权利人为省级政府,三种情形必须开展生态环境损害赔偿。[1] 司法实践中,跨区域生态损害赔偿制度运行存在以下困境:其一,对于跨省域生态环境损害赔偿,由相关省级政府协商。由于协商过程过于烦冗复杂,加之协商之后,相应的政府部门需要与赔偿义务人进行磋商,达成赔偿协议,而磋商不成,则提起赔偿诉讼,导致耗时过长,直接影响生态修复的进度。其二,《生态环境损害赔偿资金管理办法》(以下简称《办法》)第8条规定,赔偿金统筹用于在损害结果发生地生态修复,而跨区域行政管辖的损害结果发生地可能涉及多地,这就需要根据《办法》第7条的规定,由相关政府协商确定赔偿金分配,协商不成,报共同上级政府决定,从而导致无形之中延长了生态修复期限。其三,长江流域跨区域行政管辖的行政公益诉讼案件,很多损害后果严重,涉及的生态损害赔偿金远超出赔偿义务人的经济能力范围,导致最终无法执行到位。因而,跨区域生态损害赔偿耗时过长,资金无法全部落实到位,直接影响生态修复的进度,导致检察机关对生态修复效果跟进监督的过程过长。

3. 跨区域生态保护补偿机制不健全

《长江保护法》第76条对生态补偿进行了规定。2021年4月16日,财政部、生态环境部等出台的《支持长江全流域建立横向生态保护补偿机制的实施方案》(以下简称《长江横向补偿方案》),对长江流域上下游、左右岸、干支流的协同治理、生态保护补偿进行了规定。横向生态保护补偿机制对跨区域生态修复具有重要意义,但是目前对跨区域生态保护补偿金的数额认定、资金绩效管

---

[1] 《生态环境损害赔偿制度改革方案》第3条第1项规定:(一)有下列情形之一的,按本方案要求依法追究生态环境损害赔偿责任:1. 发生较大及以上突发环境事件的;2. 在国家和省级主体功能区规划中划定的重点生态功能区、禁止开发区发生环境污染、生态破坏事件的;3. 发生其他严重影响生态环境后果的。各地区应根据实际情况,综合考虑造成的环境污染、生态破坏程度以及社会影响等因素,明确具体情形。

理、生态修复监督等都缺乏具体的规定。跨区域生态保护补偿属于公共资金使用,不属于具体行政行为,不同于对行政机关运用公共权力破坏生态环境的违法履职行为进行监督管理。因此,检察机关能否对此开展行政公益诉讼监督,法律规定尚不明确。

（四）生态环境检察公益诉讼流域协同治理面临被监督主体认定难

流域性的生态环境污染损害与一般是污染损害最大的区别在于,由于具有可转移的外部性,受污染流域的政府既是本地区环境污染的监管部门,也是跨区域环境治理的协调者。因此,政府及其相关部门往往是生态环境检察公益诉讼的被监督机关。生态环境检察公益诉讼流域协同治理面临着生态环境损害的行政监管部门和行为人难以准确认定的困境。

1. 行政机关联合执法案件中的被监督主体认定问题

《长江保护法》第 80 条规定,行政机关对长江流域跨行政区域生态违法案件,可以联合执法。跨流域行政公益诉讼的被监督行政机关往往不是单一的。行政机关对跨流域、跨区域的环境损害问题的监督职责存在职权不清、规定不明,权限交叉等问题,容易互相推诿扯皮或多头执法,从而出现“九龙治水”的疏漏。

2. 综合行政执法中被监督主体认定问题

《行政处罚法》(2021 年修订)第 18 条对生态环境、农业等领域综合行政执法制度进行了规定,是否仅将行使相对集中行政处罚权的行政机关列为检察公益诉讼被监督主体？此外,在跨区域检察生态公益诉讼中,行政处罚机关与生态修复监管部门不一致时,如何认定被监督行政机关？

3. 乡镇政府、街道办事处在跨区域检察生态公益诉讼中的被告资格认定问题

《行政处罚法》第 24 条对乡镇政府、街道办事处的行政主体资格进行了规定,那么,如何发挥其在长江流域跨区域生态环境治理中的行政作用？

六、习近平法治思想对长江流域生态环境检察公益诉讼协同治理的实践引领

习近平法治思想深刻回答了法治中国建设走什么路线的问题,也为构建长江流域生态环境检察公益诉讼协同治理机制指明了方向。坚持以人民为中心,

要求协同治理机制必须从人民利益出发,保护生态环境,推动绿色发展;坚持中国特色社会主义道路,要求生态环境检察公益诉讼应在域外流域协同治理司法模式的基础上,从我国国情出发,探索出符合长江流域实际情况的协同治理机制;坚持依法治国、依法执政、依法行政共同推进,要求协同治理机制立足于监督政府及相关行政部门履行职责,推进跨区域生态环境保护全面开展;坚持严格执法、公正司法,要求检察机关要履行法律监督职责,让流域环境污染损害行为人付出惨重代价,依法受到应有惩罚,为长江流域跨区域生态环境保护贡献检察力量。

(一)完善生态环境检察公益诉讼跨区域管辖制度

1. 完善跨区域生态环境检察公益诉讼案件管辖协调机制

一方面,建立线索直接移送、呈报备案制度。相较于《长江经济带意见》而言,《环太湖协作意见》的线索移送规定更为合理。检察机关发现跨区域检察生态公益诉讼案件线索后,7 日内将线索及相关材料移送至有属地管辖权的检察机关,同时呈报省级检察机关备案而非层层审批,可以节约办案时间,及时保护受损生态环境。另一方面,公益损害范围内有管辖权的多个检察机关,可根据《人民检察院公益诉讼办案规则》第 15 条的规定,报请共同上一级检察机关指定管辖。既然《人民检察院公益诉讼办案规则》第 17 条将跨区域管辖的主导权赋予检察机关之间建立的跨区域协作工作机制,那么各地检察机关可在《长江经济带意见》的基础上,结合《环太湖协作意见》等长江流域省界断面跨区域检察生态公益诉讼协作机制、司法实践情况,建立适合本地区实际情况的跨区域检察生态公益诉讼管辖机制。

2. 建立铁路运输检察院集中管辖为主、指定管辖和专门管辖相结合的跨区域检察生态公益诉讼管辖制度

长江流域检察机关对铁路运输检察院跨区域管辖进行了有益探索,积累了丰富经验,为解决全流域、跨区域检察生态公益诉讼管辖难题提供了样本。铁路运输检察院主导、地方检察机关积极主动配合的跨区域检察机关协调联动机制,可以指定铁路运输检察机关办理地方检察机关跟进监督难的跨省际行政公益诉讼案件,从而实现生态环境保护检察力量联通。从两江地区检察院的探索情况看,专门管辖在办理特大跨区域检察生态公益诉讼案件具有独特的优势。

《人民检察院公益诉讼办案规则》第15条、第16条、第17条、第18条对上级检察院管辖范围、指定管辖、管辖级别或地域不对应时的管辖处理原则等跨区域管辖常见问题进行了明确规定。笔者建议,在《人民检察院公益诉讼办案规则》相关规定的基础上,各省检察机关结合自身实际情况,有条件的可设立公益诉讼专门管辖检察机关,办理跨省、跨市公益诉讼案件;而对于市级以下的跨区域公益诉讼案件,建议以市级检察院指定管辖为主,指定有利于生态保护和案件办理的检察机关管辖。

(二)建立生态环境检察公益诉讼跨区域调查取证协作机制

1. 建立跨区域调查取证协助机制

《长江保护法》第9条、第13条规定,长江协调机制统筹协调长江流域信息共享系统、健全监测网络和监测信息共享机制。《行政处罚法》第26条规定了行政机关内部协助制度。检察机关可依据《长江保护法》《行政处罚法》等法律规定,督促行政机关运用长江流域信息共享、行政协助机制,开展跨区域生态环境损害调查。

从域外流域协同治理模式可以看出,统一行使职权的流域管理机构和省际、州际之间流域协调机制的协同治理,对流域协同治理提出了更高的要求。为了方便办理长江流域跨区域检察公益诉讼案件,笔者建议:一是最高人民检察院与长江流域省级检察机关建立类似长江协调机制的制度,实现长江流域案件信息和相关证据材料共享,取得“1+1>2”“1+N>N+1”的办案效果;二是在《人民检察院公益诉讼办案规则》第43条规定检察机关异地调查协助制度的基础上,明确检察机关之间协助事项范围、内容、方式,将协助案件列入检察官业绩考评、基层院建设考评,提高检察机关协助调查取证的积极性和主动性;三是如果双方对于协助事项有异议的,可以协商解决或层报共同的上级检察机关解决,从而提升跨区域公益诉讼协助调查的刚性;四是对于跨流域突发水污染事件,可依据生态环境部和水利部制定的《关于建立跨省流域上下游突发水污染事件联防联控机制的指导意见》(以下简称《跨省流域意见》)的规定,向相应的行政主管部门调取跨省流域水污染信息、水环境监测信息、应急处置信息等相关材料。

2. 健全跨区域检察技术保障机制

首先,建立跨区域委托鉴定协助机制。《长江经济带意见》对检察机关跨省协调鉴定机构提供支持进行了原则性规定。针对长江流域各省份之间生态环境损害鉴定机构、专家分布不均衡的情况,可采取实行跨区域委托鉴定方式,必要时,可由鉴定机构、专家所在地的检察机关提供协助。其次,加快跨区域公益诉讼技术支持建设。笔者建议,为解决各地公益诉讼技术保障发展不均衡的状况,可以探索包括技术、设备实验室检测、无人机驾驶、航拍等方面跨区域公益诉讼技术协助机制。最后,"借智借力"发挥环境鉴定、监测、科研机构的作用,利用全国 828 名公益诉讼技术专家、司法鉴定联合实验室、专家辅助人等专业技术力量,推进跨区域检察生态公益诉讼技术保障工作。

3. 创建跨区域一体化检察公益诉讼办案模式

借鉴美国五大湖流域协同治理模式中的合作性横向联邦制、纵向联邦制,检察机关以一体化办案机制凝聚共治合力,推进跨层级、跨区域资源整合。对于跨区域检察生态公益诉讼,《人民检察院公益诉讼办案规则》第 11 条明确规定检察公益诉讼一体化工作机制。其一,构建跨区域检察生态公益诉讼纵向协作机制。实行检察机关省、市、县三级院联动,拧成一股绳,形成跨区域生态环境行政公益诉讼办案合力。加强上级检察机关对下级检察机关的公益诉讼办案指导、跨区域调查取证的协调工作;下级检察机关应及时将实践情况、办案难点向上级检察机关请示、汇报。其二,构建跨区域检察生态公益诉讼横向协作机制。近年来,长江流域越来越多的检察机关尝试建立跨区域生态保护协作配合工作机制,以解决跨区域公益诉讼实践困境。例如,2021 年 2 ~4 月,相关长江流域省份之间已经就环石臼湖、洪泽湖流域、环淀山湖流域、嘉陵江直流西汉水流域、汉江流域、酉水流域、金沙江流域等流域公益诉讼跨区域建立了协作机制。[1] 因此,纵向、横向跨区域公益诉讼协作机制,可实现生态环境受损地与受益地之间的利益平衡,提升检察机关跨区域调查取证的积极性和主动性。

(三)构建跨区域生态修复协同联动机制

跨行政区流域污染治理必须考虑流域上下游地区不同的利益诉求。跨行政区流域污染的性质和特征决定了其治理不是某一单独治理主体能够完成的任务,它需要来自政府、企业与社会的协同合作。

---

[1] 资料来源于最高人民检察院第八检察厅公布的《长江流域省界断面跨区域检察生态公益诉讼协作机制建设工作推动情况通报(2 ~4 月)》。

1. 协同推进跨区域生态修复执行监督

可借鉴美国的流域地方协作模式和加拿大流域资源综合管理模式，明确政府对经济发展和环境保护的义务，推动长江流域跨区域生态环保修复，实现全流域合作共赢。一是对于多个行为人造成的跨区域生态环境损害，检察机关可督促行政机关根据《民法典》第 1168 条、第 1170 条的规定，确定各个行为人之间的生态修复责任。二是对于涉罪跨区域检察生态公益诉讼案件，检察机关应根据《长江保护法》第 77 条的规定，移送相关犯罪线索；对于行政机关“以刑代罚”案件，应依法监督，如宜昌市长江岸线林地保护案[1]。三是从顶层设计上出台统一的生态修复效果标准，对于跨区域检察生态公益诉讼案件中行政机关虽履行生态修复监管职责，但是生态修复效果不理想，检察机关应运用诉讼手段，督促其全面履职。四是建立跨区域协作执行监督制度。当环境受损结果地检察机关为办案机关时，可要求环境损害地检察机关协助执行生态修复监督工作。

2. 实现跨区域生态损害赔偿落实到位

生态损害赔偿是流域生态环境污染损害的一种重要修复方式，既是对行为人责任的追究和惩罚，也为生态修复提供了资金保障。行政机关对生态损害赔偿金的缴纳、支配、使用等方面都具有监管职责。检察机关在监督生态损害赔偿金的落实过程中，应从监督行政机关履职入手，从而让生态损害赔偿金发挥其生态修复治理的功能价值。一方面，对《办法》第 3 条、第 7 条以及《方案》中的跨区域生态环境损害赔偿协商的日期进行限定，避免“久拖不决”影响生态修复工作开展。另一方面，对于跨区域生态损害行为人无力履行生态修复责任，可依据《长江保护法》第 76 条的规定，落实生态保护补偿制度。

3. 探索构建跨区域生态保护补偿机制

从域外流域协同治理模式可以看出，流域生态补偿是跨区域生态环境污染协同共治的有效方式，可实现不同治理主体之间利益共容，协调区际间的利益关系。在跨区域的流域生态环境污染问题中，政府、企业和公民之间的利益紧密联系在一起，存在共容性。在长江流域生态补偿中，可通过经济和技术两种

---

〔1〕 本案为检察机关服务保障长江经济带发展第二批典型案例。

跨区域生态保护补偿方式,进行生态修复治理。在中央纵向补偿的基础上,探索流域上下游、受益区与环境损害区建立横向补偿机制,从而实现生态环境跨区域修复治理。对于长江流域跨区域生态环境损害案件,应按照《长江保护法》第76条和《长江横向补偿方案》的规定落实生态保护补偿制度,探索由生态环境损害地向损害结果地进行生态保护补偿。对于跨省域水污染纠纷,《跨省流域意见》第7条规定,生态补偿以资金补偿为主,由上游省级政府主动与下游省级政府协商。至于检察机关能否对生态补偿进行监督,笔者认为,行政公益诉讼作为特殊的行政诉讼方式,其受案范围不应局限于《行政诉讼法》第12条的规定,而应从《行政诉讼法》第25条规定的行政机关不履行或怠于履行监督管理职责致使公益受损的角度考虑。对于行政机关履行生态保护补偿职责时损害公共利益,检察机关可依法进行监督。

(四)明确跨区域生态环境检察公益诉讼被监督行政机关认定标准

"良法善治",更需要"良法实治"。根据国外经验,提供法律执行力是对污染行为进行规制的首要前提。"污染者付费原则"是澳大利亚流域协同治理的重要原则。法律只有执行到位,才能真正体现其价值。政府在流域综合治理中起着主导作用,应从中央和地方层面上打破行政区划条块分割,厘清各个行政机关之间交叉不明的职权,实现流域可持续发展。加大流域生态环境污染责任追究力度,强化企业和公民的社会责任,促进政府和部门依法履行监管职责,是生态环境检察公益诉讼流域协同治理重要的职能体现。《长江保护法》能否真正落地,在于生态环境监管部门的职权是否行使到位,生态环境损害行为人责任是否追究到位。

《长江保护法》对行政机关之间长江生态环境保护监管职责作出明确规定。《人民检察院公益诉讼办案规则》第69条、第72条规定,数个行政机关均有监管职责,应分别立案;认定行政机关主体资格的依据为法律法规规章,可参考"三定方案"、权责清单等规定。笔者认为,在认定跨区域生态环境检察公益诉讼被监督行政机关时,除了依据《长江保护法》和相关生态环境保护法律法规外,还可结合国务院办公厅出台的相关规定,[1]对照行政机关权力清单、责任清单等规定,进行综合判断。对于联合执法、综合行政执法的案件,应结合各行政机关的职权行使情况、法定职责进行判断其是否为跨区域生态环境检察公益诉讼的适格被告。此外,为对接《行政处罚法》,应明确乡镇政府、街道办事处在跨区域生态损害事件中的职责作用。

七、结语

"共饮长江水,共护一江情。"习近平法治思想为我国生态环境检察公益诉讼流域协同治理的法治道路探索与实践提供了重要理论指导。《长江保护法》的颁布,为我国流域立法开启了新篇章,也为流域司法带来了机遇与挑战。我国的长江流域专门立法和流域司法模式探索相较于美国等发达国家而言,虽然相对滞后但拥有强大的生命力,具有鲜明的中国特色。长江流域检察机关对生态环境公益诉讼流域协同治理的实践探索,为我国检察机关流域协同治理提供了重要样本,为将来黄河、松花江、珠江等流域的协同治理积累了宝贵经验。生态环境检察公益诉讼流域协同治理模式虽然取得了一定的成效,但是尚未建立成熟的司法模式,离践行《法治政府建设实施纲要(2021—2025 年)》的要求还有较大差距,其探索之路仍然任重而道远。

---

[1] 《生态环境保护综合行政执法事项指导目录》《自然资源领域中央与地方财政事权和支出责任划分改革方案》《生态环境领域中央与地方财政事权和支出责任划分改革方案》等都对生态环境保护领域各个行政机关之间的职责进行了明确划分。

22. 环境行政公益诉讼裁判价值的检讨与指引构造

——以2018年以来全国公布的216份裁判文书为样本

温丹丹　尹红国*

内容摘要：环境行政公益诉讼经历从萌芽探路到迅猛发展又回归低潮三个阶段。对调取的裁判文书分析后，笔者发现环境行政公益诉讼存在机械型线性裁判、漏斗型限缩裁判、模糊型妥协裁判和扩张型肆意裁判四种虚位趋向。究其原因，环境行政公益诉讼裁判受案件复合性、程序交织性、司法权调控局限性和环境治理社会性等因素制约。由此，环境行政公益诉讼造成畸形审理程序，冲撞权力属性边界，成本效益失衡，阻碍环境治理法治进程等不利后果。基于此，首先，应当确定环境行政公益诉讼裁判价值指引构造目标；其次，从诉讼模式选择、前置程序处理、庭外和解程序、判决事项表述、并行公布裁判文书和执行背书、司法建议等指引构造增进环境公益诉讼的整体价值。

关键词：环境行政公益诉讼　裁判价值　指引构造

2017年6月27日，全国人大常委会对《行政诉讼法》进行修改，行政公益诉讼制度正式成为一项在全国范围内实施的法律制度。[1] 环境行政公益诉讼是复杂的、社会性的公益诉讼。据调查，由于自身诟病和外部障碍致使环境行政公益诉讼价值虚位、效益贬损。[2] 这一问题应当引起重视，进行指引矫正。

---

* 温丹丹，河南省舞钢市法院党组书记、院长；尹红国，河南省舞钢市法院审委会委员、工会主席、执行局副局长、河南省审判业务专家。

〔1〕 参见马怀德：《新时代行政公益诉讼制度的发展与实践》，载《人民论坛·学术前沿》2019年第5期。

〔2〕 216份环境行政公益诉讼裁判文书的样本是笔者于2020年6月24日在中国裁判文书网上，通过设置关键词"环境""行政""公益诉讼人""一审"所搜索到的2018年1月1日以来全国法院所公布的裁判文书。

一、现状：环境行政公益诉讼裁判价值的虚位征象

对环境行政公益诉讼价值的考察，应当对诉讼请求要素、审理程序选择、诉讼参与主体、查明事实要素、被告履职情况和裁判结果进行综合考察。

（一）环境行政公益诉讼裁判样本概观

以环境行政公益诉讼裁判文书为调查对象，对诉讼中的不同被告、诉讼缘由、被告履职情况、裁判结果等13类总项、78个子项进行类型化分析、比较，可以得出上述要素所占的比例，在诉讼中所产生的作用，从而大致反映出裁判的整体概观（见表1）。

表1　环境行政公益诉讼文书裁判要素梳理

被告主要类型	案由主要缘起类型	被告不履职主要原因	裁判结果主要类别
县政府	破坏耕地；环境污染等	政策性经济发展；环境修复的不可逆性等	责任违法，继续履职
镇政府	违法占地；垃圾污染；村容治理等	负责人变更；第三方主体原因；监督职责难以落实等	确认违法，责令履行职责
街道办	垃圾污染；道路受阻等	履行的连续性；一般开庭前再次履行完毕	一般是确认以前行为违法
国土资源局	变更土地用途；非法开采等	致害主体已被责任追究；环境修复不可逆性	确认违法，责令继续履职
农林局	乱伐林木，破坏森林；破坏植被等	第三人判处刑罚；修复周期长，标准不好判断，部分属于不可逆的行为	主要是确认违法，后续问题未阐述
水利局	破坏河道，违法采砂，饮用水污染等	责任变更；政府规划；致害人已进入刑事程序等	确认违法，继续履行职责
自然资源局	违法占地、租地；破坏土地等	编入政府计划；修复期限标准，修复资金	确认违法，判令继续履行职责
城建局	违建，污水排放等	城建规划，政府资金，违法行为纳入刑事程序等	确认违法，继续履职

续表

被告主要类型	案由主要缘起类型	被告不履职主要原因	裁判结果主要类别
生态环境局	环境污染;生态环境维护;危险物处置等	监督职责落实难;环境污染的多主体性;生态修复资金问题	确认违法,继续履行复垦监督职责
城管局	小摊小贩管理;公益环境治理等	经济发展;城市规划;管理责任难以到位等	确认违法,继续履行监督职责
财政局	财政补贴等	政府规划;财政资金等问题	确认违法
森林公安局	毁坏林木等	移交刑事程序	确认违法,继续履行环境修复职责
防空办	防空费	已经履职,对方无能力	确认违法,作出处罚,依法清收

(二)环境行政公益诉讼裁决的四种趋向

对裁判样本中主要因素进行调查发现,裁判心理、动机、思路和环境行政公益诉讼固有属性产生张力,因此,环境行政公益诉讼裁判出现四种趋向(见图1)。

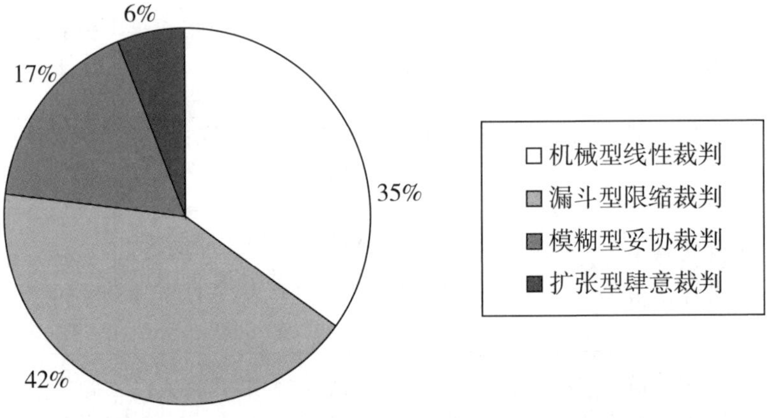

图1 环境行政公益诉讼裁判呈现四类趋向示意图

趋向之一:机械型线性裁判。

机械型线性裁判是指在环境行政公益诉讼中各种要素呈现线性配置,具体表现在:案件审理采用单一行政程序,诉讼请求、审理事实和查明事实高度一致,裁判结果单一。该类裁判的主要特征是机械性、单一性和不完整性。例如,某县检察机关起诉某生态环境局对当地水源污染案件中未尽到监督职责行为违法，经审理，法官根据公益诉讼代表人的诉讼请求认定该生态环境局某项行政行为违法，但对于生态环境局是否该继续履行法定监督职责未作处理。这种裁判方式约占案件总量的35%。

趋向之二：漏斗型限缩裁判。

漏斗型限缩裁判的特征：一是此类案件诉讼请求分为确认违法和继续履行监督职责两个分项；二是案件审理过程往往出现程序交叉现象；三是案件审理起始阶段具有开放性，法官发挥主观能动性对各类证据进行调查；四是法官在查明事实部分浓墨重彩，生态环境被破坏的各项证据调查充分、确凿；五是裁判结果相对单一，法官只对行政机关行为违法和继续履行监督职责进行裁判。漏斗限缩裁判可以形象地比喻该类裁判的头重脚轻的征象，这种裁判方式约占样本总量的42%。

趋向之三：模糊型妥协裁判。

模糊型妥协裁判较为抽象。例如，某市人民检察院接受群众举报发现某地段耕地变更用途违法。检察机关向当地国土资源局发出检察建议。因国土资源局未进行复函，也未尽监督职责。检察机关以此为由向人民法院提起环境行政公益诉讼。法院经审理发现，该地段尽管没有变更用途的行政许可审批手续，该地段却在当地政府发展计划之中。鉴于此，法院认定国土资源局行为违法，但没有对该土地用途是否需要纠正、国土资源局是否继续履行监督职责作出裁判。该类裁判方式约占样本总量的17%。

趋向之四：扩张型肆意裁判。

例如，某市一片生态公益林被韩某某毁坏。检察院接受群众举报后给林业局送达履行监督职责对生态公益林进行修复的检察建议函。林业局作出复函称，该毁林案件已在其他程序中，自己无法履行责任。检察院提起确认林业局行为违法并继续履行修复监督职责的公益诉讼。经审理发现，韩某某毁坏生态公益林的犯罪行为正被外地法院审理，韩某某为减轻罪责已经按照标准将生态公益林修复完毕。法院为了年底结案，遂作出确认林业局行为违法的裁判。此类裁判约占样本总量的6%。

从环境行政公益诉讼样本可以看出裁判者对于环境保护存在纠结、疑虑、向往和妥协心理，因此，裁判价值就不完整、效益贬损。

二、探究：影响环境行政公益诉讼裁判价值的四大诱因

究其原因，环境行政公益诉讼裁判价值受环境诉讼复合性、审理程序交互性、司法调控局限性和环境治理社会性等因素制约。

（一）环境诉讼具有复合性

在参与主体方面取决于公益诉讼案件是否有实际致害主体，其是否参与到庭审过程中。法官不能回避产生公益诉讼原因的基本因素，然而，消除违法行为，往往取决于第三方行为，同时也受时空条件、环境修复不可逆性、政府经济发展规划等因素的制约。在审理事实方面取决于法官对案件事实的调查范围和程度；在诉的解决方面取决于裁判者的裁判思路和价值取向；在裁判过程中，法官往往容易关注基本因素和影响因素。这种现实存在影响裁判价值的效能（见表2）。

表2　影响环境行政公益诉讼裁判价值要素比较

统计项	诉讼参与主体	审理主要事实	诉的解决
基本因素	公益诉讼代表人 vs. 行政机关	检察机关所列举的主要事实	依据诉讼请求而裁判
影响因素	显性主体：公益诉讼代表人 vs. 行政机关 隐性主体：公益诉讼代表人 vs. 行政机关＋环境公益的实际致害主体	法院除检察机关所列举的主要事实外，自身调取的其他主体的民事责任事实（或刑事犯罪线索及事实）	根据调查的事实最后作出畸形裁判

（二）审理程序具有交互性

首先，环境行政公益诉讼的启动程序是行政程序，但在案件审理过程中，由于不能回避环境公益的侵害情况，法官往往不由自主地选取民事审判方法，对证据进行认定、查明事实等。其次，随着调查的深入，生态环境破坏程度容易牵出刑事犯罪，或者某些环境违法行为已被其他机关启动追究程序。在这种情形下，刑事犯罪问题困扰和影响着裁判思路，容易出现程序异常。基于上述原因造成法官在程序交织中无所适从，影响裁判价值的发挥（见图2）。

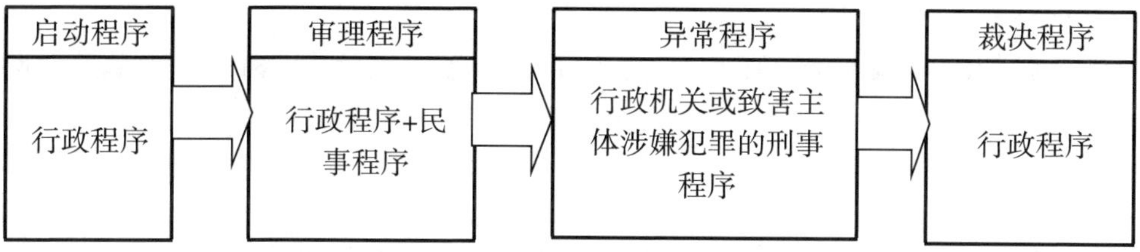

图 2　环境行政公益诉讼程序交织示意图

（三）司法调控具有局限性

根据禀赋效应，拥有权力会增加对它的估值，从而会加强职责意识。[1] 在裁判环境行政公益诉讼案件过程中，法院一方面要尊重公益诉讼代表人的诉讼请求，另一方面又要对致害主体行为、致害事实和环境修复标准进行调查。司法权和行政权在生态环境治理中的角色地位不一样。司法权和行政权的分权制衡模式尚未完全成熟。

行政机关在履行法定职责过程中，一方面受自身行政管理系统制约，另一方面受致害人行为和环境修复能力影响。在当地经济社会发展大局面前行政机关履职能力受到一定的限制。法院在当地经济社会发展权和社会公众环境权平衡之间、在检察机关和行政机关权力博弈之间显得无力，遂造成畸形的裁判过程和结果。

（四）环境治理具有社会性

我国经济社会发展经历粗放型到集约型发展道路，对待环境态度从过度肆意开采掠夺到“绿水青山就是金山银山”的转变，司法解决环境公益模式是对行政机关行为的司法评价、制衡和调控。

环境治理是一个大概念、大范畴。除了行政机关忠实履职外，环境治理具有社会性：具体是指，一是要顾及经济社会发展与生态环境保护大局之间的关系；二是要顾及企业发展与当地人民群众生产生活的关系；三是要顾及生态环境致害行为所获得的违法收益与环境修复所需各项投入之间的关系；四是要顾及生态环境破坏后的可修复性与不可逆性之间的关系。环境治理的社会性制约着环境行政公益诉讼裁判价值。

---

〔1〕 参见［美］凯斯·R. 桑斯坦主编：《行为法律经济学》，涂永前、成凡、康娜译，北京大学出版社 2006 年版，第 268 页。

“四大诱因”是导致环境行政公益诉讼难以实现真正价值的重要因素，是制约当下裁判的主要障碍，在这种情形下，环境行政公益诉讼有什么样的不利后果？

三、拷问：环境行政公益诉讼裁判价值虚位的四种缺憾

环境行政公益诉讼裁判价值的虚位造成诉讼内涵发生裂变，权力属性发生碰撞，成本收益发生失衡和环境治理作用不能凸显等缺憾。

（一）公益诉讼内涵发生裂变

环境行政公益诉讼应在纠正行政违法行为、督促行政机关履行职责、预防生态破坏、修复生态功能和维护公众环境权方面彰显作用。

审判实践中，环境公益诉讼的应然价值和必然价值具有巨大的张力。机械型线性裁判只解决行政机关是否违法问题，督促行政机关履行职责缺乏具体的执行手段，遂造成裁判成为空文。漏斗型限缩裁判中，法官试图将公益诉讼问题引入“深水区”进行调查，但最后却作出限缩裁决，造成裁判结果唯一性和裁判过程多维性之间的矛盾。模糊型妥协裁判更体现出裁判者对实质问题作出妥协而模糊事实因果关系作出裁判。扩张型肆意裁判反映出裁判者以环境行政公益诉讼为载体试图解决部分实质性问题。这种裁判过程充斥矛盾纠结心理，真正问题并未得到根本解决，诉讼内涵发生裂变。

（二）司法权行政权之间发生冲撞

环境行政公益诉讼制度建立，开辟新的客观诉讼空间，有效弥补对环境生态保护的空白，较好地维护了客观法秩序。[1] 行政权具有天然的扩张性。刚性的司法判决难以适应多元的环境利益纷争，行政和司法应当相互独立和制衡，任何公权力的行使范围、方式、方法都不能违背《宪法》所制定的原则。[2]

行政权通过上下级领导关系形成环境治理体系。在环境行政公益诉讼中具有双重角色的检察机关，一方面是公益诉讼代表人被赋予原告资格，另一方面检察机关对行政机关在环境保护方面具有监督职责。在环境行政公益诉讼

〔1〕 参见孔祥稳、王玎、余积明：《检察机关提起行政公益诉讼试点工作调研报告》，载《行政法学研究》2017年第5期。

〔2〕 参见孙洪坤：《环境公益诉讼立法模式之批判与重构》，载《东方法学》2017年第1期。

中,法院之于检察院是裁判者和原告的关系,但是,检察院对法院的审判工作有监督权。

在裁判过程中,裁判者面对检察机关容易产生疑虑和压力,同时摄于行政权的威力而力不从心。鉴于试图在环境行政公益诉讼中解决实际问题,裁判者便打破了诉讼的原始程序,冲撞了权力边界,颠倒了生态环境的治理格局。

(三)诉讼成本和获取收益产生失衡

据样本调查环境行政公益诉讼:一是从线索发现上看,检察机关日常检查中发现线索的占 80.4%,群众举报的占 10.6%,公益组织反映的仅占 9%。二是从裁判文书制作页数上看,该类裁判文书平均 20 页以上,而所作的裁判事项往往相对简单寥寥 20 余字。三是从审理组织上看,全部样本案件审理组织采用合议庭形式,80% 以上的合议庭引入人民陪审员,69.5% 的合议庭为 5 ~7 人组成。在现有司法资源条件下,大量环境行政公益诉讼案件进入审判程序,在裁决价值虚位的情况下诉讼成本与收益产生失衡。

(四)生态环境司法治理步履维艰

建立健全行政公益诉讼制度是国家级治理体系和能力现代化的一个重要步骤。[1] 在环境治理领域,诉讼治理是滞后的、终局性治理方式。环境公益诉讼确立明确了环境治理进入了法治化道路。行政指令、命令和监督纠责行政化方式将被司法指引、评价和追究责任的司法方法所调控。环境行政公益诉讼解决的问题只限于行政机关不作为、乱作为和不履行监督职责,对环境公益侵害的民事赔偿责任、对环境进行修复等问题没有解决。

环境行政公益诉讼内涵发生裂变、权力之间发生冲撞、诉讼成本收益失衡、环境修复问题得不到彻底解决等缺憾,延缓了生态环境法治化治理进程,构建生态环境司法治理模式步履艰难。面对这些缺憾,当下的行政公益诉讼应当进行反思,对其价值进行重新构造定位。

四、破解:环境行政公益诉讼裁判价值的指引构造

环境行政公益诉讼裁判价值的构造不应局限于传统的审理模式和方法,而

---

〔1〕 参见马怀德:《新时代行政公益诉讼制度的发展与实践》,载《人民论坛 · 学术前沿》2019 年第 5 期。

应当在谦抑的基础上，充分发挥裁判能动作用，让其成为保护生态环境公益的平台和纽带，发挥其应有价值。

（一）域外考察：裁判价值构造具有终极目的性

英国行政公益诉讼被称为“以公法名义保护私权之诉”，检察总长代表国王有权阻止一切违法行为，包括侵害公共利益的行政违法行为。〔1〕美国在行政公益诉讼中坚持的是“事实不利影响标准”，赋予个人提起行政公益诉讼的权利。〔2〕德国建立以公益诉讼代表人参与诉讼维护社会公众的利益不受侵害的制度，公益诉讼代表人有权参与行政法院的行政诉讼。〔3〕国外行政公益诉讼发展较为成熟给我们以启示：环境行政公益诉讼价值是维护客观法律执行、保护国家环境生态社会公益的重要制度构造。

（二）总体设计：生态环境法治化治理价值目标构造

在价值目标上，环境行政公益诉讼可以预防环境损害，矫正行政失灵，促成环保政策，生成环境权利等，故具有极强的可欲性。〔4〕

环境行政公益诉讼裁判价值的理想目标是通过诉讼裁判过程发挥预防、矫正、惩罚等应有功能。环境行政公益诉讼困于制约因素的限制，其裁判结果不能超越程序限制，其价值目标根本难以成就，但是，在该类诉讼中进行制度设计和程序分流或以司法建议等形式，可以指引和整合环境公益诉讼整体价值实现预防、矫正和惩罚功能的有机统一（见表3）。

表3 环境行政公益诉讼裁判价值指引构造目标

预防功能	矫正功能	惩罚功能
环境行政公益诉讼的预防功能分为一般预防和特殊预防。预防的重点是行政机关的具体行政行为和抽象行政行为	环境行政公益诉讼对已经侵害环境公益的行政行为进行矫正，责令和指引对生态环境进行修复	环境行政公益诉讼对不可逆的环境破坏行为进行指引导入惩罚性程序，包括民事赔偿责任，相关主体行政责任、刑事责任等

---

〔1〕 参见朱汉卿：《检察机关的行政公益诉讼原告资格探讨——以民事诉讼法修正案的颁布、民事公益诉讼的确立为契机》，载《江汉大学学报（社会科学版）》2013年第1期。

〔2〕 参见王名扬：《美国行政法》（下），北京大学出版社2016年版，第463页。

〔3〕 参见朱汉卿：《检察机关的行政公益诉讼原告资格探讨——以民事诉讼法修正案的颁布、民事公益诉讼的确立为契机》，载《江汉大学学报（社会科学版）》2013年第1期。

〔4〕 参见颜运秋、张金波、李明耀：《环境行政公益诉讼的逻辑和归位》，载《环境保护》2015年第Z1期。

(三)构造方法:在谦抑和能动之间递进式分层指引

为了实现环境行政公益诉讼的价值目标,诉讼应当在保持司法谦抑性前提下发挥裁判者能动作用,从诉前、诉中、诉后三个阶段分层次指引裁判进程,不仅守住了稳定的诉讼格局,而且提高了整体诉讼效益。[1]

第一层:诉前——提示性指引。

环境行政公益诉讼提起前设置特殊的前置程序。在前置程序中检察机关应当向行政机关发出建议函,行政机关在一定期限内改正行政违法行为,诉前程序是终结行政公益诉讼的重要路径。调研发现,裁判者往往忽视诉前程序督促行政机关履职的积极作用而简单地以检察机关所提供的材料为依据而启动环境行政公益诉讼程序,这种现象导致滥诉或侵害行政机关的环境治理权。

诉前第一层指引属于提示性指引,具体内容为:一是对诉的必要性进行指引;二是对可否延长前置程序履行职责宽限期进行指引;三是对行政机关上级管理部门自查自纠进行指引。若能在启动诉讼程序前发挥诉前程序的强大分流功能,及时纠正行政机关的违法行为,则其在节约司法资源、尊重行政自治、促进社会和谐方面有不可替代之功。[2]

第二层:诉中——选择性指引。

在环境行政公益诉讼程序中可以设计选择性指引,这样通过诉讼模式选择、诉讼程序转换、庭外和解程序等方法提高诉讼整体价值。

1. 诉讼模式选择

由于环境公益诉讼的特殊性,在该诉讼中可以对实体材料进行初步审查,这种审查具有目的性。通过审查可以发现诉讼应该解决的主要问题,根据需要解决的公益问题,法院可以向公益诉讼代表人提出对环境公益诉讼的模式进行选择。

法院根据生态环境侵害事实向检察机关提出解决实质性问题的指引方案。检察机关根据生态环境侵害事实、亟待解决的主要问题,为了更好地维护生态环境公益可以选择单轨模式、双规模式、并轨模式和必要的衍生模式对生态环

---

〔1〕 参见孙洪坤、施丽芝:《论环境行政附带民事公益诉讼的法律适用与制度构建——以首例环境行政附带民事公益诉讼案件为切入点》,载《山东法官培训学院报》2018 年第 1 期。

〔2〕 参见应松年:《行政公益诉讼试点亟待解决的几个问题》,载《人民论坛》2015 年第 24 期。

境的侵害行为进行彻底纠正。这样不仅突破了环境行政公益诉讼程序限制,而且提高了诉讼效率和整体效益(见表4)。

表4　环境行政公益诉讼初步审查指引诉讼模式

诉讼模式	单轨模式	环境行政公益诉讼程序
	双轨模式	环境行政公益诉讼程序
		环境民事公益诉讼程序
	并轨模式	环境行政附带民事公益诉讼程序
	衍生模式	另行启动刑事诉讼程序

2. 诉讼程序转换

裁判者如果不关注行政机关作出具体行政行为的背景、未履行职责的原因、第三方的致害原因力和环境修复不可逆性等核心因素而消极地作出行政行为违法和继续履行监督职责的裁判是没有实际意义的。

在单轨制环境行政公益诉讼案件中,根据审理事实裁判者应当发挥裁判指引作用促成程序转换:具体而言,一是公益诉讼代表人因行政机关违法行为消除、法定事由出现撤回诉讼而终结环境行政公益诉讼的情形;二是公益诉讼代表人根据案件出现新的事实,把环境行政公益诉讼变更为环境民事公益诉讼的情形;三是公益诉讼代表人根据诉讼中出现的新的事实,在环境行政公益诉讼基础上增加环境民事公益诉讼,形成环境行政附带民事公益诉讼的情形。通过程序转化真正解决诉讼问题,实现对环境公益的最大化保护。

3. 庭外和解程序

程序中的正义一般是指诉讼中的正义,如果诉讼中没有调解程序,会影响整个程序正义的实现。[1] 正确引导社会公众有序参与生态环境维护,民事责任的可调解性和可处分性是庭外和解程序建立的基础。[2]

庭外和解程序可以表述为:在环境行政公益诉讼中,由于必须查明环境致害主体的生态破坏行为后果,对民事责任的承担作出决断,由于诉讼程序限制,在行政程序之外设立庭外和解程序。庭外和解程序实质上是民事程序。庭外

---

〔1〕 参见孙洪坤:《程序正义的中国诉说》,载《学术界》2015年第7期。

〔2〕 参见景勤:《环境行政公益诉讼中检察机关与公众的合作机制研究》,载《中国环境管理》2018年第5期。

和解主体双方：一方是公益诉讼代表人（该代表人应当广泛征求特定的或不特定受害主体意见，通过授权或引入受害主体才具备参与调解的主体资格）；另一方是生态环境的致害单位或个人。庭外和解内容包括民事赔偿责任、环境修复责任、替代性修复责任等。应当注意的是，达成妥协的程序应当防止因为不平衡的权力结构和潜在威胁因素而导致结果的偏移性。[1]

以庭外和解的方式达成的协议是双方主体自愿、平等、协商一致的民事协议。此协议可以根据双方当事人的要求进行司法确认，让其具有向法院申请强制执行的效力。在环境行政公益诉讼中设置庭外和解程序，保障了诉讼程序的正当性，增强了裁判价值，保障了裁判的可执行性。

第三层：裁判——确定性指引。

确定性指引包括环境行政公益诉讼裁判事项必须明确、具体，具有可执行性，同时对基于同一损害事实采用不同程序的裁判结果也要并行公布，最终形成统一的指引价值。

1. 裁判事项表述要明确完整

在裁判事项价值构造上，在不能影响行政执法总体效能的前提下应当将裁判事项表述明确。[2]

（1）行政行为类：首先，应明确行政机关作出的行政行为是否违法，是否需要撤销、纠正或重新作出行政行为，并且要明确撤销、纠正和重新作出行政行为的时间、期限；其次，应当明确行政机关未履行生效判决的责任后果。

（2）行政处罚类：首先，对行政机关是否需要向致害主体下达处罚决定，要明确处罚决定的履行时间、期限；其次，应当明确行政机关未按照生效裁判履行职责的责任后果。

（3）行政履职类：首先，应当明确行政机关继续履行监督职责的时间、期限、方式；其次，应当明确行政机关未按照生效裁判履行职责的责任后果。

（4）环境修复类：在生态环境修复具有不可逆性的情况下，首先，应当作出责令行政机关监督落实替代性修复责任的具体职责、时间、期限、标准；其次，应

〔1〕 参见[德]哈贝马斯：《在事实与规范之间——关于法律和民主法治国的商谈理论》，童世骏译，生活·读书·新知三联书店2014年版，第216页。

〔2〕 参见马怀德：《新时代行政公益诉讼制度的发展与实践》，载《人民论坛·学术前沿》2019年第5期。

明确行政机关未按照生效裁判履行职责的责任后果。

2. 一并公布相关裁判文书

在环境行政公益诉价值指引作用下会引起诉的分离或合并，形成不同程序的诉讼模式。在诉的分离诉讼模式下会存在环境行政公益诉讼、环境民事公益诉讼和衍生的刑事诉讼三种形式。上述诉讼实质上是基于生态环境公益遭受损害这一基本事实而形成的，所以在对外公布裁判文书时，将这些不同程序的裁判文书并行公布。这样可以保障各类裁判标准的统一性，实现预防、矫正和惩罚功能的有机统一，提升裁判公信力。

第四层：判后——延伸性指引。

延伸性指引能够拓展裁判价值，这是环境行政公益诉讼所特有的属性决定的。

1. 执行背书适用

环境行政公益诉讼的性质决定了法院的执行部门不能完全发挥作用，究其原因：一方面行政机关有自己专属的上下级管理系统，另一方面法院执行权行政属性限制。环境行政公益诉讼裁判无法执行或执行不能不仅贬损诉讼价值，而且损害司法权威。

环境行政公益诉讼裁判之后，法院应当对裁判事项的执行以背书的方式进一步明确。在执行背书中要明确执行的责任主体，具体包括法院执行部门、被执行人的上级机关和纪检监察部门。执行内容根据不同的裁判类别有不同的背书内容。根据裁判目标来确定执行的标准、执行的期限以及不能履行法院生效文书的后果等应当进行逐一明确，这样执行机构才能够相互配合，共同将裁判文书所确定的义务执行完毕，增强裁判的价值。

2. 发出司法建议

环境公益诉讼是一种特殊的复合性诉讼，在责任上包括行政机关的许可行为、处罚行为、监督行为等，还包括在诉讼指引下致害主体的民事责任。法院在审理这类诉讼过程中容易发现涉嫌违纪和违法线索。如果存在上述情况，依据职能属性和职责，法院应当及时向有关机关发出司法建议。司法建议的受送主体包括被告的上级行政机关、纪委监察委、检察机关；司法建议的内容包括行政机关负责人的行政责任追究、违纪责任追究和相关主体涉嫌违法犯罪线索移交等。

环境行政公益诉讼价值的指引构造是一个动态的、能动的过程。在这一过程中,裁判者要保持环境行政公益诉讼的“真面目”,不能随意突破程序、突破法律规定,任意扩大裁判价值,而应当在解决生态环境公益问题这一价值目标上理性指引,进而实现裁判的最大效益。

五、结语

“轮船不断地在百慕大这片神秘奇特的海域失踪,成群的海鸥突然从天而降就像石头一样坠入海面……”这是德国科幻片《神奇百慕大》所展现的海洋生态被破坏的震撼残图。陕西官商勾结将美丽的秦岭成为私人别墅的后花园,秦岭生态岌岌可危。亡羊补牢,为时已晚。对于生态环境的治理应当未雨绸缪,最大限度避免不可逆性环保事件发生。在环境行政公益诉讼中,检察机关和法院肩负着重要使命,应当在谦抑和能动之间,通过对裁判价值的指引构造,共同推进生态环境法治化治理体系建设,使“绿水青山就是金山银山”的美好蓝图变成现实!

23. 长江流域生态保护补偿基金制度法治化构想

——以美国《超级基金法》制定和实施为镜鉴

王亚萍*

内容摘要:《长江保护法》明确规定了国家要建立长江流域生态保护补偿制度,流域自身的净化功能导致流域环境侵权损害的结果隐蔽性很强,再加上广泛性的环流域污染受害者和不确定的侵权主体,共同导致流域环境污染侵权难以追责。实践证明,社会化救济方式可以有效解决环境污染侵权损害赔偿问题,而设立基金就是一种极佳的社会化救济方式。美国《超级基金法》的实施使美国环境得到了巨大改善,产生许多不可预测的社会效益,当然在实施过程中也存在一些问题,本文通过对美国《超级基金法》的研究分析,总结经验教训,结合我国国情,提出从基金的征收、管理、使用等方面建立健全我国的长江流域生态保护补偿基金制度。

关键词:流域污染　生态保护补偿　超级基金　社会化

一、美国《超级基金法》的成绩与六点不足

(一)起源与成就

1976 年,美国国会立法授予美国国家环境保护局对危险废物的管理权,多数国民认为美国环境法已完美无瑕,然而 1978 年的"纽约拉芙运河事件"震惊美国,残留污染废物的土地所蕴含的环境隐患问题成为美国国民纷纷议论的话题。美国国会在群众的呼声和社会民众的推动下于 1980 年紧急颁布相关法律,即具有划时代意义的《综合环境反应、赔偿与责任法》。该法以在预防危险物质释放、改善环境质量过程中产生的社会关系为调整对象,规定危险物质释

* 王亚萍,温州大学法学院 2020 级法学硕士研究生,主要从事环境与资源保护法学研究。

放的赔偿责任、污染保险、超级基金制度等制度，弥补美国环境立法在责任和管理程序等方面的不足，而且打破了“法不溯及既往”的法律原则，允许追溯历史上的合法行为者，[1]最令人耳目一新的就是“超级基金制度”，这也是该法简称《超级基金法》的原因。《超级基金法》以清理对土壤和水资源造成污染的危险废物为其立法宗旨，在对污染清理工作作出严格要求的同时也间接促进了自然生态环境的健康。[2] 在此之后，美国国会根据实施现状不断调整完善，形成了完整的超级基金法律体系，提供了一个针对危险物质释放、环境污染损害的有效反应机制。超级基金制度的救济制度具有社会化特点，并且超级基金的使用具有严格的条件限制，[3]针对污染场地的修复，美国国家环境保护局设置了国家优先名录（NPL），该名录具有严格的数值要求并且具有动态性，将超过一定污染数值的场地纳入名录，将修复完工的场地从名录中删除。

综上可知，首先，超级基金在功能上具有最后保障性，既能填补民事赔偿对受害人赔偿不足的缺陷又能保证超级基金是穷尽所有救济手段的最后保障。其次，超级基金具有多渠道来源，税收、财政收入等丰富的来源保证基金资金充盈丰富。最后，超级基金是基础性的保障，赔偿范围只涵盖人身损害和财产损害这些基本现实存在的损害，并不包含精神损失和期待可能性财产利益。该法案在美国颁布施行以后，对环境污染治理问题产生的成效显著。截至 2019 年 2 月，先后有 1750 块场地列入 NPL，另外有 53 块场地处于即将列入的公示期，已经有 413 块场地从 NPL 中删除，占累计列入场地的 23.6%，另有 792 块场地也已经完成修复工程尚处于跟踪监测阶段。

（二）六点不足

虽然《超级基金法》对于解决美国污染场地问题成效显著，但随着制度实施，许多不足也逐渐凸显，致使该制度在学界褒贬不一，许多经济学家甚至将该制度评价为“愚蠢的超级基金”。我们既要承认该法的效益和成就，同时也要

---

〔1〕 参见余耀军：《土壤污染治理责任的减轻机制研究》，载《法学评论》2022 年第 2 期。

〔2〕 参见[美]杰克·图侯斯基、宋京霖：《美国流域治理与公益诉讼司法实践及其启示》，载《国家检察官学院学报》2020 年第 1 期。

〔3〕 参见王江、梁艳凤：《环境污染损害赔偿基金制度探究——以美国超级基金法为例》，载“中国法学会环境资源法学研究会、桂林电子科技大学. 生态安全与环境风险防范法治建设——2011 年全国环境资源法学研讨会（年会）”论文集（第三册）。

承认它的不尽如人意之处。目前该法还在不断发展完善,有问题暴露情有可原,问题的暴露恰恰是为了更好地完善。分析美国《超级基金法》所凸显的不足,大致为以下几个方面。

1. 资金缺乏日益严重,资金回收状况差

据统计,净化一个污染场地需要花费至少 4000 万美元和 15 年的时间,假定净化一个污染场地需要花费 4000 万美元,不考虑尚处于列入 NPL 公示期的 53 块场地,国家环境保护局仅是已经列入 NPL 尚未删除的 555 块场地就总共需要花费 222 亿美元,这远超出美国国家环境保护局的初期预算,超级基金的资金缺乏使其立法目的难以实现。同时,对责任方费用的追讨效率很低。仅 1980 年到 1988 年短短的八年时间内,美国国家环境保护局在超级基金项目上所投入的资金就多达 160 亿美元,其中 31% 确定无法收回,即便是在剩余可能收回资金中,责任方拒绝支付的金额就占其 78%,整体回收率不足 15%。[1]

2. 超级基金运作过程中,美国国家环境保护局权力大且效率低

《超级基金法》将反应行动实施权、信息收集权、行政处罚权等与反应行动有关的权力分给了总统和美国国家环境保护局,而总统又通过行政命令将其权力尤其是反应行动实施权授予美国国家环境保护局,这就使美国国家环境保护局在超级基金运作过程中有很大的行政权力,其中最为典型的就是强制要求责任主体采取措施清理污染设施的单方行政命令权。在超级基金的支出方面,议会拨款程序和预算审查监督与制约体制的缺乏出现了美国国家环境保护局滥用超级基金的现象。据统计,每年联邦政府在超级基金项目上的拨款多数被用于行政管理,真正用于污染场地修复和赔偿受害人的不足 50%。

3. 超级基金给企业带来的不是"减压"而是"施压"

首先是基金征收方法对大企业不公平。超级基金设立之初只有 16 亿美元,其中 86.25% 属于对石油化工行业征收的专门税,剩余部分是联邦政府的财政拨款。1996 年,国会将基金总额增加到 85 亿美元,其中 24% 是对有关企业(年收入超过 200 万美元)征收的附加税,在此之后又增加了针对生产进口石油、化工企业的专门税、环境税等税种,虽然基金来源有所扩大,但基金收入归

---

〔1〕 参见孟春阳:《美国超级基金法的实践及其对我国的启示》,载"中国法学会环境资源法学研究会、昆明理工大学. 生态文明与环境资源法——2009 年全国环境资源法学研讨会(年会)"论文集。

根结底绝大多数源于企业,这样严重挫伤了企业的运营发展。更重要的是,《超级基金法》溯及既往的特点和严格责任制度使许多企业常年处于诉讼之中,不但阻碍企业发展,而且延缓污染地块的修复重建工作。[1]

4. 场地修复行动较为缓慢,耗费时间太长

从设立超级基金至今,美国列入 NPL 的污染地块的平均修复时间是 12 年,由责任者承担有关费用的 70%。目前,仍有约 1/4 的美国居民生活在列入 NPL 的污染场地周围 4 英里之内。[2] 而美国联邦政府的治理目标是在 10 年内完成污染场地治理工作,然而到 2022 年,美国环境污染状况依旧十分严峻,超级基金项目依旧处于积累经验、谨慎摸索的阶段。

5. 严格责任导致"棕色地块"难开发、"绿色地块"被污染

严格的环境责任使土地所有人和一些私人投资者对"棕色地块"避之不及,而去选择开发无污染的"绿色地块",然后"绿色地块"因遭受污染变成"棕色地块",这就导致了恶性循环。美国出台了《棕色地块振兴法》、自愿治理计划等解决"棕色地块再开发"问题,虽然略有成效,但与"绿色地块"相比,再开发速度和持久性很低,主要障碍还是美国《超级基金法》规定的责任制度等一系列相关问题。

6. 法律规定的严格责任制度导致"有法难依"

美国《超级基金法》中的责任制度是该法的亮点,也是该法的不足。美国法学界普遍认为严格责任原则违反了侵权法疏忽大意原则,而且股东和高级职员承担责任破坏了公司法有限责任理论以及公司行为与个人责任的隔离制度,刑法上的犯罪意图要件被延伸,联邦财产法元素被隐含地破坏。[3] 该制度的实施使大量主体成为潜在责任人,导致诉讼主体杂多、诉讼时间冗长、陷入了"有法难依"的窘境。

虽然美国《超级基金法》主要是针对土壤污染防治,但是其所采用的社会化救济方式对于任何一种生态系统保护与治理,都具有重要的借鉴意义。

---

[1] 参见蒋莉:《美国环保超级基金制度的实施及问题》,载《安全、健康和环境》2004 年第 10 期。

[2] 参见贾峰等编著:《美国超级基金法研究(历史遗留污染问题的美国解决之道)》,中国环境出版社 2015 年版,第 214~227 页。

[3] 参见[美]史蒂文·费里:《环境法:案例与解析》,中信出版社 2003 年版,第 89 页。

二、我国建立长江流域生态保护补偿基金制度的立法构想

（一）立法背景

流域是“一个水系的干流和支流所流过的整个地区”，它具有系统性、复杂关联性、动态性等特点，是一个有机的巨大系统，与生态系统管理原则和方法所强调的整体性、协同性、适应性等内涵相契合。[1] 我国的流域面积较大，其中长江作为中华民族的母亲河，既是我国重要的流域环境，也是我国重要的生态安全屏障。长江流域面积占全国面积的1/5，拥有约占全国20%的湿地面积、35%的水资源总量和40%的淡水鱼类种类，覆盖204个国家级水产种质资源保护区。[2] 生态保护补偿制度是强化长江流域生态保护的基础性制度，如何落实生态保护补偿也是必须审慎对待的核心问题。

目前众多环境污染问题都由政府财政支出进行污染治理，包括流域污染问题，而这对于我国政府财政来说也是一个很大的负担。2020年，全国环境污染治理投资总额达10,638.9亿元，占国内生产总值的1%，梳理我国2016年至2020年的环境污染治理投资总额，可以发现整体呈上升趋势（见图1）。

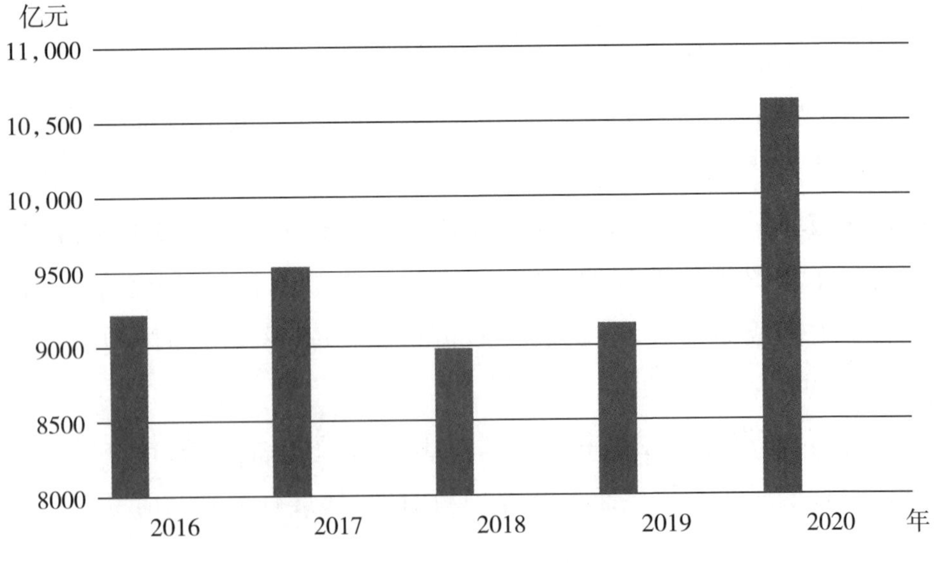

图1 2016～2020年我国环境污染治理投资总额

[1] 参见秦天宝：《我国流域环境司法保护的转型与重构》，载《东方法学》2021年第2期。

[2] 参见刘录三、黄国鲜、王璠、储昭升、李海生：《长江流域水生态环境安全主要问题、形势与对策》，载《环境科学研究》2020年第5期。

我国在长江流域生态环境污染治理方面也投入了大量的资金和精力，构建了以央企引领为主、三峡集团发挥骨干作用的治理模式，但是成效却并未达到预期，理想与结果之间仍然存在差距。历史上，许多灿烂的文明都是依河而兴，正所谓“河流兴则国家兴”。如果长江流域生态系统发生危机，那么唇亡齿寒，其周边的、以长江为依托的其他生态系统也必定会受到影响。

“维持河流健康生命”是一种新的治河理念。这一实践的逻辑起点：河流生命的核心是水，命脉是流动；河流生命的形成、发展与演变是一个自然过程，有其自身的发展规律，并对外界行为有着巨大的反作用力和规范性。[1] 建立生态环境补偿基金，实现对长江流域的社会化救济，将有利于高效管理和使用生态环境修复资金，实现专项资金专用，并且实现生态环境补偿工作的提质增效。作为社会化救济手段的流域生态保护补偿基金法律制度与目前已经实施的、专门针对环境污染的环境责任保险等制度相比，其最大的优势就是救济范围广。即便是长期污染导致的损害也可以得到救济，从救济效果上看，只要该污染在法定赔偿的污染损害范围内并且符合法定条件就可以获得相应的赔偿，明显具有更高的救济效益。建立流域生态保护补偿基金制度对流域环境进行及时的补偿，对及时有效的流域治理修复尤为重要。

（二）立法体系

《长江保护法》是我国第一部流域法律，也是长江绿色发展的法律基础。该法通过专门立法构建长江流域开发、利用与保护的法律制度体系，为解决长江流域生态环境问题开出了“立法处方”，也为长江流域绿色发展提供了法律支撑。[2] 流域生态保护补偿基金制度立法的法律框架应当是环境保护法与民事法律体系相结合、行政立法与环境立法相结合的综合法律体系。

世界上许多国家都已经建立了流域生态保护补偿基金制度并且作出相关立法，实践效果显示极其成功，我国在借鉴域外立法的同时也要注重“因地制宜”，既要考虑被借鉴对象的立法环境和实施效果，也要对我国的适用进行适应性、可行性分析，仅盲目地进行借鉴而不考虑国情，可能导致该项立法工作成效

---

〔1〕 参见王国永、王华杰、周海岭、丰晓萌：《生态权利研究》，法律出版社 2021 年版，第 8 页。

〔2〕 参见杜群、都仲秋：《实施〈长江保护法〉的司法导向——基于最高人民法院司法政策的分析》，载《北京理工大学学报（社会科学版）》2023 年第 1 期。

不佳,难以实现预期效果,甚至适得其反。[1] 对于流域生态环境法律体系的建立,我国才刚刚开始,理论和实践尚且不够成熟,对于流域生态保护补偿基金的建立不能急于求成,应采用“慢行动、软着陆”的方式,即对于流域生态保护补偿基金的立法要缓慢推动,并且采取对域外相关法律参考借鉴与自身更新交替进行的模式。

由于我国幅员辽阔,直接将流域生态保护补偿基金制度在全国范围内推行会导致具体制度标准难以确立、推行实施难度大等问题,而且早期制度规定得不完善、制度执行得不熟练都容易导致制度实行困难、引发社会矛盾。笔者建议以美国《超级基金法》为基础,再借鉴其他国家相关的法律制度,结合我国社会实践,综合考量分析,建立一部立足我国基本国情的流域生态保护补偿基金的行政法规,在全国范围内推行之前,选择长江流经省市中流域环境污染最为严重的几个省市进行试点推行。采取这种策略的理由有两点:第一,试点地区流域生态保护补偿基金制度的推行有利于逐步提高社会群体对它的接受程度。第二,该制度在试点地区会明显暴露出缺陷与不足,在实践中总结优缺点、积累经验、完善立法,这样才可以更好地对该制度进行修改调整,构建适合中国社会现状和环境现状的流域生态保护补偿基金制度。

三、我国长江流域生态保护补偿基金的征收和使用管理

(一)征收

1. 基金的资金来源

根据美国《超级基金法》的规定,危险物质超级基金的资金来源主要有:(1)联邦政府的财政拨款;(2)对石油、化工原料征收的原料税;(3)对环境损害相关责任人的追讨;(4)环境税;(5)其他,如基金自身增值产生的利息以及对拒不履行环境损害赔偿责任的责任主体的罚款罚金。[2] 看似广泛的资金渠道却仍然在超级基金项目实施的后期出现了资金供给不足的情况,针对我国目前的经济发展情况和现有的法律体系,建立并维持该项基金就应扩大资金来源范

〔1〕 参见周玥:《中国亟待建立环境污染损害赔偿责任基金或环境污染损害责任保险制度》,载《吉林水利》2007年第12期。

〔2〕 参见王曦、胡苑:《美国的污染治理超级基金制度》,载《环境保护》2007年第10期。

围,采取多样化融资手段,并且要注重基金的自身增值。具体而言可以通过以下几种方式。

(1)环境税收

当今世界,税收在国家财政收入所占的比重通常在90%以上。[1] 2016年12月25日《环境保护税法》发布,规定企业自2018年将开始上缴环境保护税,该笔税收收入将全部归地方。环境保护税收费标准与企业经营过程中排放的污染程度成正比,污染程度越高则税额越高,反之则越少。我国自2018年1月1日开始征收环境保护税,截至2020年年底,税收统计数据如图2所示。

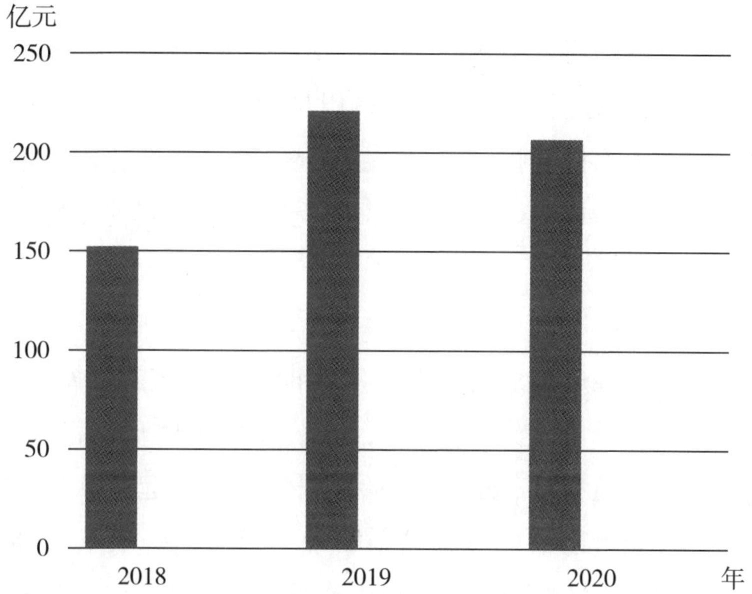

数据来源:国库司:http://gks.mof.gov.cn/,最后访问时间:2022年8月9日。

图2　2018~2020年全国环境保护税收支

根据环境保护税收入的再循环机制,环境保护税应专款专用于生态环境的保护之中,将其一定比例的税款注入流域生态保护补偿基金的做法,既可以实现环境保护税自身的工具价值,也可以让相关企业从此既算经济账又算环境账。

(2)政府财政拨款

政府财政拨款投入流域生态保护补偿基金体现出福利国家和积极财政理

〔1〕 参见卢兴佳:《环境税的经济学理论分析》,载《知识经济》2010年第23期。

论。国家在社会问题解决上要发挥积极作用,改善民生,保障公民权益,自觉完善社会安全制度,促进社会公共福利。我国环保财政支出的重要组成部分就是中央财政环保专项资金,中央环境保护资金设立已有 17 年,资金数量和规模逐年加大,许多污染防治项目都涵盖其中。“十一五”期间,中国财政环保支出的45%都属于环保领域的专项资金支出,这组数据的出现对加快污染减排目标具有重要作用,同时刺激了地方政府、企业乃至社会的环保投入,带动环保产业的迅猛发展。[1] 对于流域生态保护补偿基金从政府财政拨款中所获资金比例可以比照这一规定适用。

(3)对责任者的追偿所得

对于长江流域进行污染破坏的行为者或者民事侵权的责任者等而言,若最初其赔偿能力缺乏,但是后来赔偿能力得以恢复,那么基金管理组织拥有在支付范围内向责任主体追偿的权利。另外,如果侵权责任者原本不明之后又明确的,基金管理组织也可以就基金管理组织向受害者或者其他主体所支付的部分进行追偿。

(4)社会公益资金

环境污染纠纷已经成为危害社会安定和谐的一个重要因素,治理环境是全社会的首要任务。鼓励民间集资、募集社会公益资金体现出该基金的公益性。吸收社会公益资金渠道很多,如发行环保福利彩票、发起公众捐款等。发行环保福利彩票的方式既可以借此鼓励公益事业、宣传环保意识,又能充分利用我国福利彩票市场,将其一部分注入流域生态保护补偿基金之中,既可以解决长期以来环境保护的资金“瓶颈”问题,也可以为流域生态保护补偿基金制度提供持续的资金支持。

(5)企业性的注入资金

针对一些容易产生环境污染的行业应当设立专门的重大环境污染事故责任分摊基金,有关企业依照企业上一年年收入的比例向该基金注入资金,从而形成企业共筹基金、共担风险的环境污染损害赔偿机制。[2] 最关键的是,注入资金的企业享有重大污染事件发生时的基金优先保护的权利,这种企业性的注

---

〔1〕 参见王爱华、陈明、曹杨:《全球环境基金管理机制的借鉴及启示》,载《环境保护》2016 年第 20 期。

〔2〕 参见刘文燕、李晓瑜:《浅论环境损害补偿基金制度之构建》,载《学理论》2012 年第 25 期。

入资金可以使环境侵权“外溢成本内部化”[1]。

(6)因环境污染被处以行政处罚所得款项

行政处罚是环境规制的基础性手段,既可以实现防止危害,也可以维持生态环境永续发展。[2]《长江保护法》加大了对违法行为的处罚力度,自该法实施以来,我国对长江流域生态保护问题更是加强监管、严格执法,全国首例长江大保护非法采矿海事行政处罚案的罚款金额就高达 50 万元。据统计,2021 年全国共下达 13.28 万份环境行政处罚决定书,收取 116.87 亿元罚款金额,仅长江经济带省市的环境行政罚款总金额就达到了约 38% 的占比。[3] 将生态环境行政处罚所得的罚款金额纳入流域生态保护补偿基金之中,这也恰恰贯彻落实了污染者付费原则。

根据《行政处罚法》及有关法律法规,我国于 2010 年 1 月 19 日制定《环境行政处罚办法》,《环境保护法》中也规定了严格的“按日计罚”制度。将行政处罚所得的罚款额纳入流域生态保护补偿基金,恰恰也体现了“污染者付费”原则。据统计,在 2018 年前三个季度中,全国环境行政处罚案件总共作出行政处罚决定书 129,804 份,收取 106.31 亿元的罚款金额。[4]

(7)基金合伙企业募集的资金

2018 年下半年,重庆易渡财信污染治理股权投资基金合伙企业(有限合伙)正式注册成功。这个基金项目是 E20 环境平台以投资人身份与地方政府及会员的首次合作,也是国内第一只服务于中国环保产业、重点支持工业污染第三方治理项目的私募基金,是一家以解决工业污染第三方治理环保企业融资难问题、助推治理环保企业建立成长的合伙企业。如果我国建立环境污染损害赔偿基金制度,设立了相关管理机关,类似的有关支持环境污染治理项目的基金合伙企业募集的资金将其年度预算中一定比例的资金注入该基金中,也可作为

---

[1] “外溢成本内部化”是经济学上的概念,经济学上将社会个体为谋求个人利益的最大化而对社会整体利益的侵蚀所引发的权利冲突定义为“外部不经济性”,即个人追求利益的成本外部化为社会成本。在环境保护领域就表现为个人为谋求利益最大化而最大限度地向环境排放污染。“外溢成本内部化”则是为消除“外部不经济性”所引发的私人经济利益对社会环境利益的侵蚀,即要使私人承担起其本应承担的外溢化的那部分成本。

[2] 参见谭冰霖:《环境行政处罚规制功能之补强》,载《法学研究》2018 年第 4 期。

[3] 相关数据来源于中华人民共和国中央人民政府网:http://www.gov.cn/xinwen/2022-01/24/content_5670106.htm,最后访问时间:2023 年 1 月 13 日。

[4] 参见寇江泽:《前 9 月环境行政处罚罚没款超百亿》,载《人民日报》2018 年 10 月 29 日,第 2 版。

基金的重要资金来源。

(8)基金的运营收入

为实现基金自身的保值增值,应当鼓励基金管理组织将部分资金依照国家规定进行投资运营,例如,将部分资金投入银行的存款业务赚取利息或者购买优质的国家债券进行谋利;也可将部分资金投入环保产业,这样既刺激了环保产业的发展也可使基金增值的目标得以实现。

(9)发行环境影响力债券募集的资金

社会影响力债券是由政府与几个关系方签订的一种"成功才付款"的契约,当因改善某特定社会问题而导致公共预算节约时,政府将依照约定进行付款。环境影响力债券就是一种典型的社会影响力债券。2016 年年末,美国发行了一只价值 2500 万美元的环境影响力债券,这是美国也是世界第一只在环境治理行业内运用社会影响力的债券。

2. 基金的管理机关

基于美国的"三权分立"制度,美国国家环境保护局作为超级基金的主要管理机关,是隶属总统的独立管理机构,具有广泛的权力,既有权对美国全国现实存在和潜在的污染场地进行管理,又有权对责任者进行行政处罚。最重要的是,美国国家环境保护局有很大的执法权,甚至拥有单方行政命令权,可强制要求责任主体对污染场地采取措施进行修复。防止权力滥用的关键就是用权力制约权力。对美国国家环境保护局进行制约和监督的是掌握立法权的国会和掌握司法权的法院。国会主要是进行国会控制,不限于法律控制,还有预算控制,法院则是对美国国家环境保护局进行司法审查,但基于超级基金制度的特殊性,审查方面并不严格,最典型的就是针对行政机关程序错误采用了"无害错误"理论[1]。

基于我国的财政体制,该制度应着重于地方,因此建议我国建立两级统筹机制的流域生态保护补偿基金理事会,即在省、市(地级市)两级建立流域生态保护补偿基金理事会,设立流域生态保护补偿基金专用账户,并在各自行政管辖范围内统筹安排基金,流域生态保护补偿基金理事会设理事长、副理事长,由省级或市级政府人事部门任命,还有涵盖政府部门工作人员、环境学方面的学

---

〔1〕"无害错误"理论是指行政行为在程序上有瑕疵,如果纠正下次并不能改变结果,那么法院仍将维持该行政行为。

者、环境保护技术和环境保护法律方面的专家及社会知名人士等所组成的理事,其组织结构如图3所示。

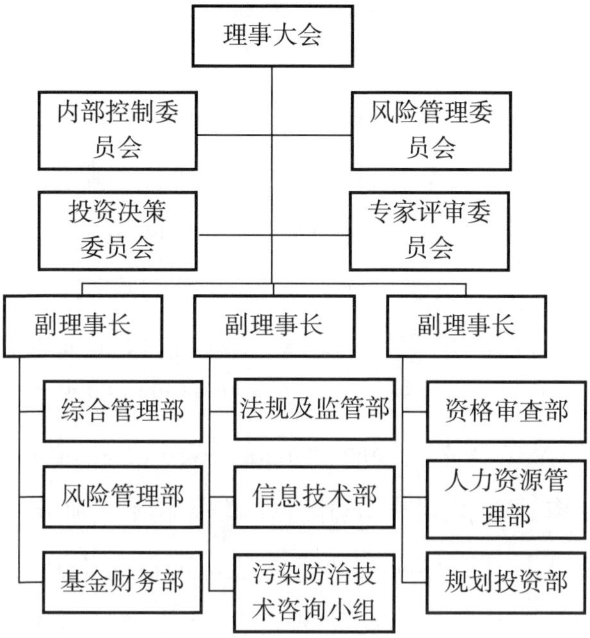

图3　流域生态保护补偿基金理事会组织结构

(二)基金的使用管理

1. 赔偿范围

流域环境污染损害赔偿范围与民事侵权赔偿范围相同。由于流域污染事件的多发性和基金补偿的申请者数目不确定,为避免基金出现赤字、产生亏空,基金赔偿必须且应当设定一定额度,所以针对某些特殊流域环境污染事件设立赔偿额度,保证合理分配资源,人民获得平等赔偿,具体限定金额范围可以参照《机动车交通事故责任强制保险条例》。[1] 对于小额度的损失也要订立最低赔偿额,以减轻基金管理组织的负担,防止基金资金的浪费,尽可能将基金资金用于更需要赔偿的受害者和严重的环境污染事件。

2. 赔偿申请

根据美国《超级基金法》的规定,任何赔偿请求人应先向已知责任人提出赔偿请求,在上述请求提出后出现责任主体无法确定、60日内没有得到赔偿、

[1] 参见陈慈阳:《环境法总论》,中国政法大学出版社2003年版,第352~354页。

责任人根本不具有赔偿能力情形时,赔偿请求人才可以被批准向超级基金提出赔偿请求并承担证明赔偿请求正当性的举证责任,而最终决定赔付的权力在总统手中,一旦基金进行赔付后,联邦政府因此取得代位求偿权,可根据法律规定提起代位权诉讼,向确定的责任主体行使追偿权。由此可见,作为环境侵权损害事故发生的应急资金,启动条件并非没有任何限制。如果任何环境侵权事故发生都能无条件地启动该项基金,则会导致该基金的赔偿责任过重,也会纵容侵权者,使侵权者的污染行为更加猖狂。[1] 从我国实际出发,流域治理是社会的重要事件,如果仅限于行政机关进行公法方面的规制,则无法充分体现环境治理的公众参与原则,长江是中华民族的母亲河,长江流域的生态环境与流域周边,甚至整个国家人民的生活息息相关。我国的流域生态补偿基金的申请人不进行主体限制,但是申请必须同时满足以下两个要件:第一,流域污染主体无足够的经济能力使申请人得到充分赔偿或者根本无法确定具体的侵权责任主体;第二,申请人能证明其穷尽所有救济途径依旧没有得到足额赔偿。

流域生态保护补偿基金会资格审查部的成员对申请人提交的证明材料进行审查,并且按照一定的标准对申请区域的环境污染损害程度进行初步评估,对污染严重程度进行数量定性并且对申请者提出的证明材料进行形式上的审查,确保申请人已经穷尽其他所有救济途径或者责任主体真的无法确定,审查后认为符合条件的,则制作支付基金报告,并且通知申请人和被申请人。同时,若责任主体可以确定,责任主体在收到通知后一定期限内要制作流域生态整治修复方案,流域生态保护补偿基金理事会的污染防治技术咨询小组成员要根据评估结果制定流域生态整治修计划报告书;如果责任主体不明的,直接由流域生态保护补偿基金理事会制作流域生态整治修复计划书。制作的整治修复计划书还要再由最高权力机关理事大会进行二次审核。计划书经过两次审核后,基金理事会相关人员要调查确定责任主体是否愿意履行整治修复计划书内容,如果愿意,则基金理事会与责任主体签订履行合同,当地环境保护局及河长承担监督职责。如果不愿意履行或者责任主体根本无法确定,则由基金理事会将流域生态整治修复计划书提交当地环境保护局,由环境保护局先进行治理。

---

〔1〕 参见贾君望、李媛辉:《环境侵权损害赔偿社会化的研究》,载《环境保护》2017 年第 8 期。

申请人得到基金后，如果侵权责任主体可以确定，流域生态保护补偿基金理事会保留对其追索赔偿金的代位权。综合来说，这种代位权是为了维持侵权责任主体的损害赔偿义务，使其不会因为该基金补偿的存在而免除其本应履行的法律责任。在行使代位权过程中，基金组织要经历烦琐的诉讼程序、支付相应的诉讼费用。

四、结语

流域环境污染损害是一种特殊的侵权行为，它所特有的间接性、潜伏性等性质决定了其与其他民事赔偿相比更加复杂的赔偿过程。一旦流域环境污染损害事故发生，其所造成的结果与危害难以预测甚至无法逆转。美国《超级基金法》虽然实行多年但是仍处于转型期中，还要进一步地完善改进，我国目前正处于经济快速发展、环境日益恶化的时期，处于"世界工厂"的地位，为了绿色和谐社会的建设，为了流域文明的建设，更为了实现流域的可持续发展，应当重视环保工作，长江流域生态保护补偿基金制度的建立也指日可待。

本文对此作出了一个整体的立法构想和计划，但随着社会进步发展，现行法律体系会出现漏洞，环境问题也越来越烦琐复杂，长江流域生态保护补偿基金制度还需要不断进行探索和完善。

24. 跨区域人民法院司法协作的实证研究与路径分析

——基于探索构建"宜荆荆恩"城市群一体化发展司法协作保障机制为视角

肖小月　高玲玲*

内容摘要：随着经济社会蓬勃发展，区域经济布局与区域协调发展越来越被重视与关注。区域经济能否协调发展，区域经济司法保障作用尤为突出。为地区协同发展提供优质高效的司法服务和保障是人民法院肩负的重大政治责任和光荣历史使命，也是各地方人民法院立足审判执行职能履职履责的重要目标。基于此，本文深入分析省域内外跨区域司法协作的实践集成样本，通过对湖北省域内外各级人民法院跨区域司法协作进行样本数据分析，总结中、基层人民法院在推行司法协作过程中的积极成效和存在的问题，进而对现有区域"宜荆荆恩"城市群司法协作的推动构建与发展提出展望。

关键词：跨区域司法协作　区域法治化　司法协同　"宜荆荆恩"城市群

2020年，《国民经济和社会发展第十四个五年规划和2035年远景目标纲要》指出要"深入实施区域重大战略、区域协调发展战略、主体功能区战略，健全区域协调发展体制机制，构建高质量发展的区域经济布局和国土空间支撑体系"，对区域经济发展提出了更高的要求与期待。2021年年初，《湖北省"十四五"规划和二〇三五年远景目标》指出主动服务和融入共建"一带一路"、长江经济带发展、中部地区崛起等，着力构建"一主引领、两翼驱动、全域协同"区域发展布局。2022年6月，湖北省第十二次党代会提出"要完善'一主引领、两翼驱动、全域协同'区域发展布局，健全区域协调发展政策机制，推动中心城市和都市

---

* 肖小月，湖北省宜昌市中级人民法院法官；高玲玲，湖北省宜昌市中级人民法院法官。

圈高质量发展”战略部署。建设宜荆荆都市圈和辐射带动“宜荆荆恩”城市群是落实长江经济带发展战略,实现与“两翼”城市群同频共振,推动打造全省高质量发展南部列阵、长江中游城市群一体化发展、长江经济带高质量发展的重要举措。

区域经济能否协调发展,区域经济司法保障作用尤为突出。为地区协同发展提供优质高效的司法服务和保障是人民法院肩负的重大政治责任和光荣历史使命,也是各地方法院立足审判执行职能履职履责的重要目标。基于此,本文深入分析省域内外跨区域司法协作的实践集成样本,进而对现有区域“宜荆荆恩”城市群司法协作的推动构建与发展提出展望。

一、博采众长:省域外跨区域司法协作的实践样本集成

(一)跨区域经济司法协作提出背景

遵循法治原则,是国家治理实现治理的体系化和治理能力的现代化之必然逻辑。“法治秩序的生成,在于社会事实中价值被法律规范所吸纳,然后反作用于社会,以此来规范类事实,从而达致法律规范与错综复杂的社会事实的统一,及法律规范的普适性与法律适用的统一性。”[1]随着国家区域经济发展战略及市场经济的客观需求不断发展,我国区域经济法治建设也得到梯级增长。从20世纪90年代起,国家对区域经济发展战略着手开始重大调整,其中明显的标志之一,就是提出了区域协调发展的伟大战略,尤其于1992年召开的党的十四大更是明确指出“要使市场在社会主义国家宏观调控下对资源配置起基础性作用”。在此之后,市场机制在社会治理中发挥的作用越来越显著,区域经济法治建设也开始出现由自上而下向自下而上转变,法治建设推动力也由强制人为向满足市场经济需要和区域发展战略调整转向,相关法律、行政法规数量有所提升,相关地方性法规迅速增长。

人民法院作为国家审判机关,以审理刑事、民商事和行政案件以及推动民商事案件多元化解为中心,是各类各层级矛盾纠纷的最终裁决者,如何建立健全司法服务保障机制,拓展司法产品的优质供给,是新时代践行“让人民群众在每一个司法案件中感受到公平正义”价值目标的重大使命。打破行政司法中因行政区划而形成的壁垒,推动区域协同司法治理,不仅是区域内部实现法治发展和经济社会一体化发

---

〔1〕 梁平、冯兆蕙:《基层治理的法治秩序与生成路径》,载《河北法学》2017年第6期。

展的需要,更是国家法治统一的必然要求,由此跨区域间的司法协作也应运而生。

(二)省域外法院跨区域司法协作机制样本分析

所谓跨区域司法协作,是指司法机关为便利其他机关司法业务之目的依法或基于互惠而在其管辖区域内实施的作为或不作为的协助行为。[1] 对于省域外法院的跨区域司法协作样本,本文使用的数据主要来源于各地法院在互联网上公布的消息,包括法院官网、微信公众号发布的文章等。省域外法院跨区域司法协作建立时间分布见图1。

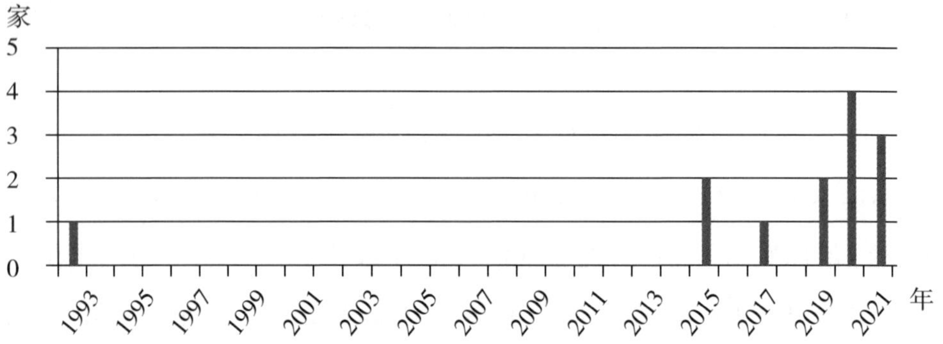

图1　省域外法院跨区域司法协作建立时间分布

从图1显示的省域外法院跨区域司法协作建立时间分布上看,1993年之后,外地法院跨区域司法协作开始出现,自2015年起,呈现“井喷”式爆发的演变过程。究其原因,是在1992年党的十四大召开后,区域经济法治建设成为保障市场经济与区域战略的重要手段之一,相关法律、行政法规数量均在原有基础上有所增加,相关地方性法规也相应呈现出了爆发式增长。省域外法院跨区域司法协作样本集成分析见表1。

表1　省域外法院跨区域司法协作样本集成分析

区域	合作法院	协作文本	协作措施
环太湖地区	环太湖地区41家基层人民法院	《环太湖法院司法协作协定书》(1993年)	委托送达、委托调查、委托执行
鲁豫地区	豫鲁结合部6家基层人民法院	《豫鲁六县联防联调联执联席会议细则》(2017年)	联手化解矛盾纠纷、司法执行、维护边界稳定

〔1〕 参见李华琪、曹奕阳:《区域环境司法协作的理论溯源与制度回应——以长三角地区为例》,载《中国环境管理》2021年第6期。

续表

区域	合作法院	协作文本	协作措施
长江中下游	江西省九江市、湖南省岳阳市、湖北省黄石市、安徽省安庆市、安徽省池州市五地中级人民法院、武汉海事法院	《长江中下游环资司法协作机制合作协议》(2021 年)	环境资源案件跨域立案服务、一体化处理、专项审理、矛盾纠纷多元化解、跨域联合执行、交流会商、信息资源共享、联合业务培训、共建修复基地等
成渝地区	成渝两地高级人民法院	《成渝地区双城经济圈司法协作框架协议》(2020 年) 《川渝地区人民法院知识产权司法保护交流合作协议》(2021 年)	司法理念一体培育、诉讼服务异地通办、智慧法院建设深度融合、执行措施协作互通、裁判标准统一适用、司法资源共建共享
	四川宜宾中级人民法院、泸州中级人民法院与重庆市第一中级人民法院、第二中级人民法院、第三中级人民法院、第五中级人民法院	《成渝地区长江干流"4+2"中级人民法院服务双城经济圈建设环境司法协作框架协议》(2021 年)	
长江三角洲区域	沪苏浙三地高级人民法院	《长江三角地区人民法院司法协作工作规则》(2019 年)	定期举办长三角环境资源司法保护论坛、建立信息共享制度、建立环境资源重大案件联动办理机制、加强生态环境风险防控工作
	上海市第二中级人民法院、浙江省湖州市中级人民法院、浙江省嘉兴市中级人民法院、江苏省常州市中级人民法院、安徽省马鞍山市中级人民法院、浙江省安吉县人民法院、江苏省高邮市人民法院、安徽省含山县人民法院、上海市青浦区人民法院、上海市金山区人民法院、上海市崇明区人民法院、上海铁路运输法院	《长三角环境资源司法保护协作备忘录》(2020 年)	
	上海青浦、浙江嘉善、江苏吴江三地法院	《服务保障长三角生态绿色一体化建设司法协作协议》(2020 年)	

续表

区域	合作法院	协作文本	协作措施
淮海经济区	淮海经济区基层人民法院	《关于建立淮海经济区基层人民法院司法协作机制的倡议书》(2020年)	推进跨域立案工作,委托送达工作,矛盾多元化解,开展刑事、民生、商事、人民法庭、执行立案、执行委托、线上查控、线下执行协助,构建联席会议、业务研讨、精品案例、服务大局机制
京津冀地区	京津冀地区三地高级人民法院	《执行工作联动协作协议书》(2015年) 《关于京津冀协同发展服务保障雄安新区建设合作框架协议》(2019年)	信息数据资源平台共享、跨区域立案、矛盾多元化化解、人民法庭协作、跨区域执行
	京津冀三地中级人民法院	《平谷、蓟县〔1〕、三河、兴隆三省(市)四地法院沟通协作框架协议》(2015年)	

从表1显示的各地法院跨区域司法协作类型来看,司法协作可分为三种类型:程序互惠型司法协作、综合协同型司法协作和专项协同型司法协作。程序互惠型司法协作存在跨区域司法协作的早期阶段,如1993年环太湖地区的41家基层人民法院签订《环太湖法院司法协作协定书》,总体以诉讼程序的便利化为主要内容;综合协同型司法协作包括京津冀司法协同治理、淮海经济区司法协作、豫鲁结合部司法协作、长江三角洲地区司法协作、成渝地区双城经济圈司法协作、大别山革命老区司法协作等,合作范围更广;专项协同型司法协作以生态环境保护司法协作为主,包括长江中下游生态司法协作、长江三峡生态保护司法协作、环洞庭湖环资审判协作等,此外,知识产权、刑事等方面司法协作也略有涉及,如川渝知识产权保护司法合作、桂滇黔接边刑事审判司法协作、粤港澳大湾区公益诉讼司法协作。省域外法院跨区域司法协作类型分布见图2。

〔1〕 2016年7月28日,撤销蓟县,设立蓟州区。

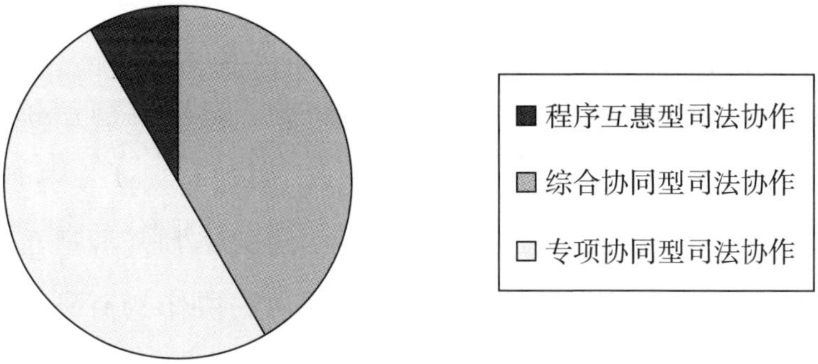

图 2　省域外法院跨区域司法协作类型分布〔1〕

1. 积极成效

通过仔细研究上述协议样本及推进情况,笔者发现,人民法院跨区域协作既体现了人民法院参与国家区域发展战略和新型社会治理的积极意愿,也是法院提升自身审判能力的自我努力,具有多方面的积极意义和效果。

(1)有利于克服部门主义的消极影响。法院跨区域协作从实质上打破了传统部门主义与行业主义封闭自守的禁锢,在传统的执法司法领域,侦查、起诉、审判、监督等环节均缺乏协作,在各个主体相互独立行使其司法权及行政权的环境中,彼此之间很难形成有力的制约,甚至一定程度上容易滋生权力的膨胀和滥用。但实际上,区域内经济、生态等各个方面是一个统一联动的整体,协同治理既可以避免上述问题的产生,又可以达到整体保护的良好效果。

(2)有利于打破行政区域分治的司法僵局。在这个问题上,生态司法协作具有更显著的功能优势。因为河流流域、环湖泊地区的生态司法协作,更有利于克服因地域划分而导致的生态行政机制、裁判机制、监督机制之间的协作困难,更有利于克服各地区因独立行政权、司法权运行而产生的片面化、单一化弊端,从而实现打破地域格局的局面,使生态环境区域内各协作主体能共同为绿色发展保驾护航并提供充分的司法保障。

(3)有利于建立跨域法律适用统一机制。在法治原则下,法律适用的统一性是法律的基本外在道德条件,也是法官裁判行为的基本约束。当前形势下,"同案同判"在司法实践中面临着地方性的侵蚀,而区域司法协作能够提供司

〔1〕 大体分布如图所示,由于样本不全,实际比例可能存在偏差。

法裁判知识和规则的标准化、通用化、要件化，区域内的法院协作制度还可形成具有效力约束性的指导规范，对裁判统一具有重大意义。

(4)有利于建立跨域审判资源系统整合机制。传统地域司法格局下，地方法院在各类审判资源的分配和使用上各自为政，但部分司法实务具有内容同质性、地域不均衡性等特点，因而实践中存在有些法院审判资源严重匮乏，同时有些法院资源冗余和重复浪费的现象。利用区域司法协作的有利契机，将司法资源在区域内进行结构性调整和优化组合，无疑既可化解当前的一些棘手问题，又能大幅促进司法效率和司法目标的实现。

(5)有利于建立诉讼全流程跨区域协作体系。从本质上讲，实现当事人诉权保障和司法制度、诉讼程序的完善，实际上是一体两面的对应关系，公正高效地裁决纠纷是司法的首要任务，保障当事人程序权利的基础上维护其实体合法权益是司法的根本要求。法院作为社会公平正义的维护者，应当是利益无涉和中立的，而跨区域司法协作的作用正符合法院作为纠纷裁判者的中立身份，不仅能将实现协作的预期目标设定为司法本身的价值实现，还能兼顾当事人诉权的保障，有维护当事人诉权实现的效率性。

2. 面临困境

从法院系统内部的角度来看，参与跨区域司法协作的地方法院签订协议建立合作关系的行为，无论是基于回应上级法院司法政策的考量，还是意在强化人民法院自身在地方治理体系中的作用和地位，开展跨区域司法协作都将构成地方法院的一项制度创新，从而应在法院体系和地方治理体系中得到好评。但同时，跨区域司法协作面临的问题也尤为突出和明显。

(1)顶层设计的缺乏性。目前区域司法协作的主要形式呈现为“框架协议”“备忘录”“合作协议”等规范性文件。这类规范性文件带有明显的实效性和政策性，缺乏必要的约束力，受地方政策的影响和调整较大。由于黏合力的缺乏，各方在运行制度和模式上也存在诸多不协调之处，更缺乏有力的实体保障体系。主体的配合程度成为具体协作内容能否顺利的决定性因素，并且，由于不同区域往往以本地区经济社会发展为中心导向，法院间的跨区域协作也难免会存在区域间的利益冲突，这都致使自发协作出现随机性、规避性、实效性等特点。例如，京津冀司法合作缺乏刚性的制度规范，尽管最高人民法院以及京津冀三地高级人民法院分别下发了文件,但这些文件内容大多属于倡导性、探索性或者原则性的规定,只是提出宏观思路或具体"命题",对于如何落实未予明确,现有的法律法规以及司法解释等正式的具有强制力的制度规范,对跨区域司法协作规定相当少。[1]

(2)协作模式的同质化。一方面,从不同区域发展战略的横向比较来看,相应地区的地方法院选择的跨域协作方式、基本框架和成果形式具有同质性。尤其对于最高人民法院参与统筹协调的跨区域司法协作项目,最高人民法院的司法政策给出了地方法院间搭建合作架构的基本指引,由此形成了政策示范作用,其他区域协作活动往往照搬既有模式。另一方面,从同一区域战略范围内的纵向对比来看,当统筹推进区域司法协同治理的上级人民法院之间形成协作文本或者出台司法政策后,下级人民法院间的协作方式和范围即表现出"上传下达"式的政策落实特征。通常情况下,"除了所涉及的领域趋同外,各层级的文件仍然只是'提出了命题'",至少在文本层面同质化现象严重。以京津冀司法协作为例,由于缺乏理论层面的创新研究和深入探索,"技术治理"的理论框架主要适用于政治领域或政府治理,导致实务部门对区域司法协作的制度供给陷入"内卷化",导向低层次的重复规定,难以对京津冀司法协作提供更有理论说服力和实践引领力的制度规范。[2]

(3)协作内容的务虚性。当跨区域司法协作被作为一项绩效竞争的手段时,制度文本生成的时效性即尤为重要,各类司法协作的启动形式也大多以缔结合作协议为标志。这些框架性的协议既确定了互惠协作的基本方向和运行机制,但又多停留于纲领性、原则性的阶段,缺乏"实质履行"的内容基础。这可以从协议文本所用语词的宣示性、修饰性特征得到印证,大量的模糊性概念和条款的运用使协议内容欠缺具体履行的基础。当然,实质性的协作是以充足的人财物资源为前提保障的,额外审判资源的匮乏从根本上制约了跨区域司法协作迈向深水区的步伐。还是以京津冀地区为例,自 2015 年以来,最高人民法院、京津冀三地高级人民法院以及一些中级人民法院、基层人民法院纷纷出台了意见,规定了京津冀司法协同的各类机制,但除执行协作取得了较大进展外,

---

〔1〕 参见陈焘、梁平:《京津冀协同发展司法服务与保障研究》,中国法制出版社 2019 年版,第 87 页。

〔2〕 参见陈焘、梁平:《京津冀协同发展司法服务与保障研究》,中国法制出版社 2019 年版,第 90 页。

其他方面的机制在治理实践中推进相对缓慢,一方面是因为目前的“意见”或“协议”大多属于框架性,具体的落实还需要逐一建立体系化的保障机制;另一方面则是存在硬件设备、经费投入、人员编制等基础条件跟不上,特别是基层普遍反映存在“缺人”“缺钱”现象,参与协同治理可谓“心有余而力不足”。[1]

(4)协作目标的模糊性。在司法治理型区域协作中,服务和保障区域发展战略其实只是司法协作的政策导向,并非其功能目标。地方法院的根本角色是司法机关,核心功能是通过纠纷治理实现法治,服务保障地方发展的协同治理功能也必须经由审判职能的发挥来实现。但是,在既有协作模式中,跨区域司法协作的法院合同目的并未得到清晰的界定和显现,协作内容结构的安排设定、协作机制的运行方式等也未围绕裁判规则统一、司法能力提升等应然目标展开,因此协作目标常常呈现出模糊不明的影效,后续协同合作也往往难以开展。

二、剖玄析微:省域内跨区域司法协作现实语境

近年来,湖北省多地法院立足新发展阶段,完整准确全面贯彻新发展理念,服务和融入新发展格局,积极探索构建与一体化发展相适应的司法协作机制,推进审判执行、诉讼服务等各项工作深度协同。为推动湖北高质量发展提供更加有力司法服务保障,2016 年以来,全省共形成以下区域司法协作机制体系(见表 2)。

表 2　湖北省跨区域司法协作样本分析

时间	区域	合作法院	协作文本	协作措施
2016 年 7 月 4 日	鄂豫皖大别山革命老区	黄冈市、信阳市、六安市、安庆市四地中级人民法院	《关于加强区域司法协作推进大别山革命老区振兴发展的框架协议》	统一立案、跨域诉讼服务、审判执行协作和信息化平台对接、统一法律适用

〔1〕 参见梁平:《京津冀司法协同治理的模式转型》,载《河北法学》2019 年第 11 期。

续表

时间	区域	合作法院	协作文本	协作措施
2020 年 12 月 10 日	湖北自贸试验区	武汉东湖新技术开发区人民法院、襄阳高新技术产业开发区人民法院、宜昌市三峡坝区人民法院	《湖北自贸试验区法院司法协作框架协议》	共享优化营商环境的工作经验,建立司法服务联动机制、案件专业化审判机制、执行协作机制和司法联席会议机制,加强司法保障研究,共享智慧法院建设成果
2021 年 4 月 28 日	鄂豫陕环丹江口水库	鄂豫陕三省高级人民法院	《关于环丹江口水库生态环境保护与修复环境资源审判协作框架协议》	加强信息共享,加大三省高级人民法院之间、法院与行政等部门之间的联动,形成保护合力,提升生态环境治理整体效能
2021 年 6 月 2 日	汉江流域	汉江市中级人民法院、武汉市中级人民法院、武汉海事法院、孝感市中级人民法院、荆门市中级人民法院、襄阳市中级人民法院、十堰市中级人民法院	《汉江流域环境资源审判协作框架协议》	严厉打击破坏生态环境的犯罪行为,加大矛盾纠纷的调处化解力度,全力构建跨流域、跨区域司法协同机制,为探索设立长江生态法院打下坚实的基础
2021 年 6 月 3 日	长江中游城市群	湘赣鄂三省高级人民法院	《关于构建长江中游城市群审判工作协作机制的框架协议》	聚焦落实长江大保护战略、打造法治化营商环境、保障科技创新、强化审判权制约监督、推进智慧法院一体化发展五个重点领域加强合作
2021 年 6 月 26 日	环梁子湖水域	武汉市江夏区法院、东湖新技术开发区人民法院、鄂州市梁子湖区人民法院、黄石市大冶市人民法院、咸宁市咸安区人民法院	《环梁子湖水域环境资源保护司法协作框架协议》	聚焦严厉打击违法犯罪、积极践行绿色原则、监督支持依法行政、助力发挥综合效能四大目标,通过建立联席会议机制、信息共享机制、行政执法与司法联动机制、协作保障机制,确保具体落实

续表

时间	区域	合作法院	协作文本	协作措施
2021年7月16日	武汉城市圈	武汉市中级人民法院、黄石市中级人民法院、孝感市中级人民法院、鄂州市中级人民法院、黄冈市中级人民法院、咸宁市中级人民法院、仙桃市中级人民法院、潜江市中级人民法院、天门市中级人民法院	《武汉城市圈司法协作机制框架协议》	从提高诉讼服务便捷度、提升审判工作质效、提高执行协作效能、加强法院信息化建设等几个方面助力武汉法治化营商环境建设
2022年2月28日	鄂西渝东长江三峡生态长廊	宜昌市中级人民法院、恩施市中级人民法院、重庆市第二中级人民法院	《长江三峡生态长廊司法保护框架协议》	推进环境资源案件审判一体化建设,构建环境资源审执事务协作绿色通道,建立跨区域环境资源多元共治体系,联合打造生态环保司法基地,建立跨区域环境资源共享机制,加强环保司法联合宣传

从表2湖北省跨区域司法协作的情况来看,在2021年之后,以生态环境保护为主要内容的司法协作已渐渐成为主流。随着人民群众生态环境保护意识的加强,尤其是党的十八大以来,人们逐渐认识到一个流域和地域,生态环境是一个完整的生态系统。而《长江保护法》的实施,更是打破了以行政区域、行政行业划分等为治理单元的传统立法模式,开辟了我国流域整体法律管制的新格局,由此各地区法院之间的司法沟通和协作不断加强,才出现了各地法院共同推动构建跨区域司法协作的可喜局面。但在这一繁荣局面的背后,我们还必须清醒地认识到目前湖北省跨区域司法协作所面临的问题和短板。

第一,因案件来源有限,致协作方式尚未常态化。跨区域案件虽然社会关注度高,但实际上每年的案件数量有限。在案件的日常审理过程中,最可能在同一案件中形成跨区域司法协作的往往是生态环境类案件,但以宜昌法院近三年的生态环境案件数量为例:刑事案件2019年156件,2020年145件,2021年125件;民事案件2019年4件,2020年6件,2021年5件;行政案件(含非诉执行)2019年129件,2020年59件,2021年39件,涉及跨区域的生态环境案件则目前仍处于空白阶段。因此,在缺乏实践样本的基础上,如何在同一案件中实现跨区域司法协作仍是一个需要探讨的问题。

第二,因地域限制而难以避免的地方化倾向。开展跨区域司法协作的目的是打破行政区域管理体制的限制,但地方政府出于地方治理的需求往往在各自的行政辖区内颁行各自的规范性文件。而这些文件更多关注的是本区域内的经济、文化、生态环境利益和安全,并未充分顾及区域、流域的整体和完整性。各级人民法院在依法遵守法律的同时,也必须遵守地方法规,更在各种层面上不可避免地受到地方政策的影响。因此,即使是在跨区域司法协作中,因地域差异的存在,仍不可避免地存在不同程度地维护地方利益的局面。[1] 而针对这一问题,在《长江保护法》实施后,湖北省高级人民法院下发了《关于认真实施〈中华人民共和国长江保护法〉的通知》,要求加强环境资源审判专门化建设,优化完善环境资源审判"三合一"工作机制。但对于其他类型的案件,尚无类似的省内司法顶层设计类文件出台。

第三,因推进时间较短,协作合力有待进一步增强。刚性的制度规范是司法协作机制运行的"顶层设计",是促成司法合作的基本依据和必要条件。尽管湖北省司法协作框架协议机制体系已逐渐建立,主要集中于2021年起陆续增多,但由于很多协作机制刚刚建立,合作运行效果尚待时日验证。再者,这些协议文本内容大多属于倡导性、探索性或原则性的规定,只是提出了宏观思路或具体"命题",究竟如何去落实,未予明确。司法合作仍属于"新事物",如跨域知识产权案件、环境资源案件集中管辖等创新举措,正是湖北省法院需要进一步研究和试点探索的。总之,部分"命题"已经基本成型,但合作的力度、深度、广度有待增强,特别是需要下大力气采取有效措施,将合作事项逐步落到实处。

---

〔1〕 参见《探索构建长江流域一体化司法保护机制研究——以推动设立长江生态法院为视角》,载《全省法院2020年度司法研究重大课题汇编》,第95页。

三、择善而行："宜荆荆恩"城市群一体化发展司法协作新路向

2020 年 12 月 1 日，湖北省委第十一届委员会第八次全体会议在武汉召开，全会指出要紧扣一体化和高质量发展要求，着力构建"一主引领、两翼驱动、全域协同"的区域发展布局，推动"宜荆荆恩"城市群建设。2021 年年底，宜昌、荆州、荆门、恩施四地党代会相继召开，提出未来五年各地的发展目标与规划(见表 3)，同时对"宜荆荆恩"城市群一体化发展提出了构想与要求。2022 年 6 月，湖北省第十二次党代会提出"大力发展宜荆荆都市圈，辐射带动'宜荆荆恩'城市群发展"目标。

表 3 "宜荆荆恩"四地城市群发展目标

城市	宜昌	荆州	荆门	恩施
发展目标	加快建设省域副中心城市、长江中上游区域性中心城市和长江经济带绿色发展示范城市，提升战略性新兴产业和现代服务业发展能级，打造区域性先进制造业中心、交通物流中心、文化旅游中心、科教创新中心、现代服务中心，在长江沿岸同类城市中争当标兵，增强竞争力和区域辐射引领能力	建设长江中游两湖平原中心城市，打造长江经济带绿色创新、江汉平原乡村振兴、国家承接产业转移、荆楚文化传承创新、现代综合交通物流五个示范区	打造湖北高质量发展先行区，建设湖北中部中心城市	建设世界硒都·中国硒谷，打造"绿水青山就是金山银山"实践创新基地、全国优质康养基地，创建国家级承接产业转移示范区、国家全域旅游示范区、全国民族团结进步示范区

表 4 “宜荆荆恩”四地党代会报告概要情况

时间	城市	未来五年工作目标	下一步举措	城市群一体化发展举措
2021 年 12 月 6 日	宜昌	把宜昌打造成“产业兴旺、功能强大、文化厚重、人气鼎盛”的现代化梦想之城。 加快建设:①世界旅游名城;②清洁能源之都;③长江咽喉枢纽;④精细磷化中心;⑤三峡生态屏障;⑥文明典范城市。 全面提升区域:①科创中心;②金融中心;③物流中心;④消费中心;⑤活力中心功能	①建设更高能级的科技创新生态; ②全力推动优势产业裂变升级; ③突破发展现代服务业; ④培育壮大市场主体	引领“宜荆荆恩”城市群一体化发展,深入落实全省区域发展布局,健全城市群发展协调机制,推动“宜荆荆恩”城市群统筹联动、竞合发展。大力推进产业合作,合力打造“当枝松宜”全省首个百强县市聚集区、现代特色农业引领区、国家级磷化工产业集群
2021 年 12 月 6 日	荆州	以“五区五中心”为支撑引领,坚决扛牢建设区域性中心城市历史使命。 建设:①国家级承接产业转移示范区;②长江经济带绿色发展示范区;③江汉平原乡村振兴示范区;④区域协调发展示范区;⑤市域社会治理现代化示范区;⑥区域性先进制造业中心;⑦区域性科教创新中心;⑧区域性交通物流中心;⑨区域性消费中心;⑩荆楚文化传承发展中心	①凝聚“三命”共识,加快新型工业化进程;②打造城区领跑、县域崛起“双引擎”,加快推进新型城镇化;③全面推进乡村振兴,加快农业农村现代化;④深化改革开放,加快发展动能转换;⑤建设美丽荆州,加快推进绿色发展;⑥厚植文化特色,加快文旅融合发展;⑦加强民主法治建设,加快推进治理体系和治理能力现代化;⑧加快提升公共服务供给水平	支持松滋市发展精细化工和现代建材产业,高标准建设“宜荆荆恩”城市群协同发展先行区,冲刺全省县域经济 20 强和全国县域经济百强

续表

时间	城市	未来五年工作目标	下一步举措	城市群一体化发展举措
2021 年 12 月 7 日	荆门	打造全省高质量发展先行区,建设湖北中部中心城市。重点是创建“四个中心、三个示范区”,即创建综合实力较强的区域经济中心、竞争优势明显的区域科创中心、得天独厚的区域交通物流中心、特色鲜明的区域文旅消费中心,创建全省区域协调发展示范区、长江经济带绿色发展示范区、全省市域治理现代化示范区	①打造区域科创中心;②构建现代产业体系;③统筹区域协调发展,推动市级领跑、县域突破、乡村振兴;④加快融通开放步伐,塑造综合交通新优势;⑤推动全面绿色转型,持续筑牢生态安全屏障;⑥加强民主法治建设;⑦着力增进民生福祉	无
2021 年 12 月 7 日	恩施	彰显“土、硒、茶、凉、绿”五大优势,立足大生态,构建大交通,发展大旅游,打造大产业,把恩施建设成为美丽湖北绿色崛起的重要一极	①壮大州域经济,走出一条具有恩施特色的绿色崛起之路;②推进新型城镇化,提升州城首位度,增强县城带动力;③坚定不移推进乡村振兴;④建强开放平台,织密交通网络,优化营商环境,奋力打造湖北面向西部开放的重要门户和内陆开放重要节点;⑤筑牢生态保护屏障,推进绿色低碳发展,拓展“绿水青山就是金山银山”转换路径;⑥保障和改善民生,推进就业创业,优化服务供给,丰富文化生活;⑦提升社会治理水平,推进依法治州,提升治理效能	无

从表4 可以看出,"宜荆荆恩"四地城市发展重心"各具特色",发展不均衡客观存在,在一体化协同发展进程中会产生房屋拆迁、征地补偿、企业搬迁、劳动纠纷、流动人口管理、群体性事件等各类跨区域矛盾纠纷,人民法院作为化解矛盾纠纷、实现社会公平正义的"最后一道防线",不仅是推进区域协同治理的重要主体,也是促进区域法治的重要力量。通过分析宜昌、荆州、荆门、恩施四地中级人民法院近五年人大工作报告,笔者发现各地法院都能充分发挥审判职能,聚焦服务中心大局,精准服务当地高质量发展,但在对接区域经济协同发展与"宜荆荆恩"城市群一体化建设方面尚为空白,目前未建立统一的司法协作机制体系,同时存在跨域诉讼服务机制不够顺畅、环境资源审判机制尚未一致、协调合作机制还不够健全、智慧法院建设进度不均衡等问题。下一步要紧扣高质量发展主题,聚焦宜昌打造联结长江中上游辐射江汉平原的省域副中心城市、荆州建设江汉平原高质量发展示范区、荆门打造产业转型升级示范区、恩施建设"绿水青山就是金山银山"实践创新示范区等建设目标,探索构建与"宜荆荆恩"城市群一体化建设相适应的司法协同互动机制,推动机制体系落实落地,避免司法协作流于形式化,助力优化区域内法治化营商环境建设,为"宜荆荆恩"城市群统筹联动、竞合发展,为湖北高质量发展提供有力司法保障。基于此,提出以下具体构想。

(一)建立司法协作协调监督机构

协作法院每年定期召开联席会议,研究探讨重大司法事项和重大疑难法律适用问题,协商发布参考性案例,促进跨区域司法裁判尺度的统一;针对审判执行中的特殊性问题提出解决针对性的措施,并将调研成果和困难问题及时反馈至上级法院。此外,为了使协作能切实收到预期的效果,建议成立专门的协调监督机构。根据司法协作的内容和要求,协作的协调监督机构应该由各协作法院推选数量相同的代表组成,负责司法协作各项事务的日常沟通、协调、会商、联动、监督等工作。如有协作法院内设机构或审判部门对协作事项不协助、不配合或出现态度消极、怠工等不利情况,有关法院可以向该监督机构及时反映,由该监督机构督促协作法院通过内部机制抓紧办理,如协作法院的该内设机构、部门多次发生类似行为,则由承办监督机构提请在协作会议予以通报,督促整改。

(二)完善跨域诉讼服务机制

严格贯彻立案登记制,统一立案标准和服务流程,探索推进建立统一的繁简分流标准,完善立案环节关联案件识别机制,确保四地法院立案范围、立案程序、立案流程等诉讼服务规范一致。依托共享服务平台,积极推进网上跨域立案服务,对于当事人提起的应当由"宜荆荆恩"四地法院管辖的案件,当事人及其代理人可以就近到住所地法院或人民法庭跨域立案窗口申请异地立案,由该法院或人民法庭提供诉讼服务,代为核对、接收并向有管辖权的法院发送跨域立案服务申请,让群众"少跑路"。定期将不诚信诉讼当事人名单信息共享,探索建立"宜荆荆恩"城市群不诚信诉讼"黑名单""黄名单"信息库,嵌入内网审判系统,系统自动识别并提醒,按照立案登记制要求加大对两类名单当事人相关立案要素审查力度,降低各类诉讼风险。

(三)加强矛盾纠纷跨域实质性化解

加强商事纠纷、环境资源、知识产权等领域经验交流和人才共享。探索建立"共享法庭",通过共享调解场所、融合调解力量、会集专家资源、集约管理人员、实现调解资源集约化供给,拓展"宜荆荆恩"城市群诉源治理格局。依托"共享法庭",强化在线调解平台互联互通,提供在线调解指导、诉调对接、在线庭审等功能,让身处异地的当事人在"家门口"跨域、便捷、规范参与在线调解。

(四)优化审判执行协作机制建设

探索构建区域重大案件一体处理制度,推进建立案件会商机制。对于涉及"宜荆荆恩"城市群发展的案件,特别是涉营商环境、产业协同等重点合作领域的案件,优化信息沟通共享,加强问题研判力度。建立案件审理辅助性事务的委托协助制度,对案件当事人住所地在区域内其他市域的,管辖法院可以就近委托区域内法院送达相关法律文书,调查与案件有关的事实,实施财产或行为保全措施。探索在"宜荆荆恩"城市群范围内法院实现法律文书全域打印。当事人收到法院通过电子方式送达的判决书、裁定书、调解书后,需要纸质文书的,可以到城市群范围内任一法院窗口或自助设备打印。加强司法审判实务交流,强化法律适用统一,提高司法裁判的质量和水平。及时梳理归纳类案裁判,形成审判指引,促进类案裁判尺度统一。及时分析涉"宜荆荆恩"城市群一体化发展案例类型,科学研判案件发展动态,及时发布典型案例和参考案例,通过裁判形成合理的规则,为市场健康运行发展提供司法指引与保障。强化执行联动机制建设,加强执行工作领域的经验交流和务实合作,适时启动联席会议,组织联合行动,形成执行合力。完善执行查控和执行信息共享机制,进一步完善信息化查控及协助执行网络平台建设,在异地执行委托、执行协调、执行协助等方面加强配合,针对涉及跨区域的重大执行案件,推动四地法院共同制定执行方案,推进协同执行和涉案财产联合处置。积极落实失信被执行人联合信用监督、警示、惩戒机制,共同推进"宜荆荆恩"城市群社会诚信体系建设。

(五)推动智慧法院应用体系建设

探索建立"智慧服务"共建共享机制,四地法院共同推进立案、审判、执行等多方位的智能化、网络化、数字化"非接触式"诉讼服务,加强在数据管理、软件开发、平台对接等方面的交流合作,共同拓展人工智能、大数据、区块链等新兴技术的司法应用场景,提高执法办案和司法服务智能化水平。通过专用平台共享当事人身份信息、送达地址、跨区域类型等涉案信息,探索建立区域共享数据库,推进案件相关数据信息共享,实现信息互联互通、数据归集共享、业务协调联动,提升一体化诉讼服务水平。

(六)探索区域司法人才机制创新

通过联合举办讲座、会议、论坛等形式,加强与上级法院、政府机关、专家学者、知名高校及实务机构的互动交流。组织优秀调研人才联合开展课题研究,共同研判涉城市群建设司法问题,以优质的调研成果服务审判,切实为"宜荆荆恩"城市群司法服务保障提供有力的智力支持和理论支撑。探索建立区域内司法人才培养机制,加强人才跨域培训和互派交流,为人才成长创造空间。在上级法院指导下,各地法院成立司法协作领导小组,建立常态化沟通协作机制,通过"线上线下"等多种方式定期召开联席会议,在审判执行、司法改革、队伍建设等法院工作各领域,积极开展合作交流,解决司法协作中出现的问题,研究重大司法政策,评估协作进展情况,实现优势互补、成果共享、相互促进。

四、结语

2021 年,湖北省推进区域发展布局实施工作领导小组印发《宜荆荆恩城市群一体化发展实施意见》、《宜荆荆恩城市群三年行动方案(2021—2023 年)》和

《宜荆荆恩城市群一体化发展2021年度工作要点》等文件,为“宜荆荆恩”一体化发展列出“施工图”。2022年2月,湖北省高级人民法院组织召开党组扩大会传达学习贯彻全省深入实施区域发展布局暨县域经济发展大会精神,并结合法院工作实际研究提出贯彻落实措施。人民法院作为维护社会公平正义的“最后一道防线”,在区域协同治理中需要以化解社会矛盾纠纷为重心,以法律统一适用为切入点,切实发挥促进区域法治发展的重要作用。“宜荆荆恩”城市群一体化发展将会产生跨区域性的社会矛盾纠纷,需要四地法院充分发挥审判职能,立足于新时代的司法使命,着眼于区域协同的共性问题,努力构筑一体化的司法机制格局。本文通过比较借鉴国内区域经济司法协作实践经验,聚焦共性问题,结合“宜荆荆恩”城市群一体化发展需求,探索构建与“宜荆荆恩”城市群一体化建设相适应的司法协同互动机制,以期为“宜荆荆恩”城市群统筹联动、竞合发展,为建设全国构建新发展格局先行区提供有力司法保障。本课题尚为初步探索,司法协作机制体系建设仍任重而道远。

25. 实施《长江保护法》的司法导向

——基于最高人民法院司法政策的分析*

杜 群 都仲秋**

内容摘要:《长江保护法》是中国第一部流域法律,也是长江绿色发展的法律基础。最高人民法院《关于贯彻〈中华人民共和国长江保护法〉的实施意见》以及《10 个长江流域生态环境司法保护典型案例》,总结了长江流域司法实践经验,指出今后长江保护司法格局的重点领域和走向。司法政策提供了新的生态环境案件类型,示范了多样化的环境资源诉讼程序,对提升《长江保护法》的适用性有司法指引意义。未来司法政策还需完善气候变化类和环境治理服务类的典型案例,推行环境行政附带民事公益诉讼、补强环境公益诉讼的作用。

关键词:《长江保护法》 司法政策 典型案例 附带型环境公益诉讼

长江是中华民族的母亲河。改革开放以来,长江流域高投入、高消耗、高污染、低产出的粗放式经济发展方式,使中国付出了严重的自然资源和生态环境代价。"长江病了,而且病得不轻。"为此,2020 年 12 月 26 日中华人民共和国第十三届全国人民代表大会常务委员会第二十四次会议通过《中华人民共和国长江保护法》(以下简称《长江保护法》),通过专门立法构建长江流域开发、利用与保护的法律制度体系,为解决长江流域生态环境问题开出了"立法处方"。《长江保护法》的出台为长江流域绿色发展提供了法律支撑。

司法是实施《长江保护法》的关键环节。在 2021 年 3 月 1 日《长江保护法》生效之前,最高人民法院于 2021 年 2 月 24 日、25 日相继发布了最高人民法院

* 本文发表于《北京理工大学学报(社会科学版)》2023 年第 1 期。国家社科重大研究专项基金"社会主义核心价值观融入生态文明法治建设的基本路径和法律样态研究"(19VHJ016)项目阶段性成果。

** 杜群,北京航空航天大学法学院教授、博士生导师;都仲秋,北京航空航天大学法学院博士研究生。

《关于贯彻〈中华人民共和国长江保护法〉的实施意见》(以下简称《实施意见》)和《10个长江流域生态环境司法保护典型案例》(以下简称《典型案例》),发布了构建长江司法保护格局的司法政策和战略措施。那么,如何把握现阶段人民法院实施《长江保护法》的司法政策导向?《实施意见》和《典型案例》内含的司法指引意义如何评价和补强?本文试分析之。

一、实施《长江保护法》司法政策的法源形式及其规范地位

在深入分析最高人民法院发布的《实施意见》和《典型案例》这两个司法政策文件的司法导向之前,有必要先讨论和厘定司法政策在中国特色社会主义法治体系中的法源关系和规范地位。众所周知,中国特色社会主义法治体系是实现依法治国的制度基础,其"核心价值要求是保证法律实施,把宪法、法律的规定付诸实践,把文字的规定变为实际行动"。司法是法律实施的重要方面,是中国特色社会主义法治体系的必然组成部分。为了依法裁判、推动法律实施,作为中国最高审判机关的最高人民法院,往往需要根据实际需要发布司法政策来指导各级人民法院开展审判工作。此次最高人民法院发布的《实施意见》和《典型案例》就属于以实施《长江保护法》为法治目标的最高人民法院的司法政策。那么,最高人民法院的司法政策所指为何,其在中国特色社会主义法治体系中的法源地位又是怎样?对于这个问题,环境法学术文献关注不多,但是回答这个问题,也就能够理解《实施意见》和《典型案例》的规范地位,进而分析其作为司法政策的司法指引意义。

目前,"司法政策"一词作为特定术语频繁出现在裁判文书和官方文件中,但迄今为止,学界对"司法政策"的概念和内涵并未达成共识。综观之,根据政策制定主体的不同,司法政策存在"广义说"和"狭义说"。"广义说"认为"司法政策是指有司法政策制定权的宪制主体依法定权限和程序所制定的,对解决司法活动所面临的普遍性问题产生实际指导或影响的司法文件",是"特定的党和国家机构发布的、旨在指导一定时期司法工作的方针政策"。"狭义说"认为司法政策是司法机关对司法活动进行指引和规范的规则,是人民法院基于司法审判工作和自身制度建设以及内部工作规范需要而创制的规范性文件。

对以上两种定义,笔者认为其不相互矛盾,反而有利于界定司法政策的外

延。换言之,司法政策兼具广义“外部系统法源”和狭义“内部系统法源”的特征:前者是最高人民法院(及)全国人大、中央有关部门制定通过的,对司法审判活动具有约束和指导作用的规范的统称;后者则特指人民法院内部系统的司法政策,即司法机关为规范、指导、促进司法系统内部活动而制定的司法政策。本文所称“司法政策”采用狭义论,仅指最高人民法院指导和约束人民法院进行法律适用和司法审判的政策性规范。

最高人民法院在领导司法审判、组织管理地方法院的过程中,已经形成了相对稳定的司法政策法源类型,主要通过制定、发布司法解释和司法文件,公布各类司法案例,来推动人民法院的法律实施。据统计,2010 年 1 月 29 日至 2022 年 6 月 14 日,最高人民法院共发布司法解释 343 个、司法文件 319 个,公布司法案例 1793 个。〔1〕 针对将具有法律适用效力的司法解释归入司法政策法源的问题,学者持有不同见解。很多学者赞成肯定说,有些学者论证了司法解释纳入司法政策的正当性;也有学者否定司法解释是司法政策,认为“司法政策主要指非司法解释的其他司法文件”。笔者认为,司法政策的法源形式有司法解释、司法文件和司法案例三类,其在规范体系中的地位和法律适用效力各有不同。

第一类是司法解释。司法政策是最高人民法院指导人民法院开展司法审判活动的文本载体,司法解释属于司法政策体系,〔2〕且是一类在制定程序和效力上均非常特殊的司法政策,与其他司法政策有着重要差别。依据《立法法》第 104 条〔3〕的规定,司法解释是最高人民法院对审判工作中具体应用法律、法令问题进行的解释,其必须符合立法目的、原则、原意,并报经全国人民代表大

---

〔1〕 笔者在北大法宝司法案例专栏,分别以典型案例、指导性案例、公报案例为关键词,时间为 2010 年 1 月 29 日至 2022 年 6 月 14 日,发布主体为最高人民法院进行搜索。其中指导性案例为 178 个,公报案例 27 个,典型案例 1768 个。

〔2〕 2022 年 1 月 8 日《人民法院报》发布的“2021 年度人民法院十大司法政策”中包括最高人民法院发布《关于适用〈中华人民共和国刑事诉讼法〉的解释》,表明司法解释属于司法政策体系,参见北大法宝网,https://www.pkulaw.com/news/2f1b629ace050901bdfb.html?keyword=2021%E5%B9%B4%E5%BA%A6%E4%BA%BA%E6%B0%91%E6%B3%95%E9%99%A2%E5%8D%81%E5%A4%A7%E5%8F%B8%E6%B3%95%E6%94%BF%E7%AD%96&way=listView。

〔3〕《立法法》(2015 年修正)第 104 条第 1 款规定:最高人民法院、最高人民检察院作出的属于审判、检察工作中具体应用法律的解释,应当主要针对具体的法律条文,并符合立法的目的、原则和原意。遇有本法第 45 条第 2 款规定情况的,应当向全国人民代表大会常务委员会提出法律解释的要求或者提出制定、修改有关法律的议案。

会常务委员会备案审查后方可生效。

本文分析《实施意见》,在功能上更像是最高人民法院"试图弥补政治与法律间差距所进行的探索",在效力上法院不能将其作为裁判依据直接援引。《实施意见》的颁布和效力性因其尚未获得立法机关的授权和审批而不具备对司法外部系统的张力,故《实施意见》不属于司法解释。那种把《实施意见》归类为"司法解释性质文件"的说法是值得商榷的。

第二类是司法案例。作为司法政策法源的司法案例,具有多种形式,〔1〕这些司法案例展示了裁判法院对法律观点的合理解释以及对法律规则的正确运用,且在证据认定、法律适用或价值判断等某个方面具有独到之处,可以为法官处理类似案件提供裁判样本。有学者提出以指导性案例为核心构建中国的一元多层级的案例指导制度体系,因循从高到低的指导性案例、《最高人民法院公报》〔2〕案例、最高人民法院业务部门发布的审判参考案例和典型案例的效力层级。笔者对此较为认同。首先,指导性案例是由最高人民法院发布的唯一具有准法源效力的司法案例,在司法适用中具有"应当参照"的法律效力,司法实践中可以直接作为裁判依据引用,是案例裁判规则的重要表现形式和拘束力的核心。其次,《最高人民法院公报》案例具有类似指导性案例的作用但缺乏规范的效力来源,仅因其发布程序具有规范性和严格性而可对司法审判实践产生一定的指导和参考意义。由于最高人民法院各业务部门以刊物发布的审判参考案例只是司法审判经验的总结,而无司法审判指导或参考的价值,《最高人民法院公报》案例同样不具有司法文件规定的指导或参考效力。最后,典型案例,其在案例指导制度体系中处于最低效力层级,本文的分析文本《典型案例》就位于该层级。从文本形式上看,典型案例的文本由案号、基本案情和典型意义三部分组成,其司法典型意义更多指向了法治宣传和法制教育,重在突出该案例背后代表的司法意义、社会效果和学理研究价值,而不具备司法裁判的参考价值,因此只能作为最高人民法院提示司法机关在处理类似案件上的行动导向和

〔1〕 司法案例有多种形式,包括指导性案例、《最高人民法院公报》案例、审判参考案例和典型案例。

〔2〕 《最高人民法院公报》是最高人民法院的官方文献汇编,是最高人民法院公开发布司法解释、司法文件、典型案例等各类重要司法信息的权威载体。创设刊于 1985 年,在指导审判实践、宣传法院工作、促进司法公开等方面具有重要而积极的作用。参见最高人民法院公报官网 2023 年 1 月 12 日,http://gongbao.court.gov.cn/SinglePage.html? result = introduction。

指引。

第三类是司法文件。作为司法政策的主要法源形式之一,司法文件通常表现为决议、决定、命令、规定、办法、意见等文本形式。笔者认为,根据制定主体的不同,司法文件可划分为两类。一类是由最高人民法院、最高人民检察院(以下简称“两高”)单独[1]或“两高”联合[2]发布的司法文件,主要用于指导和规范司法机关内部行为,如最高人民法院《贯彻实施〈长江保护法〉工作推进会会议纪要》(法〔2021〕304 号发布)[3]。《实施意见》是最高人民法院单独发布的司法文件,反映了最高人民法院在处理涉长江流域纠纷时的基本立场和司法态度,也为人民法院审理类似案件提供了政策导向。

另一类是“两高”联合其他国家机关和部门发布的规范性文件。生态文明制度建设中,出现了较多的“两高”与国务院有关部门联合发布的规范性文件,例如,生态环境部联合“两高”发布的《生态环境损害赔偿管理规定》(环法规〔2022〕31 号发布);“两高”与公安部、司法部联合发布的《关于依法惩治非法野生动物交易犯罪的指导意见》(公通字〔2020〕19 号发布)、《关于进一步加强虚假诉讼犯罪惩治工作的意见》(法发〔2021〕10 号)等司法文件。有学者对此类联合发布文件的法律性质质疑,却未提供明确定位。笔者认为,“两高”和其他部门共同发布的政策文件同样会对司法审判实践产生直接影响,其性质仍是“两高”指导所属司法机关进行司法活动的规范依据,未超出司法政策体系设定的整体框架。例如,《生态环境损害赔偿管理规定》(环法规〔2022〕31 号发布)多处提及人民法院在生态环境损害赔偿协议的履行、强制执行和法律责任

---

〔1〕 最高人民法院单独发布的司法文件,例如,2022 年 6 月 23 日最高人民法院发布《关于为深化新三板改革、设立北京证券交易所提供司法保障的若干意见》(法发〔2022〕17 号发布);2022 年 5 月 23 日最高人民法院发布《关于加强区块链司法应用的意见》(法发〔2022〕16 号);2022 年 4 月 27 日最高人民法院发布《关于涉及发明专利等知识产权合同纠纷案件上诉管辖问题的通知》(法〔2022〕127 号)。最高人民检察院单独发布的司法文件,例如,2021 年 11 月 11 日最高人民检察院发布《关于充分发挥检察职能服务保障黄河流域生态保护和高质量发展的意见》;2021 年 8 月 17 日最高人民检察院发布《人民检察院羁押听证办法》。

〔2〕 最高人民法院和最高人民检察院联合发布的司法文件,例如,2021 年 6 月 16 日最高人民法院和最高人民检察院联合印发《关于常见犯罪的量刑指导意见(试行)》(法发〔2021〕21 号发布);2020 年 7 月 10 日最高人民法院和最高人民检察院联合印发《关于建立全国执行与法律监督工作平台进一步完善协作配合工作机制的意见》(法发〔2020〕23 号发布)。

〔3〕 最高人民法院、最高人民检察院单独或联合发布的规范性文件有《最高人民法院服务保障黄河流域生态保护和高质量发展工作推进会会议纪要》(法〔2021〕305 号发布)、《最高人民法院关于进一步加强涉种子刑事审判工作的指导意见》。

追究等环节的作用和工作要求。[1] 法院在审理案件中也已将“两高”与其他部门联合发布的司法文件作为裁判依据,[2] 诚如行政机关在执法中适用符合法律、行政法规的部门规章。总体而言,“两高”联合发布的司法文件在法律适用中已经显示出规范效力,它或者为人民法院的法律适用提供了补充性规范依据,或者为人民法院的裁判说理提供了必要的方法和论据。

综上,《实施意见》和《典型案例》分属于司法政策体系中的司法文件和司法案例这两类法源形式分支,其在法律规范地位和法律适用效力上有别于司法解释、指导性案例以及“两高”与各部委联合发布的规范性文件等司法政策类型。明确《实施意见》《典型案例》的司法政策规范定位,是本文分析其在实体法和程序法上的司法导向功能的前提。

二、实施《长江保护法》司法政策的实体法导向:革新案件分类

司法政策在宏观上能够引领司法工作的方向,决定司法的政治方向、基本原则和司法精神,在微观上则能够指导具体案件的法律适用。

《长江保护法》作为中国第一部流域专项法律,从立法层面实现了“有法可依”。《长江保护法》共计 96 条规定,实体章节内容包括资源利用、污染防治、生态修复和绿色发展。长江流域生态环境保护的重心是绿色发展。《长江保护法》发布以后,最高人民法院及时发布《实施意见》和《典型案例》,总结了现阶段长江流域面临的生态保护困境和长江流域特定的生态环境问题和管理症结,以长江绿色发展为根本指向,为长江大保护的生态法治提供了司法政策指引。《实施意见》和《典型案例》通过对以往长江流域司法案件的类型化总结,提出了未来长江流域司法治理的方向,要求各级人民法院将《长江保护法》确立的“生态优先绿色发展”理念贯彻司法审判之中。

为此,《实施意见》提出了长江大保护司法案件新分类,这与《长江保护法》专章规定的资源保护、污染防治、生态修复和绿色发展等主要内容相符合,协同

〔1〕《生态环境损害赔偿管理规定》第 24 条、第 25 条和第 26 条关于生态环境损害赔偿协议的磋商和司法确认的规定。

〔2〕河南省商丘市梁园区人民法院(2021)豫 1402 刑初 109 号刑事判决书和河南省商丘市梁园区人民法院(2021)豫 1402 刑初 60 号刑事判决书都将最高人民法院、最高人民检察院、公安部和司法部联合下发的《关于依法惩治非法野生动物交易犯罪的指导意见》作为裁判依据。

构建了长江司法保护的格局。《实施意见》的案件分类,改变了“传统部门法 + 诉讼程序”为基础的分类标准,转而采用了“环境要素保护 + 诉讼程序”的分类模式,《典型案例》概要分析如表 1 所示。新的分类模式在理论上更符合环境法治体系的领域特征和学理性结构,实践中也切实回应了环境保护的社会调整事实,因而更有利于为法院的裁判活动提供实体法和程序法上的指引。

表 1 《典型案例》概要分析

典型案件	审理日期	案由、案情、法律适用	案件类型	对应《长江保护法》的条款
1. 被告人李某根非法捕捞水产品环境刑事附带民事公益诉讼案	公诉日期:2019 年 7 月 30 日 审结日期:2019 年 10 月 18 日	案由:非法捕捞水产品罪。案情:被告人禁渔期内违法使用电网捕捞水产品 60 余次,捕获野生鱼类 900 余斤并出售获利 9000 元。适用:《渔业法》	C + F	第 86 条
2. 被告人赵某春等 6 人非法采矿案	公诉日期:2016 年 8 月 31 日 审结日期:2017 年 4 月 28 日	案由:非法采矿罪。案情:被告人在未办理河道采砂许可证的情况下雇用他人非法采砂并销售获利,造成国家矿产资源破坏。适用:《矿产资源法》	C	第 91 条
3. 被告人秦某学滥伐林木环境刑事附带民事公益诉讼案	公诉日期:2018 年 1 月 18 日 审结日期:2018 年 8 月 3 日	案由:滥伐林木罪。案情:被告人未取得林木采伐许可证,擅自将国家级自然保护区核心区内杉木进行砍伐并雇用他人将砍伐的杉木销售。法院判决交纳补植复绿的保证金,栽植一年生杉树苗 5050 株,存活率达到 90% 以上。适用:《森林法》《自然保护区条例》	C + F	第 39 条、第 40 条
4. 欧某明诉重庆市铜梁区人民政府撤销行政行为案(私益)	开庭日期:2017 年 6 月 15 日 审结日期:2017 年 8 月 22 日	案由:行政管理范围行政作为农业渔业。案情:原告长期从事渔业养殖的水域被划入饮用水水源二级保护区,被禁止继续从事渔业养殖活动,要求撤销保护区整顿清退公告,原告诉讼请求被驳回。适用:《水污染防治法》	C	第 34 条、第 35 条、第 36 条

续表

典型案件	审理日期	案由、案情、法律适用	案件类型	对应《长江保护法》的条款
5. 宣城市恒泰金压铸件有限公司诉安徽省宣城市宣州区人民政府未依法履行行政补偿职责案(私益)	审理日期:2020 年 3 月 10 日 审结日期:2020 年 5 月 26 日	案由:行政不作为。案情:原告将扬子鳄国家级自然保护区内的建筑物自行拆除并恢复土地原状,政府给予行政补偿款支付不到位。适用:《土地管理法》、《自然保护区条例》、最高人民法院《关于审理行政许可案件若干问题的规定》、《国有土地上房屋征收与补偿条例》、《行政诉讼法》	C	第 39 条
6. 中华环境保护基金会诉中化重庆涪陵化工有限公司环境污染民事公益诉讼案	调解结案 诉讼日期:2017 年 1 月 调解书发布日期:2020 年 6 月 1 日	案由:环境污染责任纠纷。案情:被告将磷石膏直接堆放在长江边长达 18 年,造成严重生态环境损害,原告诉超标排放污染物等行为违法请求立即停止环境侵害,赔偿相应的修复费用及生态环境服务功能损失费或采取替代性修复方式。适用:《环境保护法》《水污染防治法》	A + F	第 10 条、第 26 条、第 50 条、第 88 条
7. 北京市朝阳区自然之友环境研究所诉中国水电顾问集团新平开发有限公司等环境污染责任民事公益诉讼案	开庭日期:2020 年 8 月 19 日 审结日期:2020 年 12 月 22 日	案由:环境污染责任纠纷。案情:原告认为被告开发建设的水电站蓄水将淹没绿孔雀栖息地并危害生长在该区域的陈氏苏铁、破坏当地珍贵的干热河谷季雨林生态系统。法院判决立即停止案涉水电站项目建设,完成环境影响后评价及备案后再审批。适用:《环境影响评价法》、最高人民法院《关于审理环境民事公益诉讼案件适用法律若干问题的解释》	B + F	第 59 条

续表

典型案件	审理日期	案由、案情、法律适用	案件类型	对应《长江保护法》的条款
8. 中国生物多样性保护绿色发展基金会诉雅砻江流域水电开发有限公司环境民事公益诉讼案	立案日期：2015 年 12 月 21 日 开庭日期：2019 年 10 月 30 日 审结日期：2020 年 12 月 17 日	案由：环境污染责任纠纷。案情：原告认为被告将牙根梯级电站修建在五小叶槭雅江种群的分布区，牙根梯级水电站以及配套的公路建设将直接威胁到五小叶槭的生存，对社会公共利益构成直接威胁。适用：《环境影响评价法》、最高人民法院《关于审理环境民事公益诉讼案件适用法律若干问题的解释》	B + F	第 59 条
9. 湖北省人民检察院武汉铁路运输分院诉阳新网湖生态种养殖有限公司通海水域污染损害责任环境民事公益诉讼案	立案日期：2019 年 8 月 5 日 开庭审理/审结日期：2019 年 11 月 19 日	案由：海上、通海水域污染损害责任纠纷。案情：被告与黄石市网湖湿地自然保护区管理局签订合同，约定由其承包网湖大湖进行生态渔业养殖，并先后向网湖大湖违法投放肥料导致网湖整体水质恶化。法院判决被告赔偿环境损害费、水体整体治理与恢复费用，并在市级以上新闻媒体向社会公开赔礼道歉。适用：《水污染防治法》《自然保护区条例》	A + F	第 86 条
10. 江西省新余市渝水区人民检察院诉江西省新余市水务局怠于履行河道监管职责行政公益诉讼案	开庭日期：2018 年 5 月 9 日 审结日期：2018 年 8 月 17 日	案由：行政监督。案情：人民检察院发现非法采砂涉案线索，向市水务局发出检察建议书。法院判决确认市水务局怠于履行河道监管职责的行为违法并责令市水务局继续履行监管职责，确保河道管理安全。适用：《水法》，《行政诉讼法》，最高人民法院、最高人民检察院《关于检察公益诉讼案件适用法律若干问题的解释》	C + F	第 91 条

注："案件类型"栏的字母所指：A——水污染防治；B——生态保护；C——资源开发利用；D——气候变化应对；E——生态环境治理与服务；F——程序法指向环境公益诉讼和生态环境损害赔偿诉讼。

"传统部门法 + 诉讼程序"的案件分类模式是以刑法、民商法和行政法的部门实体法对应刑事诉讼、民事诉讼和行政诉讼三种程序来构建司法保护格局，其主要功能是以诉讼程序类别指引人民法院适用相应的部门法实体规则。这一传统案件分类模式在生态环境资源案件上的应用，反映出生态环境资源司法是采取部门化诉讼的思路，而部门化诉讼思路强调的是选择诉讼程序的重要性，同时诉讼程序选择又对法律适用实体法的选择提出了指向性要求，即适用相应的刑法、民商法和行政法。可以说“传统部门法 + 诉讼程序”的案件分类模式，是法院在处理生态环境资源案件中习惯适用传统部门实体法、忽视适用生态环境资源保护法的一个重要因素。

相较于“传统部门法 + 诉讼程序”的案件分类模式，采用“环境要素保护 + 诉讼程序”的案件分类模式更有利于推进中国新时代进程中的生态环境资源司法审判改革。其一，“环境要素保护 + 诉讼程序”的分类模式反映着生态环境资源诉讼专门化的思路，强调生态环境资源保护的一体化和整体性治理理念，而不是环境法被传统部门法分散调整的治理思维。其二，“环境要素保护 + 诉讼程序”的分类模式顺应了长期以来形成的环境法立法体系和学理研究把生态环境资源法律保护按照要素分类进行专项法律调整的实情，有助于环境司法与环境立法实现对接和统一。其三，“环境要素保护 + 诉讼程序”的分类模式，在保留强调诉讼程序选择重要性的基础上，对裁判法院增加了依循生态环境资源要素选择相应实体法作为司法裁判依据的工作要求，可以有效避免法律适用中以原则性的刑法、民商法和行政法等部门实体法替代生态环境保护专项法的“懒政”现象。

通过考察《实施意见》可知，它在内容上延续了《长江保护法》以生态环境要素保护作为规范结构的立法体例，强调将环境要素保护融入诉讼程序之中，要求“充分发挥环境公益诉讼和生态环境损害赔偿诉讼的作用”。“环境要素保护 + 诉讼程序”的案件分类模式既能体现环境法民行交叉和公私法融汇的学科特点，也反映了环境法调整对象和调整方法的融合性特征。从表 1 所列案件判决的法律适用条款情况可以看出，典型案例的裁判已经体现或正在体现出“环境要素保护单行法 + 诉讼程序法”的特征，案件裁判所适用的实体法规范也已经不局限在刑法、民法、行政法等实体法。总而言之，新型案件分类模式反映了环境保护司法改革的新成效。

事实上，采用“环境要素保护 + 诉讼程序”的案件分类模式是最高人民法院完善环境司法的一项改革举措。最高人民法院在2021年1月发布的《环境资源案件类型与统计规范（试行）》（法〔2021〕9号发布）中指出，环境资源案件类型划分遵循了“从环境资源实体法的规定出发，契合刑事诉讼法、行政诉讼法、民事诉讼法、海事诉讼特别程序法等程序法，同时遵守相关司法解释”的基本思路，进而依据案件关涉的主导价值，“以实现类型划分为基础，将环境资源案件划分为环境污染防治、生态保护、资源开发利用、气候变化应对、生态环境治理与服务等五大类型”。《实施意见》采用“环境要素保护单行法 + 诉讼程序法”的分类模式既遵循和贯彻了《环境资源案件类型与统计规范（试行）》的基本要求，也结合了长江流域司法治理实情，有助于为长江流域绿色发展提供行之有效的司法指引。

最高人民法院发布的这两个司法政策文件，在实体内容上体现出呼应性，即《典型案例》选取的样本主题与《实施意见》的司法案件分类实体内容相呼应。由表1可知：（1）A类指代水污染防治类案件。该类案件以传统工业治理和末端污染控制为重心，内容与《长江保护法》第四章水污染防治相对应。《典型案例》提供了2个案例，案例6是由于磷石膏堆积造成生态环境损害严重，由公益组织提起的环境民事公益诉讼；案例9是由于违法投放养殖肥料造成水体污染，由检察院提起的环境民事公益诉讼。法院在案件审理过程中需要对行政许可、行政执法、行政处罚进行司法审查，还需要对水污染的损害赔偿金额和生态修复结果进行司法确认。（2）B类指代生态保护类案件。该类案件的司法审判重点是通过对在长江流域禁渔期内从事生产性捕捞等环境违法行为和犯罪行为的判罚来加强对栖息地生态系统保护，维护流域生态功能和生物多样性。这些内容对应《长江保护法》第53条和第59条的规定。《典型案例》提供了案例7和案例8两个案件，均是由环保组织提起的以保护生物多样性为目的的预防性公益诉讼案件。（3）C类指代资源开发利用类案件。该类案件的司法审判重点是依法打击和严厉惩处长江流域非法采砂行为，对应《长江保护法》第28条。《典型案例》提供了5个案例，案例1是检察机关对当事人在禁渔期内从事非法捕捞水产品并获利的行为提起的刑事附带民事公益诉讼。案例2是检察机关对当事人未经许可、非法采砂并销售获利的行为提起的刑事诉讼。案例3

是因当事人未经许可擅自砍伐自然保护区核心区域的树木并销售获利,检察机关对此违法行为提起了刑事附带民事公益诉讼。案例 4 是因原告从事渔业养殖的水域被划入水源保护区无法继续经营,遂以区人民政府为被告提起的行政(私益)诉讼。案例 5 是原告企业因退出自然保护区的行政补偿不到位而提起的行政(私益)诉讼。案例 10 针对行政机关未积极查处非法采砂行为、怠于履行职责的不作为行为,由检察院提起的行政公益诉讼案件,体现了司法机关对行政不作为的司法监督。(4) D 类指代气候变化应对类案件。该类案件对应《长江保护法》“绿色发展”专章,尚未发布切中主题的典型案例。(5) E 类指代生态环境治理与服务类案件。该类案件主要涉及流域水运基础设施纠纷、流域生态保护修复纠纷和绿色金融纠纷等,对应《长江保护法》第七章保障与监督的规定。但《典型案例》也未提供切中主题的案件,而绿色金融领域应是未来重要的司法用武之地。

综上,《实施意见》所给定的案件类型未能在《典型案例》中得到全面反映,主要是缺失了气候变化应对类案件的典型案例和生态环境治理与服务类案件。就气候变化应对类案件而言,最高人民法院自 2014 年设立环境资源审判庭时就已经将气候变化应对案件作为环境司法专门化研究范围对象,且 2021 年、2022 年发布的《中国环境资源审判白皮书》均将“气候变化应对”列为独立类型。从内容上看,气候变化应对以节能减排领域的法律法规和环境标准为规范依据,强调通过重整、和解等司法手段推动重点行业技术设备升级和清洁化改造,将是未来法律实施和司法实践要重点领域。2021 年最高人民法院发布的《环境资源案件类型与统计规范(试行)》(法〔2021〕9 号)创设了“气候变化应对类案件”的新案由,再次表现出最高人民法院对司法参与气候变化治理既能动又审慎的态度。但是,气候变化诉讼还处于制度未成熟的萌芽发展时期,对气候变化诉讼的理论研究将为司法体系识别该类案件提供帮助。

三、实施《长江保护法》司法政策的程序法指向:以公益诉讼为主导

自 2014 年《环境保护法》正式确立环境公益诉讼,环境公益诉讼无论是在司法政策上还是在司法实践中都成为环境司法的主导性诉讼类型。法院审理环境公益诉讼案件的专业化程度大幅提升,环境公益诉讼规则体系日趋成熟,

环境公益诉讼在生态环境保护领域发挥越来越重要的司法作用。《实施意见》也要求人民法院以环境公益诉讼和生态环境损害赔偿诉讼为桥梁,为长江流域生态环境保护和绿色发展提供有力司法服务和保障。《典型案例》发布了10个长江流域生态环境司法保护典型案例,涉及水污染防治、尾矿库治理和野生动植物保护等长江流域生态保护突出问题,这些典型案例包括刑事诉讼案件1件、刑事附带民事公益诉讼案件2件、行政诉讼案件2件、环境民事公益诉讼4件和检察行政公益诉讼1件。从诉讼类型上看,公益诉讼案例占比较高(7件),私益诉讼案例占比少(2件),这与当前环境司法强调公益诉讼作用的趋势相吻合。《典型案例》所涉环境公益诉讼又可分为独立型和附带型两种形态,下面分别考察。

（一）"独立型"环境公益诉讼的革新

"独立型"环境公益诉讼是指以环境民事诉讼或环境行政公益诉讼独立提起的案件,如案例6~案例9。案例6涉及《长江保护法》最关注的核心议题之一"总磷污染"。原告中华环境保护基金会就被告中化重庆涪陵化工有限公司超标排放污染物和长期堆放磷石膏造成流域生态环境损害的行为提起诉讼,要求被告修复生态环境并赔偿损失。

《典型案例》首次提出了环境公益诉讼新形态"预防性环境公益诉讼"。案例7和案例8均是环保组织提起的以(风险)预防为目的的环境民事公益诉讼。案例7原告北京市朝阳区自然之友环境研究所以水电站淹没绿孔雀生境为由提起环境民事公益诉讼,要求被告中国水电顾问集团新平开发有限公司停止建设,法院判决被告停止水电站建设,待完成环境影响评价后评估再审批。案例8原告中国生物多样性保护绿色发展基金会以即将修建的梯级电站威胁五小叶槭生境为由提起环境民事公益诉讼,法院判决被告雅砻江流域水电开发有限公司在环评报告审批通过后才能开展下一步工作。法院将这两起案件定性为"预防性公益诉讼",所谓"预防性",就是将生态保护风险控制措施的实施由损害产生后提前至事中或事前,通过尽早采取积极预防措施避免生态损害的发生。预防性公益诉讼是对传统"有损害才有救济"这一理念的突破,《典型案例》的案例7、案例8对司法实践具有重要引导意义,代表着司法机关的介入逐步从"事后损害救济"转向"事前风险预防",体现了环境公益诉讼的预防性功能。

值得注意的是,《典型案例》的案例7、案例8虽然反映了通过环保组织提起环境民事公益诉讼要求企业履行生态环保义务来实现预防生态损害的司法治理效果和司法意志,但其更突出的问题应是由于环评部门不当行使环评审批权(行政许可权),导致环评过程流于形式,弱化了环评制度理应发挥的防范负面环境影响发生的功能。依据《环境保护法》,环保组织对行政机关的不当行为不能提起公益诉讼,那么,对于此类以行政机关许可为前提导致的生态环境损害,应该如何追责?对此,司法治理政策应予重视。有学者提出,“对于自然资源、公共财产的保护首先应依靠行政主体,如果行政主体怠于行使行政管理职权,或者违法失职、滥用职权,使得自然资源和公共财产受到不法侵犯的话,那么这时候应该提起的是行政公益诉讼而不是民事公益诉讼”。因此,对于上述环评审批不当的行政行为,笔者认为检察机关应该同时介入并“查漏补缺”,及时提起环境行政公益诉讼,发挥行政公益诉讼监督行政执法的司法职能。需要警惕的是,仅借助司法力量加大对环境污染者(破坏者)公法义务的强制,却对损害环境的违法行政行为采取姑息甚至纵容的态度,只会偏离司法追责的公正法度。环境公益诉讼的目的不应局限在惩罚环境污染者(破坏者)的不法行为,更应该纠正“能为而不为”或作为不当的违法行政行为,防止其疏于或怠于履行环境管制职责而导致环境公益受损。对这个问题,法院虽然不能主动提起此类诉讼,但是作为诉讼案件的受理和裁判机构,法院仍有必要对此保持审视态度,并适时开展能动的司法指引。

(二)“附带型”环境公益诉讼的拓展

诉讼法上的“附带型”诉讼,是指在一个案件的主体性诉讼过程中附带受理一个与其有直接法益关系的诉求,在案件审理过程中存在“主体诉讼+附带诉讼”。“附带型”环境公益诉讼,是指一个案件的主体诉讼所附带的环境公益诉讼的类型,其形态在理论上可以有“环境刑事附带民事公益诉讼”和“环境行政附带民事公益诉讼”两类。在《典型案例》仅出现“环境刑事附带民事公益诉讼”的情形,如表1所列案例1、案例3。

1. 环境刑事附带民事公益诉讼

案例1、案例3的行为人分别从事非法捕捞和滥伐林木的行为,相应侵害了水产种质资源和森林资源、损害了生物栖息地和河流水质等重要生态功能,检察机关对此提起环境刑事附带民事公益诉讼,行为人既要承担刑事责任也要承担生态环境修复的民事责任。

环境刑事附带民事公益诉讼是检察公益诉讼的新形态,是"具有程序性诉讼实施权的检察院在针对特定领域损害公共利益的犯罪行为提起刑事公诉时,附带向审理刑事案件的法院提起,请求判令致使公共利益受到损害的有责主体承担民事责任的诉讼"。2016 年最高人民检察院《关于深入开展公益诉讼试点工作有关问题的意见》以及最高人民法院、最高人民检察院联合发布的《关于检察公益诉讼案件适用法律若干问题的解释》(法释〔2020〕20 号)为环境刑事附带民事公益诉讼提供了司法规范依据,确立了环境刑事附带民事公益诉讼这一新型诉讼形式。环境刑事附带民事公益诉讼体现了惩戒与恢复并重的理念,具有"一石二鸟"的司法功能。司法实践中,环境刑事附带民事公益诉讼具有节约司法资源、平衡民刑责任等现实优越性。笔者以"刑事附带民事公益诉讼"为主题在北大法宝搜索,共有 458 个案件(其中与环境保护相关的有 329 个),罪名集中在滥伐林木、非法占用农用地、非法采矿、非法捕捞水产品、非法狩猎罪等破坏环境资源保护罪。

依据前文司法文件之规定,检察机关对破坏生态环境和资源保护的犯罪行为提起刑事公诉时,可以向法院一并提起附带民事公益诉讼。一个值得思考的问题是,这些犯罪客观上往往造成较严重的生态环境损害,如果这类环境破坏罪的犯罪行为人在刑事诉讼中被判定有罪,那么检察机关是否应该对此类环境犯罪普遍性地适用环境刑事附带民事公益诉讼程序?如果不必要普遍性适用的话,应当如何界定附带民事公益诉讼的提起条件,以避免遁入选择性诉讼的司法不正义窠臼?例如,案例 2 中被告人在未办理河道采砂许可证的情况下雇用他人非法采砂并销售获利,造成国家矿产资源受损,被判处承担刑事责任。但是,对于犯罪分子破坏河道造成生态环境损害的后果,检察机关并未提起附带民事公益诉讼。

当前,提起环境公益诉讼、开展生态环境的司法保护已经成为检察机关的一项法定职责,但是对于环境刑事附带民事公益诉讼的提起条件,尚无法律规定和司法解释提供确定的标准,很大程度上依赖检察机关的主观判断和自由裁量,容易陷入选择性提起公益诉讼的困境。笔者认为,环境破坏类犯罪案件,只要符合入罪标准[1]就必然造成生态环境损害,因此检察院都应提起环境刑事附带民事公益诉讼,即推行普遍适用原则,避免将环境刑事附带民事公益诉讼的适用范围仅限定在特定环境保护类犯罪,切实履行检察机关"公益守门人"的职责。

2. 环境行政附带民事公益诉讼

环境刑事附带民事公益诉讼为解决环境交叉案件提供了新思路。依此司法治理逻辑类推,对于环境民事、行政交叉类案件,是否同样可以借助附带诉讼形式解决环境公益诉求?换言之,能否推行环境行政附带民事公益诉讼?回答是肯定的。

首先,行政附带民事公益诉讼已经有指导性案例的先例。2017 年 1 月最高人民检察院围绕"检察机关提起公益诉讼"发布了一批指导性案例,其中第 29 号"吉林省白山市人民检察院诉白山市江源区卫生和计划生育局及江源区中医院行政附带民事公益诉讼案"是中国首例行政附带民事公益诉讼案件。检察机关分别起诉了白山市江源区卫生和计划生育局违法颁发医疗机构许可证的行政违法行为以及江源区中医院没有建设环保设施违法排放医疗废水的民事侵权行为。这个指导性案例的意义在于,它说明了检察机关对于行政争议和民事争议相关联的案件可以通过附带诉讼一并解决,并且该案作为指导性案例在司法实践中具有"应当参照"的普遍效力。

其次,行政附带民事公益诉讼在环境领域具有可行性和必要性。以案例 9 来看,被告阳新网湖生态种养殖有限公司与黄石市网湖湿地自然保护区管理局签订生态养殖承包合同,由于被告违法投放肥料导致网湖整体水质恶化,检察机关以违法投放肥料、造成水体污染为由提起环境民事公益诉讼,法院判令被告赔偿生态环境损害修复费用并在市级媒体上公开赔礼道歉。值得思考的是,被告在保护区内开展的养殖承包经营活动是以行政合同为基础,是在行政机关许可下进行的,虽然具有行政正当性,但是不具有合法性,甚至在此情形下行政机关与相对人共同构成了合谋违法。自然保护区内依法禁止养殖经营活动,行政机关却与相对人订立养殖承包经营合同,虽然投肥养殖污染水质的行为是相

---

[1] 最高人民法院、最高人民检察院《关于办理环境污染刑事案件适用法律若干问题的解释》(法释〔2016〕29 号)对环境污染、破坏类案件设定了定罪和量刑的标准。

对人所为,但是归根结底,行政机关的经营许可才是导致生态环境损害的始作俑者。检察机关提起的环境民事公益诉讼只追究了行政相对人责任,未对行政机关的违法行为进行追究,只会造成行政行为缺乏制约和威慑。因此,笔者认为当生态环境损害是由行政机关的共同违法行为或违法不作为竞合导致时,检察机关应提起环境行政附带民事公益诉讼,一并追究行政机关和相对人应负的环境公益义务和责任。

四、完善《长江保护法》司法政策的对策

《实施意见》和《典型案例》是实施《长江保护法》的重要司法政策,既引导发挥人民法院的审判职能作用,也为强化全社会长江流域生态环境保护和修复责任、实现长江流域绿色发展发挥着行为导向作用。为达此目的,我们提出贯彻《长江保护法》司法政策的几点完善对策。

(一)提高《长江保护法》的司法适用性

《长江保护法》作为一部以行政管理为主的流域法律,尚未转变成长江流域绿色发展的"适用法"。《长江保护法》自 2021 年 3 月实施至今,只有 4 个案件在裁判书中进行了具体适用,[1]且大多由法院或公诉机关援引(而不是重点依据)来审理案件,反映出《长江保护法》条文在司法适用性和可操作性方面的局限。笔者认为,这种状况与《长江保护法》法律条文的表现形式也有很大关系,许多禁止性限制性条文呈现为"行政主体 + 行政职权",而非"司法主体 + 禁止令",这就可能导致大量违反禁止性规定的行为止步于行政处罚和行政强制措施,无法进入司法诉讼程序。因此,为了促进《长江保护法》的司法适用,有必要通过制定司法政策和司法解释来细化实施规则。例如,"禁止非法侵占河湖水域""禁止在长江干支流沿岸新建、扩建项目"等禁止性规定应当明确执法主体既可以是行政机关也可以是司法机关,此举将激励《长江保护法》的司法受理和司法适用。

(二)完善司法政策和典型案例的导引功能

《长江保护法》既是一部生态环境的保护法,也是一部绿色发展的促进法。

---

〔1〕 四川省康定市中级人民法院民事判决书,(2021)川 3301 民初 716 号;四川省松潘县人民法院刑事判决书,(2021)川 3224 刑初 22 号;湖南省保靖县人民法院刑事判决书,(2021)湘 3125 刑初 122 号;江苏省江阴市人民法院刑事判决书,(2021)苏 0281 刑初 211 号。

长江流域生态环境保护的关键在于转变发展底色,走"生态优先绿色发展"的道路。"司法案例是经济社会发展的晴雨表,社情民意的风向标。"整体而言,《长江保护法》确立的原则和规则在司法政策和典型案例中得到了有效贯彻。《实施意见》提供了"环境要素+诉讼程序"的案件分类模式,回应了生态环境保护的系统性、整体性治理需求。《典型案例》从水污染防治、生态保护、资源开发利用和生态环境治理层面提供了裁判样本,指明了未来长江流域司法实施的重点领域和执法方式。

一个特定问题的解决,从发现、识别到其解决方案的形成,其本质是基于特定语境的一个价值判断、比较和选择的过程。应该看到,《实施意见》虽然将气候变化应对类案件、生态环境治理与服务类案件定位为绿色发展司法保障的重点领域,切中了司法治理的关键环节,但此两类领域典型案例的缺失不利于为长江流域绿色发展提供实质性司法指引。今后,最高人民法院还应持续开展实施《长江保护法》的司法政策细化工作,跟踪、研究、补充和完善这两类绿色发展主题的典型案例。

（三）构建环境行政附带民事公益诉讼制度

基于上文对《典型案例》的分析可知,未履行环境管制职责的行政机关在既定的环境公益诉讼模式中未被追究责任,这成为《典型案例》留待司法实践反思的一个现实问题,而且需将其纳入刑事、民事、行政争议交叉类案件所涉生态环境责任追究正当程序的选择之中。笔者认为,有必要构建环境行政附带民事公益诉讼制度。目前《行政诉讼法》(2017年修正)[1]和最高人民法院、最高人民检察院《关于检察公益诉讼案件适用法律若干问题的解释》(法释〔2020〕20号)均未对环境行政附带民事公益诉讼作出明确规定。对于行政争议与民事公益纠纷存在关联、生态环境同时遭受行政机关行政违法行为和其他社会主体民事侵权行为双重侵害的案件,最有效的审理方式应是将二者作为共同被告而起诉,由法院对相互联系的诉讼争议一并审查处理。通过借助检察机关的公权力主体身份,既能追究行政机关违法行为之责,也可要求民事主体承担相应

〔1〕《行政诉讼法》(2017年修正)第61条第1款规定:"在涉及行政许可、登记、征收、征用和行政机关对民事争议所作的裁决的行政诉讼中,当事人申请一并解决相关民事争议的,人民法院可以一并审理。"但是这条并不适用环境民事公益诉讼,因为在环境领域,当事人属于私主体不能提起环境民事公益诉讼。

的生态环境损害赔偿责任,符合司法正义和司法效益的原则。

附带型环境公益诉讼制度与环境司法专门化有着互相促进发展的内在联动性。环境司法专门化包括诉讼主体特定、审判机构专门和诉讼程序规则特殊三层内涵,其本意就是借助同一诉讼程序集中解决由不同诉讼程序法管辖的案件,通过确立相对集中的区域审判模式和集中管辖机制,化解不同诉讼类型程序衔接的矛盾。目前多个地区法院都在积极探索环境司法“三审合一”[1]“四审合一”模式[2],最高人民法院、最高人民检察院也已明确将实行环境资源刑事、民事、行政案件“三合一”的审理模式,探索环境刑事、民事、行政案件与环境公益诉讼案件“多检合一”的新模式。可以认为,环境司法专门化的纵深推进为环境行政附带民事公益诉讼提供了实践可能。

五、结语

司法政策是法律实施的重要补充,对司法审判具有指引和导向作用。最高人民法院发布的两个司法政策文件融合了党中央“长江大保护战略”的核心理念和《长江保护法》确立的“绿色发展”基调。以此司法政策为枢纽指导各地司法审判实践,将有助于保障长江流域的绿色发展。《实施意见》和《典型案例》虽然在司法政策体系中规范地位不高、规范效力不强,但是在法律教育、法学研究和审判指引方面却有着重要意义。最高人民法院借助司法政策的灵活性、及时性特点,指导各地法院实施《长江保护法》的司法实践,有效回应了长江流域“生态优先绿色发展”的社会需求,有利于全面构建长江流域司法保护格局,推动实现流域生态环境保护的司法正义。

---

〔1〕 参见周辰:《以司法合力保护生态环境,世界环境日前夕上海三中院发布环资“三合一”审判情况》,载上海市第三中级人民法院网2022年6月3日,http://www.shszfy.gov.cn/detail.jhtml?id=10020730。

〔2〕 于春贺:《河北安新:白洋淀生态环境保护检察室揭牌》,载最高人民检察院网2021年6月22日,https://www.spp.gov.cn/spp/dfjcdt/202106/t20210622_522056.shtml。

26. 整体协同:流域环境司法协作的实践困境与路径完善

——基于丹江口库区司法协作机制的考察

王　宏　喻　婷*

内容摘要:流域是各要素融合的复杂生态整体,其自然要素与社会要素共同作用、相互影响,增加了流域治理难度,也使传统的行政管理体制和被动司法模式在单打独斗的状态下难以发挥各自优势。[1] 随着《长江保护法》的出台,国家将流域治理纳入法治视野,流域整体性与治理碎片化的矛盾开始由立法转向司法,流域内各法院纷纷探索突破省级行政区划,在流域所涉省市建立环境司法协作机制。本文从环丹江口库区司法协作机制的实践考察出发,直面流域环境司法协作当前存在的立法保障不足、协作范围不广、配套机制缺失等问题,并试图在生态整体主义和协同理论的指引下,进一步明确流域环境司法协作法律内涵,不断规范和完善流域环境司法协作内容,并通过建立信息共享、联动长效和绩效考核制度赋予流域环境司法协作机制以更强的生命力。

关键词:流域环境司法　司法协作整体协同

党的二十大报告指出,过去十年,在习近平生态文明思想的科学指引下,我们坚持"绿水青山就是金山银山"理念,对山水林田湖草沙实施一体化保护和系统治理,生态文明建设发生历史性、转折性、全局性变化。[2] 流域治理是生态文明建设的重要内容,是筑牢国家生态屏障的迫切需求。近年来,国家对流域环境治理工作高度重视,专门出台了《长江保护法》,先后实施了黄河流域生

---

* 王宏,湖北省十堰市中级人民法院党组书记、院长;喻婷,湖北省十堰市中级人民法院研究室副主任。

〔1〕 参见黄锡生、尚睿:《长江流域环境司法协作的理论构造与制度完善》,载《河南财经政法大学学报》2022 年第 2 期。

〔2〕 参见翟青:《建设人与自然和谐共生的美丽中国》,载《中国城市报》2022 年 10 月 21 日,第 1 版。

态保护和高质量发展、京津冀协同发展、长江经济带发展等重大国家战略,在协同治理方面开启了积极探索。各地法院应时而动,充分发挥司法能动作用,突破行政区划限制,探索建立司法协作机制,开展多样化流域生态环境司法保护实践,为地方生态绿色一体化发展提供司法服务保障。然而,流域保护的地方性差异性特征对跨区域治理造成较大障碍,治理主体协同不足、协作内容模糊等问题制约司法协作机制发挥实效。[1] 在此背景下,如何及时更新流域环境司法理念、把握司法协作的限度与边界、提升流域环境司法治理能力,值得进行更广泛深入的思考与探讨。

一、现状考察:丹江口库区司法协作机制的实践探索

丹江古称丹水、粉青江、黑江,全长443公里,是长江中游北侧汉江最长的一条支流。丹江发源于陕西商洛,途经商洛市商州区、丹凤县、商南县,于荆紫关进入河南省淅川县,向南在湖北省注入丹江口水库。[2] 丹江口水库水域横跨鄂、豫两省,是国家南水北调中线工程水源地、国家一级水源保护区,不仅保障京津冀豫地区供水,还作为长江支流的共生单元,对受水区乃至整个长江经济带产生较大的生态辐射效应。[3] 为从整体上把握丹江口库区环境治理,统筹兼顾一体化保护利用,十堰两级法院积极探索流域环境司法协作,与环丹江库区的河南、陕西等地法院同向合作,采取多元举措共同保障丹江库区生态安全。

(一)落实生态环境司法专门化

司法协作以生态环境司法专门化为前提。[4] 近年来,十堰两级人民法院深入推进环境资源审判机制改革,在全省率先迈出环境资源案件集中管辖的步伐,为开展流域司法协作奠定组织基础。

1. 有序推进专门机构建设

经省编办批准,十堰市中级人民法院(以下简称十堰中院)于2014年在全省率先成立独立建制的环境资源审判庭,初步探索实行环境资源案件刑事、民

---

〔1〕 参见郭武、李璨:《协同治理:我国流域环境司法的理念更新与制度建构》,载《河南理工大学学报(社会科学版)》2022年第6期。

〔2〕 参见刘建林、茹秋瑾:《丹江流域生态修复模式研究》,载《水利与建筑工程学报》2012年第3期。

〔3〕 参见徐志仿、徐铜、浦前超:《丹江口库区及上游水资源保护与管理》,载《人民长江》2011年第2期。

〔4〕 参见韩康宁:《黄河流域环境司法协作机制研究》,载《三门峡职业技术学院学报》2022年第1期。

事、行政“三审合一”模式。此后，2018 年 8 月，丹江口市人民法院成立十堰市首个基层法院环境合议庭。2021 年 3 月，湖北省高级人民法院为丹江口市人民法院生态环境保护法庭揭牌。截至 2021 年 9 月，十堰两级人民法院已全部成立生态环境保护专门审判机构，实现“三合一”审理模式全覆盖，为加强内部协同、开展流域环境治理夯实根基。

2. 不断提升环资审判队伍素质，加强业务培训，实施专业人才“引进来”战略

辖区内丹江口市人民法院与武汉大学环境法研究所签署《合作协议》，在司法实践、人才培养、课题研究等多个层面开展合作。聘请武汉大学知名法学教授作为环境司法特邀专家，建立环境司法专家咨询库，为环境资源审判和司法协作工作提供智力支持，共同打造了一批精品、经典案例。其中，以郧阳区林业局为被告的全省首例环境行政公益诉讼案入选最高人民检察院第 8 批指导性案例；十堰驰迈工贸有限公司、古文秀污染环境罪案入选最高人民法院 2017 年“长江流域环境资源审判十大典型案例”。十堰市人民检察院诉郧西县魏多成养猪合作社水污染责任纠纷一案入选“湖北法院长江生态保护十大典型案例”，裁判文书被评为第三届全国法院环境资源优秀裁判文书。2022 年 6 月，丹江口市生态保护法庭经验做法入选最高人民法院第三批新时代人民法庭建设典型案例。

3. 完善集中管辖机制

2015 年 3 月，湖北省高级人民法院指定十堰中院集中管辖十堰、襄阳、随州区域内的环境民事公益诉讼案件。2021 年 4 月，十堰中院出台《关于确定环境资源审判工作职责范围的规定》，围绕贯彻落实《长江保护法》和最高人民法院《关于环境资源案件类型与统计规范（试行）》，进一步明确两级法院环境资源审判机构职责范围，统一流域环境案件裁判标准与程序规则。

（二）构建丹江库区一体化生态环境司法保护格局

1. 率先探索开展跨省协作

早在 2019 年，十堰下辖的郧西县人民法院、丹江口市人民法院、郧阳区人民法院就开始与陕西省洛南县人民法院、商洛市商州区人民法院、河南省淅川县人民法院（以下简称六法院）探索建立司法协作机制。2020 年 6 月，六法院首次召开联席会议，就加强环境资源审判队伍建设与建立审执信息共享机制展开积极协作，共筑南水北调水源区生态环境资源保护“司法屏障”。2021 年 4

月,在最高人民法院的指导推动下,湖北、河南、陕西三省高级人民法院在丹江口市共同签署《关于环丹江口水库生态环境保护与修复环境资源审判协作框架协议》(以下简称《框架协议》),建立环丹江口水库环境资源审判协作机制,对构建跨域案件一体化处理、生效判决委托、协助执行等机制达成初步一致意见。2021年6月,在湖北省高级人民法院的协调下,十堰中院与武汉市中级人民法院、孝感市中级人民法院、汉江市中级人民法院、荆门市中级人民法院、襄阳市中级人民法院及武汉海事法院6家法院在天门共同签署《汉江流域(湖北段)环境资源审判协作框架协议》,共同提高审理生态环境案件的协作效能。

2. 探索构建环境资源案件裁判统一标准机制

2022年7月,在第二届环丹江口库区三省六县市区法院司法协作会上,六法院联合发布《关于强化统一环丹江口库区生态环境保护刑事案件裁判尺度的意见》,就非法捕捞水产品罪、盗伐林木罪等四类刑事犯罪的证据判断标准与量刑尺度进行统一规范,进一步提升量刑均衡度,强化司法权威。

3. 探索建立司法公开协同机制

2021年6月,十堰中院发布《环境资源司法保护白皮书》,全面总结2015年1月至2021年6月十堰法院环境资源审判工作成效。2022年7月,六法院在丹江口市人民法院共同召开新闻发布会,发布6起环境公益诉讼典型案件,开展以案释法活动。定期开展联合生态宣传工作,广泛运用传统媒体和新媒体,通过共同公开审判、以案说法、推送环境资源审判典型案例、邀请代表委员参与旁听环境资源典型案件庭审等形式,营造保护环境、人人有责的浓厚氛围。

(三)探索司法嵌入执法的行政司法多元共治机制

1. 初步建立多元协作的流域治理模式

在十堰市委、市政府的大力支持下,十堰中院牵头十堰市检察院、公安局、司法局、自然资源和规划局、生态环境局等10家单位共同出台《关于贯彻实施〈中华人民共和国长江保护法〉构建汉江流域(十堰段)生态环境保护行政执法与司法协调联动机制的实施意见》,立足各自职能,建立全方位、多层次的行政执法与司法协调联动机制。茅箭区、郧西县、竹山县等地法院与当地林业、国土、渔业等单位建立诉调对接平台,集合多部门力量对诱因复杂、涉及面广的林业、渔业纠纷等案件,开展诉前调解。丹江口市法院积极吸纳人大代表、政协委员、律师、专业技术人员等作为环境资源特邀调解员,开展多元化纠纷调解工作,全市法院加强对行政机关和重点污染源企业的司法指导,及时分析研判环境保护行政执法薄弱环节,累计随案发送司法建议40余份。

2. 以公益诉讼为抓手,创新生态修复方式

探索建立"恢复性司法+综合化治理"审判结果执行协同机制,通过开展执法协作、召开联席会议等形式,积极与公安、检察、环境资源行政执法部门沟通联系,对案件造成的环境污染及资源破坏情况进行整体评估,因地制宜采取"补种复绿""增殖放流""替代修复""分期履行"等不同生态修复措施。将修复生态环境情况纳入刑事案件量刑考虑,对破坏森林资源、污染环境犯罪的被告由犯罪嫌疑人或者其家属采取生态补偿措施,通过验收合格或者与受害人达成"补种复绿"协议并积极履行的,酌情在基准刑基础上减轻处罚。

3. 探索司法保护基地规范化建设新模式

十堰中院出台《关于加强十堰市生态环境司法保护基地管理的实施意见(试行)》,加强与生态环保、自然资源、文物保护、林业水利等部门以及当地基层党委政府联动,共同建立38个生态环境司法保护基地,推行"生态环境保护法庭+司法保护基地+巡回审判点"立体化司法保护体系,基本实现了对辖区内自然保护区、风景名胜区、生态公园、湿地公园和重要水源地等重点区域全覆盖。

二、追根溯源:流域司法协同治理的客观限制

尽管在环丹江口库区各法院积极探索、共同努力之下,流域司法协作的制度逐渐健全,内容逐渐丰富,但从司法协作的实际效果来看,仍然存在法律保障不足、参与主体范围狭窄、配套机制缺失[1]等问题,亟待进一步审视和思考。

(一)立法保障不足

立法保障是推进流域环境司法协作的基础。早在2016年,最高人民法院就在《关于为长江经济带发展提供司法服务和保障的意见》中提出推动建立区域内法院执行协作机制。2017年,最高人民法院发布《关于全面加强长江流域生态文明建设与绿色发展司法保障的意见》,在继续加强法院内部协作的基础

[1] 参见李华琪、曹奕阳:《区域环境司法协作的理论溯源与制度回应——以长三角地区为例》,载《中国环境管理》2021年第6期。

上,鼓励与长江流域政府部门、行政执法机关等协调联动,形成维护长江经济带生态安全的合力。《长江保护法》出台后,最高人民法院又适时出台《关于贯彻〈中华人民共和国长江保护法〉的实施意见》,要求各法院充分发挥审判职能作用,为长江流域生态环境保护和高质量发展提供司法服务和保障。这些法律、司法解释和指导性文件成为环丹江口库区法院开展司法协作的依据和指引。但与此同时,我国现有的关于流域环境司法协作的法律规定较为笼统、分散,内容主要集中在委托送达、委托执行等狭窄层面,缺少管辖争议、裁判标准、责任划分、生态修复等重要组成部分,使环境司法协作政策与法律互动受阻。[1] 以环丹江库区为例,库区相邻的湖北、河南、陕西三省没有制定流域司法协作细则,六法院开展的司法协作仅建立在湖北、河南、陕西三省高级人民法院共同签署的《关于环丹江口水库生态环境保护与修复环境资源审判协作框架协议》之上。而该框架协议的内容主要集中于开展司法协作活动的指导思想、协作原则、重大意义,政策性、宣传性较强,效力性、制度性偏弱,在签订初期尚能起到促使各方达成协作共识的作用,真正到了从"纸面"到"地面"的落实过程中,就会因可操作性不强、执行力不足,导致协作机制仅停留于抽象层面,成为名副其实的"花架子",各主体参与司法协作的积极性也大打折扣。虽然2022年环丹江口库区六法院对四类常见涉环资刑事案件的量刑尺度进行了研讨和统一,作出了有益探索,但鉴于涉罪类型较少,适用范围有限等,未能充分体现司法协作的能动性。

(二)主体范围狭窄

流域治理的系统性、复杂关联性及动态性表征[2]使其在治理过程中往往会牵涉政府、司法机关、环保组织、社会公众等多个利益主体,但这些主体出于多方原因,目前尚未达成积极参与司法协作的共识。首先,政府作为生态治理的主体单位,其参与治理的动力在于赢得更多的地方发展利益。[3] 一旦经济发展与生态保护产生冲突,政府难免会出于保护地方企业权益、趋利避害等考虑对参与环境司法协作持消极态度。环丹江口库区的六法院在审理具体案件时也存在优先考虑本地利益的情况,导致执法盲区客观存在。其次,即使在司

---

〔1〕 参见赵银仁、韩旗:《新时期深化环境司法改革创新的思考》,载《中华环境》2021年第7期。

〔2〕 参见秦天宝:《我国流域环境司法保护的转型与重构》,载《东方法学》2021年第2期。

〔3〕 参见詹国彬、陈健鹏:《走向环境治理的多元共治模式:现实挑战与路径选择》,载《政治学研究》2020年第2期。

法机关内部,环境司法协作的能动性和协同性也存在不足。法院被赋予集中管辖权并设置了专业的环境资源审判机构,受理的环境资源类案件范围最广,而检察机关的关注点主要集中在环境公益诉讼,至于掌握着侦查、调查取证权利的公安机关依然延续着过去应对环境司法保护的机制和办法,环境司法保护的完整性在公、检、法三家即被割裂开来,导致涉及法院、检察院、公安机关共同参与的多主体司法协作实践较少,存在严重的信息壁垒,即便在本应发挥用武之地的环丹江口库区生态环境公益诉讼方面,也没有建立起良好的司法机关内部协作机制。最后,作为在流域治理中扮演监督角色的社会组织和公众,参与生态环境保护的渠道较窄,诉求表达机制不健全,参与程度极低。这样一来,实际开展司法协作的主体主要集中法院内部,而正因为欠缺侦查、起诉、审判、执行及监督全阶段更大范围的协作主体参与,法院开展相关工作受限,陷入孤立无援的境地,司法协作机制难以发挥实际功能。[1]

(三)配套机制缺失

完善的配套机制是保障流域司法协同机制落实落地的重要因素,但现有的配套机制还无法为流域司法协作提供足够助力。首先,信息共享制度供给不足。目前,环丹江口库区法院对大数据技术的运用深度和广度均无法满足流域治理多要素多层级的信息搜索需求,也无法与其他协作单位实现生态环境状况、行政执法情况、案件线索发现、案件审理情况等重要信息的同步查看、传输和交换,在很大程度上制约了流域环境案件的审理质效。其次,司法执法衔接机制不畅。以环丹江口库区公益诉讼为例,无论是行政执法、诉讼活动还是生态修复都曾出现行政机关、检察机关、法院各自为政、多头宣传、口径不一等情况,个别行政机关只机械地在职责范围内执法,完全不关注是否需要移送司法机关,甚至出现"以罚代刑"的现象。最后,绩效考核机制缺乏。大多数流域环境司法协同机制的启动和落实主要依赖各参与主体的自主协商和口头许诺,缺乏绩效考核的强制性约束,难以形成长效化机制。例如,环丹江口库区开展的司法协作主要以召开座谈会、联席会的形式进行,协作内容大多停留在研讨具体案件本身,至于联合调查取证、统一裁判标准、协助执行送达等工作如何落

---

[1] 参见王道玮、刘莹:《长江中游城市群生态保护刑事司法协作机制的完善——以武汉市江汉区法院143份非法捕捞水产品刑事判决为例》,载《长江论坛》2018年第3期。

实,落实后是否有奖励机制等均没有具体标准。在本身工作任务繁重的情况下,各方主体普遍缺乏积极开启司法协作的内生动力。

三、逻辑理路:整体协同助推流域司法协作效能提升

(一)理论逻辑:生态环境整体主义与协同理论的引导与运用

1. 生态环境整体主义的指导

有学者认为,自然界的所有东西都联系在一起,生态环境的每一部分都与周围整个生态系统处于动态联系之中。〔1〕任何生物都无法脱离生态环境独自存在,这就是生态学第一原理——生态系统的整体性。习近平总书记提出的"山水林田湖草是一个生命共同体",〔2〕也是对生态整体主义的详细阐释。生态整体主义把生态系统的整体利益作为衡量发展的最高价值,不管是人类生活方式的改变还是世界经济水平、科学技术进步,其终极目标都是维持整个生态系统的完整、和谐、稳定、平衡。这种重视整体治理并试图通过法律手段约束破坏生态整体利益行为的观念与流域治理的要求是完全契合的。当前,各流域的生态整体利益被行政属地管理模式破坏,无法得到司法机制的统一有效保护,造成区域环境差异化、发展不平衡等问题凸显。无论是长江流域的"共抓大保护、不搞大开发",还是黄河流域生态保护和高质量发展战略,实际上都是国家从生态环境整体主义考虑作出的决策,这既是流域治理的现实需要,也是推动绿色发展的理念核心。

2. 协同理论的运用

协同理论初源于物理学中的"协同合作效应",〔3〕后被英国、澳大利亚、美国等引介至政府公共管理改革,强调以整体主义思维调和不同利益主体冲突,以制度化、实质化的跨界合作增进公共价值。〔4〕尽管司法的独立性、谦抑性与协同理念的整体性、主动性存在差异,但严重的流域生态形势、迫切的生态绿色一体化发展要求以及行政治理手段的有限性都需要司法角色积极融入,并成为协同

---

〔1〕 参见[美]卡洛琳·麦茜特:《自然之死》,吴国盛等译,吉林人民出版社1999年版,第21页。

〔2〕 参见中共中央宣传部:《习近平新时代中国特色社会主义思想学习纲要》,学习出版社、人民出版社2019年版,第56~68页。

〔3〕 参见[德]赫尔曼·哈肯:《大自然成功的奥秘:协同学》,凌复华译,上海译文出版社2018年版,第7~11页。

〔4〕 参见周志忍:《整体政府与跨部门协同——〈公共管理经典与前沿译丛〉首发系列序》,载《中国行政管理》2008年第9期。

治理的重要环节。另外,法官并非“自动售货机”,各地法院已在司法能动主义的指引下为打好污染防治攻坚战、蓝天碧水净土保卫战作出了重要贡献,也可同检察机关、行政机关甚至其他机构在流域治理方面形成分工清晰、紧密联系、协作配合的整体,从而在流域治理和绿色转型发展方面共同发挥更为积极的促进作用。

(二)现实逻辑:促进流域环境协同治理和统一保护

1. 克服碎片化治理现状

我国水系发达,如黄河、长江、珠江等流域均面积广阔,覆盖区域大,同一流域流经的地区经济社会发展存在相对不平衡,各地政府对环境保护与经济发展的关系认识程度不一,从而可能对流域生态环境保护亦持不完全一致、甚至截然相反的态度。〔1〕 对于司法机关而言,尽管司法改革的“去行政化”保障了法院独立行使审判职权,但其在编制扩充、队伍建设、职务晋升、经费保障等方面依然依赖地方政府,这就导致在流域司法层面不可避免滋生地方保护主义。例如,有的政府滥用案件管辖权和法院调查取证权维护本地当事人利益,或者在司法协作中消极作为偏袒本地当事人,以致流域其他法院的生效判决难以在当地推进执行等。〔2〕 此外,参与流域环境治理的行政主体涉及生态环境、自然规划、林业、渔业等多个单位,相互之间分工不明、职能模糊、权责交错,甚至出现“九龙治水”的部门主义。〔3〕 为保障多元主体之间的协作进入良性发展轨道,最好的途径就是建立更大主体范围参与的司法协作机制,既能够由法院、检察院等司法部门牵头,避免行政权过分干预导致流域治理碎片化,又能够充分运用法治手段,根据流域内社会、经济、环境等发展变化动态调整生态环境的预防和修复措施,并通过形成规则进一步巩固流域协同治理的自觉性和主动性。

2. 解决分割性司法弊端

从随机抽取的参与环丹江库区司法协作机制的六法院办理的 20 件生态环境保护案例〔4〕来看,不同地区法院在处理相似的环境案件时,会因为理念不同

---

〔1〕 参见李宏伟:《以司法协作改革创新助推黄河流域生态保护》,载《公民与法》2021 年第 11 期。

〔2〕 参见蒋文峰、封有军:《环境资源案件跨区域集中管辖的实践困境及因应之策》,载《环境保护》2020 年第 5 期。

〔3〕 参见吴勇:《我国流域环境司法协作的意蕴、发展与机制完善》,载《湖南师范大学社会科学学报》2020 年第 2 期。

〔4〕 相关案例来源于十堰中院环境资源审判庭。

或对规则的理解不同而作出裁量尺度不一致的结果。例如,在非法捕捞水产品案件中,湖北省所辖法院的裁判尺度明显收紧,量刑较重,陕西省下辖法院的裁判尺度则相对较轻。再则,由于地域管辖的限制,流域司法机关在审理案件时难以全面系统考虑其他流域地的生态保护或修复状况,可能导致其他区域合法利益受损,从而出现流域不同地区司法机关出于利益考量争夺或放弃管辖权的情况。因此,要实现对流域的整体性统一性保护,就必须建立完善的司法协作机制,在确保量刑尺度一致的基础上,制定相关区域共同接受的准则和纠纷解决机制,形成流域环境司法张力和合力,从而从根本上解决流域司法机关因竞争或紧张关系形成的裁决差异和冲突。

四、探寻进路:流域环境司法协作机制的完善路径

从目前流域司法协作暴露的问题来看,仍需要以立法保障、主体规范和制度搭建为抓手,在整体主义和协同理论的指引下,构建一套兼具公正性、权威性和有效性的司法协作机制。

(一)立法保障:强化流域整体协同

良法乃善治之前提,环境司法协作的前提在于实现政策与法律的良性互动,可着眼于使原则性政策法律化,[1]从而解决司法协作机制立法供给不足这个根本问题。

1. 国家层面立法

通过对相关诉讼法修改或制定专门的法律,将司法协作的规则进行转化和确认,为流域环境司法协作提供法律适用基础。将传统仅包含委托送达、代为调查取证和协作执行的司法协作内容进行扩充,采用列举、兜底等方式,使司法协作具备一定的探索空间,为各流域进行司法协作制度探索创造条件。[2] 最高人民法院及时整理归纳各流域环境司法典型案例和创新经验,提炼具有共性的法律适用规则和裁判标准,通过司法解释的方式固定下来,为流域司法协作提供更为翔实的操作指引。

---

〔1〕 参见韩康宁:《从"协作"到"协同":黄河流域环境司法治理的进路》,载《河北环境工程学院学报》2022年第1期。

〔2〕 参见肖爱:《整体性协作:区域环境纠纷解决机制的新视野》,载《中南大学学报(社会科学版)》2019年第5期。

2. 区域规范协同

流域各省人民代表大会或者人民政府能动行使立法权，建立沟通机制，在具备条件时落实整条流域统一立法，在条件尚未成熟时可引导流域地有立法权的单位联合立法，从而协同推进流域环境保护标准制定，实现区域内规范文件互为补充，流域上下游、左右岸协同治理，为流域司法协作奠定实体法基础。流域内各相关法院协商探讨重大疑难和社会影响较大的案件的法律适用、类案裁判，以联合发布文件或指导意见的方式形成统一有序的裁判尺度和处理标准。

3. 细化地方立法

有立法权限的地方结合本地经济社会发展和生态环境特点，进一步细化协商形成互补性规范，立足于流域生态环境治理的需要，对协作方式或程序性事项进行适当调整，并考虑通过行政协议、共同行政行为等形式平衡各地区在协同立法中作出的利益让步，确保区域间立法结构逻辑保持最大限度的统一。[1]

（二）夯实根基：扩大参与协作的主体范围

司法协作机制的整体协同离不开各协作主体积极配合、相互促进，有必要厘清各参与主体及其职责，在既有的司法机关内部协作的基础上，扩大协作主体范围，进一步夯实司法协作的根基。

1. 加强内部协同

重点解决法院、检察院与公安机关同级和不同层级间沟通不畅的困境，进一步明确职权边界，加强沟通与衔接，形成从"侦查阶段收集证据—起诉阶段审查督导—审判阶段监督执行"衔接配合、互相监督的联动机制。对于人民法院而言，应当在严格履行审判职能的基础上延伸司法服务，除负责审理流域生态环境保护、资源开发利用、水污染防治等诉讼案件外，进一步强化司法结果的可操作性，实现"事前—事中—事后"的有效规划治理；检察机关可以将环境公益诉讼作为司法协作的主要切入点，除负责起诉和调查取证外，应当对司法协作各项内容进行全程监督，保障整体环境修复成果；公安机关则加强案件侦查、线索共享与移送工作，尤其在跨区域环境刑事案件中，主要就犯罪事实因果关系的认定和法律适用展开沟通协商，妥善处理司法协作衔接需求，争取对重大疑难法律适用问题

---

〔1〕 参见崔洁：《建构流域跨界水环境污染协作治理机制》，载《学理论》2017 年第 1 期。

达成共识。对于流域沿岸群众关切的环境公益诉讼,法院和检察院在必要时应当同社会公益组织和社会公众开展深度沟通,及时发布信息,回应群众关切。

2. 实现外部协同

环境司法与生态执法互为表里,要加强流域司法机关与行政机关间沟通与协同,将治理体系与法治体系有机统一,形成共同保护的合力。坚持"行政优先、诉讼兜底"原则,充分发挥行政机关从事日常生态监管的主动性、便利性优势,运用行政处罚、行政强制等手段惩治破坏生态环境违法行为,并及时向司法机关共享信息,做好案件移送、证据认定和专业鉴定等工作衔接,努力实现"多元治理,尊重专长"。〔1〕进一步统筹、整合党委政府的组织优势、司法机关专业化优势与社会群体的资源优势,在流域生态环境司法工作中引入"枫桥经验",将坚持党的领导作为贯穿流域环境生态治理主线,将"相信群众、依靠群众"作为司法与社会治理契合的根本路径,及时妥善化解群体类纷争。树立问题导向、目标导向,发挥法治参谋助手作用,在保证流域生态环境司法以审判为中心的前提下,及时与相关政府部门进行沟通,提出适当性司法建议,在协调联动的动态过程中共同促进流域生态保护和高质量发展。

(三)健全机制:丰富司法协作的形式和内容

流域环境司法协作不仅需要健全的法律支撑和协同主体的强力配合,还需要完备的配套制度给予保障,确保司法协作机制在落地落实的同时具备强大的生命力。

1. 建立流域治理信息共享机制

充分运用大数据、云计算、区块链等技术,鼓励流域治理中的信息交换、互联和分享,提升区域司法协作的层次和效率。可以借鉴沪、浙、苏、皖四地法院建立的长三角司法链模式,通过引入支付宝的区块链技术,不仅加强同流域法院系统的跨域环境资源诉讼立案和审判执行信息共享,而且把政府、行政机关的流域治理信息同步上传,同时还能实现法院与评估鉴定机构等社会主体的联动对接。〔2〕另外,为解决司法、行政机关信息统计口径不一致的问题,有必要设置专门的信息管理办公室或联络人员,形成流域治理信息归口化管理,确保

---

〔1〕 参见朱锐、陈健:《成渝环境司法协作中存在的问题与应对》,载《人民法院报》2021 年 10 月 28 日,第 8 版。

〔2〕 参见《中国环境资源审判白皮书(2019 年)》,载最高人民法院网 2020 年 5 月 11 日,http://www.chinacourt.org/article/detail/2020/05/id/5184301.html。

共享信息的精确度和有效整合。

2. 完善司法执法常态联动机制

建立环境案件常态化联席会议制度，参与范围从法院、检察院扩大至公安机关及其他相关行政机关，定期通报重大疑难复杂案件处理依据和结果，发布执法、司法典型案例，参会人员同步开展流域治理经验交流和专业知识培训，推动实现流域司法协作常态化、实质化、专业化。[1] 建立重大环境案件会商制度，司法机关作为会商制度的启动方，在遇到重大、疑难、新类型环境案件时可以邀请行政机关、专家学者、社会组织、代表委员等主体参与，通过多方协作、监督促成典型性案例，提炼出类型化法律思维，供流域其他单位参考。建立长效化生态修复制度，由政府统筹司法机关与行政机关协作搭建生态修复基地、司法保护基地项目化平台，地方政府设立生态赔偿资金账户，行政机关提供基地项目规划意见，法院通过判决方式将修复资金投入生态环境修复和环保项目建设，逐步实现从个案修复到项目化修复的转变。

3. 健全司法协作综合考核机制

随着各地积极推动经济社会发展绿色转型，有必要将环境司法协作事务纳入各地、各单位绩效考核指标，适时引入第三方评估，通过加大权重的方式激励相关主体积极参与司法协作。探索构建协作主体间的利益转移机制，[2] 由环境保护的受益方、生态治理的委托方通过成本评估等方式对司法协作的受托方、流域案件集中管辖的受理方乃至参与环境公益诉讼的环保组织予以适当补偿，激发各方主动参与司法协作的内生动力。适当扩大流域司法协作的考核内容，除执法司法活动外，纳入类型化案件规则提炼、环境保护理念的宣传、重大环境保护调研课题、环境司法文化交流等内容，让司法协作在顺应区域生态环境特点的同时达到社会效果与法律效果共生共存的整体最优状态。

---

〔1〕 参见武建华：《建立健全长江全流域环境司法协作协同机制》，载《人民法院报》2021年4月15日，第8版。

〔2〕 参见赵洋、谷振龙：《促进长三角生态绿色一体化发展的司法协作机制研究》，载《上海法学研究》集刊2021年第14卷。

27. 守护大江东流：流域综合治理视域下长江生态法院设立因素分析

蒋　正*

内容摘要：本文从流域综合治理视域出发，围绕贯彻落实长江大保护战略部署，结合环境专门法院建设探索现状和跨域生态司法实践现状，指出在长江大保护战略实施、流域综合治理系统实施和《长江保护法》颁行实施的背景下，设立长江生态法院的必然性与可行性。本文重点从必要性和必然性、理论制度源流与司法实践基础、问题考量与焦点梳理等方面分析了设立长江生态法院的诸方面因素，并着重从具体路径与制度构建入手，围绕总体原则、域外参考、机构设置、工作职能、司法管辖、运行规则、工作协调、队伍建设八个方面对可行性进行探讨，尝试描摹展现长江生态法院建设发展的美好愿景与立体实景，为助推长江生态司法长远发展尽绵薄之力。

关键词：流域综合治理　长江生态法院　设立因素分析

流域是一个水系的干流和支流所流经过的整个地区，具有系统性、复杂关联性以及动态性等特点，流域司法保护应当体现系统整体性、有机协同性以及动态适应性，因此流域司法保护可实现环境司法专门化向流域司法专门化的逻辑转型。[1] 吕忠梅教授指出，按照流域的生态属性、经济特征、利益维度，构建多元共治的流域综合治理模式，提升流域治理能力与水平，是人类尊重自然规律、尊重科学、尊重历史，实现人水和谐的必然要求。[2]长江是全国最大最长河

* 蒋正，湖北省五峰土家族自治县人民法院党组书记、院长。

〔1〕 参见秦天宝：《我国流域环境司法保护的转型与重构》，载《东方法学》2021 年第 2 期。

〔2〕 参见吕忠梅等：《长江流域立法研究》，法律出版社 2021 年版，第 220 页。

流,长江流域是全国最大流域,[1]横跨19个省级行政区,面积占全国的1/5,人口、GDP、水资源占全国的1/3,水能资源占全国的3/5,是我国重要的生态功能区、战略水源地、生态宝库和黄金水道,其重要地位和实施保护的紧迫性不言而喻。人民法院肩负着发挥生态司法职能、共抓长江大保护的重要职责使命,而要在长江大保护中更好发挥作用,首先需要建立与流域综合治理功能相配、层次相适的司法机构,而设立长江生态法院是路径之一。

一、流域综合治理视域下设立长江生态法院的必要性和必然性

(一)设立长江生态法院是落实长江大保护战略以及实施流域综合治理的必然要求

党的十八大以来,以习近平同志为核心的党中央高度重视大江大河生态保护和系统治理,党中央作出推动长江经济带发展的重大决策部署,习近平总书记指出"要把修复长江生态环境摆在压倒性位置"。湖北省第十二次党代会提出,要确定流域综合治理的"底图单元",坚决守住流域安全底线。2021年3月1日我国首部流域法律《长江保护法》颁行实施,开启了全面依法治江的新纪元,为实现长江流域高质量发展提供了法律遵循,这为湖北法院系统更深层次融入长江大保护提供了方向指引与行动指南。长江大保护战略要求坚持系统治理、综合治理、源头治理,在开展长江恢复保护中绝不能只看一域,不谋全局。吕忠梅教授强调"要以整体主义视角指引长江经济带建设",[2]人民法院在充分发挥审判职能服务保障长江大保护战略及长江经济带高质量发展中,必须坚持全局性、一体化思维。设立长江生态法院,实现长江流域生态司法一体化、系统化发展,是践行这一思维的重要实践。2022年全国"两会"期间,全国人大代表、湖北省高级人民法院院长游劝荣在"大法官访谈"节目中指出:"设立一个专门法院来保护一条专门河流和它的流域,既有利于法治统一,也有利于法治权威,更有利于把保护落到实处,为保护提供更加坚实的司法保障。"这充分体现了设立长江生态法院的必要性和必然性。在长江大保护背景下,人民法院存在三种发挥职能、参与保护的模式:一是内向发力。流域各省分别建立生态审

[1] 我国的七大流域分别是长江流域、黄河流域、淮河流域、珠江流域、松辽流域、海河流域、太湖流域。
[2] 吕忠梅等:《长江流域立法研究》,法律出版社2021年版,第78页。

判机构，开展省内长江流经地区生态司法保护工作，根据邻省（市）要求配合参与相关案件处理，这种模式是一种浅层次、松散内向式的路径，不能适应长江大保护的现实需求。二是协调共联。沿江各省相互之间签订区域性生态环保司法保护协议，在案件审理、法治宣传、开展活动等方面建立长期密切合作机制，这种模式是一种中观层次、外向式的路径，符合当前长江大保护现实需求。三是全域一体。通过建立全流域、一体化保护的长江生态法院，对整个长江干流、一级支流所流经省（市）的生态环境保护案件进行统一管辖审理，这种模式是一种全域性、深层次、一体化保护的路径，无论是从流域治理、生态保护，还是从案件审理、制度成本来看，都是避免长江生态司法“九龙治水、群龙无首”的现实需要，是一种成本最低、效率最高、效果最优、与长江大保护适配性最强的制度选择。

（二）设立长江生态法院是司法资源合理配置的现实需要

一方面，从长江生态法院设立的外部需求来看，长江大保护战略提出以前，长江及其支流长期处于过度开发、保护不够的状态。从水资源利用角度来讲，长江作为流域水资源具有典型的竞争性和非排他性，属于准公共物品（见表1）。[1]在无干预状态下，相关主体在市场机制作用下会无节制开发利用长江流域水资源以实现自身利益最大化，而社会要承担长期严重负面影响，进而产生“公地悲剧”[2]。同时，由于长江生态环境资源保护利用外部性的存在，[3]相关主体之间环境利益和经济利益发生错位，在影响长江保护利用这种情况下，需要将外部问题内部化，并通过在内部化过程中构建调整机制，对涉长江流域环境利益与经济利益进行调整与再分配，进而解决外部性问题。长江生态法院的成立运行，是实现内部化及构建调整机制的具体形式，其通过涉长江流域生态案件审理、实现公平正义的方式对涉长江流域水资源利益进行调整与再分配，进而解决长江流域水资源外部性问题。另一方面，从长江生态法院设立内部建

---

〔1〕 参见李宁：《长江中游城市群流域生态补偿机制研究》，武汉大学2018年博士学位论文，第29页。

〔2〕 “公地悲剧”是指在经济活动中由于公共物品的非竞争性使得其被过度使用导致全部经济主体的公共利益受到破坏的现象，参见李宁：《长江中游城市群流域生态补偿机制研究》，武汉大学2018年博士学位论文，第30页。

〔3〕 庇古认为外部性来源于个体边际成本与社会边际成本差异以及个体边际收益和社会边际收益的差异。

构来看，长江流域生态司法保护是各种司法资源要素投入及分配的过程，需要加强各项司法资源要素投入，在保持经济理性的前提下运用“费用—效益”模型加强对资源投入、利用效率和司法综合效益的具体分析。[1] 因而，设立长江生态法院也是优化司法资源配置机制的结果，从成本效率角度分析，其能够实现成本最低、效率最高；在资源合理分配的基础上，其能够解决好地区之间案件不平衡问题以及部分生态重点功能地区“案多人少”问题，进而在制度构建、资源分配与组织成本上实现帕累托最优。[2]

表1　经济中物品的分类[3]

	排他性	非排他性
竞争性	纯私人产品	准公共物品（公共资源）
非竞争性	混合公共物品	纯公共物品

（三）设立长江生态法院是高质量审理长江流域生态环境资源案件的重要路径

首先，在审判专门化视野下，生态审判组织专门化是生态保护大背景下的必然趋势，通过设立长江生态法院对案件进行集中审理，有利于发挥法院专门化审判的优势。苏力教授指出：“随着社会分工特别是市场经济条件下的高度社会分工的发展，法律机构会发生一种趋势性的变化，即法律的专门化。”[4] 从环境资源案件本身来看，在科技高度发达、效率日益提高的当代，造成环境资源损害的成因比较复杂，案件跨域化、复杂化、专业化、类型化的趋势越来越明显，尤其是涉及跨域类复杂案件，更需要专业力量的投入。从案件审判情况来看，重大环境资源案件审理耗费的时间和精力要比一般案件多得多，只有将有限的司法资源集约化、高效化、专业化运作，才能实现司法产品单位成本最小化、效率最大化、效果最优化。最高人民法院发布的“长江流域生态保护十大典型案例”，基本都是专业审判团队的工作成果。从环境资源案件专门化发展来看，经

〔1〕“费用—效益”分析法就是把每一经济行为对社会福利的全部影响和效果折算为用货币单位表示的费用和效益，通过项目发生的费用与效益的对比，按其净收益对项目的经济性作出评价。

〔2〕帕累托最优是资源分配的一种理想状态，假定固有的一群人和可分配的资源，从一种分配到另一种分配的资源中，在没有使得任何人境况变坏的前提下，使得至少一个人变得更好。

〔3〕参见李宁：《长江中游城市群流域生态补偿机制研究》，武汉大学2018年博士学位论文，第30页。

〔4〕苏力：《法治及其本土资源》，北京大学出版社2015年版，第134页。

历了专门合议庭、专业审判庭、专门人民法庭、专门法院的建设演变,也经过了“随机分案、两审合一、三审合一”的制度历程,流域专门法院作为管辖范围广、受案种类多、案件类型复杂的专门法院,是环境资源专门法院建设的2.0版本。其次,从案件办理效率角度来看,建立流域协作机制来协调案件处理属于多元主体共同协调,而建立流域专门法院处理案件属于一元主体单独处理,无论是在实体方面还是在程序方面,流域专门法院都相对顺畅和高效。最后,建立流域专门法院有利于统筹调配案件审判资源,因时因地因案因人实现审判资源分配的最佳效果,有利于开展案件类型化研究,形成专业成果。

二、设立长江生态法院的理论制度源流与司法实践基础

(一)习近平生态文明思想提供了根本思想遵循

习近平生态文明思想深刻阐释了人与自然和谐的内在规律和本质要求,提出人与自然是生命共同体、生态兴衰关系文明兴衰,强调“绿水青山就是金山银山”,指出山水林田湖草沙是一个生命共同体,为新时代我国生态文明建设提供了根本遵循,也为生态司法向前推进提供了方向指引。长江修复保护是我国生态文明建设的重要组成部分,以习近平同志为核心的党中央高度重视长江修复保护,2016年以来,习近平总书记先后在重庆、武汉、南京主持召开推动长江经济带发展座谈会并发表重要讲话,对长江保护修复作出系统部署,发出长江大保护的最强音。2021年中共中央、国务院《关于深入打好污染防治攻坚战的意见》明确要求持续打好长江保护修复攻坚战。湖北省委强调坚持全方位保护、全流域修复、全社会参与,做好生态修复、环境保护、绿色发展“三篇文章”,打好长江大保护十大标志性战役,推动湖北长江大保护和高质量发展迈上新台阶。在习近平生态文明思想指引下,开展好长江大保护,人民法院义不容辞、责无旁贷,而设立长江生态法院是贯彻落实长江大保护重大战略部署的具体举措,是为长江大保护提供更为有力和更高水平司法保障的重要载体。

(二)《长江保护法》颁行提供重要法律依据

《长江保护法》通篇体现了对长江生态环境保护和修复、促进资源合理利用以及保障生态安全的理念,这为人民法院参与长江大保护提供了法律依据与政策指引,尤其是《长江保护法》第77条第1款规定:“国家加强长江流域司法

保障建设,鼓励有关单位为长江流域生态环境保护提供法律服务。”从该规定可以看出,一是硬件建设方面,围绕长江大保护,国家加强司法保障建设,建立长江生态法院与国家政策支持态度相契合;二是软件建设方面,围绕长江流域生态环境保护,对于包括案件审理、法治宣传等在内的法律服务,国家持鼓励态度。从这个层面来看,长江生态法院的建立,不仅具有应然法上的意义,更符合实然法的要求。最高人民法院《关于贯彻〈中华人民共和国长江保护法〉的实施意见》中提出“深化流域法院集中管辖、司法协作等机制建设”,这也为长江生态法院建立提供了良好制度支持。

(三)跨区划及全流域理论提供重要理论支持

党的十八届四中全会作出设立跨行政区划法院的决策部署,2014 年出台的最高人民法院《关于全面加强环境资源审判工作　为推进生态文明建设提供有力司法保障的意见》指出“探索设立以流域等生态系统或以生态功能区为单位的跨行政区划环境资源专门审判机构”。秦天宝教授认为“流域司法强调完全打破行政区划的限制,体现整体性理念,按照流域生态系统的分布状况和形成状态实行全流域统一管辖,设置全新的流域司法体制”。[1] 从跨区划理论到全流域理论,构成长江生态法院的理论成因。长江生态法院地跨我国东中西部,囊括长江上中下游,设立跨区划、全流域生态法院的形式,有利于解决流域所经省份案件管辖不明、办案协调不畅、工作联动不优以及信息不对称等问题,在更深层次、更高质量上办理好长江流域生态环保案件。

(四)长江流域综合治理持续推进提供了重要环境条件

区域公共管理理论强调,要解决区域公共问题,必须在横向协作基础上探索跨区域公共管理路径,以实现合作共赢,如美国围绕田纳西河流域治理,成立了世界首个流域综合治理机构——田纳西河流域管理局(TVA),对水资源进行统一开发管理,实现了良好的综合效益。欧洲莱茵河在多国共同努力下,通过设置综合流域管理机构开展流域综合治理,由“欧洲最浪漫的臭水沟”变成世界河流管理的成功典范(见表 2)。2018 年以前我国流域治理为多头治理,俗称“九龙治水”,造成职能交叉、界限混乱,导致各自为政、效率低下。2018 年以

〔1〕 秦天宝:《我国流域环境司法保护的转型与重构》,载《东方法学》2021 年第 2 期。

后，由生态环境部统一负责流域治理工作及政策实施，“九龙治水”不复存在。在水利部长江水利委员会以及长江流域各省（市）的努力下，推进长江上中下游、江河湖库、左右岸、干支流协同治理，长江流域综合治理取得明显成效。尤其是2016年以来全面实施“河长制”〔1〕，建立从省委到村委的各级河长责任制，使长江流域水生态环境明显改观。长江生态法院的设立，有赖于流域治理的深度实践和取得的良好成效，两者属于相互促进的正相关关系。甚至从某种意义上说，设立长江生态法院就是长江流域综合治理在司法领域形成的重要结果，必将有利于长江流域综合治理的持续深入开展。

表2　国外主要流域治理案例〔2〕

河流名称	主要特点	治理措施	实践效果
美国杜瓦米什河	工业污染	政府、企业等多方参与治水，征询公众建议，因地制宜采取修复技术	污染源得到充分控制，河泥毒性逐渐减小至达标
欧洲莱茵河	流域生态系统受到破坏	建立流域跨国管理制度和多国高效合作机制，以实现共同高效治理	生态系统得到改善
德国德莱萨姆河	易受洪水侵扰	规避建设对敏感区的扰动，景观化处理生态修复工法与设施	防洪能力显著提升，河流重新焕发生机
英国泰晤士河	工业污染	成立流域管理机构对水资源加强管理利用，建立资金和技术保障机制	成为全球最洁净的水道之一
日本琵琶湖	工业污染	坚持“源水培育、湖水治理、生态修复”综合治理措施	水质达到饮用水标准

（五）人民法院生态司法长期实践提供重要实践基础

我国一直在加大对环境案件专门化审判的探索力度，于2007年成立首个

〔1〕 河长制是由地方各级党政一把手担当河长之职，履行辖区水资源综合管理保护主体责任的制度创新，自2003年浙江省长兴县首推以来，经过13年实践创新，取得了显著成效。

〔2〕 参见吴宸晖、鞠茂森：《河流生态修复的国际经验及对长江大保护的启示》，载《水资源保护》2021年第3期。

环保法庭、2017 年成立首家“环境法院”。截至 2021 年 12 月，全国共有环境资源审判专门机构 2149 个，其中环境资源审判庭 649 个、合议庭（审判团队）1285 个、人民法庭（巡回法庭）215 个。其中，长江流域所涉 19 省（市）法院共设立环境资源审判庭 483 个、合议庭 468 个、人民法庭 252 个，均实行环境资源刑事、民事、行政案件“二合一”或“三合一”归口审理模式。同时，集中管辖工作在积极推进，重庆市高级人民法院指定辖区 5 个区人民法院实行集中管辖，湖北省高级人民法院选取武汉市中级人民法院、宜昌市中级人民法院设置环境资源审判庭集中审理环境资源案件，甘肃省则将甘肃矿区人民法院改制为专门环境法院，集中管辖全省环境资源案件。另外，以铁路运输法院为试点探讨跨区域集中管辖行政案件与民事环境资源案件也在推进中，陕西省西安市与安康市由铁路运输法院集中管辖辖区环境资源案件，而北京市第四中级人民法院、上海市第三中级人民法院就是由铁路运输人民法院改设而来，为北京市、上海市集中管辖环境资源案件提供了便利。在建强组织基础上，人民法院围绕流域治理开展了大量的生态司法实践，例如，湖北法院系统建立“生态环境保护法庭 + 司法保护基地”的环境司法新模式，在全省 10 个基层法院内设机构加挂生态环境保护法庭牌子，全省共设立 37 个司法保护基地，并把基地打造成“补植复绿”“增殖放流”“劳务代偿”等恢复性司法裁判的执行场所；重庆建立生态司法保护广阳岛教育实践基地，具备环境资源巡回审判、生态示范性修复、环境资源生态法治、环境司法协作共治等多个功能。在案件办理方面，人民法院也取得了重大成果，最高人民法院发布了长江流域水生态司法保护典型案例，聚焦长江流域生态环境保护最突出的水污染、尾矿库治理、非法采砂、野生动植物保护等案件类型，涉及森林、湿地、湖泊、自然保护区等重要生态系统保护和修复，如“中华环保联合会诉宜春市中安实业有限公司等水污染公益诉讼案”，明显体现了服务长江经济带建设以及流域综合治理的司法导向性。通过办理“李某根非法捕捞水产品刑事附带民事公益诉讼案”等一批重大案件，依法严厉打击了犯罪分子破坏生态环境的嚣张气焰。在环境司法实践的基础上，环境司法研究也在深入开展。人民法院各个层面、各种形式的生态司法实践和研究，为长江生态法院设立后生态司法工作的开展提供了有力指引、有益借鉴和有形参照。

(六)人民法院开展全流域司法协作机制探索提供重要制度架构

近年来,在最高人民法院关心指导下,长江经济带相关省(市)各级人民法院签订了《环境资源审判协作框架协议》,围绕长江大保护,构建全流域、常态化司法协作机制,推进长江流域各省(市)人民法院在案件审理、案件执行等各层面的协调,推动法院之间生态案件诉讼事项跨区域远程办理、跨层级联动办理,以及查询、冻结、查封、调查等执行措施方面的协作。在长江重要支流及湖泊保护方面,也相继建立了相应的司法协作机制,例如,湘、鄂两地高级人民法院签订《环洞庭湖环境资源审判协作框架协议》,围绕洞庭湖生态环境保护开展司法协作;鄂、豫、陕三省高级人民法院围绕丹江口水库保护建立环境资源审判协作机制,为实现"一库清水永续北送"目标打下坚实司法协作基础;川、陕、甘、渝四省市 11 家法院共建嘉陵江流域环境资源保护司法协作机制,共有日常联络、信息共享等 5 类 13 项,是长江八大流域中第一个跨省全流域司法协作;宜昌市中级人民法院、恩施市中级人民法院、重庆市第二中级人民法院 3 家法院签署《长江三峡生态长廊司法保护协议》,共同打造石漠化与消落带同治,水资源、生物多样性、人文遗迹共护的"两治理 + 三保护"司法格局,推进长江经济带绿色发展战略实施。在外部司法协作方面,湖北省高级人民法院与水利部长江水利委员会、交通运输部、长江航务管理局、长江航运公安局联合出台《关于加强行政执法与司法审判协调联动共同推进长江生态环境保护的若干意见》,共同协调推动长江生态环境保护;一些法院与河长办及相关职能部门建立"河长 + 院长"河流治理联动机制,推进涉水行政执法与生态司法有效衔接,促进形成流域生态保护合力;葛洲坝人民法院围绕长江生态保护,构建警检共建模式,与葛洲坝人民检察院、长江航运公安局宜昌分局建立长江生态环境保护工作联动机制,一体推动长江大保护执法司法工作。

三、设立长江生态法院的问题考量与焦点梳理

(一)立法依据和制度供给仍需加强

我国流域生态司法机构的设立,目前来看法律层面的相关规定仍然不够,尽管《长江保护法》第 77 条第 1 款作出"鼓励有关单位为长江流域生态环境提供法律服务"的规定,但其是在宏观层面作出的顶层设计,对流域生态司法机构

设立具有原则性指导意义,但还需要从立法角度通过其他立法文本在中观层面予以明确规定。笔者认为,如果能将生态司法专门化和跨区域生态司法写进位阶更高的法律文本,在更宏观层面、更专业水平上体现生态司法的宪法价值、民法价值和环境法价值,将非常有利于跨区域生态司法工作的开展。在政策支持层面,尚没有形成关于流域生态司法机构设立的统一政策文本,在顶层设计方面还存在制度建构空间,并且在其他政策文件中呈现出零散化特征,需要在制度建构系统性、全面性、深入性、可操作性等方面进行探讨,具体在机构设置、管辖明确、机制运行等方面持续加大制度供给力度,以适应流域生态司法机构设立需要和发展趋势。

(二)资源调用和要素分配仍需关注

在流域综合治理语境下,设立长江生态法院必须满足流域生态保护的系统功能需求,反映到具体建构上也必须体现体系化、结构化、制度化思维。在具体推进中,其涉及上下层面、系统内外等方方面面的资源要素调用分配,包括人力资源、经费保障、基础建设、装备设施等,涉及多个层面、多个部门、多项政策、多项措施的梳理、整合和落地,这就需要以顶层设计为指导,抓好资源调配机制建设,以解决好"人从哪来""钱从哪出""在哪干事"等基本问题,确保以最小成本实现长江生态法院设立最高效用。

(三)诉讼程序和配套规则仍需完善

跨区域环境资源案件具有影响范围广、复杂程度高、专业特征强等特点,适用传统诉讼规则往往有不相适应的地方。例如,三大诉讼法规定管辖类型中并没有明确集中管辖制度,仅《行政诉讼法》规定行政案件可以根据实际需要进行跨区域集中管辖,"可以"意为在自由裁量的基础上参照适用,导致对开展集中管辖的刚性约束并不够。同时,尽管《民事诉讼法》第55条对环境公益诉讼作出规定,最高人民法院也先后出台《关于审理环境民事公益诉讼案件适用法律若干问题的解释》《关于审理环境公益诉讼案件的工作规范(试行)》等司法解释和文件,但对流域司法语境下的环境公益诉讼适用程序还有进一步明确的空间,如专地法院案件如何划分、程序如何衔接等问题均需要考虑。因之需要在充分考量流域司法的特点基础上,配套相应的特别诉讼规则条款,以更好地适应流域司法工作开展。

(四)司法实践和路径探索仍需推进

尽管我国在设立专门法院、跨区域司法、案件集中管辖、开展公益诉讼等方面进行了一系列富有特色的探索创新,也形成了一批卓有成效的制度化成果,但在某些方面仍然存在破题不够、步子不大、创新不多、探讨不深等问题。一是专门环境审判机构建设目前仍处于起步阶段,且以设立环境法庭为主,规模小、形式多,在环境资源案件方面存在数量不足现象,导致其他类型案件占一定比例,专业性并不突出。二是跨区域生态司法实践仍然不够,尤其是流域司法多以跨县、跨市为主,跨省乃至跨多个省份的案件不多。三是环境司法专业性还需加强,在环境法官队伍中,具有环境专业教育背景的法官占比不多,具有丰富环境资源案件审理经验的法官也不能满足现实需要,还需要进一步加强审判人才队伍培养力度。以上制约因素,都可能会对长江生态法院的设立产生一定程度的影响。

四、设立长江生态法院的具体路径与制度构建

(一)设立总体原则

为更好服务保障长江大保护战略部署,贯彻落实《长江保护法》,深入落实流域综合治理部署要求,强化人民法院生态优先绿色发展、统筹协调、系统治理的长江司法保护理念,更好发挥人民法院生态司法职能作用,围绕全域性、统一性、专业性、体系化、标准化的建设标准,设立流域专门人民法院即长江生态法院,专门管辖涉长江流域案件,在长江流域构建与《长江保护法》相契合的全流域、一体化、专业化司法保护机制,以更加全面深入开展长江流域生态司法工作,更高质量审理涉长江流域生态环境资源案件,为长江大保护提供更大范围、更高水平、更深层次的司法服务保障,促进长江经济带高质量、绿色发展。

(二)关于域外参考

国外专门环境法庭(院)对于设立长江生态法庭具有一定借鉴意义。例如,瑞典环境法院由区域法院和上诉法院组成,管辖除环境刑事案件案件以外的民事、行政案件,区域环境法院由专业法官、环境技术顾问与其他领域专家组成。澳大利亚新南威尔士州土地环境法院是世界上第一家环境法院,与高等法院同级别,受案范围包括对环境规划、保护和开发所涉及的民事案件及行政决

定进行审查。印度国家绿色法庭将环境司法管辖区域划分为东、西、南、北四个辖区，在每个司法管辖区内选择一个中心城市成立环境区域法庭，集中管辖审理区域内各类环境资源案件。从中可以看出，各国基本实行了“综合且集中”的管辖模式，“综合”是指环境审判专门机构集中审理涉及环境资源保护的民事执行、损害赔偿、刑事案件及审查行政决定等各类案件，“集中”是指环境审判专门机构不仅审理本机构所在地的环境资源案件，而且管辖所在地以外既定区域的环境资源案件。[1] 在长江生态法院设立中，这些国外环境审判专门机构的机构设置、制度规则、运行模式等司法专门化的一般经验可以辩证吸收，为我国所用。

（三）关于机构设置

《人民法院组织法》（2018 年修订）第 15 条第 2 款规定：“专门人民法院的设置、组织、职权和法官任免，由全国人民代表大会常务委员会规定。”长江生态法院的设立，需要根据全国人民代表大会常务委员会的决定进行，这就需要争取全国人民代表大会常务委员会对设立长江生态法院开展专项调研论证，做深、做实前期准备工作，为全国人民代表大会常务委员会作出设立长江生态法院的决定打下坚实基础。关于长江生态法院机构设置层级，笔者认为，应当参照专门海事法院设置层级规格，按照中级人民法院层级设置，接受高级人民法院指导监督，在长江流域节点城市设置专门人民法庭，在整个长江流域干流节点城市、一级支流及重点湖泊重点城市设立长江生态法庭，以分支机构设置实现节点城市全覆盖推动实现长江流域生态环境案件审理聚集化、重点化、高效化。同时，在若干重点生态区域设置长江生态法院巡回法庭，形成“生态法院—生态法庭—生态巡回法庭”的机构体系，推动实现长江流域生态司法机构全覆盖（见表 3）。关于长江生态法院机关驻所地设立地点，笔者认为，以湖北省武汉市为机关设立地比较适宜，湖北省是长江流经距离最长的省份，长江湖北段共 1062 公里，占全部长江干流总长的 1/6 以上，长江湖北段地处长江中游位置，上接重庆以上之上游，下联江西以下之下游，武汉自古又称“江城”，位于长江中游核心地位，是湖北省省会城市、国家中心城市、长江经济带核心城市，长

[1] 参见吴宸晖、鞠茂森：《河流生态修复的国际经验及对长江大保护的启示》，载《水资源保护》2021 年第 3 期。

江与其最大支流汉江在此交汇。在武汉市设立长江生态法院机关，从地理位置角度、经济发展角度、生态保护角度、流域治理角度、案件办理角度都具有较为领先的比较优势，审理海事海商案件的武汉海事法院机关驻所地也在武汉市，在共同服务保障长江大保护及长江经济带发展方面能够发挥深入交流、互通有无、取长补短的重要优势。在机关内设机构方面，可以参考检察院内设机构设置，突出生态环境司法职能，设立生态环境审判一庭、二庭、三庭、四庭、五庭等内设机构，分别审理不同案由的生态环境案件。在法院级别编制设置上，长江生态法院可参照武汉海事法院设置为正厅级编制，所辖人民法庭可设置为正处级或副厅级编制。

表3　长江生态法院人民法庭设立情况〔1〕

长江干流节点城市	人民法庭名称	受理案件地域范围	长江一级支流及重点湖泊节点城市	人民法庭名称	受理案件地域范围
玉树市	长江生态法院玉树三江源生态法庭	三江源地区	成都市	长江生态法院岷江生态法庭	岷江流域
攀枝花市	长江生态法院金沙江生态法庭	金沙江玉树至攀枝花段	贵阳市	长江生态法院乌江生态法庭	乌江流域
宜宾市	长江生态法院宜宾生态法庭	金沙江攀枝花至宜宾段	襄阳市	长江生态法院汉江生态法庭	汉江流域
重庆市	长江生态法院重庆生态法庭	长江宜宾至重庆段及嘉陵江流域	长沙市	长江生态法院湘江生态法庭	湘沅流域
宜昌市	长江生态法院宜昌生态法庭	长江重庆至宜昌段	岳阳市	长江生态法院洞庭湖生态法庭	洞庭湖流域
九江市	长江生态法院九江生态法庭	长江武汉至九江段及鄱阳湖流域	赣州市	长江生态法院赣江生态法庭	赣江流域

〔1〕 长江宜昌至武汉段生态环境案件由长江生态法院受理。

续表

长江干流节点城市	人民法庭名称	受理案件地域范围	长江一级支流及重点湖泊节点城市	人民法庭名称	受理案件地域范围
南京市	长江生态法院南京生态法庭	长江九江至南京段	合肥市	长江生态法院巢湖生态法庭	巢湖流域
上海市	长江生态法院上海生态法庭	长江南京至上海段及长江口	湖州市	长江生态法院太湖生态法庭	太湖流域

(四)关于工作职能

长江生态法院设立后,首要之责是通过充分发挥生态环境审判职能,依法审理长江流域生态环境案件,服务保障长江大保护战略实施。积极发挥刑事审判职能,依法严惩生态违法犯罪行为尤其是涉水违法犯罪行为,提高生态环境保护的司法威慑力。依法审理长江流域生态环境民事公益诉讼案件,严格贯彻损害担责、全面赔偿原则,依法追究污染环境、破坏生态行为人的民事责任。充分发挥环境资源民事审判救济、修复功能,保障人民群众的人身、财产和环境权益。依法审理生态环境保护行政案件,充分发挥环境资源行政案件对预防环境污染和生态破坏的重要作用,依法支持执法部门履职。依法审理生态环境损害赔偿案件,依法判令赔偿义务人承担停止侵害、修复生态环境、赔偿损失等法律责任,确保赔偿修复到位。[1] 同时,坚持生态优先绿色发展理念,创新生态司法保护机制,尤其是完善补植复绿、增殖放流等生态修复机制,服务保障长江恢复保护、生物多样性;结合长江流域案件特点,参考借鉴域外流域审判机构有益经验,吸收长江流域各生态区域司法特色机制和先进做法,创新生态司法专业化审判方式;加强长江生态法院专业法庭之间、长江生态法院与地方法院之间、长江生态法院与长江执法机构之间、长江生态法院与未来其他流域专门法院之间的环境资源执法司法协作,不断提升长江生态流域生态司法整体质效;加大通过典型案例以案释法和法治宣传教育力度,不断提升群众生态环保意识,为绿色发展营造良好法治环境。

---

〔1〕 参见《江苏环境资源审判白皮书(2019—2022)》,载微信公众号"江苏高院"2022 年 4 月 30 日,http://sqscfy.sqfy.gov.cn/article/detail/2022/05/id/6667455.shtml。

(五)关于司法管辖

跨区域管辖是环境司法专门化的基本要求,要求打破基于行政区划的司法管辖权。一方面,环境司法所针对的生态系统和生态功能区常常与山川湖泊相关联,其涉及的范围往往与行政区划冲突;另一方面,环境因子还存在跨区域移动的问题,如大气、河流、生物迁徙等,生态环境系统的动态性、复杂性、关联性超过其他系统,[1]因此,实行跨区域管辖是长江生态法院案件管辖的最佳选择。从管辖范围来看,长江生态法院应该管辖长江流域19省(市)干流和一级支流范围内案件,国家公园、国家级生态功能区、国家级自然保护区案件以及长江流域社会关注度高、影响重大的案件,对于二级支流以下河流以及非国家级生态保护区域的生态环境案件,由地方法院审理。在管辖规则方面,建议以集中管辖为主,指定管辖为辅,一方面对普通环境资源案件实行集中管辖,另一方面对部分重大复杂或需要回避的特殊案件实行指定管辖。建立管辖协调原则,长江干流、一级支流与一级以下支流若存在管辖交叉,则由长江生态法院管辖。在管辖案件类型方面,应当根据《民事案件案由规定》以及最高人民法院《环境资源案件类型与统计规范(试行)》来界定案件类型,在依法受理环境污染类、生态保护类、资源开发利用类、气候变化应对类、生态环境资源与服务类五大类型案件的基础上,根据长江流域生态司法特点,重点突出涉水生态环境保护、生物多样性保护、生态环境损害赔偿等案件审理,促进对长江流域生态环境的保护。在专门管辖的基础上,基于"两便"原则考虑,需要利用巡回法庭开展常态化巡回审判,以便在发挥制度优势的同时,最大限度减轻当事人诉累,降低诉讼成本。

(六)关于运行规则

在案件审理程序规则方面,鉴于环境资源案件审理公益性、生态司法专门化趋势及涉流域案件审理的特殊性,环境公益诉讼在起诉主体、审判和执行等方面均与三大传统诉讼法存在区别,可以考虑建立完善环境资源案件特别程序,以适应当前环境资源案件审理在程序统一性、体系性、制度性方面的需求。在审级设置上,可参照武汉海事法院设置规则,长江生态法院作为中级人民法

[1] 参见李泽川:《司法专门化境况下环境资源案件管辖模式探究》,山东师范大学2020年硕士学位论文,第28页。

院,其上诉案件由省高级人民法院受理。在审理方式上,根据案件具体情况,落实“简案快审、难案精审”的要求,实行独任制与合议制相结合的审理方式,对于合议庭存在分歧的重大疑难复杂案件,提交专业委员会乃至审判委员会进行讨论。关于机构和人员运行规则,按照《人民法院组织法》的相关规定设置。长江生态法院院长、副院长、内设业务机构负责人、审判员由机构驻所地所属省的省人民代表大会常务委员会任命产生,按照员额制改革要求,实行法官员额制,员额法官从优秀法官助理选拔或上下交流产生。长江生态法院的各项工作接受上级法院指导监督。

(七)关于工作协调

一是与长江行政管理职能部门之间的关系。长江水利委员会是水利部派出的流域管理机构,长江海事局是交通运输部直属海事局,长江航务管理局交通运输部下属局,长江航运公安局是公安部治安管理局的水域治安行政管理机构,分别负责行使长江流域水利行政管理、水上交通管理、长江航运管理、长江水域治安管理等职能。按照组织机构设置原则,长江生态法院与四个机构没有隶属关系,在工作层面宜为指导协调关系,长江生态法院可通过纳入工作成员单位、参加联席会议等形式,积极参与相关涉水事项或案件纠纷的处理,发挥司法职能服务长江水利水运发展。二是与武汉海事法院的关系。长江生态法院设立后,建议将武汉海事法院环境资源案件整体划给该院,确保各有专业审理的侧重性和聚焦性。三是与地方法院的关系。根据前述长江流域生态环境案件管辖划分,地方法院主要审理长江流域二级支流以下河流以及非国家级生态保护区域的生态环境案件,但鉴于江河湖泊的自然特性以及流域治理的全局性系统性,案件类型相互交叉、案件因素相互渗透等情况不可避免,尤其是更需要与某些地方专门环境法院、环境法庭之间加强案件及工作联系,因此需要建立长江生态法院与地方法院工作协调机制,处理好案件管辖、协同办案、信息共享、资源调配等方面的关系,妥善处理好各自管辖领域内的案件。四是与检察机关的关系。鉴于我国当前人民代表大会制度下“一府一委两院”的机构设置以及《刑事诉讼法》对审判机关和检察机关工作职责作出的规定,长江生态法院设立后将面临与长江流域各省级行政区检察院以及各地市州检察院的职责协同与业务交流,涉及案件由谁起诉、怎样移送、如何庭审、谁来监督等制度配套问题,需要建立相应制度予以解决。五是未来与其他流域专门法院的关系。国家生态环境专家委员会委员、天津大学法学院院长孙佑海建议设立黄河流域生态环境法院、检察院与公安机构,妥善处理黄河流域生态环境司法与区域生态环境司法的关系;[1]2020 年全国"两会"期间,全国人大代表、河南省濮阳市委书记宋殿宇建议最高人民法院在河南省探索设立黄河生态法院,解决跨区域黄河流域的重大司法问题,促进黄河流域生态环境保护,这与建立长江生态法院建议不谋而合,一旦两项建议实施落地,我国两大流域生态法院在实现制度对话、开展工作交流甚至跨流域机构协作等方面,将有广泛的话语空间和创新空间,也将在理论阐释、制度建构、司法实践等层面形成一批制度成果,届时我国将形成以两大流域专门生态司法机构为支撑的流域司法体系,鉴于长江及黄河流域在世界各大流域举足轻重的地位,这套体系建构完全可以代表我国流域司法制度最新成果争取流域司法国际话语权,甚至占据主导地位。

(八)关于队伍建设

在长江大保护语境下,长江生态法院队伍建设应当围绕革命化、正规化、专业化、职业化要求,不断提高政治站位,提升能力素养,始终将队伍建设纳入深入落实长江大保护战略部署中予以充分考量,充分组织好、激励好、运转好、协调好、保障好干警队伍,为长江生态司法提供坚强组织保障。关于建院后干警来源问题,首先要考虑的是法官来源问题,主要有三种解决渠道,一是从长江沿线各城市中级人民法院或环境法院、环境法庭抽调法官,数量宜在 1/4 左右;二是从全国基层法院遴选法官,宜占一半左右;三是通过法检交流、借调、挂职等其他形式吸纳干警,不宜超过 1/4。其次要考虑的是其他人员来源问题,主要通过在全国范围内公开招考或遴选实现。最后要考虑的是审判团队组建问题,严格按照"一审一助一书"的标准来推进,坚持优中选优,建强审判团队。在建强队伍的基础上,应当突出干警的专业能力素养建设,流域治理视野下的环境资源审判工作是一项专业工作,法官要有长江流域的宏大视野以及流域综合治理的系统思维,还要有驾驭环境资源审判的突出专业能力,对长江流域环境资源情况有充分了解,具备环境资源专业知识和环境资源审判知识的丰富储备,以

[1] 参见孙佑海:《黄河流域生态环境违法行为司法应对之道》,载《环境保护》2020 年第 Z1 期合刊。

及将每一起环境资源案件都办成精品案件的良好综合素养。同时,鉴于长江流域各地区生态环境资源的多样性与独特性以及各地在开展生态司法工作中的创新性,可以组织各部门、各法庭以及各环境法院、环境法庭、各地方法院环境资源审判庭开展经验交流、现场观摩、学术研讨等形式加强相互交流,不断提升自身生态司法水平。

五、结语

“长江春水绿堪染,莲叶出水大如钱。”1300 年前,唐朝诗人张籍面朝大江时,发出了由衷感慨。诚然,长江是雄阔的,用沉稳的臂膀托起未来发展的希望;长江是繁忙的,至今黄金水道上依然往来不断、川流不息;长江是慷慨的,用清冽的江水无私养育了一代又一代亿万个你我;长江是秀美的,多少文人骚客为之留下了千古名篇。但,长江也是脆弱的,当江水难现翠绿,当江豚难觅踪影,当江岸难掩颓容,就到了我们共护母亲河、同理一江水的重要时刻,长江大保护战略实施、《长江保护法》发布实行、长江十年禁渔全面实施,发出了保护修复长江生态的时代最强音。人民法院作为审判机关,服务长江大保护战略实施义不容辞、责无旁贷,设立长江生态法院,就是为了更好贯彻落实党中央战略部署,就是为了更好护美长江流域绿水青山,就是为了更好护航长江经济带发展。长江生态法院的设立运行,既是我国流域生态司法的新纪元,更是围绕长江大保护奏响的司法强音,必将铿锵有力、余音绕梁。这个因江而生、伴江而行、护江而美的司法守护人,必将在美丽的长江之滨留下深深的司法足迹。

28.《长江保护法》实施背景下世界级生态岛生态环境司法专门化研究

——以环资案件“三合一”专业化审判智慧支持机制为研究对象*

沈璇敏　王　怡　高　丹**

内容摘要：探索生态环境司法专门化机制建设，是人民法院积极提升环资审判效能、切实服务生态文明建设的重要内容。但是，由于环资案件的高度专业技术性，人民法院在查明事实、认定责任等方面存在一定困难，故探索构建环资案件“三合一”专业化审判智慧支持机制，是提升环资审判能力、加强生态环境司法保护的重要手段。在《长江保护法》实施背景下，宏观考察国内外专业化审判智慧支持机制的可参考模式及其对比，并微观研究位于长江口的S市C区法院环资案件“三合一”专业化审判“六专”实践样本，总结问题，提出建议，为完善专业化审判智慧支持机制提供参考，有助于切实服务长江口生态环境司法保护，有效提升世界级生态岛生态环境司法保护能级，为推进长江流域生态环境保护修复和高质量发展提供有力司法保障。

关键词：长江流域　生态环境司法保护　专业化审判　智慧支持机制

长江是中华民族的母亲河、生命河，是我国重要的经济大命脉和宝贵的生态资源库，更是中华民族永续发展的重要支撑。2021年3月1日，我国第一部流域专门法律《长江保护法》正式施行，为长江母亲河永葆生机活力、中华民族

---

* 本文系在2021年上海市高级人民法院优秀报批调研课题《环境资源案件“三合一”改革视域下专业化审判智力支撑机制的实证分析和路径构建》结项成果的基础上修改、完善而成，获评2022年全国法院环境资源刑事审判优秀业务成果调研报告类三等奖。

** 沈璇敏，上海市崇明区人民法院党组成员、副院长，审委会委员、三级高级法官；王怡，上海市崇明区人民法院审判监督庭庭长，审委会委员、四级高级法官；高丹，上海市崇明区人民法院执行裁判庭五级法官助理。

永续发展提供了重要法律依据和坚强法治保障。长江大保护对于维护区域和流域生态环境安全、推进经济社会高质量发展、实现中华民族伟大复兴的中国梦具有重大的现实意义和深远的历史意义。2021 年 4 月,习近平总书记强调“新发展阶段对生态文明建设提出了更高要求,必须下大气力推动绿色发展,努力引领世界发展潮流”。[1] 在我国开启全面建设社会主义现代化国家新征程、向奋斗进军的新发展阶段,加强长江流域生态环境保护,推进长江经济带绿色发展,构建更高水平生态文明,对于推进美丽中国建设、实现人与自然和谐共生具有重要意义。

司法是环境资源治理体系的重要组成部分,在生态文明建设中承担着重要职责。[2] 作为审判机关,人民法院承担着为生态文明建设提供司法服务保障的重大使命。探索生态环境司法专门化机制建设,推动环资案件“三合一”归口管理,是人民法院坚决扛起生态环境保护的重要责任、切实履行审判职能、更好服务生态文明建设的重要体现。自 2016 年实施改革试点以来,环境资源(以下简称环资)刑事、民事、行政案件“三合一”专业化归口审理模式大力推进。但是,由于环资案件的高度专业技术性,人民法院在查明事实、认定责任等方面存在较大困难,严重影响了其发挥司法职能作用和环资案件审判质量。因此,人民法院开始探索构建环资专业化审判智慧支持机制,作为提升环资审判能力水平、加强生态环境司法保护、推动生态文明绿色发展的重要手段。经过 6 年的实践,在环资案件“三合一”改革背景下,专业化审判智慧支持机制的探索不断成熟,积累了不少经验,有力提升了生态环境司法保护水平。

保护好、修复好长江生态环境,功在当代、利在千秋。在《长江保护法》实施背景下,加强长江流域生态环境保护,深化生态环境司法专门化建设,探索进一步完善优化环资案件“三合一”专业化审判智慧支持机制正当其时,必将有助于提升环资审判专业化水平,增强环境司法服务保障能力,保护长江流域生态系统,维护长江流域生物多样性,推动长江经济带绿色发展。因此,本文通过分析构建环资案件“三合一”专业化审判智慧支持机制的必要性,宏观考察国

---

〔1〕 参见汪晓东、刘毅、林小溪:《让绿水青山造福人民 泽被子孙——习近平总书记关于生态文明建设重要论述综述》,载《人民日报》2021 年 6 月 3 日,第 1 版。

〔2〕 参见《世界环境司法大会在云南昆明开幕》,载新华网 2021 年 5 月 26 日,http://m.xinhuanet.com/2021-05/26/c_1127495735.htm。

内外专业化司法审判的可参考模式,微观研究位于长江口的S市C区法院专家法官、专家陪审、专家咨询、专家研讨、专家鉴定、专家辅助的“六位一体”专业化审判格局的实践样本,总结存在的问题和困难,并进一步提出完善建议,以期为研究环资专业化审判智慧支持机制的路径构建提供参考思路,助力切实提升世界级生态岛生态环境司法保护能级,为推进长江流域生态环境保护修复和高质量发展提供有力司法保障。

一、意义价值:构建环资案件“三合一”专业化审判智慧支持机制的必要性

(一)更好服务保障长三角区域一体化发展国家战略的需要

2018年11月,习近平总书记在首届中国国际进口博览会上宣布“支持长江三角洲区域一体化发展并上升为国家战略”。2021年6月发布的《长三角一体化发展规划“十四五”实施方案》[1]提出“共同建设绿色美丽长三角,加强生态环境共同保护。坚决落实长江‘十年禁渔’,提升长江水生生物多样性水平。加强苏北沿海滩涂、崇明东滩等重要湿地保护修复,推进环太湖、环巢湖、洪泽湖、崇明岛生态建设,保护和改善迁徙候鸟重要栖息地”。

构建环资案件“三合一”专业化审判智慧支持机制,是人民法院紧紧围绕国家发展战略和工作大局,积极回应长三角区域关于实现生态优先绿色发展的司法需求,不断加大环境司法改革创新力度、完善环资审判机制、加强审判专业化建设的重要举措。在智慧支持机制的有力支持下,人民法院能够通过严格公正的环境资源司法,严惩破坏环境资源犯罪行为,加大环境污染治理力度,积极维护长三角生物多样性,有力推进长三角生态绿色一体化高质量发展,更好地服务保障长三角区域一体化发展国家战略落地落实。

(二)更有效正确施行《长江保护法》加强生态环境司法保护的需要

2021年2月25日,最高人民法院发布《关于贯彻〈中华人民共和国长江保护法〉的实施意见》,强调切实加强长江司法保护体制机制建设,提升服务保障生态环境民生福祉的能力水平,提出“要加大流域审判机制建设,提供优质高效

---

〔1〕 参见《重磅!长三角一体化发展规划“十四五”实施方案公布(全文)》,载搜狐网2021年7月13日,https://www.sohu.com/a/477185331_121123736。

的司法服务。完善环境资源刑事、民事、行政案件‘三合一’归口审理……”“深化司法公众参与,提升人民群众长江保护法治意识。充分发挥专家辅助人、人民陪审员在环境资源案件事实查明、评估鉴定等诉讼活动中的作用,实现专业审判与公众参与深度融合”。[1]

构建环资案件“三合一”专业化审判智慧支持机制,是人民法院不断完善长江司法保护体制机制、切实推进长江保护法正确有效实施、加强长江流域生态环境保护和修复的重要举措。人民法院以推进环资审判专业化建设为抓手,主动将生态司法保护融入长江大保护格局,持续完善长江全流域系统保护,有效拓宽环境司法保护覆盖面,更好保护和修复长江重要生态系统,推进长江流域绿色发展,服务和保障国家重大发展战略,切实增强人民群众的生态环境获得感、幸福感、安全感。

(三)更好适应环资案件“三合一”高度复合性特点的需要

环资保护相关法律不仅包括具有监督管理职能的公法(如刑法、行政法),还包括承担保护权利职责的私法(如民法);同时,不仅需要调整民事私主体之间的环境私益关系,也需要代表国家相关部门即公主体调整环境公益关系,避免损害社会公共利益,涉及维护公共利益和保障个人权益两个维度。相应地,环资案件“三合一”具有公私法交融、公私益交织的高度复合性特点。

人民法院积极建立“三合一”专业化审判智慧支持机制,能够更好地适应环资案件高度复合性特点,有助于进一步构建专门化环境资源审判体系,完善环资司法裁判规则,培养环资审判专业人才,提升环境司法审判水平,不断深化生态环境司法治理的专业化实践,促进全社会形成绿色生产生活方式,为经济社会绿色高质量发展提供新动能、注入新活力。

(四)更好破解环资审判专业难题,确保科学适法裁判的需要

环资案件往往具有高度技术性和复杂性,专业技术问题与法律问题交织,涉及生物、农业、化学、土壤等众多技术领域,相关法律法规较为原则,疑难、复杂问题较多。例如,环境侵权具有侵害行为间接性、损害结果潜伏性、侵权主体

---

[1] 参见最高人民法院:最高人民法院发布《关于贯彻〈中华人民共和国长江保护法〉的实施意见》及长江流域生态环境司法保护典型案例,载微信公众号“最高人民法院”2021年2月25日,https://mp.weixin.qq.com/s/b0ogDydFn9yLMgrl6LSI3A。

不确定性等特点，损害结果的严重性、侵权行为与损害结果之间的因果关系等较难认定，法院在认定证据、查明事实、分清责任方面困难较大，对准确适用法律、依法公正裁判提出了一定挑战。

在环资案件"三合一"改革背景下，人民法院充分发挥环境资源审判职能作用，主动应对新时代生态环境司法审判难点，积极破解环资审判专业难题，探索构建专业化审判智慧支持机制，为提高生态环境司法保护水平提供有力的智慧支持，有助于确保科学适法公正裁判、全面提升生态环境司法保护效能，筑牢生态、生产、生活融合发展的"绿色屏障"和"安全屏障"。

二、智慧辅助：环资案件"三合一"专业化审判智慧支持机制的可参考模式

为有效解决司法审判中涉及的高度专业化、技术性难题，许多国家和地区在知识产权等领域引入了专业技术性人员参与法院审理，由辅助法官准确查清专门技术性事实、准确认定证据的证明效力和内容。在环资审判领域，我国也参考借鉴了知识产权领域的某些实践模式，并结合实际情况进行了相应调整、完善。

（一）技术陪审模式

1. 英国技术陪审员

根据英国《民事诉讼规则》的规定，法院可委任一名技术陪审员协助法官审理案件。技术陪审员是完全隶属法院的专家，以其专业知识协助法院处理其掌握的技术和经验事项，完全忠实于法院和真理，[1]具有较高的独立性。

2. 国内人民陪审员

根据《人民陪审员法》、《民事诉讼法》、《行政诉讼法》和最高人民法院《关

---

〔1〕 参见《英国民事诉讼规则（民商法典译丛）》，徐昕译，中国法制出版社 2001 年版，第 180 ~ 181 页；江澜：《专家证据的司法控制与技术法官制度的可行性》，载《法律适用》2009 年第 5 期。

于适用〈中华人民共和国人民陪审员法〉若干问题的解释》的相关规定,[1]在司法实践中,涉污染环境、侵害众多消费者合法权益等民事公益诉讼一审案件,涉生态环境和资源保护、食品药品安全、国有财产保护、国有土地使用权出让等行政公益诉讼案件,一般由 4 名人民陪审员和 3 名法官组成七人合议庭进行审判,人民陪审员在法官的指引下对认定事实问题发表意见、参与表决,但不参与法律适用问题的表决。

与英国技术陪审员经法院委任并隶属法院、仅对其掌握的专业技术问题发表独立意见不同,我国的专家陪审员是在经人民代表大会常务委员会任命的具有相应专业知识的人民陪审员范围内随机抽取确定,不经法院委任且不隶属法院,具有独立地位,和法官共同表决专业事实认定问题。

(二)技术咨询模式

1. 日本专门委员

针对专业性较强的案件,日本《民事诉讼法》规定了专家参与诉讼、提供咨询意见的专门委员制度。[2] 根据这一制度,在相关专业技术领域具有丰富知识的专家由最高人民法院任命为兼职的专门委员(任期两年),作为技术顾问从公平和中立的角度参加法院诉讼。法院可以根据案情需要,从专家库中指定最合适的专门委员来协助解决相关技术纠纷案件。专门委员可以参与确定争议焦点、证据整理、证据调查和认定、和解会议等诉讼程序,并提出专业意见,还可以直接对证人、当事人和鉴定人发问。在日本,专家委员参与了大量的知识产权案件审理,帮助法官明确诉讼案件的内容,解释其中的技术事实,更好地解

〔1〕《人民陪审员法》第 14 条规定:人民陪审员和法官组成合议庭审判案件,由法官担任审判长,可以组成三人合议庭,也可以由法官三人与人民陪审员四人组成七人合议庭。第 16 条规定:人民法院审判下列第一审案件,由人民陪审员和法官组成七人合议庭进行:(一)可能判处十年以上有期徒刑、无期徒刑、死刑,社会影响重大的刑事案件;(二)根据民事诉讼法、行政诉讼法提起的公益诉讼案件;(三)涉及征地拆迁、生态环境保护、食品药品安全,社会影响重大的案件;(四)其他社会影响重大的案件。《民事诉讼法》第 55 条规定:对污染环境、侵害众多消费者合法权益等损害社会公共利益的行为,法律规定的机关和有关组织可以向人民法院提起诉讼。《行政诉讼法》(2017 年修正)第 25 条第 4 款规定:人民检察院在履行职责中发现生态环境和资源保护、食品药品安全、国有财产保护、国有土地使用权出让等领域负有监督管理职责的行政机关违法行使职权或者不作为,致使国家利益或者社会公共利益受到侵害的,应当向行政机关提出检察建议,督促其依法履行职责。行政机关不依法履行职责的,人民检察院依法向人民法院提起诉讼。最高人民法院《关于适用〈中华人民共和国人民陪审员法〉若干问题的解释》第 3 条规定:……因案件类型需要具有相应专业知识的人民陪审员参加合议庭审判的,可以根据具体案情,在符合专业需求的人民陪审员名单中随机抽取确定。

〔2〕转引自闫文军:《日本知识产权审判情况概要》,载《电子知识产权》2005 年第 3 期。

决事实和法律问题，推进诉讼顺利进行。

2. 国内咨询专家

1985 年，我国开始设立技术咨询制度，法官可以就案件审理过程中涉及的技术性问题向相关行业协会或技术领域的专家学者咨询。这一制度有助于法官在正确掌握技术问题的基础上查清事实，准确认定证据、适用法律，有效提高了审判质效。2015 年 5 月，最高人民法院建立环资审判咨询专家库，聘任 40 名咨询专家，涵盖法学、科学技术等领域。这些专家可以为环资审判法官在理论研究、实务研讨、技术说明、个案审理等多方面，提供技术和理论的专业咨询意见支持。各地高级人民法院、中级人民法院和基层人民法院也结合审判工作实际，积极建立环资审判专家库，充分发挥环境专家和法律专家参与环境案件审判咨询、执行监督等方面的积极作用。

与日本的专门委员不同，我国的环资审判咨询专家提供智慧支持不仅限于个案咨询，还包括环境资源理论调研、实务研讨等多方面。咨询专家制度能够为环资审判更好地提供理论和技术的智慧支持，充分发挥咨询专家库的智库效能，有助于全面提升环境司法保护水平。

（三）技术鉴定模式

技术鉴定模式是指法院委托专业技术鉴定机构对案件审理中需要查明的某些专门性问题进行检验、鉴别和判断，并出具技术鉴定报告的模式。

在专利案件审判过程中，国外法院较少直接依据技术鉴定机构出具的鉴定意见辅助查明事实，主要采用专家证人[1]（类似于我国的专家辅助人[2]）等方式。而我国知识产权、环资、海洋环境保护等专业化司法审判实践中多采用技术鉴定模式，作为法官查明专业技术事实、解决专业技术问题的主要辅助手段。

---

〔1〕 参见李正华、廖子珣：《专利案件审理的技术辅助制度》，载《中国知识产权》2015 年第 11 期（总第 105 期）。

〔2〕《民事诉讼法》（2021 年修正）第 82 条规定：当事人可以申请人民法院通知有专门知识的人出庭，就鉴定人作出的鉴定意见或者专业问题提出意见。

例如,《民事诉讼法》规定,[1]针对需要查明的专门性问题,法院可以根据当事人申请或根据案情直接决定委托有关部门或机构进行鉴定,鉴定人不直接参与审理案件,但必要时应当出庭作证,其提供的鉴定意见大多作为法官认定事实的依据。

(四)技术(专家)法官模式

1. 德国技术法官

技术法官起源于德国,根据自身法律传统和国情,德国建立了技术法官制度。《联邦德国专利法》第 36 条第 6 款第 2 项规定,专利法院法官必须具备《德国法官(司法人员)法》规定的司法公职人员所要求的资格,或者必须具备一门技术领域的专家(技术人员)。[2] 专利法院的法官由法律法官和技术法官组成,技术法官是法院的专职法官,必须取得相关理工科学位并曾从事专利审查员的工作,[3]经由司法委员会决定、总统任命后,按照各自的技术领域被分派从事不同专利审查案件的审判工作。

2. 国内专家法官

环资案件往往涉及多个技术领域,在实体法适用中还涉及法律法规和林业、渔业、水利等规章条例,法律关系错综复杂,对环资法官提出了很高的要求。在实践中,部分法院严格对标政法队伍专业化、职业化建设要求,充分考虑"三合一"审判机制需要熟悉刑事、民事和行政三个诉讼门类,并结合环资案件涉及的专业技术领域,招录兼具法学理论知识和相关技术专业背景的法律院校毕业生为法官助理,为培养环资审判专家法官打下良好基础。同时,在日常业务学习中,加大环境法、环资规划、大气、水、声音、固体以及环境监测等法律理论和

---

[1] 《民事诉讼法》(2021 年修正)第 79 条规定:当事人可以就查明事实的专门性问题向人民法院申请鉴定。当事人申请鉴定的,由双方当事人协商确定具备资格的鉴定人;协商不成的,由人民法院指定。当事人未申请鉴定,人民法院对专门性问题认为需要鉴定的,应当委托具备资格的鉴定人进行鉴定。第 80 条规定:鉴定人有权了解进行鉴定所需要的案件材料,必要时可以询问当事人、证人。鉴定人应当提出书面鉴定意见,在鉴定书上签名或者盖章。第 81 条规定:当事人对鉴定意见有异议或者人民法院认为鉴定人有必要出庭的,鉴定人应当出庭作证。经人民法院通知,鉴定人拒不出庭作证的,鉴定意见不得作为认定事实的根据;支付鉴定费用的当事人可以要求返还鉴定费用。

[2] 转引自宁天勇:《论技术法官制度的构建》(上),载搜狐网 2017 年 6 月 11 日,https://www.sohu.com/a/148024719_655070。

[3] 参见李正华、廖子珣:《专利案件审理的技术辅助制度》,载《中国知识产权》2015 年第 11 期(总第 105 期)。

专业技术知识的培训力度,切实提升法官的环资审判专业水平,培养审判精、理论强的环资专家法官。

但是,与德国技术法官制度相比,我国的环资审判专家法官制度还在探索阶段,缺乏统一明确的招录和选任条件以及流程等,业务培训体系也有待健全完善,环资案件审理的专业化水平还有待进一步提高。

(五)专业化司法审判不同实践模式对比

综合分析国内外技术人员参与不同领域专业化司法审判的实践,主要包括两种模式:一种是法院向外部寻求专业化智慧支持,如技术咨询、技术鉴定、专家证人等模式;另一种是法院内部提升专业化审判水平,设置或随机抽取专家陪审员,招录、选任或培养技术(专家)法官等模式。

技术咨询、技术鉴定和专家证人制度有效解决了法官缺乏专业技术知识,难以高效查明证据、准确认定事实、公正审判涉案技术事项的问题。这三类专家虽然向法官提供了有关技术事项的专业性意见,但不能直接参与案件审理,不能全面及时了解案情和审理进度,难以确保其在专业技术事实查明过程中保持准确判断。且技术鉴定和专家证人可由当事人申请启动并先行垫付或实际承担费用,双方专家有可能自说自话、意见相左,难以始终保持客观和中立立场,有损技术事实的准确查明。

技术陪审员、技术(专家)法官在一定程度发挥了法院内部智慧支持机制的作用和优势,弥补了外部专业化智慧支持的不足。但是,目前国内的人民陪审员制度只适用于一审法院审理刑事、民事、行政等案件,[1]且人民陪审员的文化水平总体不高,专业技术人员占比较少,所涉技术领域更少,实践中也存在陪而不审的情况。而技术(专家)法官的专业化审判水平有限,相关机制需要进一步完善,流程有待进一步制度化、规范化。

---

〔1〕《人民陪审员法》第15条规定:人民法院审判第一审刑事、民事、行政案件,有下列情形之一的,由人民陪审员和法官组成合议庭进行:(一)涉及群体利益、公共利益的;(二)人民群众广泛关注或者其他社会影响较大的;(三)案情复杂或者有其他情形,需要由人民陪审员参加审判的。人民法院审判前款规定的案件,法律规定由法官独任审理或者由法官组成合议庭审理的,从其规定。第17条规定:第一审刑事案件被告人、民事案件原告或者被告、行政案件原告申请由人民陪审员参加合议庭审判的,人民法院可以决定由人民陪审员和法官组成合议庭审判。

三、实践考察：环资案件“三合一”专业化审判智慧支持机制的实体运行

选择位于长江口的S市C区法院为研究样本，是基于其在环资案件“三合一”专业化归口审理改革中，积极对外争取“智囊团”智力支持，对内聚集专业审判资源，综合运用并充分发挥了外部专业化智慧支持和内部专业化审判支撑的积极作用，初步形成了专家法官、专家陪审、专家咨询、专家研讨、专家鉴定、专家辅助的“六位一体”专业化审判格局，在探索和创新生态环境专业化审判智慧支持机制方面积累了丰富的宝贵经验，为助力长江口高质量发展、法治护航世界级生态岛建设提供了有力的司法服务和保障。相关经验已被最高人民法院微信公众号、《中国审判》、《人民法院报》、人民法院新闻传媒总社微信公众号等进行介绍、报道，具有较高的研究和借鉴价值。

（一）S市C区法院的亮点特色

在环资案件“三合一”审理改革背景下，S市C区法院积极践行习近平生态文明思想，切实服务生态绿色发展，主动探索建立专业化审判智慧支持机制，聚集专业智力资源，破解专业释法难题，完善涉专业问题案件事实查明机制，取得了明显成效。

1. 强化探索实践，完善专业审判体制机制

为切实加强环资司法保护、提高审判专业化水平，2016年6月，S市C区法院积极探索创新，成立S市首家专门的环资案件审判庭，率先实现环资审判组织专门化，进一步统一了环资案件的办案尺度、规范了法律适用、提升了办案质效。2018年6月，因内设机构改革需要，S市C区法院将环境资源审判庭加挂在民事审判庭，并组建了专门的审判团队。为进一步推动提升专业化审判效能，S市C区法院在团队人员、审判质效和业绩考核等方面对环资审判和普通民事审判进行单独管理，并主动探索由“专门团队”向“专门机构”升级。2020年，在环资案件“三合一”归口审理背景下，S市C区法院进一步完善环资专业审判机制，将环资审判工作纳入执行裁判庭，实行环资案件刑事、民事、行政“三合一”审判模式，有效整合了环资审判资源、提升了环资专业化审判水平。

2. 加强人才培养，打造专家型法官队伍

针对环资审判横跨多个业务条线、专业技术性强、疑难问题多的特点，S市

C 区法院坚持高标准、严要求，进一步加强环资审判队伍建设，加大人才培养力度，努力打造专家型法官队伍。积极招录具有建筑工程、机械自动化等理工科专业技术背景的法律院校毕业生，打造环资审判专业人才“蓄水池”。精心挑选审判业务骨干加入环资审判团队，定期选派环资法官参加专项业务知识培训。聚焦环资审判理论热点和难点，每月开展两次内部业务学习，轮流讲解不同主题，帮助团队成员全面了解环资最新理论和实务成果。大力支持环资法官参加审判部门、科研院校等举办的各类学术征文、实务研讨等活动，进一步拓宽法官视野、提升法官审判专业水平。聘请环资法学专家一对一担任环资审判法官、法官助理的专业导师，打造了一支精通法律、熟悉技术的专家型、复合型的环资审判队伍。

3. 弥补知识短板，探索引入技术专家陪审

率先探索引入专家陪审员，选任 5 名具有环资专业技术背景的专家陪审员参与环资案件审理，并实现专家陪审制度化、常态化。2019 年 12 月，在一起破坏生态民事公益诉讼案中，首次由 3 名法官和 4 名人民陪审员组成七人合议庭审理，其中 3 名人民陪审员是生态环境领域方面的专家，对案件审理涉及的环资技术问题发表专业意见，有效弥补了法官在专业技术知识领域的不足。

4. 推动资源互补，实现多领域专家咨询

积极加强与高等院校、科研院所、环资执法部门、博物场馆等单位和机构的交流协作，努力构建多领域的专家咨询体系。2018 年 5 月，建立 S 市法院首个环资审判法律咨询专家库，聘请 8 名全国环资知名法学专家，积极寻求专业的法律咨询意见。2020 年 9 月，建立环资审判技术咨询专家库，聘任 10 名从事水处理、土壤污染防治、野生动植物保护、海洋捕捞、生态恢复等多个领域研究的环资技术专家，广泛征求专业的技术咨询意见。

5. 重视融合创新，加大理论实践专家研讨

S 市 C 区法院不断完善“审学研”机制，加大专家研讨力度，促进环境资源专门审判司法实务与理论探索的融合创新，有效提升了环资专业审判软实力。联合法学会、院校机构积极开展世界级生态岛环境司法研讨会、民法典与生态环境保护司法实践与理论研讨会等环资专题研讨，广邀专家学者、司法实务工作者等出谋划策，推动环资审判热点、难点问题研讨和前瞻性研究，学习借鉴好

经验好做法，更好地在环资审判实践中贯彻落实民法典、加大环资保护力度。定期邀请环资法学、技术咨询专家作专题讲座，讲授最新研究成果，拓宽环资法官理论视野，参考借鉴环资实践和理论创新。积极开展环资审判调研，每年发布环资审判白皮书，编写多本环资案例评析书籍，分析环资审判存在的问题，总结积累环资审判经验，为进一步完善环资专业审判提供实务借鉴。

6. 拓宽智慧体系，主动借力专家鉴定辅助

除根据当事人申请或案情需要委托专业鉴定机构对需要查明的专门性问题进行鉴定外，与多位具有环资损害司法鉴定资质的专家建立定期联络机制，常态化、高效率沟通涉环资审判技术问题，有效拓展环资法官专业审判思路。在环资案件审理中主动争取专家辅助，如在庭前召开案例研讨会，积极听取法学专家和技术专家的真知灼见，助力厘清案件审理思路，在庭审中通知专家辅助人出庭陈述意见，为合议庭查清事实、认定证据、公正裁判提供智慧支持。

（二）S 市 C 区法院面临的困境挑战

尽管在探索构建环资案件“三合一”专业化审判智慧支持机制方面具有一定创新性、积累了一定经验，但 S 市 C 区法院在实践中也遇到了一些困难和挑战。

1. 环资法官自身专业性水平有待提升

目前，环资审判条线的法官、法官助理大部分是法律专业毕业的文史科生，对环资案件涉及广泛、复杂的专业科学技术领域较陌生甚至完全不了解，且大多只熟悉、擅长环资刑事、民事、行政或非诉执行审查等某一类案件的审理，专业性不足以完全胜任环资三类案件的审理。

2. 部分涉环资问题技术鉴定难

环资领域涉及的技术问题范围广、类型多，而鉴定名录里所列的机构数量较少、名录外的机构资质存疑、鉴定的技术标准不够细化、鉴定费用过高、鉴定时间长等，导致部分环资技术问题难以找到合适的鉴定机构并在法定期限内出具鉴定意见，影响了法院及时准确查明认定事实。

3. 环资审判专家咨询机制有待完善

总体上，环资审判专家咨询库的法学、技术专家对环资案件审判的参与度有限，专家咨询机制有待完善，聘任的环资技术专家人数较少，且其研究的领域

远不能涵盖环资案件可能涉及的技术问题。另外,法院或政府有关职能部门邀请专家出具的咨询意见书、调研报告既不属于鉴定意见,又不属于专家辅助人代表当事人一方出庭辅助说明技术问题,是否能作为定案依据也有待进一步思考,证明力相对单一、弱化。

4. 过度依赖专家辅助意见导致审判权旁落

专家就技术问题发表专业意见,对环资审判关于损害结果、因果关系等的认定发挥着重要作用。在环资案件审理中,法官大多以专家鉴定意见或咨询意见为依据,对事实部分作出认定。但是,法官可能囿于技术知识欠缺而过度依赖专家辅助人的意见,容易形成鉴定人或咨询专家主导裁判、左右法官法律判断的局面或影响案件事实的准确发现,导致法官的审判权旁落,不利于法官依法独立作出裁判。

四、整合选择:环资案件"三合一"专业化审判智慧支持机制的路径构建

在推动环资案件"三合一"专业化审判中,我国法院多借鉴了知识产权审判领域的技术事实查明体系,着力探索构建内外结合的多元化、全方位的智慧支持机制。在实践探索、总结借鉴的基础上,进一步完善专业化审判智慧支持机制,构建新发展阶段环资专业化审判路径,有效提升环资裁判的精准度和公信力,依法公正高效审理各类环资案件,是加强新时代生态环境司法保护工作的应有之义。

(一)加强选拔培养,打造复合型审判人才

环资刑事、民事、行政等案件实行集中管辖、归口办理,对法官的办案能力、专业素养提出了更高的要求。因此,加强选拔和培养,打造专业化、复合型的环资审判人才,以更好地适应环资专门审判需要,推动环资案件"三合一"专业化审判改革取得实效。

1. 制定针对性标准,加大技术人才招录力度

除招录具有相关专业技术背景的法律专业毕业生担任法官助理、为环资审判专家法官储备人才、为环资专业化审判团队注入新鲜活力的已有实践外,还可探索实行技术法官制度。通过制定针对性的招录标准和规范流程等,严格挑

选专业的技术人员成为法官，把具有专业知识的专家转化成法官，[1]如招录业务好、懂法律的鉴定人为法官助理或技术法官，协助或专门从事技术证据审查工作，可有效提升环资案件查明事实、作出裁判的效率。

2. 畅通合作渠道，完善技术人才培养机制

不断深化与高等院校、科研机构的交流和合作，共同设立环资司法保护合作研究、科研实践基地等，加大对环资审判技术理论和实践等方面的人才培养力度，不断提升司法服务保障生态文明建设和生态环境保护的专业审判能力和水平。

3. 加强理论培训，充实环资法官知识储备

严格对标政法队伍正规化、专业化、职业化建设要求，高度重视环资审判人员业务培训工作，积极借助全国环资审判业务培训等平台，组织干警参加环资案件专项培训、环资学术界讲座等业务培训，积极为环资法官搭建专业能力提升发展的平台，多途径充实环资法官知识储备，促进环资审判业务学习常态化、制度化，提升环资案件专业化审判能力。

4. 强化审判实训，培养全条线环资审判法官

通过随机自动分案或定期轮岗等形式，承办法官可广泛接触、审理各类环资案件，以丰富其审判经历、完善其知识结构，努力向能胜任全条线环资案件审判的通才型法官发展，强化环资专业化审判人才的锻炼与培养，打造专业化、精英化的环资审判团队。

（二）优化鉴定规则，完善环资鉴定体制

生态环境损害的司法鉴定应当体现科学性、公益性以及公正性。而目前环境污染类司法鉴定有国家标准和相应的评价鉴定技术体系，但是生态破坏类司法鉴定却无法定量化评价，[2]这需要进一步优化和完善环资相关鉴定规则和体制。

---

〔1〕 参见王树义：《深入学习贯彻习近平生态文明思想　推进环境资源审判工作座谈会发言（摘登）》，载《人民法院报》2019年7月31日，第3版。

〔2〕 参见达良俊：《第四届崇明世界级生态岛环境司法研讨会综述》第三专题：环境侵权惩罚性赔偿责任的司法适用，载微信公众号“中国上海司法智库”2020年11月26日，https://mp.weixin.qq.com/s/jOu3W_VVZWHA95SY4YG5kg。

1. 增加名录内机构数量，适度放开资质限制

结合环资审判实践中常见纠纷涉及的技术领域情况，建立更加完善、全面的环资司法鉴定技术体系，增加鉴定名录内的技术机构数量，适度放开对鉴定机构的资质限制，更客观地体现司法鉴定的科学性、精准性和全面性，为切实解决环资纠纷提供科学的判定依据，推动环资案件的高效审理和公正裁判。

2. 增加鉴定领域类别，完善环资鉴定规则

不断完善环资技术鉴定规则，有效扩大环资专业鉴定机构的鉴定范围和领域，进一步细化和完善鉴定标准、鉴定程序、鉴定方法和责任追究等机制，不断顺应环资司法鉴定的实践需要，确保相关鉴定机构始终保持客观和中立，对环资审判工作提供有效技术支持，助力提高环资专门化审判水平。

3. 降低鉴定费用时长，优化环资鉴定流程

由于环资案件往往涉及复杂的技术问题，委托鉴定的数量较多、费用较高、耗时较长。因此，要进一步完善环资鉴定规则和流程，有效降低司法鉴定成本。例如，法院可结合工作实际制作《委托环资司法鉴定评估规范指南》，引导当事人准确提出鉴定申请，大大减轻多次反复提交和补充材料的诉累；对环资司法鉴定实行集约化管理，严格控制环资案件对外委托、补充鉴定材料等关键流程节点，切实降低鉴定的费用、耗时等，有效提高鉴定效率。

（三）加大技术指引，提升环资类案审判质效

通过信息化的大数据分析平台，深入研究环资案件的特点规律、审理要点和流程标准，总结类案办案要件和技术裁判规则，推进环资类案专业化审判经验共享，提高环资案件的审理质量和效率。

1. 梳理分析类案，加大环资技术指引

由最高人民法院牵头建立全国环境资源审判信息平台，导入大量已结的环资刑事、民事、行政、执行案件，四级法院的环资法官均可通过信息平台的智能辅助功能进行个案查询、类案参考，梳理分析类案要点和裁判规则，充分发挥环资类案的技术指引作用，为有效提升环资专业审判水平提供有益参考和借鉴。

2. 制定分类量化标准，提供环资法官参考

通过对全国环境资源审判信息平台的全部环资案件进行大数据分析，按照环资案件涉及的不同技术领域和特点，分类制定具有一定裁量幅度的合理量化

标准,并通过平台智能推送给审理类案的环资法官参考,以规范裁判尺度、推进适法统一,进一步提升环资法官对案情较为简单的类案进行精准裁判的能力和水平。

(四)完善陪审员选任,健全专家陪审机制

构建具有专门知识的人民陪审员参加环资案件审理制度,[1]将技术人员和陪审制度有机结合起来,对加强环资审判专门化制度机制建设,充分保障人民群众知情权、参与权和监督权具有重要意义。

1. 细化陪审员选任,覆盖环资所涉主要技术领域

在遵守《人民陪审员法》等关于陪审员选任相关规定的基础上,高级人民法院或者中级人民法院结合审判工作实际,牵头研究环资案件所涉及的主要技术领域,并充分考虑辖区范围内的专家资源特点,进一步细化专家陪审员的选任标准,最大限度扩大专家陪审的技术领域范围。

2. 优化技术事实认定流程,完善专家陪审工作机制

制定《环资审判专家陪审实施办法》,明确规定专家陪审员参与环资案件审判的运行程序,进一步优化专家陪审员参与技术事实认定的流程,完善专家陪审工作机制,确保环资审判专家陪审工作的透明、规范、顺畅。在尊重专家陪审员独立性、提升陪审工作有效性的基础上,充分发挥专家陪审的智库效能,帮助环资审判法官更加精准适用法律、公正裁判,保障社会公众有序参与环境治理。

(五)扩大技术领域,完善专家咨询机制

2021年6月,最高人民法院发布的《中国环境资源审判(2020)》指出"要充分运用环境资源审判专家库和专家辅助人制度,丰富事实查明规则"。[2] 充分发挥环资专家的"智囊团"作用,使之成为法院技术事实调查认定的坚强后盾,为环资专业化审判工作提供强有力的知识支持。

---

[1] 参见最高人民法院:《关于新时代加强和创新环境资源审判工作 为建设人与自然和谐共生的现代化提供司法服务和保障的意见》,载微信公众号"最高人民法院"2021年10月28日,https://mp.weixin.qq.com/s/857-FR9mHbI-gnf0Hd3JMA。

[2] 参见最高人民法院:《中国环境资源审判(2020)》,载微信公众号"最高人民法院"2021年6月4日,https://mp.weixin.qq.com/s/YH1xAiSZjze_V9l_kylEJQ。

1. 扩大覆盖领域,完善环资审判专家库

结合环资审判实践中常见的技术领域和问题,进一步扩大技术领域的覆盖范围,并由高级人民法院或者中级人民法院牵头建立统一的环资审判专家库,其管辖区域范围内的各级法院均可共享,可有效整合专家资源,充分发挥专家作用。制定《环资审判咨询专家库工作办法》,对专家的聘任、职责、专家库运行程序等作出指引,通过完善的制度化、规范化运作,充分发挥统一共享的环资审判专家库优势,实现资源共享和信息互通,强化环境资源保护领域的适法统一,共同推进各级法院环资审判专业化建设取得更好效果。

2. 畅通联络渠道,提高专家参与度有效性

进一步畅通与环资专家的沟通渠道,建立完善定期联络机制,与专家常态化、高效率沟通环资个案、类案涉及的技术问题,第一时间学习了解最新技术理论成果,有效拓展环资法官专业审判思路。进一步提高专家的参与度,充分听取专家意见解决专业化问题,注重运用专家专业知识进行普法宣传,切实提升环资专业化审判的法律效果和社会效果。

3. 多角度佐证专家意见,夯实证据链基础

在环资专业化审判工作中,专家关于技术性问题的解释和咨询意见往往起到重要作用。因此,针对案情较为复杂的环资案件涉及的技术问题,不应过度依赖某一位权威专家的意见,应多角度、多途径寻求专业解释进一步佐证,夯实证据链基础,增强专家意见说服力、提高证据证明力、确保司法公信力。

(六)明确职责分工,确保法官司法审判权

在环资审判领域,专家陪审、鉴定、咨询、研讨、辅助等智慧支持机制的探索和实践,有效发挥了专家的智库作用,以实现对案件技术事实的有效查明和公正裁判。但是,为了更好推动环资专业化审判发展,应理顺外部专家和内部审判人员之间的关系,明确、协调好各自的职责分工。

1. 优化审理流程,明确界定各方职责

环资案件审理流程中可能涉及多方主体的参与,尤其是法官和专家。环资法官是根据证据查明认定事实、依据法律规定作出裁判的审判者,是整个审判流程的主导者,而专家是仅就技术问题提供专业意见的诉讼参与人,是整个审判流程的辅助者。两者在诉讼流程中具有不同的地位和职责,需要明确界定分

工和边界。

2. 主导定性适法,保障法官司法审判权

专家意见对于法官查明事实、认定证据、作出裁判具有重要的价值和作用,但是,“让审理者裁判　由裁判者负责”,环资审判法官应主导环资案件的定性和适法,充分发挥审理者在事实查明和证据采信方面的裁量权,尤其要加强对技术证据的审查、控制和管理,保障法官独立行使司法审判权,不能过度依赖专家意见、完全把专家意见作为裁判依据,要结合专家意见、法庭调查情况等进行综合判断,形成内心确认,依法作出公正的司法裁判。

(七)加大调解力度,推动专家跨前介入

习近平总书记在2019年中央政法工作会议上指出“要把非诉讼纠纷解决机制挺在前面”。充分发挥调解等非诉讼纠纷解决机制的作用,邀请高等院校、科研院所等专家力量跨前介入,参与环资纠纷调解,构建环资案件多元解纷机制,可有效凝聚环境资源保护合力。

1. 探索诉前调解,实现专家提前介入

在环资案件尤其是个人私益案件中,应充分发挥调解制度等非诉讼纠纷解决机制节约成本、缓和矛盾的积极作用。主动探索环资案件诉前调解,通过聘请具有相应专业知识的专家担任特邀调解员[1]等方式,实现专家提前介入、参与诉前调解,可有效推动环资矛盾纠纷诉源治理、源头解决,更加高效、便捷地满足多元化环境司法需求。

2. 加大诉中调解,完善专家说明事实机制

在环资案件审理中,专家辅助人出庭就鉴定人作出的鉴定意见或者专业问题提出意见等方式,可进一步完善专家说明事实机制;听取专家有关技术问题的意见,推动专家有效参与诉中调解,可切实增强环资纠纷化解效果。

五、结语

环资案件“三合一”专业化审判智慧支持机制的探索和实践,有力提升了生态环境司法专门化水平,成效明显。作为一种辅助查明技术事实、推动司法

〔1〕 参见周强:《顺应人民群众愿望　为推进生态文明建设提供有力司法保障》,载《人民法院报》2015年5月20日,第1版。

准确裁判的方式,专业化审判智慧支持机制也面临一定的困难和挑战。在保护长江流域生态系统、维护长江流域生物多样性、推进美丽中国建设、实现人与自然和谐共生的新征程上,进一步优化完善环资案件“三合一”专业化审判智慧支持机制,具有重要的价值和意义。我们应继续深入研究、适当借鉴和吸收国内外相关领域的专业化审判实践经验,努力构建出一套符合我国经济社会绿色高质量发展实际需要的生态环境司法专门化机制,全面提升生态环境司法保护效能,筑牢国家生态安全屏障,为长江流域生态环境保护和高质量发展,协同推进人民富裕、国家强盛、中国美丽提供更加有力的司法服务和保障。

29. 论习近平生态文明思想下长江流域司法协作机制

郭艳鑫*

内容摘要:在实践和贯彻习近平生态文明思想的大环境下,坚持统筹山水林田湖草沙系统治理,坚持用最严格制度最严密法治保护生态环境,就要以生态环境为整体,进行多元共治、协同治理,建设长江流域司法协作机制。但是长江流域的生态环境具有公共性、跨区域性和外部性的特征,这引起了长江流域司法碎片化严重、配套机制不健全、参与主体规制不完善等问题。为了解决上述问题,可以尝试建立长江法院,统一审判;完善配套机制,比如长江流域的跨区域集中管辖机制以及在司法协作中的信息共享机制;明晰参与主体,明确参与各方职责,贯彻落实公众参与原则,实现多元共治、协同治理。

关键词:长江流域　司法协作　习近平生态文明思想

随着环境问题的日益严重以及国家对环境问题的重视,我国在 2018 年正式确立了习近平生态文明思想,2021 年实施的《长江保护法》可以说是这一思想理论的践行结果。[1] 但是《长江保护法》推行过程中,长江流域的司法协作并没有得到充足的贯彻与落实,这就需要结合习近平生态文明思想,进一步完善长江流域司法协作机制,提高长江流域治理和保护的效能。

一、长江流域司法协作机制的国内大背景

2018 年全国生态环境保护大会正式确立了习近平生态文明思想,并且概括提出了六项重要的原则用于新时代生态文明建设的指导,其间,习近平生态

* 郭艳鑫,东北林业大学硕士生,研究方向为环境与资源保护法学。

〔1〕《深入践行习近平生态文明思想奋力打好长江保护修复攻坚战》,载人民网,http://paper.people.com.cn/rmrb/html/2022-07/10/nw.D110000renmrb_20220710_1-02.htm。

文明思想不断发展，直到2022年7月29日《习近平生态文明思想学习纲要》出版发行，习近平生态文明思想的核心内容被拓展为"十个坚持"。[1] 习近平生态文明思想中的两项重要坚持，即坚持统筹山水林田湖草沙系统治理和坚持用最严格制度、最严密法治保护生态环境，要求我们加强对我国长江流域司法协作保护机制的建设和完善。

首先，坚持统筹山水林田湖草沙系统治理，这一理念是我国生态文明建设过程中一个非常系统的观念，相较于2018年提出的坚持山水林田湖草是生命共同体，在统筹治理系统中增加入了"沙"这一子系统，使治理体系更为完善，统筹各种自然要素的治理，从整体上推进生态文明建设。[2] 习近平总书记指出："生态是统一的自然系统，是相互依存、紧密联系的有机链条。"[3] 在这一思想坚持背后，隐藏着生态整体主义理论和多元共治理论，用以支撑山水林田湖草沙系统的治理。生态整体主义简单来说是把生态整体的利益上升为最高利益，人类的活动不能超出自然界的承载范围，将整个地球的生物视为一个整体，荣辱与共、福祸相依。多元共治理论要求构建环境多元共治体系，在法院、行政机关以及社会三个方面整合协作，加强各方司法协作。

其次，坚持用最严格制度、最严密法治保护生态环境，这一观念是我国推进生态文明建设过程中一项重要的制度保障。习近平总书记强调："我国生态环境保护中存在的突出问题大多同体制不健全、制度不严格、法治不严密、执行不到位、惩处不得力有关。"[4] 也正是因为这些问题，我国环境治理困难重重，在我国长江流域治理过程中尤为明显。所以在长江流域协同治理过程中，在统筹治理的前提下，要优先保护生态环境，实行最严格的制度和最严密的法治，[5] 规范司法协作中的各种事项，推进长江流域司法协作机制的建设。

---

〔1〕 参见刘甜甜、赵静祎：《论中国共产党生态文明建设历程及经验启示》，载《大庆师范学院学报》2022年第4期。

〔2〕 参见张云飞、李娜：《坚持山水林田湖草沙冰系统治理》，载《城市与环境研究》2022年第1期。

〔3〕 参见龚维斌：《百年来党领导生态文明建设的成就和经验》，载《行政管理改革》2021年第10期。

〔4〕 参见冉昊《生态危机与生态治理：基于中西制度差异的比较分析》载《广西师范大学学报（哲学社会科学版）》2020年第6期。

〔5〕 参见黄锡生、尚睿：《长江流域环境司法协作的理论构造与制度完善》，载《河南财经政法大学学报》2022年第2期。

二、长江流域生态环境的特征

(一)长江流域的生态环境具有公共性的特征

长江流域的自然资源丰富且复杂,包括水利资源、生物资源以及矿产资源等,这些资源都属于国家所有。总体来说,这些资源属于公众共用物,具有非排他性,公众可以共同享有这些资源,对其进行合理的开发和利用,获取自己所需。[1] 对长江流域生态环境的公共性,如果没有谨慎对待,会引起严重的环境污染问题,甚至后续治理也会变得困难重重。

(二)长江流域的生态环境具有跨区域性的特征

长江起源于青藏高原腹部,在流经上海时到达终点,注入东海,自西向东横跨整个中国的中部,其支流流经若干省份。整个长江跨越的区域范围广阔,其地理落差大,涉及的气候复杂,生物多样性也最为典型,这都给长江流域带来了丰富的自然资源,也给人类带来极大的利益,造福整个流域的生态。

(三)长江流域的生态环境具有外部性的特征

外部性是经济学上的概念,是指在生产者或消费者的活动过程中,会产生对他人有利或者不利的影响,但是不需要支付报酬或补偿。外部性分为正外部性和负外部性,生态的外部性自然也有正负之分。[2] 长江流域附近的生态与自然资源之间相互联系,其外部性特征尤为明显。当环境状态良好时,其正外部性表现为风调雨顺、空气清新,自然资源充足并且能够带动人类经济发展;但是环境状态恶劣时,如在水资源领域,如果一部分水资源受到污染,其临近的水资源都会受到影响,特别是长江上游或者源头出现污染,中下游的环境会遭到致命的损害,这是其负外部性的表现。

也正是因为这种外部性特征,结合长江流域生态的跨区域性与公共性,长江流域一旦出现环境污染与破坏,将会辐射大半个中国,造成严重的损害。

---

[1] 参见蔡守秋:《论公众共用自然资源》,载《法学杂志》2018 年第 4 期。

[2] 参见陈玉玲:《生态环境的外部性与环境经济政策》,载《经济研究导刊》2014 年第 16 期。

三、长江流域司法协作机制的发展历史及现状

(一)长江流域司法协作的发展历程

早在2013年,党的十八届中央委员会第三次会议通过的《中共中央关于全面深化改革若干重大问题的决定》提出“探索建立与行政区划适当分离的司法管辖制度”。2014年,最高人民法院在上述决定的指引下,颁布了《关于全面加强环境资源审判工作、为推进生态文明建设提供有力司法保障的意见》,对上述决定中提出的司法制度进一步明确细化。[1] 2014年6月底,最高人民法院设立环境资源审判庭,批准设立南京、兰州、昆明、郑州、长春环境资源法庭。2016年2月24日,为了响应国家的号召,最高人民法院出台《关于为长江经济带发展提供司法服务和保障的意见》,提出要创新司法体制机制,加强各法院之间工作协调。2016年12月28日,最高人民法院又与长江经济带发展领导小组签署了《关于建立推动长江经济带发展司法合作协同机制的合作框架协议》,希望能够建立一个有关部门与人民法院的协同合作机制,深入贯彻落实习近平总书记关于推动长江经济带发展重要讲话和指示精神,加强保护长江流域生态环境的司法协作。2017年12月4日,最高人民法院又出台了《关于全面加强长江流域生态文明建设与绿色发展司法保障的意见》,提出要注重区域协同,构建区域互动合作的司法保障新机制。此后,我国对于长江流域的司法保护协作机制不断发展与完善,到2020年,最高人民法院颁布了《长江流域生态环境司法保护状况》,这是我国法院发布的第一部关于流域司法保护的白皮书。各法院结合生态环境地域特点出台意见,落实工作,及时更新司法理念,统筹推进山水林田湖草系统治理,至此,长江流域以及重点区域的司法协作模式已经初步形成。2020年12月26日出台了《长江保护法》,在总则中提及要建立长江流域协调机制,至此,我国长江流域司法协作机制的建设与完善有了强硬的法律支撑。

(二)长江流域司法协作机制的现状

在若干文件的支撑与践成下,长江流域司法协作机制不断发展并完善,为长江流域生态环境问题的解决提供一个合理流畅的治理保护机制。

---

〔1〕 参见赵珂、王雅琪:《长江流域内司法管辖的现状与革新》,载《环境保护》2019年第21期。

首先,我国长江流域司法协作机制的主体参与形式主要为以法院为主导,行政机关和检察机关加以协助。沿江省市法院普遍与公安机关、检察机关及生态环境、自然资源等部门建立了执法协调、信息共享、联席会议等会商对接机制。

其次,各法院之间通过订立"框架协议"的方式开展合作,针对环境司法审判签订若干"框架协议",推进不同地区环境资源审判协同化和一体化,进一步推动了司法协作机制的发展与完善。

最后,参与长江流域司法协作机制的法院范围广泛,包括最高人民法院、高级人民法院、中级人民法院和专门的环境资源法庭,相比之前增加了专门的环境资源法庭。到目前为止,我国已设立超过 2000 个环境资源审判专门机构或组织,涵盖四级法院的专门化审判组织架构基本建成。

四、长江流域司法协作机制的困境

(一)司法碎片化严重

长江流域生态环境保护的司法协作机制由于其地理因素、历史遗留因素以及政治因素等造成严重的司法碎片化问题。长期的司法碎片化会使长江流域的司法协作缺乏统一的理念,导致司法规范体系过于碎片化,针对性不强,甚至在实践会出现同类案件不同判决、各法院裁判标准不统一的现象,这会影响司法的权威性与公正性,也不利于司法协作机制的推进。

其一,长江流域生态环境的跨区域性特征是造成长江流域司法碎片化的重要原因之一。虽然整个长江流域的生态系统是一个统一的整体,但是由于自然与人类的综合作用,整个长江形成了一个东西狭长的区域地带以及经济带,在区域上分为了中游、上游与下游,在经济发展方面形成了长三角经济区、成渝经济区等经济区。也正是因为其跨越区域范围过大,地区之间经济文化以及法律水平大不相同,其形成的环境问题也各不相同。

其二,我国是一个幅员辽阔的国家,国家为了便于管理便对我国国土进行划区域管理,形成行政区划制度。而我国司法体系和行政体系向来是密不可分的,司法机构的设立往往是根据行政区划进行的,并且多加考量,主要表现为我国司法的地域管辖与行政区划是一致的。因此我国司法系统受到行政区划的限制,司法地方化严重,如机构设置地方化、法官产生地方化、经费来源地方化等,[1]严重影响了我国法院审判的公正性以及与各区域之间的协作。虽然我国在不断推进环境专门审判机构的建设与完善,但是归根结底并未打破行政区划的限制,这会使环境问题的审判和治理与环境整体保护及协作推进的理念相脱离,也使我国长江流域司法协作机制的建设推进困难重重。

其三,在《长江保护法》颁布之前,政府为了推进长江流域的司法协作机制,其利用的方式比较单一并且缺乏有力的支撑,例如,各法院在建立合作关系时,多采用"框架协议"的形式进行。这些"框架协议"实质上就是几家法院对于长江流域司法协作的指导思想、协作原则、重大意义等进行原则性的规定,从而订立的一种协议,因此这些协议在制度具体推进的过程中可操作性较差,并且缺乏有力的法律支撑。此外,受到长江流域地理因素和行政区划的影响,整个长江流域会出现针对不同问题甚至是相同问题订立协议形成协作的圈子,但是这些协议圈之间并没有统一的审判标准,无法形成一个统一的司法体系,加剧了司法碎片化,不利于长江流域司法协作机制的推进。

(二)配套机制不健全

其一,跨区域集中管辖制度存有漏洞。集中管辖是指根据审判实践的需要,将一些专业化程度比较高或者分布比较分散的案件集中到某一法院进行统一管辖的制度。而跨区域集中管辖是指人民法院将某一区域的一审行政诉讼案件交由一个或几个特定的法院管辖的制度。这一管辖模式通过空间转移实现司法与行政管理区域的有限分离,使集中管辖法院能摆脱不当干预,有助于实现司法公正。由于长江流域的环境问题具有跨区域性,很多情况下对于环境案件都是采取跨区域集中管辖的方式。但是到目前为止,我国并没有建立一个完整的集中管辖体系,只是处于探索阶段,且大部分试点地区处于局部集中管辖的模式。此外,长江流域跨区域集中管辖并没有充足且系统的法律规定,很多都是依据"协议""意见"等进行推进,这并不是一个长远稳定的模式。

其二,信息共享机制不完善。虽然我国一直在推进长江流域司法协作机制,各方也在实践中认真落实,并在《长江保护法》中提出了将由国家长江流域

---

〔1〕 参见邓娜:《我国建立与行政区划相分离的司法管辖制度探索——以美国法院和我国海事法院体制为分析视角》,载《中共桂林市委党校学报》2014 年第 1 期。

协调机制牵头,统筹协调国务院有关部门及长江流域 19 个省级人民政府建立健全信息共享系统,但是到目前为止,信息不同步的现象仍然存在,司法机关之间、司法机关与行政机关之间、区域与区域之间信息数据共享不通畅,长江保护缺乏有效的数据整合和信息融合。在现有工作实践中,司法机关和多数行政机关只是在内部建有相对完善的业务管理和基础数据系统,在各自系统内部基本实现了信息共享、高效运转,但是跨部门、跨省市之间的信息共享还相对薄弱。生态系统是一个有机的整体,其他流域也会影响长江流域的生态环境,其他区域的司法协作也有助于长江流域经验累积,但现有共享的信息数据只局限于长江流域,这会使其效果大打折扣。

(三)参与主体规制不完善

其一,在制度推进过程中,法院为主要参与主体,行政机关与检察机关为辅助参与主体,后二者参与程度较小。法院和其他机关的对接机制仅是流于表面,无法彻底贯彻,其协作程度无法满足长江流域司法协作机制发展的需求。为了推进长江流域司法协作机制,各法院打破区域限制,积极同其他法院签订协议,制定意见、共同宣言,积极落实和推进集中管辖,推动环境资源审判专门化,但是在这个过程中,缺失了行政机关的充分协助。行政区划与地方各级政权相互依存,很多情况下,我国的行政机关对长江流域环境问题的管理受到了行政区划的影响,难以与法院形成严密的协作。此外,检察机关也难以跳出传统的司法管辖体制,其侦查功能、起诉功能的缺失,使法院的审判效率低下。

其二,公众参与度不高。公众参与原则是《环境保护法》的基本原则之一,但是许多环境保护单行法如《水污染防治法》并没有规定具体的公众参与制度,只有《长江保护法》对这一原则进行了较为具体的规定,但对于公众参与的途径和方式、救济手段等没有进行明确的规定。让公众参与进来,可以使其更好地了解法院各方面的日常工作,监督法院与行政机关或检察机关的跨区域协调工作,加强行政执法与行政非诉执行等工作的协同联动。

其三,主体责任不明确。首先,法院之间的跨区域案件集中管辖,大多是依靠各方签订的"框架协议"来协商解决的,其各方职责权限也是根据协议来定,并无过多法律的支持,如果协议规定对这一方面略有疏忽,会造成各方职责权限混乱。其次,由于检察院、公安局等其他机关暂时无法打破行政区划的限制,所以很难确定哪个区域的检察院、公安局具有与法院进行对接的职责。此外，主体责任不明确也会影响后续追责。

五、长江流域司法协作机制的出路

(一)尝试建立长江法院

专门法院是按特定的组织或特定范围的案件建立的审判机关，我国现有的专门人民法院有军事法院、海事法院、铁路运输法院、森林法院、农垦法院、石油法院、知识产权法院、互联网法院等。借鉴其他专门法院的建立经验，听取专家及学者的意见，尝试建立一个长江法院，可以使法院审理长江流域生态环境案件时跳出行政区划的限制，不再受到审判地方化的干扰。以长江流域的上、中、下游作为一个整体交由统一的专门机构予以审理裁决，集中统一行使长江流域环境资源类案件的管辖权，这有利于推进长江流域司法协作机制的推进，有利于完善长江流域专门、统一联动协调机制。在案件处理过程中，坚持系统治理，由统一部门按照统一标准对生态环境问题全面综合考虑与审判，关注生态的整体利益。在长江流域的司法协作过程中，利用此一理论可以解决目前司法碎片化的问题，促进整体治理的建设与推进。

(二)完善配套机制

在2016年之后，我国不断推进长江流域司法协作机制的建设，并且取得较多成就，2021年3月1日实施的《长江保护法》也提出建立长江流域协调机制，但在实施过程中，配套机制不健全这一问题阻碍了长江流域司法协作机制的推进。

其一，要完善长江流域司法协作中的跨区域集中管辖机制。正所谓“以事实为依据，以法律为准绳”，对于集中管辖这一机制来说，其最大的问题便是没有充足的法律作为依据。因此，可以在实践过程中不断积累经验，通过对各法院之间订立的“框架协议”、意见等进行考量，将跨区域集中管辖法定化，[1]将其确定为长江流域环境案件的特殊管辖制度，给予其强有力的法律支持。此外，跨区域集中管辖深受行政区划的影响，在这一方面可以通过建立专门法院

[1] 参见徐胜萍、曾佳：《论环境资源案件跨区域集中管辖制度的完善》，载《华东师范大学学报(哲学社会科学版)》2017年第1期。

与跨区域集中管辖相互配合,可以借鉴铁路运输法院集中管辖模式和知识产权法院集中管辖模式,总结经验,提高其自身的专业性,降低跨区域集中管辖的地方化。

其二,要完善在长江流域司法协作中的信息共享机制。首先,长江流域司法协作的有序推进,需要及时有效共享的信息作为支撑,虽然我国已经建立了信息共享机制,但是并不完善。因此,可以由国家长江流域协调机构牵头,统筹最高人民法院、最高人民检察院、公安部、司法部、生态环境部、自然资源部等部门,以及长江流域各省级单位,统筹建立一个涵盖全区域、全部门的信息数据库,实现全方位的信息共享。其次,在科技飞速发展的现代社会中,可以以信息技术为依托促进政策的实施与机制的完善,可以利用网络建立一个信息共享网络平台,相关部门也可以定期召开联席会议,为更新、维护、运行长江流域生态环境信息资源共享平台提供组织领导和基础保障。此外,在信息共享过程中,除要注重信息的收集与传递外,还需要关注信息的整合,长江流域司法协作中信息共享不畅通,就与流域信息缺乏整合有关。因此,可以建立一个独立的信息整合部门以整合信息,提高信息的有效利用率,保障有效信息的整体传递。

除此之外,还需要完善生态补偿制度、内外部协作机制等其他配套机制,适用最严格制度、最严密法治保护生态环境。

(三)明晰参与主体及其职责

想要推进司法协作的有序进行,打破协作以法院参与为主,行政机关、检察机关参与较少的局面,要明晰公、检、法各方在司法协作过程中的职责,以多元共治理论为基础,贯彻落实公众参与原则。

其一,要明晰长江流域司法协调机制参与各方及其职责。由于长江流域具有跨区域性和环境生态整体性特点,长江总流域范围内产生的环境污染与破坏总是会涉及多个地区,这需要明确各区域中的法院与其他机关的职责。对于检察机关,可以在各区域检察机关内部设立专门部门,统筹这些部门形成一个专门检察院,负有侦查、起诉、监督等职责。对于公安机关,要强化其案件信息收集的职责,在案件移送以及案件交流沟通中发挥应有的作用。对于行政机关,要明确其需要参与长江流域司法协作过程,积极行使其执法权,共同推动区域环境联合执法监督,协同推进《长江保护法》贯彻实施融入社会治理,以行政区划为中心、生态功能区为中心二者并举协同为主线，在同一行政区的行政部门建立内部程序衔接机制，以生态功能区划分的跨区联合执法，[1]减少各方责任冲突。各部门及时根据《长江保护法》对于各部门职责的规定补充落实相关制度，明确各部门具体职责以及职责承担方式与途径。此外，在跨区域案件中最难的便是落实追责，通过完善追责制度与程序，明晰各部门责任，降低追责难度，提高追责效率。

其二，要贯彻落实公众参与原则，多元共治。按照《长江保护法》第 79 条的规定，国务院有关部门、长江流域县级以上地方人民政府有关部门、公民、法人和非法人组织均有权参与长江司法流域协作过程，公民、法人和非法人组织有权举报和控告破坏长江流域自然资源、污染长江流域环境、损害长江流域生态系统等违法行为，并积极参与和监督长江流域生态环境保护。首先，要加强对公众救济权利的保护。在公益诉讼参与主体规定中，可以为环保组织提供一个宽松的诉讼环境，适当降低可以拥有诉讼主体资格的环保组织的准入门槛，增加具有诉讼资格的环保组织的数量，增强对环保组织资金和技术的扶持，使其更具专业性和中立性。还可以通过立法形式将公民纳入主体资格范围，通过法律赋予公民公益诉讼权，但是也要有所限制，并不是所有公民都可以提起诉讼，可以对有专门知识、法律知识的公民赋予权利。其次，利用网络信息拓宽公众参与渠道不失为一种好的方法。政府可以建立一个综合性网站，用于向公众公开其所需的长江流域环境信息与治理进程，开展建议、投诉和举报栏目，使公民足不出户便可以参与和监督长江流域环境问题的治理，扩大长江流域司法协作的主体，有利于长江流域司法协作机制的推进。

六、结语

长江流域的生态环境是一个有机的生态整体，整个流域内的治理与恢复需要各地区、各部门协作推进，习近平生态文明思想的贯彻与落实也要求着力构建一个完善的司法协作机制，坚持整体生态系统治理，多元共治。我国长江流域司法协作机制已经初具雏形，但是在理念统一、程序规范、协作共进等方面仍

---

〔1〕 参见高利红、苏达：《长江生态环境保护行政执法与刑事司法衔接原则》，载《学习与实践》2022 年第 10 期。

有不足。在今后机制完善过程中,要以习近平生态文明思想为支撑,强化程序的规范与统一,明晰参与主体,建立一个稳定且有效的长江流域司法协作机制,为其他流域乃至全国的司法协作提供经验。

30. 长江中游城市群环境保护联合执法机制的实践分析和路径优化

——基于习近平总书记生态系统治理观的视角

任育平　许　燕*

内容摘要：长江中游城市群环境保护联合执法制度在我国已进行了实践，通过文本梳理和实践扫描，在看到实践成果的同时，也要看到其执法条块分割的散乱现状。环境保护联合执法存在执法理念、执法依据、执法模式和执法机制等方面的“碎片化”现象。笔者以习近平生态系统治理观为指导，对长江中游城市群环境保护联合执法制度提出系统性的发展路径。系统治理的整体性要求我们提出当前跨区域环境保护联合执法机制的“伞形”模式选择，系统治理的关联性要求我们解决好与跨区域联合执法相关的其他问题，系统治理的动态性则要求我们展望基于“扇形”模式的新型跨区域环境保护联合执法机制。

关键词：联合执法　碎片化　生态系统治理观　“伞形”模式

2022年2月6日，国务院发布《关于长江中游城市群发展“十四五”实施方案的批复》(国函〔2022〕12号)，提出“长江中游城市群发展要以习近平新时代中国特色社会主义思想为指导……坚持协同联动、共建共享，彰显江西、湖北、湖南三省优势和特色……”推动长江经济带发展是党中央作出的重大决策，是关系国家发展全局的重大战略。2018年4月26日，习近平总书记在武汉座谈会上指出长江经济带生态环境协同保护体制机制亟待建立健全，生态环境协同治理较弱，难以有效适应全流域完整性管理的要求。习近平生态文明思想包含系统治理观，以系统治理观为指导，对长江中游城市群环境保护联合执法机制

* 任育平，湖南省岳阳市司法局党组成员、副局长；许燕，湖南省岳阳市司法局行政复议一科科员。

进行完善,可以开阔我们的视野,启迪我们的思路。本文就此做一个尝试,希望能为生态文明的发展作出法治贡献。

一、长江中游城市群环境保护联合执法的实践检视

(一)关于环境保护联合执法的法律依据梳理

笔者在中国法律数字图书馆的法律法规文库以“联合执法”为关键词进行检索,将资源环境领域的有关规范性文件进行了梳理(见表1)。

表1 环境保护联合执法的法律法规依据

文件名称	效力层级	相关内容
《长江保护法》	法律	第28条第3款 国务院水行政主管部门会同国务院有关部门组织长江流域有关地方人民政府及其有关部门开展长江流域河道非法采砂联合执法工作。 第80条 国务院有关部门和长江流域地方各级人民政府及其有关部门对长江流域跨行政区域、生态敏感区域和生态环境违法案件高发区域以及重大违法案件,依法开展联合执法
《大气污染防治法》(2018年修正)	法律	第92条 国务院生态环境主管部门和国家大气污染防治重点区域内有关省、自治区、直辖市人民政府可以组织有关部门开展联合执法、跨区域执法、交叉执法
《海洋环境保护法》(2017年修正)	法律	第19条第1款 依照本法规定行使海洋环境监督管理权的部门可以在海上实行联合执法,在巡航监视中发现海上污染事故或者违反本法规定的行为时,应当予以制止并调查取证,必要时有权采取有效措施,防止污染事态的扩大,并报告有关主管部门处理
国务院办公厅《关于切实做好长江流域禁捕有关工作的通知》	国务院规范性文件	第2条第5项 ……建立健全联合执法机制,各级渔政部门要会同公安、市场监管等部门开展专项执法整治行动,斩断非法捕捞、运输、销售、餐饮等地下产业链和利益链。加强水生野生动物保护执法监管,强化渔政、公安、交通运输、水利、林草等部门组成的渔政执法特编船队,提升跨部门、跨地区执法合力…… 第6条第4项 ……在重点区域、重点时段开展区域间联合执法。推动建立完善联合执法、联合办案、异地协查机制,健全非法渔获物、非法渔具等违法证据鉴定体系,强化行政执法与刑事司法衔接,提升执法效果……

续表

文件名称	效力层级	相关内容
国务院办公厅《关于加强环境监管执法的通知》	国务院规范性文件	第1条第4点　……环境保护重点区域、流域地方政府要强化协同监管,开展联合执法、区域执法和交叉执法……
国家发展改革委《关于加强长江经济带重要湖泊保护和治理的指导意见》	部门规范性文件	第7条第18项　……加快完善湖泊保护治理法律法规体系,大力推进联合执法,着力完善综合监管体系。建立健全湖泊保护行政执法与刑事司法衔接,加大对侵占水域、偷排漏排、非法采砂、非法捕捞等打击力度

行政执法的依据是行政机关作出行政行为的法律基础。通过上述文本梳理,我们可以发现有三部法律明文规定了环境联合执法这一内容,其中尤以《长江保护法》的规定较为明确,该规定对于促进长江流域行政机关进行跨区域和跨部门之间的环境保护联合执法合作,有着十分重大的意义。而行政法规及部门规章中也是以针对湖泊、流域的环境问题开展联合执法行动为主,对于其他领域的环境问题规定较少。

(二)长江中游城市群环境保护联合执法实践扫描

为充分考察环境保护联合执法的实践现状,笔者采用实证调研方法,确保文章具有实践参考意义。笔者以Y市两级行政机关和审判、检察机关为样本,以全样本形式向全市机关工作人员发出了117份问卷调查,共收回了117份问卷调查。从问卷调查反馈情况可以看出,117份问卷调查显示47家单位参与过环境保护联合执法行动,形式主要为行政体系内跨区域联合执法、本区域内跨部门联合执法以及行政机关与审判机关、检察机关联合执法,具体分析如下。

1. 跨区域环境保护联合执法行动

环境作为一种公共产品,具有整体性,环境要素又具有流动性的特点。[1]跨行政区域的联合执法行动,在对环境要素进行治理时能够有效地实现整体性。长江中游城市群对于开展小范围内联合执法行动的探索已付诸实践,例如,2019年11月25日,在湖南省洞庭湖湖长工作会议上,岳阳、常德、益阳三个城市签署《洞庭湖区域联合执法合作框架协议》,重点解决涉水违法案件处置

〔1〕 参见林源犇:《环境生态保护联合执法机制的实践与完善探析》,载《桂海论丛》2021年第5期。

过程中面临的跨区域执法难、地区间信息沟通不畅等问题，此次协议签订有助于加强跨区域的环境保护联合执法行动，增强洞庭湖水域违法行为的打击力度。2021 年，江西省生态环境厅印发《江西省跨区域生态环境保护联合执法办法》，该办法规定建立统一协调、相互协作、监管的跨区域生态环境保护联合执法长效机制，对联合打击跨区域的突出生态环境违法行为进行了有益探索，进一步解决区域性生态环境突出问题和环境污染纠纷。[1]

2. 本区域内跨部门环境保护联合执法行动

生态环境涉及的专业性问题具有跨学科的特征，仅依靠单个的行政主体可能难以解决具体的问题。跨行政部门的联合执法作为一种协同机制可以有效克服行政执法机关在执法权限方面单一性的缺点，可集中不同行政主体的权力和专业性优势，而这种联合执法行动也是实践中运用最广的。问卷调查结果显示，三种联合执法形式的占比如图 1 所示，本区域内跨部门联合执法占 65.96%。

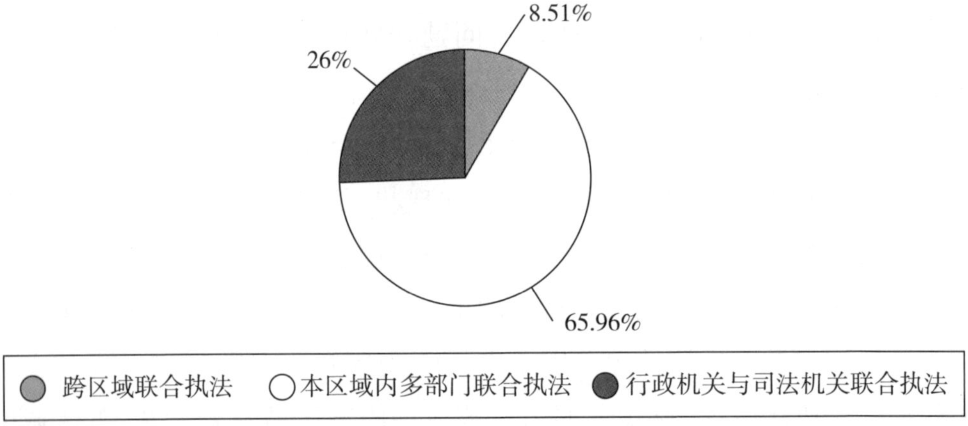

图 1　环境保护联合执法各类形式占比

具体到实践中，岳阳市东洞庭湖国家级自然保护区专门规定了保护区内的相关职能部门建立保护区生态环境保护联合执法机制，实施联合执法，2019 年 10 月至 12 月，保护区管理局联合海事、水警、渔政、环保等部门开展了 5 次联合执法行动。此外，岳阳市交通运输部门和生态环境保护部门在 2022 年联合开展了船舶污染整治“碧水”行动，整治行动以洞庭湖、长江水域为重点。2022 年

〔1〕 参见张林霞、蓝曦瑶、邓小勇、颜志高：《以“第一等的工作”打造更高水平美丽中国“江西样板”》，载《江西日报》2021 年 11 月 26 日，第 4 版。

7 月 8 日,湖北省孝感市交通运输综合执法支队与环保执法部门开展联合执法行动,共出动执法人员 9 人、执法车辆 3 台,对北京南路南方国际周边两家从事汽车喷涂业务的汽车维修企业环保达标排放情况开展常态化督查执法。

3. 行政执法与司法联动

此处的司法机关包括法院系统和检察系统。严格意义上,行政机关与司法机关之间的协作并不是执法活动,但是在实践中通常被称作联合执法。[1] 在环境生态保护领域,行政机关和司法机关的联动集中体现在保全证据、对环境违法行为进行强制执行和打击环境犯罪上。[2] 例如 2022 年 7 月 26 日,湖北省召开生态环境行政执法与刑事司法培训班,全省生态环境系统、法院系统、检察机关、公安机关的相关人员共同参见培训,四机关通力合作、重拳出击,严厉打击了一批环境违法犯罪行为,2021 年以来,该省生态环境部门共向公安机关移交行政拘留案件 114 件,环境犯罪的案件 63 件,效果显著。2022 年 4 月 6 日,湖南省岳阳市生态环境局、市检察院和公安局联合在全市开展深入打击环境违法犯罪和专项行动。

二、当前环境保护联合执法的"碎片化"现象解析

根据前文分析,在肯定取得成效的同时,我们也应当看到当前环境保护联合执法呈现条块分割的散乱之状,有着明显的"碎片化"现象。"碎片化"在行政管理领域,主要是指各级地方政府之间分割、某一级地方政府各职能部门之间分割以及行政机关内部各种业务之间分割的状况。[3] "碎片化"的联合执法模式主要体现在执法主体理念分歧、联合执法依据缺失、执法模式松散、执法机构不顺畅的状况。

(一)联合执法思想理念的"碎片化"

《水法》将我国水资源管理体制修改为"国家对水资源实行流域管理与行政区域管理相结合的管理体制",不再是以往带有浓厚行政性的统一管理与分级、分部门管理相结合,而《长江保护法》也创造性地对国家建立长江流域协调机制进行规定。对流域连片进行管理,成为开发资源与环境保护两者最佳的平

---

〔1〕 参见林源犇:《环境生态保护联合执法机制的实践与完善探析》,载《桂海论丛》2021 年第 5 期。

〔2〕 参见毛颖洁、李怡文:《污染环境罪中"公私财产损失"司法认定研究》,载《犯罪研究》2021 年第 3 期。

〔3〕 参见谭海波、蔡立辉:《论"碎片化"政府管理模式及其改革路径——"整体型政府"的分析视角》,载《社会科学》2010 年第 8 期。

衡点,该观点得到世界大多数国家以及学术讨论者的支持和普遍认可。然而,在我国实际运用过程中,该观点并没有让各单位达成一致的意见,恰恰相反,实际上,因追求的利益不同而使各单位各部门之间产生较大的分歧。[1] 在一段时间内,我国水资源管理是以行政区域为基础的,每个水资源管理机构的部门利益通常是其制定决策的出发点和考虑因素。在跨区域的案件管理结构体系中,不同的主体在认识上存在差距,就会导致其行动目标并不是完全的一致和协调。联合执法追求的是有效解决特殊执法活动中执法环境多重性困难的问题,以提高执法效果。社会个体则更在乎自己的生存需求,各级政府部门也有自身的政绩需求。在机制惯性与地方保护的魅影难以祛除的情形下,执法理念的"碎片化"难免会导致联合执法行动的"失效性"。

(二)联合执法法律依据的"碎片化"

如表1所示,一方面,在我国现阶段的环境法律渊源中,环境保护联合执法的规定较少,我国环境行政执法的依据散见于各层级的法律、法规、规章之中,执法主体在适用执法依据时,必须针对特定事务选择层级适当的执法依据。[2] 虽然《长江保护法》和《大气污染防治法》对联合执法进行了规定,但是并没有在作为环境保护基本法的《环境保护法》中直接对联合执法作出具体规定,尽管该法第20条规定了"国家建立跨行政区域的重点区域、流域环境污染生态破坏联合防治协调机制",但是其能否等同于联合执法,还需要斟酌商榷。并且该规定只能解决跨行政区域联合执法的问题,尚未解决跨部门联合执法的法律基础问题。另一方面,现有法律法规中对跨区域和跨部门环境保护联合执法主体的权限规定不明,而根据"法无规定即禁止"的原则,联合执法队伍在实践中极可能出现越权执法,甚至无权执法的情形。

(三)联合执法机构建设的"碎片化"

我国流域治理体制经过多次调整和革新,目前已经形成以流域为单位、流域管理和行政区管理相结合的运行体制;行政区内采取以生态环境保护部门为主体、多部门分工协作的组织模式。这种以命令控制为特征的纵向行政性分包结构有利于提高中央政府政策的执行力,但地方政府内部横向的结构性分权又

---

〔1〕 参见陈瑞莲、任敏等编著:《中国流域治理研究报告》,格致出版社2011年版,第220~221页。

〔2〕 参见张健、张舒:《长三角区域环境联合执法机制完善研究》,载《中国环境管理》2021年第2期。

导致了官僚制机构松动和权力“碎片化”的不虞效应。[1] 当前跨区域和跨部门的环境保护联合执法主要是以联合召开安排部署会、联合印发行动方案、联合表彰等形式来开展活动。[2] 联合执法的合作形式相较于在一个特定机构集中执法权的执法方式,显得更为无序、松散。为了解决某种环境生态领域的违法问题,在特定时期成立一个临时性的联合执法机构开展专项行动。短暂的执法行动结束后,违法行为可能再次发生,此时则需要重新组织联合执法,而无法对其产生长久有效的震慑力。在收回的问卷调查中,87% 的受访者认为当前环境保护联合执法面临的主要问题是各部门松散的合作形式难以形成常态化的执法机制,由此可见该问题的严峻性(见表2)。

表 2　当前环境保护联合执法面临的主要问题

选项	小计(人)	占比(%)
联合执法法律依据不够明晰	65	55.56
各部门松散的合作形式难以形成常态化执法	87	74.36
执法主体内部权责不清,权力监督失衡	77	65.81
执法主体众多,不利于相对人寻求救济	39	33.33
总计	117	

(四)联合执法责任承担的“碎片化”

法律依据的先天不足,导致联合执法责任承担机制呈现“碎片化”的乱象。由于行政联合执法具有临时性、不稳定性、参加主体的复杂性等特点,这就提升了在行政联合执法主体内部进行责任追究的难度。[3] 首先,绝大多数环境联合执法行动在外部主要以各部门之间的文件制定、合作、调查等形式进行展现,可能被定义为抽象行政行为从而不对相对人产生实质性的影响;[4]其次,尽管《行政诉讼法》和《行政复议法实施条例》规定了共同被告和共同被申请人的情

---

〔1〕 参见黎元生、胡熠:《从科层到网络:我国流域治理机制创新的路径选择》,载《福州党校学报》2010 年第 2 期。

〔2〕 参见朱青、花明:《中国环境联合执法效能建设面临的困境与对策研究》,载《环境科学与管理》2013 年第 5 期。

〔3〕 参见马良全、李毅:《我国行政联合执法的困境及改进》,载《行政与法》2010 年第 12 期。

〔4〕 例如,岳阳市交通运输综合行政执法支队和岳阳市生态环境保护综合行政执法支队共同印发的《岳阳市船舶污染联合整治“碧水”行动工作方案》。

形,但是目前实践中的环境联合执法大多合作形式松散且具有临时性,各部门之间可能因权责不清而出现越权行政的现象。一旦发生问题需要承担责任时,因为较难确定相应的责任承担机关,相互之间拉扯推诿,使行政相对人寻求权益救济的难度增加。

三、系统治理观视野下的环境保护联合执法的理论基础

运用习近平新时代中国特色社会主义思想指导我国生态文明建设,将解决当代中国的生态转型问题,引导生态环境治理向更高的台阶迈进。[1] 习近平总书记指出“深入实施山水林田湖一体化生态保护和修复”[2],这就要求我们以系统观念来解决长期存在的环境问题。用生态系统治理观指导跨区域环境保护联合执法机制的完善,与哲学的系统思维、流域生态的自然形态以及法治的协同推进具有前后的一致性。

(一)与哲学的系统思维相吻合

马克思的系统分析方法,是指对客体以及客体的要素、相互之间的关系、内部联系以及组成部分等进行描述,然后形成一个不断向前发展的综合体系,这就是辩证唯物主义在实践与理论之间的具体运用。党的十八大以来,习近平总书记在推进政治、经济、军事、科学、文化等方面的思维和决策,表现出了系统思维方法的科学性与系统性。[3] 习近平总书记系统思维是马克思系统分析方法的中国运用,系统治理规则是抽象系统思维的一个具象应用,是习近平总书记系统哲学思维的一个具体体现。

习近平总书记指出,要用系统论的思想方法看待问题,生态系统是一个有机生命躯体,要统筹兼顾、整体施策、多措并举,全方位、全地域、全过程开展生态环境保护建设。习近平生态文明思想,指明了生态文明建设的方向、目标、途径和原则,揭示了社会主义生态文明发展的本质规律,开辟了当代中国马克思

---

〔1〕 参见郝栋:《开启生态治理体系系统性创新》,载人民网 2018 年 3 月 28 日,http://theory.people.com.cn/n1/2018/0328/c40531-29893014.html。

〔2〕 习近平:《习近平谈治国理政(第二卷)》,外文出版社 2018 年版,第 396 页。

〔3〕 参见《习近平的系统思维方法》,载环球网 2018 年 8 月 11 日,https://baijiahao.baidu.com/s?id=1608491585678866054&wfr=spider&for=pc。

主义生态文明理论的新境界。[1] 该思想进一步丰富和发展了马克思主义关于人和自然关系的思想。系统治理观视野下的生态文明建设强调整体性,达到生态文明建设系统综合性的统一,包含了生态文明建设系统结构合理与功能优化的统一。将系统治理观应用于跨区域环境保护联合执法机制改革,不仅可以使相关法学理论更加具有清晰性和精确性,而且增加了跨区域环境保护联合执法机制改革的可操作性和可预见性。

(二)与流域生态的自然形态相协调

流域是一个完整的整体,每一个单独的部分都有其特殊的不可替代的作用和功能,往往是牵一发而动全身。[2] 流域生态系统管理就是以流域为单元,应用生态系统基本原理,兼顾流域上下游水文关系,对流域进行整体管理。[3] 作为一种系统理论,生态整体主义的核心特征是强调生态系统的整体及其整体的内部联系,并非把整体内部某一个单独的部分视为整体的中心。生态整体主义的思想要求人类的生产生活行为要尊重生态系统以及系统内在的客观规律和自然属性,运用生态系统的客观内在规律和整体自然利益为标准来约束我们的行为、需求以及发展。[4] 跨区域环境保护联合执法作为一项执法制度,打破了原有行政区划管辖的桎梏和樊篱,摒弃了"碎片化"的模式,着眼于流域生态的整体形态和特征,符合流域生态的自然规律。行政机关立足于水的自然形态,以流域生态区为单位来组建联合执法队伍,开展环境保护联合执法行动,这体现了对流域生态系统管理客观规律的尊重。

(三)与区域法治协同发展的要求相一致

协同性,就是要求系统内部各子要素之间能够相互协调、相互配合,强调补齐短板,协同联动,避免系统内各要素之间的相互抵消、相互内耗,促使整个系统能够依然保持稳定。[5] 有学者将区域法治协同发展界定为:区域内的法治主体和其他相关主体,为了实现相同的目标,遵守具有法律约束力的规范制度,

---

〔1〕 参见《深入学习贯彻习近平生态文明思想》,载国际在线 2018 年 5 月 21 日,https://baijiahao.baidu.com/s?id=1601063556155551302&wfr=spider&for=pc。

〔2〕 参见伍业钢、唐剑武、潘绪斌主编:《水系与流域》,高等教育出版社 2015 年版,第 16 页。

〔3〕 参见魏晓华、孙阁:《流域生态系统过程与管理》,高等教育出版社 2009 年版,第 5 页。

〔4〕 参见陈晓景:《流域管理法研究:生态系统管理的视角》,中国海洋大学 2006 年博士学位论文。

〔5〕 参见胡仕浩:《关于全面落实司法责任制综合配套改革的若干思考》,载《中国应用法学》2019 年第 4 期。

建立互动关系，最终构建一种有序的区域法治发展模式的过程，以实现区域社会治理与区域法治的良性互动。[1] 系统治理观视野下的跨区域环境保护联合执法机制就类似于一个区域环境治理与区域法治良性互动的综合区域法治体系。系统治理观指导下的联合执法机制完善是法治协同发展的应有之义，二者具有高度的吻合性。

克服区域环境治理的根本性困境，就需要依赖区域内众多机构主体之间的协同合作，并且依靠规则来进行治理，区域环境治理必须依赖"协同法治"。[2] 长江生态环境问题是一项系统工程，以往的各地各部门单打独斗、各自为政的模式已无法有效运行，哪一个地方政府或行政主体都不能仅凭一己之力就解决好长江的生态环境，协同治理才是正确的道路。具体来说有两点，一是法律层面的规定必须对跨区域环境保护联合执法队伍的主体资格以及权力内容进行确认和保障；二是协同法治能够为跨区域环境保护联合执法机制提供规范框架，确保其有效运行，从而形成不断完善的制度化长效机制。

四、系统治理观视野下的跨区域环境保护联合执法机制的路径重构

生态系统治理观为我们解决跨区域环境保护联合执法难题找到了一条科学的途径，具体的路径重构包括选择当前的联合执法模式、解决联合执法的相关问题以及展望未来的执法模式三个方面。

（一）系统治理的整体性：基于"伞形"架构的跨区域联合执法模式

习近平总书记的系统治理观注重系统的重点突破与整体推进。实现长江生态环境整体性治理的关键之处是各自行政区域的政府主体之间要实现协同，有学者曾提出政府间协同的三种理论模式，即"轮形"模式（上级政府参与弱，存在中心省/市）、"伞形"模式（上级政府参与强，存在中心省/市）、"扇形"模式（上级政府主导，无中心省/市），其中"伞形"模式和"扇形"模式稳定性较强，对长江大保护具有较好的理论指导价值。[3] 理性的改革措施应该是在保持行政区域相对稳定的基础上，对联合执法区域进行相应调整。总体来说，就是要坚

---

〔1〕 参见张丽艳：《区域法治协同发展的复杂系统理论论证》，载《法学》2016 年第 1 期。

〔2〕 参见肖爱、李峻：《协同法治：区域环境治理的法理依归》，载《吉首大学学报(社会科学版)》2014 年第 3 期。

〔3〕 参见李海生、王丽婧、张泽乾、邓陈宁：《长江生态环境协同治理的理论思考与实践》，载《环境工程技术学报》2021 年第 3 期。

持整体性与地域性的统一,适度分离。在现阶段可以构建基于"伞形"架构的跨区域环境保护联合执法协同模式(见图2),实现长江中游城市群环境联合执法机构—省级联合执法中心(如湖南、湖北、江西省级中心)—城市的"伞形"协同。

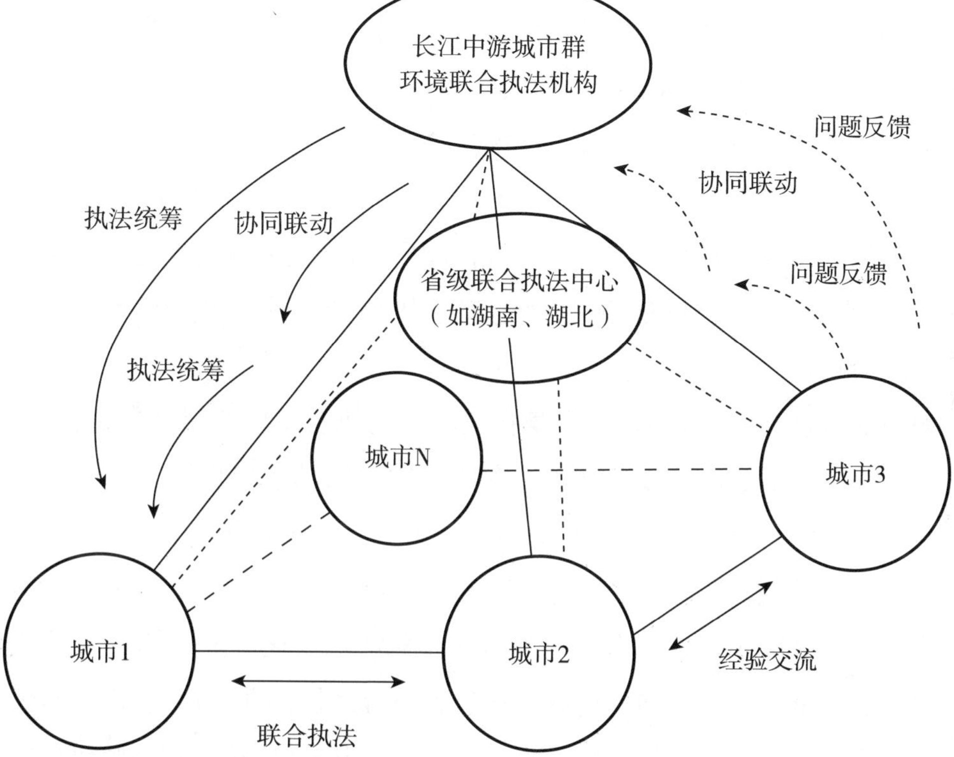

图2 "伞形"模式

具体而言,在长江中游城市群之间设立一个跨行政区域的环境联合执法机构,整体统领联合执法工作,摒除地方保护主义的弊端,发挥监督协调功能,同时为了适应改革的渐进性,在各省设立省级联合中心,便于对本辖区内的城市执法行动进行统筹。长江中游城市群各省(市)、案件发生地所在市州(区县)生态环境部门根据工作需要可定期或不定期开展涉各类环境问题的联合执法行动,对相关问题开展检查和应急处置。

(二)系统治理的关联性:解决好与跨区域联合执法相关的其他问题

习近平总书记的系统治理观注重系统的整体性和要素与要素之间的协同性,重大改革都是牵一发而动全身的,更需要全面考量,协调推进。生态文明建设系统是由众多要素构成的复杂系统,需要强调系统要素之间的合作性、同步性和协调性。[1] 同样地,在推进跨区域环境保护联合执法的过程中,也要处理和解决好与之相关的问题。

1. 明确合法基础

目前,解决环境保护联合执法的合法性基础,可以在对《行政处罚法》(2021年修订)第18条[2]的规定详细解释后进行思考,现阶段可以根据该规定的相关内容,先制定出环境保护联合执法的实施条例,等发展到一定阶段,可以对《环境保护法》进行修订完善。[3] 《行政处罚法》(2021年修订)第18条规定了综合执法制度,相较于联合执法制度,其综合程度更高,涉及国家机构的体制改革,并非一朝一夕所能完成,但两者都有协同性和系统性的要求,在达到综合执法之前需要有一个过渡阶段将行政处罚权相对集中,而这就可以作为联合执行的合法性基础。

2. 厘清责任主体

如前文所述,联合执法队伍本身在实践中的执法主体资格就存疑,各行政部门之间权责模糊不清是导致联合执法责任主体不明的主要原因。陕西省高级人民法院(2020)陕行终50号行政判决书明确了"因联合执法涉及多个行政机关的配合,超出单一行政机关的职责范围,因此联合执法需要经本级人民政府的批准,联合执法产生的法律责任应由批准实施联合执法的人民政府承担",该裁判要旨可以解决部分争议。但是当环境联合执法解决合法性问题之后,就需要考虑如何明确责任主体的问题。为便于行政相对人寻求权利救济,可以在行政机关内部设置一个联合执法行政权限争议解决机制,利用行政机关对自身各部门的管理职责和权限较为了解这一优势,先行明确联合执法行动的责任主体,而权限争议解决机制的具体程序构建可以借鉴行政复议制度的相关规定,如申请、受理、审理和决定等内容,二者都是在行政体系内部带有司法性质的解决纠纷的制度。

3. 完善配套措施

为确保跨区域联合执法模式有效运转,需要建立配套的相关举措。一是建

---

〔1〕 参见于欣:《系统观视野下的生态文明建设》,东北大学2011年硕士学位论文。

〔2〕《行政处罚法》(2021年修订)第18条规定,国家在城市管理、市场监管、生态环境、文化市场、交通运输、应急管理、农业等领域推行建立综合行政执法制度,相对集中行政处罚权。国务院或者省、自治区、直辖市人民政府可以决定一个行政机关行使有关行政机关的行政处罚权。限制人身自由的行政处罚权只能由公安机关和法律规定的其他机关行使。

〔3〕 参见林源犇:《环境生态保护联合执法机制的实践与完善探析》,载《桂海论丛》2021年第5期。

立联席会议机制。根据需要定期召开省级联席会议，视情况邀请相关部门参加，省际交界的各市州（区县）级生态环境执法部门可建立定期会商机制，商议协调案件办理。二是建立省级督办机制。根据生态环境污染程度等，长江中游城市群各省级联合中心视情况对相关案件实施联合督办、提级查办或指导协办。三是建立信息共享机制。主要是加强信息通报、数据共享和经验交流，规范案件通报程序，拓宽案件通报内容，强化办案衔接，联合开展案件查处工作。四是建立技术交流机制。共享各类环境问题专家库，加强技术交流和指导，在案件办理过程中提供技术支撑、装备支援，开展省级联合培训。五是建立省级联合执法联络员机制。明确专人负责跨省联合执法的日常联系事务。

（三）系统治理的动态性：着眼于"扇形"架构跨区域联合执法模式

习近平总书记的系统治理观注重解决非平衡问题，推进系统走向动态平衡。系统是不断向前变化发展的，跨区域环境保护联合执法机制的探索也不能止于当前的模式选择，应以系统的动态性展望未来。

以行政区划管理部门管辖的区域为单元进行流域规划和治理会较难协调各部门的利益关系，跨区域环境保护联合执法机制的改革要分阶段分步骤进行，短期内要建立起"伞形"的协同模式，特别是探索以流域、地域等为单元的联合执法。中长期则要探索弱化省级行政机构的作用，着眼于构建如图 3 所示"扇形"架构的跨区域联合执法模式，直接由国家设立的长江中游城市群环境联合执法机构进行主导，《长江保护法》对国家长江流域协调机制进行了规定，而长江中游城市群环境联合执法机构正可以发挥类似的统筹协调作用。

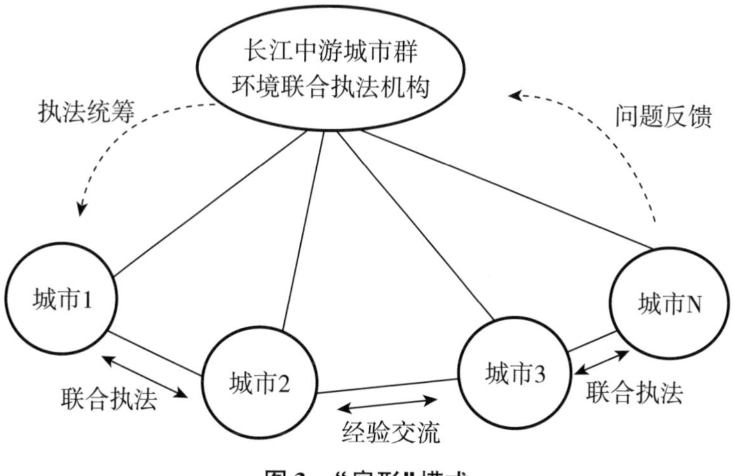

图 3 "扇形"模式

五、结语

生态文明建设是习近平总书记关于"五位一体"战略布局的宏观政策内容之一,推动长江经济带发展是关系国家发展全局的重大战略,长江中游城市群跨区域环境保护联合执法对生态文明建设和长江经济带发展的推动有着重要作用。以习近平总书记生态系统治理观为视角,摒弃"碎片化"的执法理念与模式,从生态系统治理的整体性、关联性和动态性出发促进跨区域环境保护联合执法机制的系统性发展,从"伞形"模式到"扇形"模式的跨越,仍然需要一个不断革新的过程。

附件

一、长江司法保护武汉共识

为深入贯彻党的二十大精神，深刻践行习近平法治思想和习近平生态文明思想，切实推进《长江保护法》正确有效实施，充分彰显法治护航长江流域生态环境保护与绿色低碳发展的使命担当，出席首届长江大保护司法论坛的专家学者经过深入讨论，就全面加强长江司法保护工作达成以下共识。

扛牢责任。本着对党和人民事业高度负责的态度，不断强化政治自觉、思想自觉、行动自觉，扛牢压实长江大保护的政治责任和司法责任。准确理解生态环境保护与经济社会发展的辩证关系，坚持生态优先绿色发展，将长江流域生态环境保护和修复摆在压倒性位置，坚决筑牢长江保护的司法屏障。

深化理念。深刻认识人与自然和谐共生是中国式现代化的本质要求和应有之义，尊重自然、顺应自然、保护自然，切实践行“绿水青山就是金山银山”理念，坚持山水林田湖草沙冰一体化保护和系统治理，坚持共抓大保护、不搞大开发。立足司法审判职能，共同保护长江流域生态环境，保障资源合理开发利用，推进长江流域绿色低碳发展。

公正司法。坚持用最严格制度、最严密法治保护长江流域生态环境，依法严惩破坏长江流域生态环境的违法犯罪行为，充分救济长江流域生态环境民事权益，支持并监督环境行政机关依法履职，合理发挥环境公益诉讼和生态环境损害赔偿诉讼的作用。通过审理长江保护相关案件，有力维护和改善人民居住环境，大力促进长江流域绿水青山的“生态颜值”和人民生活“幸福指数”的同步提升。

系统修复。坚持“保护优先、预防为主”原则，充分发挥预防性公益诉讼功能，将生态环境司法保护提至事中、事前，避免生态环境损害的发生或扩大。加强流域生态环境司法保护、修复基地建设，积极适用补植复绿、增殖放流、劳务代偿等责任承担方式，探索“恢复性司法实践＋社会化综合治理”模式。

创新机制。探索构建长江流域一体化司法保护机制，完善长江流域法院司法协作机制建设，有效发挥信息化手段在立案、审判、执行中的智慧效应，提升跨域环境诉讼服务能力。健全长江流域环境资源审判组织体系，锻造高素质专业化审判队伍，完善环境资源刑事、民事、行政案件“三合一”归口审理机制。强化全流域系统保护，完善以流域、湖域等生态功能区或者以国家公园、自然保护区等自然保护地为单位的环境资源案件跨行政区划集中管辖制度。加强长江流域内公、检、法、司以及政府法治部门、行政执法机关、流域管理机构之间的协调联动，搭建委托送达、委托取证、委托执行、联合宣传、调研交流和信息共享平台。

多元共治。坚持长江流域环境资源案件专业审判与公众参与相统一，注重专家辅助人、人民陪审员在环境资源案件事实查明、评估鉴定等诉讼活动中的作用。持续开展长江生态环境司法研究，定期发布长江保护典型案例、环境资源审判白皮书等司法信息，开展长江保护专项行动，利用多元渠道强化宣传，积极引导广大人民群众强化长江保护意识和法治观念，倾力打造长江流域生态文明建设的共治格局。

（2022 年 11 月 25 日）

二、领 导 致 辞

1. 全国人大常委会副委员长、民革中央主席万鄂湘在首届长江大保护司法论坛开幕式上的致辞

值此首届长江大保护司法论坛召开之际，我谨对论坛的召开表示热烈的祝贺！向与会嘉宾致以诚挚的问候！

长江是我们的母亲河，也是中华民族永续发展的重要支撑。流经湖北1061公里的长江，孕育了博大精深的荆楚文化，滋养了生生不息的江汉文明。作为长江干线流经最长的省份和国家重要的生态屏障，湖北在“长江大保护”方面地位凸显、作用突出、责任重大。近年来，湖北坚持以习近平生态文明思想和习近平法治思想为指导，认真践行“共抓大保护、不搞大开发”理念，围绕做好生态修复、环境保护、绿色发展“三篇文章”，全面推进《长江保护法》有效实施，积极回应人民群众对“美好环境与幸福生活共同缔造”的重大关切，推动构建长江流域生态环境执法司法一体化保护体系，切实运用法治思维和法治方式解决环境资源纠纷、维护环境资源权益、促进环境资源修复，为长江流域生态文明建设和长江经济带高质量发展提供了有力保障。

在党的二十大上，习近平总书记强调，“必须牢固树立和践行绿水青山就是金山银山的理念，站在人与自然和谐共生的高度谋划发展”。这是立足我国进入全面建设社会主义现代化国家、实现第二个百年奋斗目标的新发展阶段，对推动生态环境保护和经济社会发展提出的新要求。呵护好、利用好、发展好长江这一“黄金水道”，既是职责所在，更是发展所系。此次，湖北省高级人民法院联合武汉高校、科研机构主办长江大保护司法论坛，会聚国内学术界和实务界共同探讨长江大保护中的理论与实践问题，既是用实际行动来践行习近平总

书记“守护好一江碧水”的殷切嘱托，也是在新形势下加强长江生态环境保护司法应对、助力长江流域系统性综合治理的积极举措，对于进一步完善长江大保护司法体制机制，促进法律适用和裁判标准统一，提升行政执法与司法协调联动、多元共治能力水平，以“大保护”支撑和推动长江经济带高质量发展具有重要意义。

希望各位专家学者、与会嘉宾围绕论坛主题，在思想交流与观点碰撞中凝聚共识，以“理论之思”回答好长江流域生态保护和高质量发展的“时代之问”，为“护一江安澜、绘荆楚青绿”贡献智慧和力量。

预祝论坛取得圆满成功！祝大家身体健康，万事如意！

（2022 年 11 月 24 日）

2. 最高人民法院党组书记、院长周强在首届长江大保护司法论坛开幕式上的致辞

在全国上下深入学习宣传贯彻党的二十大精神之际，湖北省高级人民法院联合长江海商法学会、武汉大学法学院、华中科技大学法学院、中南财经政法大学法学院、人民法院环境资源审判理论研究（武汉大学）基地，以线上线下相结合的方式举办首届长江大保护司法论坛，深入研讨长江流域生态环境司法保护热点问题，很有意义。首先，我代表最高人民法院，对论坛的顺利召开表示热烈祝贺！对大家长期以来给予人民法院工作的关心支持表示衷心感谢！

党的十八大以来，习近平总书记高度重视长江保护，先后三次主持召开推动长江经济带发展座谈会，强调“生态优先绿色发展”“共抓大保护、不搞大开发”，为推进长江流域生态环境保护和修复、推动长江经济带高质量发展提供了根本遵循。2021 年 5 月 26 日，最高人民法院和联合国环境规划署在云南昆明联合举办世界环境司法大会，习近平总书记向世界环境司法大会致贺信，强调要共同推进全球生态环境治理，指出“中国持续深化环境司法改革创新，积累了生态环境司法保护的有益经验”。习近平总书记的贺信为人民法院加强环境资源审判工作、进一步提升环境司法能力和水平、强化生态环境司法保护指明了方向。十年来，最高人民法院深入贯彻习近平生态文明思想和习近平法治思想，贯彻落实习近平总书记关于长江保护的重要指示精神，充分发挥审判职能，为长江流域生态环境保护和长江经济带高质量发展提供了有力司法服务。一是积极完善司法政策。2019 年至 2021 年，连续三年召开专项工作推进会议，就长江流域生态环境司法保护作出专门部署。出台服务保障长江经济带发展、长江流域生态文明建设与绿色发展、长三角一体化发展、建设人与自然和谐共生的现代化等意见，强化政策指引，端正司法理念，健全工作机制，明确目标任务，助力长江流域高水平保护与高质量发展。二是切实抓好环境资源审判工作。

统筹发挥刑事、民事、行政审判职能,创新适用多种裁判执行方式,依法审理涉长江流域生态环境保护案件,为长江流域生态环境保护和修复贡献司法力量。指导长江流域法院依法审理向长江非法排污案、绿孔雀预防性保护公益诉讼案、非法捕捞长江鳗鱼苗公益诉讼案等一大批流域生态环境司法保护典型案件,实现法律效果、政治效果、社会效果有机统一。三是不断构建裁判规则体系。贯彻实施《长江保护法》,坚持最严格制度、最严密法治,围绕加强长江流域在内的生态环境保护,制定环境污染犯罪、环境侵权、环境公益诉讼、生态环境损害赔偿、生态环境侵权禁止令、生态环境侵权惩罚性赔偿等方面司法解释21件,出台《关于贯彻〈中华人民共和国长江保护法〉的实施意见》《贯彻实施〈长江保护法〉工作推进会会议纪要》等司法解释性质文件,发布长江流域环境资源指导性案例、典型案例60余件,构建务实管用、系统严密的流域环境资源裁判规则体系。四是建立健全专门化审判体制机制。落实党的十八届三中全会重大决策部署,构建中国特色专门化环境资源审判体系。2014年6月成立最高人民法院环境资源审判庭,牵头指导全国环境资源审判工作。指导长江流域各地法院设立环境资源专门审判机构、审判组织1203个,实现流域重点区域全覆盖。长江流域19个高级人民法院中已有17个实行环境资源刑事、民事、行政审判职能"三合一"归口模式,专门化程度进一步提高。鼓励流域法院探索多元化跨行政区划集中管辖模式,破解环境保护"主客场"问题,推进生态环境系统治理。指导长江经济带11省市和青海省高级人民法院签订"11+1"环境资源审判协作框架协议,支持沪苏浙皖、湘鄂赣、云贵川渝等地构建司法协作新格局,长江全流域及重点区域司法协作模式基本建成。五是持续深化协调联动机制。与长江经济带发展领导小组办公室签署建立推动长江经济带发展司法合作协同机制的合作框架协议,完善司法合作协同机制。指导流域法院与自然资源、生态环境等部门加强协调联动,湖北省高级人民法院联合水利部长江水利委员会等出台专门措施,推动形成维护流域生态安全有效合力。十年来,长江流域各级法院扎实推进环境资源审判工作,为流域生态环境保护和经济社会发展作出重要贡献。湖北法院立足长江干线径流里程最长省份和国家重要生态屏障的区位优势,积极推进长江跨区域司法协作,推动构建长江流域生态环境一体化司法保护格局,取得了显著成效。下一步,长江流域各级法院要再接再厉，充分发挥环境资源审判职能，切实守护好中华民族的母亲河。

党的二十大报告强调，中国式现代化是人与自然和谐共生的现代化，并就“推动绿色发展，促进人与自然和谐共生”作出专门部署，为做好当前和今后一个时期长江流域生态环境司法保护工作提供了行动指南。人民法院将坚持以习近平新时代中国特色社会主义思想为指导，深入学习贯彻党的二十大精神，深入践行习近平生态文明思想和习近平法治思想，认真落实习近平总书记致世界环境司法大会贺信精神，深刻领悟“两个确立”的决定性意义，增强“四个意识”、坚定“四个自信”、做到“两个维护”，继续深化环境司法改革创新，全面加强长江流域生态环境司法保护，为建设人与自然和谐共生的现代化提供有力司法服务。一是牢记“国之大者”，强化责任担当。始终站在党和国家事业发展全局的战略高度，不断提高政治判断力、政治领悟力、政治执行力，深刻认识抓好长江大保护是党中央高度关注的“国之大者”，强化守护绿水青山的责任担当，确保党中央关于加强长江保护的各项决策部署不折不扣贯彻落实到人民法院工作中。二是立足长江流域实际，优化司法保护理念。坚持生态优先绿色发展，准确理解和把握生态环境保护与经济社会发展的辩证关系，把长江流域生态环境保护和修复摆在流域环境司法工作的压倒性位置。坚持统筹协调、系统治理，妥善处理长江流域江河湖泊、上中下游、干支流、左右岸、水中岸上之间的关系，推进山水林田湖草一体化保护和系统治理。坚持依法严惩、全面担责，推动刑事、民事、行政法律责任有效衔接，加大对流域生态环境违法犯罪惩治力度，筑牢长江流域生态安全司法屏障。三是紧扣生态环境修复这个关键，贯彻落实好《长江保护法》。依法加强水污染防治类案件审理，加大对超标排放有害物质造成的水污染、农业面源污染、固体废物污染等行为惩治力度。认真审理长江十年禁渔相关案件，严惩各类非法捕捞犯罪行为，促进流域水生生物恢复。严厉打击危害珍贵、濒危野生动植物犯罪，加强栖息地生态系统保护，维护流域生态功能和生物多样性。支持行政机关依法打击长江流域非法采砂行为，严惩相关刑事犯罪，保障长江水域生态系统和航运安全。四是完整、准确、全面贯彻新发展理念，服务长江经济带高质量发展。依法妥善审理流域内河流、湖泊、矿产、渔业等涉自然资源开发利用案件，综合考量生态环境保护和自然资源合理利用。充分运用破产重整、破产和解等司法手段，助力钢铁、石化、造纸、农药等重点行业技术设备升级、实施清洁化改造。妥善审理因绿色信贷、绿色债券、绿色保险等引发的绿色金融案件,依法保障节能环保、清洁能源、绿色交通等绿色产业投融资需求,服务绿色低碳发展。依法审理流域港口、航道等水运基础设施纠纷案件,保障长江黄金水道功能有效发挥。五是深入推进环境司法理论和实践创新。加强生态环境司法保护,还面临不少新问题。要全面深化人民法院与法学理论界的合作,取长补短、优势互补,把各方面资源统筹利用好,形成合力,促进环境司法理论和实践创新,为持续深化环境司法改革创新、全面强化生态环境司法保护提供理论支撑,推进生态环境保护再上新台阶。

新时代新征程,保护好长江流域生态环境责任重大、使命光荣。我们要深入学习贯彻党的二十大精神,携起手来扎实做好环境司法各项工作,共同推进长江流域高水平保护和高质量发展,为以中国式现代化全面推进中华民族伟大复兴作出新的更大贡献!

预祝本届论坛取得圆满成功!

（2022 年 11 月 24 日）

3. 中国法学会副会长黄进
在首届长江大保护司法论坛开幕式上的致辞

尊敬的周强院长，各位领导、各位专家学者，同志们、朋友们：

大家上午好！

今天，正值孟冬时节，在美丽的东湖之滨，首届"长江大保护司法论坛"如期举行。在此，我谨代表中国法学会，对论坛的成功举办表示衷心的祝贺！

党的二十大报告指出："中国式现代化是人与自然和谐共生的现代化。"实施长江大保护，是贯彻落实习近平生态文明思想和注重流域治理新发展理念的重要举措。党的十八大以来，以习近平同志为核心的党中央将推动长江经济带发展上升为国家战略，把修复长江生态环境摆在压倒性位置，明确提出"共抓大保护、不搞大开发"，为长江生态环境保护和长江经济带发展指明了正确方向、提供了根本遵循。近年来，长江海商法学会和中国法学会环境资源法学研究会联合长江流域各司法机关，紧紧围绕党和国家工作大局，更加注重系统观念，更加注重依法治江，更加注重协同履职，组织引领广大法学法律工作者就长江大保护中的重大法治理论和实践问题进行研讨。本次论坛以"长江大保护"为主题，深入探讨司法保障的相关问题，对于加强长江流域生态法治建设，对通过法治来推动长江经济带高质量发展，具有十分重要的意义。

借此机会，我就加强长江大保护的法治建设、法学研究问题谈几点认识，与大家交流。

一、深入学习宣传贯彻党的二十大报告精神，坚持正确的政治方向和研究导向

党的二十大，是在全党全国各族人民迈上全面建设社会主义现代化国家新征程、向第二个百年奋斗目标进军的关键时刻召开的一次十分重要的大会，是

一次高举旗帜、凝聚力量、团结奋进的大会,在党和国家发展进程中具有极其重大的历史意义。长江海商法学会要充分发挥自身优势,认真学习宣传贯彻党的二十大精神,深入学习贯彻习近平新时代中国特色社会主义思想,特别是习近平法治思想和习近平生态文明思想。保持和增强政治性,肩负起团结引领本领域广大法学法律工作者听党话、跟党走的政治责任。始终把讲政治作为第一位的要求,坚持正确政治方向,站稳政治立场。带领全体会员深刻领悟"两个确立"的决定性意义,增强"四个意识"、坚定"四个自信"、做到"两个维护",不断提高政治判断力、政治领悟力、政治执行力,坚定不移走中国特色社会主义法治道路。

二、充分发挥法治对贯彻生态优先绿色发展战略定位的引领保障作用

长江是中华民族的母亲河,是中华民族永续发展的重要支撑。长江流域涉及19个省、自治区、直辖市,横跨我国东中西三大板块,生态地位突出,发展潜力巨大。长江海商法学会和长江大保护司法论坛创建的初衷,就是吸引更多的法学研究力量和法学研究人才,关注长江流域保护实践中出现的问题,解决实践中存在的困难,开展符合经济社会发展及区域发展战略需求的法治问题研究。改革开放四十多年来,长江流域已成为我国发展最快、最好、最具吸引力和生命力的区域之一,未来长江流域的发展依然是全国的重要标杆。当前,在加快构建新发展格局、着力推动高质量发展的新时期,长江流域的环境保护仍然存在污染排放基数大,配套法律制度不健全等问题,依然制约着长江经济带的高质量发展,深入打好长江保护修复攻坚战,增强"十四五"时期长江全流域的绿色发展能力,提升长江流域在双循环新发展格局中的地位和作用,是我们面临的机遇和挑战。长江海商法学会要准确把握长江流域特点,强化问题导向,坚持立足长江流域、研究长江流域、服务长江流域,形成具有靶向性和针对性的法学研究成果和解决措施,对流域统筹管理和统一协调的体制机制进行法治化塑造,实现治理的有效协同与整合。通过建言献策、参与立法等方式,为解决长江流域在改革发展过程中遇到的共性问题,以及生态保护的个性问题提供切实管用有效的法治方案。

三、始终坚持理论联系实际，不断提升服务长江流域协同发展大局的能力水平

长江流域法治实践为广大法学法律工作者提供了广阔的舞台,广大法学法律工作者要把握历史机遇,主动投身伟大实践,为深入实施长江流域可持续发展战略,完善生态文明领域统筹协调机制,构建生态文明体系,提升长江流域生态系统多样性、稳定性、持续性,形成生产空间集约高效、生活空间宜居适度、生态空间山清水秀的绿色转型发展新格局,贡献法学智慧和力量。针对长江大保护问题的研究要注重加强地区之间、院校之间、学科专业之间、科研机构与实务部门之间的互相交流协作,以实现互相启发和互相促进的多赢效果。要坚持系统观念,从法学与经济学、生态学等其他学科的交叉视角切入,进行系统研究。要坚持立足流域实践、突出流域特色,注重在理论与实际结合上取得新成果,打造研究品牌,丰富研究成果。要重视成果形成后在实践中的应用转化问题,推动成果向决策转化。要在构建新型长江流域法学交流模式上坚持自信自立,充分发挥合作交流平台的优势,凝聚广大法学法律工作者的集体智慧,发挥沿江各省市在法治建设方面的各自优势,构建共建、共研、共享的全流域协同创新机制,更好地服务长江流域协同发展大局。

同志们!“独学而无友,则孤陋而寡闻”,让我们以本次论坛为起点,将长江大保护与深入学习党的二十大精神结合起来,树立“一盘棋”思想,用实实在在的行动,推动长江流域各省市法治合作不断取得新进展。同时,推动长江全流域更加注重在法治轨道上强化生态修复,促进绿色转型,依法护佑长江,让母亲河江水更清、两岸更绿、物流更畅、人气更旺,永葆勃勃生机。

最后,预祝本次论坛圆满成功!谢谢大家!

(2022 年 11 月 24 日)

4. 湖北省委常委、省政法委书记肖菊华在首届长江大保护司法论坛开幕式上的致辞

尊敬的周强院长，各位领导、各位专家，同志们：

在全省上下深入学习贯彻党的二十大精神、奋力谱写全面建设社会主义现代化国家荆楚篇章的关键时刻，首届长江大保护司法论坛在武汉举办，充分体现了中央和国家有关部门、社会各界对湖北的重视和支持，也为我们提供了一次宝贵的学习机会。

在此，我谨代表湖北省委、省委政法委，对论坛的举办表示热烈的祝贺，向关心支持此次论坛的万鄂湘副委员长、周强院长表示衷心的感谢；向参加开幕式和研讨活动的江必新副主任委员、黄进副会长、刘晓云院长、夏道虎院长、葛晓燕院长，以及各位领导、各位专家，表示热烈的欢迎！

湖北地处我国中部，面积 18.6 万平方千米，人口近 6000 万，设 17 个市州，是经济大省、科教大省、生态大省、农业大省。近年来，在以习近平同志为核心的党中央坚强领导下，省委、省政府团结带领全省人民，牢记嘱托、感恩奋进，在全国各地各部门的大力支持下，打赢疫情防控“武汉保卫战”“湖北保卫战”，推动“建成支点”实现历史性突破、“走在前列”迈出关键性步伐、“谱写新篇”取得标志性成果，全省经济发展重回“主赛道”，2021 年经济总量跨越 5 万亿元新台阶，重返全国第 7 位。2022 年前三季度，GDP 增长 4.7%，高于全国 1.7 个百分点，在 5 万亿元以上经济大省中位居第一。

长江是中华民族的母亲河，是中华民族永续发展的重要支撑。湖北是长江干线流经里程最长的省份，自西向东流贯 26 个县市、流程 1061 千米，全省有 5 千米以上河流 4000 多条，天然湖泊 755 个，素有“千湖之省”的美誉，是长江流域重要的水源涵养地和国家重要生态屏障。湖北还是三峡工程、葛洲坝工程、南水北调中线工程所在地，承担着“一江清水东流”“一库净水北送”的政治

责任。近年来,湖北省委认真落实习近平总书记考察长江、视察湖北时的重要讲话精神,坚持“绿水青山就是金山银山”理念,始终走生态优先绿色发展之路,把修复长江生态摆在压倒性位置,把“坚决守住流域安全底线”摆在“四条底线”之首(流域安全、生态和粮食安全、经济安全、社会稳定“四条底线”),全面推行五级河湖长制、林长制,统筹“山水林田湖草沙”系统治理,“关改搬转”沿江化工企业443家,取缔非法码头1840座,关停养殖场1.28万家,整治长江入河排污口8037个,长江干流湖北段水质已连续3年稳定在Ⅱ类,长江生态环境发生了明显好转。

近年来,湖北政法机关在党中央、省委坚强领导下,深入学习贯彻习近平生态文明思想、习近平法治思想,聚焦“长江大保护”,紧扣生态修复、环境保护和绿色发展“三篇文章”,以最严尺度、最高标准、最优程序推动《长江保护法》全面深入实施,充分发挥公益诉讼和生态环境损害赔偿诉讼作用,强力推进长江“十年禁渔”,严打非法采砂,全面加强和创新环境资源审判工作,用法律破解制约长江保护的难点和痛点问题,为长江大保护、长江经济带高质量发展提供了有力法治保障。

习近平总书记深刻指出,保护生态环境必须依靠制度、依靠法治。《长江保护法》是我国第一部流域专门法律,贯彻实施好《长江保护法》是我们共同的责任。希望通过此次活动,大家共同研究、探讨,推动解决长江大保护体制机制、司法协作、法律适用等方面的理论和实践问题,促进流域各省市区更好地适用和实施《长江保护法》,形成统筹保护、系统治理的法治合力。湖北政法机关将以此活动为契机,进一步牢固树立生态优先绿色发展理念,严格执行《长江保护法》等相关法律规定,充分发挥职能作用,为长江大保护、长江经济带高质量发展提供有力法治保障。

最后,预祝本次论坛活动圆满成功。祝各位领导、各位代表在湖北期间身体健康、工作顺利!

(2022年11月24日)

三、主旨演讲

1.《长江保护法》执行现状与实施建议

吕忠梅*

感谢论坛主办方的邀请。中国法学会环境资源法学研究会作为学术指导单位参与了本次论坛筹备。我非常高兴回到湖北省高级人民法院,与老同事和嘉宾分享对《长江保护法》的研究成果。我发言的题目是《〈长江保护法〉的执行现状与实施建议》。回想我在20年前提出为长江立法的建议并一直跟踪研究,到后来参与《长江保护法》的制定,今天谈的是一些切身体会。当前,举国上下都在贯彻落实党的二十大精神,着眼于二十大宏大的战略部署,再来看《长江保护法》的实施,意义更加重大。

我们知道,《长江保护法》是习近平总书记亲自部署和推动的重大立法。习近平总书记先后三次主持了长江大保护座谈,反复强调长江经济带建设,要共抓大保护、不搞大开发,并特别指出:长江病了,病得还不轻!要用中医疗法来治疗长江病,一定要探索一条生态优先绿色发展的新路子,要为长江经济带建设"立规矩"。正是在习近平总书记的推动下才有了今天的长江大保护,有了《长江保护法》。

作为中国第一部流域立法,《长江保护法》有很多创新——理念创新、制度创新、实践创新,既是超越"部门"和"地方"的特别法,又是统筹"保护"和"利用"的综合法,同时也是整合"空间"和"平面"的立体法,还是打通"经脉"和"淤堵"的"中医法"。对于这样一部法律的实施,首先必须深刻理解和把握其

* 吕忠梅,全国政协常委、社会和法制委员会驻会副主任、中国法学会环境资源法学研究会会长。

立法背景、立法理念、立法思维。

一、《长江保护法》实施效果良好

《长江保护法》于2021年3月1日起正式实施,各方面高度关注这部法律的实施现状,2022年3月,《长江保护法》实施一周年之际,媒体进行了实施状况的专题报道;8月,全国人大常委会专门组织了《长江保护法》的执法检查,并专门审议了《长江保护法》执行情况的报告。我主要从研究的角度,进行了一些跟踪评估。总体来看,该法的实施效果不错。

《长江保护法》实施以来,国务院及其相关职能部门、长江流域各级地方政府认真贯彻落实习近平生态文明思想,按照中共中央、国务院的决策部署,积极推进各项制度落地、落细,在全力打好长江保护修复攻坚战,促进长江流域高质量发展,实现长江大保护方面取得了良好效果。主要表现在以下五个方面。

1. 党委政府高度重视,立法理念深入人心

国务院及其相关职能部门和长江流域各省(区、市)高度重视《长江保护法》的贯彻实施。各级党委和政府成立了贯彻实施《长江保护法》工作领导小组,将《长江保护法》纳入各地各相关单位业务学习的重要内容。各相关职能部门切实担负起行业监管指导职责,各地方切实担负起属地监管职责,共同形成了推动《长江保护法》有效贯彻落实的工作合力,营造了全民尊法、学法、守法、用法的浓厚氛围。

2. 聚焦解决突出问题,因地制宜抓好法律落实

目前,长江流域各级地方政府按照《长江保护法》的要求,突出规划管控、重点产业升级改造、化工企业关改搬转、"三磷"综合整治、流域污染综合治理和生态修复等任务,通过建立任务清单、问题清单、责任清单、时限清单,加强统筹协调,对准目标系统推进。例如,上海市根据《长江保护法》第20条专门制定了《关于〈长江经济带发展负面清单指南(试行)的实行规则〉》;云贵川三省人大常委会分别审议通过了《关于加强赤水河流域共同保护的决定》,并且采取条例加共同决定的新模式来协同保护赤水河流域;湖北省人大常委会通过了《湖北省磷石膏污染防治条例》,这是全国首部精准防治磷石膏污染的地方性法规,探索以"小切口"配套立法落实《长江保护法》相关制度,推动磷石膏污染

防治、综合治理。

3. 严格落实长江禁捕退捕要求,实现联合执法常态化

为破解长江"无鱼"之困,《长江保护法》明确规定禁止天然渔业资源生产性捕捞,并加大对有关违法行为的责任追究和处罚力度。各地为确保这一制度落实落细,多措并举,形成制度合力。例如,江苏省人大常委会通过了《关于促进和保障长江流域禁捕工作若干问题的决定》,探索推进长江流域禁捕跨省联动监督、协同立法、联合执法等行动;湖北等五省市共同签署了《长江流域重点水域"十年禁渔"联合执法合作协议》,建立联席会商制度、执法联络员制度、联合巡察机制、协作共治机制、应急协同机制和信息共享机制等,为开展"十年禁渔"专项行动制定了切实可行的联合执法方案,推动跨部门、跨区域的联合执法和行动统筹成为长江流域保护工作常态。

4. 完善长江流域环境司法机制,助推绿色高质量发展

最高人民法院发布了《关于贯彻〈中华人民共和国长江保护法〉的实施意见》及长江流域生态环境司法保护典型案例,最高人民检察院发布了长江流域生物多样性保护公益诉讼等案例。一些地方法院也在积极探索司法保障绿色高质量发展,例如,江西省高级人民法院在上饶市设立信江流域环境资源法庭和饶河流域环境资源法庭;重庆市设立了两江地区人民检察院,主管长江干流和嘉陵江流域重庆境内的跨区域生态环境和资源保护行政公益诉讼案件。此外,2021 年度中国环境司法发展报告专门对长江流域的案件情况进行了跟踪梳理,并连续两年对长江流域环境司法的相关情况作了精准分析。通过分析,我们发现案件数量和诉讼类别均呈现出正向和健康的发展态势。

5. 有序推进农业面源污染防治,农村人居环境明显改善

在《长江保护法》的实施过程中,各部门高度重视农业面源污染防治,改善农村人居环境。农业农村部、工业和信息化部、生态环境部、市场监管总局发布了 2020 年第 4 号行政令《农用薄膜管理办法》,加强对农用薄膜管理。在推进农村人居环境整治中,开展农村生活垃圾收运处理,实施农村厕所革命,提高农药化肥使用效率,推广测土配方技术,重视农业面源污染综合治理试点建设,加大对农业面源污染的财政补贴和转移支付,建设了一批秸秆综合利用重点县,鼓励多方主体参与,开展多种形式的秸秆利用。

二、《长江保护法》的实施仍然存在难点与痛点

2022 年 3 月,《半月谈》刊登了《保护长江靠法,有的法律却"打架"》的文章,记者采访了包括我在内的一些同志,归纳了《长江保护法》实施中的一些问题,我都赞成。

实际上,为实现"生态优先绿色发展"的目标,《长江保护法》按照"共抓大保护、不搞大开发"的要求,对涉及多个领域、多个部门、多个地方的流域保护工作进行统筹协调,通过系统性体制机制创新,设计了许多具有鲜明流域特征的法律制度。该法在实施过程中,也暴露出一些困难和问题。既有立法概念界定不清、执法尺度不一造成的实施困惑,也有相应配套立法滞后带来的实施困难,还有相关改革与支持不到位形成的实施困境。

1. 立法存在一定模糊地带及相关规定不一致导致实施困难

《长江保护法》的一些立法瑕疵在实践检验中开始暴露。例如,《长江保护法》对"长江支流"界定不清晰,实践中对"二级以下支流""重要支流"存在争议,导致一些禁止性规定难以执行到位,执法中感到落实空间管控与"三线一单"制度因缺乏基本抓手而成了"睡眠条款"。再如,《长江保护法》对违法采砂活动的处罚严格,而之前司法解释的"入刑"门槛较低,一方面因行政处罚过重,难以执行到位;另一方面刑罚与行政处罚"倒挂",违法者宁可反复入刑也不愿接受行政处罚。

2. "流域事权"制度创新因缺乏配套性法规落实困难

《长江保护法》共 96 条,其中有 62 个条文涉及国务院及其职能部门、省级和县级人民政府的职责,但这些政府职责规定尤其是"流域事权"的规定还比较原则。长江流域的统一司法更需要有具体明确的司法组织、司法程序、司法效力等专门规定予以保障。但《长江保护法》实施一年来,各方面的配套都未及时跟上。国家层面对部门"流域事权"的落实仅就个别事项出台了少量行政规章;地方层面现有与长江干流保护有关的规定主要在上游与下游,且多为政策性文件,长江中游众多省份尚未进行长江干流保护的地方立法。一年来,各级人民法院直接依据《长江保护法》裁判的案件仅 4 件,大量案件还是按照之前法律裁判,"同案不同判"现象难以消除。

3. 流域协调机制“虚多实少”使长效协作机制建立困难

为解决“九龙治水”问题，《长江保护法》专门建立了国家流域协调机制和地方流域合作治理机制，被誉为“一龙管江”的体制性革命。但到目前为止，“国家流域协调机制”尚无明确的牵头部门，也未按照法律规定履行职责。原有立法赋予水利（长江水利委员会）、水政、生态环境、航道、公安等多个部门的流域执法权限和执法队伍并未得到有效整合，实践中普遍反映执法大检查是“车轮战”，多头执法、多层执法现象并未彻底改变。在地方协作执法方面，未形成长效协作机制，权威性、稳定性、规范性不足，因事而异、因地而异情况较为普遍，反而可能出现新的“地方粮票”现象。

4. 制度物化不到位及投融资机制不畅使生态修复制度陷入“空转”

目前，由于中央生态环境资金支持的范围和额度不能完全满足市、县级生态环境工作需要，各地各级财政状况差异大、配套资金难以到位，导致多数农村污染治理工程面临推动难、落实难的困境。因国家尚未出台长江入河排污口溯源整治的技术指南或规范，基层无法开展深度溯源和综合整治工作。诸多因素导致 PPP 项目推动难度持续加大，地方政府将面临支出责任额度提高和财政收入下降的双重压力，环保集团资金收回困难，长江大保护项目的可持续性严重不足，以生态修复为核心的制度可能面临“无米下锅”的困境。

三、推进《长江保护法》实施的几点建议

党的二十大报告擘画了建设“人与自然和谐共生的现代化”的宏伟蓝图，提出了到 2035 年“生态环境根本好转，美丽中国目标基本实现”的明确目标。具体到“水”，应做到清水绿岸，鱼翔浅底；达到或者优于Ⅲ类水体的比例为 85% 以上，基本恢复水生态和生物多样性；近岸海域水质优良比例为 80% 以上，全国 80% 以上的海湾基本建成“美丽海湾”。长江流域要实现这些目标，任务依然艰巨，下一步，还需要付出更大的努力。

（一）着力推进《长江保护法》的有效实施

《长江保护法》实施一年以来，取得的显著成效充分证明，在习近平生态文明思想指引下，其立法理念、立法原则、基本制度安排的方向是正确的，实践中暴露的一些问题是发展中的问题，需要以发展的思维、发展的视角加以妥善

处理。

1. 在对《长江保护法》进行评估基础上，启动联动修法

一是《长江保护法》的一些实施困境是因为"新法"出台后，"旧法"未予及时清理和修改造成的。2022 年，全国人大常委会已经启动了对《长江保护法》执法大检查和立法后评估工作，建议在此基础上，对与《长江保护法》实施相关的法律进行全面清理，研究制定相关同位法"打包"修法方案，确保立法体系内部规范严密、衔接有序、协调统一。

二是针对基层实际执法中遇到的具体困难，在认真听取各方意见的基础上，针对采砂、禁捕等执法难点，对相关制度进行合理性评估并研究综合性解决方案：一方面，完善生态补偿相关政策措施并督促生态补偿及时到位，切实解决禁渔后的群众生产生活与社会保障等问题，避免群众因生计替代困难而导致的违法捕捞屡禁不止；另一方面，研究制定《长江保护法》行政处罚自由裁量权基准，结合违法行为发生地的区域、地域实际，细化行政处罚裁量权，统一执法标准和尺度。

2. 采取法律和组织措施，夯实流域综合协调协作机制

一是针对国家流域协调机制、地方协作机制"虚化"现象，由全国人大常委会作出立法解释并由国务院出台专门规则，落实《长江保护法》明确规定的"国家长江流域协调机制"的各项职能；同时，规定地方协作机制的建立原则和主要职能。

二是认真研究水利部长江水利委员会、生态环境部长江流域生态环境监督管理局等现有流域管理机构在流域协调机制中的定位与功能，赋予其相应的执法权限与职责，明确不同流域机构间协同、协作关系。

三是高度重视长江流域内地方立法资源，积极推进流域内地方协同立法，探索建立地方立法成果和立法信息共享机制，促进尽快形成地方协作机制，切实解决长江保护中的部门分割、地区分割等体制机制问题。确保按照系统观念，加强规划、政策和重大事项的统筹协调，增强长江保护的系统性、整体性、协同性，有效推进长江上中下游、江河湖库、左右岸、干支流协同治理。

3. 及时完善标准和程序，建立健全流域综合执法体系

一是以河湖长制为抓手，搭建跨区域议事协商和协调协作平台，促进流域

管理与区域管理的有机结合、流域治理保护与河湖长制工作的深度融合，推进跨省河湖联防联控、联合执法，落实执法主体责任，形成流域统筹、区域协调、部门联动的河湖管理保护格局。

二是健全长江流域生态环境、资源、水文、气象、航运、自然灾害等监测网络体系和监测信息共享机制，推进部门联防联控，实现流域信息化、数字化、智能化和精准化管理，完善部门之间信息共享、要情会商、线索通报、案件移送等机制，建立行业内联动、行业外联合的河湖综合执法、联合执法体系。

三是加大环境技术规范和标准研究力度，尽快制定入河排污口整治技术标准、出台磷石膏库建设环境管理技术标准等系列技术标准，以加强对入河排污口整治、磷石膏库管理等关系《长江保护法》实施的重要工作的指导。

4. 破解长江生态修复资金难题，探索资金多元化投入和统筹利用方式

一是出台专门政策，明确政府和市场两手发力方式，在保障政府对市、县、村等重要领域财政资金持续投入的同时，整合生态环境治理项目中的经营性资产与非经营性资产，探索加快布局商业模式清晰的生态产品价值实现机制。

二是盘活“闲置”资金，探索在中央或地方层面统筹利用公益诉讼赔偿金、生态环境损害赔偿资金的路径与模式，特别是用于支付 PPP 等长江大保护公益项目的可行性。

三是进一步提升生态环境治理项目的整体性、系统性，梳理各职能部门的长江大保护治理项目，整合土壤、水、岸线等各类生态修复项目，探索试点具有典型意义的跨部门打包项目。

（二）关于完善《长江保护法》实施的司法机制的建议

就如何发挥好司法功能，探索建立流域司法新机制，我从学术研究和实践观察角度，提几点建议。

第一，树立流域司法的理念。认真研究流域立法对司法的实际需求，把握流域司法的特征和规律，结合长江保护的立法目的、立法原则促进形成流域司法理念。认真研究流域性案件不适用《长江保护法》裁判的现象，查找原因，拿出针对性的解决问题的办法。

第二，及时清理和出台司法解释。现行部分与长江保护有关的司法解释早于《长江保护法》的制定，在《长江保护法》制定了更严格、更体系和更有流域针

对性的制度后，迫切需要及时对现有司法解释进行评估、清理和修改完善；同时，也要及时制定新的司法解释、发布相关指导性案例和典型案例。

第三，总结流域司法经验。目前，各地法院和检察院都在积极进行流域联合司法、联动司法的探索，也积累了一些有益经验。司法机关应及时总结经验基础上，进一步提炼流域联合司法和联动司法的规则。积极探索流域性案件审判规律，制定出台流域性案件立案、管辖、审判、执行程序，尽快统一裁判标准，促进司法公正。

第四，加强司法理论研究。《长江保护法》在实施过程中，还存在很多理论问题尚未解决，包括一些基础性概念和制度设计等问题。例如，长江流域的法律概念问题、人兽冲突问题、流域自然生态一体保护问题，还有民法典绿色条款在长江流域案件中如何适用问题，流域案件的管辖、审理、裁判规则问题，流域案件的执行问题，这些问题都需要不断在司法实践中通过研究加以解决，才能真正让人民群众在每一个司法案件中感受到公平正义。

我相信，通过大家共同努力，一定能够实现《长江保护法》所确定的“加强长江流域生态保护和修复，促进资源合理高效利用，保障生态安全，实现人与自然和谐共生和中华民族的永续发展”的目标。

谢谢大家！

（2022 年 11 月 24 日）

2. 以二十大精神为指引　构建现代化长江生态环境治理体系

江必新*

尊敬的各位领导、各位专家,大家上午好！首先,我对首届长江大保护司法论坛的成功举办表示热烈祝贺！对论坛主办方邀请我参与这一高规格的论坛表示衷心感谢！对湖北省近年来在抗击新冠肺炎疫情、经济社会发展、生态文明建设,尤其是长江大保护等工作中取得的历史性成就表示崇高敬意！对长江流域各级法院,特别是湖北省各级法院在长江司法保护方面所作的倾情奉献表示由衷感佩！对这一次论坛将要发布的长江司法保护武汉共识表示赞赏和支持！根据论坛安排,我以“以二十大精神为指引　建构环境治理体系”为主题作主旨演讲。

党的二十大报告对法治建设和生态文明建设给予高度重视。党的二十大报告中法治建设和生态文明建设均单独成章,分别用六个自然段、千余字篇幅作出阐释与部署。在法治建设板块,特别强调法治体系建设这一新时代的重大课题;在生态文明建设板块,也提出要健全现代化治理体系这一新命题、新要求。所以,法治建设和生态文明建设的体系化建构,是我们当前迫切需要研究解决的重要问题。下面,我将从四个方面谈谈我对健全环境治理体系的个人体会,不当之处欢迎大家批评指正。

第一,建构现代环境治理体系的重要性。对此,我用四句话概括:一是建构环境治理体系是由环境对人类生存和发展的极端重要性所决定的;二是建构环境治理体系是由生态环境自身具有的整体性和系统性特征所决定的;三是建构环境治理体系是中国式现代化的特征及本质要求所决定的;四是建构环境治理

* 江必新,全国人大宪法和法律委员会副主任委员。

体系是由环境治理的复杂性、艰巨性和长期性所决定的。

第二,现代环境治理体系的内涵与构成。根据党的二十大报告精神和要求,我认为,现代环境治理体系的内涵至少应体现五个方面的特性,即有效性、整体性、系统性、协同性或协调性、现代性。每一个特性都有其具体内涵和要求。由于时间关系,我不再展开阐述。

在这里,我想对现代环境治理体系的具体构成作进一步阐述。我认为,现代环境治理体系的构成应归结为"七个方面",具体体现在:

一是治理对象之体系——要坚持山水林田湖草沙一体化保护和系统治理以及生物多样性保护,党的二十大报告对此提出明确要求。

二是治理主体之体系——要坚持党委领导,政府主导,企业主责,各方协同,全民参与,即"多元共治"。

三是治理理念之体系——要坚持"四个治理",即综合治理、系统治理、源头治理、依法治理。

四是治理要素之体系——要坚持统筹产业结构调整、污染治理、生态保护、应对气候变化,协同推进降碳、减污、扩绿、增长,推进生态优先、节约集约、绿色低碳发展,党的二十大报告对此特别作出强调。

五是治理方式之体系——我将之概括为"六个融合",即"政策引领、德治教化、自治强基、社治辅佐、智治支撑、法治保障"。其中,需要特别关注的是"社治辅佐"和"法治保障"。当前,我国社会组织参与社会治理尚存短板,而我国幅员辽阔、人口众多,要进行生态文明有效治理,必须充分发挥社会组织的作用和功能。因此,我认为,应当强化强调社治辅佐的独立功能与存在意义。同时,"法治保障"更应发挥其基础性作用与保障性功能,应成为贯穿治理体系全过程、各环节的根本底线。

六是治理工具之体系——全国各地创新治理的有益经验,我称之为工具体系,如明察与暗访相结合、公法保障与私法保护相结合、规范与问责相结合、正向激励与反向惩戒相结合、生态功能区制度与自然保护地制度相结合、目标评价考核与责任追究相结合、党政同责与一岗双责相结合、生态保护红线制度与排污许可制度相结合、河湖长林长制度与监察监测执法垂直管理相结合、损害赔偿制度与修复补偿制度相结合。

七是治理配套之体系——包括完善支持绿色发展的财政、金融、投资、价格政策和标准体系,健全资源环境要素市场化配置体系,建立健全生态产品价值实现机制体系等。

第三,现代环境治理体系的质量标准。建构一个高质量的环境治理体系,是一项长期而复杂的系统工程,不可能一蹴而就。要发挥体系功能和作用,关键在于应当保证建构体系的质量,这需要我们下大功夫。我们不能认为建构了环境治理体系就当然可以保护好生态环境,换言之,我们不能想当然认为,有了环境治理体系就一定能发挥好的作用或积极功能。相反,如果建构了质量差的环境治理体系,只会带来更多的治理困境。因此,要建构高质量的现代环境治理体系,我认为,应当统筹考虑以下两个方面:一方面,要全面把握体系建构的标准。党的二十大报告在法治体系建构方面提出了具体标准,包括形式标准和实质标准,这可以作为我们建构环境治理体系的根本遵循。形式标准是指系统性、整体性、协同性和实效性,实质标准是指环境争议处理要做到良法善治,促进和保障社会公平正义。另一方面,要积极探索多种体系化保障路径。党的二十大报告对此作出明确指引,即立改废释撰。立新法、改旧法、废过时的法,通过立法解释和司法解释等来完善相关体系,在条件成熟时编撰法典。全国人大在以上基础上,还提出了"授",即授权某些部门和地方根据本部门和本地实际,制定相关规范和进行地方立法,进一步完善相关体系。

第四,司法机关参与建构长江司法保护体系建设的若干愿景。我个人将该愿景归纳为"八化":

一是关系处理的理性化——在人与自然的关系方面,要坚持人与自然和谐共生,这是党的二十大报告关于生态环境的核心命题。要处理好保护和发展的关系,要共抓大保护、不搞大开发,但是不等于不发展。我们追求的应是绿色发展、高质量发展和可持续发展,是在做好保护前提下的发展。

二是法治约束的严格化——要用最严格的制度、最严厉的法治保障生态环境。党的二十大报告在司法方面特别强调严格公正司法,在执法方面重述严格规范公正文明执法,均强调严格在先。

三是司法保护的一体化——包括全流域的协作机制、公检法司安的相互配合、跨区域管辖和"三审合一"归口审理等。

四是审判主体的专业化——包括建立专业的环境资源审判队伍以及聘请专业辅助人员等。

五是事实查明的客观化——环境资源案件最大的难题是溯源问题以及损害范围、程度、数量的确定问题，但目前因为鉴定技术能力不够以及其他多方面因素导致鉴定机构无法给出准确结论，致使事实查明缺乏客观标准，这是一个需要解决的重要问题。

六是责任承担的绿色化——环境资源审判案件，要秉承恢复性司法理念，责任承担方式不是简单的惩罚，而是应包括补植复绿、增殖放流、劳务代偿等各种方式。我们在审理环境资源类案件过程中，应当坚持守正创新的裁判原则，进一步实现责任承担的绿色化与生态关怀。

七是生态修复的集约化——环境修复作为系统工程，具有较强的专业性，需要专门机构参与并采取集约化方式和手段，才能合力完成。如何进行生态修复，是环境资源类案件审判的另一个难点，这需要我们持续研究、探索解决。

八是技术支撑的数字化——要充分利用现代科学技术，实现司法保护的数字化和智能化，从而提升长江司法保护的司法含量。

以上是我的主旨演讲内容。因为时间关系，不能展开阐述，不正确的地方欢迎大家批评指正。

最后，预祝首届长江大保护司法论坛取得圆满成功，祝在座各位领导、各位专家身体健康。谢谢！

（2022 年 11 月 24 日）

3. 明确重点,夯实大河流域的法治保障

蔡守秋[*]

早在40多年前的1980年,我通过万里长江考察提出制定“长江保护法”的建议和构想;20年前,我参加了黄河法的立法调研和起草工作,15年前我参加了湿地法规制定的调研和起草工作,时间过得真快！在党和国家的大力推动下,目前我国已经制定了《环境保护法》(2014年修订)、《防洪法》(2016年修订)、《水法》(2016年修订)、《水污染防治法》(2017年修正)、《长江保护法》(2020年公布)、《湿地保护法》(2021年公布)、《黄河保护法》(2022年公布)等法律,已基本形成水法律法规体系。

这为包括长江、黄河在内的大河流域的大保护提供了扎实的司法保障和法治基础。今后我们的主要任务,就是全面、严格、准确、公平地贯彻、实施、执行这些法律。

法律是保护权利、法益、利益、财富、价值的基本工具和有效武器,明确大河流域的大保护是法治保障的重点,即法治保障的主要利益、权利、财富,或者法治保障的特殊价值,是全面、扎实提供司法保障的前提和关键。

我以《民法典》明确定义的“物”(或财产)为参照对象,将财富或世上万物分为以下三类:

(1)私人财富(私财、私人物或私物、私人财产或私产),是指由私人排他性占有、支配和使用(或享用)的财富。

(2)公共财富(公财、公共物或公物、公共财产或公产),是指由政府等集体组织排他性占有、支配和使用(或享用)的财富。在当代中国,公共所有财产(公共财产或公产)包括国家所有财产和集体所有财产。

---

[*] 蔡守秋,武汉大学法学院教授、中国法学会环境资源法学研究会原会长、武汉大学环境法研究所原所长。

(3)共用财富(共财、共用物或共物、共用财产或共产)是公众共用物(或公众共用财富)的简称，是指不特定多数人(公众)可以自由、直接、免费、非排他性使用(或享用)的物或财富。[1]

通俗来讲，这三类财富是"交足国家的，留够集体的，剩下都是自己的，还有一份是公众共用的"。

我认为，"环境"不是"物"，"共产"不是"产"，"共用权"不是"物权或财产权"，"共产制"不是"私产制"或"公产制"，包括环境法、共用财富法在内的第三类法律既不是西方法治文明范式和法治话语体系中的"私法"，也不是"公法"。环境法中的特殊价值、特定利益就是共用财富(共财、共用物或共物、共用财产或共产)。

所谓"环境"不是"物"，是指环境法中的"环境"不是《民法典》定义的"物"或"财产"(包括动产和不动产)，不是商品或交易物，而是具有使用价值和重要功能的财富或广义的物或财产，是最重要、最基础的共用财富(共用财或共财、共用物或共物、共用财产或共产)。

法国《环境法典》(2022 年 11 月 3 日版)第 L110－1 条第 1 款明确规定："自然空间、资源和环境、遗址和景观、空气质量、动植物物种、多样性，以及它们参与其中的生物平衡是国家共用遗产(du patrimoine commun de la nation)的一部分。"2018 年 5 月 18 日，习近平总书记在全国生态环境保护大会上的讲话指出，"绿水青山既是自然财富、生态财富，又是社会财富、经济财富……良好生态环境是最普惠的民生福祉……环境就是民生，青山就是美丽，蓝天也是幸福"。[2]

关于对"环境"不是具有排他性的"物"(或财产)的认识，已经有许多学者论及。例如，在 1982 年 3 月 21 日，美国思想家、历史学家伊凡·伊里奇(Ivan Illich)在日本东京举行的"朝日科学与人——计算机管理社会研讨会"上指出："以前，在任何司法系统中，大部分环境(most of the environment)都被视为共用物(commons)……人们将那些习惯法严格要求特定形式的、社区尊重的环境部分称为共用物。人们称共用物为超出他们自己的门槛和他们自己所有的财产

[1] 与上述三类财富相对应的是三类权利、三类利益、三类制度、三类诉讼。

[2] 参见习近平：《推动我国生态文明建设迈上新台阶》，载《求是》2019 年第 3 期。

之外的环境的一部分。平民承认对共用物的使用要求,不是为了生产商品,而是为了他们家庭的生存。”

所谓“共产”不是“产”,是指“共产”不是我国《民法典》中规定的与排他性财产权(或产权、物权)联系在一起的财产(或物)。《共产党宣言》中的共产主义、《党章》中的“共产”,既不是资本主义社会法律中的作为排他性物权(或财产权)的客体的“物”或“财产”,也不是我国《民法典》中的“物”或“财产”;而是一种具有使用价值的财富或物,也可以将其视为一种广义的或拓展的《民法典》中“财产”或“物”。[1]

《共产党宣言》写道:“共产党人可以把自己的理论概括为一句话:消灭私有制。”“把资本变为公共的、属于社会全体成员的财产,这并不是把个人财产变为社会财产。这里所改变的只是财产的社会性质。它将失掉它的阶级性质。”[2]对于《共产党宣言》中的中译名词“公共财产”(英语是 Common property,德语是 gemeinsehaftliehes Eigenthum、gesellsehaftliehes Eigenthum)。“gemeinsehaftliehes Eigenthum、gesellsehaftliehes Eigenthum”和“Common property”的中译名称及其含义,学界一直存在争论,甚至有学者将其称为政治经济学和马克思学说中的“哥德巴赫猜想”。[3]我认为,将“gemeinsehaftliehes Eigenthum、gesellsehaftliehes Eigenthum”和“Common property”译为“共用财富”(共用财或共财、共用物或共物、共用财产或共产)比较符合马克思、恩格斯的本意和初衷。

对于“共产”不是“私产”,一般比较容易理解。对于“共产”不是“公产”

---

〔1〕 广义的或扩展的财产是部分法学家的主张,还没有被现行法律明确认可。例如,霍菲尔德将财产定义为任何有价值的利益,而不区分这些利益究竟是因何种客体而产生,而财产权可以被笼统地称为利益权。霍菲尔德认为财产是任何有价值的利益,将使任何有价值的利益都潜在地可能成为财产权的对象。正如一家美国法院所指出的:“这里用的财产这个词,已包括了一切有价值的权利和利益,因此不论在何种程度上,哪怕是在很小的程度上剥夺一个人的权利和利益,也构成了对他财产的剥夺。”参见[美]托马斯·C. 格雷:《论财产权的解体》,高新军译,载《经济社会体制比较》1994 年第 5 期。美国法学家托马斯·C. 格雷(Grey)发表的名为《财产的解体》(*The Disintergration of Property*)的文章,如同吉尔莫的那篇著名文章《契约的死亡》一样,实际上是宣告了财产或财产权的死亡,参见[美]托马斯·C. 格雷:《论财产权的解体》,高新军译,载《经济社会体制比较》1994 年第 5 期。

〔2〕 德语是 In diesem Sinn können die Kommunisten ihre Theorie in dem einen Ausdruck: Aufhebung des Privat-Eigenthums zusammenfassen。参见马克思、恩格斯:《共产党宣言》,载《马克思恩格斯选集》(第 1 卷),人民出版社 2012 年版,第 414 页。

〔3〕 参见张燕喜、彭绍宗:《经济学的“哥德巴赫猜想”——马克思“重新建立个人所有制”研究观点综述》,载《中国社会科学》1999 年第 5 期。

(公共所有财产,特别是国家所有财产即全民所有财产),有些人则很难理解。我认为,社会主义国家的公共所有财产(特别是国家所有财产即全民所有财产)是共产主义初级阶段的财富形式,它为最终实现“共产”(共用财或共财、共用物或共物、共用财产或共产)创造了条件,是向“共产”转化或过渡的财富形态。

关于对“共产”不是具有排他性的“公产”(公共所有财产,特别是国家所有财产即全民所有财产)的认识,已经有许多学者论及。例如,英国学者亚当·别克(Adam Buick)撰文[1]指出“Common ownership”[2]的定义如下:“任何人都不可能控制、使用和管理生产、分配和消费手段的一种状态。”因此,共用权(Common ownership)指的是每个人从社会财富(the wealth of society)中受益(benefit)并参与社会运行的潜在能力(potential ability)。“‘共用权’(Common ownership)不是国家所有权(state ownership,或国家财产所有权)。不应将‘共用权’与国家所有权混为一谈。”“国家作为阶级政治控制和强制工具的存在,与‘共用权’社会关系的存在是完全不相容的。国家所有权是一种排他性财产所有制,它意味着一种与社会主义(共产主义)[3]完全不同的社会关系。‘共用权’是一种平等和民主的社会关系,这使财产概念(concept of property)变得多余,因为不再有任何被排除在外的非所有人。”

亚当·别克在给出上述共用财富权或共产制(Common ownership)的定义和解释时,很快就发现使用传统话语定义新的物、权利及其制度的自相矛盾现象,于是他接着强调了如下观点:使用“ownership”一词可能会产生误导,因为

---

〔1〕 See Adam Buick, *What Is Common Ownership? Socialist party of great Britain*, World Socialism Research, https://www. worldsocialism. org/spgb/socialist-standard/2005/2000s/no - 1208 - april - 2005/what-common-ownership/.

〔2〕 中国学者在不同情境下将“common ownership”译为公有制、公产制、共有制、共产制、公共财产所有权、公共所有权、公有权、共同所有权、共有权、共用财产所有权、共用财富使用权、共用权等。我认为“Common ownership”不是一个法定化的、明确的概念,其内涵一直处于公产制和共产制之间的变动状态,这反映了人们对不同类型财富的性质和特点的认识和理解;但在许多情境下,“Common ownership”表示共用财富权或共用权、共用财富方面的制度即共用制或共产制。另外,英文中的“the common heritage of the nation”主要指“国家共用遗产”,但中国学者多将其译为“国家公共财产”(或国家公共遗产);英文中的“the common property”主要指“共用财产”,但中国学者多将其译为“公共财产”“共有财产”。

〔3〕 亚当·别克在该文中特别注明,当我们提到建立在“共用权”(Common ownership)基础上的社会时,我们通常使用“社会主义”一词,尽管我们不反对其他人使用“共产主义”,因为对我们来说,“社会主义”这个术语和“共产主义”的含义完全相同,可以互换。

这并没有充分说明一个事实，即将控制财富生产的权力（the power to control the production of wealth）转移给社会所有成员时会使财产概念（concept of property）变得多余。就生产资料而言，在排他性占有意义上的财产概念（the concept of property in the sense of the sense of exclusive possession）毫无意义。换句话说，就是采用诸如“财产（或物）、财产权（或物权）、财产所有制”这类旨在维护资产阶级财产私有制的西方法治文明法治话语体系或法律术语概念，来描述“共产（共财、共物）、共用权（共权）、共产制（共财制、共物制）”，会产生有关话语、术语和概念之间的内在冲突或逻辑性矛盾。所以亚当·别克进一步解释说，我们可以发明一些新的术语，如“非所有权”（no-ownership，或无所有权），并讨论资本主义的无阶级替代社会（the classless alternative society）是一个“非所有权”社会（a no-ownership society）。

显然，亚当·别克所称“非所有权”（no-ownership，或无所有权）是对共用物而言，只有共同使用（或享用）的状态，才不存在排他性所有的状态。因此，我概括出的三类财富、三类权利和三类财富制度这些术语、概念或话语体系，非常明确、清晰、准确地表达了亚当·别克的认识和观点。

党的二十大报告指出，“中国共产党是为中国人民谋幸福、为中华民族谋复兴的党，也是为人类谋进步、为世界谋大同的党”。“中国式现代化是全体人民共同富裕的现代化。共同富裕是中国特色社会主义的本质要求，也是一个长期的历史过程。我们坚持把实现人民对美好生活的向往作为现代化建设的出发点和落脚点，着力维护和促进社会公平正义，着力促进全体人民共同富裕，坚决防止两极分化。”“中国积极参与全球治理体系改革和建设，践行共商共建共享的全球治理观……”“……坚持共建共享，推动建设一个普遍安全的世界；坚持合作共赢，推动建设一个共同繁荣的世界；坚持交流互鉴，推动建设一个开放包容的世界；坚持绿色低碳，推动建设一个清洁美丽的世界。”[1]因此，区别“共产”与《民法典》中的“财产”或“物”，特别是区别“共产”与《民法典》中的“公产”（公共财产、公共物或公物、国家所有财产或国有财产），对理解和坚持共产

〔1〕 习近平：《高举中国特色社会主义伟大旗帜　为全面建设社会主义现代化国家而团结奋斗——在中国共产党第二十次全国代表大会上的报告》，载人民政协网，https://www.rmzxb.com.cn/c/2022-10-25/3229500.shtml。

主义的最高理想和最终目标,具有特别重要的意义。进一步说,深刻认识和理解三类财富、三类权利和三类财富制度,特别是"共用财富(共财、共物、共产)、共用财富权(共物权、共产权、共用权、共权)和共用财富制(共产制)",不仅有利于从根本上破除西方法治文明范式和法治话语体系,即"私产与公产二分、私权与公权二分、私法与公法"范式的束缚,有利于生态环境(自然资源)的多元治理和法治保护,而且有利于理解人类实现共产主义崇高理想的正当性和必然性。

落实到长江、黄河等大河流域就是,长江、黄河的水环境、水生态和水自然资源基本不属于我国《民法典》规定的"物或财产",而是具有重要使用价值的公众共用物或公众共用财富(共财、共物、共产);大自然和中华老祖宗恩赐或遗留给长江、黄河流域中华儿女的财富基本不属于我国《民法典》规定的"物或财产",而是公众共享共用的"国家共用遗产"即公众共用物或公众共用财富(共财、共物、共产)。

关于水环境、水生态和水自然资源基本属于公众共用物或公众共用财富(共财、共物、共产)的观点,不仅已经成为当代学者的共识,而且也得到了20世纪60年代以来许多国家法律的认可。例如,《欧盟水框架指令》(2000年)[1]第1条明确指出:"水不像其他任何产品一样是一种商业产品,而是一种必须受到保护、捍卫和对待的遗产。"[2]目前欧盟各国均已将《欧盟水框架指令》转化为国内法律。法国1992年1月3日颁布的《水法》规定,水是国家的共用遗产(the common heritage of the nation),水资源开发和保护需服务于公共利益和可持续性原则。[3]2006年12月30日修订的法国《水与水环境法》不仅保留了1992年《水法》的原则,承认使用水是一切人的权利;而且进一步规定,"根据法

---

[1] 《欧盟水框架指令》指欧盟第2000/60/EC号令,欧洲议会和欧盟理事会2000年10月23日通过,2000年12月22日在《欧共体官方公报》上发表生效。

[2] 英文是:Water is not a commercial product like any other but, rather, a heritage which must be protected, defended and treated as such。

[3] Article 1 of the Act states: "Water is part of the common heritage of the nation. Its protection, enhancement and development and the development of the usable resource, while respecting natural balances, are of general interest. The use of water belongs to all within the framework of laws and regulations as well as previously established rights." 该法第1条规定:"水是国家共用遗产的一部分,其保护、加强和开发以及可利用资源的开发,在尊重自然平衡的同时,具有普遍利益,在法律法规框架内,以及在以前确立的权利范围内,水的使用属于一切人。"

律和条例以及先前确立的权利,水的使用属于一切人(à tous),每个自然人都有权在经济上可接受的条件下获得安全饮用水,以满足其食物和卫生需要"(《水与水生环境法》第1条)。上述规定已经被纳入法国《环境法典》。

在被中国移植最多民事法律条款和私法理论的德国,有学者指出,"水的物理特点是导致其难以适用财产规则的所在"。[1]"德国对于水资源的所有权的观点是,因为水是流动的、不可控制的,流水没有所有权特征,也即不具有物权性。"[2]在德国民法中,自然界中那些不可控制的部分,如流水、大气层都不属于民法上物的概念。德国在民法上不承认对(自然界中一定量的)水享有所有权。《德国水管理法》(1996年)[3]规定,"只要不与其他的法律相对立,只要权限或所有者和附近居民的利用不对其他人造成不良影响,那么每个人都可以在一定的范围内利用地表水,就像依据州法律允许共同使用一样"(第23条公共用水);"为家庭生活,为农业、家禽饮用或少量为暂时目的之用"地下水无须批准(第33条无须许可的利用)。修订的德国《水平衡管理法》(2009年)[4]明确规定,"流动的表层水域之水和地下水不具所有权属性"(第4条之2)。[5]

《日本河川法》(1964年7月10日制定,后经1972年、1997年、2000年等多次修改)[6]规定,"本法律通过对河川进行综合管理……旨在增进公共福祉(也译为福利)"(第1条)。"河流是公共用物,其保护、利用及其他管理必须适当进行,以达到前条的目的。河流的流水不能成为私权的目的"(第2条)。[7]

---

〔1〕 Joseph W. Dellapenna, *Global Climate Disruption and Water Law Reform*, Widener Law Riview, Vol. 15, p. 416(2009 - 2010).

〔2〕 在1981年德国联邦宪法法院的一个判例中(BVerfGE 58, 300)明确,从民法的角度,流动的水因为不具有可控性,不属于民法意义上物的概念。而地下水也一样,因为是不断循环,难以界分和控制的,所以也不具有所有权的属性,而且地下水在德国对于公共水供应具有重要意义,所以是与土地所有权相分离的。

〔3〕 参见《德国水管理法》(1996年11月12日公布,1998年8月25日最新修改),载湖北水事研究网2011年7月2日,http://hbssyjzx.hbue.edu.cn/98/11/c4763a104465/page.htm。

〔4〕 德国《水平衡管理法》(Gesetz zur Ordnung des Wasserhaushaltes, WHG),也译为《规范水平衡管理的法》、《规范水预算的法律》或《水基准法》,简称德国《水法》,1957年颁布,到2009年7月31日已经经过8次修订。

〔5〕 参见[德]鲍尔、施蒂尔纳:《德国物权法》(上册),张双根译,法律出版社2004年版,第607页。

〔6〕 《日本河川法》,1964年7月10日制定,后经1972年、1997年、2000年等多次修改,参见国家计委国土局法规处、北京大学法律系编:《外国国土法规选编》(第二分册),北京大学出版社1983年版,第137页;崔建远:《物权:生长与成型》,中国人民大学出版社2004年版,第349页。

〔7〕 《日本河川法》第2条规定:河川は、公共用物であつて、その保全、利用その他の管理は、前条の目的が達成されるように適正に行なわれなければならない。河川の流水は、私権の目的となることができない。

在美国,《马萨诸塞州水道法》第 2 条规定,“水资源属于全体人民”。[1]《华盛顿州水法》第 10 条规定:“依据现有权利,州内的水资源都归公众所有。关于水的任何权利或对水的使用,今后都只能通过为了有效利用而占有水的方式,并且通过法定的方式取得。”[2]《阿拉斯加州水使用法》第 30 条规定:“在州的任何地方,水都被保留于人民共同所有,并且应遵从于适当和有益的使用以保持溪内正常流量和水等级。”[3]《俄勒冈州制定法》第 537 章第 110 条规定:“州内所有的水资源均归公众所有。”[4]密歇根州《1970 年环境保护法》的第 202 节把空气、水体和其他自然资源列入公共信托原则所保护的物质客体的范围,[5]确认公民和其他法律主体有提起关于公共信托的空气、水和其他资源的诉讼的起诉权。

在我国,新兴的生态文明财富观和共产主义共产观认为,“绿水青山”(生态环境、生态系统)、“作为共用物的生态系统”(Ecosystem as Commons)和“作为共用物的生态系统服务”(Ecosystem Services as Commons),虽然不是我国《民法典》中所定义的具有排他性的“物”(或财产),不是具有可交易性的商品;但“绿水青山”的确是公众可以共享(或共用)的财富或福祉,是名副其实的公众共用物(或共用物、共物和共产),当然可以纳入广义的物的范围,仍然属于拓展的财产概念中的财产。

具体到水法领域,正如前面所阐明的,“环境不是物、共产不是产”,长江、黄河流域的水环境、水生态、水自然资源和流域文化遗产是中华民族、中华儿女赖以生存发展的公众共用财富或公众共用物(共用财富或共财、共用物或共物、共用财产或共产)。包括长江、黄河在内的大河流域既是大自然“恩赐”人类的自然遗产(天然共用财富),又是老祖宗“遗留”给子孙后代的文化遗产(人力加工过的人为共用财富),长江、黄河是中华民族、中华儿女的母亲河。所谓长江、黄河的大保护主要是指保护长江、黄河的天然共用财富和人为共用财富。

---

[1] Massachusetts State Waterways, Section 2.

[2] Washington Water Code, Section 10.

[3] See Alaska Water Use Act, Section 30.

[4] Oregon Revised Statutes – 2007, Chapters 537, Section 110.

[5] William H. Rodgers, Environmental Law, p. 172 – 173.

包括《长江保护法》《黄河保护法》在内的水法律体系虽然没有明确采用公众共用财富或公众共用物(共用财富或共财、共用物或共物、共用财产或共产)的术语概念,但已经十分明确地规定,水法律法规主要是保护水环境、水生态和水自然资源。例如,《长江保护法》规定,“坚持生态优先绿色发展,共抓大保护、不搞大开发”;“恢复河湖生态流量,维护河湖水系生态功能”;“建立健全全民覆盖、普惠共享、城乡一体的基本公共服务体系”;“违反国家规定造成长江流域生态环境损害的,国家规定的机关或者法律规定的组织有权请求侵权人承担修复责任、赔偿损失和有关费用”。《黄河保护法》更是将“保护传承弘扬黄河文化,实现人与自然和谐共生、中华民族永续发展”(第 1 条)、“国家加强黄河文化保护传承弘扬,系统保护黄河文化遗产,研究黄河文化发展脉络,阐发黄河文化精神内涵和时代价值,铸牢中华民族共同体意识”(第 17 条)等流域文化遗产提到空前的高度。

总之,长江黄河(大河流域)大保护的法治保障和司法保障的重点或特殊价值,就是长江黄河(大河流域)的水环境、水生态、水资源,就是作为公众共用物的水环境、水生态、水资源,即长江黄河(大河流域)的共用财富。

保护水环境、治理水污染,是关系人类生存、经济发展、社会进步、文明演进的大事。落实到包括长江、黄河在内的大河流域,就是加强流域法治建设和司法保障,坚持生态优先绿色发展,以改善生态环境质量为核心,严守资源利用上线、生态保护红线、环境质量底线,共抓大保护、不搞大开发,突出保护、重点保护长江、黄河流域的天然共用财富和人为共用财富(包括水环境、水资源、水生态和流域文化遗产),实现对流域共用财富的积累和发展,带动流域三类财富的按比例、协调发展,让长江黄河成为造福人民的幸福河,让长江黄河流域成为中华民族伟大复兴和大同世界的基地、摇篮和乐园。

在明确《长江保护法》《黄河保护法》等水(包括水环境、水生态和水自然资源)法律特定保护价值、利益和财富的基础上,我认为长江黄河(大河流域)大保护的司法保障的重点如下:(1)依法设立、建设流域性的人民法院、人民检察院(如巡回检察厅或人民检察分院、专门的环境资源生态检察处),审理流域(一般也是跨行政区)性的重大生态环境案件。(2)建立健全建立流域生态环境司法协作机制,包括跨行政区划和流域生态环境司法协作的组织机构,生态环境审判机制、检察机制、侦查机制、法律监督机制，以及生态环境司法协作的方式方法和法律制度（包括但不限于生态环境审判、检察、侦察、法律监督方面的方式方法和法律制度，环境刑事诉讼、行政诉讼、民事诉讼和环境公益诉讼方面的方式方法和法律制度，以及公检法部门内部、公检法部门之间的方式方法和法律制度等）。（3）建立健全流域环境行政执法与司法衔接工作机制，包括环境行政执法与民事司法诉讼、行政司法诉讼、刑事司法诉讼的诉讼衔接，各级环保资源部门、公安机关和检察院加强协作，统一法律适用，不断完善线索通报、案件移送、资源共享和信息发布等工作机制。（4）加强和促进流域环境公益诉讼，切实维护单位和个人依法获取流域环境信息、参与流域环境治理、举报和控告违法行为的权利，依法受理、审理污染破坏流域生态环境的案件，依法严格追究环境侵权人的法律责任，加强对作为共用财富（共财、共物、共产）的水环境（水生态、水环境、水共用遗产）的司法保护，促进流域共用财富（共财、共物、共产）的积累、传承、增长和共享共用。（5）建立健全流域环境司法专门化机制，建立健全流域的水环境公益诉讼集中管辖制度。发挥专门性的环境法庭、环境监察处的环境公益诉讼职能作用，加强行政、司法协同，推动环境资源公益诉讼跨省际区划管辖协作。

（2022 年 11 月 24 日）

4. 完善公益诉讼制度 在长江大保护中更好发挥检察职能作用

胡卫列*

各位领导、各位专家、各位与会嘉宾：

很高兴参加首届长江大保护司法论坛，首先感谢湖北省高级人民法院和游劝荣院长的热情邀请，让我有机会向检察机关以外的广大朋友们报告生态环境和长江大保护公益诉讼检察探索实践的情况。看到线上线下这么多法院系统、行政机关和学术界的新老朋友们，感觉很亲切，也很高兴，特别感谢你们长期以来对公益诉讼检察工作给予的热情关心和大力支持。

党的二十大对法治建设作出了新的部署，明确提出了"完善公益诉讼制度"的要求。检察机关提起公益诉讼制度是在习近平法治思想指引下孕育、成长和发展的。以习近平同志为核心的党中央始终对公益诉讼高度关注、寄予厚望，为制度发展领航导向、提供保障。从2014年党的十八届四中全会提出制度构想，经过试点到修法全面实施，再到党的十九届四中全会提出"拓展公益诉讼案件范围""完善生态环境公益诉讼制度"，有40多个中央层面的文件直接涉及公益诉讼检察，这一系列决策部署，充分体现了党中央对公益诉讼实践和制度价值的认可，对更好地保护公共利益、促进法治政府建设、完善国家治理体系给予新期待。

党的十八大以来，以习近平同志为核心的党中央以前所未有的力度抓生态文明建设，谋划开展了一系列根本性、开创性、长远性工作，推动生态环境保护发生历史性、转折性、全局性变化。公益诉讼检察制度也在这个时代背景下应运而生。生态环境和资源保护是最初确立的"四个法定领域"之一。五年来，

* 胡卫列，最高人民检察院检察委员会委员、第八检察厅厅长。

全国检察机关深入践行“绿水青山就是金山银山”理念，把环境资源领域作为公益诉讼的重中之重来抓，共办理环境资源保护领域公益诉讼案件35.8万件，占全部办案总数的53.4%。我们坚持以诉的形式履行法律监督职责，通过磋商、发送检察建议，提起诉讼，支持起诉等方式，督促行政机关依法履行生态环境监管职责，向违法行为人追偿修复生态、治理环境费用93.5亿元，成为生态环境治理体系中的一支重要新生力量。在全面实施五年的实践中，环境资源保护毫无疑问是检察公益诉讼最重要的领域，不仅办案数量最多，而且案件类型最丰富，覆盖面最广，包括了生态环境资源领域的方方面面，办理了不少像万峰湖、南四湖那样具有重大影响的大案，解决了诸多掺杂着跨行政区划等复杂因素、长期得不到解决的生态保护难题，并从个案办理到类案整治再到机制建设，在促进生态环境治理方面发挥了积极的作用。环境资源保护也是相对比较成熟的公益诉讼领域，最集中体现了检察公益诉讼的制度成效、价值功能、工作理念和运行机理，为其他领域的检察公益诉讼探索发展提供了实践样本，为进一步完善公益诉讼制度积累了实践经验。可以说，中国公益诉讼检察既是公益司法保护“中国方案”，也是落实习近平生态文明思想的重要创新成果。公益诉讼检察实践的蓬勃发展和独特制度价值，越来越得到社会各界的关注和认同。在国际司法交流中，不少外国专家指出，这是具有世界影响的生态文明司法创新。

长江是中华民族的母亲河，也是中华民族走向伟大复兴的重要支撑。长江经济带生态地位突出，保护好长江流域生态环境是推动长江经济带高质量发展的前提。习近平总书记反复强调，共抓大保护、不搞大开发，努力探索出一条生态优先绿色发展新路子。全国检察机关深入学习贯彻习近平总书记关于长江经济带发展的重要指示精神，聚焦长江流域生态环境突出问题，依法能动履行公益诉讼检察职能，助推长江经济带绿色发展、高质量发展。

我们把服务保障长江经济带发展作为一项长期的战略性任务。最高人民检察院（以下简称最高检）党组明确提出“主动监督、智慧履责、铁面司法”工作要求。组织召开长江经济带检察工作座谈会，提出10项检察举措。设立并连续举办四届长江检察论坛，研究检察机关服务保障长江经济带发展的重大理论和实践问题，“量身定制”解决方案，力求为检察机关服务国家重大战略实施提供可复制、可借鉴的经验样本。每年定期发布服务保障长江经济带发展检察工作情况和典型案例,为基层办案提供指引。

我们持续加大长江生态环境保护公益诉讼力度。最高检聚焦破坏长江生态环境的突出问题,采取出台指导意见、部署专项监督活动、督办重点案件等方式,指导沿江检察机关因地制宜开展办案工作。开展“公益诉讼守护美好生活”“为民办实事、破解老大难”等公益诉讼专项监督活动,针对水体污染、固体废物污染、尾矿污染、野生动物保护违法等问题,办理了一批典型案件。持续把中央生态环境保护督察、长江经济带生态环境警示片反映的问题线索作为监督重点,集中交办、督办,协同推动问题整改。近三年,沿江检察机关共办理环境资源保护领域公益诉讼案件33,961件。2022年5月,最高检对长江船舶污染问题以事立案,四级检察联动、一体化履职,力求实现长江船舶污染问题系统治理。截至2022年10月底,共计受理线索236条,立案198件。湖北省检察机关开展“保护生态环境、促进绿色发展”专项活动,共办理相关公益诉讼案件2638件,督促恢复治理水域450.15余亩,补植复绿3223.2亩,清理长江干支流河道67.5公里。

我们深入践行恢复性司法理念。积极推行“专业化法律监督+恢复性司法实践+社会化综合治理”生态检察模式,在办案中督促违法行为人通过消除污染、补植复绿、替代性修复等方式恢复受损的生态环境。江苏省南京市鼓楼区人民检察院在办理诉讼标的高达4.7亿元的某水务有限公司污染环境刑事附带民事公益诉讼案中,提出“现金赔偿+替代性修复”生态损害赔偿新方式并促进案件成功调解结案,实现了保护长江生态环境和服务经济社会发展的有机统一。浙江省检察机关推广增殖放流等生态救济方式,合计放流各类幼鱼1000余万尾。坚持既治末端,也重前端,就办案中发现的治理短板漏洞,向当地党委、政府建言献策,推动完善相关行业、领域、区域治理机制。江西省检察机关总结推广“检察建议+调查报告”办案模式,对办案中发现的社会治理共性问题、行政执法难点问题形成调查报告20篇,为党委、政府加强系统治理提供法治参考。

我们加强长江经济带检察办案跨区域协作。最高检制定实施《关于长江经济带检察机关办理长江流域环境资源案件加强协作配合的意见》《检察公益诉讼跨行政区划管辖指导意见》等系列文件，推动建立跨省办案协作机制，打好保护长江生态环境上下游、左右岸、干支流检察“组合拳”。2022 年 2 月，最高检召开专题会议，推动建立长江流域省界断面跨行政区划管辖行政公益诉讼协作机制。截至 2021 年 7 月底，长江流域 19 个省级检察机关及相关地市级检察机关陆续形成共 21 个协作机制，实现省界断面全覆盖。沿江检察机关重点就长江流域非法捕捞、污染物排放、垃圾倾倒、渔业养殖、水上运输、堤岸防护等开展信息共享和联合监督，形成全流域、跨区域保护合力。

我们着力激活共抓“大保护”治理效能。注重与刑事检察等协同、联动，统筹发挥各项检察职能的综合作用。主动争取党委领导、人大监督与政府支持，湖北等 9 个长江经济带省级人大常委会作出加强检察公益诉讼工作的决定。深化落实最高检与生态环境部等九部委会签的《关于在检察公益诉讼中加强协作配合依法打好污染防治攻坚战的意见》，在推动扩容环境司法鉴定机构、联合建立检测实验室、完善快速检测体系等方面下功夫，破除环境损害鉴定难、鉴定贵问题。2022 年 5 月，最高检联合水利部印发《关于建立健全水行政执法与检察公益诉讼协作机制的意见》，构建会商研判、专项行动、线索移送、调查取证、案情通报、信息共享等机制，共护美丽河湖、绿水青山。加强生态环境损害赔偿与检察公益诉讼衔接，江西等 4 个省级检察院单独或联合其他部门出台相关机制，监督支持生态环境等部门开展生态环境损害赔偿磋商和诉讼。重庆市人民检察院第四分院支持生态环境部门提起当地首例生态损害赔偿诉讼，排污企业被判赔偿生态环境修复费、功能损失费等共计 3175 余万元。最高检研发“益心为公”志愿者检察云平台，首先在长江经济带 11 个省（市）进行试点，与各民主党派的长江保护民主监督衔接互动，借助外脑智慧，吸纳社会各界共同参与，更好地保护国家利益和社会公共利益。截至 2022 年 12 月底，平台共录入志愿者 20，000 多名，提报案件线索近 3000 件，发起案件咨询 186 件。

各位嘉宾，党的二十大报告强调推进长江经济带发展，并要求统筹水资源、水环境、水生态治理，推动重要江河湖库生态保护治理。我们在办案中也注意到，长江生态保护修复还面临一些问题需要深入推动解决。一是各地落实大保护要求力度不一。各地区地理位置、经济发展水平、产业结构等差异较大，生态环境保护水平有差异，极易导致治理步调不统一。二是长江生态环境保护配套性法律规范有待完善。长江保护法在一定程度上是“综合协调性”法律，一些规定还较为原则，需要相关法律法规配套衔接，有的概念界定需要进一步明确，才能更好地发挥作用。三是跨区域跨部门协作有待健全完善。上下游协调联动、左右岸同步进行、多部门畅通协作等仍需加强，如行政执法与检察办案衔接、信息共享有待加强。这些问题解决，需要从习近平生态文明思想、习近平法治思想中探寻思路方法，统筹处理好经济发展与环境保护的关系，把“生态优先绿色发展”要求落到实处。

检察公益诉讼是丰富和发展中国特色社会主义司法制度的创新制度设计。虽然由检察机关提起，但行政机关和人民法院同样是公益诉讼程序不可或缺的主体，是公益诉讼制度功能实现的重要的、关键的环节，公益诉讼已经得到了行政机关越来越多的理解、支持和欢迎，行政机关与检察机关在公益诉讼中的良性互动已经成为中国特色检察公益诉讼制度的鲜明特征；人民法院不仅是制度的实践者，更是制度探索发展的推动者。最高人民法院、最高检通过司法解释等规范性文件不断回应实践中的问题，推动构建、完善公益诉讼的程序制度设计，地方各级人民法院通过个案办理、机制建设等极大地丰富了公益诉讼的实践，为明确检察公益诉讼的领域范围、证据制度、程序规则等进行了非常有价值的探索，为构建中国特色的检察公益诉讼制度奠定了实践基础。学术界的专家学者们、新闻媒体、社会公益组织，还有广大的人民群众，都是公益诉讼的热情支持者、参与者，为公益诉讼的发展作出了积极的贡献。

满眼生机转化钧，天工人巧日争新。作为在新时代应运而生的崭新事物，检察公益诉讼仍然处于完善发展的道路上。这是一项我们大家共同的事业，期待大家给予更多的关注、支持，共同打造环境公益保护中国方案和中国司法文明的新名片，为长江经济带绿色高质量发展、为中国式现代化贡献力量。

（2022 年 11 月 24 日）

5. 长江流域司法保护的时空维度与结构重述

张忠民*

一、长江流域司法保护的时间维度："红色基因"的演化

（一）历史回溯：长江治理是历朝历代的国之大事

中华文明发端于农耕文明，农耕文明依托于大江大河，因此，长江作为我国第一大河，在文明演化史和社会发展史中扮演着重要角色。历朝历代都将长江流域治理作为国之大计，可谓是"优于水而又忧于水"，总体表现为历史"悠"久、资源"优"渥、水患"忧"虑。

首先，我国对以长江为典型代表的大江大河治理有着悠久的历史。漫长的封建社会司法并不独立，民刑不分、诸法并行，但依照法律治水的历史却十分"悠"久且治理成果丰盈。例如，我国现存最早的一部水利法典是唐《水部式》，其残卷2600余字，内容涵盖广泛，包括农田水利管理、碾硙设置及用水量规定，运河、船闸、桥梁的管理与维护等相关内容，是一部流域治理的综合性法律规范。[1]其次，长江流域范围内可谓资源"优"渥。长江干流流经11个省市，是世界第三大流域，不仅是我国水资源配置的战略水源地，还扮演"黄金水道""新能源发展重地""粮食生产""矿产储备"等重要角色，[2]更是孕育了辛亥革命、八七会议等红色资源。最后，长江流域虽然在经济、社会和文化发展中起到了重要的支撑作用，但自古以来其流域内洪涝灾害频仍，可谓是水患"忧"虑。例如，《晋书·五行上》记载，"太和四年，汉水决溢"；《晋书·殷仲堪传》记载，太元年间"蜀水大出，漂浮江陵数千家"；《南史·梁宗室》记载，天监六年，"（荆）州大水，江溢堤坏"等。[3] 故

---

* 张忠民，中南财经政法大学法学院教授、生态文明研究院常务副院长，博士生导师。

〔1〕 参见周魁一：《我国现存最早的一部水利法典——唐〈水部式〉》，载《中国水利》1981年第4期。

〔2〕 参见水利部长江水利委员会官网，http://www.cjw.gov.cn/zjzx/lypgk/zjly/。

〔3〕 参见刘洋：《唐及五代时期长江流域水患》，载《中国水利》2005年第6期。

而,长江洪旱灾治理是古往今来历朝历代的国之大事。

(二)党智引航:中国共产党带领人民又服务人民

自中华人民共和国成立以来,党中央将除害兴利、治水安邦摆在了新高度,领导人民进行长江流域治理并取得了辉煌成就,可谓“带领人民又服务于人民”。具体而言,党中央自中华人民共和国成立以来进行长江流域治理的历程,可以大致划分为起步、发展、提升三个阶段。第一,起步阶段,1950 年 2 月组建长江水利委员会,编制《长江流域综合利用规划要点报告》;建章立制后,确立了“蓄泄兼筹,以泄为主”的防洪治理方针。第二,发展阶段,在巩固前期治水成果的基础上,以经济发展为重心,整体调动长江流域资源配置,典型如南水北调工程。第三,提升阶段,党的十八大以来,紧紧围绕习近平总书记提出的“节水优先、空间均衡、系统治理、两手发力”治水思路,推进长江经济带的战略部署;强调长江共抓大保护、不搞大开发,生态优先、绿色低碳发展。

总之,长江承载了经济、社会、文化、法治等诸多期待,单就长江经济带而言,其人口和经济占全国总量的 40%。窃以为,长江流域的治理实践是党中央执政为民的典型表现,充分体现了中国共产党以人民为中心的执政理念,可以具体表达为:以水脉为基,盘活经济大动脉;以水脉为本,保护生态大动脉;以水脉为依,发展民生大动脉。

(三)改革迭继:承袭法治实效又启领新时代要求

政治体制改革是国家长治久安的必选项,司法体制改革是政治体制改革的突破口,而环境司法改革是司法体制改革的排头兵。具体而言,其一,习近平总书记在党的十九大报告中指出“要长期坚持、不断发展我国社会主义民主政治,积极稳妥推进政治体制改革,推进社会主义民主政治制度化、规范化、法治化、程序化”,[1]因此,政治体制改革事关国家长治久安,在尊重人民主体性的同时焕发政治活力,深入推进全面从严治党即最佳例证。其二,司法体制改革不仅是我国政治体制改革的重要组成部分,而且在某种意义上是我国政治体制改革的突破口。近年来,司法体制改革逐渐步入重要关口与节点,承载了在法治轨道上用法治方式推进中国政治体制改革的使命,探索了依法循序渐进推进政治

---

〔1〕 参见习近平:《决胜全面建成小康社会　夺取新时代中国特色社会主义伟大胜利——在中国共产党第十九次全国代表大会上的报告》,载中华人民共和国中央人民政府网,http://www.gov.cn/zhuanti/2017-10/27/content_5234876.htm。

体制改革的法治路径,典型如“坚持依法治国、依法执政、依法行政,共同推进法治国家、法治政府、法治社会一体建设”。[1]其三,环境司法改革是司法体制改革的排头兵。一方面,环境司法案件所涉主体多元、权益关系复杂,环境司法体制改革能妥善应对生态环境问题,促进绿色低碳发展,助力生态文明建设,典型如环境司法专门化改革。另一方面,环境问题治理、气候变化应对等议题,已经超越国家界限而成为全球共同面临的治理难题,环境司法专门化改革不仅可以最大限度地凝聚国内生态文明共识,也可以抛却意识形态等方面的差异与鸿沟,在国际舞台上提供环境司法改革的中国方案、贡献中国智慧。

(四)时代意义:看似长江而又仅非长江

从外在表征来看,长江流域的司法保护是流域治理议题,但囿于长江在经济、社会和文化等诸多方面的特殊地位,长江治理承载并蕴含了更为深刻的多重时代意义。第一重意义,大江大河的治理在民族团结和国家统一上扮演了举足轻重的角色。我国一直都是一个多民族的统一大国,其间有两大要因不可或缺:客观上,大江大河的治理需要调动上中下游的资源,需要依托经济、政治、文化等“大一统”的稳定局面;主观上,我们基于统一的文字形成了独特的包容性的文化乃至文明。第二重意义,长江大保护是破解新时代中国特色社会主义主要矛盾——人民日益增长的美好生活需要和不平衡不充分的发展之间的矛盾的关键抓手。从治理实践来看,过去我们对长江流域的开发利用,看似完成了局部富起来的短期目标,但仍没有真正实现强起来的最终目的,换言之,没有彻底解决实现共同富裕所隐含的美好生活需要与不平衡不充分发展的矛盾,而长江大保护正是整体解决经济、文化、社会等系统问题的关键抓手。第三重意义,长江流域司法保护是司法参与建设社会主义现代化国家新征程的重要场域。习近平总书记在党的二十大报告中明确提出了中国式现代化的五大特征:人口规模巨大的现代化、全体人民共同富裕的现代化、物质文明和精神文明相协调的现代化、人与自然和谐共生的现代化、走和平发展道路的现代化。[2] 因此,

---

[1] 2020年11月16日至17日,中央全面依法治国工作会议在北京召开。中共中央总书记、国家主席、中央军委主席习近平出席会议并发表重要讲话,对当前和今后一个时期推进全面依法治国要重点抓好的工作提出了11个方面的要求。

[2] 参见习近平:《高举中国特色社会主义伟大旗帜 为全面建设社会主义现代化国家而团结奋斗——在中国共产党第二十次全国代表大会上的报告》,载中华人民共和国中央人民政府网,http://www.gov.cn/xinwen/2022-10/25/content_5721685.htm。

在长江流域治理中,由司法提供服务和保障,聚焦中国式现代化的五大特征,就是司法参与建设社会主义现代化国家新征程的重要场域。第四重意义,长江流域司法保护是中华民族伟大复兴进程的绝妙“观测塔”。从法治事业的演化规律、对于自然物种和受污染的弱势群体的基本态度等方面,都可以测度中华民族伟大复兴的中国梦之实现历程。

二、长江流域司法保护的空间维度:“绿色要素”的彰显

(一)物理空间:复杂性空间作为长江流域保护的基础视角

如图1所示,长江流域治理的空间特性可以从三个维度予以总结:(1)干流与支流的结合;(2)区域与流域的协调;(3)流域功能的复合叠加。

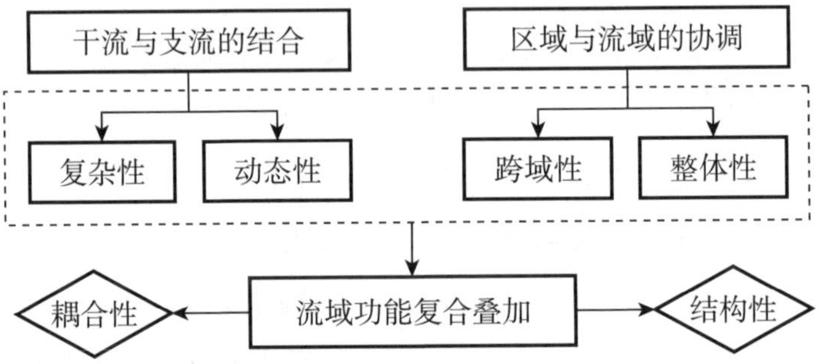

图1　复杂性空间作为长江流域保护的基础视角之思维导图

具体而言,其一,干流与支流的结合具体表现为复杂性和动态性两个特征:长江是干流、支流与诸多湖泊互通相连的有机水系系统,物质交换和能量流动在干流、支流、地下水、大气水、生物水、地表水之间循环流转,且包含多种生态环境要素,具有复杂性特征;长江流域是多要素强关联的非静止实体,任何单一生态环境要素的时空变化与富集效应,都可能引发长江流域的系统性环境风险,具有动态性特征。

其二,区域与流域的协调表现为跨域性和整体性两个特征:长江流域的上中下游、左右岸、干支流被人为拟制的行政区划进一步复杂化,需要权衡长江各段流域的功能定位与行政区划之间的辩证关系,具有跨域性特征;长江流域的环境质量与资源禀赋是区域政府治理的行为约束,区域政府对长江流域的保护既需要与具体流域空间的资源情况相匹配,又要兼顾长江流域的整体环境状况,具有整体性特征。

其三，长江流域复杂性、动态性、跨域性和整体性四种特征的综合，共同致使长江流域功能的复合叠加，具体表现为耦合性和结构性：长江流域是生态、生产、生活三重功能空间的复合叠加，是长江环境保护、资源合理开发利用和社会生产生活结构耦合的关键场景；此外，要避免长江流域空间功能识别与分配的模糊化，遵循"共抓大保护、不搞大开发"的规范意旨，对长江流域三种功能空间的构成比例进行系统考量。

（二）制度空间：作为总体依托的环境司法专门化和长江流域司法保护的内在逻辑

长江流域的空间特性要求长江司法保护不仅需要系统协调好上中下游、左右岸和干支流的资源禀赋和经济发展情况，还要整体权衡好跨区域、跨流域的权能范畴，更要兼顾好生态、生产和生活的整体关系，而环境司法专门化不仅契合整体管控、系统治理的基本理念，还为长江司法保护的规则创新提供了有益经验和改革空间，因此，从长江流域司法保护的实现机理来看，环境司法专门化必然是长江流域司法保护的总依托。

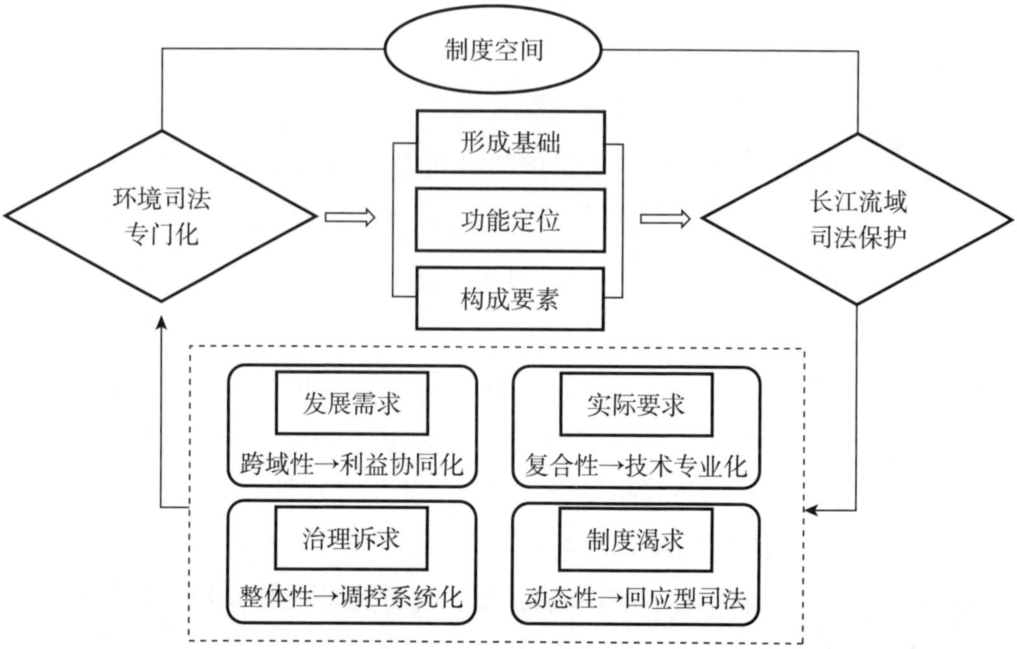

图 2　作为总体依托的环境司法专门化和长江流域司法保护的内在逻辑之思维导图

长江流域司法保护内含四个层次的运作逻辑（如图 2 所示）：一是长江的跨

域性对长江流域司法朝向利益协同化的发展需求。长江的跨域性突破了传统以地方行政区划为基础的司法管辖单元,形成了区域与流域之间协作与冲突交织的互动关系,需要司法在长江流域整体层面的统一性与地方层面的异质性之间进行利益协调。二是长江的复合性对长江流域司法趋向技术专业化的实际要求。长江流域司法纠纷的解决以明晰事理为前提、以明确权责为基础、以专业技术为支撑,这要求长江流域司法以专门化的审判机构和审判机制来应对长江保护纠纷中的技术性难题。三是长江的整体性对长江流域司法导向调控系统化的治理诉求。长江流域的司法保护受限于我国“条块”分割的事权配置模式,呈现出19个省市分割式、碎片化状态,流域保护之间的司法救济难以系统协调。而环境司法专门化在审判机构和审判机制等方面兼顾自然与社会因素,进言之,长江流域司法保护须跨行政区划设立专门化审判机构,实行流域集中管辖。四是长江的动态性对长江流域司法迈向回应型司法的制度需求。长江流域是一个内含多种生态环境要素的复杂系统,蕴含系统性环境风险,因此,长江流域司法应当秉持合理的能动性、增强动态适应性,根据长江流域纠纷的构成要素与纠纷样态,适时调整环境司法既有的诉讼类型、诉讼规则和话语体系,形成专门化的回应型司法规则体系。

(三)整体思维:时间维度与空间维度的动静结合

总结前文所述,长江流域司法保护的时间维度和空间维度互相影响且互为助益。一方面,环境司法的“静”须追随历史脉络的“动”,“绿色要素”要结合“红色基因”。从司法改革实践来看,司法体制机制改革正不断突破传统司法救济模式的桎梏,典型如司法能动主义、职权主义对于当事人主义的适度超越等,表现了司法体制机制改革积极追随社会问题的变革趋势。另一方面,若将改革实践放置在大历史观的背景下观察,那么,时空交错和动静结合的方法论视角,可以在一定程度上助益制度设计的前瞻性、合理性和时效性,申言之,既然站在现在可以审视过往,发现制度局限性,那么当然可以用未来审视现在,以克服制度局限性。试想,用中华民族伟大复兴后的未来来审视我们的现况,是不是更容易接受一些步子较大的改革?

三、长江流域司法保护的结构概览:“系统思维”的坚守

(一)中国环境司法发展的整体回溯

2014 年以来,以吕忠梅会长为负责人的“中国环境司法发展研究”课题组持续关注中国环境司法发展状况,连续发布了《环境司法专门化:现状调查与制度重构》《中国环境司法发展报告(2015—2017)》《中国环境司法发展报告(2017—2018)》《中国环境司法发展报告(2019)》《中国环境司法发展报告(2020)》,从宏观和全局的角度对“环境司法专门化”的环境审判机构、环境审判机制、环境审判程序、环境审判理论和环境审判团队五个“哨点”进行总体观察;对环境民事案件、环境行政案件、环境刑事案件、环境公益诉讼案件、环境生态损害赔偿案件的基本情况进行重点分析;对年度环境司法热点、焦点予以特别关注。通过持续跟踪环境司法专门化和专业化的进展情况,发现环境司法的规律,探究影响环境司法的因素,总结环境审判理论。

回望过去,课题组通过持续观察发现,环境司法专门化与普通案件审判呈“绿色化”双线发展;走出了一条“从地方试验到全国推行、从私益诉讼到三诉并行、从审判独行到多元解纷解决”的“绿色司法”之路。[1] 展望未来,课题组认为应坚持环境司法的专门化发展道路不动摇,继续优化专门审判机构,不断健全司法协同机制,持续推进环境资源案件类型化,形成环境司法专门程序规则。在环境司法专门化基础上,将“生态优先绿色发展”理念进一步向传统司法领域延展,提升环境局审判专业化能力水平。

(二)长江流域环境司法的现况归纳

经课题组连续三年的跟踪观察,先是从宏观上归纳出长江流域司法案件的大致趋势——长江流域 19 个省市司法案件数量从无到有,从快速增长再到“井喷式”增长,案件发生量呈现由东到西逐步递减的趋势。[2] 随后,又聚焦非法捕捞水产品和非法采砂等案件,观察此两类案件,归纳得出针对流域性特征的司法政策和司法解释正在发挥积极作用,流域环境司法协作也取得了实质性进

---

〔1〕 参见吕忠梅、吴一冉:《中国环境法治七十年:从历史走向未来》,载《中国法律评论》2019 年第 5 期。

〔2〕 参见吕忠梅:《中国环境司法发展报告(2019)》,法律出版社 2020 年版,第 240 ~ 244 页。

展。[1] 2022年是《长江保护法》颁行实施一周年，课题组针对《长江保护法》颁行后流域环境司法的情况作了对比性的考察，从《长江保护法》总体实施情况、长江流域的刑事、民事、行政案件分布特征、《长江保护法》的司法效能等方面对《长江保护法》实施情况进行特别观察。

（三）长江流域系统治理的要点概览

长江流域内自然资源与生态环境的整体，以及“共抓大保护、不搞大开发”的治理理念，要求长江流域司法保护必须坚持系统治理的整体性思维。一方面，从系统内部结构来看，长江流域作为一个整体性系统，其在经济、社会、环境、法治等层面内含诸多子系统，若干子系统纵横交叠、参差错落，系统间的运作逻辑应秉持“大系统蕴含小系统、小系统成就大系统”的基本理念。另一方面，从系统外部观瞻，推进长江流域司法保护，须注意区域、流域、司法和法治等几个系统的联系与沟通，须从开放性、自组织性、复杂性、关联性等系统论的要义上予以整体性把握，关注其行为、结构和功能等。具体而言，长江流域司法保护，一要突破行政区划限制，构筑流域集中管辖体制；二要设立专门化审判机构，明确案件管辖范围，切实落实集中管辖制度；三要创新长江流域司法与行政执法的衔接机制，理顺管理机构、审判机构的职权关系，促进协同治理；四要统一裁判标准，设立长江法院，作为实体化的支撑。[2]

四、长江流域司法保护的结构精要：“关键支点”的确立

（一）长江流域司法保护的宏观架构：在长江流域设立专门法院

从环境资源法庭到环境资源法院是实现环境资源审判体制机制改革的重大转变，是对环境司法专门化运转结构的重述。对流域环境案件实行跨区域统一管辖，有利于流域司法的统一，不断提高司法高效运作水平和为民服务质量，实现流域集中管辖集约化和审理常态化。因此，设立长江流域的专门法院是审判机构专门化改革的有益实践，有助于破除地方“各自为政”的制度惯性，统一法律适用和司法裁判标准，进而服务保障于国家长江经济带战略的实施，进一步夯实新时代全面深化改革开放的法治基石。

---

〔1〕 参见吕忠梅：《中国环境司法发展报告（2020）》，法律出版社2021年版，第39页。

〔2〕 参见吕忠梅：《中国环境司法发展报告（2019）》，法律出版社2020年版，第259～275页。

总之，设立长江法院既是长江流域司法保护实现跨行政区域管辖的集大成者，又是法律实现适用统一的“利器”，不仅有助于破除行政区划的制度壁垒，还能进一步实现法律适用和司法裁判标准的统一。

（二）长江流域司法保护的微观运行：以专业化水准审理专门案件

在审判机制上，以整体主义方法论来建构系统完备的审判机制。具言之，其一，坚持“四审合一”审判模式。长江专门法院作为长江流域司法的专门审判机构，它的审理程序和诉讼制度都应作专门化规定，以符合长江流域案件的审理特点。由于流域类案件的复杂性、专业性和特殊性的特点，从诉讼程序的开始到终结，以及诉前诉中的和解、诉后执行都应制定符合其案件要求的专门化规则，这样有助于提高案件审判的效率，同时兼顾权益纠纷的处理效果。其二，针对复杂案件实行多重法律关系的并案审查机制，特别是民事与行政的并案审查。长江专门法院应关注到的是整个审判体系的一体化运行和各项机制的协调发展，做到整体与局部的协同配合，从而达到减少诉累、提高效率、公正审判的结果。

在配套制度上，以案由的再规范为着力点推进环境司法再精深。例如，民事案由的再设计，结合《民事案由规定》《环资案件类型与统计规范》等，对于环境污染防治、生态保护、资源开发利用、气候变化应对、生态环境治理与服务五大类予以细化，特别强调对于新型、典型案件的受理；行政案由的再陈述，比如行政公益诉讼中，现行案由仅有公益诉讼这一、二级案由，具体三级如何表达未作规范。如此积累经验，成为“先行先试”的司法试验区。

（三）长江流域司法保护的关键支点：长江专门法院

不论是从资源禀赋、流域状况、生态环境等自然要素方面，还是从行政区划、审判机制、审判机构、审判程序等体制机制方面，长江流域司法保护改革的阻力都很多，但仍须在诸多阻力中探寻一个改革的突破口，因为实然上的困难不应成为应然上的阻力。从既有的司法体制改革经验来看，环境司法专门化改革为长江流域司法保护的实现提供了优良的模式借鉴、契合的制度架构和关键的体制支撑。因此，设立长江专门法院作为长江流域司法保护的关键一步，其意义不仅局限于形式上成立一座法院：在司法改革的宏观表达上，长江专门法院是撬动我国司法体制机制改革尤其是区域司法改革的关键支点；更为重要的是,长江专门法院是承载我国司法发展往内在的精深化和外在的协同化方向的重要锚点。

一言以蔽之,设立长江专门法院,让正义流淌,为全国乃至全球贡献司法改革的中国智慧、提供司法改革的中国方案!

(2022 年 11 月 24 日)

四、论 坛 综 述

1. 首届长江大保护司法论坛综合报告

为深入学习贯彻党的二十大精神，贯彻习近平法治思想和习近平生态文明思想，贯彻“共抓大保护”等一系列重要指示精神，正确实施《长江保护法》，在全国人大常委会，最高人民法院，中国法学会，中共湖北省委、省委政法委及宣传部等单位的关心和支持下，湖北省高级人民法院联合长江海商法学会、武汉大学法学院、华中科技大学法学院、中南财经政法大学法学院、人民法院环境资源审判理论研究（武汉大学）基地等单位，于 2022 年 11 月 23 日至 25 日在湖北省武汉市成功举办首届长江大保护司法论坛。

一、深刻认识长江大保护的战略意义，主动扛牢长江大保护的政治责任和司法责任

党的十八大以来，以习近平同志为核心的党中央高度重视长江大保护，习近平总书记亲自谋划、亲自部署、亲自推动，作出“推动长江经济带发展必须从中华民族长远利益考虑，把修复长江生态环境摆在压倒性位置，共抓大保护、不搞大开发”等重要工作指示，为推进长江流域生态环境保护、推动长江经济带高质量发展提供了根本遵循。党的二十大报告进一步将“人与自然和谐共生”确定为中国式现代化建设的本质要求和应有之义。2021 年 3 月实施的《长江保护法》首次以法律形式把习近平总书记关于长江保护的重要指示要求和党中央重大决策部署确定为国家意志和社会共同责任。最高人民法院院长周强多次强调长江流域人民法院要贯彻落实长江保护立法精神，不断深化环境司法改革创新，全面加强长江流域生态环境司法改革，为建设人与自然和谐共生的现代

化提供有力司法服务。

湖北地处“长江之腰”，是长江干线径流里程最长的省份，是长江流域重要的水源涵养地和国家重要生态屏障。湖北省委深入贯彻习近平生态文明思想、习近平法治思想，聚焦“长江大保护”，紧扣“生态修复、环境保护和绿色发展”三篇文章，始终坚持以最严尺度、最高标准、最优程序推动《长江保护法》全面深入实施，全面加强和创新环境资源审判工作，用法律破解制约长江大保护的难点和痛点问题，切实履行“一江清水东流”“一库净水北送”的政治责任。王蒙徽书记在湖北省第十二次党代会上再次强调，“湖北要扛起生态大省的政治责任”，“要坚持生态优先绿色发展，打好以长江大保护为重点的污染防治攻坚战”。

湖北法院深刻认识党中央推进长江大保护决策部署的战略意义，深入领会习近平总书记关于长江大保护的重要讲话精神，贯彻《长江保护法》的要求，践行最高人民法院“用最严格制度、最严密法治保护长江流域生态环境”的指示，落实湖北省委“扛牢长江大保护的政治责任”的要求，以胸怀“国之大者”的责任感和使命感，深入思考“如何进一步发挥审判职能作用构建长江司法保护新格局”的重要命题，认真研判法治建设与中国式现代化、生态环境保护与修复、长江经济带高质量发展之间的内在逻辑和必然联系，形成举办长江大保护司法论坛的工作思路。希望通过打造一个立足湖北、面向长江流域、影响全国甚至走向世界的常态化交流平台，深化人民法院与法学理论界、相关实务部门的交流合作，推进长江司法保护的理论研究和实践创新，扎实推动长江流域生态环境保护跨区域司法协作和全流域协同治理，落实《长江保护法》的各项要求，强化守护绿水青山的责任担当，为确保“一江清水向东流”“一库净水往北送”作出更大的司法贡献。

二、强化湖北法院的责任担当，群策群力抓细抓实论坛筹备工作

湖北省高级人民法院于 2022 年 7 月形成举办论坛的工作思路，随即成立论坛筹备领导小组，院党组书记、院长游劝荣亲自督办各项筹备工作，先后召开 2 次专题党组会、5 次工作联席会，研究活动方案，推动论坛稳步落地。

（一）紧紧依靠上级机关和有关部门的关心支持

在论坛筹备过程中，全国人大常委会、最高人民法院、湖北省委、湖北省委

政法委、湖北省委宣传部、水利部长江水利委员会等单位给予了大力支持。全国人大常委会万鄂湘副委员长、最高人民法院周强院长、中国法学会陈训秋常务副会长、中共湖北省委王蒙徽书记、中共湖北省委宣传部许正中部长、书记等有关领导给予了热情鼓励和关心帮助。长江沿线相关省市人民法院、人民检察院及相关行政管理部门等单位给予了充分关注和支持。

(二)紧紧依靠联合主办单位的共同组织

基于论坛为保障长江生态环境和绿色低碳发展持续贡献法学理论指引和司法实践经验的重要目的,湖北省高级人民法院联系长江海商法学会、武汉大学法学院、华中科技大学法学院、中南财经政法大学法学院、人民法院环境资源审判理论研究(武汉大学)基地,确定了联合举办论坛的方案,并联系中国法学会环境资源法学研究会提供学术指导。各联合主办单位和学术指导单位全面参与论坛筹备工作,为论坛的举办提供了宝贵的工作经验和人才支持,有效提升了论坛的理论性和学术质量。

(三)充分发挥法治共同体的积极参与作用

在论坛理念内涵的确立过程中,力求全面兼协商性,得到了国内环境资源法领域知名专家学者的支持。在与会代表的遴选过程中,力求广泛代表性。在论坛征文的征集过程中,力求理论与实务相结合,共征集学术论文 400 余篇。在宣传过程中,力求正确的政治导向和影响力,近 10 家中央、省级媒体参与宣传报道。在与会方式的确定过程中,根据疫情防控政策要求,结合与会代表的实际情况采取线下线上相结合的方式,近 200 名与会代表中现场出席论坛的约占 78% 。

(四)充分发挥法院干警的主观能动性

法院是长江司法保护的主力军,湖北省高级人民法院是论坛各主办单位和论坛组委会的召集人,全省所有中级人民法院及部分基层人民法院参与了本次论坛,广大干警积极参与论文撰写、与会研讨等活动。大家群策群力、全力以赴,有序完成各项工作,有效保障了论坛的顺利召开。

三、聚焦长江司法保护主题,充分彰显开放创新专业务实的论坛特色

本次论坛聚焦长江司法保护这一主题,以开放、创新、专业、务实的态度,集

思广益设置了开幕式、主旨演讲、分论坛、集中交流、闭幕式五大环节，与会专家学者和代表们紧扣长江生态环境保护和长江经济带高质量发展，深度参与各个环节的研讨，充分体现了论坛的政治站位和思想引领，也体现了论坛的理论水平和专业素养。

（一）嘉宾云集的开幕式和闭幕式明确指出了论坛举办的意义，提出要把长江大保护司法论坛办成常态化国际化的论坛

全国人大常委会副委员长、民革中央主席万鄂湘为论坛开幕式作了书面讲话，高度肯定本次论坛既是用实际行动践行习近平总书记"守护好一江碧水"的殷殷嘱托，也是在新形势下加强长江生态环境保护司法应对、助力长江流域系统性综合治理的积极举措，对于进一步完善长江大保护司法体制机制，促进法律适用和裁判标准统一，提升行政执法与司法协调联动、多元共治能力水平，以"大保护"支撑和推动长江经济带高质量发展具有重要意义。最高人民法院党组书记、院长周强率领最高人民法院领导同志和有关部门负责同志，在北京以视频方式出席开幕式并发表致辞，对湖北法院在省委领导下对长江大保护所做的工作和贡献给予了充分肯定。周强院长指出，要把长江大保护司法论坛办成常态化国际化的论坛，长江流域各法院要以习近平新时代中国特色社会主义思想为指导，深入学习贯彻党的二十大精神，深入贯彻习近平生态文明思想和习近平法治思想，不断深化环境司法改革创新，全面加强长江流域生态环境司法改革，为建设人与自然和谐共生的现代化提供有力司法服务。最高人民法院党组成员、副院长杨临萍以视频方式出席闭幕式并发表致辞，要求按照周强院长的指示，把长江大保护司法论坛办成常态化国际化的论坛，打造凝聚法治合力、共享法治智慧的高端平台，为推动建设人与自然和谐共生的中国式现代化提供有力的司法理论支撑和实践保障。湖北省委常委、省政法委书记肖菊华现场出席开幕式并发表致辞，要求湖北政法机关以此次活动为契机，进一步牢固树立"生态优先绿色发展"理念，严格执行《长江保护法》等相关法律规定，充分发挥职能作用，为长江大保护、长江经济带高质量发展提供有力法治保障。中国法学会副会长黄进以视频方式出席开幕式并发表致辞，强调要准确把握长江流域特点，研究长江、服务长江，注重加强地区之间、院校之间、学科专业之间、科研机构与实务部门之间的互相交流协作，构建共建、共研、共享的全流域协同

创新机制。

全国人大宪法和法律委员会副主任委员江必新，湖北省人大常委会党组副书记、副主任梁伟年，湖北省委政法委常务副书记周振武，武汉大学法学院教授、中国法学会环境资源法学研究会原会长、武汉大学环境法研究所原所长蔡守秋，武汉大学党委常委、副校长周叶中，中南财经政法大学党委常委副校长、《法商研究》主编姚莉现场出席了开幕式。上海市高级人民法院党组书记、院长刘晓云，江苏省高级人民法院党组书记、院长夏道虎，水利部长江水利委员会党组成员、副主任胡甲均，分别通过现场和视频的方式出席开幕式并发表致辞。江西省高级人民法院党组书记、院长葛晓燕，青海省高级人民法院党组书记、院长张泽军，青海省人民检察院党组书记、检察长查庆九，湖北省人民检察院党组书记、检察长王守安，湖北省法学会党组书记、常务副会长张正军，武汉大学党委常委、副校长周叶中，现场出席闭幕式并发表致辞。

（二）主题鲜明的主旨演讲引领了长江大保护的最新法治理念和学术研究方向

全国人大宪法和法律委员会副主任委员江必新，全国政协常委、社会和法制委员会驻会副主任、中国法学会环境资源法学研究会会长吕忠梅，武汉大学法学院教授蔡守秋，最高人民检察院检察委员会委员、第八检察厅厅长胡卫列，武汉大学环境法研究所所长、中国法学会环境资源法学研究会副会长兼秘书长秦天宝，中南财经政法大学环境资源法研究所所长、中国法学会环境资源法学研究会副会长高利红，中南财经政法大学法学院教授、生态文明研究院常务副院长张忠民7位专家学者出席论坛的“主旨演讲”环节，并分别从长江大保护的中央决策部署、《长江保护法》实施、长江大保护法治理念、生态环境诉讼制度衔接、长江流域一体化治理、生态环境司法修复基地建设、长江大保护司法机制供给和完善等角度，强化了长江大保护的政治责任和战略引领，明晰了今后的工作重点和研究方向。

（三）百花齐放的分论坛和集中交流充分展现了长江流域一体化协同治理的理论思考和司法实践探索

三个分论坛分别以长江大保护的司法体制机制、司法协作和法律适用问题为议题，征集到学术论文400余篇。来自理论界、实务界的48名与会代表参与分论坛研讨，武汉大学、华中科技大学和中南财经政法大学三大法学院的3名教授作了集中交流。大家围绕议题选取真正的重点、堵点、难点问题集中讨论，涌现出一批具有思想内涵和对策价值的研究成果，不仅为实务界克服长江大保护的司法难题“开路架桥”，也为法学学科之间、院校之间、科研单位与实务部门之间的进一步合作奠定了基础。与会专家学者就建立长江生态法院设立的必要性、涉长江流域司法案件的跨行政区域管辖办法、环境公益诉讼制度的完善、司法与行政执法的协调联动等问题深入交换了意见，对流域一体化治理路径、方法以及建立长效机制的方式进行了深入研究，充分体现了理论联系实际、行业互动合作等特点。

四、坚持长江大保护问题导向，形成一批解决长江司法保护理论和实际问题的原创性集成性成果

长江大保护是一个古老而年轻的课题，长江生态环境保护和长江经济带高质量发展的理论研究和司法实践，均面临着一些问题和困难。为积极推动成果转化，推动优秀成果进入决策层，应用于法治实践，本次论坛总结梳理了相关成果。

（一）通过《长江司法保护武汉共识》

参与本次论坛的领导同人和专家学者，根据本次论坛的研讨主题和内容，就全面加强长江司法保护工作达成《长江司法保护武汉共识》，从扛牢责任、深化理念、公正司法、系统修复、创新机制、多元共治六个方面，彰显法治护航长江流域生态环境保护与绿色低碳发展的使命担当。这不仅是对近年来长江司法保护工作以及本次论坛理论研讨成果的总结，更是所有参会单位和与会专家学者誓用法治力量守护美丽长江的宣言和承诺。该共识的通过，将促使长江沿线各地公检法、环境资源行政管理部门、致力长江经济社会发展的实务部门以及全社会公众进一步统一价值取向、凝聚工作合力、强化协作联动，并为法学界和司法界进一步研究长江司法保护奠定理论基础，为解决长江流域生态环境保护司法难题提供解决方向，为进一步完善长江司法保护的多元共治强化行为指引。

（二）促进进一步健全长江大保护的体制机制

江必新副主任委员提出体系化构建长江大保护的建议，主张现代环境治理体系应当在治理对象和治理主体上体现有效性、整体性、系统性、协同性和现代性等特征。武汉大学和中南财经政法大学法学院的专家学者提出应优化流域司法保护理念,设立长江法院这一“关键支点”,推动流域司法专门化实现全流域司法管辖、司法协同和动态回应型司法。其他与会专家围绕长江大保护的司法体制机制建设,进一步达成以下共识。

一是应设立长江生态法院。长江生态环境保护已进入“地理单元”时代,设立长江生态法院既契合自然规律,又能推动形成长江流域一体化治理模式。

二是应优化长江大保护的工作理念。深化生态恢复性司法理念,强化长江禁渔理念,准确把握最严格制度、最严密法治的审判理念,通过严厉打击破坏长江生态环境的违法犯罪行为形成司法威慑,促进相关行业实现绿色低碳转型发展。

三是应加强长江大保护的多元共治。人民法院应在诉讼全过程中发挥教育指引作用。环境资源行政管理部门应加快水污染治理联合执法机制建设。检察机关应在公益诉讼的基础上探索环境执法非诉执行的强制执行申请权。社会组织应加强公益诉讼,监督生态环境修复资金运用等。相关企事业单位应加强环境刑事合规,推进完善企业附条件不起诉制度等。长江生态司法修复基地应推动实现生态修复、警示教育、法治宣传、政策实施等多重功能。

(三)促进进一步深化长江大保护的司法协作

武汉大学法学院蔡守秋教授明确提出长江的水环境、水生态和自然资源是中华民族赖以生存发展的公众共用物或共用财富,强调流域司法保护应着重建立健全流域司法协作机制、环境行政与司法衔接机制、流域环境司法专门化机制等。最高人民检察院检察委员会胡卫列委员强调应持续加大长江生态环境保护公益诉讼力度,加强长江经济带检察办案跨区域协作,激活共抓“大保护”的治理效能。其他与会专家围绕长江大保护的司法协作问题,进一步达成以下共识。

一是应完善流域司法协作的立法。结合我国大型河湖流域多的特点,以综合性流域立法为基础,统一流域立法的指导理念、基本原则、基本制度等,探索“一河一法”的专门立法。

二是应加强司法协作的系统性建设。推进构建长江大保护“全流域综合执法司法体系”,解决行政区划带来的司法保护碎片化问题。探索构建协商、调解、生态环境损害赔偿等非诉模式与公益诉讼、生态环境损害赔偿诉讼等诉讼模式相结合的制度,完善纠纷解决机制。

三是应找准司法协作的具体路径。管辖协作应着重解决管辖冲突和司法资源分散的问题,统一立案标准,完善集中管辖制度等。裁量协作应着重解决裁判标准统一的问题,发挥重大环境案件会商机制的咨询作用,明确环境执法的程序规则,优化执法证据向刑事证据的转换规则等。执行协作应着重加强长江流域各地法院的执行协作,建立检察机关对公益诉讼裁判执行的监督机制,创新执行方式。

(四)促进进一步统一长江大保护的法律适用

全国政协常委、社会和法制委员会驻会副主任吕忠梅指出《长江保护法》在实施过程中暴露出的立法概念界定不清、执法尺度不一引发实施困惑、配套立法滞后带来实施困难、改革与支持不到位形成实施困境等问题,建议及时完善相关司法解释和司法政策,夯实流域综合协调协作机制,探索建立流域司法新机制。其他与会专家围绕长江大保护的法律适用问题,进一步达成以下共识。

一是应完善生态环境损害赔偿的法律适用。可探索建立以“磋商”为核心的政府民事索赔制度,化解行政不作为给诉讼造成的障碍。应由中级人民法院或集中管辖法院审理生态环境损害赔偿司法确认案件,从合法性、公益性和可行性等方面进行全面审查。应探索将生态环境损害赔偿制度嵌入公益诉讼制度,推动相关专门立法。应将生态环境损害惩罚性赔偿制度置于民法典体系进行整体理解,把握好惩罚性赔偿与填补原则的关系。

二是应完善环境公益诉讼的法律适用。深化环境司法理念,发挥环境公益诉讼对长江大保护的示范引领作用。研究环境公益诉讼的司法实践难题,解决社会组织提起诉讼时的证据认定、损失的鉴定贵和鉴定难、生态修复的认定标准以及因果关系判断标准等问题。

五、立足常态化国际化目标，提前谋划下一届长江大保护司法论坛的相关工作

最高人民法院党组书记、院长周强高度关注本次论坛,高度肯定本次论坛取得的显著成效,明确指示湖北法院要把论坛办好,不仅要办成常态化论坛,还要办成国际化论坛,并指示最高人民法院加强对湖北法院的指导、支持和帮助。湖北法院将认真贯彻落实周强院长的工作要求,在湖北省委的领导下,在最高人民法院的支持和帮助下,致力于把长江大保护司法论坛办成常态化、国际化的高水平学术论坛,形成以人民法院为主导,以司法机关和法学界为主体,环境资源行政管理部门、涉长江经济社会发展相关单位以及全社会共同参与的大格局,达到推出更多优秀理论成果、形成更多决策咨询意见、培养更多优秀人才的目标,为湖北构建新发展格局先行区、建设人与自然和谐共生的现代化,提供更多的理论指导和更有力的司法保障。

一是继续深入贯彻习近平法治思想、习近平生态文明思想和习近平总书记关于长江大保护的重要讲话精神,认真落实最高人民法院和湖北省委工作要求,坚决扛牢长江大保护的政治责任和司法责任,扎实做好长江生态环境的修复与保护工作,助力长江经济带高质量发展。

二是进一步加强实践探索和理论研究,深化尊重自然、顺应自然、保护自然的理念,坚持"保护优先、预防为主"的原则,强化环境资源审判专门化建设,完善环境资源案件集中管辖制度和"三合一"机制,构建全流域环境资源审判协作机制和部门联动机制,推进设立长江生态法院,结合生态环境资源保护的新形势、新要求,不断发掘问题、思考问题、研究问题。

三是及时总结工作经验和不足。对于本次论坛的优秀论文,及时汇编成册并公开出版,作为论坛的标志性成果。对于论坛形成的主要观点,及时整理成能体现习近平法治思想、具有针对性的观点综述,报送有关领导机关作决策咨询,送有关教学科研机构和专家学者参考。对司法实践有指导意义的意见建议,及时提供给相关部门,指导优化和改进司法工作。对于本次论坛在组织征文、邀请嘉宾、论坛主要环节设计、现场会务保障等方面的不足,及时梳理并改进。

四是适时制定下一届论坛工作预案。结合长江大保护的最新决策部署、学术前沿问题以及司法实践需求,及时拟定下一届论坛的主题,制定工作预案,开始下一届长江大保护司法论坛的筹备工作。

长江大保护司法论坛组委会

2022 年 12 月

2. 解放思想　转变观念　着力构建长江司法保护新格局

——首届长江大保护司法论坛观点综述

2022 年 11 月 24 日至 25 日，首届长江大保护司法论坛在湖北省武汉市举行。本次司法论坛由湖北省高级人民法院、长江海商法学会、武汉大学法学院、华中科技大学法学院、中南财经政法大学法学院、人民法院环境资源审判理论研究(武汉大学)基地联合主办，得到了理论界、实务界的大力支持，共收到论文 405 篇。来自水利部长江水利委员会、生态环境部长江流域生态环境监督管理局、公安部长江航运公安局、交通运输部长江航务管理局、长江海事局、三峡集团等长江流域中央在汉单位，长江流域 19 省(市)人民法院和人民检察院，湖北省直相关单位的同志，以及武汉大学、华中科技大学、中南财经政法大学、华中师范大学、湖北大学、湖北省生态环境科学研究院、长江生态环保集团有限公司、碳排放权登记结算(武汉)有限公司、上海环境能源交易所、湖北黄鹤律师事务所、湖北瑞通天元律师事务所、北京中伦(武汉)律师事务所等高等院校、科研机构、环保企业、律师事务所的有关领导、专家学者、论文作者代表共 200 余人通过“线上 + 线下”的方式参加了论坛，分别就“长江大保护的司法体制机制问题”“长江大保护的司法协作问题”“长江大保护的法律适用问题”三个主题开展深入研讨，在进一步加强司法体制机制建设、完善执法与司法协作机制、统一深化法律适用等方面取得丰硕的理论研究成果。现综述如下。

一、进一步加强长江大保护司法体制机制建设

全国人大宪法和法律委员会江必新副主任委员在主题为“以二十大报告精神为指引　构建现代化长江生态环境治理体系”的主旨发言中，提出体系化构建的设想与建议：一是充分认识建构现代环境治理体系的重要性；二是关于现代环境治理体系的内涵构成，应当体现有效性、整体性、系统性、协同性和现代

性的特征,并且涵括治理对象体系、治理主体体系等方面;三是对于现代环境治理体系的质量标准,要全面把握形式标准和实质标准,并积极探索治理体系新路径;四是实现司法保护一体化等长江司法保护愿景。武汉大学环境法研究所秦天宝所长在主题为"整体系统观与流域司法的发展"的主旨发言中提出,流域司法保护理念应进行变革,并以此指导流域司法专门化实现三个逻辑转变,即从跨区划司法管辖转向全流域司法管辖、从司法协作转向司法协同、从静态司法转向动态回应型司法。他建议重构整体性全流域环境司法体制,改进整体性全流域环境司法运行机制,完善动态回应性流域环境司法行为方式,并在此基础上设立长江生态保护法院。中南财经政法大学法学院张忠民教授在主题为"长江流域司法保护的时空纬度与结构重述"的主旨发言中,从宏观架构和微观运行两个层面对设立长江专门法院提出了具体的意见和建议,强调通过设立长江专门法院这一"关键支点",在审判机制上建立三审合一、复杂案件的并案审查制度,在配套制度上完善案由规范,促进司法朝向精深化与协同化发展。

与会专家学者围绕进一步加强长江大保护司法体制机制建设有关问题,从不同角度开展了研讨交流。

(一)更新长江大保护的司法理念

与会专家学者对长江司法保护应当遵从的理念原则进行了梳理和阐释。华东政法大学经济法学院张璐教授就生态恢复性司法理念,从顶层设计和立法要求、恢复性司法理念的回应和在长江保护实践中的展开三个方面进行了分析,指出生态恢复性司法作为适用于生态环境案件领域的新型司法理念,是我国环境司法专门化和生态文明建设的重要体现。西南政法大学法学院徐以祥教授通过购买碳汇这个具体的切入点阐释了恢复性司法理念的适用,提出购买碳汇具有生态修复责任和生态损害赔偿金的执行方式的双重属性,并指出作为不同形式的购买碳汇的适用规则。华中科技大学法学院胡帮达副教授着眼于长江大保护中的禁渔制度,从立法背景与理念、规范构造和支撑体系三个层面探讨了禁渔制度的具体问题,认为长江禁渔本质是要塑造符合生态文明建设要求的长江流域绿色发展新模式,但《长江保护法》对禁渔制度的规定相对原则、简约,需要进一步明确、细化及完善相应配套制度。南京大学法学院吴卫星教授认为,《长江保护法》法律责任章具有处罚更加严厉、更加精准的特色,一方面为长江大保护提供了有力威慑，另一方面也带来了适用难题，在适用中应当贯彻宽严相济精神、遵循比例原则。

（二）推进长江大保护中的多元共治

与会专家学者从不同层面、不同角度探讨了不同主体在长江大保护当中可能发挥的作用。中南财经政法大学法学院尤明青教授以法律加科技的环境合规路径推进长江大保护为主题，重点讨论在环境合规中人民法院的推进路径。湖北省人大代表、湖北黄鹤律师事务所首席执行合伙人宫步坦律师探讨了社会组织在长江大保护，特别是在环境诉讼当中的作用，提出要强化社会组织与人民法院、人民检察院的协作机制。河南省舞钢市人民法院温丹丹院长讨论了环境行政公益诉讼当中裁判价值的问题，指出人民法院应在谦抑与能动间进行平衡，发挥在诉讼全过程中的指引作用。南京海事法院高佳法官则提出，长江流域水污染治理行政联合执法机制主体、权责和程序要围绕凸显和保障长江大保护"共"字做文章，加快长江流域饮用水污染治理立法，加强政府间跨区域治理合作。

（三）设立长江生态法院十分必要而且可行

与会专家学者从不同角度对长江生态法院的必要性、机构设置、案件管辖等问题进行了系统全面的分析论证。上海社会科学院法学研究所程飞鸿助理研究员认为，《长江保护法》的出台，正式宣告我国的长江生态环境保护进入了"地理单元"时代，设立长江生态法院，从地理单元出发进行环境治理，既契合自然规律，又具备相应的规范基础。湘潭大学法学院王译教授指出，长江流域存在立法零散、地域管辖权和流域单元集中管辖权冲突、沿岸地区经济利益与生态效益不平等情形，为解决管辖权配置混乱、环境案件裁判标准不一定问题，有必要推动实现流域环境司法专门化，设立长江环境法院，形成长江流域一体化治理模式。湖北省高级人民法院环境资源审判庭张之婧副庭长从长江生态环境司法保护的现实要求、长江生态环境行政执法对司法保护体制机制的需求、长江生态环境司法实践的迫切需要三个维度论述了设立"长江生态法院"的必要性，并且认为在湖北武汉设立"长江生态法院"具有行政区位、审判经验、地理交通、智力资源、群众基础等得天独厚的优势。湘潭大学法学院吴勇教授认为，基于流域环境法院的职能和流域环境案件的特征，审判人员不仅要精通三大诉讼法审判程序的运用和价值把握,要具备对环境案件事实认定、因果关系和环境修复原理的认知和判断力,更重要的是还要具备先进的流域司法理念、足够的流域保护意识。湖北省高级人民法院研究室梁雪博士论述了长江大保护战略的法治价值、权利客体、制度体系,建议设立长江大保护"全流域综合执法司法体系",并从司法专门化的角度提出在武汉市设立长江生态法院的建议。湖北省五峰土家族自治县人民法院蒋正院长从流域综合治理的角度分析了长江生态法院的设立因素,认为设立长江生态法院是高质量审理长江流域生态环境资源案件的重要路径。华新水泥股份有限公司叶家兴法务总监从企业视角提出完善并强化长江流域环境资源类案件集中管辖制度的建议。

二、进一步完善长江大保护司法协作机制

武汉大学法学院蔡守秋教授在主题为"明确重点　夯实大河流域的法治保障"的主旨演讲中,首先,对"环境""共产"概念进行溯源,明确提出长江的水环境、水生态和自然资源是中华民族赖以生存发展的公众共用物或公众共用财富,长江大保护主要是保护长江的天然共用财富和人为共同财富。其次,指出流域司法保护的重点在于设立流域法院、流域检察院,建立健全流域司法协作机制、环境行政与司法衔接工作机制,加强和促进流域环境公益诉讼,建立健全流域环境司法专门化机制。最高人民检察院检察委员会委员、第八检察厅胡卫列厅长在主题为"完善公益诉讼制度　在长江大保护中更好发挥职能作用"的主旨发言中强调了生态环境公益诉讼检察的重要地位,并介绍了检察公益诉讼在长江大保护方面的工作成效,主要包括持续加大长江生态环境保护公益诉讼力度、加强长江经济带检察办案跨区域协作、着力激活共抓"大保护"治理效能等。

与会专家学者围绕进一步深化加强长江大保护司法协作问题,从不同角度开展了研讨交流。

(一)深化长江流域司法协作的立法探索

长江流域立法是深化长江大保护司法协作的重要前提。武汉大学法学院陈海嵩教授提出,针对我国主要大型河湖流域应采取"一河一法"的方式予以专门立法,同时也应当出台一部综合性的流域立法,以此来对流域立法的指导

理念、基本原则、基本制度等方面进行适度的统一。华中师范大学法学院王清军教授基于其参加《生态保护补偿条例》起草过程的亲身经历，分享了我国流域生态补偿协议的法治进展。

（二）探索长江大保护司法协作的具体路径

与会专家学者分别就推进长江大保护司法协作的主要方式和具体措施提出了意见建议。湖北省丹江口市人民法院王涛院长以开展鄂豫陕三省六县市“环丹江口水库生态环境保护司法协作”为例分享了丹江口法院加强环资审判司法协作的实践经验。西南财经政法大学法学院阳露昭教授考察了流域环境司法协作的发展历史、分析其中的不足，指出应当从集中管辖、裁量尺度统一、执行协作、多元主体协作等方面进行改进。武汉海事法院环境资源审判庭吴良志庭长基于对海事法院审判实践的调研，分析了现行司法协作的困境，并建议加强顶层制度设计、重视培育形成现代环境治理体系、形成全方位司法协作、探索设立专门法院。湘潭大学法学院王译教授认为，环境行政执法以及环境犯罪案件须突破原有的地域管辖规则并探索跨地域联动管辖机制，优化环境执法证据转换刑事证据的适用规则，拓宽环境纠纷多元化解决的程序路径以及加强环境执法和环境刑事司法专门化人才队伍的培养。

（三）扩大长江大保护司法协作的参与主体

与会专家从不同参与主体的角度对司法协作进行了解读。湖北瑞通天元律师事务所副主任白明旭律师针对长江流域司法协作中面临的协作主体单一、协作范围不全面、协作内容较分散、协作程序不规范问题，提出以整体性思维，从流域的整体性、主体的整体性、要素的整体性三个方面推动流域治理的司法协作。重庆大学法学院唐绍均教授提出了优化环境执法非诉执行类检察公益诉讼的路径，主张赋予检察机关强制执行申请权，在某种程度上代替其提起公益诉讼权力，以避免挤占有限的司法资源，提高司法效率。华中科技大学法学院李冠煜副教授针对长江大保护背景下的企业环境刑事合规问题进行了专门研究，提出构建企业环境合规管理绩效评估机制、企业附条件不起诉制度的建议。江苏省高级人民法院环境资源审判庭朱丽法官结合江苏“9＋1”审判机制改革实践，主张大江大河流域司法保护应着重破解基于行政区划管辖带来的碎片化问题。

三、进一步强化统一长江大保护法律适用

全国政协常委、社会和法制委员会吕忠梅驻会副主任在主题为“《长江保护法》实施一年的回顾与展望”的主旨发言中指出,《长江保护法》在实施过程中暴露出一些困难和问题,既有立法概念界定不清、执法尺度不一造成的实施困惑,也有相应配套立法滞后带来的实施困难,还有相关改革与支持不到位形成的实施困境。她建议及时修改相关法律,夯实流域综合协调协作机制,探索建立流域司法新机制,完善相关司法解释和司法政策,探索流域联合司法、联动司法规则。中南财经政法大学环境资源法研究所高利红所长在主题为“长江生态司法修复基地的正义进阶”的主旨发言中指出,我国近年来大量建设长江生态司法修复基地,具备实现生态修复、警示教育、法治宣传、政策实施等多重功能,是一种突破传统司法目标、最大化实现公共利益的创新机制,但在未来发展方向上要遵循司法权与行政权专业分工、互相配合的原则,形成现代生态法治与“人与自然和谐共生”观念的统筹推进。

与会专家学者围绕强化统一长江大保护法律适用有关问题,从不同角度开展了研讨交流。

(一)完善生态环境损害赔偿制度

生态环境损害赔偿制度改革是当前环境资源法研究的一个热点问题,与会专家学者对生态环境损害赔偿制度在长江大保护中的适用进行了广泛深入的探讨交流。湖北省生态环境科学研究院环境法规与标准研究所宋蕾副所长提出,应当建立政府民事索赔机制并以磋商作为其制度特色,可以有效节约司法资源。江西省吉安市青原区人民法院审判委员会胡正民专委主张,生态环境损害赔偿司法确认案件应由中级人民法院管辖或者实行集中管辖,并从合法性、公益性和可行性等方面提出构建全面审查规则的主张。北京中伦(武汉)律师事务所合伙人邹鲲律师提出,生态环境损害赔偿磋商具有中止社会组织公益诉讼的效力,但应当完善磋商信息公开机制,并明确社会组织对生态环境损害赔偿磋商期限和磋商协议内容的监督权。生态环境损害赔偿制度是《民法典》在环境侵权上的一大创新,应当在长江大保护中发挥有效作用。中南民族大学法学院廖华教授提出,当前环境利益已经形成较为完善的保护机制,需要从系统

角度理顺各种保护机制的适用关系。武汉大学环境法研究所占善刚教授从诉讼法学角度对生态环境损害赔偿制度进行了整体反思,提出生态环境损害赔偿的制度安排必须嵌入现行公益诉讼制度中,并认为针对专门立法的推动要更加慎重。中南财经政法大学法学院张宝副院长认为,目前生态环境损害赔偿诉讼的数量较少,行政机关行政执法者和民事索赔者的角色集于一身是该制度的最大障碍,行政机关不履行职责构成不作为,没有转而作为民事原告起诉的空间,应当予以完善。

针对生态环境损害赔偿中的惩罚性赔偿问题,中国地质大学法学院胡中华教授提出,应当结合《民法典》的体系性,对惩罚性赔偿与填补原则的其他条款进行整体性理解。江西理工大学法学院王世进教授认为,在刑法、行政法上已经存在多种惩罚手段的背景下,惩罚性赔偿在公益诉讼中应谨慎适用,原则上还是应在私益侵权诉讼中适用。

(二)发挥公益诉讼在长江大保护中的示范引领作用

与会专家学者就涉长江大保护公益诉讼中的法律适用问题分别进行了研讨。湖北省人民检察院陈江波副检察长介绍了湖北检察机关开展长江大保护公益诉讼的基本情况、经验做法。湖南师范大学法学院李爱年教授认为,长江流域治理纠纷解决要构建协商、调解、生态环境损害赔偿等非诉模式与公益诉讼、生态环境损害赔偿诉讼等诉讼模式相结合的机制。华中科技大学法学院李婷博士生对行政公益诉讼履行判决的适用标准进行了廓清,认为应当考量继续履行职责是否具有必要性和可能性等因素,根据不同情况分别适用履行职责判决与确认违法判决。武汉海事法院侯振坤专委针对长江大保护公益诉讼案件审判实践中的难点问题,如社会组织提起诉讼时的证据认定问题、生态环境损害的鉴定问题、生态环境修复认定标准以及生态环境侵权因果关系判定等问题进行研讨。湖北省高级人民法院环境资源审判庭张乐喜庭长在探讨《长江保护法》的法律责任有关条款法律适用的相关问题基础上,提出要深化长江生态环境司法修复性理念,充分发挥公益诉讼在长江大保护的示范引领作用,共同培育长江大保护的湖北司法品牌。

四、通过《长江司法保护武汉共识》

与会各方进行广泛、深入的交流和探讨,一致通过《长江司法保护武汉共识》,内容如下。

为深入贯彻党的二十大精神,深刻践行习近平法治思想和习近平生态文明思想,切实推进《中华人民共和国长江保护法》正确有效实施,充分彰显法治护航长江流域生态环境保护与绿色低碳发展的使命担当,在武汉出席首届长江大保护司法论坛的专家学者经过深入讨论,就全面加强长江司法保护工作达成以下共识:

扛牢责任。本着对党和人民事业高度负责的态度,不断强化政治自觉、思想自觉、行动自觉,扛牢压实长江大保护的政治责任和司法责任。准确理解生态环境保护与经济社会发展的辩证关系,坚持生态优先绿色发展,将长江流域生态环境保护和修复摆在压倒性位置,坚决筑牢长江保护的司法屏障。

深化理念。深刻认识人与自然和谐共生是中国式现代化的本质要求和应有之义,尊重自然、顺应自然、保护自然,切实践行"绿水青山就是金山银山"理念,坚持山水林田湖草沙冰一体化保护和系统治理,坚持共抓大保护、不搞大开发。立足司法审判职能,共同保护长江流域生态环境,保障资源合理开发利用,推进长江流域绿色低碳发展。

公正司法。坚持用最严格制度、最严密法治保护长江流域生态环境,依法严惩破坏长江流域生态环境的违法犯罪行为,充分救济长江流域生态环境民事权益,支持并监督环境行政机关依法履职,合理发挥环境公益诉讼和生态环境损害赔偿诉讼作用。通过审理长江保护相关案件,有力维护和改善人民居住环境,大力促进长江流域绿水青山的"生态颜值"和人民生活的"幸福指数"同步提升。

系统修复。坚持"保护优先、预防为主"原则,充分发挥预防性公益诉讼功能,将生态环境司法保护提至事中、事前,避免生态环境损害的发生或扩大。加强流域生态环境司法保护、修复基地建设,积极适用补植复绿、增殖放流、劳务代偿等责任承担方式,探索"恢复性司法实践+社会化综合治理"模式。

创新机制。探索构建长江流域一体化司法保护机制,完善长江流域法院司法协作机制建设,有效发挥信息化手段在立案、审判、执行中的智慧效应,提升跨域环境诉讼服务能力。健全长江流域环境资源审判组织体系,锻造高素质专业化审判队伍,完善环境资源刑事、民事、行政案件"三合一"归口审理机制。

强化全流域系统保护，完善以流域、湖域等生态功能区或者以国家公园、自然保护区等自然保护地为单位的环境资源案件跨行政区划集中管辖制度。加强长江流域内公检法司以及政府法治部门、行政执法机关、流域管理机构之间的协调联动，搭建委托送达、委托取证、委托执行、联合宣传、调研交流和信息共享平台。

多元共治。坚持长江流域环境资源案件专业审判与公众参与相统一，注重专家辅助人、人民陪审员在环境资源案件事实查明、评估鉴定等诉讼活动中的作用。持续开展长江生态环境司法研究，定期发布长江保护典型案例、环境资源审判白皮书等司法信息，开展长江保护专项行动，利用多元渠道强化宣传，积极引导广大人民群众强化长江保护意识和法治观念，倾力打造长江流域生态文明建设的共治格局。

《长江司法保护武汉共识》的通过，彰显了法治护航长江流域生态环境保护与绿色低碳发展的使命担当，不仅是对近年来长江司法保护工作以及本次论坛理论研究成果的总结，更是所有参会单位和与会专家学者誓用法治力量守护美丽长江的宣言和承诺。该共识将促使长江沿线各地司法机关、环境资源行政管理部门、相关实务部门以及社会公众进一步统一价值取向、凝聚工作合力、强化协作联动，并为法学理论界和司法实务界进一步研究长江司法保护奠定理论基础，为解决长江流域生态环境保护司法难题提供解决方向，为进一步完善长江司法保护的多元共治强化行为指引。

长江大保护司法论坛组委会

2022 年 12 月 23 日

五、长江大保护司法论坛 logo 及寓意

设计、撰稿人：杜人杰　湖北省高级人民法院办公室副主任

以长江、江豚和黄鹤楼为基本设计元素，

长江之畔的黄鹤楼立于图案中央，

“法”字隐于其中，

凸显论坛的专业属性和举办地的地域特征。

滚滚长江水和跳跃的江豚以剪影的方式环绕四周，

构造出水清岸绿江豚逐浪的生动画面，

表达了环境司法对人与自然和谐共生的价值追求，

传递了生态兴则文明兴的绿色发展理念。

编 后 语

最高人民法院和中共湖北省委十分重视和支持首届长江大保护司法论坛，充分肯定本次论坛取得的显著成效，明确指示湖北法院要把论坛办好，不仅要办成常态化论坛，还要办成国际化论坛。为贯彻落实最高人民法院和中共湖北省委的要求，更好地巩固论坛学术成果，扩大论坛的影响力和社会参与度，湖北省高级人民法院和长江大保护司法论坛各主办单位高度重视论坛文集的编辑工作，及时组成编审委员会和编辑委员会，开展文集的编辑工作。本书编辑过程中，得到了长江海商法学会、武汉大学法学院、华中科技大学法学院、中南财经政法大学法学院、武汉大学环境法研究所、中南财经政法大学环境法研究所及众多专家学者的大力支持和帮助。对此，我们表示衷心感谢！

由于编辑时间紧、工作量大，加之编者水平所限，如有疏漏和不足之处，敬请读者谅解，并欢迎向编辑委员会反馈意见。感谢广大读者的关心和支持！

2022 年 12 月